統計から見た
明治期の民事裁判

編　著

林屋礼二

菅原郁夫

林真貴子

信山社

はしがき

最高裁判所事務総局は、第二次大戦後の昭和27年から、『司法統計年報　民事・行政編』を毎年刊行してきた。これは、日本が世界に誇れる立派な統計集であった。しかし、これが研究・教育のうえであまり活用されていなかったので、私は、その内容を重要な事項ごとに年代を追って表にまとめ、これをグラフ化することを計画して、平成５年に、『データムック民事訴訟』（ジュリスト増刊）という本を作った。これを作るについては、当時、東北大学の研究室に在籍していた菅原郁夫君（現・名古屋大学大学院教授）や山田文さん（現・京都大学大学院助教授）たちが、多いに力を貸してくれた。

ところで、第二次大戦後にこうした立派な統計集が毎年刊行されてきたのは、実は、明治８年以降、司法省が『司法省民事統計年報』という統計集を毎年刊行してきたという伝統にもとづいていた。この『司法省民事統計年報』は、日本ではじめて３審制の裁判所制度が設けられた明治８年から昭和15年にいたるまでの日本の民事裁判の状況を統計的に記録した貴重な年報である。しかし、こうした明治８年以降の裁判統計があるということもあまり知られてこなかったし、実際にそれを全部みることは非常に困難であった。それが幸いにマイクロフィルム化されたので、私は、この先人が残してくれた貴重な統計集を、さきの『データムック民事訴訟』と似た手法で簡便にみられるような形のものにしたいと思ってきたが、それがようやく、このほど、前記の菅原郁夫名古屋大学大学院教授と林真貴子近畿大学法学部助教授のご協力を得て、本書にまとめることができた。

さきの『データムック民事訴訟』の「はしがき」のなかで、私は、その統計集の表やグラフには日本の民事訴訟制度という一つの組織体の毎年の機能がいろいろな面から写しだされている旨をのべたが、本書についても、同じことがいえる。たとえば、表【2-4-1-1】によると、明治８年に地裁にあたる裁判所（当時の府県裁判所）に30万件をこす第一審新受件数があったことが知られる。最近の日本の民事訴訟第一審新受件数は50万件をこえているが、明治初年の日本の人口は今日の人口の３分の１弱であったから、この点より考えても、明治８年にかなりの事件数があったことがわかる。そして、この傾向は、明治９年にもつづく。

では、なぜこのように多数の事件数が当時あったのであろうか。一般に、訴訟事件数の変動は、経済社会の変動と密接な関係をもっているが（林屋『民事訴訟の比較統計的考察』〈有斐閣〉８頁以下参照）、この場合は、とくに明治維新という日本の社会的大変革の結果として生じたいろいろな事件が、明治８年の３審制による裁判所制度の創設を機にして、一挙に裁判所に持ち出されたという特殊事情によるものと、私は考えている（林屋「明治初年の民事訴訟新受件数の考察」林屋礼二＝石井紫郎＝青山善充編『明治期の法と裁判』〈信山社〉92頁以下参照）。

それはとにかく、かなりの事件数であったために、グラフ【2-1-4】によると、明治９年の裁判官１人あたりの事件（旧受事件＋新受事件）数は900件をこえている。しかも、これは全裁判官数で除した事件数であるから、第一審裁判官の担当件数は、これ以上となる。すると、当時、１人の裁判官が900件をこえる事件を処理できたのかという疑問がわくが、この点については、表【2-4-2-1】をみると、明治８年にあっては、地裁第一審の終局合計286,261件のうち、104,326件が「席前済口」で、93,049件が「席後済口」で解決していること、すなわち、終局合計の68.9％の事件が和解で解決していることがわかる。また、明治９年にあっても、終局の合計291,268件のうちの215,497件、すなわち、74％の事件が同様の和解によって解決している。そして、表【2-4-7-1】にも、区裁判所についての同様の状況が記されている。

とすれば、明治８年・９年当時のかなりの事件数も、その３分の２近くが前時代からの和解的解決の方法で処理されていたことを、これらの数字より知ることができる。しかし、それでもなお第一審の裁判官はかなりの事件数を担当していたことになるから、それらの和解による解決ができなかった事件がどのような形で審理されて判決にいたったのかも知りたい問題となる。この場合に、判決にいたった当時の事件にどのような内容のものが多かったかは、表【2-4-3-1】や、【3-1-4-1】【3-2-4-1】【3-4-5-1】などの表から、その様子がわかる。また、具体的な判決がどのようなものであったかについては、明治初年からの民事判決原本が——廃棄されずに——無事保存されたし（この点については、林屋礼二＝石井紫郎＝青山善充編『図説判決原本の遺産』〈信山社〉72頁以下、青山善充「民事判決原本の永久保存——廃棄からの蘇生——」林屋＝石井＝青山編『明治期の法と裁判』３頁以下参照)、『大審院民事判決録』もあるので、これらを調べれば、具体的に知ることができる。

これは一例であるが、このように、本書の統計図表を総合的に考察し、さらに判決原本などを調べることによって、明治期の民事裁判の実態にかなりふれることができる。また、ここから、いろいろな検討すべき問題も発見することができるし、判決原本などによって、その解明への手がかりもつかむことができる。したがって、本統計は、明治期の民事訴訟についての研究・教育のうえで、いろいろとお役にたつことができるのではないかと思う。そのさいの便宜をはかるために、本書の冒頭には「統計解説」を、また、巻末には「参考法規集」をつけることにしたので、利用していただければ幸いである。

明治前期には今日のような民事訴訟法はなかったから、本書の表を作製するさいにも、項目の整理のうえでいろいろと苦労があった。しかし、そうした困難をのりこえて、大学行政の多端な時期にあって、この研究作業をすすめてくださった菅原教授と林助教授のご尽力には、心から感謝しなければならない。また、菅原教授の下で資料の整理にあたった名古屋大学法学部学生の羽田野友紀さんにも、謝意を表したい。そして、本書を出版するうえでも多大の協力を惜しまれなかった信山社の村岡侖衛氏に厚く御礼を申し上げる。

平成16年７月

林　屋　礼　二

も　く　じ

第２部関係統計表

第3部関係統計図（グラフ）

第３部関係統計表

［A］ 解 説 編

第１部　明治期の民事裁判制度と民事裁判手続

林屋礼二

はじめに　本書は、『司法省民事統計年報』にもとづいて、明治8（1875）年以降の明治期の民事裁判統計を表とグラフでしめしている。この明治８年は、日本において、大審院を頂点とする３審制の裁判所制度が創設された年であるが、当時は、まだ統一的な民事訴訟法典をもっていなかったのであり、そのころの民事裁判手続は、徳川幕藩期からの裁判手続の流れを受け継ぎつつ、それがしだいにフランス法からの影響の下で近代化されていく過程にあった。こうした明治初年の裁判手続は、今日の手続とは非常に異なっていたので、本稿では、以下の統計をみるときにも心得ておくことが必要になると考えられる——今日的な民訴の手続観では理解しにくい——この明治初年の裁判手続の紹介に重点をおきながら、明治期の民事裁判制度と民事裁判手続の状況について概観をしておくことにする。なお、以下の記述では、なるべく当用漢字をもちいることにする。また、本文中に〈法規１〉〈法規２〉などと表示してある法規の全文は、巻末に収録してあるので、適宜ご参照願いたい。

第１章　民事裁判制度(1)

（1）中央集権制確立（明治４年）以前

一　徳川幕藩時代にあっては、行政権と司法権は未分離で、行政の主体が司法権を行使していた。すなわち、各大名は、領内の裁判を行ない、幕府は、藩をこえる事件の裁判などを行なっていた。そして、慶応３（1867）年の徳川慶喜による大政奉還後は、従来の幕府の直轄地や旗本御家人の土地は朝廷の直轄地となり、朝廷は府県制を敷いて、府は知府事が、県は知県事が治めるものとなったが、ここでも、知府事・知県事が裁判権を行使した。また、他の大名領地では、いぜんとして各大名が治めるとともに裁判権を行使していた。

そこで、明治２（1869）年６月に版籍奉還が行なわれることになって、各藩主が土地（版）と人民（籍）を朝廷に返上することになり、これによって、全国の土地は朝廷の直轄地になった。しかし、旧藩主は、知藩事に任命されて、政府の地方官として、その藩を治めた（そして、従来どおりの裁判形態がとられた）から、これでは全国統一の政治が行なわれるものとならないので、明治４（1871）年７月に、廃藩置県が断行された。これによって、旧来の藩は廃止され、知藩事はすべて東京に居住することを命じられるとともに、新たに設けられることになった県には、中央政府から任命された県令以下の地方官が配置されて、県を治めることになったが、ここでも、いぜんとして行政官が裁判権を行使していた。

二　こうして、明治４年の廃藩置県以前にあっては、旧幕府領に対しては、知府事や知県事が裁判権を行使していたが、明治２年３月９日の御沙汰では、これらの知府県事に対し、「聴訟（民事訴訟）・断獄（刑事訴訟）之儀ハ当分旧慣ニ依リ」行なうものとされている。そして、明治２年４月に民部官が設けられ、その下に聴訟司がおかれて、これが、府藩県にまたがる民事訴訟で府藩県が裁判するのに困難な訴訟を裁断した。この訴訟の定めには、明治３（1870）年11月28日の「府藩県交渉訴訟准判規定」（太政官布告878号）〈法規１〉があるが、間もなく民部官は民部省となり、その下で聴訟司は聴訟掛と改称された（さらに、司法省設置後の明治４年７月27日に、民部省は大蔵省に合併された）。また、上述のように、各藩では、知藩事に任命された旧藩主が従来どおりの裁判権を行使していて、ここでは、幕藩体制下の訴訟手続が引き続き行なわれていた。なお、明治元（1868）年に、政府は、直轄地となった

（1）　本章については、開国百年記念文化事業会編（編纂委員石井良助）・明治文化史２（法制編）（原書房、1980年）208頁以下・401頁以下、高柳真三・日本法制史（二）（有斐閣、1949年）86頁以下、瀧川叡一・日本裁判制度史論考（信山社、1991年）１頁以下、蕪山嚴・明治前期の司法について［補正版］（私家版、1992年）１頁以下、最高裁判所事務総局・裁判所百年史（最高裁判所事務総局、1990年）15頁以下、最高裁判所事務総局・わが国における裁判所制度の沿革（一般裁判資料12号）（最高裁判所事務総局、1957年）１頁以下参照。

各地（大坂・兵庫・長崎・京都・大津・横浜・箱館・笠松・新潟・但馬府中・佐渡・三河）に、「裁判所」という名の役所を置いたが、これは、今日いうところの司法機関としての裁判所ではなく、前代の奉行所的なもの[2]であって、間もなく、その名も消えてしまった。

（2）司法省設置（明治4年）以降

一　このように、地方の裁判は府藩県に委ねられていたので、新政府にとっては、これを一手に集中することが必要であった。そこで、明治4（1871）年7月9日に司法省が新設され、明治5（1872）年4月に江藤新平が初代の司法卿になると、同年8月3日の「司法職務定制」（太政官無号達）〈法規2〉で、「司法省ハ全国法憲ヲ司リ各裁判所ヲ統括ス」るものとされた（2条）。そして、これによって、裁判所は、つぎの5種類とされた。

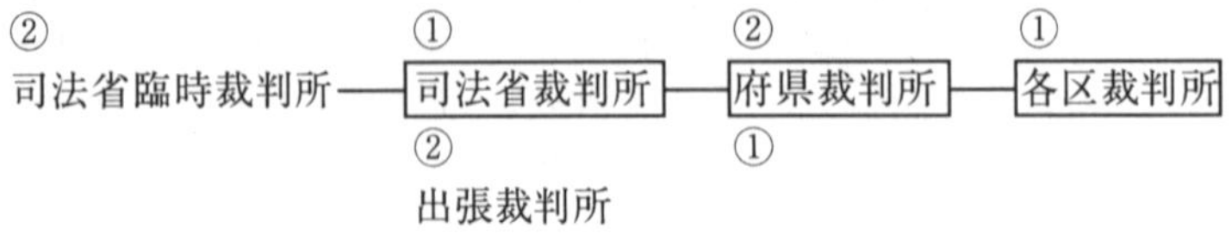

まず、司法省臨時裁判所は、国家の大事に関する事件および裁判官の犯罪を審理するために、臨時に開かれる裁判所である（44条・45条）。つぎに、司法省裁判所は、府県裁判所の裁判に対して不服を申し立てうる裁判所であり、また、各府県の訴訟で決しがたいものを断決したが（司法省裁判所以下の裁判所には、刑事を扱う断獄課と民事を扱う聴訟課の2課があった）、これには所長は置かれず、司法卿がこれを兼掌するものとされた（46条）。この司法卿兼掌の扱いは、明治6（1873）年12月10日に廃止されたが、この兼掌は、司法が行政から分離していないことを物語っている。また、出張裁判所は、司法省裁判所の出張裁判所として、便宜各地方に設置するものとされた[3]（54条）。

そして、府県裁判所は、府県に置くものとされ、府県の名だけを冠して（府や県という字を入れずに）、××裁判所（たとえば、東京裁判所）とよばれた。さらに、各区裁判所[4]は、府県裁判所に属したが、地方の便宜によって設けられ、民事事件では、元金100両以下の事件を扱うものとし、100両をこえる事件や、100両以下でも裁決しがたい事件は府県裁判所へ送られた（70条）。この裁判所制度では、各区裁判所の裁決に不服のある者は府県裁判所に、また、府県裁判所の裁決に不服のある者は司法省裁判所へ上訴（当時、「上告」といっていたが、これは不服申立ての意味である）できたのであり（73条・47条）、事実審だけの2審制（上の裁判所の組織図における①や②の数字は、審級をしめしている。以下においても、同じ）がとられていた（後述の「民事控訴略則」参照）。

こうした府県裁判所を設けることによって、従来からの地方の裁判権を吸収することが意図されたが、しかし、財政的事情からも、人材育成の面からも、また、府県知事などの地方官の抵抗も激しく行なわれたために[5]、全国的にこの裁判所を設置することは困難であった。その結果、明治5年（1872年）中には、東京府・京都府・大阪府の3府および13県（神奈川・埼玉・入間・足柄・木更津・新治・橡木・茨城・印旛・群馬・宇都宮・兵庫・山梨）に府県裁判所が設けられるにとどまった（その後、明治7年に、長崎・函館・佐賀・新潟が加わり、関東地方と3府5港――横浜・神戸・長崎・函館・新潟――に府県裁判所が設置された）[6]。そこで、府県裁判所が未設置の地方では、依然として、県令・参事が判事を兼任して裁判を行なっていた。

二　司法職務定制によると、裁判官は、判事と解部（ときべ）に分けられた。判事には、大判事・権大判事・中判事・権中判事・少判事・権少判事の区別があり、また、解部にも、大解部・権大解部・中解部・権中解部・少解部・権少解部の区別があった（20条）。そして、司法省臨時裁判所は判事、司法省裁判

（2）　石井・明治文化史（法制編）前掲152頁、高柳・前掲86頁。

（3）　しかし、実際には、設置されなかった。

（4）　当時、東京府下に大区・小区が置かれていたが、各区裁判所の区は、これと関係がある。

（5）　とくに京都府の場合について、藤原明久「明治六年における京都府と京都裁判所との裁判権限争議――裁判権独立過程の一断面――（上）（下）」神戸法学雑誌34巻3号（1984年）475頁以下、4号（1985年）905頁以下、浅古　弘「京都裁判所の設置」林屋礼二＝石井紫郎＝青山善充編『明治前期の法と裁判』（信山社、2003年）127頁以下参照。

（6）　瀧川・前掲5～6頁。なお、司法省は、明治5年2月から、――従来東京府が行なっていた――外国人関係の訴訟の裁判を扱うものとして、東京築地の外人居留地に「東京開市場裁判所」を設置したが、これは、明治8年7月に東京裁判所に併合された。東京開市場裁判所ついては、瀧川・前掲3頁・179頁以下参照。

所は判事と解部、府県裁判所も判事と解部、区裁判所は解部だけで構成された。この司法職務定制は、フランス法の影響の下に[7]以上のような裁判所の組織について定めるとともに、民事・刑事の訴訟手続についても定めているが、この定めは、江戸時代の手続を踏襲した当時の東京裁判所（府県裁判所）の実際の手続を条文化したものといわれている[8]。

（３）大審院創設（明治８年）以降

こうして「裁判所」は作られたが、司法職務定制の下では、司法省裁判所という名称がしめしているように、行政権と司法権の区別がまだ截然となされていなかった。そこで、明治元（1868）年の「政体書」で宣明された三権分立の精神を実現するために、明治８（1875）年４月14日には、立法府としての元老院が創設されるとともに、司法府の最高機関として、大審院が創設された（しかし、院長にその人がえられないという理由から、諸省に次ぐ序列とされた）。また、５月４日に司法省裁判所が廃止されて、上等裁判所が設置されるとともに、同年５月24日の「大審院諸裁判所職制章程」（太政官布告91号）〈法規9〉や「控訴上告手続」（同93号）〈法規10〉、そして、同年6月８日の「裁判事務心得」（同103号）〈法規11〉などが制定された。「大審院諸裁判所章程」の下では、つぎのような裁判所があったが、ここではじめて、3審制がとられた[9]。

大審院は、民事・刑事事件の上告を受け、上等裁判所以下の審判の不法なものを破毀して、全国法憲の統一をはかる最高の裁判所として、フランスの破毀院（Cour de cassation）をモデルにして作られた（フランスの破毀院が判決を破毀できるだけで、自判できなかったのに対し、大審院は自判できるものとされていた。大審院章程２条）。上等裁判所は、東京・大坂・福島（しかし、明治８年８月12日には宮城へ移る）・長崎に置かれ、判事３人の合議体で裁判がなされた（上等裁判所章程１条・６条。刑事では、年２回の巡回裁判が行なわれた）。府県裁判所は、単独制であったが、前述のように、各県にすべて設けることは困難な状況であって、まだ設置ができなかった県[10]では、県令・参事という地方官がいぜんとして判事を兼任して裁判をしていた（府県裁判所章程１条参照）。なお、「大審院諸裁判所職制章程」には区裁判所についての定めはなかったが、明治８年12月28日の「裁判支庁仮規則」（司法省達15号）〈法規13〉によって、府県裁判所に支庁を置くことができるものとされ、支庁では、民事は100円以下の事件を扱った。この「裁判支庁仮規則」には「凡民事ニ係ルモノハ金額ノ多少事ノ軽重ニ拘ハラス詞訟人ノ請願ニ任セ之ヲ勧解スヘシ」とあり、江戸時代以来の内済（ないさい）的な紛争の解決のしかたが、「勧解」（かんかい）として、この支庁——そして、つぎの区裁判所——で行なわれることになった。

ところが、翌明治９（1876年）には、府県裁判所の名称が地方裁判所と改められた（９月13日太政官布告114号）。これは、府県裁判所を各府県ごとにかぎることなく、複数の府県に跨って設置できることをしめすための改名であったと考えられており[11]、つぎの23ヶ所に地方裁判所が設けられた。それらは、東京・京都・大坂・横浜・函館・神戸・新潟・長崎・橡木（→水戸）・浦和（→熊谷）・青森（→弘前）・一ノ関（→仙台）・米沢（→福島）・静岡・松本・金沢・名古屋・松江・松山・高知・岩国（→広島）・熊本・鹿児島であった[12]。ここでも、たとえば、東京地方裁判所といわずに、従来どおり、東京裁判所といった。また、府県裁判所が地方裁判所と改名されたことと関係して、明治10年２月19日には「大審院諸裁判所職制章程」が改正され、従来の「別ニ裁判所ヲ置ザルノ県ハ地方官判事ヲ兼任ス」との文言が削られて、旧来から行なわれてきた行政官による裁判が全面的に廃止されることにな

（７）　蕪山・前掲25頁以下参照。

（８）　石井良助「明治初年の民事訴訟法」近世民事訴訟法史（創文社、1984年）所収424頁。

（９）　瀧川・前掲11頁。

（10）　石井・明治文化史２（法制編）220頁参照。なお、北海道の裁判は、函館支庁管内は函館裁判所が担当し、それ以外は明治15年の開拓史廃止まで開拓使刑法局聴訟課が担当した。林屋礼二＝石井紫郎＝青山善充編・図説判決原本の遺産（信山社、1998年）38頁（瀬川信久）参照。

（11）　石井・前掲224頁。

（12）　司法省第二民事統計年報（明治９年）16～17頁。

った。これは、歴史的意義をもっている。

そして、明治９年９月27日司法省達66号によって、「各管下便宜ノ地ヲ択ヒ区画ヲ定メ支庁ヲ設ケ代理官ヲ置キ当分府県裁判所章程ニ照シ事務可取扱事」とされるとともに、「本庁並支庁管内ニ区画ヲ定メ区裁判所ヲ置キ勧解等ノ事務取扱ヘキ事」とされて、「区裁判所仮規則」〈法規15〉が定められた。これによって、区裁判所は、民事では、100円以下の事件を扱った。そこで、当時の裁判所組織は、つぎのようになる。

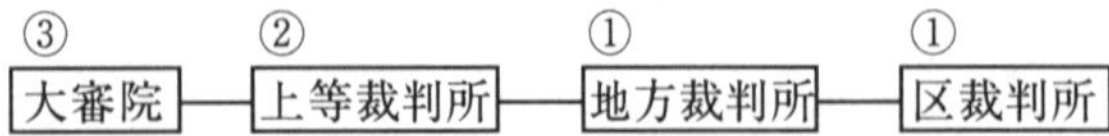

この場合、地方裁判所と区裁判所が第一審裁判所であり、第一審裁判所の判決に対しては上等裁判所へ控訴ができ、さらに、大審院へ上告ができた（なお、上告人は上告保証金として10円を大審院に預けることが必要で、原判決破毀のとき以外はこれが没収された）。なお、明治８年５月24日の太政官布告91号により、裁判官は、判事（１等～７等）と判事補（１級～４級）とされ、大審院は判事、上等裁判所と地方裁判所は判事と判事補、区裁判所は判事補によって構成された（判事職制通則）。

（４）治罪法施行（明治15年）以降

一　明治13（1880）年７月17日に、フランス法にならった旧刑法と、刑事訴訟法としての治罪法が公布され、明治15（1882）年１月１日から施行されたが、この治罪法には裁判所の構成や名称を定める部分があったために、これに合わせるうえから、明治15年１月１日より、上等裁判所は控訴裁判所、地方裁判所は始審裁判所、区裁判所は治安裁判所と改名された。

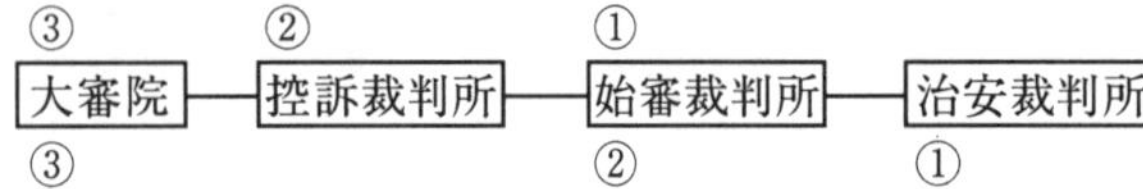

このさい、明治14（1881）年10月６日の太政官布告53号により、「各裁判所ノ位置及管轄ノ区画」が定められた（明治15年１月１日から施行）。これによると、控訴裁判所は、従来の東京・大坂・長崎・宮城のほかに、名古屋・広島・函館に新設されて、７ヶ所となり、また、始審裁判所は、90ヶ所に設置するものとされた。しかし、明治16（1883）年１月10日太政官布告２号でさらに改定され、始審裁判所に本庁と支庁が置かれて、当初、本庁は43ヶ所、支庁は47ヶ所の設置とされた[13]が、その後も数は変動している[14]。司法省第十民事統計年報（明治17年）によると、つぎのような46（沖縄縣のぞく）始審裁判所の本庁名があげられている。

〈東京控訴裁判所管轄〉東京・横浜・千葉・水戸・栃木・浦和・前橋・静岡・甲府・長野・新潟、〈大坂控訴裁判所管轄〉京都・大坂・神戸・岡山・大津・福井・金沢・富山・和歌山・徳島・高知・松山、〈名古屋控訴裁判所管轄〉名古屋・安濃津・岐阜、〈広島控訴裁判所管轄〉広島・山口・松江・鳥取、〈長崎控訴裁判所管轄〉長崎・佐賀・福岡・大分・熊本・鹿児島・宮崎・沖縄県、〈宮城控訴裁判所管轄〉仙台・福島・山形・盛岡・秋田、〈函館控訴裁判所管轄〉弘前・函館・札幌・根室。

そして、明治14（1881）年12月28日の太政官布告83号により、始審裁判所は、100円以上の事件と、人事事件および金額に見積もれない事件を扱うものとされたが、これに対して、治安裁判所は、100円未満の事件を扱い、180ヶ所に設置された（その後、数は変動している）。また、治安裁判所の裁判に対しては――控訴裁判所ではなく――始審裁判所に控訴するものと改められた（これで、終審。しかし、この終審の裁判にも――不法として――上告ができた。司法省第八民事統計年報６頁）。そして、第一審が始審裁判所の事件は、控訴裁判所に控訴ができ、控訴裁判所の判決には大審院へ上告ができた。

なお、明治17（1884）年６月24日に「勧解略則」（司法省達丁23号）〈法規17〉が制定され、治安裁判所に勧解係２名が置かれたが、１名は裁判官、他の１名は、各地の住民で、相当の資産があって、

（13）　裁判所百年史530頁、わが国における裁判所制度の沿革11頁。
（14）　司法省第九民事統計年報（明治16年）28頁では、本庁46ヶ所、支庁53ヶ所とある。

風俗習慣を熟知する徳望者のなかから任命されるものとされた（今日の調停に類似する構想である）。この勧解は、当初、建前としては勧奨されるものであったが、のちに、勧解前置主義的に運用された[15]。

二　明治19（1886）年５月４日に「裁判所官制」（勅令40号）〈法規18〉が制定されたが、これは、「裁判所構成法」の前身である。これによって、控訴裁判所は「控訴院」と改名された。また、裁判官としては、裁判所の長（大審院長・控訴院長・始審裁判所長）、局長（大審院の民・刑局長[16]）、評定官（大審院・控訴院の裁判官）、判事および判事試補（始審裁判所と治安裁判所の裁判官）が置かれた（２条）。さらに、「裁判官ハ刑事裁判又ハ懲戒裁判ニ依ルニアラサレハ其意ニ反シテ退官及懲罰ヲ受クルコトナシ」と規定され（12条）、ここにはじめて裁判官の身分保障が定められて、司法権の独立がまもられるものとなった[17]。それまでは、明治８年の「司法省検事職制章程」（司法省達10号）〈法規８〉で、司法卿に判事の任免の権が認められていた（司法省職制）。

（５）裁判所構成法（明治23年）以降

こうして、これまではフランス法の影響の下に日本の裁判所制度が形成されてきた[18]が、明治22（1889）年にドイツ法の影響を受けた明治憲法が制定されたことにより、ドイツ人オットー・ルドルフ（Otto Rudolff）の起草を原案とした「裁判所構成法」（法律６号）〈法規19〉が明治23年（1890年）２月10日に公布され、11月１日から施行された。彼は、明治17年に来日し、東京大学で法学を講義するとともに、司法省の顧問として、立法にも参与したが、これによって、日本の裁判所制度は、体系的・統一的に一つの法律で規定されることになった。この裁判所構成法の下では、裁判所名もドイツ法的に改められて、裁判所としては、つぎの４種類のものが定められた。

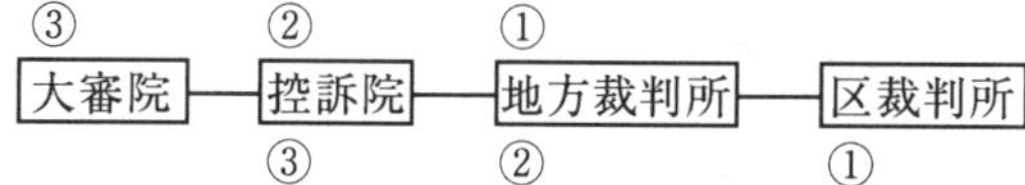

控訴院は従来どおりの７ヶ所に置かれたが、地方裁判所は各府県（45ヶ所）に一つと、北海道に三つで、計48ヶ所に、また、区裁判所の数も増加した。そして、大審院は７人の合議制、控訴院は５人の合議制、地方裁判所は３人の合議制であったが、区裁判所は単独制であった。

第２章　民事裁判手続

（１）府藩県交渉訴訟准判規程

一　すでに述べたように、徳川幕藩時代には、行政の主体が司法権を行使していた。大政奉還後も、朝廷の直轄地では知府・県事が裁判権を行使し、他の大名領地では各大名がいぜんとして裁判権を行使した。また、明治２年の版籍奉還後も事情は同じであり、しかも、「聴訟……之儀ハ当分旧慣ニ依リ」行なうものとされたから、幕藩体制下の民事裁判の手続（出入筋の手続）が引き続いて行なわれ、明治４年の廃藩置県後も、実質的にこの状態がなお継続した。したがって、明治前期の民事裁判手続は、前時代の徳川幕藩期からの民事裁判手続を基礎にした慣行にいくつかの立法的な整理・修正が加わって

（15）　この点について、林真貴子「紛争解決制度形成過程における勧解前置の役割」阪大法学46巻６号（1997年）184～185頁参照。

（16）　大審院には、上告事件（控訴院の終審判決に対するものと、始審裁判所の終審判決に対するものとがある）の受理・不受理を審判する「第一局」と、受理した事件を審判する「第二局」が、置かれた（19条）。

（17）ただし、まだ意に反する転任・転所についての保障はない。三ヶ月章「日本近代法史　――司法制度」民事訴訟法研究第７巻（有斐閣、1978年）所収250頁注（10）参照。

（18）　野田良之「日本における外国法の摂取」講座現代法14「外国法と日本法」（岩波書店、1966年）163頁以下・184頁以下参照。

発展するものとなった。

二　そうした立法として、まず、明治３（1870）年11月28日の「府藩県交渉訴訟准判規程」（太政官布告878号）〈法規１〉がある[19]。徳川時代にあっては、藩にまたがる民事事件は幕府がこれを処理したが、明治に入ってからは、明治政府（民部省）が府藩県にまたがる事件の受理裁判（准判）を行なうこととなり、このために、上の規程が制定された。これは、22条から成るが、ただ交渉訴訟について定めただけでなく、当時の府藩県の民事訴訟の通則的意味ももつものであった[20]（もっとも、各府藩県には、旧来の慣行も存在した）。その手続の主な内容を以下に略記する。

（イ）裁判は、原則として、被告（対答人）の管轄庁で行なわれた。そこで、他の管内の者との間で紛争が生じた原告（訟者）から裁判が求められたときには、知事または参事は、訴状について事実と証拠を検査し、条理が正当であれば、訴状の副書を作って庁印を押し、これを原告が士卒のときは差添人としての町役人に、また、平民のときは里正（名主）と本人に交付して、被告の管轄庁へ送達（持参）させて、その裁判を受けさせることになった（３条）。

（ロ）第一回の審理には必ず知事または参事が法廷にのぞみ、掛りの屬（さかん　裁判所書記官的な仕事をする者）も陪席した。その日に裁決しないときには、第二回の審理からは屬に聴かせてもよいが、そのさいには、２人の屬が並んで座って、審理をする。もし重要な問題があるときは、再び知事・参事が審理に当たる必要があった（７条）。

（ハ）訴訟について断決（判決）するときには、原告と被告から連署した請書（受書）を提出させて、永く異論がないことを証させたうえで、その書の写しを原告の管轄庁に送る必要がある（８条）。

（ニ）審理にあって、当事者が対談熟議し（話し合い）、ともに内済（ないさい　和解）を請うときは、当事者双方の連署状を提出させて、内済の内容に間違いがないことを当事者が証した場合には、これを聞き届け、その旨趣を記載して、原告の管轄庁へ送る（５条）。

（ホ）審理が始まってから100日たっても、事態が紛糾して判決が困難な場合には、その紛糾の事情を記した書面を原告と被告に示し、間違いがないことの証印をさせるとともに庁印を押してから当事者に渡し、民部省に提出して裁断を受けさせる。ただし、金穀その他の貸借の訴訟（これはなるべく和解を目標とするので）や当事者が病気の場合などには、こうした100日の制限を受けない（９条）。

（2）東京裁判所の聴訟取扱大概順序

明治４（1871）年７月９日に、司法権の統一をはかるうえから司法省が設置され、同年12月27日にこの司法省内に――国の最初の裁判所である――東京裁判所が設けられたが、その設置以前３月余の間の裁判手続（東京府司法省出張所の民事裁判手続）について記した覚書（「解部掛り聴訟取扱大概順序」）が、石井良助博士によって紹介されている[21][22]。

（イ）毎朝、訴訟人（原告）らは、裁判所の待合所へ集まり、「一同入ってよい」との声がかかると、原告と差添人（大家など）は、訴所（受付）へ訴状を提出する。訴所では、目安（訴状）・証拠物・名前・文面などを一応調べるだけで、その後、原告らは、審溜りで控える。

（ロ）訴所の掛りが作ったくじによって担当の裁判官としての解部（ときべ）がきまり、この解部が訴状を検査したのち、白州へでて原告を呼び出し、目安糺（めやすただし）を行なう旨を告げる。この「目安糺」とは、江戸時代の幕府の民事裁判手続である出入筋で行なわれた目安糺に由来するもので、被告の答弁を聴くことなく、原告の訴状だけによって、その訴訟を受理すべきかどうかをきめる手続である。たとえば、ある種の金銭債権は裁判所で受理しないものと定められているときに、それに該当すれば、訴えを却下するのであるが、ここでは、その他にも、当事者（公事人・訴答人ともいう）の記載が十分であるかとか、訴えの名称（出

---

(19)　石井・明治文化史（法制編）233頁以下参照。

(20)　石井・前掲233頁、高柳・前掲182頁。

(21)　石井良助「明治初年の民事訴訟法」近世民事訴訟法史（創文社、1984年）所収401頁以下。

(22)　なお、東京裁判所設置以前の３月余は、司法省官員が東京府に出張して府の裁判事務を行なっていたが（石井・近世民事訴訟法史402頁参照）、それ以前の東京府の裁判機構や民事裁判手続については、藤原明久「明治初年における東京府裁判法の展開」神戸法学雑誌35巻４号（1986年）993頁以下で紹介されている。

入銘）が適当であるかなども調べ、受理できない場合には、訴状を下げ渡した（「訴状下げ」）。

そこで、解部は、訴状を調べたのちに、証拠物に関係する訴えについては証拠物（たとえば、貸証文）を、また、証拠物に関係しない訴えなら、その事実を調べ、これが終わると、そこに暫く控えるようにと原告に申し渡して、席を立ったが、そのさいに、解部は、出入銘などについて直させることもあったし、条理に適わぬ願いなのに強いて原告が提出したときなどには、説得して、訴状を下げ渡すこともあった。

そして、解部は、目安糺をパスした訴状を判事に差し出し、その指図を受けて、訴状に「奥書」を加えるか、あるいは、被告を「差紙」で直ちに呼び出すかをきめて、訴所掛りに知らせることになる。訴所掛りでは、１件ごとに袋を作って、これに番号と出入銘を書き入れ、この袋は、当事者が出頭する差日まで訴所掛りが保管する。

（ハ）上の訴状に奥書を加える場合の「奥書」には、日を決めて当事者を呼び出すとともに、当事者間で「内済」（和解）をするように勧める文章が書かれており、たとえば、「如斯訴出候間、双方町役人立会、来る何日迄に可相済、若し不埒明候はば、相手方返答書持参、翌何日六ツ時双方召連可罷出者也」と記されている。これは、江戸時代の七日裏書に相当するものであって、たとえば９月２日に訴えると、７日目の９月８日に被告が返答書を提出すべきものとなった。

この場合、被告が東京府管轄外の者であるときには、裁判所の添書をつけて訴状を被告の管轄庁へ送る必要があるので、解部は、訴状とともに添書の案も判事に提出し、判事の指図によって、訴状と添書は、訴所掛りから原告に渡された（原告は、訴状と添書を受け取った旨の請書を出すことが必要であった）。そのさい、訴状は原告が差添人としての町役人とともに被告の管轄庁へ持参することになるので（これは江戸幕府の制と同じである）、被告の管轄庁へ訴状などを持参して、そこの裁判を受けるようにと、解部は、原告へ申し渡す必要があった。その添書の文案は、「東京何町何番地何之誰より御管下の何洲何郡何村何之誰外何人へ相掛る何出入の訴えが出されたので相糺したところ、余儀なき次第につき、願人に町役人相添え、差回しましたので、然る可くご処置ありたく、これにより、この段申入れ候也」といった趣旨のものとなった。

当事者間で、この奥書にしたがって「内済」がととのい、差日当日に「済口（すみくち）証文」が差し出されたときには、解部は、これを判事へ提出して、内済の理由を報告する。すると、扣帳（こうちょう　控え帳・事件簿）に「干支　何月何日済口」と記入され、判事は、一同を白州へ呼び出し、原告・被告に対して、内済したことに間違いがないかについて念を押したうえで、一同に帰町するように申し渡す（実際上は、判事多忙につき、解部がこれを行なった）。これは、「席前済口」とよばれる。

これに対し、当事者間で内済がととのわずに、被告が「返答書」を差し出したときには、解部は、一応検査のうえ、吟味すべき事項と訴状の要点を書き留める。そして、一件袋にこの返答書を入れて、判事による対決審理の日を「何日御席」と記し、判事に提出する。被告が返答書を持参した日の翌日に、判事による初めての対決審理、すなわち「御席初公事御吟味」が行なわれることになった。

（ニ）つぎに、裁判所が「差紙」（呼出状）で直接被告を呼び出す場合には、訴えた日から７日まで待たずに、解部の考えで、その翌日に呼び出しても構わなかった。このさいの差紙の書き方は、相手方の身分（士族･兵卒と町人）で異なっていた。被告を差紙で呼び出した場合には、被告はまだ訴状を見ていないので、解部は、訴状をひととおり読み聞かせ、もし不審の点があれば、訴状を暫く貸して、白州溜りで読ませたうえで、直ちに「返答書」を書くように命じた。そして、その日に被告が返答書を提出すれば、その翌日が御席（対決審理）となったが、場合によっては、判事に申し立てて、その日が御席となることもあった。

（ホ）「御席」として白州で吟味するときには、かならず差添人がつく必要があり（当人の保護と、本人ついての証明のためか）、差添人が遅れたときは暫く待ち、差添人が揃ったうえで取調べが行なわれた。御席で判事が吟味するときには、一件掛りの解部と訴所掛りの１人もそばに坐って、当事者を指揮した。そして、御席において判事が理解（説得）により当事者の対談（話合い）にまでもっていき、当事者から対談書が提出されると、判事は、その書面を当事者に読み聞かせ、相違がなければ済口（内済）をすべき旨を申し渡し、その「済口証文」が提出されて、これに判事が印をついたときに、済口が聞き届けられたことになって、事件は終了した。これは、「席後済口」である。

こうして、裁判所は、内済を旨として当事者を説得するが、当事者が説得に承服せず、内済が成立しないときには、「吟味詰裁許」すなわち判決（「裁許」）となった。判決がでたときには、当事者は「請証文」を裁判所に提出し、それで訴訟は終了した。もっとも、当事者に不埒の筋があり、咎めを申し付ける必要があれば、判決の前に事件を断獄（刑事訴訟）へまわしたが（「刑事廻し」）、内済が困難な事件の場合にも、不埒の疑いがあれば断獄へまわすとおどかして内済をさせたこともあったようである。なお、吟味中に「日延願書」（期日延期願い）が当事者連印の下に提出されたときには、それが何日に提出されて何程入金と扣帳へ書き留め、日を限って延期が聞き届けられた。

（へ）他の管轄下の者が原告となって東京に住む者を被告に訴えたときには、その原告の村町役人および東京御宿（いわゆる公事宿）が差添人として出頭することになる。この場合には、目安糺のあと、解部は、判事に報告して指図を受け、被告を差紙で呼び出したうえで、返答書を書くように申し付けた。そして、それが提出された日の翌日が最初の御席となり、そのことは原告にも知らされた。この吟味中に内済が成立すれば済口証文が作られ、解部は、この証文の写しと返答書を原告（願人）に渡して、帰郷を申しつけた。そのときの原告の管轄庁へ送る文例は、「御管下何洲何郡何之誰より東京何町何番何之誰え相掛る何出入、吟味中之処、別紙写之通申立候間、聴届、願人は帰村申付、依之此段申入候也」となった。

（３）司法職務定制

明治５（1872）年８月３日に公布された「司法職務定制」（太政官無号達）〈法規２〉において規定されている司法省裁判所の民事訴訟の順序（92条）は（府県裁判所や区裁判所の手続も、これに準ずるものとされた。64条第５・74条第４）、以上の東京裁判所で行なわれていた手続を条文化したものとみられている[23]。すなわち、上述の東京裁判所の手続では，①目安糺・②御席・③吟味詰裁許の３段階が分けられていたが、司法職務定制でも、名称を少し変えただけで、①目安糺・②初席・③落着（落著）の３段階が区別された（51条第３・92条・64条第５）。

（イ）司法省裁判所（聴訟課）では、各府県裁判所からの訴状の送致および越訴があれば、訴訟口詰（受付掛り）が、その訴状を受け、検部（検事とともに検察官であった）から検印を貰ったのち、課長（聴訟課長のことで、判事）に送った。課長は、検事に渡して印を取ってから、１件ずつ判事と解部に掛りを分ける。そして、解部が一応尋問してから、検事がこれに連班する。この手続が「目安糺」である。

（ロ）ついで、訴状に裁判所の印を押し、相手方を召喚してこれを交付し、期日を定めて答書を提出させる。そのさい、和談（和解）を乞う者は、その意にまかせ、そうでなければ、判事・解部が当事者を呼び出して、対決審問すべきである。これが「初席」である。

（ハ）この初席で曲直が明白になったのち、判事が裁判を言い渡すが（和談した者は帰す）、これが「落着」である。この落着のさいは、江戸時代からの慣行により、当事者から「請証文」を提出させた。

（ニ）各区には代書人を置いて訴状の作成に当たらせ、民事訴訟に役立たせたが、代書人を使うかどうかは本人の選択とされた（42条）。また、各区には代言人を置き、自分で訴えられない者に代って、訴えの事情を正しく陳述できるようにしたが、この代言人を頼むがどうかも本人の選択とされた（43条）。

（ホ）なお、訴訟にかかる費用は、従来、原告・被告とも自費あるいは居村町の費用によったが、明治５年９月に「訴訟入費償却仮規則」（司法省達14号）〈法規３〉が定められ、訴状認料、証人引合人手当・旅費などの一定の訴訟費用は、すべて曲者（敗訴者）が負担すべきものとされた。

---

(23)　石井・近世民事訴訟法史424頁。

（4）訴答文例以降の明治前期の民事訴訟手続

一　明治６（1873）年７月17日に「訴答文例」（太政官布告247号）〈法規５〉が公布され、９月１日より施行されたが、これは、上述の――幕藩時代からの影響下にある――民事訴訟手続を基礎にして、訴答（訴状・答書）についての書式を明確にするとともに、手続の詳細化をはかったものである。これとならんで、以後、従来の手続を修正する法規も定められていくので、以下では、これらをまとめて記述して、明治８（1875）年当時およびそれ以降の明治初期の民事訴訟手続の状況[(24)]について概略をしめすことにする[(25)]。

（イ）訴訟をしようとする原告（原告人）は、その管轄町村役場の添え状を持って、被告（被告人）の現在住んでいる地の町村役場へ行き、被告の身分についての証明書を貰ったのちに、訴状を作るべきものとされるが、被告の住所・氏名・身分が明らかであれば、証明を貰う必要はない（１条）。原告が訴状を作るに当たっては、必ず代書人にそれを作らせることが必要である（３条。代言人でも、訴状を作るさいには代書人に頼む必要がある）。しかし、その後に、代書人を使うかどうかは、本人の随意となった（明治７年７月14日太政官布告75号）。

（ロ）上述のように、司法職務定制は、各区に代言人を置くべきものとしたが、代言人についてのそれ以上の定めをしなかったので、結局、明治６年６月18日の「代人規則」（太政官布告215号）〈法規４〉によって、日本国民の成年ならばだれでも代言人となることができた。そして、訴答文例も、代言人を頼むかどうかは当事者の任意によるものとした（30条・35条）。ところが、明治９（1876）年２月22日に「代言人規則」（司法省達甲１号）〈法規14〉が定められて、同年４月以降は、代言人になるために免許が必要とされた。しかし、本人に病気や事故などの已むをえない事情があるときには、近親者や代人によって訴訟をする道も認められた（ここから、いわゆる「当日代人」「三百代言」などとよばれる「もぐりの代言人」が生じた）。

（ハ）訴状は、１行15字詰めで16行に書き、正副２通の作成を必要とした（６条第４）。訴状・答書の書式が定められ、ともに用紙も法定されていた。すなわち、裁判官に提出する訴答および証書の写し（訴状には基本となる書証の全文の写しをつけることが要求された）などのいっさいの書面は法定の罫紙を用いて作るべきものとされ、これは、明治８（1875）年12月20日に制定された「訴訟用罫紙規則」（太政官布告196号）〈法規12〉によった（明治９年２月15日から施行）。この罫紙は、訴訟の種類または訴訟物の価額に応じて色・価額が異なっていたが、大蔵省によって調整され、これを購入することが訴訟手数料の国への納入の意味をもっていて（それ以前には、裁判に手数料を払う必要はなかった）、この方式が明治17（1884）年２月23日の「民事訴訟用印紙規則」（太政官布告５号）〈法規16〉の制定まで行なわれた。裁判官は、法定の罫紙を用いていない書面を受理できないものとされた。

（ニ）訴状は、１事件を１冊に書くべきものとされ、１人の原告が数件を同時に訴えるときも、訴状を各冊作るものとされた（21条）。ただし、①貸借の場合は、原告・被告が同じであれば、２事件以上であっても、１冊の訴状で２事件以上を合わせることができた（22条）。また、②債主（債権者）が連名で米・金などを貸し付けた場合（連帯債権の場合）には、連名の訴状で訴えることができた。そのさい、もし債主３人中の１人だけが訴えるときには、他の２人から依頼の証書を貰って訴える必要があり、もし債主が２人以上で、管轄を異にする者がいるときには、甲の管轄に訴えても、乙の管轄に訴えてもよいものとされた（23条・24条）。逆に、負債者連名の借用証文で貸した米・金などについての訴訟の場合（連帯債務の場合）は、連名の者をすべて被告にする必要があるが、それらの負債者中に管轄を異にする者がいるときには、甲の管轄で審判を願っても乙の管轄で審判を願ってもよいものとされた（25条・27条）。なお、明治６（1873）年11月の「出訴期限規則」（太政官布告362号）〈法規６〉によれば、債権の性質に応じて、出訴期限が６ヶ月・１ヶ年・５ヶ年に３区分され、出訴期限をこえた出訴は受理されないものとされた。

---

(24)　石井・明治文化史（法制編）238頁以下参照。また、村上一博「府県裁判所草創期の聴訟・断獄手続」法律論叢66巻３号137頁以下、西田治夫「旧きをたずねて……」法曹535号44頁以下、松本哲泓「明治八年の豊岡県聴訟訟課における民事裁判（上）（下）」法曹541号10頁以下・542号35頁以下、石井良助「明治初年の地方民事訴訟法」続近世民事訴訟法史（創文社、1985年）639頁以下）参照。

(25)　司法省民事統計年報の数字だけを見ていると、今日のような近代的な民事訴訟手続がすでに裁判所において行なわれていたかにも思いがちであるが、実際はそうでないことも理解する必要がある。

（ホ）訴状が提出されると、裁判官は、訴状が訴答文例の定める方式や要件を具備しているかどうかについて「目安糺」を行ない、受理すべきでないと考えて訴状を却下するときには(26)、必ずその受理すべきでないことの理由を書いた判文を作って、訴状とともに原告に下げ渡す必要があった（「訴状下げ」）。これは訴状却下であるが、もし判文が短くて簡単なときには、訴状の表紙または訴状の末尾の余白の部分に判文を朱書きし、裁判所の印を押してもよいとされた――以上は、明治８（1875）年12月12日の「民事訴状目安糺ノ際不受理又ハ願下ゲノ取扱方」（司法省布達甲16号）による。しかし、この目安糺の制は、明治10（1877）年４月５日司法省達丁29号によって廃止されたので、以後は、すべての訴状の受理が必要となったが、出訴期限を経過したもの、証券･印紙･界紙を用いていない証書など、成文律に抵触するものは、被告からの答書を徴せずに審判できるものとされた(27)。

（ヘ）裁判所は、訴状を受理するときには、原告からの訴状を呼出状とともに被告に送るが、これを受け取った被告は、原告の陳述に条理があれば速やかに原告と熟議し、原告が許諾すれば「解訟」（すみかた　済口・和解）を請うことができた（「席前済口」）。このさいには、代書人に「熟議解訟の答書」を作らせて、これを裁判所に提出するが、これには、原告が承諾したことを証明する原告の奥書と連印が必要であった（33条第１）。これに対し、原告の述べるところが非理不実であり、弁解すべき確証が被告にあるときには、被告は、その書類の全文を書き写し、また、非理不実のことを書いた答書を作って、裁判所に提出する必要があった（33条第２）。

（ト）被告が答書を提出した場合には、原告と被告が呼び出され、対決審問としての「初席」となった。当時の民事訴訟は書面中心主義であったとして、対決審問といっても、当事者があらかじめ提出した証拠書類を基本にして、当事者や証人が補充的に供述をするという審理形式であったとみる見解(28)が有力であるが、後述のように、明治10（1877）年ごろには、徳川幕藩期からの訴訟手続になじんだ、地方の行政官出身の裁判官のほかに、司法省明法寮やその後身の司法省法学校で近代的なフランスの訴訟手続を学んだ裁判官もすでに進出してきているので、後者の裁判官たちによっては、近代的な口頭主義の手続もとられるようになっていたと推察できる(29)。なお、裁判所の呼び出しに応じなかった者や審理に遅れた者については、明治10年１月17日の太政官布告５号によれば、裁判官が、５銭以上10円以下の罰金を科すべきものとされている。

（チ）対決審問の結果､「落着」として裁判官が口頭で判決（「裁許」）を言い渡すときには、当事者は、これをお受けする旨の「請証文」を裁判所に提出し、これで訴訟が終了した。しかし、この請証文の制は、明治６年11月27日司法省達185号によって廃止された。その後は、「裁判言渡書」の写しに裁判庁の印を押し、これを原告・被告に下付して、原告・被告から、裁判言渡書の写しを請けた旨の証書を出させたが、地所境相論で測量絵図の裏に裁判の旨趣を記載して原告・被告に下付したときには、原告・被告から、裁判裏書の絵図を受け取った旨の証書を出させた(30)。

（リ）なお、裁判所は、原告が差し出した訴状の取下げを願い出たときには（「願下げ」)、その取り

---

(26)　この目安糺と現行民訴法の訴状却下との関係についての研究として、鈴木正裕「目安糺と訴状却下」甲南法学40巻３・４号（2000年）143頁以下、同「訴状却下と訴え却下」佐々木先生追悼論集（信山社、2000年）81頁以下がある（ともに、鈴木正裕『近代民事訴訟法史・日本』〈有斐閣、2000年〉第一部・第四部に収録）。

(27)　司法省民事統計年報では、「訴訟終局区分」として、この却下の審判が「棄却」として表示されている場合が多い（明治８年ごろには、「却下」という表示もみられる）。ちなみに、『司法省第七民事統計年報　明治14年』26頁以下に、つぎのような文章が載っている。「連年棄却ノ減スルハ他ニ非ラス凡ソ詞訟ノ事タル原被両造ノ陳述ヲ経ルニ非サレハ其真偽ヲ判決ス可ラサルハ固ヨリ不俟言ナリ故ニ証拠ノ端緒アル訴ハ渾テ之ヲ受理裁判スヘキヲ以テ出訴ノ起頭被告ノ答辨ヲ俟タス直チニ棄却ノ言渡ヲ為ス者ハ単ニ訴訟手続ヲ盡サヽル等ノ事件ニ過キサルナリ加之輓近法理漸ク開ケ独リ代言人等ノ法理ヲ講スルノミナラス凡ソ人民モ亦訴訟手続ヲ辨知スルコトニ斜向セリ由是観之ハ人民出訴ヲ為スニ當リ空シク棄却ノ言渡ヲ受ル者ノ減シテ裁判ノ増殖スル所以ナリ」と。

(28)　染野義信「わが国民事訴訟法の近代化の過程」菊井先生献呈論集『裁判と法上』504頁以下、瀧川叡一・日本裁判制度史論考（信山社、1991年）51頁参照。

(29)　明治10年前後の民事判決原本のなかには、各事件ごとの審理経過を記した「民事表」というものが混ざっている場合があり、これをみると、たとえば、２月５日・６日・７日、３月27日・30日とか、７月５日・７日・10日・20日というように近接した日につづけて「原被対審」が開かれている例もあって、これは、口頭審理主義――しかも、集中審理主義――によっていたことを物語るものかと思われる。

(30)　林屋礼二＝石井紫郎＝青山善充編・図説判決原本の遺産（信山社、1998年）30頁（和仁　陽）参照。

下げる理由を審問し、原告が出訴する権利を抛棄することを申し立てたときには、何々の理由で出訴の権を抛棄し、控訴または上告しないという旨を記載した原告からの願書２通を受け取り、１通は裁判所に留め置き、他の１通には願意を聞き届けた旨を朱書して裁判所の印を押し、これを原告に下げ戻した。裁判所から理解（説得）をして、訴状取下げの願いを出させることは、禁じられていた（前出の「民事訴状目安糺ノ際不受理又ハ願下ゲノ取扱方」による）。

二　こうして、明治初期の民事訴訟手続は、基本的には徳川期からの訴訟手続を受け継ぐものであった。しかし、徳川期の訴訟手続は封建社会のそれであり、明治政府は、諸外国との間での不平等条約を平等条約に改めるために、日本を法治国家とする必要上、訴訟手続の近代化をはからねばならなかった。そこで、フランスからジョルジュ・ブスケ（Georges Bousquet）やギュスターヴ・ボアソナート（Gustave Boissonade）などを招いて、とくにフランスの訴訟制度からの影響の下に、対等主義・公開主義・口頭主義・直接主義による訴訟手続の近代化を試みた。

すなわち、従来の白州における身分的着座方式を改めて当事者を平等とし、裁判の傍聴を認め、また、対審（口頭弁論）による審理方式を採り入れるとともに、審理をした裁判官が判決をする方向への努力がなされた。さらに、明法寮や司法省法学校を設けて裁判官を養成し、フランス民事訴訟法から当事者主義・自由心証主義・判決理由の明示原則などの近代的民事訴訟原理の導入にも努めた。しかし、当時は、統一した民事訴訟法典はなく、裁判官にも、明法寮や司法省法学校の出身者とならんで、旧時代からの訴訟手続になじんだ裁判官が多かったから、訴訟手続も一様にはいかなかった。

このような状況ではあったが、徳川期からの訴訟手続が、フランスの民事訴訟法による影響を受けつつ、近代的な訴訟様式を摂取していったというのが、明治前期の民事訴訟手続の様相であったといえる[(31)]。なお、明治８年に３審制を採る裁判所制度が創設されたことから、明治維新によって日本の社会に生じたいろいろな民事の紛争事件が一挙に裁判所へ持ちだされた。これによって、民事訴訟の新受件数が32万件に上昇したが、その後は、日本の経済社会の変動に応じて、新受件数も増減をみている。

（5）上訴手続

一　江戸幕府法には上訴という制度がなかったので、明治初期の上訴制度は、フランス法の影響を受けて設けられた[(32)]。明治５（1872）年８月３日の「司法職務定制」（太政官無号達）〈法規２〉では、府県裁判所の裁判に服せずに上告（上訴の意味）する者を司法省裁判所が覆審処分するものとし、また、各区裁判所の裁決に不服ある者は府県裁判所に上告できるとしたが（47条・73条）、明治７（1874）年５月19日には「民事控訴略則」（太政官布告54号）〈法規７〉が定められた。これは、４条から成り、司法省裁判所・臨時裁判所への控訴について定めており、原告・被告のうちで、府県裁判所あるいは裁判所がまだ正式に設けられていない県庁の裁判に不服である者は司法省裁判所に控訴することができ（１条）、司法省裁判所ではじめて受けた裁判に対しては臨時裁判所に控訴できるとしている（２条）。この場合には、訴答文例20条に合わせて控訴状を作り、裁判言渡の日から３月の期限内に、裁判を受けた裁判所または県庁に提出すべきであり（３条）、控訴状を受理した裁判所・県庁は、その控訴状に一件書類を添えて、訴人とともに直ちにその上の裁判所に送付すべきものとされた（４条）。

二　その後、明治８（1875）年に大審院・上等裁判所が設置されると、同年５月24日に「控訴上告手続」（太政官布告93号）〈法規10〉が定められた。

（イ）府県裁判所の第一審の裁判に服しないで、上等裁判所に訴えて覆審を求めるのが「控訴」である（１条）。(a) 原告・被告の双方または一方が府県裁判所の裁判に不服であるときには、裁判言渡の日より数えて７日までの間に裁判言渡の事理を熟考したうえで、その翌日に至って控訴できるが（ただし、商事の訴訟で急速を要する場合は、７日以内でも控訴ができた）、府県裁判所の裁判言渡より３ヶ月（そのさい、府県裁判所より上等裁判所への距離が８里を

---

(31)　明治10年代に行なわれていた民事訴訟手続を条文の形に整理したものが、作られている。法務大臣官房司法法制調査部監修「現行民事訴訟手続及カークード氏意見書」（日本近代立法資料叢書22（商事法務研究会、1985年）所収）。司法省の御雇外人カークード（William Kirkwood）については、手塚豊「司法省御雇外人カークード」法学研究40巻３号（1967年）55頁以下参照。

(32) 石井・前掲248頁。

こえる場合には、上の３ヶ月に８里ごとに１日の猶予を加える）を過ぎると控訴できないものとされた（４条・５条）。(b) 控訴は、府県裁判所に届出て行なうが、この届出があると、府県裁判所は、裁判言渡の執行を停止し、上等裁判所からの請求があれば、府県裁判所における訴状・答書・口書・裁判見込などを差し出す必要があった（６条・７条）。(c) なお、区裁判所が設けられてからは、明治９（1876）年９月27日の「区裁判所仮規則」（司法省達66号）〈法規15〉により、「控訴上告手続」に照らして直ちに上等裁判所へ控訴できるものとされた（４条）。

（ロ）各裁判所の終審を不法であるとして、大審院に取り消しを求めるのが上告である[33]（９条）。上告できるのは、①裁判所管理の権限を越えた場合、②聴断の定規に反する場合、③裁判が法律に違う場合とされて（10条）、形式上、上告審は法律審的であった。(a) この上告ができるのは、上等裁判所に控訴して、その審判を経た者にかぎる（14条）。上告をする者は、自身であるいは代言人により、裁判言渡より２ヶ月以内に、上告状正副２通を大審院に提出するとともに、相手方にも通知をする必要があるが、上告状には当事者の姓名・貫籍（本籍地）・裁判のあった年月日を記し、上告の趣旨を明らかにするとともに、原裁判の写しをつける必要がある（15条）。なお、上告をする者は、原裁判所に届出る必要があり、この届出があると、原裁判所は、書類を３日以内に大審院へ送ることになる（17条）。(b) 大審院の民事課では、判事５人以上が列席し、上告人または代言人に上告状を読み上げさせ、陳述を聴いたのち、当然の上告であると認めれば、当事者の対審をしたうえで裁決すべきことを言渡し、不当な上告と認めれば、何々の理由で上告を審理しない旨を言渡す（20条）。これは、「願訴の下調」と呼ばれる。(c) 判決すべき旨を言渡したときは、２日内に上告状の副本をつけて被上告人に呼出状を送る（22条）。被上告人は、呼出状を受け取った日から30日以内（被上告人の住所より大審院までの距離が８里をこえるときは、８里ごとに１日を加える）に、答弁書を作って、大審院に提出しなければならない（23条）。この答弁書が提出されると、民事課の課長は、判事のなかから１人の専理員（専門審理員）を命じて対審の日をきめ、その３日以前に、当事者に対審の呼出状を送達する（24条）。(d) その対審では、判事が列席する法廷で、まず、専理員が一件の始末を読み上げ、ついで、各当事者からの陳述があり、つづいて、当事者の交互の弁論がある。そのうえで、上告人の上告に理ありと決したときは、何々の理由で原裁判所の裁判を破毀するにつき、某裁判所でさらに裁判を受くべきこと、または、大審院で裁判すべきことを言渡すが、これに反して、上告人の上告に理なしと決したときは、何々の理由で上告を却けることを言渡すものとなる（25条・26条）。そして、破毀によって移送した裁判所がまた大審院の判旨にしたがわないときには、大審院は、全員会議で判決を行なう（27条）。

この「控訴上告手続」は、明治10（1877）年２月19日の太政官布告19号で改正され、控訴では、府県裁判所が地方裁判所に変わり、上告では、上告状の記載事項が詳細となり、添付書類が増加するとともに、民事課が大審院、課長が院長、専理員が主任と改められた。また、上告人は、上告状に添えて金10円を大審院に預けるものとする制度（16条）が実施されることになり、上告が認められて原裁判が破毀されたときは、その預り金が還付されるが、上告が認められなかったときや、上告が認められても対審後に原裁判が破毀されなかったときには、預り金は没収されるものとなった。

（6）勧解[34]（かんかい）

一　江戸時代にあっては、民事訴訟では内済すなわち和解が原則とされたが、明治になってからも、こうした傾向がつづき、裁判所でも、和解が勧奨された。明治８年以後の司法省の達などには、再三にわたって、この和解の勧奨すなわち「勧解」を定めたものがみられる。前述のように、明治８（1875）年12月28日「裁判支庁仮規則」（司法省達15号）〈法規13〉の６条は、「凡民事ニ係ルモノハ金額ノ多少事ノ軽重ニ拘ハラズ、詞訟人ノ請願ニ任セ、之ヲ勧解スベシ、但勧解ハ必シモ定規ニ拘ハラザル者ト

(33)　三ヶ月　章「日本近代法史――司法制度」民事訴訟法研究第７巻（有斐閣、1978年）所収248頁（初出は、石井紫郎編・日本近代法史講義（青林書院新社、1972年））は、「下級裁判所の機構・手続ともに不完全であったこの時期に、著しく完備した組織法・手続法が、まず、この大審院についてあらわれているのに注目しなければならない」と指摘されている。

(34)　石井・前掲244頁以下、高柳・前掲187頁以下。また、林真貴子「紛争解決制度形成過程における勧解前置の役割」阪大法学46巻６号（1997年）163頁以下、同「勧解制度消滅の経緯とその論理」阪大法学46巻１号（1996年）141頁以下参照。

ス」とし、また、７条は、「勧解ヲ乞フ者ハ、訴状ヲ作ルニ及バズ、直チニ該庁ニ願出テ其事由ヲ陳述スルヲ得ベシ」とするとともに、８条は、「勧解ヲ乞フ者ハ、必ズ本人自カラ出頭ス可シ、但疾病事故等ニテ已ヲ得ザル時ハ、其代人トシテ親戚ヲ出スベシ」と定めた。そして、明治９（1876）年９月27日の「区裁判所仮規則」（司法省達66号）〈法規13〉も勧解について規定しており（６条～９条）、勧解は、金額の多少に拘わらず、裁判所支庁または区裁判所の専属管轄であった。と同時に、勧解は当事者の請求によってなすべきものと定められていたが、明治９年10月12日司法省甲番外は、「東京府下ノ儀、当分民事ノ詞訟ハ一応区裁判所ノ勧解ヲ乞フベク、此旨布達」とされ、民事の詞訟はなるべく区裁判所の勧解を乞わせるものとされた（明治９年11月27日にも、同様の趣旨の諭達があった）。

二　その後、明治15（1882）年に治罪法が施行され、治安裁判所が設けられてからは、治安裁判所が勧解に当たることになり（太政官布告83号）、明治17（1884）年６月24日に「勧解略則」（司法省達丁23号）〈法規17〉が公布された。これによると、治安裁判所では判事補２名を勧解掛とし、治安裁判所長も随時勧解掛となったが、勧解掛は年齢30歳以上であることが必要とされた。こうして、当時の民事訴訟では大いに勧解が活用されたが[35]、これは裁判官によって行なわれたので、勧解裁判などともよばれていた。

（７）民事訴訟法典

一　上述のような明治初年の民事訴訟手続から明治23（1890）年の民事訴訟法典の公布までの間に、元老院では民事訴訟法の編纂事業がすすめられて、明治13（1880）年10月には、５編287条から成る確定案ができている。これは、1806年のフランス民事訴訟法典を範とするものであった。また、その後、司法省は、前述のボアソナードに委嘱して民事訴訟法の起草を行なわせたが、これは、「ボアソナード草案」として知られている。したがって、この間には、上述のように徳川幕藩期からの民事訴訟手続の慣行に対しても、主としてフランスの民事訴訟法を参考とした種々の近代化へ向けての技法が導入されたと考えられる[36]。ただ、この点の詳細はまだ明らかでないが、当時の司法省が各裁判所に配布したフランス民事訴訟法の概説書などが分かっているとともに、明治初年からの民事判決原本が国立公文書館で保存できることになった[37]ので、両者の比較検討の作業などをつうじて、その過程の研究を今後すすめていくことが望まれる。

二　こうして、日本の民事訴訟法の法典化については、当初、フランスの民事訴訟法が影響を与えていたが、その後、明治政府は、当時最新の1877年のドイツ民事訴訟法をモデルにして民事訴訟法典を編纂することに方向転換を行ない、そのために、プロシアの県参事官であったヘルマン・テッヒョウ（Hermann Techow）を招き、結局、明治23（1890）年4月にドイツ民事訴訟法の影響を受けた８編805条から成る「民事訴訟法」（法律29号）〈法規20〉が公布されて、翌24（1891）年１月１日から施行されることになった[38]。これは、弁護士強制主義や当事者恒定主義を採用しなかった点では異なるが、基本的にはドイツ民事訴訟法に拠っており、ここで、日本の民事訴訟手続が――フランスの民事訴訟法の影響下から離れて――ドイツ民事訴訟法の影響下で本格的に近代化されることになった。その明治23年の民事訴訟法における判決手続は、つぎのような内容のものであった。

（イ）ドイツ民事訴訟法は弁護士強制主義を採っていて、日本の地方裁判所に当たるラントゲリヒト（Landgericht）以上では必ず弁護士に事件を依頼する必要があった。これに対し、明治23年の民事訴訟法は、本人訴訟主義を採り、弁護士強制主義を採用しなかった。したがって、一般の素人でも法廷で訴訟活動ができた。しかし、代理人をだすときには、原則として、その代理人は弁護士であることが必要とされた（63条）。

（35）　明治10年から勧解の事件数が急増して、明治16年には109万件にも達しているが、この点について、林屋礼二「明治初年の民事訴訟新受件数の考察」林屋礼二＝石井紫郎＝青山善充編・明治前期の法と裁判（信山社、2003年）113頁参照。

（36）　小野木　常「明治初期の民事訴訟（一）」法学論叢49巻２号（1943年）19頁も、すでにこの点を指摘する。この見地から、蕪山　嚴・明治前期の司法について［補正版］１頁以下参照。

（37）　この民事判決原本の保存のことについては、林屋礼二＝石井紫郎＝青山善充編・図説判決原本の遺産（信山社、1998年）、青山善充「民事判決原本の永久保存――廃棄からの蘇生――」新堂先生古稀（有斐閣、2001年）１頁以下を参照。

（38）この間の経緯につき、兼子　一「民事訴訟法の制定――テッヒョー草案を中心として」民事法研究第二巻（酒井書店、1950年）１頁以下、染野義信「わが国民事訴訟法の近代化の過程」菊井先生献呈論集（有斐閣、1967年）493頁以下、鈴木正裕「テヒョー草案について」甲南法学42巻１・２号（2001年）１頁以下（同『近代民事訴訟法史・日本』第二部に収録）参照。

（ロ）明治23年の民事訴訟法では、従来の代言人は弁護士とよばれるようになり（63条・66条など）、明治26（1893）年に「弁護士法」（法律7号）ができて、弁護士となるには弁護士試験に合格することが必要となった。ただし、帝国大学法科大学卒業生には、無試験で弁護士の資格が認められた。

（ハ）上述のように、明治前期の民事訴訟では勧解前置主義的運用が採られたが、明治23年の民事訴訟法は、勧解前置主義を採らなかった。そこで、原告は、直接に裁判所に訴状を提出して訴えの提起をすることができたが（190条）、区裁判所に対しては口頭で訴えを提起することも認められた（374条）。

（ニ）上述のように、明治前期の民事訴訟では、すでに、フランスの民事訴訟法からの影響の下に、民事訴訟の審理では対審（口頭弁論）を中心とする場合もみられたが、明治23年の民事訴訟法は、口頭弁論による審理を原則とし（103条）、口頭弁論を準備するための書面でも、事実は簡明に記載し、法律上の議論の記載は許されなかった（106条）。

（ホ）ドイツの民事訴訟法は近代の訴訟法として「弁論主義」を基本原理としたから、これをモデルにした明治23年の民事訴訟法でも、証拠調べは、当事者からの申立てにもとづいて行なわれるものとされた（274条参照）。しかし、事実の評価は、裁判官が弁論の全趣旨と証拠調べの結果によって行なうものとして、「自由心証主義」が採られた（217条）。

（へ）訴訟が裁判をするのに熟したときには、裁判所は終局判決をするが（225条）、裁判所は、当事者から申立てのない事項について判決することはできないものとされた（231条Ⅰ）。これは、近代の民事訴訟法の基本原理である「処分権主義」の表明である。なお、明治23年の民事訴訟法には、当事者が欠席したときに、出頭した当事者からの申立てにもとづいて欠席者に不利な判断を下す「欠席判決」の制度があった（246条以下）。

（ト）明治前期の民事訴訟の判決では、フランスの民事訴訟法の影響下にあったので、判決の結論（主文）は、最後に書かれた。これに対し、ドイツの民事訴訟の実際は——条文上は、事実・理由・主文となっていた（この関係で、236条参照）が——主文が判決の冒頭に記されたので、明治24年以降の判決では、判決主文のあとに事実と理由の記載がなされた。

（チ）控訴審は事実審であり、ここでは「続審主義」が採られて（415条）、第一審の継続としての審理がなされた。控訴審の判決に対しては第三審に上告ができたが（432条）、上告審は法律審とされ（434条）、控訴審が確定した事実を基礎にして（446条）、法律問題についての裁判をした。上告審で上告理由が認められると原判決が破毀されるが、そのさいには、自判もできた（451条）。

（リ）明治23年の民事訴訟法については、実施後、いろいろと手続上の欠陥が現れたため、明治28年ごろから、その改正の動きも起こり、明治36年には改正案も公表された(39)。これは人事訴訟も内容に含めるもので、10編1004条から成った。しかし、これは議会に提案されることなく終わり、その本格的な改正は、大正15年まで見送られた(40)。

［後記］なお、明治期の民事裁判制度と民事裁判手続に関する参考文献については、石川一三夫＝中尾敏充＝矢野達雄編・日本近代法制史研究の現状と課題〈弘文堂〉のなかの第6章民事訴訟法（林真貴子）および第10章司法制度（菊山正明）を参照されたい。

---

(39) 松本博之＝河野正憲＝徳田和幸編著・日本立法資料全集10　民事訴訟法［大正改正編］（1）（信山社、1993年）31頁以下。同全集43〜46民事訴訟法［明治36年草案］（1）〜（4）（信山社、1994〜5年）参照。

(40) 松本＝河野＝徳田編著・前掲全集10〜14民事訴訟法［大正改正編］（1）〜（5）（信山社、1993年）参照。

第２部　司法統計から見た民事裁判の概要

菅原郁夫

第１章　裁判官数と弁護士数

（１）裁判官数

明治期における裁判官数（グラフ【2-1-1】）は、明治９（1876）年から16年の間に、当初の466人から1200人台に一気に増加しているが、それ以降、1100人から1200人の間を上下する程度でほぼその数は一定している。明治９年から16年の間は、裁判所自体が増設された時期であり、それに伴って裁判官数も増加したものと思われるが、その裁判所増設期が終了した後には裁判官数の増加は目立つ形ではなされなくなる（グラフ【2-1-2】）。ただ、歴史的に見るとこの時期の裁判官数は、単位人口当たりではもっとも多い。今日の裁判官数は、絶対数では明治期を上回るものの、人口数との関係でいえば、その単位人口あたりの数は減少している（グラフ【2-1-3】）。その意味で、まさに先進諸国を模倣した明治期の司法制度の方が、その後に形成された日本固有の制度以上にリソース上は充実していたことになる。ただし、個々の裁判官の資質が今日に及ばない点は論を待たないであろう[(41)]。とはいえ、後述のように、現状とほぼ同程度の事件数を処理していることを考えると裁判官一人あたりの事件処理数は相当多かったことが考えられる。とくに、明治８年から10年の間の訴訟数は今日の訴訟数を越えている点を考えあわせると、当時の裁判官はかなりの数の事件を処理していたことになる（グラフ【2-1-4】）[(42)]。

（２）弁護士数

他方、弁護士数は明治の当初から暫増し、明治45年には裁判官のほぼ倍の数になっている。現在と比較した場合、裁判官数は約半数にとどまるが、弁護士数は10分の１程度である。また、裁判官数に比して弁護士が少なく、比率は約１対２である。今日、地裁の訴訟事件の７、８割に弁護士がつく状況と、当時は相当異なっていたことが推測できる。

当時の資料によれば、弁護士自体の数は少ないが、そのほかに法廷外活動をする「三百屋」と称するものが多数存在し、現在の弁護士業務のうち法廷での弁論活動以外のことを行っていたようである。それが弁護士数の少なさの一つの原因であることが考えられる。と同時に、当時の弁護士の収入は裁判官よりも遙かに高かったことなどが指摘されており、そのような事実からすれば、当時の弁護士はかなり、特権的な存在であったことが考えられる[(43)]。

第２章　第一審総事件数の推移（明治８年～45年）

第一審の事件数の流れ（グラフ【2-2-1】）を見ると、総数でいくつかのピークが存在することがわか

(41)　ただ、この点に関して注目したいのは、明治初期においては全国的な裁判権を確立するためには、裁判官の増員がはかられたが、その統一的裁判権の確立後は、事件数にあわせた裁判官の増員政策は採られず、むしろ事件数の抑制と、裁判官の定数化がはかられたようにも見える点である。その背景には質の高い裁判官確保が難しいという面があったものと思われるが、統一的裁判権の確立期には一気に増員をはかったにも関わらず（その意味では質の点を犠牲にしたはず）、それ以降は同様の姿勢を維持しなかったことには、明治政府の司法制度に対する対応の一端を示すものともいえる。

(42)　この当時の訴訟数の多さが、その後、訴訟政策があったとすれば、その導入に大きな影響を及ぼしたのではないかということも推測され得よう。詳細は今後の研究に期待される点である。

(43)　橋本誠一「伝記・評伝類を読む――ある地方在野法曹の歩み――」石川一三＝矢野達夫編・法史学への旅立ち――さまざまな発想――（法律文化社、1998年）137頁以下。三百屋の弊害が指摘され、その除去がなされるのは昭和に入って旧弁護士法（1933年、昭和８年）が制定されてからのようである（旧弁護士法では複数事務所開設が禁止された）。しかし、それ以前では、法廷外で三百屋が法律業務を行うことは禁止されておらず、少なくとも、明治13年までは、代人（代言人ではない）が法廷に立つことは合法的な行為であったし、13年以降も代人は「業として」代言業を行わない限り、法廷に立つことができた。法廷での弁論を禁止されるのは明治26年にいたってである。

る。はじめは明治９（1876）年で、地裁[44]・区裁[45]の処理事件数の合計は40万件を越えている[46]。当時の人口や社会状況を考えると、今日から想像できる訴訟数を遙かに上回る事件が裁判所に訴え出られていたことになる。その点は、人口当たりの訴訟数を今日と比較してみると、人口単位では今日以上の提訴率があったことからも示される（グラフ【2-2-2】）。今日、日本人は訴訟嫌いであるといった考え方もあるようであるが、これらの数値を見る限りその指摘が必ずしもあてはまらない可能性もあろう[47]。

しかし、その後、訴訟数は明治12年に向けて激減し、明治16年に再度ピークを迎える。明治12年から15年にわたる訴訟数の減少は、その原因が必ずしも明らかではないが、後述のように、この間に勧解の事件数が増加することから、事件が勧解に吸収された可能性もある（なお、後述のように、この時期の勧解は強制前置ではなかった）。後者の増加は松方デフレによる経済的混乱によるものと思われる。この間、明治15年の事物管轄の変更に伴い、地裁と区裁の処理事件数が逆転する[48]。その後、明治18年に向けて事件数は激減する。この間、明治17年には民事訴訟用印紙規則〈法規16〉が定められている。この印紙規則が実質的に提訴手数料の引き上げに当たり、これが訴訟数激減の大きな要因になったと解する見解も示されている[49]。さらにその後、訴訟件数は再び24年には急増する。この急増は、明治24年に日本で初の資本主義下における恐慌の到来によるものと推測される。と同時に、同年に施行された民事訴訟法〈法規20〉により、まで多くの事件を処理していた勧解が廃止され、勧解で処理されていた事件が訴訟、とくに、区裁に流れ込んだことによるものと思われる（後述のように、この時点では勧解前置となっていたことから、廃止前まで勧解で解決し訴訟にいたらなかった事件も直接訴訟に流れた可能性がある）。その後、36年に再度ピークが訪れるが、これは当時の経済恐慌を反映してのことと思われる。明治24年以降の事件数の変化は主に区裁判所の事件数の変化と連動しており、しかもそれは市中の経済変動に連動しているように見受けられる。

第３章　勧解・起訴前の和解・督促手続の件数の推移

（１）勧解件数の推移

勧解とは、裁判所で裁判官によって行われる調停類似の紛争解決制度である[50]。江戸時代の内済（ないさい）をすすめる考えを引き継ぐともいわれるが、共同体内での紛争解決制度として位置づけられる内済とは異なり、個人を基準とした紛争解決制度である点において、内済とは大きく異なる制度である。勧解は、明治８（1875）年の東京裁判所支庁管轄区分並取扱仮規則６条ではじめに規定されているが[51]、その後、活発に利用されたことがうかがえる（グラフ【2-3-1】）。８年当初（８月）は東京裁判所支庁管轄において行われていたものが、年末（12月）からは、裁判支庁仮規則〈法規13〉の制定とともに、全国の裁判所にそれが広がり、件数が飛躍的に増大する。事件の種類は多くは金銭に

(44)　明治５年から９年までは府県裁判所、９年後期から15年までは地方裁判所、15年から23年までは始審裁判所、そして23年からは再び地方裁判所と名前を変えている。

(45)　明治９年に区裁判所として創設されるが、15年から23年までは治安裁判所の名称であった。

(46)　制度的には、この間、明治８年に「控訴上告手続」、「裁判事務心得」、「訴訟用罫紙規則」、「裁判支庁仮規則」、明治９年に「代言人規則」、「区裁判所仮規定」などが相次いで制定されている。

(47)　なお、この点はとくに明治時代に先行する江戸時代の訴訟数との対比から論じることが重要と思われるが、江戸時代においても相当数の民事訴訟が存在していたことが指摘されている。丹羽邦男「明治政府勧解制度の経済史上の役割」商経論叢第30巻１号（1994年）36頁参照。なお、明治期に訴訟抑制政策が採られたことによって以後の訴訟数が減少したことを指摘するものとして、渡辺洋三＝江藤价泰＝小田中聰樹・日本の裁判（岩波書店、1995年）159頁以下、福島正夫・福島正夫著作集第一巻日本近代法史（勁草書房、1993年）338頁以下、ジョン・O・ヘイリー（加藤新太郎訳）「訴訟嫌いの神話」判例時報902号14頁など参照。

(48)　明治23年の裁判所構成法の施行以前は、地方裁判所（始審裁判所）、区裁判所（治安裁判所）のいずれもが単独制の裁判所であった。明治15年以前は、区裁判所の管轄は、最高100円以下とされていたが、その上限は100円までの範囲で、地域の実情にあわせ調節しうるものとなっていた。しかし、15年以降、治罪法の制定により、一律、始審裁判所（地裁）は訴額100円以上の事件、治安裁判所（区裁）は100円未満の事件を扱うことになる。

(49)　この点を指摘するものとして、渡辺洋三＝江藤价泰＝小田中聰樹・日本の裁判（岩波書店、1995年）159頁以下がある。しかし、この印紙額の増額も、当時の弁護士手数料の高さに比べるとさほど大きなものではなく、その訴訟抑止効果に関しては疑問をていするものもある。林真貴子「紛争解決制度形成過程における勧解前置の役割」阪大法学46巻６号（1997年）191頁注（23）参照。

(50)　林真貴子「勧解制度消滅の経緯とその論理」阪大法学46巻１号（1996年）142頁。

(51)　ただし、その内容は大いに異なり、江戸時代の内済とは異なり、個人の申し出により行われていた点などについては、林・前掲論文注(49) 143頁参照。

関するものであるが、明治10年には事件総数が60万件台に急上昇し、16年には120万件に迫る事件が処理されている。明治16年の事件数の急増は松方デフレによるものと思われるが、それ以前においても件数は相当数に達している。その理由は、①勧解の場合には口頭での提起が可能であり、当時の教育水準からしても利用しやすかったこと、また、②当初手数料がなかったこと、③解決規範が法規ではなく十分に当事者の言い分を聞くことにあったこと、④執行制度の不備な当時において執行方法までを考慮に入れた解決が可能であったことなどの理由によるものと思われる(52)。当初必ずしも統一的な手続がなかったが、明治17年に司法省達によって勧解略則〈法規17〉が制定され、裁判官１人、地域住民１人といった今日の調停に類似する体制が整備される。しかし、その時点では、事件数自体は逓減する。この勧解に関しても、明治17年には民事訴訟用印紙規則〈法規16〉が定められ、提訴手数料が必要となったことが影響したものと思われる。その後、明治23年の民事訴訟法の成立により勧解は姿を消すが、その時点でも40万件近くに及ぶ事件がこれによって処理されている。近時、民事調停の利用が盛んであるが、その数は、30万件程度である。また、家事調停は、同年で10万件程度ある（新受旧受合計・地裁簡裁合計で昭和59年、データムック【7-4】)。これらの点を考えると当時、すでに今日の事件数と同等の事件が勧解によって処理されていたことになる。

ところで、勧解は当初、民事訴訟に必ずしも前置されていたわけではない。したがって、明治初期の民事事件数は、訴訟数と勧解数の合計に近い可能性があり、今日からは想像できないくらいの事件が裁判所に押し寄せていたことがわかる。その後明治17年頃には勧解前置の体制がとられるようになったとされる(53)。したがって、17年以降では、民事事件の事件数という意味では、勧解事件数がすべての民事訴訟事件数を含んでいることになる。そのため、勧解事件数の減少は単に勧解だけの減少だけでなく、裁判所に申し立てられる事件数全体の減少を意味している。

グラフ【2-3-2】は、勧解の終局形態の変化を示している。終局形態に関しては明治16年に成立（勧解調和）率がもっとも下がっている。これは経済混乱期における紛争ゆえに折り合いが難しいものが多かったことによるものと思われるが、その後一時成立率は高まるものの再び下降し、不調率が高まる。この間、処理事件数は低下していることを考えると、明治16年当時とは異なる状況が生じてきていたことが推測されるが、それと同時に、勧解が訴訟に前置されたことにより、本来勧解が難しくで訴訟となるべき事件も、一次的には勧解で処理せざるを得なくなったことによるものと思われる。

グラフ【2-3-3】は、事件類型別勧解事件数である。勧解が利用された事件はすべての類型の事件に及ぶが、数の上では金銭事件がもっとも多い。その比率はほぼ一定している。勧解は人事事件も扱っていたが、24年の廃止後、人事事件に関してはそれまで存在していた簡易な紛争解決手続が消滅してしまったことになる。24年以降、人事事件の処理がどのように変化したかは不明である。

（２）起訴前の和解件数の推移

勧解は明治23年の民事訴訟法の制定により姿を消し、代わって起訴前の和解と後述の督促手続が新たに登場する。いずれの制度もその後今日まで継続する制度である。

グラフ【2-3-4】は起訴前の和解の新受件数の推移を示している。起訴前の和解は、明治24年当時は９万件を越す事件が処理されていたが、その後、総数は激減し、明治45年にはほとんど利用されない制度になってしまっている。当初の９万件に及ぶ事件数は、おそらく、勧解利用の名残であり、制度趣旨の異なることが明確になるにつれて、利用者が遠のいたものと思われる(54)。

グラフ【2-3-6】は、事件類型別に見た起訴前の和解件数の推移である。その中で注目すべきは、当初金銭に関する事件の割合が圧倒的であったが、その後、土地、人事関係の事件比率が増す点である。おそらく金銭に関する事件の多くは督促手続に移行していった結果と思われる。逆に、督促手続きは金銭及び代替物の請求に限られることから、そこで処理され得ない土地、人事関係の事件が起訴前の和解に流れ込んだものと思われる。しかし、事件処理数の減少は、他の手続に見られるような上下動を全く示しておらず、社会変動を全く反映していないように見える。また、和解成立率（グラフ【2-3-5】参照）も明治後期に少し上昇するが、通年ではそれほど高くはなく、むしろ不成立率の方が年々高まっている。機能面から見てもあまり有効な制度ではなかったようである。その意味で、相対的には上

(52)　林・前掲論文注（49）144頁注参照。
(53)　染野義信・近代的転換における裁判制度（勁草書房、1988年）117頁以下。
(54)　林屋・前掲データムック３頁参照。

記のように人事関係での利用が多かったことがいえても、いずれの事件類型であれ、絶対数においてこの制度がほとんど利用されていなかったことは確かであろう。

ただ、これだけ利用数が減少した起訴前の和解も、戦前および戦後の昭和30年代には２万件から３万件の事件数がある。その意味では逆に、明治後半において何故に起訴前の和解がこれほど減少したのかが疑問となる。

（３）督促手続件数の推移

グラフ【2-3-7】は、督促手続件数の新受件数の推移を示している。起訴前の和解は利用数が激減したのに対し、督促事件の処理数は約10万件を起点として暫増する。事件数は明治29年にいったん減少にした後、増加を続け、明治36年には処理事件数が40万件近くに達している。これら明治36年および明治45年以後の事件数の増加は、経済恐慌に対応するものと思われる。内容的にはほとんどが金銭取立事件であり、異議申立率も有価証券を除いてほぼ一定して20％前後となっている（グラフ【2-3-10】）。したがって、約８割の事件は、訴訟に至らずに解決したことになるが、多くの訴訟数に悩んでいたと思われる当時の裁判所にとっては負担軽減の効果は大きかったものと思われる[55]。

第４章　第一審における既済事件の推移

（１）地裁第一審事件の推移

グラフ【2-4-1】に示されるように、地裁第一審の事件数は、明治８（1875）年には約34万件（新受32万件）、明治９年には38万件（新受27万件）とピークに達するが、その後、激減する。明治15年には急激な落ち込みが見られるが、これは区裁の事物管轄が一律100円に引き上げられたことによるものであり、多くの事件が区裁管轄に移行したことによるものである。しかし、その後も地裁の事件数は逓減を続け、明治45年までのあいだ５万件を越えることがなかった。ただ、その件数の中ではやはり経済変動に連動した変化があり、経済的混乱期の明治36年に事件数のピークが訪れている。

地裁において既済となった事件の種類についてみた場合（グラフ【2-4-3】）、明治24年を境にはじめの大きな変化が生じる。すなわち、24年の民事訴訟法の施行までは金銭に関する訴えが圧倒的多数を占めるが、24年以降は雑事件に分類される事件の割合が急激に増す。その中で高い割合を占めるのが保全・執行関係の事件である（後述）。また、人事訴訟の割合には暫増がみられ当初５％に満たなかった事件が、徐々に増え、明治39年以降は全体の20％近くの割合に達している。

次に、事件の終局状況（グラフ【2-4-2】）に関しても明治24年以降に大きな変化が生じる。一見して明らかなように、明治10年頃は、和解による終局の割合が非常に高く、逆に判決による終局は20％にも満たないという状況にある。明治24年に向け、判決での終局率が急激に上昇し、６割以上が判決で終了するに至っている。その後、判決での終局は再び減少し、以後、４割前後が判決で終了するといった形で落ち着きをみせる。しかし、この間和解による終局はほとんど姿を消し、取下げによる終局とその他の事由による終局の割合がほぼ一定して30％程度を占める状態が続く。民事訴訟法の成立以降、和解が全くといっていいほど姿を消し、今日と比較するときわめて高い割合で事件が取下げおよびその他の事由で終局するという事態に至っている。訴訟法確立以後は、和解を古い価値観に基づく紛争解決方法として嫌い、訴訟に至った事件はなるべく判決で終結させようという実務の努力があったことが考えられる[56]。後述のように、この時期以降、訴訟の判例形成機能に対する自覚が高まっていったことが考えられる。

---

(55)　督促手続の最大の利点は、迅速な債務名義の取得にあるが、その前提として実効性のある強制執行手続が確立していることが必要である。その点、明治23年に成立した民事訴訟は実効性ある執行手続を初めて規定するに至っている点は注意を要する。逆いえば、強制執行制度の不完全時代においては、執行方法も含めた解決の可能な勧解が有効な紛争解決方法であったが、強制執行制度が確立してからは督促手続の方がより有効な側面も出てきたことになる。なお、民事訴訟法の成立以降、後述のように雑事件の割合が増え、その中に相当数の保全・執行関係事件が含まれている。それらの一部は、この督促事件関係のものである可能性もある。

なお、民事訴訟法成立期における勧解の廃止と督促手続の創設の関係について検討するものとして、林真貴子「勧解から督促手続への変化――最も利用された紛争解決制度の考察」法制史研究第48号（1999年）61頁以下。

(56)　明治の初期において、裁判所がいかにして旧習に基づく和解（熟議解訟）を排し、判決を志向していたかに関しては、林・前掲論文注(49) 153頁以下参照のこと。

なお、事件の既済率は、当初85%を越えていたものが、明治45年には70%程度にまで落ち込んでいる。しかし、その落ち込みは急激なものではなく、また、上下動もほとんどない。徐々に未済事件は増加したものの、非常に安定したペースでの審理がなされていたものと思われる。

最後に、グラフ【2-4-4】は審理期間の推移を示したものである。審理期間は今日に比べ、圧倒的に短い。データは明治24年以降の資料しかなく、それ以前のもっとも事件の集中した時期にどの程度の審理期間を要したかは不明である。しかし、明治24年以降は、比較的審理期間の長い、判決での終局事件でさえ、6ヶ月以内で8割以上の事件が終了し、1年以内では9割の事件が終結している。未決の事件に関しても、審理期間が2年を越えるものは、比較的審理の長期化してきた明治の後半においても10%をわずかに越えるのみといった状況である。この点は、今日の状況とは大きく異なる。このように短期間で事件処理が可能であった理由としては、①当時の社会関係は単純平明であり、処理に時間を要しなかった可能性、②裁判所内部で依然として上級庁が下級庁に指揮権を行使していたこと、③裁判所の職権性が強かったこと、などが考えられる。

(2) 区裁事件の推移

グラフ【2-4-6】は、区裁判所の処理事件数の推移を示す。区裁の処理事件は、明治年間に大きく変動する。明治9年当初、区裁事件数はそれほど多くはなく、地裁の事件数が遙かに勝っていた。その後、明治15年の管轄の変更により、地裁と区裁の事件数は逆転するが、その直後、明治16年に第1回目の事件数のピークが生じる。これは松方デフレによる経済混乱を反映しているものと思われるが、その後、18年には事件数は激減する。そして、23年まではほぼ横這い状況を続けるが、再び明治24年にはピークを迎え、約17万件の事件を抱えるにいたる。これは一つには経済恐慌の影響であり、もう一つには民事訴訟法の成立に伴い勧解が廃止されたため、前年まで第1次的には勧解で処理されていた事件数約40万件の一部が区裁にストレートに流れ込んだものと思われる。その後29年まで事件は減少するが、30年以降増加に転じ、36年には20万件を越える明治期最大のピークを迎える。この訴訟数の増加は、この時期に生じた経済恐慌によるものと思われる。その後、再び事件数は減少するが、明治末期には再び第1次世界大戦に向けて訴訟数が増加する。このように、区裁の事件数は、特に明治24年以降経済変動とともに大きく変化するが、その点は、地裁の事件数の変化と同様である。

グラフ【2-4-8】は、区裁において処理された事件の種類別推移を示す。地裁同様、明治24年に大きな転換点を迎える。すなわち、それまでは金銭に対する訴えがほとんどであったが、24年以降は雑事が相当割合を占めるにいたる。この間の変化は地裁と同様である。地裁と大きく異なる点は、人事事件がほとんどない点であるが、特定の場合を除いて人事訴訟は地裁の専属管轄となったことによる[(57)]。

終局状況（グラフ【2-4-7】）に関しても、地裁とほぼ同様の変化が見られる。明治24年までは判決率が上昇するとともに相当割合が和解で終結していたにも関わらず、24年を機に、和解の割合が激減し、それに代わって、その他の終局事由が急増する。そして、判決による終結も徐々にその割合を下げている。ただ、地裁と少し異なる点は、地裁では和解がほとんど見られなくなったのに対し、区裁の方では割合は著しく減少したものの、依然として一定程度（5%程度）は和解による終結が存在していることである。

訴額（グラフ【2-4-10】）に関しては、管轄が変更となった明治15年以降の資料しかないが、15年以降は、500円以下で訴額が満遍なく分散しており、その割合もあまり変化していないことがわかる。

グラフ【2-4-9】は、区裁の審理期間の推移を示している。地裁同様今日に比べると審理期間は非常に短く、ほとんどの事件、すなわち9割以上が3ヶ月以内で終了している。未済事件の比率も低く、事件数の急激な増減にもかかわらず、その比率は毎年ほぼ10%程度にとどまっている。

第5章　控訴院における既済事件の推移

(1) 控訴院控訴事件の推移

グラフ【2-5-1】は、控訴院における控訴事件の事件数の推移を示している。控訴院の事件数は明治

(57)　旧人訴法の規定により、人事事件の管轄は地方裁判所となっていた（旧人訴1条、27条）。

16 (1883) 年および36年にピークを迎える。これは第一審の総事件数のピークのパターンと重なる。控訴院控訴審は地裁事件の控訴を受け付けているが、その元になる地裁の事件数も前述のように明治36年には事件数のピークを迎え、それが反映されたものと思われる。

それら控訴院で処理された事件の種類に関してみると（グラフ【2-5-3】)、一貫して金銭事件が多数を占めるが、地裁の事件と比較した場合、土地に関する訴えの割合が全般的に高くなっている。ただ、36年の恐慌のときには若干土地に関する訴えの比率が落ち、金銭に関する訴えの割合が高くなっている。また、控訴事件に関しては、地裁と異なり、雑事件がほとんどないことも特徴的である。雑事件は多くは一審で決着を見るような事件であったことになる。

グラフ【2-5-2】の終局区分に関しては、地裁と異なり、一般に判決の割合が高い。また、ここでもやはり和解の割合は非常に低く、取下げの割合が高くなっている。控訴院で特に注目すべき点は、地裁に比べ圧倒的に未済事件の割合が高い点である。控訴院控訴審は明治期においてもかなりの難事件を抱えていたものと思われる。

次に、控訴院での審理期間（グラフ【2-5-4】）に関しては、二つの特徴が現れる。一つは地裁に比して一般に審理が長期に及んでいる点であり、もう一点は、審理期間がかなり事件数の影響を受け、変化している点である。後者の点も、地裁の審理期間がほぼ一定していたのと異なる点である。

グラフ【2-5-5】は訴額の推移を示している。地裁と同様500円までの事件が大部分を占めるが、地裁と比較した場合、500円を超える事件の割合が相対的に高くなっていることがわかる。やはり訴額が大きくなるにつれて控訴される確率が上がるものと思われる。

なお、原審判決の破棄率（グラフ【2-5-6】）は、事件全体ではほぼ一定している。事件の種類別に見た場合も、件数のもっとも多い金銭事件に関しては破棄率が一定している。この点に関して大きな変動をなすのは、米穀、物品、船舶などに関する事件であるが、これは母数となる事件数の少なさに原因があるのではないかと思われる。

（2）地裁控訴審事件の推移

グラフ【2-5-7】は地裁控訴審の事件数の推移を示している。地裁控訴審事件は、管轄規定が変わった明治15年から激減し、以後、経済変動とともに変化する。

事件の種類（グラフ【2-5-9】）は、金銭事件の割合が高く、区裁と比較すると土地事件の割合がやや高くなっているが、事件数の変化にも関わらず、その割合の変化はさほど大きくない。控訴院控訴審同様、原審において多かった雑事件の割合は低くなっている。

終局（グラフ【2-5-8】）に関しては、明治24年までは判決の割合が上昇し、同時に和解による終局も高い割合を占めていたが、24年を機に、以降、徐々に判決による終局が減少するとともに、和解による終局はほとんど見られなくなり、その他の終局事由がそれにとって代わっている。ここでも、他と同様の現象が見られる。

訴額（グラフ【2-5-11】）に関しては、前述のように明治15年から規定がかわったが、その後はほとんどの事件が100円以下の事件で占められており、その分布も特定域に集中せず、分散する傾向は原審と同様である。

最後に、破棄率（グラフ【5-12】）に関しては、控訴院とほぼ同程度で、３割から４割程度が破棄されているが、明治後期にかけてその割合が徐々に下がっているようにみえる。

第６章　上告審における既済事件の推移

（1）大審院上告審事件の推移

グラフ【2-6-1】は、大審院上告審の事件数の推移を示している。大審院の事件処理のピークは、明治16 (1883) 年と22年にある。この間、他の審級と異なり、未済件数の占める割合も高い。他の審級は概ね経済変動の影響を受け、２番目のピークは36年にきているが、大審院ではその傾向は見られず、22年以降、26年までに事件数は減少するが、それ以降は横這い状態で、とくに36年に事件数が増すわけではない[(58)]。これは、大審院に来るまでにはさすがに時間がかかり、社会的な変動の影響が緩和されることによるのと、大審院では他の審級以上に未済事件が多かったことから、積み残しによる事件数の平準化がもたらされたものと思われる。

大審院に至る事件の種類（グラフ【2-6-3】）は、やはり金銭事件が一番多いが、他の審級に比べると、土地事件の割合が格段に高くなっている。この当時においても土地紛争が最後の最後まで争われる状況にあったようである。

終局状況（グラフ【2-6-2】、詳しくは表【2-6-2-1】及び表【2-6-2-2】参照）は、件数にばらつきがあり、終局状況の割合が必ずしも一定の傾向を示すものではないが、ほとんどが判決により終了しているようである。そして、注目すべき点は、明治12年頃には３割程度が和解で終了していたにもかかわらず明治23年以降は和解による終了が皆無に等しいという大きな変化が生じている。大審院における和解の扱いに大きな転換があったものと思われる。また、ここでもう一つ注目すべき点は、未済事件の割合が他に比べ非常に高いという点である。下級審に行けば行くほどルーティーンな仕事が多く、処理も速かったように見受けられるが、大審院に関しては設立当時から多くの未済事件を抱えていた状況がうかがえる。

グラフ【2-6-4】は、審理期間の推移を示しているが、明治期の大審院では１年で90％以上は終結したようであり、今日の審理よりもかなり迅速であったことがわかる。ただ、件数が少ないこともあろうが、通年での傾向を読みとることは難しい。

訴額（グラフ【2-6-5】）に関しては、明治24年まではかなりの分散傾向があったが、24年以降は100円以上、500円以下の事件の割合が格段に高くなる。しかし、明治後半には500円以下の事件の占める割合がかなり低くなっており、それ以上の高額事件の割合が増している。全体的な傾向として、大審院までに至る事件はやはり高額な事件が多かったようである。

原審破棄率（グラフ【2-6-6】）は、20％から30％の間でばらつきがあり、通年的傾向は読みとりがたい。

（2）控訴院上告審事件の推移

控訴審上告審での事件数（グラフ【2-6-7】）は、明治27年および34年がピークであり、大審院同様、あまり経済変動を反映しているようには見えない。その原因は、上告審であることから、前述の大審院と同じところにあるものと思われる。

事件の種類（グラフ【2-6-9】）はやはり金銭事件が多いが、相対的には土地事件や雑事件の割合がかなり上がっている。

グラフ【2-6-8】は終局形態の経年変化を示したものである。これによれば、35年前後に判決の割合が落ち込むが、それ以外は５割以上が判決によって終了している。ここでも和解がなく、取下げ事件の割合が高いのが特徴的である。未済事件は大審院ほど割合が高くはない。

審理期間（グラフ【2-6-10】）に関しては、１年以内でほぼ９割以上が終了している。審理期間分布は一定しており、明治24年から45年までの間には大きな変化は見られない。

訴額（グラフ【2-6-11】）は38年以降100円以上500円までの事件の割合が徐々に高まるが、それ以前はほとんどが100円以下の事件である。38年以降100円以上500円までの事件割合が増加した理由は不明である。

第７章　むすび

明治維新期は、政治的にも経済的にも混乱していた。明治政府はその中で、近代的な裁判制度を作り上げるという困難な作業に立ちむかったわけであるが、そのさいに、経済的な混乱から生じる多くの事件、近代的な制度を担う人材の不足、伝統的規範意識と西欧流の近代的な規範意識の隔絶といった二重、三重の困難に立ち向かわなくてはならなかった。そこでは、迫りくる膨大な事件への対応と的確な判例の蓄積が相矛盾するものとして立ち現れた可能性がある。そして、明治政府のとった政策は、当初は勧解和解を用い、前近代的な規範意識に妥協した紛争解決優先の政策であったが、制度が一応

---

(58)　なお、大審院は明治19年から22年までの間、一局、二局という構成をとっている。これは、一局で上告受理の審理をし、受理したものについて二局で実質審理をなすという体制がとられていた（明治19年勅令40号裁判所官制第19条）。

の体制を整えてからは、法形成優先の限定的な紛争解決制度の構築へとシフトしていったように見える。それは、当初の勧解を用い、訴訟においても和解を用いた解決から、勧解を廃し、和解を排するといった具体的な審理形態の変化にも現れている。

今日のわが国の制度は、明治中期から後期に完成された基盤を引き継いでいるが[(59)]、上記のような視点から見れば、非常に短期間であるが、紛争解決を優先した訴訟政策期があったことになる。その時期はまさに明治政府が全国に統一的な裁判制度を確立しようとした時期と重なっている。制度指針の定まらない確率期にあっては、利用者である国民の不満を抱え込まないことが第一の要請であったろうし、納得しうる解決を示すことが制度定着への近道であったともいえるように思われる。

(59)　民事訴訟法の成立過程に関しては、鈴木正裕・近代民事訴訟法史・日本（有斐閣・2004年）が詳しい。

第３部　訴訟種類小項目（訴訟名）の分析

林　真貴子

はじめに　司法統計には、訴訟種類大項目（以下、訴訟種類）｛人事・土地・建物船舶・金銭・米穀・物品・証券・雑事｝のなかに、訴訟種類小項目（以下、訴訟名）が設定されており、その訴訟名別の訴訟件数統計がある。訴訟種類別の訴訟件数については第１部で示している（事件類型既済件数）ので、ここでは、訴訟種類別に章を設け、それぞれの審級裁判所における訴訟名別の訴訟件数を提示する。

訴訟名に着目する目的は、訴訟の内容をふまえて訴訟動向を分析することにある。そのために、第一に、裁判所の種類による訴訟内容の違いの有無を検討する。たとえば、金銭訴訟という一つの訴訟種類の中で、大審院、控訴院、地方裁判所、区裁判所ではそれぞれどのような訴訟内容が扱われていたのかを分析する（各章の第１節）。第二に、訴訟名ごとの訴訟件数変化を、実体法の整備状況や社会・経済状況との関連において検討する（各章の第２節）。

訴訟名は、訴訟種類別にそれぞれ約200～500項目ある。そのなかには37年間に１回しか出てこないような訴訟名もある。したがって、すべての訴訟名を提示することは不可能であり、意味があるとも思えないので、各審級裁判所別に訴訟名を37年間分合計し、件数の多い順に上位第五位までの訴訟名をグラフとして提示した（表では上位三〇位の訴訟名までを提示した）。この第２部では、勧解手続、起訴前の和解、督促手続、区裁判所裁判、地方裁判所第一審、控訴院控訴審、大審院の合計７種類について、それぞれ訴訟名別件数をグラフ化した。地方裁判所控訴審および控訴院上告審の統計については紙幅の関係上割愛した。なお、訴訟名の統計について、大審院上告審および控訴院控訴審では明治８年から記載があるが、地方裁判所第一審では明治９年から、勧解では明治11年以降の記載しか存在しない。また明治８年および９年の訴訟名については、大審院および控訴院においても訴訟種類別に区分けされていないので、明治10年を基準に適宜分類した。明治９年分の地裁第一審の訴訟名も訴訟種類別に区分されていないので、同様に明治10年を基準として適宜分類した(60)。

第１章　人事

（1）　概況

人事についてのグラフは５種類である。人事に関する訴訟は、明治15（1882）年に創設された治安裁判所（明治24年以降―区裁判所）では扱われないこととなっており（表【3-1-3】参照）、また、明治24年以降の督促手続では人事関係の紛争は取り扱われない。さらに、明治24年に新設された起訴前の和解は、他の種類の事件と同様に人事関係の紛争においても利用されなくなる傾向にあることがグラフ【3-1-2】から明らかであり、したがって、勧解廃止以後に、人事関係の紛争を取り扱う主たる裁判所は地方裁判所となった。

人事関係の紛争を数量面からみた場合の第一の特徴は、大審院および控訴院ではいずれも全期間を通じて「家督相続」についての訴訟の割合が大きいのに対して、地方裁判所第一審では「家督相続」についての訴訟の割合が著しく増加するのは、明治民法施行（明治31年７月16日）後の明治32年以降になるということである。すなわち、大審院、控訴院等の上級審に対する、地裁での裁判および勧解の人事関係事件の特徴は、「家督相続」の割合が相対的に低いということにある。下級審では「離婚」「養

(60)　明治９年９月に地方裁判所の支庁とともに設置された区裁判所の権限（司法省第66号達「区裁判所仮規則」）は、原則として金額百円以下の民事事件に限られ、人事および金額百円を越える一切の民事事件は府県（地方）裁判所の権限と定められた（明治15年１月から、区裁判所は治安裁判所と改称され、請求金額百円未満の第一審民事事件を管轄することとされ（明治14年12月28日太政官第83号布告）、さらに明治23年11月からは再び区裁判所と改称された。ただし、明治９年から14年までの期間は、地方裁判所支庁と区裁判所とは司法統計年報の中ではともに第一審裁判所として併記されており区別がなされていないので、この章では明治15年以降から区裁判所（＝治安裁判所）の統計をまとめることにした。

子女離別」の割合が高い。起訴前の和解でも「家督相続」は上位五項目には含まれていない（八位）。

第二に、明治31年の明治民法施行後に、人事関係の紛争の大半を扱った地裁において、訴訟名およびその件数に変化が起きていることがわかる。これは、大審院、控訴院ではみられない特徴である。

第三に、全ての審級裁判所において、「養子縁組離縁」という訴訟名は、明治24年以降に初めて現れており、明治24年以降に表記がなくなった「養子女離別」ないし「養子女」という訴訟名と連続性をもっていると考えられる。これらを合算した場合、大審院、控訴院控訴審においても第二位となる。

（2）訴訟名に対する解説

続いてグラフ中に表記されている訴訟名をいくつか取り上げ、それらがどのような訴訟であったのかを立法の状況と関連づけながら考察してみよう。

「家督相続」とは、「家」の代表者たる戸主の交替を意味するが、戸主の地位と財産とは一体であるから、結局祖先祭祀財産を含む前戸主の全ての権利・義務が家督相続の対象となり、さらにそれらは長子単独相続により、新戸主に継承されることになる。戸主は、財産上の権限のほか、家族に対する居所指定権、婚姻・養子縁組についての同意権、それらに伴う離籍権・復籍拒絶権を持つことを通じ、家族を身分的に統制したが、その一方で扶養の義務を負っていた[(61)]。

「戸籍ニ関スル事」という訴訟名は、戸籍引直、戸籍取戻、戸籍訂正、戸籍訂正同居立退（同居請求）などを内容とする訴訟のことである[(62)]。明治４年４月４日太政官第170号布告戸籍法（壬申戸籍）は、江戸時代以来の身分別戸籍編製を廃止して、「臣民」を等しくその居住地において把握しようとしたものであり、近代国家としての行政的な諸政策を遂行するうえで基礎となった。その後、明治19年式戸籍[(63)]は、加籍、除籍、移動の３種類からなる「登記目録」を作成することによって身分変動を正確に把握できるようにした。これは、明治民法の附属法として成立した明治31年戸籍法（法律第12号）にも引き継がれ、身分登記簿と戸籍簿の２種類の登録制を並立させることになった。なお身分変動の届出は、戸主ではなくてその当事者が行うことになった[(64)]。

「離婚」について特記すべき点は、明治６年５月以降、妻からの離婚訴訟が父兄あるいは親戚の付き添いにより許された（太政官第162号布告）ことである。さらに、同６年７月訴答文例（太政官第247号布告）は、夫妻双方についての離婚訴訟の手続を示し、且つ危急の場合には親族等の付き添いがなくとも単独で訴えることを認めた[(65)]。この両布告は夫婦対等の近代的婚姻法への移行を画する大改革であったと考えられている[(66)]。明治期における全国の離婚率は、明治16年に3.44％を記録したのを最高としてその後漸減し、明治32年以降は1.5％前後となっている[(67)]。ところがグラフ【3-1-4】をみると離婚に関する裁判利用数は明治32年以降増加しており、離婚率は下がったものの裁判利用は促進されていることがわかる[(68)]。

「後見」についての紛争は、明治23年前後から明治32年頃までの間に集中している。明治政府は明治６年の太政官布告によって、華族士族につき幼年者[(69)]が家督を相続したときは後見を付すべき旨を定め、この規定が平民にも適用されるようになった。この場合、父または祖父は当然後見人とされたが、

---

(61)　利谷信義「明治民法における『家』と相続」社会科学研究23巻１号（1971年）58～59頁、近藤佳代子「第12章　家族法制」山中永之佑編・新･日本近代法論（法律文化社、2003年）など参照。なお、本章では紙幅の関係上、必要最低限の文献の引用にとどめた。その他の文献については、石川一三夫＝中尾敏充＝矢野達雄・日本近代法制史研究の現状と課題（弘文堂、2003年）の関連箇所を参照されたい。

(62)　戸籍取戻訴訟の中では、妻側の父からの離婚の請求にともなうものもあり、そこでは裁判所は離婚を至当とみとめ戸籍取戻請求を認容している。明治８年12月、明治政府は太政官第209号布告によって、婚姻・養子縁組、離婚・離縁は「仮令相対熟談ノ上ナリトモ双方ノ戸籍ニ登記セサル内ハ其効ナキモノト看做ス」と達したが、明治10年６月司法省丁第46号達によって、司法省は各裁判所に対して、婚姻・養子縁組の登記がなくとも、親族・近隣が認め、裁判官もそれを肯定できる場合には、夫婦・養親子として論ずべきことを命じている。村上一博・日本近代婚姻法史論（法律文化社、2003年）３頁以下参照。

(63)　明治９年内務省令「出生死去出入寄留者届方」、内務省令「戸籍取扱手続」、内務省訓令「戸籍登記書式」の施行を指す。

(64)　福島正夫＝利谷信義「明治以後の戸籍制度の発達」家族問題と家族法７（酒井書店、1957年）、利谷信義「『家』制度の構造と機能（１）――『家』をめぐる財産関係の考察――」社会科学研究13巻２＝３号（1961年）。

(65)　牧英正＝藤原明久編・日本法制史（青林書院新社、1993年）279頁以下参照。

(66)　石井良助・日本婚姻法史（創文社、1974年）431頁以下、村上一博・明治離婚裁判史論（法律文化社、1994年）20頁。

(67)　村上前掲・明治離婚裁判史論18頁図表２参照。

(68)　なお、明治24年の旧民事訴訟法の施行以降に離婚の件数が微増するが、これは妻側からの離婚請求の場合に、妻とその両親又は親族が共同原告となっていた旧来の慣行を改めて、妻が単独で原告となることができるようになったことによるものではないだろうか。ただし、大審院は明治31年の時点でも共同原告の慣行を否定してはいない。村上前掲・明治離婚裁判史論21～30頁。

(69)　幼年とは、はじめ15歳未満とされ、同９年に20歳をもって丁年と定められた後は、丁年未満とされたが、15歳以上のものには後見を免除しえた。

母が後見人になるには親族協議を行った上できめるべきものとされた。後見人に選定されるべき者には一定の範囲があったが、これらの中から後見人を選定するのは幼年者の父・祖父または親族会議である。後見人が選定されると戸長役場へ届け出ることとなっていた。後見人の任務は被後見人の身分、家産の保護管理であった。以上のように、後見は当初、幼年戸主のみに認められたが、後には青年戸主にも付しうることになった。明治時代にも中継相続の制度は存続し、母・祖父・父の養子、幼戸主の母への入夫などが中継相続人となっている。明治民法では中継相続を廃止するとともに、家族にも後見を認め、未成年者および禁治産者に対する後見人の制を定めた(70)。

また、上位5項目にはないが、**「廃戸主」**という訴訟名の訴訟は、明治23年から30年までの7年間にしかみられないということもここで記しておきたい。廃戸主制度(71)は旧民法において取り入れられず、施行された明治民法においても採用されなかったことが明らかとなっているが、訴訟名として「廃戸主」という用語が用いられるのはむしろ旧民法の成立以後明治民法施行前までであるということは、法典編纂が実際の裁判の訴訟名に与えた影響を考える上で興味深い事例であろう。

第2章　土地

（1） 概況

土地に関する訴訟のグラフは、督促手続では土地関係訴訟を扱わないため、全部で6種類である。

各審級裁判所に共通する特徴は、第一に、「地所売買」「地所所有」についての紛争が多いことである。さらに、控訴院控訴審【3-2-5】と地裁第一審【3-2-4】、区裁所裁判【3-2-3】のいずれにおいても、明治10年代は「地所売買」「地所所有」の訴訟件数が多く、明治30年代以降は「地所登記」が増加してくる。「地所登記」の増加は特に、明治36（1903）年から41年の期間において顕著である。共通する特徴の第二に、土地に関する訴訟は、いずれの審級裁判所においても、明治8年から明治18年前後までの約10年間に最も訴訟件数が多くなっていることが挙げられる。明治20年代に入ると「地所売買」についての紛争が相対的に多くなるが、訴訟件数自体は減少する。

各審級裁判所によって異なる点は、大審院、控訴院においては「地所質入」事件が多いのに対して、地裁および勧解では「地所書入」の方が多いということである。地裁では「地所質入」に関する紛争は、明治13～14年には1000件台になるものの、上位5項目にはみられない（七位）。また、勧解では明治14年に7025件を記録した「地所売買」が最も訴訟件数の多い訴訟名であり、同じく明治14、15年には「地所質入」（5364件、4059件）についての紛争も多いが、明治16年から18年にかけて「地所書入」が増加し3000件台となる。なお、上位5項目には入らないものの勧解では、「小作地所」に関する紛争も、明治15年、19年、20年にはいずれも1000件台にのぼり、区裁判所でも明治16年に783件に達する。

（2） 訴訟名に対する解説

上で述べたことを前提に、ここではまず、**「地所質入」**と**「地所書入」**の訴訟件数の差異をめぐって、なぜ上級審では「地所質入」件数の方が多く、下級審では「地所書入」件数の方が多いのかという点について考えてみたい。

第一に、江戸時代には、土地（田畑）を担保とした「質入」（占有質）には本公事としての手厚い保護が与えられていた一方で、「書入」（無占有質）は金公事同様の扱いで、両者には訴権保護上の厚薄があった。「質入」は、その土地の用益を目的として行われるもので、田畑売買に代替する土地移動の

（70） 石井良助・日本相続法史（創文社、1980年）209頁以下、高柳真三・明治前期家族法の新装（有斐閣、1987年）339頁以下。堀内節・明治前期身分法大全（中央大学出版部、1974年）。

（71） 「廃戸主」とは、戸主がその意思に基づかずに戸主の地位を追われることであり、これにより家督相続が開始する。廃戸主の原因は、戸主が放蕩無頼でそのことが一家の浮沈に関すること、一定の刑に服役中であること、幼年であること、精神病その他の疾病にかかっていることなど、その地位に耐えないにも関わらず、隠居（戸主自身がその地位に耐えないことを自ら認めて退くこと）を申し出ないか申し出ることができない場合である。廃戸主は、明治7年3月、政府が地方官に親族協議を条件としてこれを許可することを認めて以来、「戸」存続の手段として広く認められた。もっとも、明治21年になると司法省は、廃戸主の許否を裁判所の判断によるものとした。また、廃戸主の一種である養子戸主の離縁について、養子の実家が承諾しないという場合に関しては、司法省ははやくも明治6年5月に、裁判所の判断によるものとしている。

方式（流地）でもあり、厳格かつ詳細な形式的・実質的要件を満たすことによって成立した[72]。質取主（質権者）は、その土地の利用によって収益を得て、貢租も原則として質取主が納入していた。しかし、現実には質入主が小作となってその土地を耕作しつづけ、小作料を納めている場合も多く（「質地小作」「直小作」）、質地請戻慣行は広汎にみられた[73]。「書入」は、土地の移動を伴わず、書入主において用益の継続が認められ、返済できない場合には、その債務者の一般財産を債務額に応じて、債権者へ引渡すこととなっていた[74]。土地それ自体に商品価値がなく、土地の耕作という現実的利用および占有を基礎としていた土地制度のもとでは、「質入」が通常の担保形式であり、「書入」はあくまでも利息付金銭貸借の一形態なのであって、一般の金銭貸借と同様の扱いを受けた。

このような「質入」とその土地請戻慣行を機軸とした封建的な土地利用方式を大きく変化させ、近代的な担保物権に近い制度への読み替えを行ったのが、明治６年太政官第18号布告「地所質入書入規則」である。この規則によれば「地所質入」とは、債権の担保として地所と証書の引渡しをうけた債権者がその地所を用益し、その作徳米をもって利息に充てるものである（同規則第１条）。これに対して、地所を担保とする旨の証書（「引当証文」）のみを貸主（債権者）に渡し、そのまま地所を用益する借主（債務者）が「作徳米ノ全部又ハ一部」を利息に充てるか、あるいは「米又ハ金」を利息として貸主に支払うかすることが「書入」である[75]。「書入」はフランス法を参照して作られた制度であり、明治期に入って整備され、かつ二番、三番抵当権の設定を可能にした。質抵当という土地担保権の設定は、戸長役場での奥書割印という公証手続を経るべきこととされていた（同規則第９条）。

以上のように、「書入」は江戸時代には金公事の一種として把握され、明治期以降に法制度上整備された新しい契約形式であるのに対して、「質入」については江戸時代には現実の土地の移動を伴いつつも質地請戻が広汎に認められていた。ここから、質入主（債務者）がその土地に対する所有の権利意識を強くもっていたため[76]、紛争となった場合に熾烈化し、上級審まで争われる確率が高かったと考えられる[77]。

なお**「地所登記」**は、明治19年法律第１号「不動産登記法」が制定されたことによって生まれた訴訟名である。これによって江戸時代以来の名称を引き継いだ「書入」「質入」という訴訟名は消えていくこととなった。「地所登記」にかかわる紛争は、明治33年頃から40年頃にかけて急増する。これは、明治32年２月に新しい不動産登記法が明治民法の施行に伴って制定されたことにより、登記できる権利が格段に増えたことによるものと考えられる。

さらに、明治38年頃から、それ以前の訴訟名にはみられなかった**「地所明渡」**訴訟が増加する。これは、日露戦争後の地価高騰時に、土地の仮装的売買を行って新所有者から借地人に地所明渡・建物収去を要求する、いわゆる「地震売買」が横行したことと関連する。このような事態をうけて「地所登記」に関する紛争も増加していったと考えられるのである。

---

(72) 藤原明久「質地小作の法的構造と地主制」神戸法学雑誌22巻3＝4号（1973年）。

(73) 幕府の質地法では質入より最長20年で請戻の出訴権が消滅、流地が確定するといわれているが、幕末期においても質入時の元金の返済のみで20年を遥かに越える無年季的質地請戻慣行が行われていたようである。白川部達夫・日本近世の村と百姓的世界（校倉書房、1994年）参照。無利子で請戻が行われるのは、当該土地を経営して利益をあげることができるからである。

(74) 藤原明久「地租改正過程における質地関係の処分」神戸法学雑誌25巻１＝２号（1975年）、藤原明久「明治初期における土地担保法の形成」神戸法学雑誌24巻３号（1974年）、川口由彦・日本近代法制史（新世社、1998年）102頁以下。

(75) 「地所質入書入規則」第２条～第３条。

(76) 質入の場合、質入主に交付された地券は、質入を行うときに質取主に渡すことになっていた。ただし、所有権は名義の書換を持って移転するので、この時点では所有権はまだ質入主に存した。

(77) なお勧解における「地所書入」の割合は、明治16年に至るまで決して高くなく、「地所質入」件数の方が多い。これは、明治16年以降に初めて、勧解前置が事実上強制されるためであると考えられる。すなわち、勧解前置が強制されていない段階では、「地所書入」に関する紛争は勧解を経由せずに直接、地裁または区裁へと提訴されていたのに対して､「地所質入」はまず勧解に出訴されていたのではないか。明治11年の「地所書入」の事件数は、地裁が1712件であるのに対して、勧解は935件であり、このように地裁での取り扱い件数の方が勧解でのそれよりも多い状況は、明治14年を除いて明治18年まで続いている（区裁件数を合計した場合）。これに対して「地所質入」は、勧解での取り扱い件数のおおよそ25％程度が、地裁での取り扱い件数となっている。このことから、「地所書入」では勧解が選好されにくく、直接地裁へと出訴される事件が多いのに対して、「地所質入」は勧解を経由する割合が高いといえる。「地所書入」における債権者は高利貸しや銀行など純粋に経済的主体が多いのに対して、「地所質入」は江戸時代以来の伝統的方式であり、したがって当事者双方から勧解へ持ち込まれた可能性があるからという推測が成り立ちうるのではないだろうか。

第３章　建物船舶

（１）　概況

建物船舶に関連する訴訟のグラフは、督促手続での取り扱いがないため、全部で６種類である。

建物船舶訴訟の第一の特徴は、大審院における訴訟件数が非常に少ないことであり、大審院では、他の審級裁判所におけるのとは異なり、訴訟名の変化に何らかの動向を見出すことはできない。第二の特徴は、大審院を除く各審級裁判所では、「建物貸借」と「建物売買」に関する訴訟から、「建物明渡」と「建物登記」に関する訴訟へと、明治38（1905）年前後に訴訟件数の多い訴訟名が変化していることである。

ただし、「建物明渡」という訴訟名が出てくるのは明治27年からである。地裁では、明治24年以降には「建物貸借」という訴訟名の訴訟は、ほとんど計上されなくなるが、区裁判所では明治24年以降も明治38年に至るまで「建物貸借」に関する紛争が上位を占め、明治38年頃からは「建物取払」が増加してくる。区裁判所では「建物登記」に関する紛争は第６位である。地裁においては、明治11年から18年まで「建物書入」に関する紛争が多かったことが、他の裁判所とは異なる特徴である。

（２）訴訟名に対する解説

建物については、明治８年９月30日太政官第148号布告「諸建物書入質並ニ売買譲渡規則」が公布された。この布告は、「建物書入質規則」と「建物売買譲渡規則」からなっており、建物の売買・担保に対して、土地と同様に公証制度を導入することとなった。同規則は、明治10年に船舶に対しても適用されることになり、船舶と建物とは全く同一に取り扱われた。

「建物書入質」とは、金穀の貸借に際して、借主・預リ主が返済すべき証拠として、引当となすところの建物の図面と証文（戸長の公証を受けたもの）を、貸主・預ケ主に渡すことをいう（同規則第１条）。江戸時代の「家質」に相当するものであり、家質も占有の移転は必要なく、本公事扱いであった。同規則第２条により、借地上の建物であっても地主に貸地であることを奥書してもらうことにより、これを「書入質」にすることができた[(78)]。

「建物登記」とは、明治32年２月の不動産登記法のもとで、賃借権登記ができるようになって生じた訴訟名である。しかし、賃借権登記には賃貸人の同意が必要とされたために、実際には登記がほとんどなされなかったといわれている。かくして借地権は法的には極めて不安定な状態におかれたが、現実には従来の慣行によって、地主がかわっても借地人は土地利用を継続し、不利益を被る事態は起きなかったと考えられる。ところが、日露戦後に、土地投機を招来するまでに地価が高騰した。政府はこの時期に増収を図って市街宅地の大増税を行ったため、地主は地代値上げを企図した。しかし、この地代増額は、借地人たちの大きな抵抗にあい、これに対抗するために、地主は地代増額訴訟の提起を行う。すなわち借地権の登記が行われていないことを利用して、土地を譲渡した形をとり、新地主が土地の明渡請求を武器に地代値上げを行った。そしてついに、本当に土地を明け渡させ、高値で転売する土地ブローカーもあらわれたのである[(79)]。そうなると当然、**「建物明渡」**訴訟も頻発するようになる。

このような事態への対策として、明治42年に「建物保護ニ関スル件」（建物保護法・法律第40号）が制定され、宅地の地上権・賃借権はその登記がなくても、所有する建物についての登記があれば第三者に対抗しうるとされた。これは建物建設つまり土地への資本投下が借地関係の不安定さによって阻害されることを防ぐ意味を持つ立法であった[(80)]。この法律の草案段階では、賃借権であれ地上権であれ、借地人が当該土地上に工作物を所有してさえいれば悪意の第三者に対抗できるとされており、これは土地占有を基礎とする慣行に依存しようとしていたことを意味すると考えられる。その後、衆議院で大修正が行われ、この過程で賃借権と地上権の区別の否定は継承されたものの、占有に重きをおく慣行は否定され、建物登記によって第三者対抗力を与えるという構成となった。それらのことの結果として建物登記に関する紛争と建物明渡訴訟が増加したと考えられる。

（78）　福島正夫・日本資本主義の発達と私法（東京大学出版会、1988年）232頁以下。

（79）　川口前掲・日本近代法制史333頁以下。

（80）　渡辺洋三・土地・建物の法律制度（上）（東京大学出版会、1960年）167頁以下、牧＝藤原編前掲・日本法制史408頁。

第４章　金銭

（１） 概況

金銭についてのグラフは、７種類である。

全ての審級裁判所に共通する訴訟名は、上位５項目の中では、「金銭貸借」「無抵当貸金」「預ケ金」「売代金」であり、「無抵当貸金」「金銭貸借」の訴訟件数が各審級裁判所における第一位を占めている。大審院・控訴院ではこの他に「損害賠償金」が入り、地裁では「手形金」、区裁では「地所書入貸金」が入る。ただし、督促手続においては、「預ケ金」は第六位であり、代わりに「売掛代金」「手形金」が入り、勧解および起訴前の和解では「無抵当貸金」の代わりに「講金」が上位項目になっている。

大審院における金銭関係の訴訟名の中では、「無抵当貸金」が最も多く、次に「損害賠償金」、「預ケ金」となる。「損害賠償金」は1891（明治24）年以降現れる訴訟名であるが、これが訴訟件数の上位第二位となっていることが大審院および控訴院の特徴である。対照的に、地裁および区裁では金銭に関する上位５項目のなかで、「金銭貸借」と「無抵当貸金」とが、合わせて約80％以上を占める。

そもそも、大審院における訴訟種類の特徴は、金銭が最も大きな割合を占めるものではなく、「金銭貸借」「無抵当貸金」は最も訴訟件数の多い訴訟名ではないということであり、この点が他の審級裁判所と比べると際立っている。明治16年の「地所質入」（162件）が全期間を通じて大審院で争われた紛争の中で最も件数の多い訴訟名であり、次いで多いのは明治15年の「小作米」（151件）となる。明治初期に大審院で争われた訴訟の中心は、「地所質入」、「地所売買」など土地に関するものであり、「無抵当貸金」など金銭関係の紛争件数が最も多くなるのは、明治19年以降である。しかし、明治30年代以降にも、「無抵当貸金」を抜いてしばしば、「損害賠償金」や「土地登記」に関する争いが、件数の上位を占めている。

（２）訴訟名に対する解説

金銭に関する訴訟名は多岐にわたるが、明治８年前後から10年台前半における訴訟名の多くは、江戸時代の公事銘[(81)]に由来すると考えられる。江戸時代には、利息付・無担保の金銭消費貸借は「金公事」として、「本公事」とは異なる扱いをされ、しばしば相対済令の対象となり、いわゆる訴権が否定されることもあった。また、「仲間事」には訴権が認められていなかった。しかし、明治以降では、たとえば江戸時代には仲間事に分類されていた**「講金」**（【3-4-1】）も裁判において取り上げられるようになった。

「無抵当貸金」という訴訟名は、明治19年以降にできたものであり、それまで**「金銭貸借」**として一括されていた訴訟名が細分化されて、「地所書入貸金」「動産書入質貸金」「建物書入質貸金」「地所質入貸金」「船舶書入質貸金」「債権書入貸金」等々となり、明治37年以降はそれぞれ「地所抵当貸金」「建物抵当貸金」「動産抵当貸金」等々へと変化している。なお、起訴前の和解および督促手続において、「貸金」の訴訟銘の細分化は明治38年までみられない（表【3-4-2】、【3-4-3】参照）。

次に**「売代金」**は明治37年以降に「売買代金」と「売掛代金」とに二分されていくと考えられる。「売掛代金」とは江戸時代には掛け売りの代金を意味し、通常は商人が多数の顧客に対して継続的に掛け売りをする場合の売掛代金を指し、出訴に際しては証文あるいは帳面などの証拠書類が必要とされていたといわれている[(82)]。このように、訴訟名の細分化という現象が明治19年頃と37、38年頃に起きている。

督促手続を除く全てのグラフにみられる**「預ケ金」**は、江戸時代まで金銭の寄託を意味し、少なくとも無利子の貸金であることを標榜して、本公事の扱いを受けていたと考えられている[(83)]。その後、

（81）「公事方御定書下巻三十三、借金銀取捌之事」に金公事銘が列挙されているが、その内容については、金田平一郎「徳川時代の特別民事訴訟法――金公事の研究――（１）～（４）」国家学会雑誌42巻11号、43巻2号、7号、9号（1928～1929年）、神保文夫「近世私法体系の転換――天保14年の金公事改革――（１）～（４）」法政論集89号，92号，94号，95号（1981年～1983年）、大平祐一「近世における「金公事」債権の保護について――学説整理を中心に」大竹秀男・服藤弘司編・幕藩国家の法と支配――高柳真三先生頌寿記念（有斐閣、1984年）参照。

（82）　金田前掲「徳川時代の特別民事訴訟法――金公事の研究――」（１）157頁。明治初期に混在していた売掛代金と売代金が、明治37年以降分離される理由についても今後の検討課題である。

（83）　金田前掲「徳川時代の特別民事訴訟法――金公事の研究――」（１）142頁は、利子附預ケ金が利子附借金の異名であったとする。林真貴子「明治初期の預ケ金について――民事裁判における訴訟銘の検討――」近畿大学法学48巻３＝４号（2001年）。

明治７年３月４日太政官第27号布告によって、「預ケ金」は「其証書中ニ封印ノ儘預リ置」いたものであった場合、あるいは「預リ中融通使用ヲ為サヽル明文」があった場合には、一般の貸金とは区別されて裁判がなされることになった[84]。ところが、明治10年太政官第12号布告「預金穀ノ儀」により、上述のような明文がなく利息や礼金などをとっていた「預ケ金」は、明治５年司法省布達第41号にもとづいて慶応３年12月晦日以前にかかるものは出訴できないことになったのである。ここにも江戸時代以来の金公事と本公事の区別の残存がみられる。

明治期に入ると一般に、金銭に関する訴訟は、明治６年太政官第362号布告「出訴期限規則」に基づいて、その裁判上の取り扱いを異にした。同規則は各種債権の性質に応じて、25項目の債権の出訴期限をそれぞれ、６箇月、１箇年、５箇年の三つに区分し、出訴期限経過によって権利消滅または義務免除として、出訴がなされても受理しないこととした[85]。

第５章　米穀

（１）概況

米穀についてのグラフは、７種類である。督促手続の代替物の支払とは、内容をみると、主に米穀と物品に関する事件であるので、数量の多い米穀のところで取り扱った。

大審院においては明治15（1882）年に「小作米穀」が151件を記録するが、それ以外の訴訟は非常に少ない（【3-5-7】）。控訴院では明治13年から16年まで「小作米穀」に関する訴訟が多く、また「米穀貸借」「預ケ米穀」「米穀売買」に関する訴訟もみられるが、明治18年以降は米穀に関する訴訟の総数が激減する（【3-5-6】）。地裁においても明治16年以降に訴訟件数が激減するが、ただし地裁では「小作米」と並んで「米穀貸借」、「預ケ米穀」、「米穀売買」の訴訟の割合が高い（【3-5-5】）。これらの裁判所と比較して、区裁判所における際立った特徴は、訴訟件数の最も多い年が明治24年であるということである。同年の「小作米穀」に関する訴訟は3102件であり、その後も明治27年まで2000件台を維持している（【3-5-4】）。勧解においても「小作米穀」の訴訟件数が最も多い年は明治23年であり、12270件に上っている（【3-5-1】）。また、区裁判所の裁判、勧解、督促手続では、それぞれにおける米穀に関する上位５項目の訴訟名の内訳割合がほとんど変わらないということも特徴的である。このことは、米穀に関する訴訟の一定の需要を示していると共に、この分野においては実体法・手続法の整備に伴う大きなインパクトがなかったことを示しているといえよう。明治24年に新設された区裁判所督促手続においても、明治年間を通じて大項目代替物の支払いの中身は「小作米穀」と「貸付米穀」であり、その割合は「預ケ米穀」が若干減少していくものの、それ以外はほとんど変化していない。

（２）　訴訟名に対する解説

米穀に関する訴訟名は、明治初期には「〇〇米」であったが、明治29年頃から「〇〇米穀」と表記されるようになるので、できる限り後者の表記に統一した。

まず、司法統計に見られる**「小作米穀」**とは、原告（＝地主）が小作人による小作米滞納に際し、その取立てのために行った訴訟であり、その請求はほぼ全部認容されていたようである[86]。民事判決原本中に見られる「小作米穀催促」「小作米請求」「小作米滞請求」などの訴訟がこれに含まれると考え

（84）　明治７年太政官第27号布告「預金穀ハ其證書中ニ封印ノ儘預リ置候歟或ハ預リ中融通使用ヲ為サヽル明文ナキ分ハ出訴候トモ本年五月一日ヨリ以後ハ貸金同様ニ裁判可致候條此旨布告候事」、明治10年太政官第12号布告「預ケ金穀ノ訴訟ハ其證書中ニ封印ノ儘預リ置候歟或ハ預リ中融通使用ヲ為サヽル明文アルモノハ年数ニ拘ハラス受理スヘキ成規ニ候處自今弐拾年以前ニ係ルモノハ一切裁判不及候條此旨布告候事」、明治10年司法省丁第58号「本年第十二号公布預金穀ノ儀ニ付伺」東京上等裁判所長心得西判事参照。

（85）　同規則第１条～第３条。手付金、商人間の売掛金、職人手間代金、飲食料、桟敷料、男女芸者の揚代金などは６箇月、医師の診断料・薬料、商人より非商人への売掛代金などは１箇年、貸付米金及びその利息、預米金およびその利息、家屋及び土地の借賃、小作米金などは５箇年となっている。

（86）　大河原治安裁判所明治23年１月27日、1890年民第21号「小作米穀催促ノ訴」（コード60100046-00004、国際日本文化研究センター所蔵民事判決原本データベース、以下の判決の引用はすべてこのデータベースによる）。ほかにたとえば東京裁判所明治13年２月25日、1880年民第140号「小作米滞請求訴訟」（コード10100024-00125）なども、統計上は「小作米穀」にまとめられていたと思われる。

られる。また、小作米増額を請求した訴訟[87]、あるいは「小作米取極請求」[88]の訴訟も、司法統計上は「小作米穀」に計上されていたと考えられる。

次に、**「預ケ米穀」**に関する訴訟は、「預ケ米取戻」「預ケ米請求」というように、米穀を「預けた」原告が、被告に対してその返還を求めて行った訴訟である。ただし、被告がすでに売却している場合には、金銭に換算して返却するという解決も行われている。預ケ米に関する訴訟では、利子あるいは手数料を請求することはできなかったようであり、その点が、「米穀貸借」に関する訴訟と異なっていたと思われる[89]。

最後に**「講米穀」**とは、たとえば供備講米を請求する訴訟、講で集めた米の引当の順番を争う訴訟、講からの離脱とその持分の返還を求める訴訟などのことである。

第６章　物品

（1）概況

物品についてのグラフは、督促手続の代替物の支払のグラフを米穀のところで提示したので、全部で６種類である。

物品に関する訴訟の第一の特徴は、全ての裁判所において、明治27（1894）年以降に「物品引渡」という訴訟名が見受けられるようになり、それがその後漸増することにある。とくに、区裁判所の裁判（**【3-6-4】**）のグラフを見ると明らかなように、「預ケ物品」から「物品取戻」「物品引渡」へと、主要部分を構成する訴訟名が大きく変化しているのである。さらに明治38年前後から「物品取戻」の件数も漸減し、物品に関する訴訟の大部分を「物品引渡」が占めることになる。

第二の特徴は、他の大項目と比べた場合に、地裁で取り扱われる件数が少なく（**【3-6-5】**、明治17年以降は年に500件以下）、区裁判所での裁判および勧解によって取り扱われた件数が多かったことにある。区裁判所での訴訟件数は、特に明治24年以降に激増しており、また、勧解での物品の訴訟件数は金銭に次いで多く、明治11年から16年までは年間約30000件となるとともに、なかでも「物品貸借」は同期間に常に15000件を越えていた（**【3-6-1】**）。

（2）訴訟名に対する解説

区裁判所における明治17年頃までの物品に関する訴訟は4000件を越えていたが、それが一旦減少し、明治24年から再び増加する理由については、次のように推測できる。

第一に、明治前期において、江戸時代以来の慣行が残存するかたちで蒲団や畳、家具などを貸借もしくは預けるという形をとって、実際には金銭貸借を行っていたこと、そのことを通じて利息制限法の枠をこえる高利貸が行われており、そうした取引をめぐる訴訟が物品に関する訴訟として統計上は分類されていたのではないかということである。

第二に、とくに明治24年以降については、離婚や養子離縁などの身分関係の変動に伴う財産関係の紛争の一部が、物品に関する訴訟という形で処理されたのではないかと推測される。勧解廃止後に人事関係を第一審として取り扱う裁判所は地方裁判所だけとなったが、しかしそれは身分変動にかかわることだけであって、身分変動に伴う財産関係の紛争は区裁判所においても扱うことができた。したがって、たとえば妻の所持していた衣類手道具などの帰属は物品にかかわる訴訟として提起されたため、統計上もこれらは物品に関する訴訟として処理されていたと考えられる[90]。

---

(87)　熊本裁判所明治13年５月13日、1880年第849号「争点ノ要点タル小作地引上ケト小作米増加」（コード50500024-000124）。

(88)　長崎控訴裁判所明治14年４月17日、1882年第00059号「小作米取極請求ノ詞訟」（コード50500052-00007）。

(89)　預ケ米に関する訴訟において手数料請求を認容しなかった例として、東京裁判所明治14年10月20日、1881年民第2447号「預ケ米取戻ノ詞訟」（コード10100035-00271）。なお、「米穀貸借」との違いについては、原告被告間の関係性および身代限処分（明治５年太政官第187号布告）適用の仕方などを含めてさらに検討する必要があろう。

(90)　村上一博「明治民法施行以前の下級審判決例にみる離婚の財産的効果」法律論叢66巻第４＝５号（1994年）66頁以下、特に72頁以下。また、村上一博「資料：明治期の離婚関係判決（そのＶ）」法律論叢67巻１号（1994年）189頁以下の判例、および、村上前掲・明治離婚裁判史論参照。

第７章　証券

（1）概況

証券に関するグラフは、全７種類である。

証券に関する訴訟における顕著な特徴は、明治18（1885）年までは最も多い訴訟名が「証券」であったのが、明治19年以降は「証書」へと変化していることである（【3-7-1】、【3-7-5】、【3-7-6】、【3-7-7】）。明治38年頃からは「株券」についての訴訟が多くみられるようになり、督促手続では「手形」に関する事件が多くなっている。

また明治９年および10年代半ば以降、各審級裁判所はいずれも、「地券」に関する訴訟を多く取り扱っており、この傾向は明治22年まで続いている。大審院では明治23年まで「地券」訴訟が多く取り扱われている（【3-7-7】）。

以上のように、証券に関する訴訟は、「証券」「地券」をめぐる紛争を中心とすることから始まり、やがて「証書」についての紛争、そして「手形」「株券」についての紛争をめぐるものへと変化していった。

（2）訴訟名に対する解説

「地券」とは、明治６年の地租改正事業の際に、一筆ごとに土地の所有者を確定し、納税責任を明確にするために発行された地券証のことであり、地券の書換え、引渡しをめぐる訴訟のことである。民間では「地券」の引渡しによる担保設定が行われていた。

「証券」とは、明治18年頃までは契約書の書換え等を請求する訴訟のことであったが、明治19年以降になるとそれらの訴訟は**「証書」**として分類されるようになった。これは、明治18年５月に日本銀行券（銀貨兌換券）の発行が開始され、さらに翌19年７月には大蔵省証券の発行が開始されるなど、証券がいわゆる有価証券を指す語として使用されるようになったために起きた変化である。明治初期においては、訴訟の際に証拠として提出される契約証書を、裁判上の証拠に値するような厳密なものとすることが必要であると考えられ、契約証書の方式に開する法令が相次いで制定された(91)。したがって裁判の場において、証書の書換を請求することも多々あり、また証書の改竄をめぐる訴訟もあった(92)。これらが明治前期における**「証書」**あるいは**「証券」**をめぐる訴訟の主な内容である。

明治政府は、明治初期には旧藩債務の処理や秩禄処分、紙幣整理などのために、後には主に殖産興業の目的で各種公債を発行し、増大した財政負担を処理しようとした。明治20年代に入ると、株式会社の勃興とともに株式・社債の発行も行った。明治11年には米穀現物取引を扱う会所の商慣行をもとにした株式取引所条例が制定され、取引所条例（明治20年勅令第11号）を経て、明治26年取引所法（法律第五号）が制定された。このような経済状況・法整備状況の変化に伴い、明治30年代後半になると、証券訴訟の主要部分は株券や手形などに関する訴訟へと変化していくのである。

第８章　雑事

（1）概況

雑事に計上される訴訟項目の内容は、全ての審級裁判所において明治24（1891）年の民事訴訟法施行の前後で、完全に異質なものとなった。したがって、37年間の紛争件数を合計した上で上位５項目を抽出しているこれらのグラフでは、明治23年以前には雑事に関する紛争が存在しないかのようにみえてしまう。そこで、まず勧解（【3-8-1】）での紛争をみながら、明治23年以前の雑事の内容を確認してみよう。そうすると「精算差拒」「調印差拒」「受負違約」が明治10年台前半の訴訟名の中心を占め、明治15年以降は「約定履行」が多くなっていることがわかる。これらの訴訟名は他の審級裁判所でも共通していた。しかし、訴訟件数自体は最多の明治16年でも「約定履行」で5469件であり、勧解で処

(91)　藤原明久「明治初年における契約証書の方式」神戸法学雑誌48巻４号（1999年）768頁以下。
(92)　同上804頁以下。

理された他の訴訟種類と比べて少ない。区裁判所、地方裁判所でも同様に、雑事のなかに分類されている訴訟名ごとのそれぞれの訴訟件数は少なく、訴訟名のみが雑多に作られている。文字どおり「雑事」であったのであるが、この傾向は明治24年の民事訴訟法施行以降に大きく変化する。

明治24年以降に、区裁判所和解手続を除く全ての裁判所に共通して現れる訴訟名は、「差押仮差押ニ関スル事」「強制執行ニ関スル件」「契約履行」である。これらの他に上位５項目の中には大審院・控訴院では「詐害行為取消」（明治２年～明治37年の間は「詐害行為廃罷」）がみられる。また地裁では「仮差押及仮処分申請」が雑事上位５項目の訴訟件数全体の77％を占め、区裁では同88％を占める。とくに区裁判所では金銭に分類されている「無抵当貸金」に関する訴訟よりも、「仮差押仮処分」事件の方が数量的に多いことが特徴的である。

（2）訴訟名に対する解説

民事訴訟法典が制定される明治23年以前は、上述の訴訟名に加えて、たとえば**「雇人」「家畜」**など、他の訴訟種類には分類できない事物や、あるいは現在の債務不履行・請求異議・第三者異議などに相当するような様々な訴訟をすべて雑事としていた[93]。さらに、明治24年以降は、上記の事件に加えて、判決手続分、執行手続分、保全申立分のすべてを雑事としてカウントしている。現在では通常訴訟から除かれている執行手続分・保全申立分を雑事に分類したために、明治24年以降に雑事が急増したのである。また、このような分類がなされていたことから推測すると、同一事件に対して、多い場合で３回の申立が行われた、すなわち３回分として訴訟件数がカウントされていたと考えられよう。

(93)　正確には、「雇人」「弟子」などの訴訟名は、明治10年代には人事に分類されていたが、20年代に入り雑事に分類されるようになる。このほか、たとえば「名誉回復」訴訟も雑事に分類されていた。瀬川信久「明治前期の名誉回復訴訟」林屋礼二＝石井紫郎＝青山善充編・明治前期の法と裁判（信山社、2003年）156頁以下。

［B］ 統 計 資 料 編

凡　　例

1　本編のグラフおよび表は、とくに注記がないかぎり、日本図書センター刊行の法務図書館所蔵「司法省民事統計年報」（マイクロフィルム全38巻）にもとづいて作成している。

2　裁判所名は、以下に記すように変化しているが（なお、①は第一審、②は控訴審、③は上告審を示す）、これをいちいち表記すると煩雑になるので、明治23年11月１日施行の「裁判所構成法」による裁判所名――すなわち、「大審院」「控訴院」「地方裁判所」「区裁判所」――を基準にして、明治23年10月以前の裁判所も一括して表示することにする。そのさい、「控訴院」と「地方裁判所」には、２つの審級に関係する場合があるので、控訴院は「控訴院控訴審」と「控訴院上告審」に、また、地方裁判所は「地方裁判所第一審」と「地方裁判所控訴審」に分けて表示する。

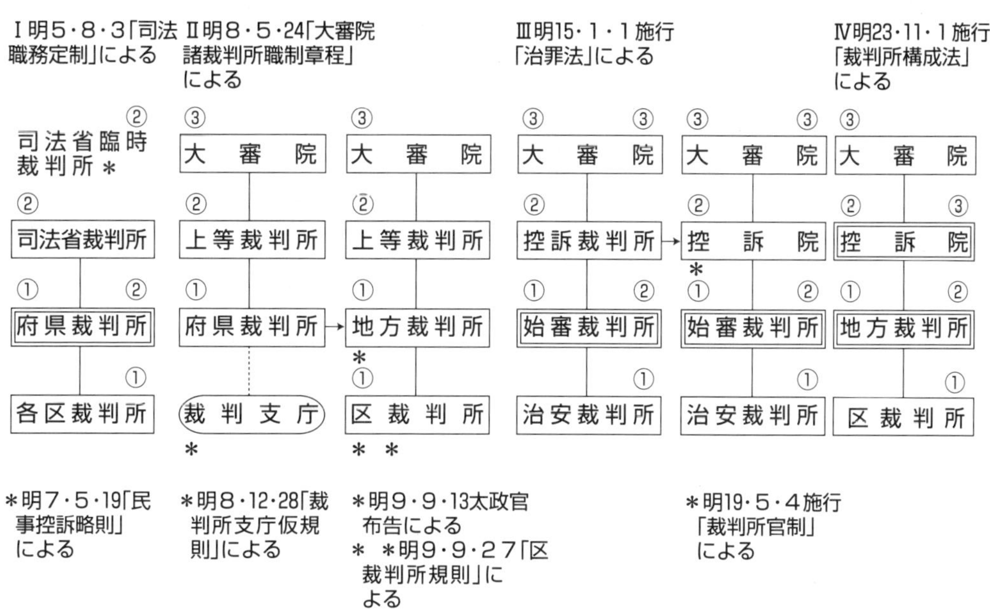

第２部関係図表

凡　例

１　本表およびグラフの明治６年および７年の統計は、民事綜計表によっている。

２　表番号とグラフ番号は対応する形になっている。その結果、表は存在するがグラフのないものなどがあり、グラフ番号が連続していない場合も存在する。

３　各表の項目名は年ごとに異なるものもあるが、可能な限り統一した表現になるよう適宜修正している。どのような修正を施したかは注に示した。

４　事件類型別表にある「人事」、「土地」、「建物船舶」、「金銭」、「米穀」、「物品」、「証券」「雑事」は大項目であり、その分類は明治10年以降から始り、明治９年にはこの項目は存在しない。

５　事件類型別表にある小項目、「家督相続」、「離婚」、「養子」、「戸籍」、「金銭貸借」「売代金」「地代」「借家料」などは、第３部にある小項目のいくつかを合算して示したものが含まれるので、第３部の小項目の数値とは異なる場合がある。如何なる項目を合算したかについては、各表の注を参照頂きたい。

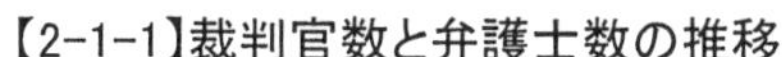

【2-1-1】裁判官数と弁護士数の推移

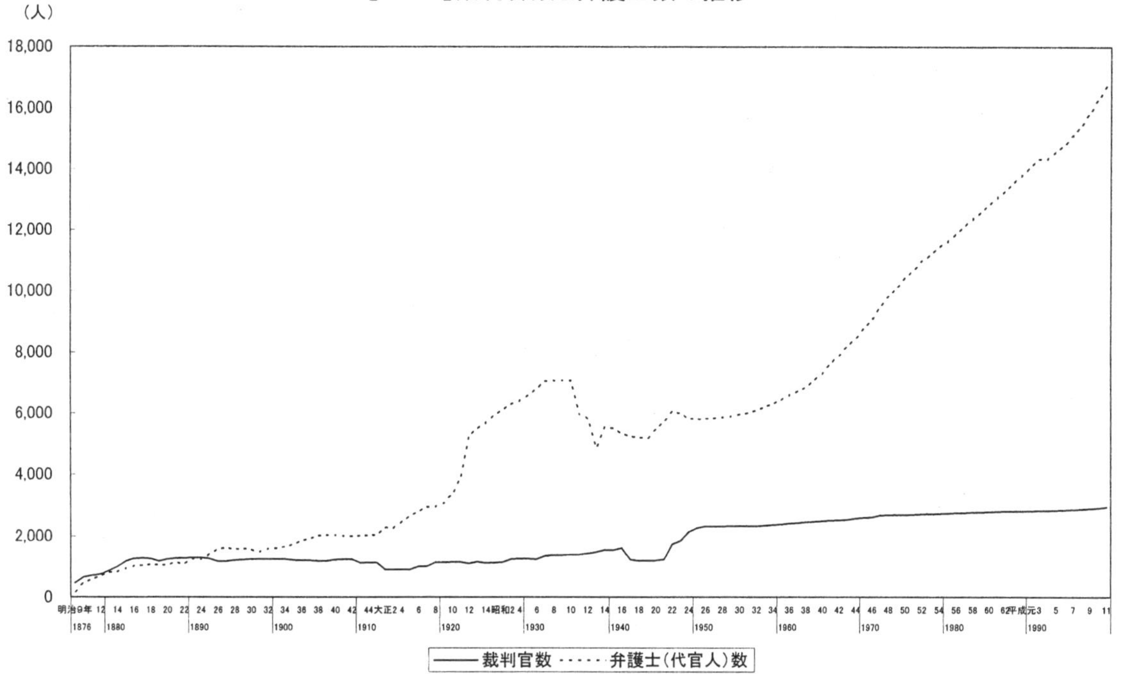

【2-1-2】裁判所数と裁判官数の推移

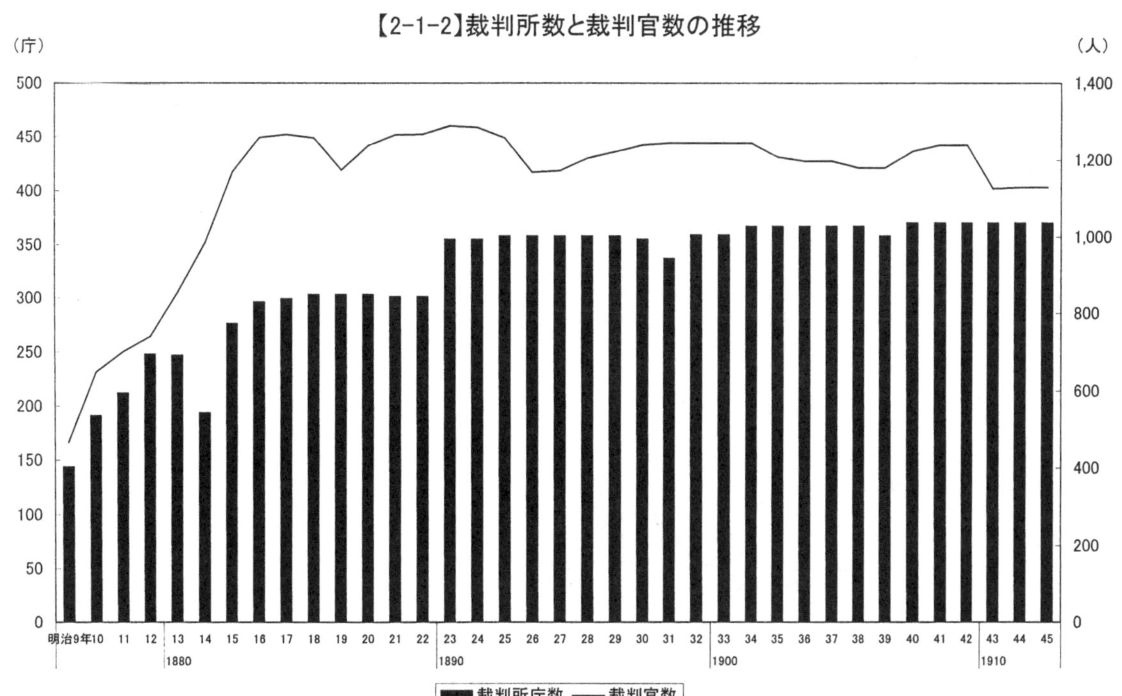

【2-1-3】人口10万人当たりの裁判官数と弁護士数の推移

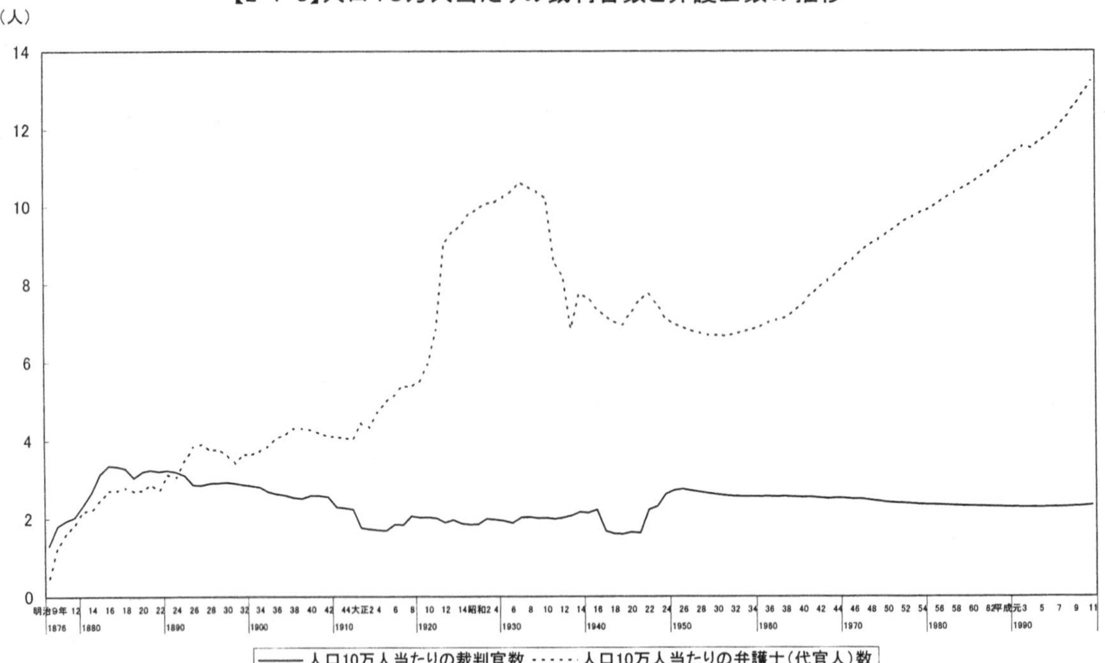

【2-1-4】裁判官1人当たりの事件数（民事事件（新受件数＋旧受件数）／裁判官数）の推移

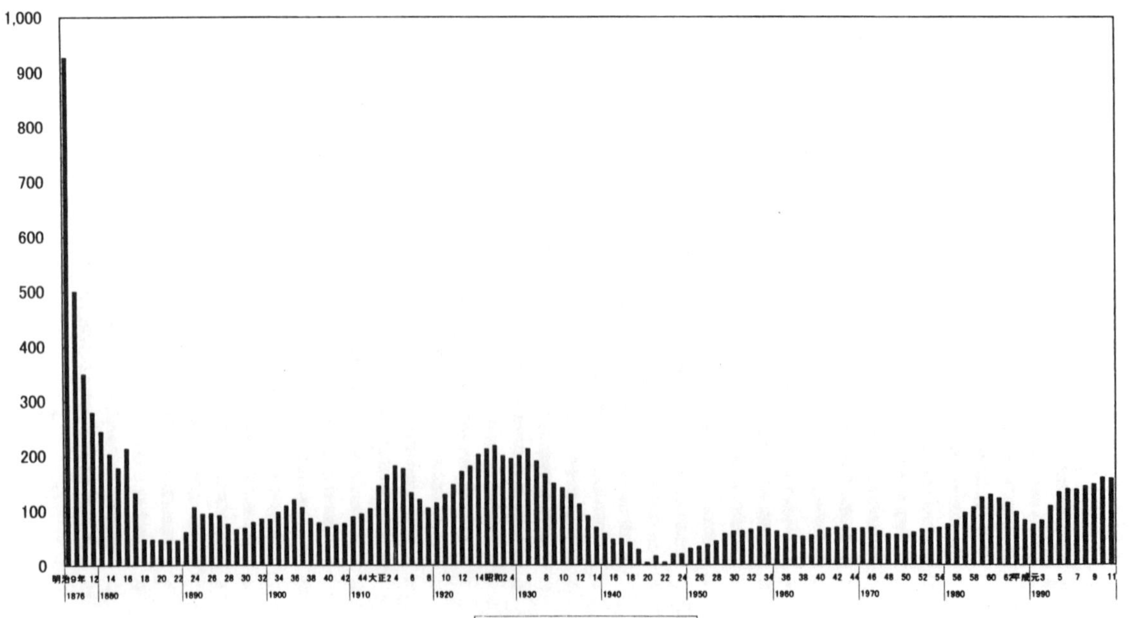

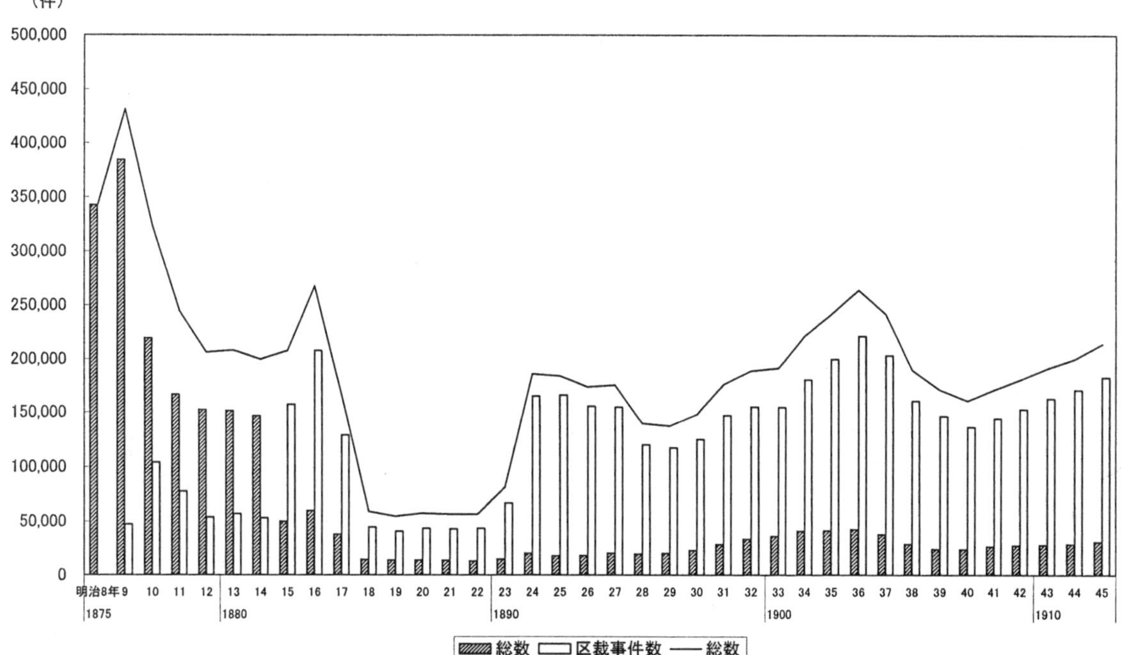
【2-2-1】地方裁判所事件数・区裁判所事件数・総件数の推移
（件）
500,000
450,000
400,000
350,000
300,000
250,000
200,000
150,000
100,000
50,000
0
明治8年 9 10 11 12 13 14 15 16 17 18 19 20 21 22 23 24 25 26 27 28 29 30 31 32 33 34 35 36 37 38 39 40 41 42 43 44 45
1875 1880 1890 1900 1910
総数 区裁事件数 総数

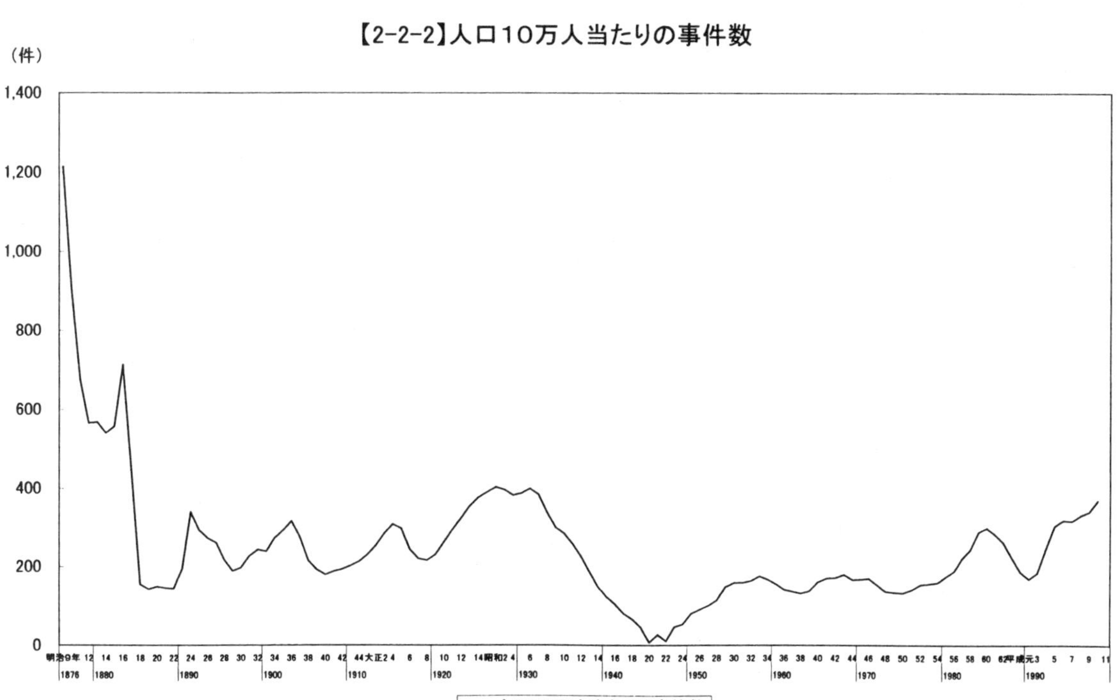
【2-2-2】人口10万人当たりの事件数
（件）
1,400
1,200
1,000
800
600
400
200
0
明治9年 12 14 16 18 20 22 24 26 28 30 32 34 36 38 40 42 44 大正2 4 6 8 10 12 14 昭和2 4 6 8 10 12 14 16 18 20 22 24 26 28 30 32 34 36 38 40 42 44 46 48 50 52 54 56 58 60 62 平成元 3 5 7 9 11
1876 1880 1890 1900 1910 1920 1930 1940 1950 1960 1970 1980 1990
人口10万人当たりの事件数

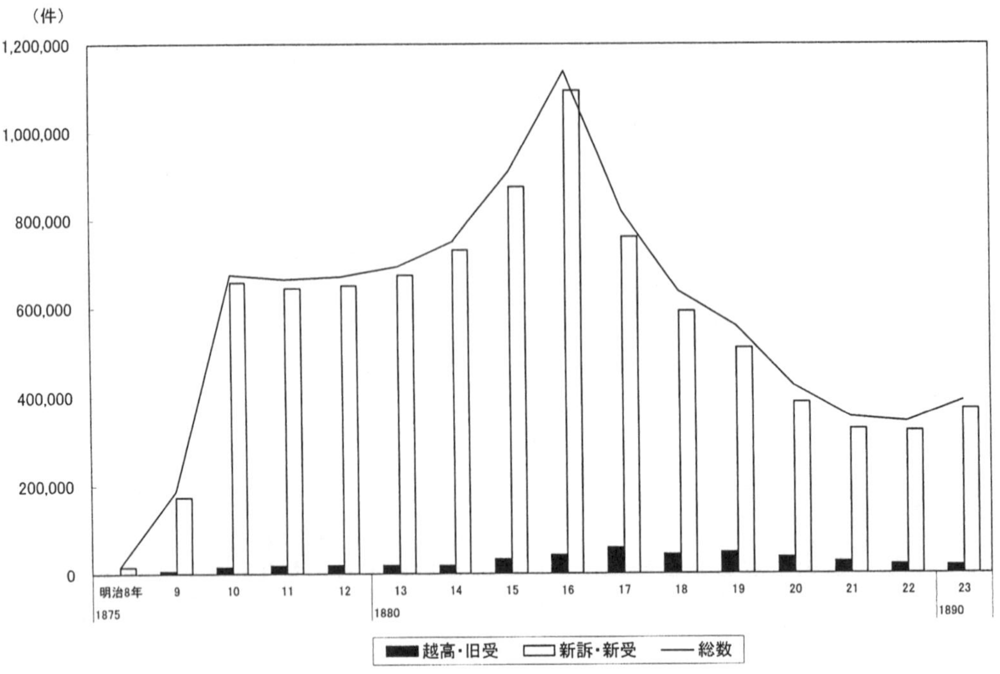
【2-3-1】勧解・総件数の推移
（件）
1,200,000
1,000,000
800,000
600,000
400,000
200,000
0
明治8年
9
10
11
12
13
14
15
16
17
18
19
20
21
22
23
1875
1880
1890
越高・旧受
新訴・新受
総数

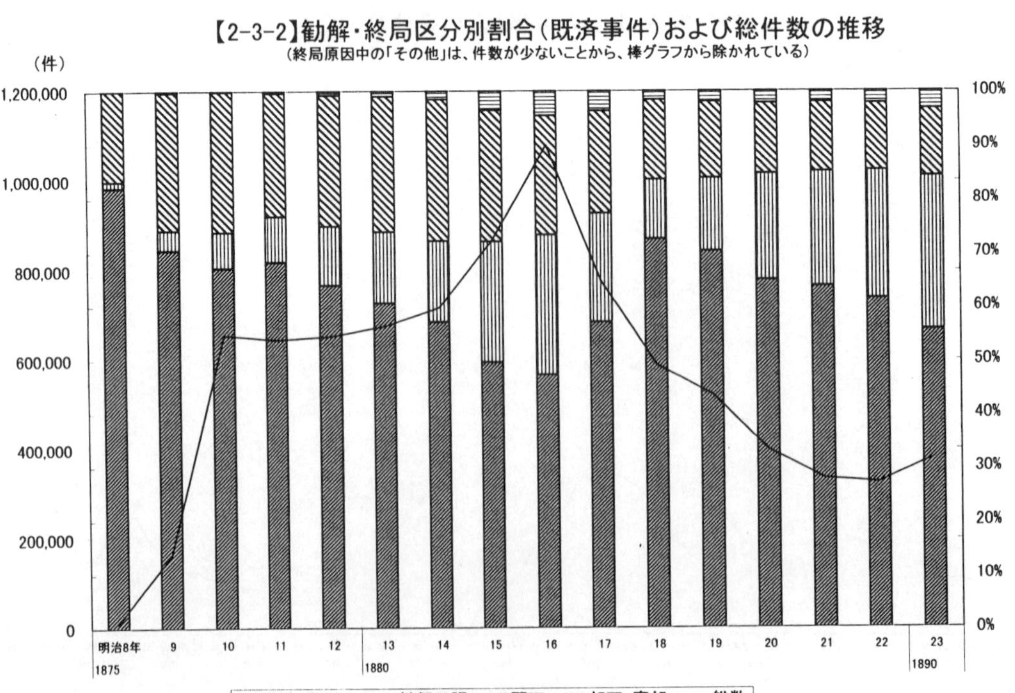
【2-3-2】勧解・終局区分別割合（既済事件）および総件数の推移
（終局原因中の「その他」は、件数が少ないことから、棒グラフから除かれている）
（件）
1,200,000
1,000,000
800,000
600,000
400,000
200,000
0
100%
90%
80%
70%
60%
50%
40%
30%
20%
10%
0%
明治8年
9
10
11
12
13
14
15
16
17
18
19
20
21
22
23
1875
1880
1890
勧解調（和）
勧解不調
願下
却下・棄却
総数

【2-3-3】勧解・事件類型別割合と総件数の推移

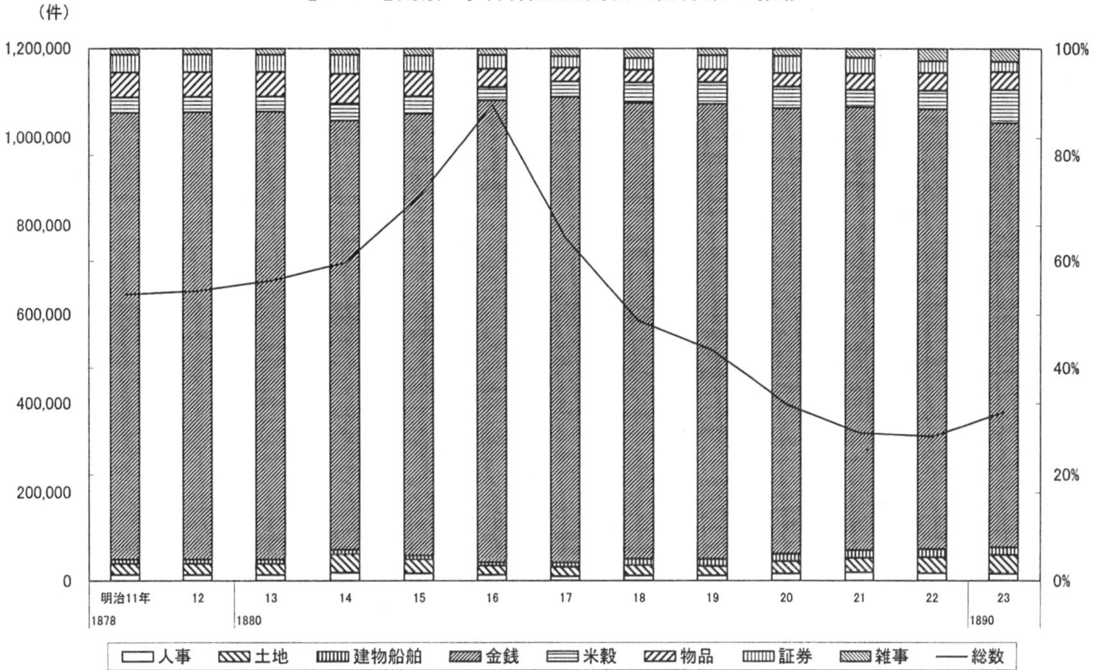

【2-3-4】起訴前の和解・総件数の推移

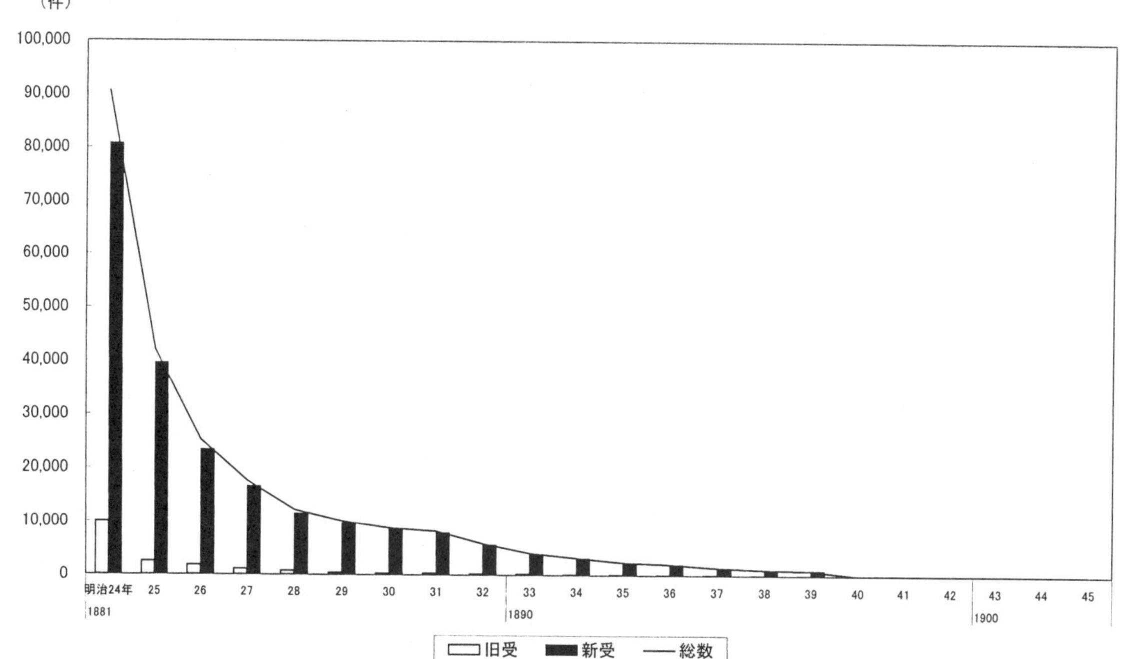

【2-3-5】起訴前の和解・終局区分別割合および総件数の推移

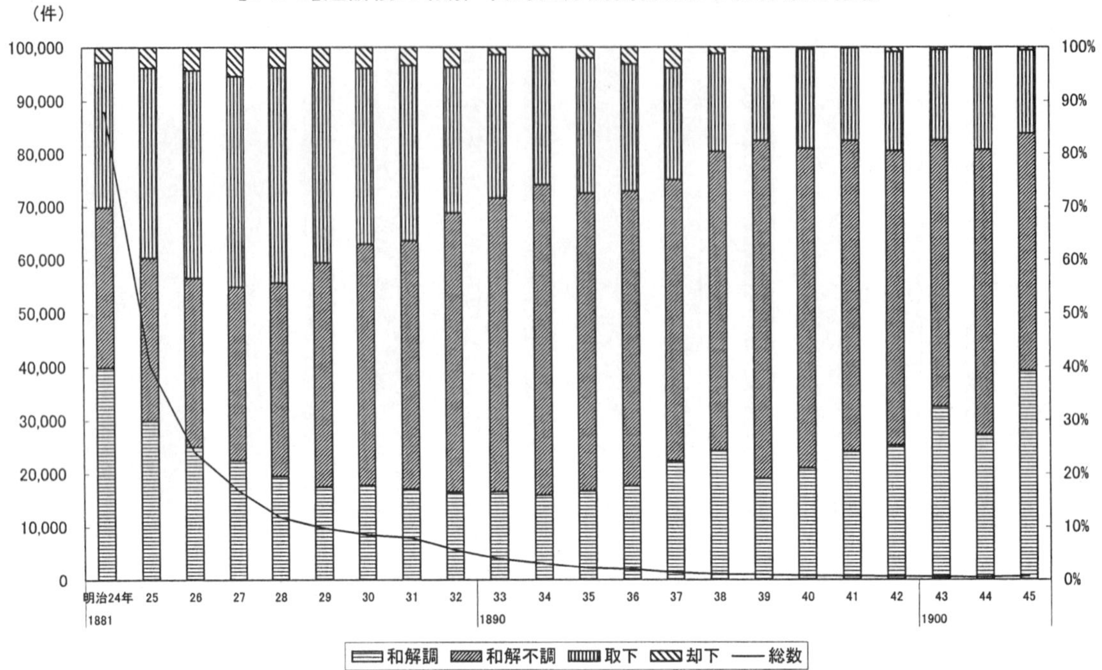

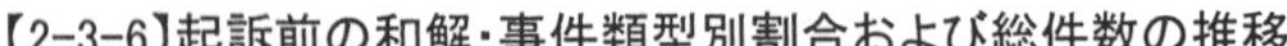
【2-3-6】起訴前の和解・事件類型別割合および総件数の推移

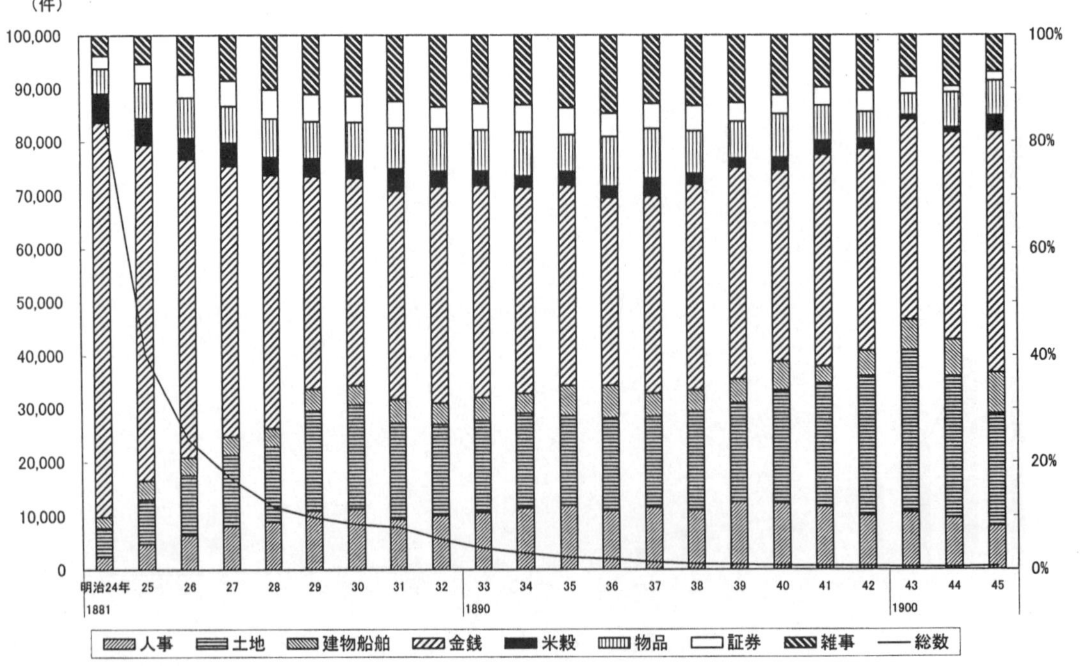

【2-3-7】督促・総件数の推移

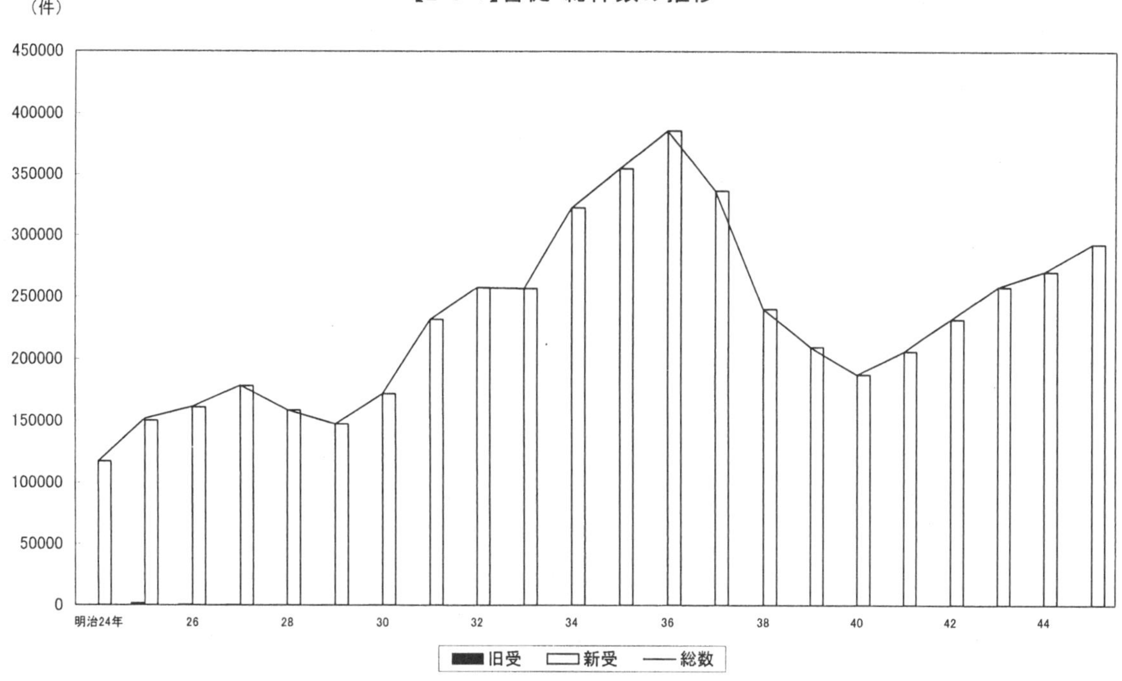

【2-3-8】督促・終局区分別割合と終局件数の推移

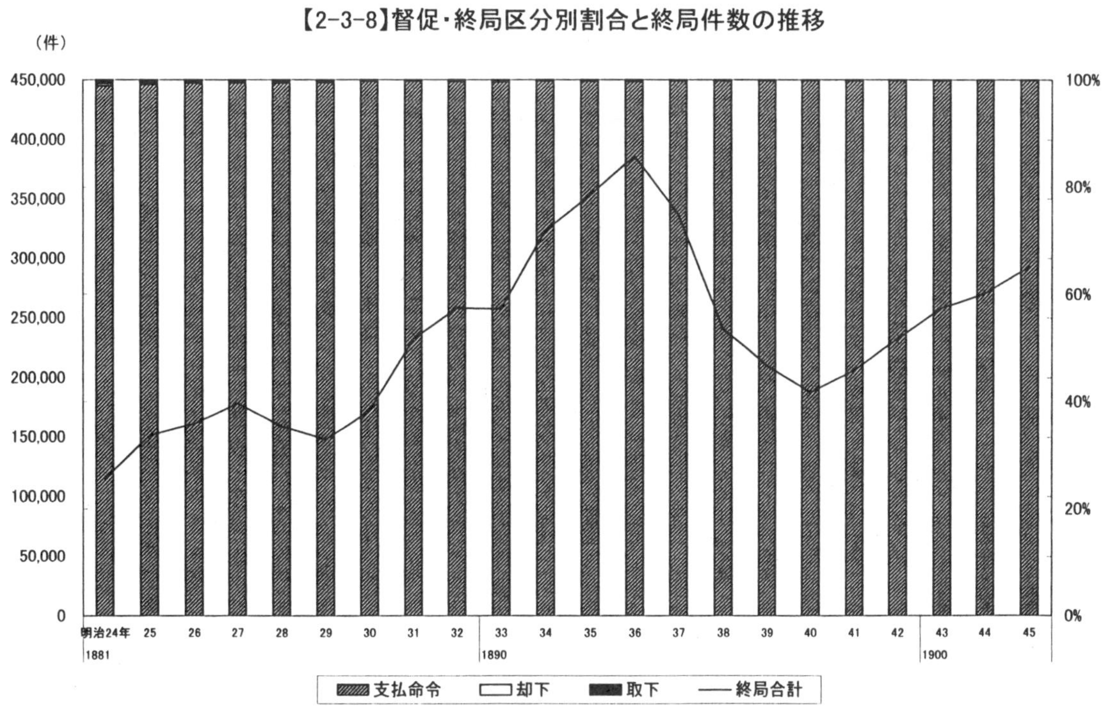

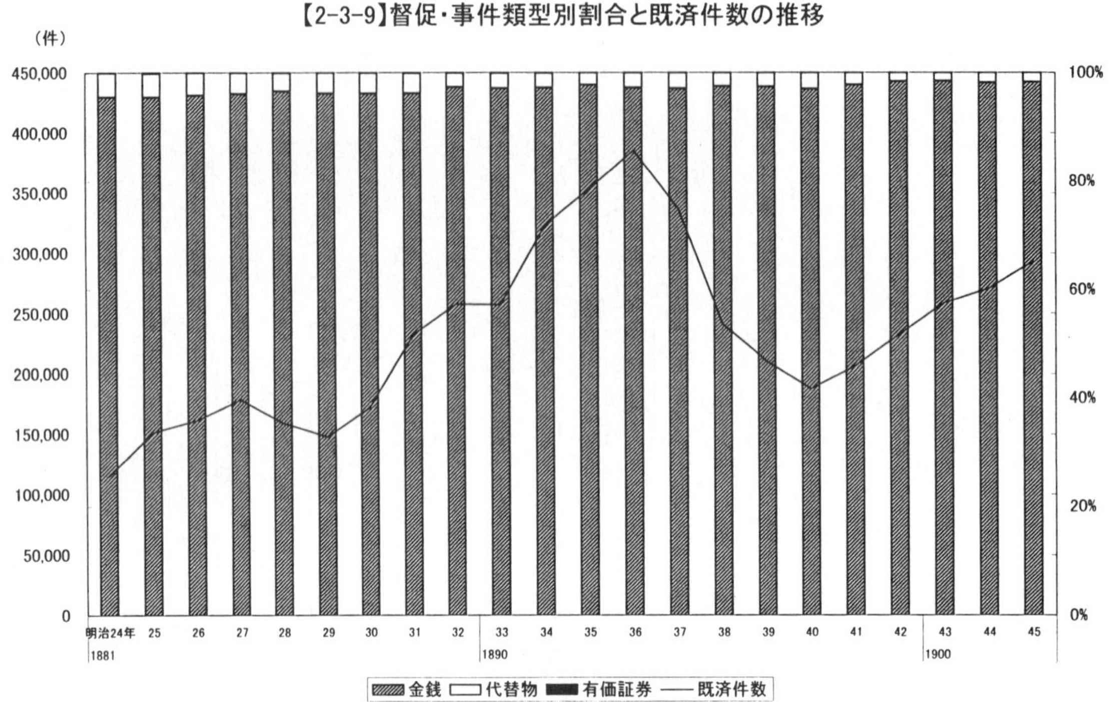
【2-3-9】督促・事件類型別割合と既済件数の推移
（件）
450,000
400,000
350,000
300,000
250,000
200,000
150,000
100,000
50,000
0
100%
80%
60%
40%
20%
0%
明治24年 25 26 27 28 29 30 31 32 33 34 35 36 37 38 39 40 41 42 43 44 45
1881
1890
1900
金銭 代替物 有価証券 既済件数

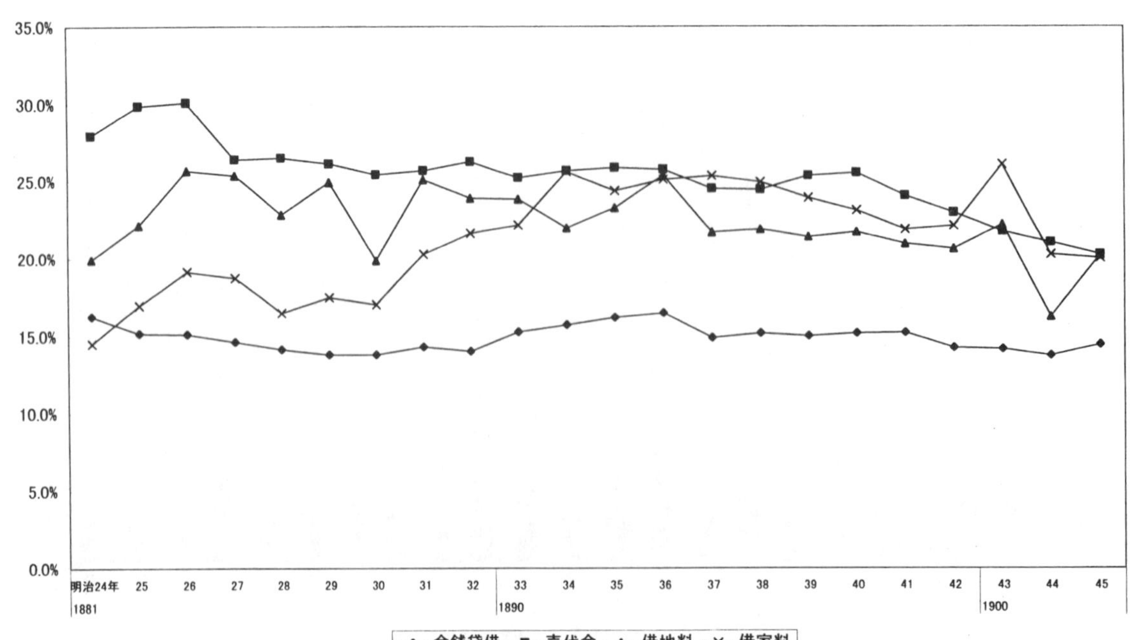
【2-3-10】督促・事件類型別異議申立率（金銭）の推移
35.0%
30.0%
25.0%
20.0%
15.0%
10.0%
5.0%
0.0%
明治24年 25 26 27 28 29 30 31 32 33 34 35 36 37 38 39 40 41 42 43 44 45
1881
1890
1900
金銭貸借 売代金 借地料 借家料

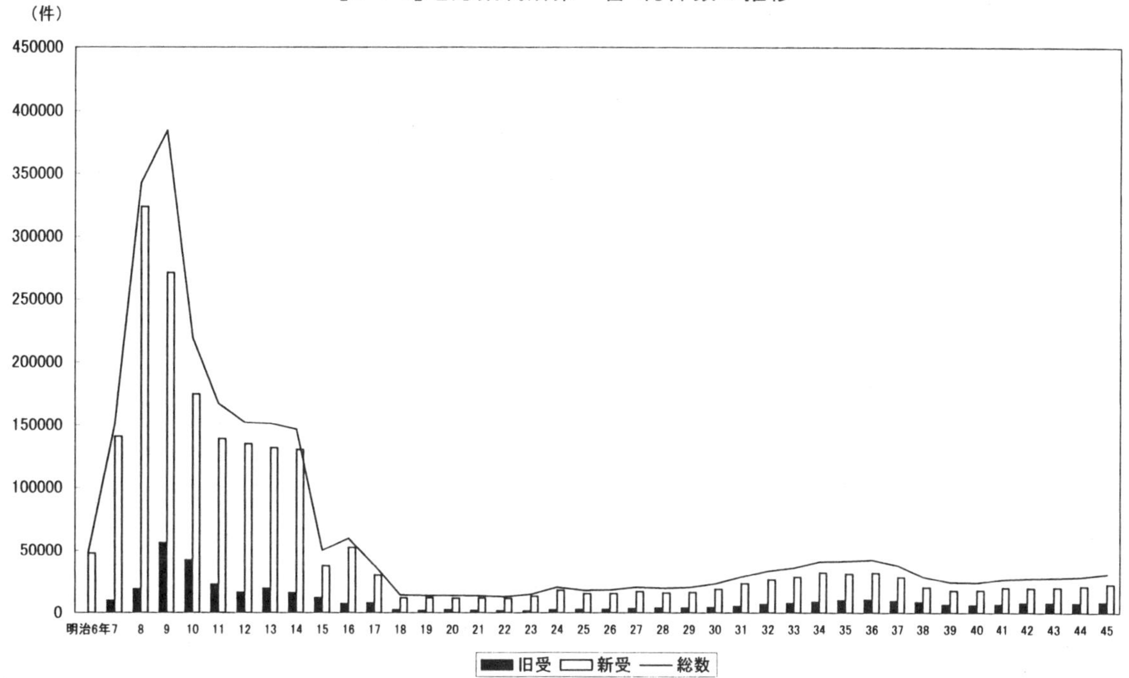
【2-4-1】地方裁判所第一審・総件数の推移
（件）
450000
400000
350000
300000
250000
200000
150000
100000
50000
0
明治6年 7 8 9 10 11 12 13 14 15 16 17 18 19 20 21 22 23 24 25 26 27 28 29 30 31 32 33 34 35 36 37 38 39 40 41 42 43 44 45
旧受 新受 総数

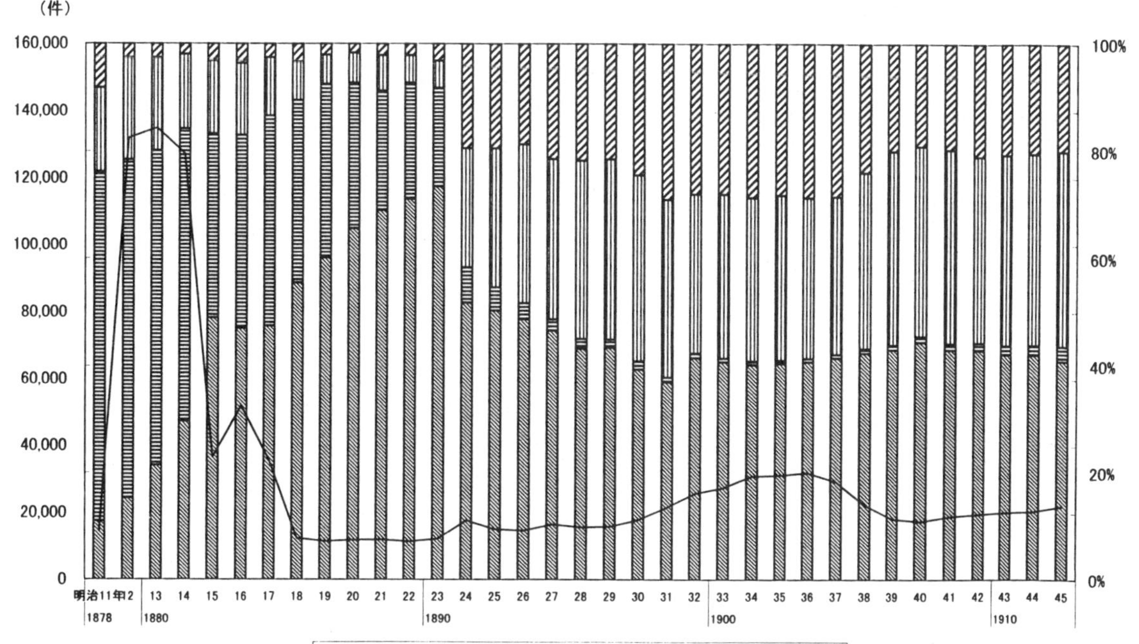
【2-4-2】地方裁判所第一審・終局区分別割合および終局件数の推移
（件）
160,000
140,000
120,000
100,000
80,000
60,000
40,000
20,000
0
100%
80%
60%
40%
20%
0%
明治11年 12 13 14 15 16 17 18 19 20 21 22 23 24 25 26 27 28 29 30 31 32 33 34 35 36 37 38 39 40 41 42 43 44 45
1878 1880 1890 1900 1910
判決 解訟・和解 願下・取下 その他 終局合計

【2-4-3】地方裁判所第一審・事件類型別割合（既済事件）および終局件数の推移

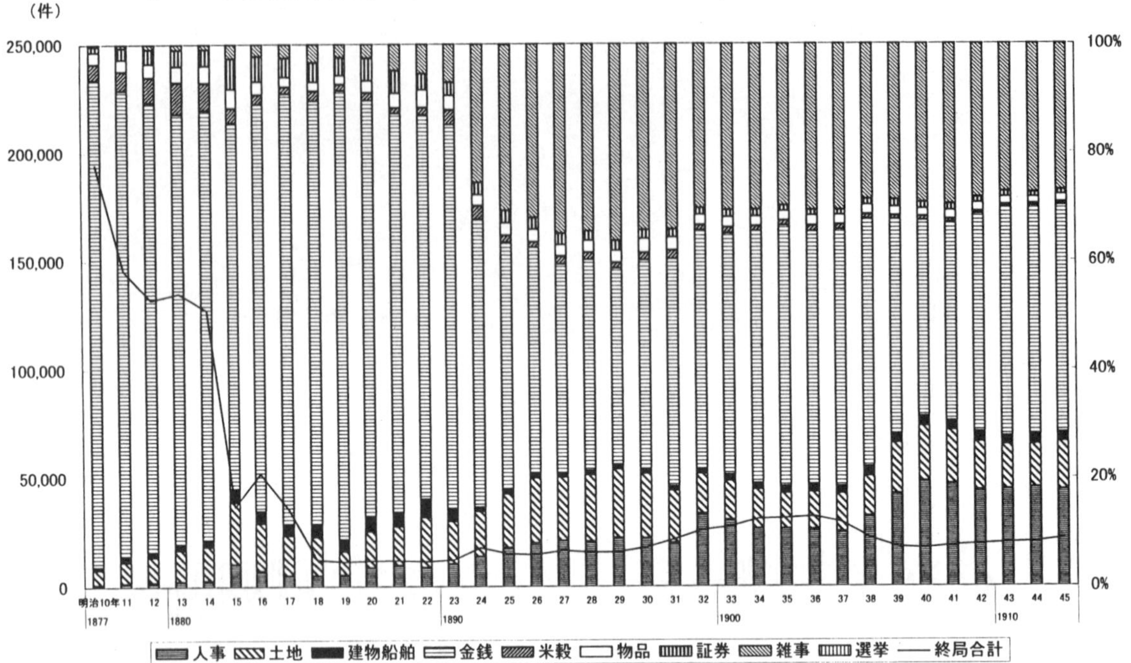

【2-4-4】地方裁判所第一審・審理期間別割合（既済事件）および終局件数の推移

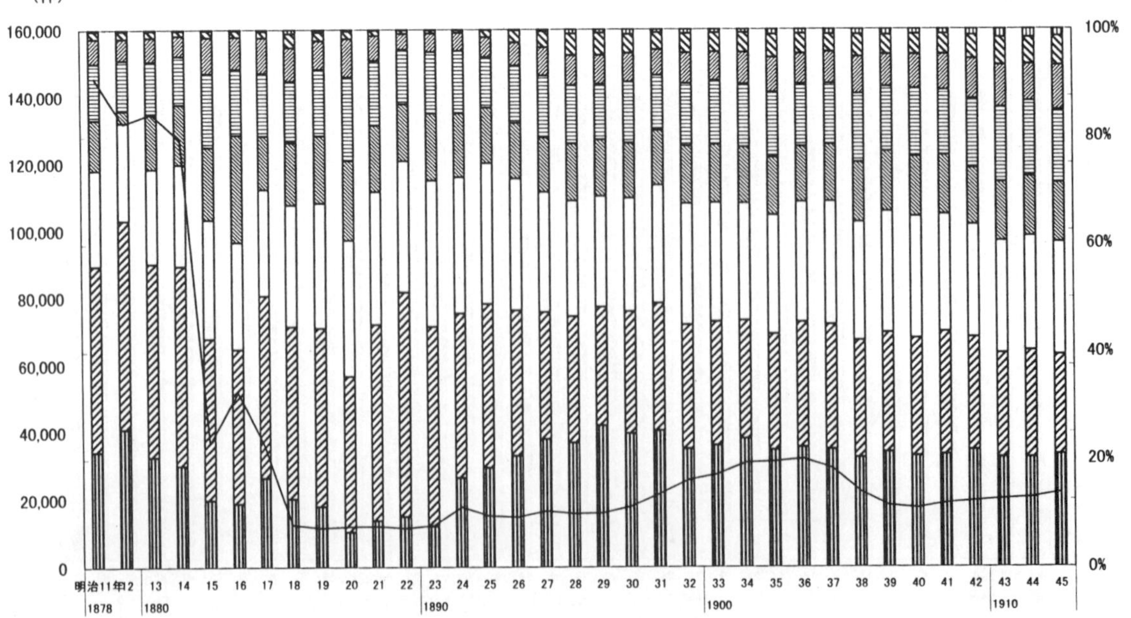

【2-4-5】地方裁判所第一審・訴額別割合（新受件数）と新受件数の推移

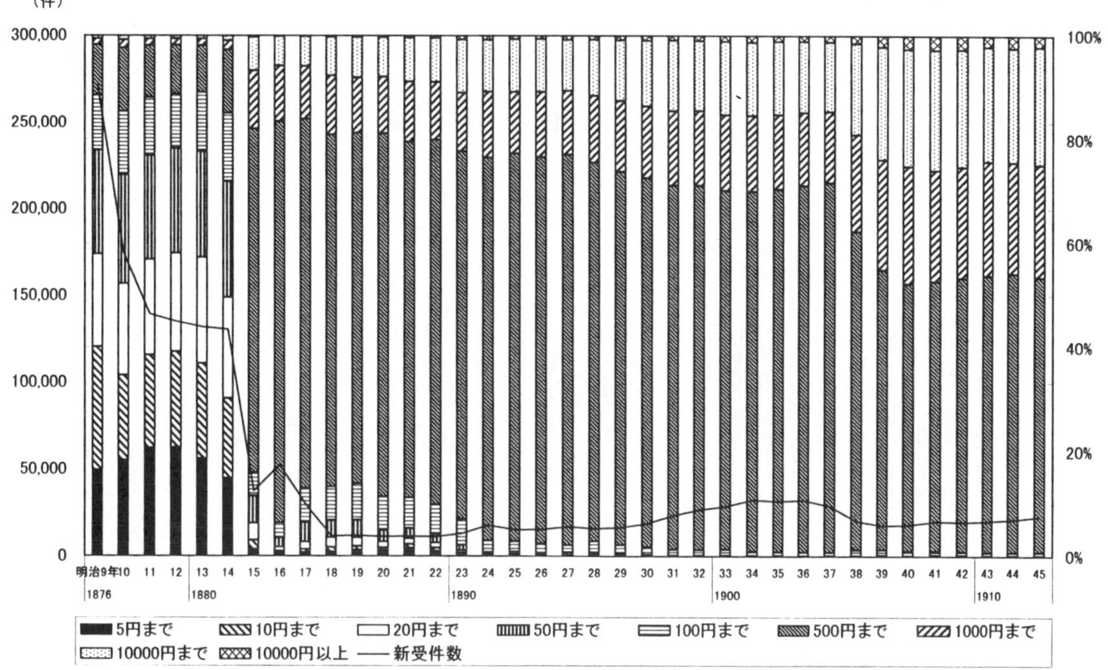

【2-4-6】区裁判所・総件数の推移

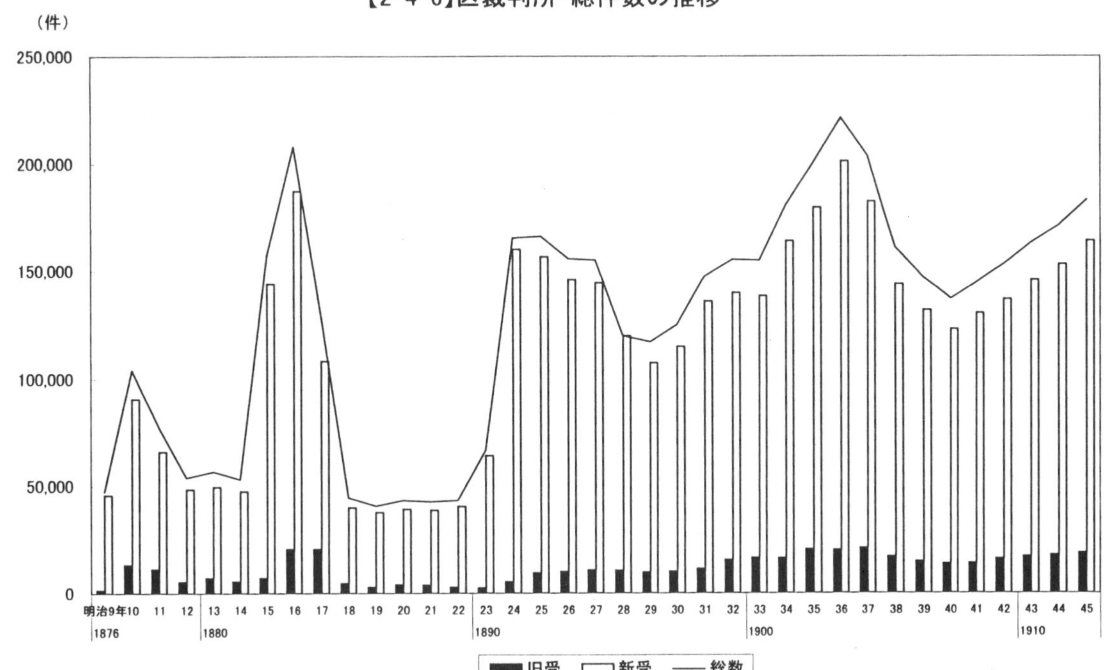

【2-4-7】区裁判所・終局区分別割合および終局件数の推移

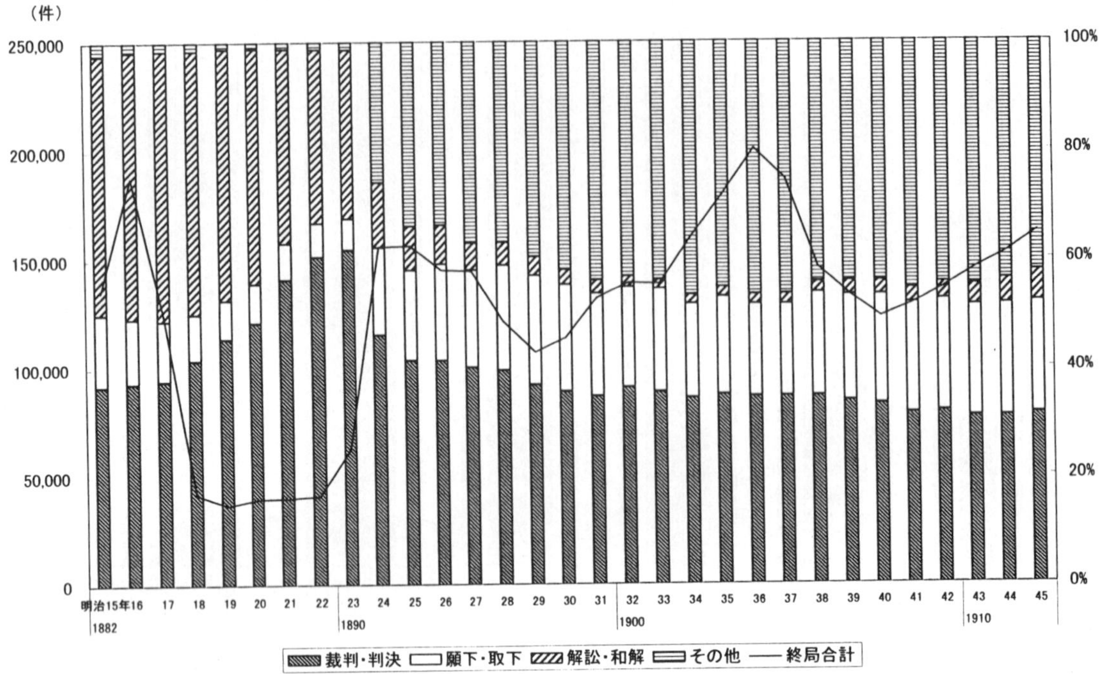

【2-4-8】区裁判所・事件類型別割合（既済事件）および終局件数の推移

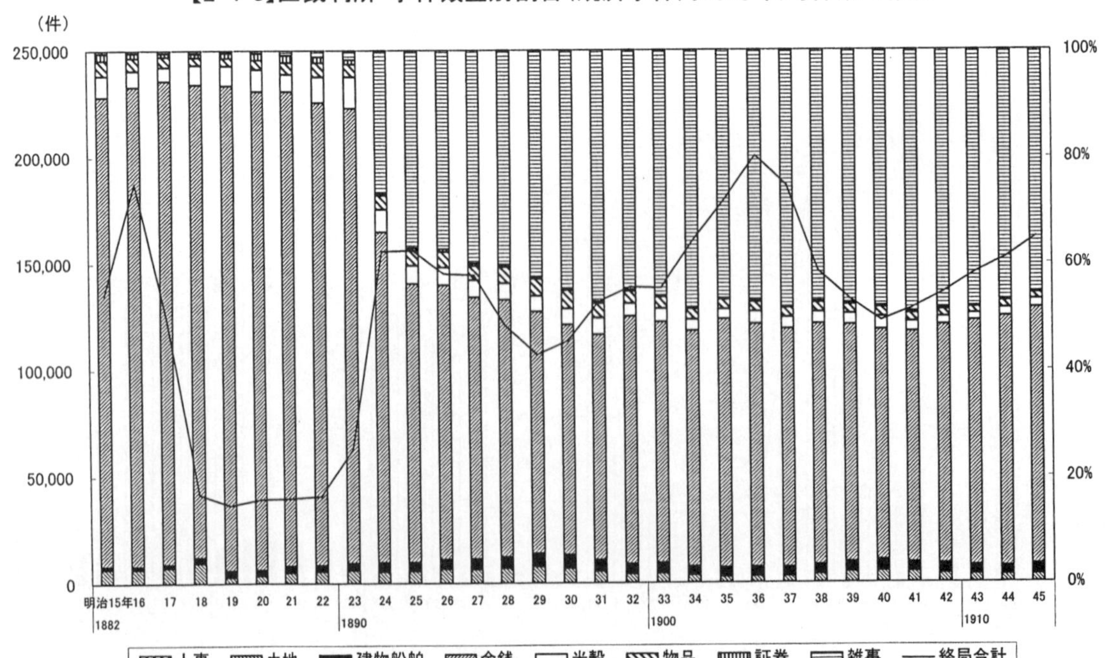

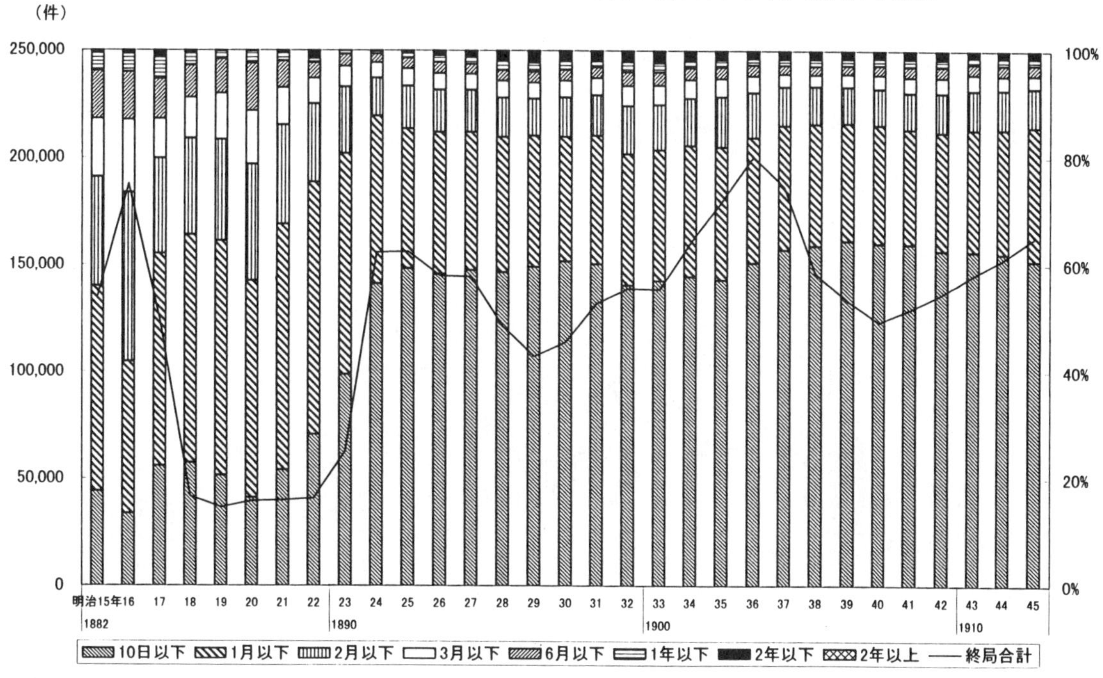
【2-4-9】区裁判所・審理期間別割合(既済事件)および終局件数の推移
(件)
250,000
200,000
150,000
100,000
50,000
0
100%
80%
60%
40%
20%
0%
明治15年16 17 18 19 20 21 22 23 24 25 26 27 28 29 30 31 32 33 34 35 36 37 38 39 40 41 42 43 44 45
1882
1890
1900
1910
10日以下 1月以下 2月以下 3月以下 6月以下 1年以下 2年以下 2年以上 終局合計

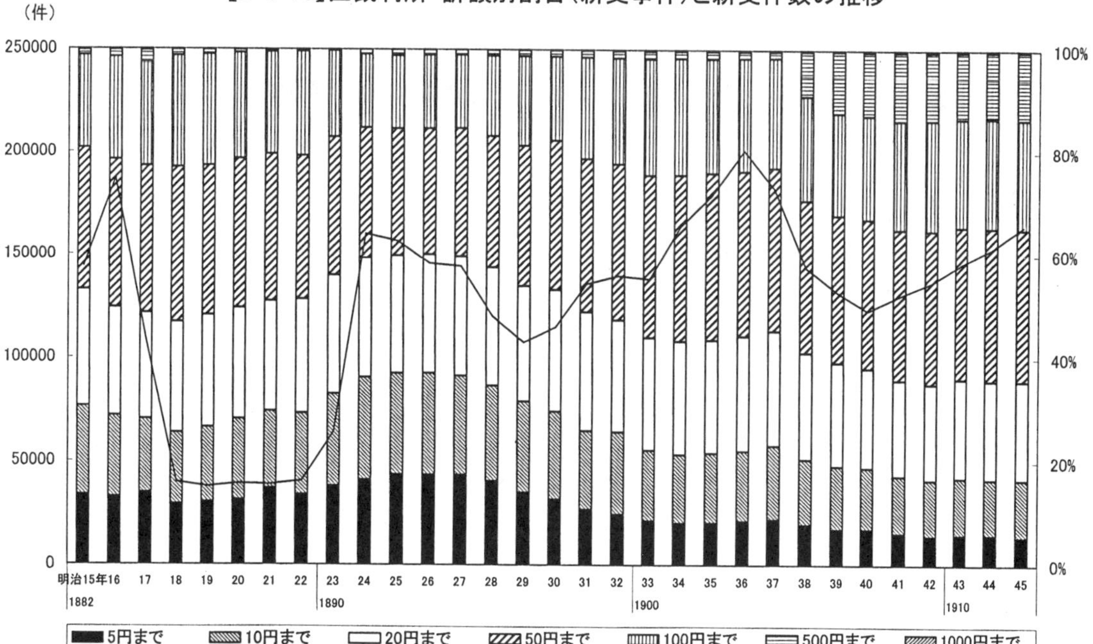
【2-4-10】区裁判所・訴額別割合(新受事件)と新受件数の推移
(件)
250000
200000
150000
100000
50000
0
100%
80%
60%
40%
20%
0%
明治15年16 17 18 19 20 21 22 23 24 25 26 27 28 29 30 31 32 33 34 35 36 37 38 39 40 41 42 43 44 45
1882
1890
1900
1910
5円まで 10円まで 20円まで 50円まで 100円まで 500円まで 1000円まで
10000円まで 10000円以上 新受件数

【2-5-1】控訴院控訴審・総件数の推移

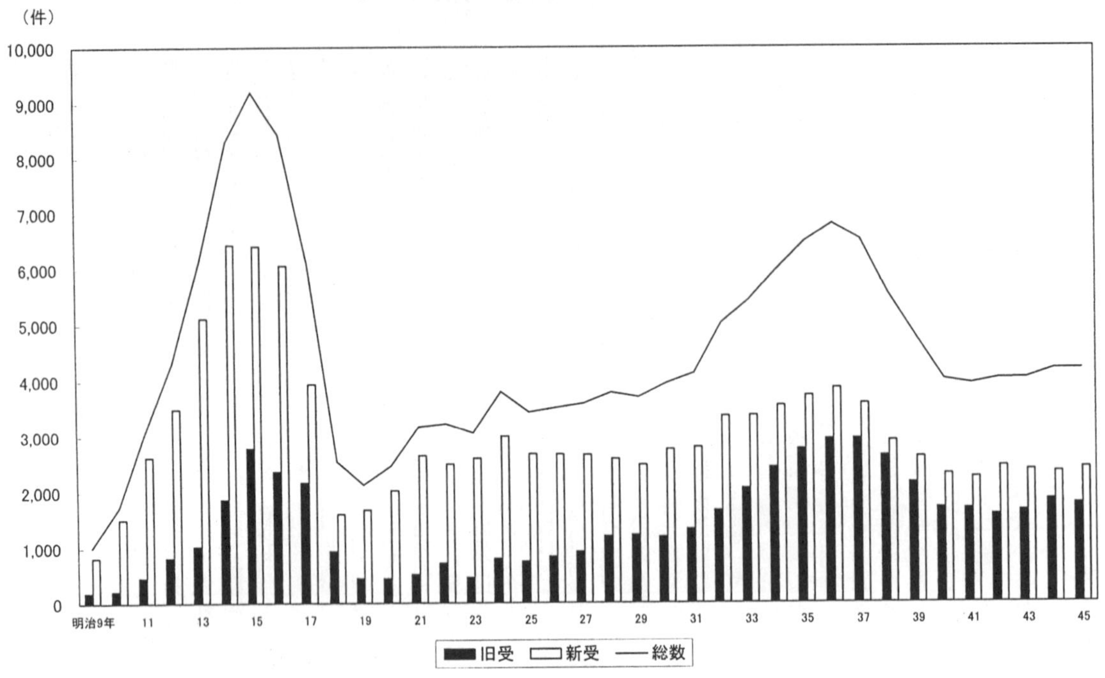

【2-5-2】控訴院控訴審・終局区分別割合および終局件数の推移

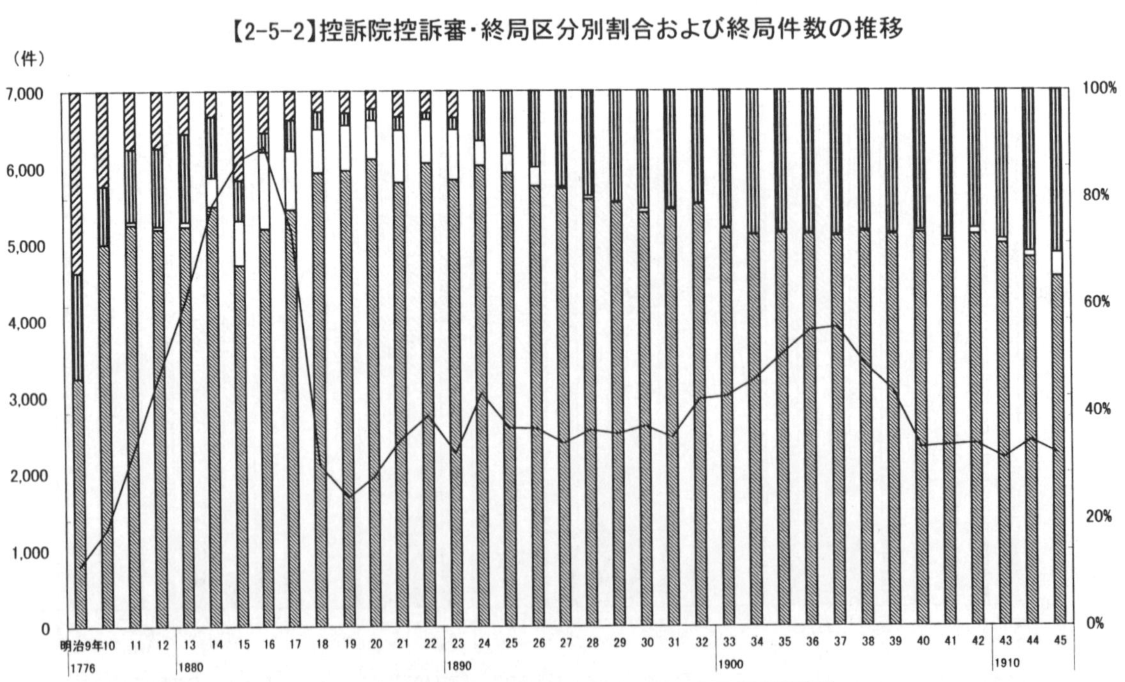

【2-5-3】控訴院控訴審・事件類型別割合（既済事件）および終局件数の推移

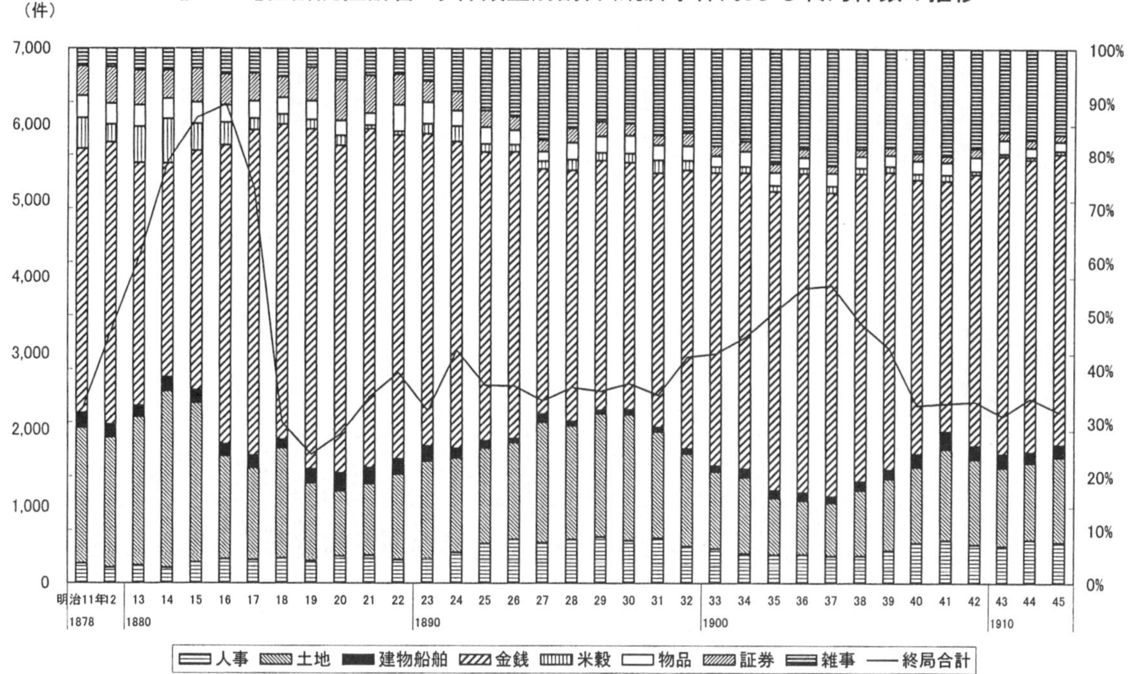

【2-5-4】控訴院控訴審・審理期間別割合（既済事件）および終局件数の推移

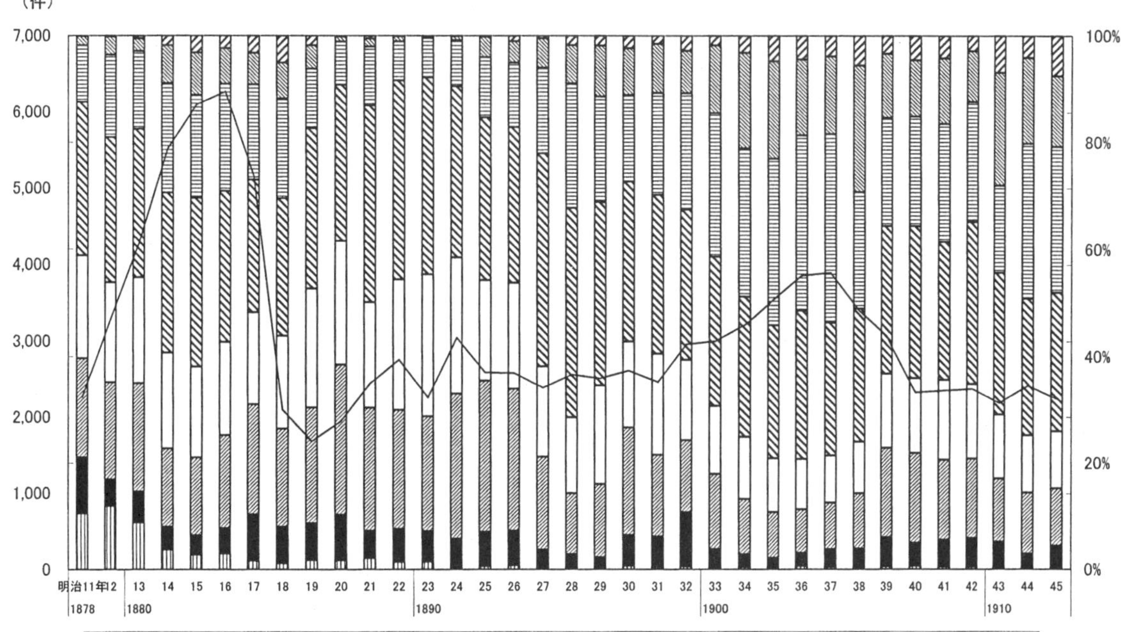

【2-5-5】控訴院控訴審・訴額別割合（新受事件）および新受件数の推移

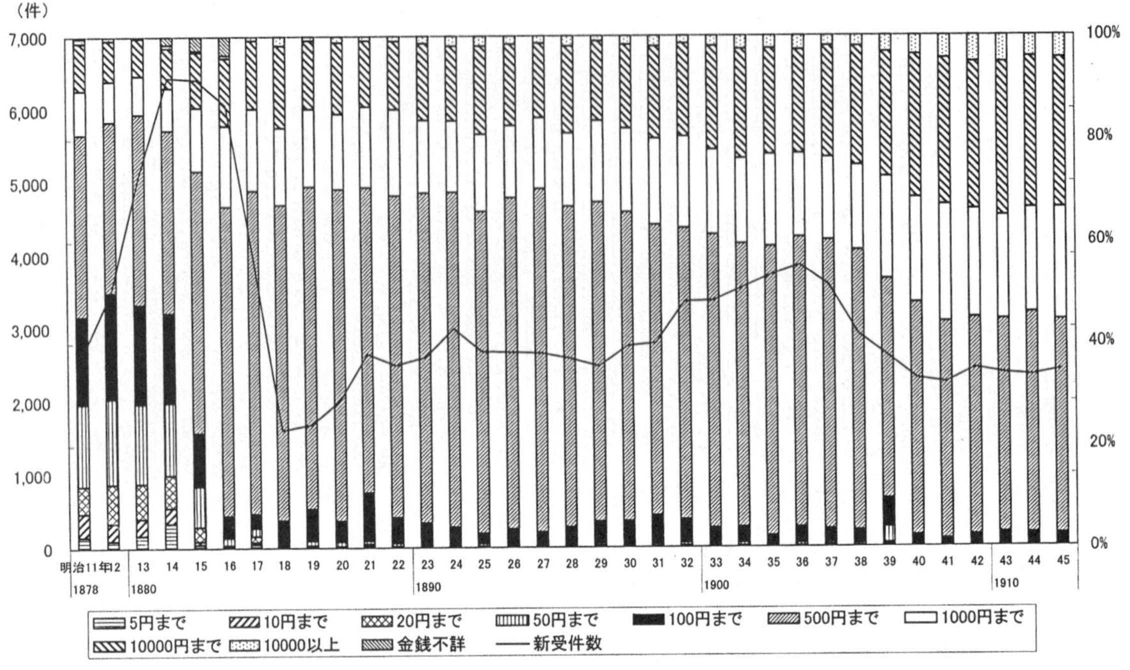

【2-5-6】控訴院控訴審・事件類型別原判決廃棄率（一部廃棄を含む）の推移

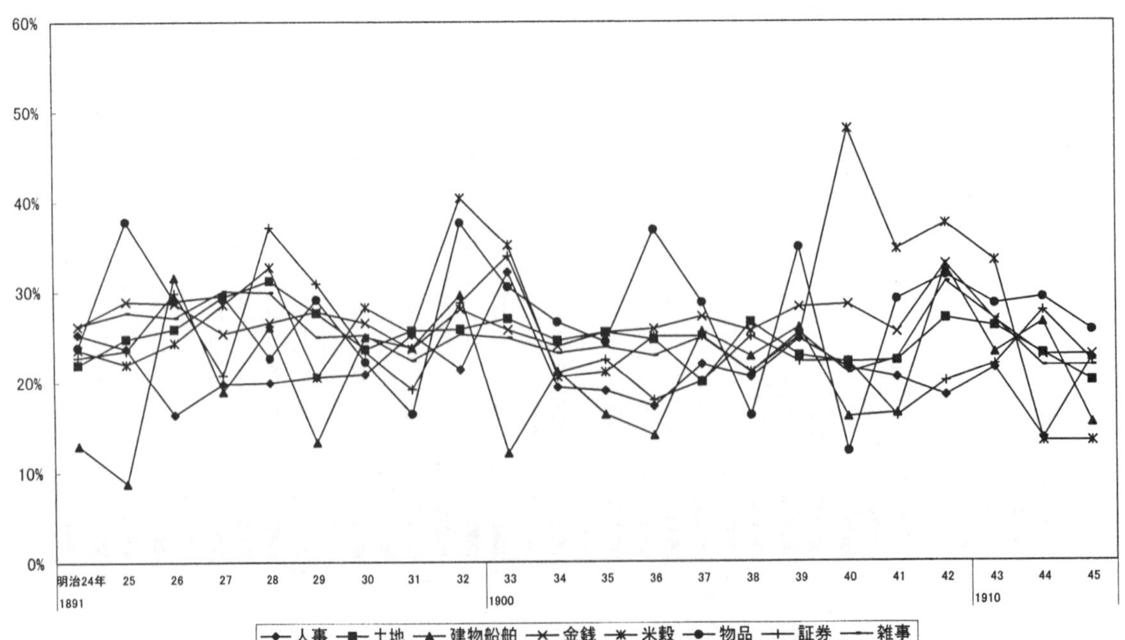

【2-5-7】地方裁判所控訴審・総件数の推移

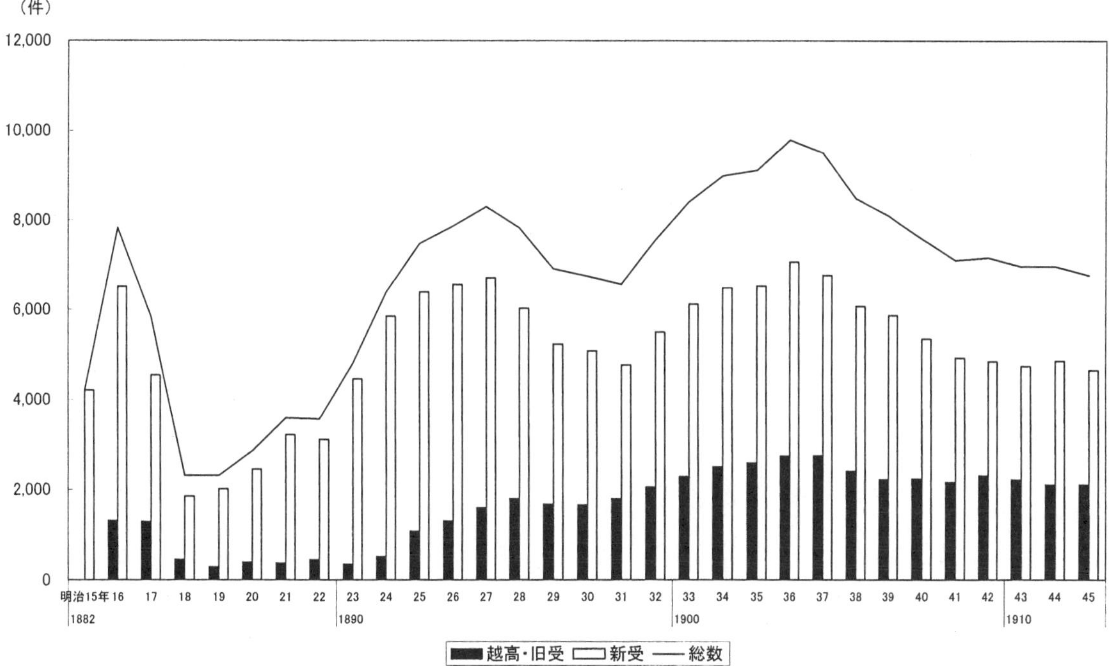

【2-5-8】地方裁判所控訴審・終局区分別割合(既済事件)および終局件数の推移

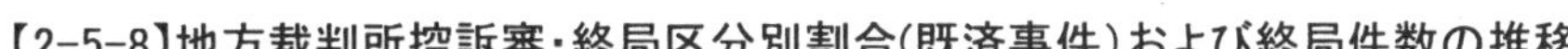

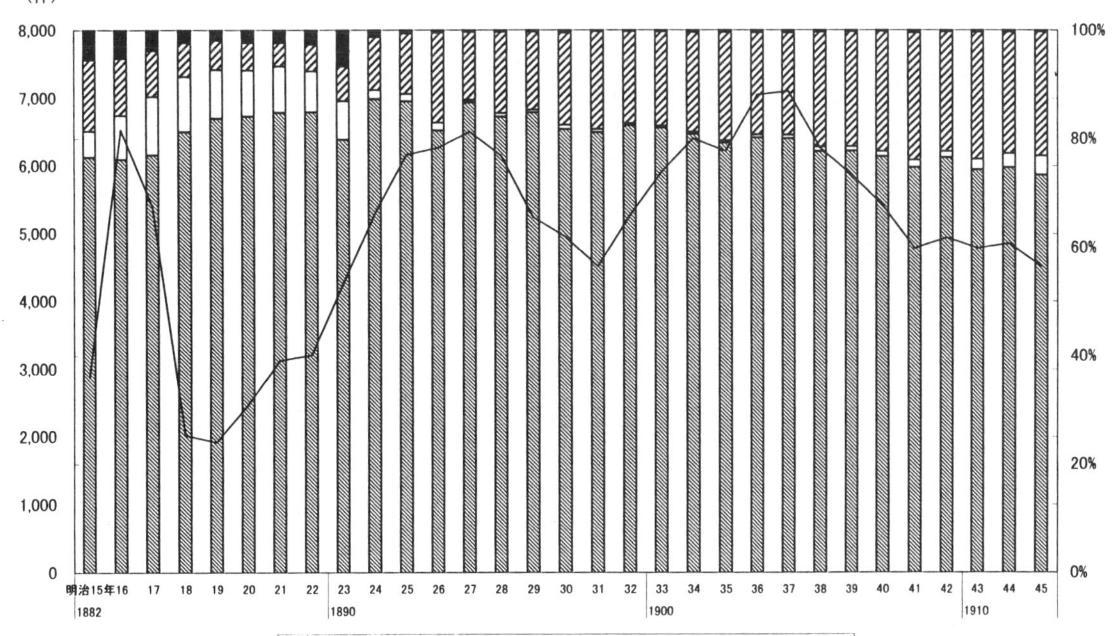

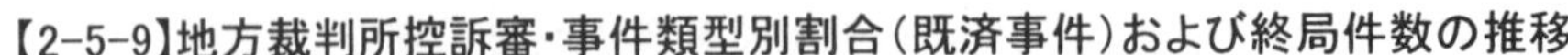
【2-5-9】地方裁判所控訴審・事件類型別割合（既済事件）および終局件数の推移

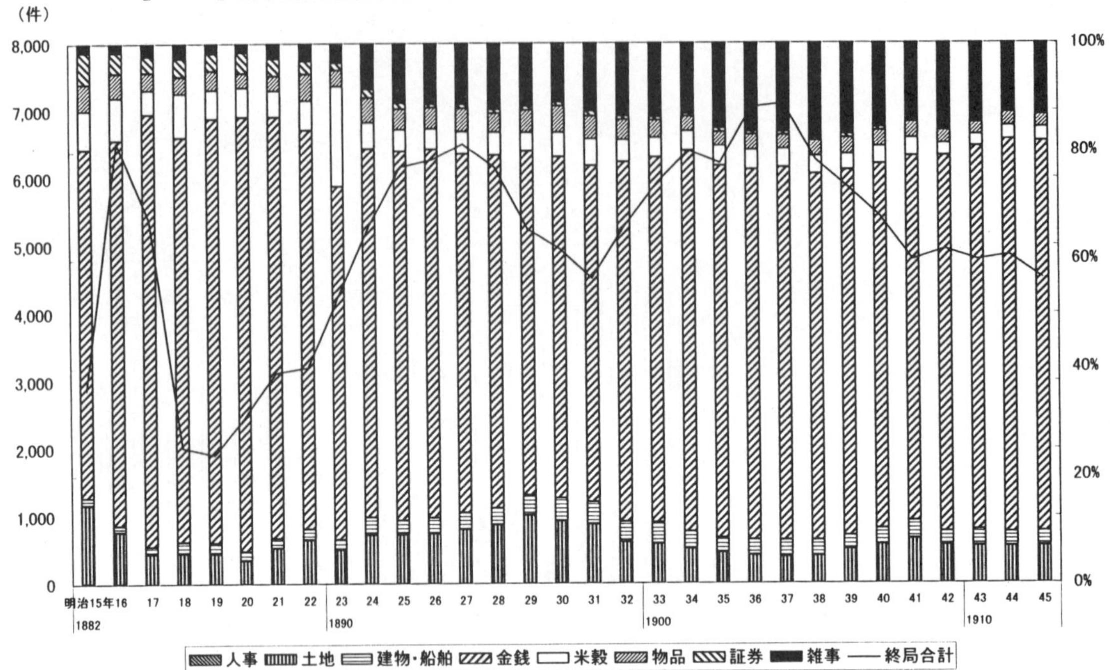

【2-5-10】地方裁判所控訴審・審理期間別割合（既済事件）および終局件数の推移

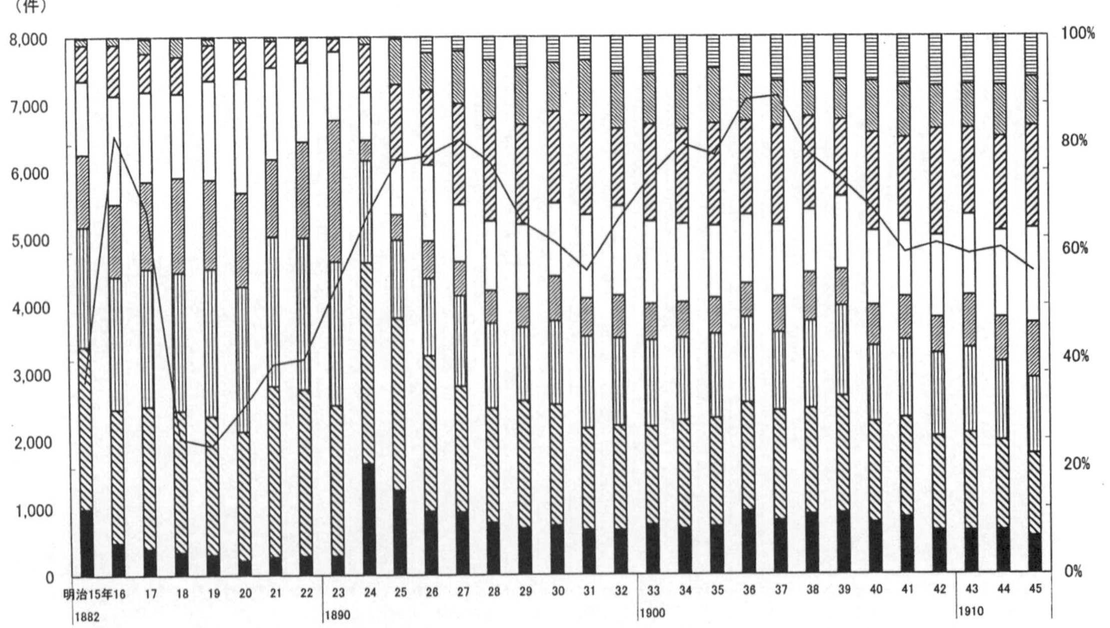

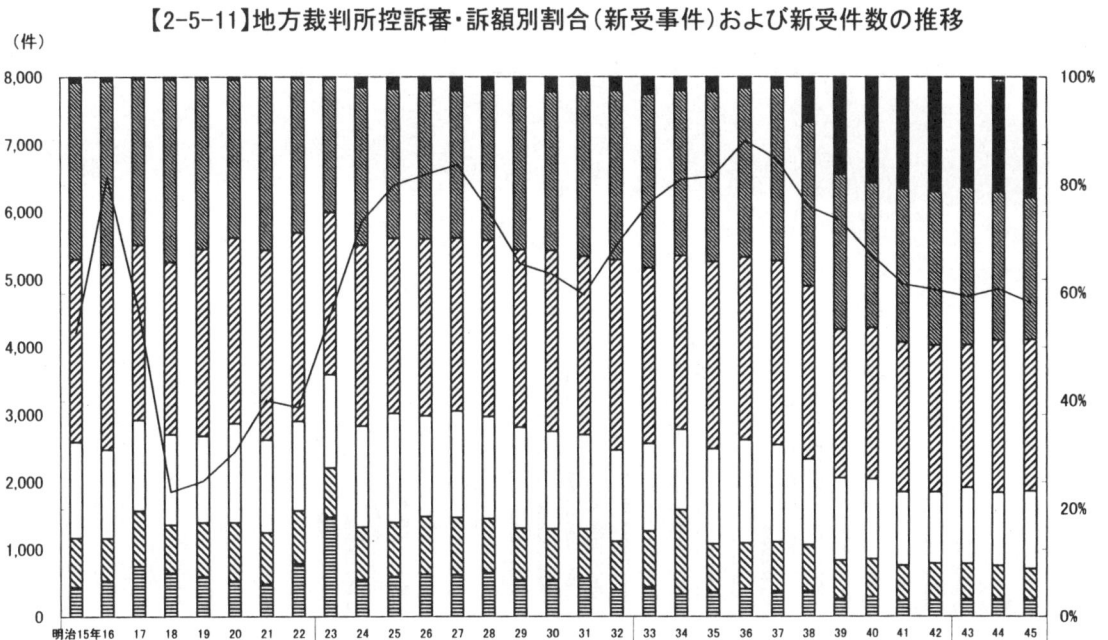

【2-5-11】地方裁判所控訴審・訴額別割合（新受事件）および新受件数の推移

（件）

8,000 7,000 6,000 5,000 4,000 3,000 2,000 1,000 0

100% 80% 60% 40% 20% 0%

明治15年 16 17 18 19 20 21 22 23 24 25 26 27 28 29 30 31 32 33 34 35 36 37 38 39 40 41 42 43 44 45

1882 1890 1900 1910

5円まで 10円まで 20円まで 50円まで 100円まで 500円まで 1000円まで 1000円以上 新受件数

【2-5-12】地方裁判所控訴審・事件類型別原判決廃棄率（一部廃棄を含む）の推移
（廃棄件数／終局合計）

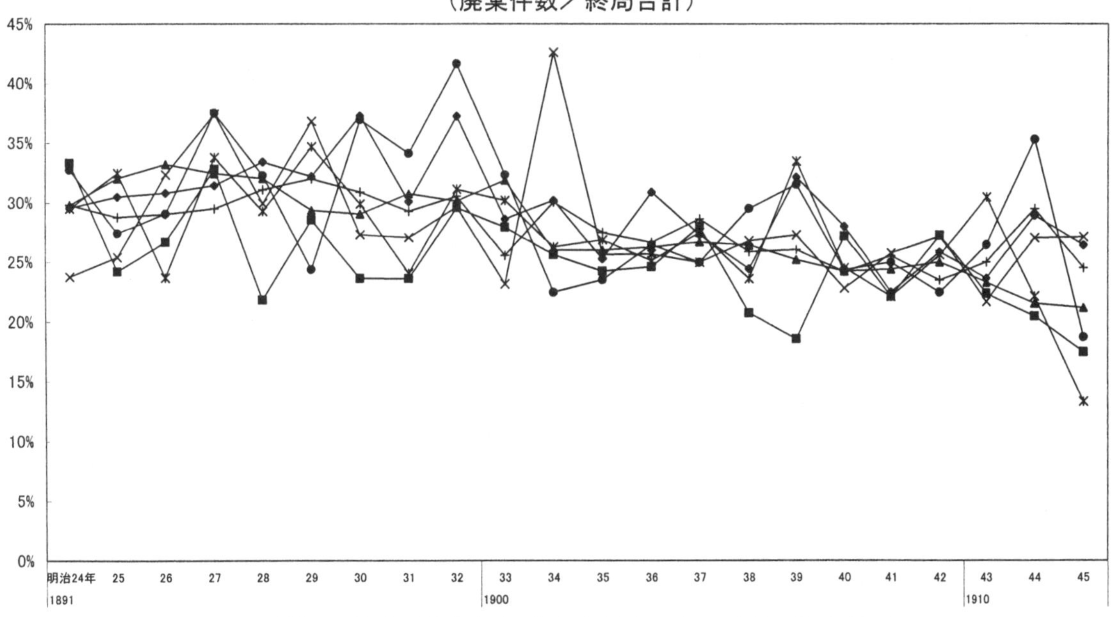

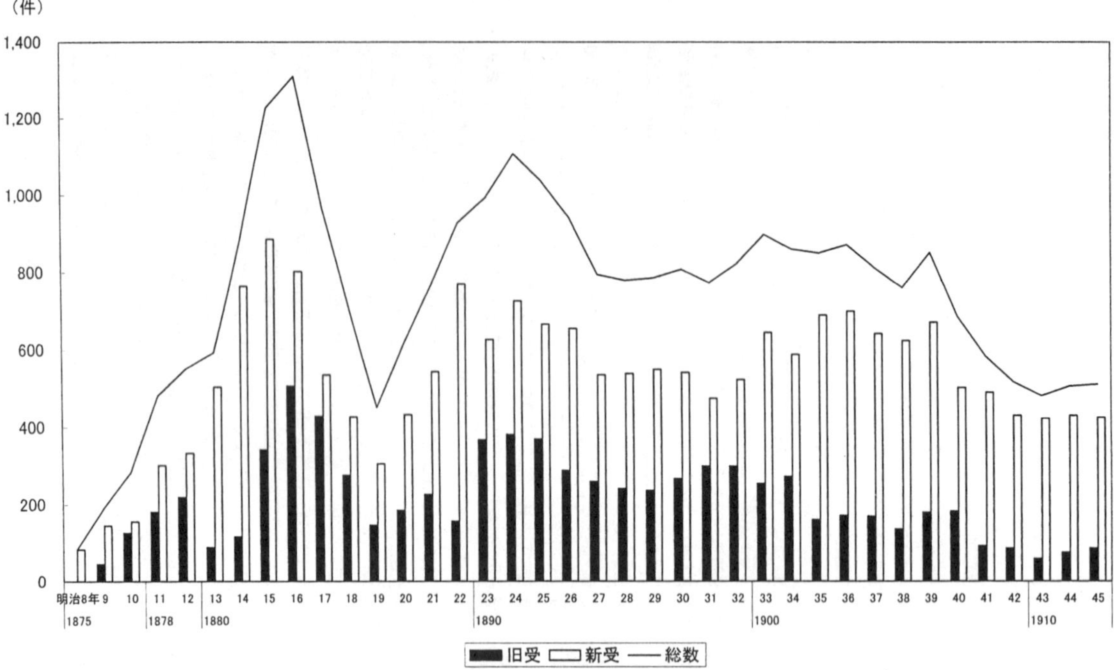
【2-6-1】大審院・総件数の推移
（件）
1,400
1,200
1,000
800
600
400
200
0
明治8年 9 10 11 12 13 14 15 16 17 18 19 20 21 22 23 24 25 26 27 28 29 30 31 32 33 34 35 36 37 38 39 40 41 42 43 44 45
1875 1878 1880 1890 1900 1910

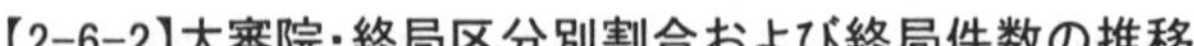
旧受 新受 総数

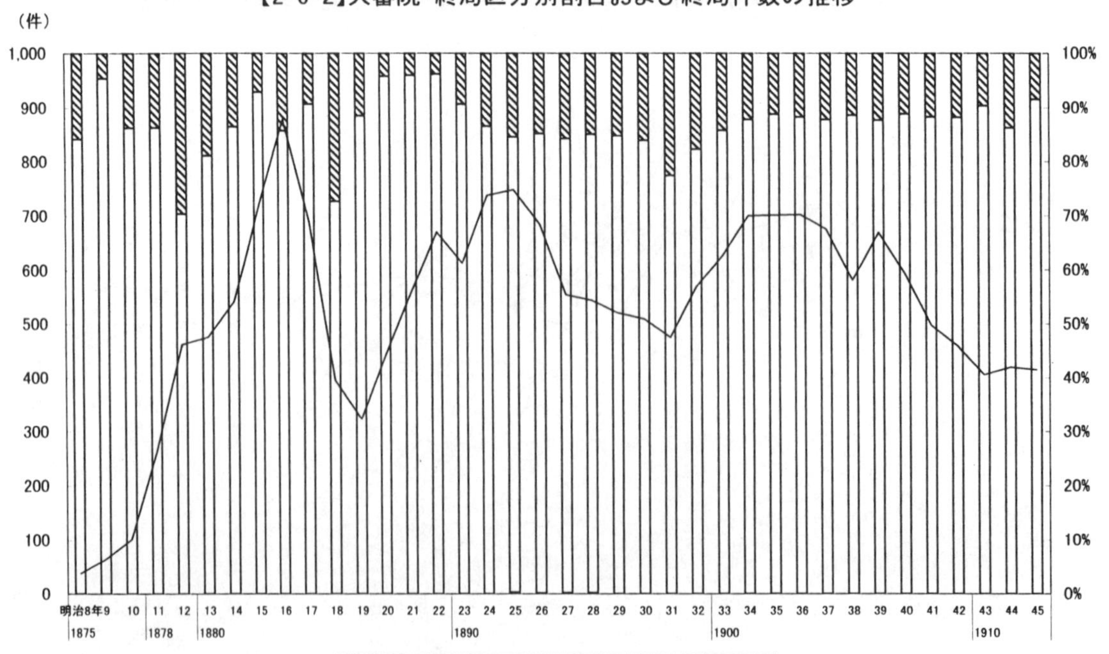
【2-6-2】大審院・終局区分別割合および終局件数の推移
（件）
1,000
900
800
700
600
500
400
300
200
100
0
100%
90%
80%
70%
60%
50%
40%
30%
20%
10%
0%
明治8年 9 10 11 12 13 14 15 16 17 18 19 20 21 22 23 24 25 26 27 28 29 30 31 32 33 34 35 36 37 38 39 40 41 42 43 44 45
1875 1878 1880 1890 1900 1910
解訟・和解 判決 願下・取下 終局合計

【2-6-3】大審院・事件類型別割合（既済事件）および終局件数の推移

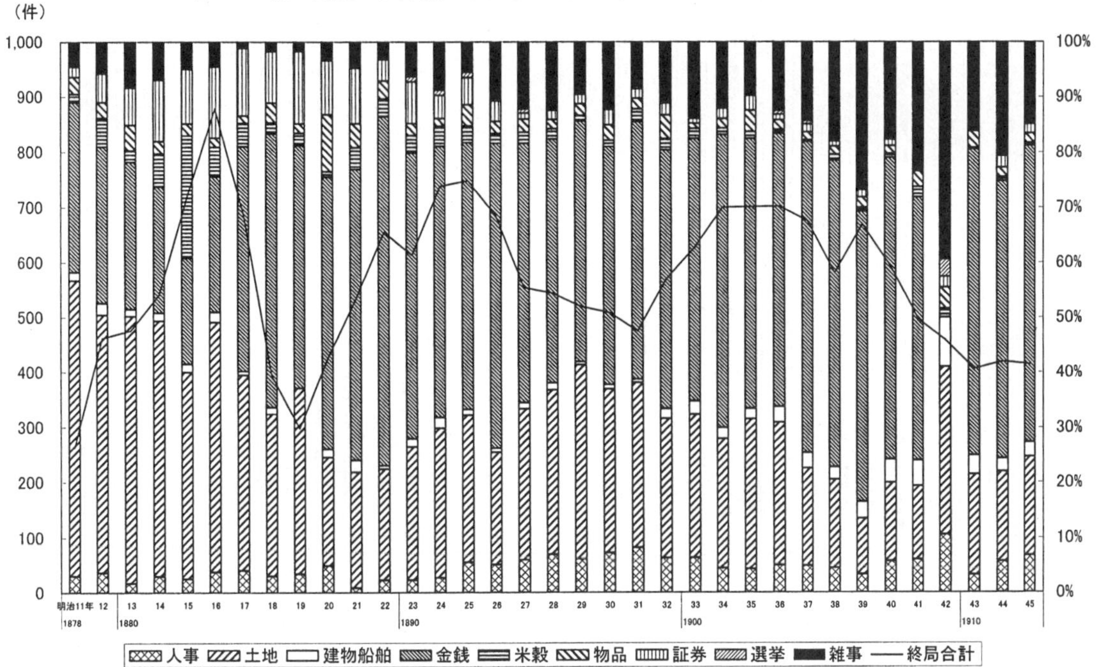

【2-6-4】大審院・審理期間別割合（既済事件）および終局件数の推移

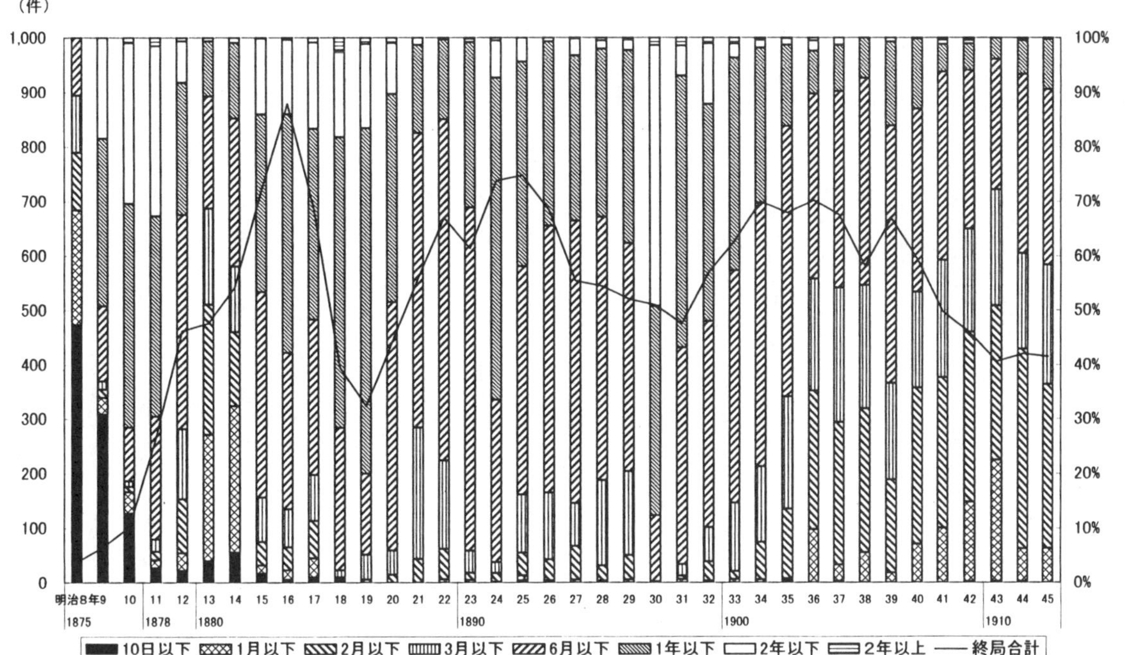

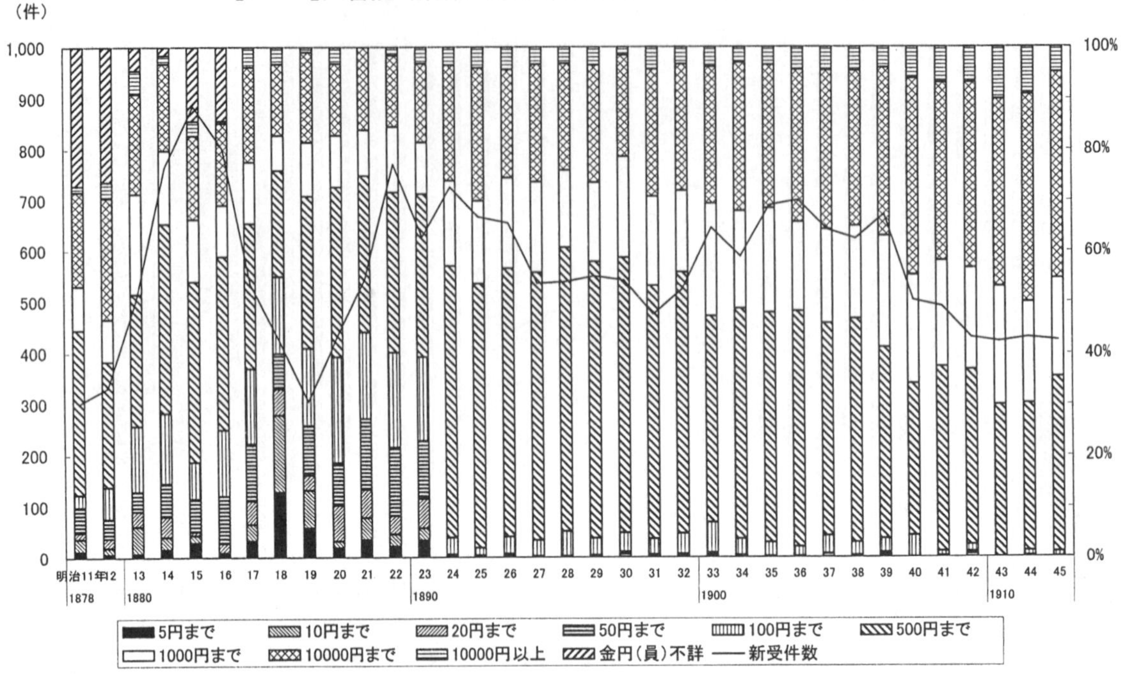
【2-6-5】大審院・訴額別割合（新受件数）および新受件数の推移
（件）
1,000
900
800
700
600
500
400
300
200
100
0
100%
80%
60%
40%
20%
0%
明治11年12
13
14
15
16
17
18
19
20
21
22
23
24
25
26
27
28
29
30
31
32
33
34
35
36
37
38
39
40
41
42
43
44
45
1878
1880
1890
1900
1910
5円まで
10円まで
20円まで
50円まで
100円まで
500円まで
1000円まで
10000円まで
10000円以上
金円（員）不詳
新受件数

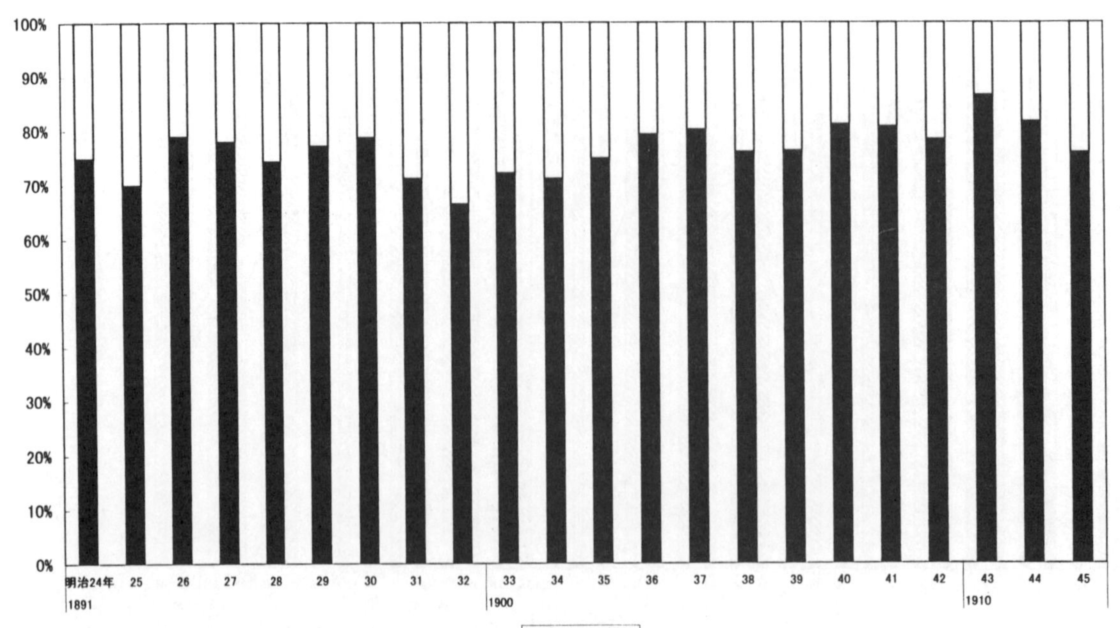
【2-6-6】大審院・原判決破毀率の推移
100%
90%
80%
70%
60%
50%
40%
30%
20%
10%
0%
明治24年
25
26
27
28
29
30
31
32
33
34
35
36
37
38
39
40
41
42
43
44
45
1891
1900
1910
棄却
破毀

【2-1-1】裁判所数、司法職員数の推移

		明治	9年	10年	11年	12年	13年	14年	15年	16年	17年	18年	19年	20年	21年	22年	23年	24年	25年	26年	27年
裁判所数	大審院		1	1	1	1	1	1	1	1	1	1	1	1	1	1	1	1	1	1	1
	控訴院		4	4	4	4	4	4	7	7	7	7	7	7	7	7	7	7	7	7	7
	地裁		49	62	67	70	70	70	79	99	99	99	99	99	99	99	48	48	49	49	49
	同支部		—	—	—	—	—	—	—	—	—	—	—	—	—	—	—	—	—	—	69
	区裁		89	123	139	171	170	117	187	187	190	194	194	194	194	194	299	299	301	301	301
	同出張所		—	—	—	—	—	—	—	—	—	—	—	—	—	—	—	—	—	—	1,093
	合計		—	—	—	—	—	—	—	—	—	—	—	—	—	—	—	—	—	—	1,520
司法職員	判事		466	648	701	740	854	986	1,169	1,258	1,266	1,257	1,174	1,237	1,265	1,266	1,289	1,285	1,257	1,168	1,169
	検事		—	—	—	—	—	—	—	—	—	—	—	—	—	—	—	—	—	—	332
	書記長		—	—	—	—	—	—	—	—	—	—	—	—	—	—	—	—	—	—	8
	司法官試補		—	—	—	—	—	—	—	—	—	—	—	—	—	—	—	—	—	—	150
	裁判所書記		—	—	—	—	—	—	—	—	—	—	—	—	—	—	—	—	—	—	3,780
	雇員		—	—	—	—	—	—	—	—	—	—	—	—	—	—	—	—	—	—	2,907
	傭人	廷丁	—	—	—	—	—	—	—	—	—	—	—	—	—	—	—	—	—	—	2,016
		給仕小使	—	—	—	—	—	—	—	—	—	—	—	—	—	—	—	—	—	—	2,044
		合計	—	—	—	—	—	—	—	—	—	—	—	—	—	—	—	—	—	—	12,406
	執達吏		—	—	—	—	—	—	—	—	—	—	—	—	—	—	—	—	—	—	360
	弁護士		174	457	577	677	799	818	914	1,015	1,029	1,060	1,037	1,051	1,120	1,075	1,345	1,233	1,423	1,594	1,602
	公証人		—	—	—	—	—	—	—	—	—	—	—	—	—	—	—	—	—	—	176
	破産管財人		—	—	—	—	—	—	—	—	—	—	—	—	—	—	—	—	—	—	1,075

		明治	28年	29年	30年	31年	32年	33年	34年	35年	36年	37年	38年	39年	40年	41年	42年	43年	44年	45年
裁判所数	大審院		1	1	1	1	1	1	1	1	1	1	1	1	1	1	1	1	1	1
	控訴院		7	7	7	7	7	7	7	7	7	7	7	7	7	7	7	7	7	7
	地裁		49	49	49	49	49	49	49	49	49	49	49	49	50	50	50	50	50	50
	同支部		72	72	72	72	73	79		69	69	69	71	71	72	73	74	74	74	74
	区裁		301	301	298	298	302	310	310	310	310	310	310	312	312	312	312	312	312	312
	同出張所		1,101	1,200	1,201	1,201	1,366	1,368		1,368	1,368	1,370	1,322	1,331	1,384	1,409	1,409	1,413	1,413	1,409
	合計		1,531	1,630	1,628	1,628	1,798	1,814		1,804	1,804	1,806	1,760	1,771	1,826	1,852	1,853	1,857	18,57	1,853
司法職員	判事		1,182	1,188	1,180	1,113	1,101	1,111	1,107	1,130	1,130	1,089	1,110	1,116	1,111	1,098	1,127	1,066	1,066	1,109
	検事		338	372	363	338	342	342	552	340	351	334	357	368	366	371	392	379	379	392
	書記長		8	8	8	8	8	8	8	8	8	8	8	8	8	8	8	8	8	8
	司法官試補		173	98	99	148	195	195		285	286	425	253	218	213	274	282	274	212	143
	裁判所書記		3,786	3,929	3,906	4,030	5,370	5,347	5,125	4,633	4,460	4,223	4,144	4,132	4,229	4,225	4,388	3,922	3,922	3,874
	雇員		2,922	2,858	2,933	3,002	3,761	3,781	3,814	3,879	4,182	4,287	4,201	4,257	4,316	4,332	4,169	4,114	4,114	4,140
	傭人	廷丁	1,968	1,966	1,870	1,852	1,869	1,862	1,857	1,843	1,812	1,738	1,706	1,727	1,672	1,669	1,619	1,589	1,589	1,565
		給仕小使	2,039	2,122	2,213	2,230	2,407	2,447		2,491	1,195	1,023	1,040	1,056	1,041	1,068	1,060	1,025	1,025	1,066
		合計	12,416	12,541	12,572	12,721	15,053	15,093		14,609	13,424	13,127	12,819	12,882	13,956	13,045	13,045	2,377	12,377	12,297
	執達吏		376	365	363	370	390	409	433	449	456	508	523	520	518	500	489	515	515	527
	弁護士		1,555	1,565	1,463	1,481	1,577	1,626	1,647	1,752	1,846	1,924	2,023	2,037	2,030	1,999	1,985	2,008	2,020	2,036
	公証人		179	176	196	211	243	254		275	291	302	317	313	300	290	282	296	296	283
	破産管財人		1,056	995	1,053	1,059	958	993		871	873	812	672	641	638	561	581	576	576	550

（注）弁護士数は、司法省編纂「司法沿革誌」（法曹会、昭和4年）による。ただし、9〜16年の数値は、「弁護士百年」（日本弁護士連合会、昭和51年）による。
明治34年の司法統計には裁判所数、司法職員数の頁が落丁していたため、同年の数値は帝国統計年鑑により可能な範囲で補充した。また、34年度分は32年は12月31日の数値が採用されているので、36年度分（34年12月31日）の数値を採用した。

【2-1-1-2】裁判所数、司法職員数の推移（明治40年～45年補追）

		明治	40年	41年	42年	43年	44年	45年
裁判所数	大審院		1	1	1	1	1	1
	控訴院		7	7	7	7	7	7
	地裁		50	50	50	50	50	50
	同支部		72	73	74	74	74	74
	区裁		312	312	312	312	312	312
	同出張所		1,384	1,409	1,409	1,413	1,413	1,409
	合計		1,826	1,852	1,853	1,857	18,57	1,853
司法職員	判事		1,117(6)	1,104(6)	1,133(6)	1,072(6)	1,102(38)	1,109
	検事		369(3)	374(3)	395(3)	382(3)	387(8)	392
	書記長		8	8	8	8	8	8
	司法官試補		213	274	282	274	212	143
	裁判所書記		4,242(13)	4,238(13)	4,405(17)	3,922	3,922	3,874
	雇員		4,323(7)	4,339(7)	4,177(8)	4,114	4,114	4,140
	傭人	廷丁	1,681(9)	1,678(9)	1,629(10)	1,589	1,589	1,565
		給仕小使	1,047(6)	1,074(6)	1,067(7)	1,025	1,025	1,066
		合計	13,000(44)	13,089(44)	13,096(51)	2,377	12,377	12,297
	執達吏		518	500	489	515	515	527
	弁護士		2,030	1,999	1,985	2,008	2,020	2,036
	公証人		300	290	282	296	296	283
	破産管財人		642(4)	565(4)	589(8)	576	576	550

（注） 本表は樺太における司法職員数を含めたものであり、その数は内数表示した。前表【2-1-1-1】では樺太の司法職員数を除外した。

【2-2-1】弁護士数の推移

明治	9年	10年	11年	12年	13年	14年	15年	16年	17年	18年	19年	20年	21年	22年	23年
弁護士数	174	457	577	677	799	818	914	1,015	1,029	1,060	1,037	1,051	1,120	1,075	1,345

明治	24年	25年	26年	27年	28年	29年	30年	31年	32年	33年	34年	35年	36年	37年	38年
弁護士数	1,233	1,423	1,594	1,562	1,589	1,578	1,540	1,464	1,577	1,590	1,647	1,727	1,844	1,908	2,008

明治	39年	40年	41年	42年	43年	44年	45年
弁護士数	2,027	2,026	2,006	1,994	2,008	2,020	2,036

（注） 弁護士の呼称は、26年の「弁護士法」から用いられ、それ以前は代言人といった。
数値は、司法省編纂「司法沿革誌」（法曹会、昭和4年）による。ただし、9～16年の数値は、「弁護士百年」（日本弁護士連合会、昭和51年）による。

【2-3-1】勧解新受・旧受件数の推移

明治	8年	9年	10年	11年	12年	13年	14年	15年	16年	17年	18年	19年	20年	21年	22年	23年
越高・旧受	———	6,134	16,157	19,879	20,285	19,204	19,060	34,193	43,923	59,536	44,722	49,188	37,246	27,032	20,637	18,165
新訴・新受	16,792	174,329	658,872	644,997	651,604	675,218	731,810	874,739	1,094,659	760,992	592,588	509,915	388,225	327,600	323,422	372,907
他庁ヨリ受取	———	7,232	845	960	36	———	———	920	———	———	———	———	———	———	———	———
総数	16,792	187,695	675,874	665,836	671,925	694,422	750,870	909,852	1,138,582	820,528	637,310	559,103	425,471	354,632	344,059	391,072

（注）「越高・旧受」は、8～18年は「越高」、19年以降は「旧受」の件数を採用した。
8年時点では、勧解は東京裁判所と小倉県のみ開設されている。
「新訴・新受」は、8～18年は「新訴」、19年以降は「新受」の件数を採用した。
在朝鮮國釜山領事方・仁川領事方、在清國上海領事館、天津領事館等々の数値は合算していない（以下同じ）。

【2-3-2】勧解終局区分別事件数の推移

明治	8年	9年	10年	11年	12年	13年	14年	15年	16年	17年	18年	19年	20年	21年	22年	23年
願下	1,789	41,796	170,616	147,570	159,164	169,823	188,646	210,809	238,911	147,208	87,126	74,091	52,383	43,094	40,781	47,871
却下・棄却	―――	461	1,046	2,288	4,874	6,505	11,153	31,141	49,695	28,954	9,972	10,762	9,261	7,177	7,498	12,716
勧解調(和)	8,744	114,993	439,979	439,710	417,316	409,013	408,822	428,249	509,354	441,360	425,955	366,290	258,551	212,749	199,853	211,686
勧解不調	125	5,962	43,358	54,869	71,158	89,505	107,952	194,540	280,506	157,159	64,787	70,709	78,244	70,975	77,762	108,873
他庁廻(移ス)	―――	117	―――	―――	―――	―――	―――	―――	443	886	277	―――	―――	―――	―――	―――
刑事廻	―――	134	151	154	173	143	71	103	140	232	―――	―――	―――	―――	―――	―――
終局合計	10,658	163,463	655,150	644,591	652,685	674,989	716,644	864,842	1,079,049	775,799	588,117	521,852	398,439	333,995	325,894	381,146
他庁へ引渡	―――	7,115	845	960	36	―――	―――	920	―――	―――	―――	―――	―――	―――	―――	―――
未決	6,134	17,117	19,879	20,285	19,204	19,433	34,226	44,090	59,533	44,729	49,193	37,251	27,032	20,637	18,165	9,926

（注）「勧解調」は、8～10年は「勧解ニ服ス」の件数を採用した。
「却下・棄却」は、10年までは「却下」、11年以降は「棄却」の件数を採用した。
「他庁へ引渡」は、8～10年は「廃庁（等）ニ付他へ移ス」の件数を採用した。
「刑事廻」は、15年に「検事ニ送致ス」へと項目名が変化している。
「他庁廻」は、16年に「他庁へ移ス」へと項目名が変化している。

【2-3-3】勧解事件類型別既済事件件数の推移

	明治	8年	9年	10年	11年	12年	13年	14年	15年	16年	17年	18年	19年	20年	21年	22年	23年
人事	（合計）	――	――	――	7,144	7,223	7,350	10,986	11,993	11,558	6,511	5,571	5,111	5,204	5,298	4,622	5,109
	家督相続	――	――	――	885	843	873	1,102	1,215	1,155	447	407	358	357	298	309	355
	離婚ノ争	――	――	――	1,430	1,501	1,555	2,407	2,252	2,043	1,281	1,297	1,138	1,198	1,209	1,177	1,371
	養子女離別	――	――	――	2,087	1,189	1,236	2,761	3,117	3,275	1,758	872	957	961	1,087	765	947
	戸籍ノ争	――	――	――	750	938	1,009	1,568	1,823	2,060	1,222	963	1,183	1,055	1,155	1,099	1,337
土地		――	――	――	13,465	13,664	14,081	25,133	22,892	18,375	13,045	11,510	9,078	9,494	9,140	9,868	13,376
建物船舶		――	――	――	5,290	5,469	5,545	6,353	6,255	7,696	6,708	7,098	7,186	5,506	4,843	4,990	5,634
金銭	（合計）	――	――	――	541,329	548,735	568,456	577,793	718,653	934,121	676,316	502,503	444,954	333,995	278,453	269,787	304,084
	金銭貸借	――	――	――	377,377	383,460	397,109	399,523	501,745	641,050	480,730	366,294	323,113	243,398	202,939	196,433	213,871
	売代金	――	――	――	32,649	34,030	34,950	26,885	34,637	67,565	31,170	18,773	15,945	10,573	9,810	11,334	17,786
	地代金	――	――	――	992	931	866	1,042	1,114	1,302	1,863	1,684	1,584	1,402	1,236	995	1,440
	借家料	――	――	――	3,170	3,098	3,558	3,184	3,234	4,465	4,573	4,613	4,600	3,493	3,130	2,988	4,841
米穀		――	――	――	18,598	18,639	19,068	23,085	28,102	26,486	21,961	22,275	20,957	15,981	10,643	11,258	23,803
物品		――	――	――	30,150	30,293	30,956	39,755	39,996	36,639	20,142	13,610	12,385	10,238	10,238	10,719	12,825
証券		――	――	――	21,095	21,218	21,663	25,096	25,505	27,292	16,273	12,976	13,690	12,451	9,828	7,204	7,130
雑事		――	――	――	7,520	7,444	7,870	8,443	11,446	13,077	11,327	10,345	6,523	5,570	5,552	7,446	9,185

（注）「養子女離別」は、11年は「養子女取戻」の件数と合算し、19年以降は「養子女」の件数を採用した。
「借家料」は、「家賃」と「敷金」の件数を合算した。
「地代金」は、17年以降は「地代金」と「借地料」の件数を合算し、さらに19年以降は「借地敷金」の件数を合算した。その後、22年からは、「地代金」がなくなり、「借地料」と「借地敷金」の件数を合算した。
「戸籍ノ争」は、19年以降は「戸籍ニ関スル事」の件数を採用した。
「建物船舶」は、8～18年は「建物」、19年以降は「建物船舶」の件数を採用した。

【2-3-4】起訴前の和解事件の新受・旧受件数の推移

明治	24年	25年	26年	27年	28年	29年	30年	31年	32年	33年	34年
旧受	9,938	2,555	1,803	1,081	747	409	288	329	233	220	107
新受	80,673	39,513	23,344	16,537	11,488	9,672	8,548	7,902	5,675	3,921	3,113
総数	90,611	42,068	25,147	17,618	12,235	10,081	8,836	8,231	5,908	4,141	3,220

明治	35年	36年	37年	38年	39年	40年	41年	42年	43年	44年	45年
旧受	100	77	57	44	25	18	30	23	22	22	18
新受	2,300	1,979	1,384	1,028	929	803(1)	707(5)	680(3)	597(4)	525(6)	697(6)
総数	2,400	2,056	1,441	1,072	954	821(1)	737(5)	703(3)	619(4)	547(6)	715(6)

（注） 40年以降の（ ）内の数値は、樺太地方裁判所管内の件数であり、内数となっている。

【2-3-5】起訴前の和解事件の終局区分別件数の推移

明治	24年	25年	26年	27年	28年	29年	30年	31年	32年	33年	34年
和解調	35,106	12,040	6,001	3,793	2,307	1,717	1,518	1,365	940	670	498
和解不調	26,388	12,263	7,597	5,462	4,274	4,097	3,837	3,716	2,973	2,214	1,814
取下	24,086	14,427	9,424	6,699	4,802	3,600	2,816	2,639	1,560	1,092	761
却下	2,455	1,555	1,044	917	449	379	336	276	215	55	47
終局合計	88,035	40,285	24,066	16,871	11,832	9,793	8,507	7,996	5,688	4,031	3,120
未決	2,576	1,783	1,081	747	403	288	329	235	220	110	100

明治	35年	36年	37年	38年	39年	40年	41年	42年	43年	44年	45年
和解調	385	353	312	253	178	166(1)	172	172	194	144	269(2)
和解不調	1,283	1,104	735	588	594	474	417(5)	376(1)	298(4)	283(5)	306(4)
取下	586	478	294	193	157	148	124	127(2)	101	100(1)	107
却下	47	64	55	13	7	3	1	6	3	2	4
終局合計	2,301	1,999	1,396	1,047	936	791(1)	714(5)	681(3)	596(4)	529(6)	686(6)
未決	77	57	45	25	18	30	23	22	23	18	29

（注） 40年以降の（ ）内の数値は、樺太地方裁判所管内の件数であり、内数となっている。

【2-3-6】起訴前の和解事件の事件類型別既済事件数の推移

	明治	24年	25年	26年	27年	28年	29年	30年	31年	32年	33年	34年
人事	（合計）	2,148	1,907	1,553	1,388	1,056	1,078	959	756	576	432	358
	家督相続	186	95	74	51	39	45	50	43	19	8	7
	離婚	505	444	364	344	223	264	253	176	140	110	85
	養子縁組離縁	352	283	234	177	154	99	69	62	40	44	31
	戸籍二関スル事	422	339	292	257	167	185	194	143	79	42	26
土地		4,724	3,371	2,660	2,200	1,636	1,810	1,645	1,418	958	686	548
建物船舶		1,795	1,361	780	566	398	405	314	353	225	170	115
金銭	（合計）	64,919	25,292	13,448	8,563	5,620	3,895	3,294	3,125	2,308	1,604	1,209
	金銭貸借	41,066	12,903	6,010	3,557	2,277	1,471	1,122	1,049	724	558	363
	売代金	5,577	3,032	1,723	1,105	746	453	386	492	345	241	144
	借地料	404	235	152	87	62	51	51	50	20	13	18
	借家料	1,059	486	311	163	81	60	60	47	29	29	12
米穀		4,839	2,039	965	734	397	330	289	335	167	110	65
物品		4,078	2,641	1,821	1,168	856	672	603	606	445	308	255
証券		2,136	1,462	1,052	803	647	508	420	406	242	202	161
雑事		3,375	2,149	1,777	1,448	1,210	1,087	976	994	767	519	409

	明治	35年	36年	37年	38年	39年	40年	41年	42年	43年	44年	45年
人事	（合計）	275	219	162	116	118	98	84	69	64	51	56
	家督相続	10	7	3	2	2	1	2	1	1	――	5
	離婚	71	47	22	15	23	13	15	15	8	12	9
	養子縁組離縁	15	10	14	8	11	8	11	4	7	7	4
	戸籍二関スル事	19	15	15	16	7	8	6	3	6	――	1
土地		382	344	236	191	172	166	164	177	180	140	143
建物船舶		132	123	59	42	42	43	23	32	34	36	53
金銭	（合計）	864	702	517	404	371	283	282	257	223	205	310
	金銭貸借	256	202	176	139	108	88	106	119	78	56	120
	売代金	83	75	48	38	34	22	26	20	13	17	36
	借地料	9	4	1	5	17	8	――	1	1	4	5
	借家料	6	13	4	4	5	9	2	2	5	4	12
米穀		58	43	47	22	16	19	19	13	5	5	20
物品		158	185	129	83	64	64	47	34	24	35	45
証券		118	88	66	50	34	29	25	28	19	6	11
雑事		314	295	180	139	119	89	70	71	47	51	48

（注）「養子縁組離縁」は、38年以降は「養子縁組」と「離縁」の件数を合算した。
「戸籍二関スル事」は、38年以降は「身分登記並戸籍」と「離籍」の件数を合算した。
「金銭貸借」は、28年以降は「貸金」の件数を採用した。「貸金」は、38年以降は「無抵当貸金」、「地所抵当貸金」、「建物抵当貸金」に分かれるが、ここでは、「無抵当貸金」のみを示した（【2-4-3-1】の「金銭貸借」の注参照）。
「売代金」は、38年以降は「売買代金」と「売掛代金」の件数を合算した。
「借地料」は、「借地料」と「借地敷金」の件数を合算し、38年以降は「地代金」の件数を採用した。
「借家料」は、「借家料」と「借家敷金」の件数を合算し、38年以降は「家賃金」と「敷金」の件数を合算した。

【2-3-7】督促事件の新受・旧受事件数の推移

明治	24年	25年	26年	27年	28年	29年	30年	31年	32年	33年	34年
旧受	———	1,753	443	238	97	84	102	25	10	4	3
新受	117,196	150,232	161,249	178,400	159,098	147,730	172,125	232,189	257,986	257,348	322,854
総計	117,196	151,985	161,692	178,638	159,195	147,814	172,227	232,214	257,996	257,352	322,857

明治	35年	36年	37年	38年	39年	40年	41年	42年	43年	44年	45年
旧受	34	19	17	6	3	1	0	0	2	1	1
新受	354,897	385,995	336,740	240,463	209,789	187,661(160)	206,326(382)	232,262(356)	258,589(178)	270,792(152)	293,095(190)
総計	354,931	386,014	336,757	240,469	209,792	187,662(160)	206,326(382)	232,262(356)	258,591(178)	270,793(152)	293,096(190)

（注） 40年以降の（ ）内の数値は、樺太地方裁判所管内の件数であり、内数となっている。

【2-3-8】督促事件の終局区分別件数の推移

	明治	24年	25年	26年	27年	28年	29年	30年	31年	32年	33年	34年
申請ノ結果	支払命令	113,661	150,134	160,573	177,661	158,263	147,003	171,803	231,822	257,328	256,527	322,242
	却下	535	434	357	222	216	193	142	141	362	408	267
	取下	771	803	524	658	632	516	257	241	302	414	314
	合計	114,967	151,371	161,454	178,541	159,111	147,712	172,202	232,204	257,992	257,349	322,823
未決		2,229	614	238	97	84	102	25	10	4	3	34
支払命令ニ対シ異議申立		20,804	27,014	28,897	30,623	26,315	24,032	27,922	39,481	43,806	45,926	60,691
執行命令		23,484	31,739	34,793	40,520	36,866	32,776	39,130	54,346	61,032	60,283	73,696

	明治	35年	36年	37年	38年	39年	40年	41年	42年	43年	44年	45年
申請ノ結果	支払命令	352,691	385,080	336,246	240,200	209,618	187,500(160)	206,062(382)	232,158(352)	258,435(177)	270,717(152)	293,019(190)
	却下	261	453	260	103	58	40	153	26	22	14	19
	取下	475	464	245	163	115	122	111	76(4)	133(1)	61	51
	合計	353,427	385,997	336,751	240,466	209,791	187,662(160)	206,326(382)	232,260(356)	258,590(178)	270,792(152)	293,089(190)
未決		19	17	6	3	1	0	0	2	1	1	7
支払命令ニ対シ異議申立		66,988	74,742	59,838	41,935	36,544	33,508(51)	36,768(120)	39,687(106)	42,842(58)	44,426(51)	48,984(56)
執行命令		80,695	88,858	80,720	56,842	47,328	41,075(16)	43,259(64)	50,574(57)	56,547(27)	56,992(17)	61,791(29)

（注） 40年以降の( )内の数値は、樺太地方裁判所管内の件数であり、内数となっている。

【2-3-9-1】督促事件の事件類型別既済事件数の推移（明治24年以降34年まで）

		明治	24年	25年	26年	27年	28年	29年	30年	31年	32年	33年	34年
一定ノ金額	（合計）	支払命令	108,558	143,239	153,795	170,707	152,752	141,344	165,093	222,937	250,390	249,086	313,186
		終局合計	109,756	144,420	154,626	171,542	153,576	142,004	165,457	223,304	251,023	249,867	313,744
		異議申立	19,662	25,684	27,757	29,280	25,244	23,044	26,739	37,828	42,574	44,365	58,982
		執行命令	22,570	30,493	33,503	39,263	35,783	31,872	38,030	52,867	59,780	58,811	72,464
	金銭貸借	支払命令	89,639	116,013	123,725	137,989	124,195	113,078	131,331	170,848	190,863	184,101	227,126
		終局合計	90,411	116,807	124,319	138,582	124,764	113,575	131,584	171,100	191,224	184,525	227,450
		異議申立	14,710	17,722	18,807	20,285	17,656	15,689	18,185	24,504	26,817	28,194	35,764
		執行命令	19,299	25,606	28,093	33,168	30,405	26,632	31,760	42,742	47,711	45,734	55,755
	売代金	支払命令	4,090	6,183	7,056	8,396	7,113	7,048	9,541	15,799	15,553	17,193	25,178
		終局合計	4,212	6,312	7,108	8,452	7,189	7,094	9,575	15,844	15,613	17,246	25,247
		異議申立	1,177	1,886	2,140	2,231	1,906	1,854	2,435	4,070	4,099	4,350	6,484
		執行命令	723	1,040	1,133	1,422	1,068	1,112	1,440	2,534	2,613	2,777	3,774
	借地料	支払命令	521	676	656	541	575	360	307	518	520	581	602
		終局合計	532	686	662	548	582	361	307	518	523	583	605
		異議申立	106	152	170	139	133	90	61	130	125	139	133
		執行命令	83	158	103	104	116	65	82	87	104	111	99
	借家料	支払命令	2,449	2,651	2,497	2,570	1,856	1,707	1,633	2,585	2,476	2,596	3,679
		終局合計	2,513	2,686	2,509	2,584	1,886	1,716	1,638	2,590	2,491	2,599	3,683
		異議申立	365	456	480	484	311	300	279	525	539	576	943
		執行命令	574	688	417	554	354	309	284	494	453	533	677
代替物（米穀・物品）		支払命令	5,021	6,562	6,669	6,887	5,390	5,582	6,581	8,662	6,786	7,204	8,740
		終局合計	5,121	6,605	6,718	6,932	5,414	5,623	6,609	8,676	6,817	7,245	8,763
		異議申立	1,112	1,248	1,117	1,317	1,040	970	1,139	1,613	1,206	1,502	1,618
		執行命令	897	1,164	1,276	1,247	1,042	889	1,070	1,423	1,209	1,425	1,190
有価証券		支払命令	82	272	40	33	104	51	98	217	152	237	316
		終局合計	90	285	41	33	104	52	98	218	152	237	316
		異議申立	30	69	14	14	26	12	31	39	26	59	91
		執行命令	17	75	6	4	38	7	25	56	43	47	42

（注）「申請ノ結果」は「支払命令」、「却下」、「取下」、「終局合計」の項目からなっているが、ここでは、「支払命令」と「終局合計」のみを示した。
「金銭貸借」は、28年以降は「貸金」の件数を採用した。

【2-3-9-2】督促事件の事件類型別既済事件数の推移（明治35年以降）

		明治	35年	36年	37年	38年	39年	40年	41年	42年	43年	44年	45年
一定ノ金額	（合計）	支払命令	344,622	374,313	326,297	234,112	204,145	181,823	201,392	228,396	254,462	265,797	287,997
		終局合計	345,334	375,199	326,766	234,365	204,310	181,979	201,648	228,496	254,614	265,869	288,064
		異議申立	65,332	72,450	58,024	40,771	35,478	32,386	35,869	39,018	42,133	43,621	47,989
		執行命令	79,343	87,131	79,033	55,832	46,500	40,243	42,617	50,073	55,974	56,366	61,110
	金銭貸借	支払命令	249,537	265,801	233,147	157,104	138,776	122,894	132,710	150,254	165,848	169,589	184,698
		終局合計	249,924	266,128	233,431	157,240	138,876	122,982	132,817	150,312	165,925	169,629	184,742
		異議申立	40,470	43,848	34,777	23,881	20,841	18,672	20,216	21,428	23,512	23,315	26,713
		執行命令	61,041	65,012	60,695	39,967	33,738	29,047	29,870	35,867	39,865	39,298	42,032
	売代金	支払命令	30,451	36,398	33,583	21,206	18,143	17,328	21,196	28,602	33,822	39,663	43,142
		終局合計	30,520	36,519	33,646	21,240	18,157	17,341	21,243	28,615	33,851	39,677	43,146
		異議申立	7,895	9,405	8,244	5,191	4,604	4,429	5,109	6,574	7,360	8,339	8,735
		執行命令	4,394	6,136	5,645	3,545	2,787	2,651	3,330	4,543	5,214	6,098	7,076
	借地料	支払命令	870	1,341	1,270	954	930	979	750	1,178	949	1,212	1,218
		終局合計	872	1,344	1,272	955	930	981	750	1,179	950	1,212	1,218
		異議申立	203	341	276	209	199	213	157	243	211	197	246
		執行命令	185	220	218	174	145	176	124	195	184	205	220
	借家料	支払命令	4,538	5,872	5,023	3,580	3,234	3,214	3,723	4,560	4,747	5,717	5,885
		終局合計	4,554	5,897	5,035	3,586	3,241	3,220	3,747	4,561	4,754	5,717	5,885
		異議申立	1,110	1,480	1,276	894	775	744	820	1,009	1,239	1,157	1,177
		執行命令	914	1,335	1,037	753	592	569	706	889	939	1,139	1,244
代替物（米穀・物品）		支払命令	7,900	10,574	9,820	6,013	5,411	5,609	4,616	3,720	3,926	4,887	4,996
		終局合計	7,923	10,603	9,843	6,025	5,419	5,615	4,624	3,722	3,929	4,889	4,998
		異議申立	1,598	2,232	1,767	1,142	1,040	1,102	886	656	693	796	990
		執行命令	1,313	1,674	1,655	995	812	817	632	490	564	622	678
有価証券		支払命令	169	193	129	75	62	68	54	42	47	33	26
		終局合計	170	195	142	76	62	68	54	42	47	34	27
		異議申立	58	60	47	22	26	20	13	13	16	9	5
		執行命令	39	53	32	15	16	15	10	11	9	4	3

（注）「貸金」（金銭貸借）は、38年以降は「無抵当貸金」、「地所抵当貸金」、「建物抵当貸金」等に分かれるが、ここでは、「無抵当貸金」のみを示した（【2-4-3-1】の「金銭貸借」の注参照）。
「借地料」は、「借地料」と「借地敷金」の件数を合算し、38年以降は「地代金」の件数を採用した。
「借家料」は、「借家料」と「借家敷金」の件数を採用し、38年以降は「家賃金」と「敷金」の件数を合算した。
「売代金」は、38年以降は「売買代金」と「売掛代金」の件数を合算した。
「代替物」は、38、39年は「米穀」と「物品」の件数を合算した。

【2-4-1-1】地方裁判所第一審の新受・旧受件数の推移（明治23年まで）

明治	6年	7年	8年	9年	10年	11年	12年	13年	14年
旧受	――	9,756	18,966	56,293	42,404	22,756	16,351	19,415	16,059
新受	47,850	140,993	323,588	271,397	174,772	139,205	135,009	131,813	130,406
他ヨリ受取	――	――	――	56,666	2,343	5,002	1,007	224	113
総数	47,850	150,749	342,554	384,356	219,519	166,963	152,367	151,452	146,578

	15年	16年	17年	18年	19年	20年	21年	22年	23年
旧受	12,029	7,360	7,912	2,363	1,785	2,276	1,883	1,522	1,425
新受	37,531	52,432	30,158	11,946	12,073	11,603	11,737	11,433	13,264
他ヨリ受取	619	――	――	――	――	――	――	――	――
総数	50,179	59,792	38,070	14,309	13,858	13,879	13,620	12,955	14,689
		（沖縄、松江西郷支庁分追加）	（沖縄支庁分追加）	（沖縄＋小笠原島庁分追加）	（沖縄＋小笠原島庁分追加）				

明治	24年	25年	26年	27年	28年	29年	30年	31年	32年	33年	34年
旧受	2,550	2,648	2,775	3,474	3,848	3,939	4,370	5,224	6,995	7,783	8,831
新受	18,022	15,390	15,525	17,046	15,941	16,475	18,892	23,495	26,635	28,556	32,294
他ヨリ受取	――	――	――	――	――	――	――	――	――	――	――
総数	20,572	18,038	18,300	20,520	19,789	20,414	23,262	28,719	33,630	36,339	41,125

明治	35年	36年	37年	38年	39年	40年	41年	42年	43年	44年	45年
旧受	10,109	10,494	9,423	8,740	6,675	6,224	6,771(6)	7,893(20)	7,963(7)	7,793(7)	8,320(3)
新受	31,448	32,127	28,727	20,332	17,790	18,070(15)	20,084(36)	19,712(22)	20,183(23)	21,144(10)	22,846(36)
他ヨリ受取	――	――	――	――	――	――	――	――	――	――	――
総数	41,557	42,621	38,150	29,072	24,465	24,294(15)	26,855(42)	27,605(42)	28,146(30)	28,937(17)	31,166(39)

（注）「旧受」は、6～18年は、「越高」の件数を採用した。
「他ヨリ受取」は、8、9年は「廃庁或ハ合併ニ付他ヨリ受取」の略であり、10年は「他庁ヨリ受ル」、11年は「本支区庁ヨリ受取」の略である。
40～45年の( )の数値は、樺太地裁の件数を示し、内数である。
8～14年は、地方裁判所、支庁の件数を合算した。

【2-4-1-2】地方裁判所第一審訴訟類型別新受件数の推移（明治24年以降）

明治	24年	25年	26年	27年	28年	29年	30年	31年	32年	33年	34年
通常	13,840	11,157	11,333	12,043	11,442	11,548	13,427	15,012	15,911	17,074	19,722
証書	859	877	869	788	585	540	676	929	1,005	820	928
為替	63	87	82	129	169	267	463	1,086	1,283	1,996	2,006
仮差押・仮処分	3,257	3,249	3,241	4,075	3,745	4,120	4,326	5,116	5,193	5,663	6,662
特別訴訟	3	20	0	11	0	0	0	4	1	0	0
人事訴訟	―――	―――	―――	―――	―――	―――	―――	1,348	3,242	3,003	2,976
合計	18,022	15,390	15,525	17,046	15,941	16,475	18,892	23,495	26,635	28,556	32,294

（再審）

取消ノ訴	4	10	6	3	7	2	3	4	2	1	1
原状回復ノ訴	68	37	29	62	40	32	24	21	14	8	14

明治	35年	36年	37年	38年	39年	40年	41年	42年	43年	44年	45年
通常	20,146	20,790	18,706	12,810	10,712	10,753	12,002	11,781	12,123	12,726	13,882
証書	981	846	781	498	315	225	297	324	306	316	300
為替	1,264	1,092	996	610	407	412	610	647	691	720	837
仮差押・仮処分	6,077	6,319	5,692	3,919	3,503	3,582	3,890	3,786	3,753	3,848	4,205
特別訴訟	5	0	0	0	3	1	0	0	0	0	0
人事訴訟	2,975	3,080	2,552	2,495	2,850	3,097	3,285	3,174	3,310	3,534	3,622
合計	31,448	32,127	28,727	20,332	17,790	18,070	20,084	19,712	20,183	21,144	22,846

（再審）

取消ノ訴	17	2	5	4	4	3	3	2	1	0	1
原状回復ノ訴	12	17	17	16	17	15	6	8	15	13	5

【2-4-2-1】地方裁判所第一審終局区分別件数の推移（明治23年まで）

明治	6年	7年	8年	9年	10年	11年	12年	13年	14年	15年	16年	17年	18年	19年	20年	21年	22年	23年
訴状下	35	――	24,707	19,013	6,881	――	――	――	――	――	――	――	――	――	――	――	――	――
願下	8,058	3,765	59,592	45,027	31,875	24,185	25,069	23,411	17,619	4,989	6,943	3,890	896	627	670	804	584	626
席前済口	11,746	――	104,326	108,692	45,213	――	――	――	――	――	――	――	――	――	――	――	――	――
席後済口	11,072	――	93,049	106,805	98,318	――	――	――	――	――	――	――	――	――	――	――	――	――
解訟・和解	――	――	――	――	――	100,731	83,323	79,273	69,560	12,569	18,712	13,975	4,267	3,754	3,250	2,687	2,493	2,264
棄却	――	――	――	――	――	12,349	3,136	3,204	2,274	1,096	1,043	568	287	238	203	258	249	385
裁許・裁判・判決（総数）	594	1,793	3,546	4,810	11,658	17,023	20,133	28,859	37,541	17,908	24,382	16,938	6,951	6,951	7,873	8,349	8,203	9,069
対審	――	――	――	――	――	――	――	――	――	――	――	――	――	6,571	7,314	7,261	6,967	7,374
欠席	――	――	――	――	――	――	――	――	――	――	――	――	――	380	559	1,088	1,236	1,695
被告失踪	――	――	――	――	――	43	68	55	109	31	222	194	88	――	――	――	――	――
刑事廻	408	――	1,028	711	475	280	216	179	94	19	28	22	――	――	――	――	――	――
領事廻			13															
消滅	――	――	――	――	――	――	――	――	――	――	9	8	――	――	――	――	――	――
本庁支庁或ハ他庁へ廻ス	1,661	――	(107)	6,210	――	――	――	――	――	――	584	112	42	――	――	――	――	――
終局合計	44,888	――	286,261	291,268	194,420	145,611	131,945	134,981	127,197	36,612	51,923	35,707	12,531	11,570	11,996	12,098	11,529	12,344
廃庁或ハ合併ニ付キ他へ移ス	――	――	(2,142)	(50,456)	(2,343)	(5,002)	(1,007)	(224)	(113)	(6,119)	――	――	――	――	――	――	――	――
未決	9,750	19,380	56,293	42,632	22,756	16,351	19,415	16,247	19,268	7,448	7,869	2,363	1,778	2,288	1,883	1,522	1,426	2,345

（注）「訴状下」は、10年の目安糺廃止に伴い、11年以降は存在しない。11年以降は、「棄却」の欄を参照。なお、「訴状下」と「棄却」の大半は訴訟判決であるが、明治初年の件数が多いので、この表では、本案判決としての「裁許」とは別に記載している（以下の下級裁判所の終局区分表でも、同様に扱っている）。

「席前済口」、「席後済口」は、11年以降は存在しない。11年以降は「解訟」の項目が付け加わり、19年以降はそれが「和解」となる。

「裁許・裁判・判決（総数）」は、6〜10年は「裁許」、11、12年は「裁判」、13、14年は「判決」、15〜18年は再び「裁判」の件数を採用し、19年以降は「対審」、「欠席」の件数を合算した。

「本庁支庁或ハ他庁へ廻ス」は、8、9年にのみ存在し、8年の場合は107件の件数があるが、これらは新受扱いとなり、この年の終局合計には算入されていない。しかし、9年の場合は同項目の件数が既済件数として表示されている。

「廃庁或ハ合併ニ付キ他へ移ス」は、8〜10年まで存在し、未決の欄に記載があるが、未決数には算入されていない。11年以降は、同様に未決欄に記入があるが、項目名は14年までは「本支区庁ノ内へ引渡」、15年は「他庁ニ引継ク」となり、15年までは終局合計にも、未決にも算入されていないが、16年以降は終局合計に参入されている。そのため、表上では、16年以降は「本庁支庁或ハ他庁へ廻ス」の項目にその件数を記入した。

「被告失踪」は、11年から表示されており、正確には「被告人失踪ニ依テ訴訟へ裏書シテ下附ス」と表示されている。

「刑事廻」は、15年に「検事へ送致ス」へと項目名が変化し、18年以降は存在しない。

【2-4-2-2】地方裁判所第一審終局区分別件数の推移（明治24年以降）

明治	24年	25年	26年	27年	28年	29年	30年	31年	32年	33年	34年
欠席判決	2,795	2,341	2,144	2,679	2,633	2,546	3,322	4,738	5,708	5,997	6,778
放棄・認諾	287	212	193	159	122	136	148	183	170	138	154
其他ノ終局判決	7,439	6,037	5,577	5,815	5,238	5,143	5,355	6,051	8,479	8,720	9,527
取下	3,196	3,110	3,402	3,742	4,029	3,978	4,713	5,423	6,067	6,539	7,212
和解	939	520	345	264	218	180	208	133	172	156	164
訴状差戻	26	16	12	15	14	8	10	3	8	9	3
其他ノ結果	3,240	3,029	3,156	3,996	3,596	4,047	4,282	5,093	5,243	5,907	7,099
終局合計	17,922	15,265	14,829	16,670	15,850	16,038	18,038	21,724	25,847	27,466	30,937
未決	2,650	2,773	3,471	3,850	3,939	4,376	5,224	6,995	7,783	8,873	10,188

明治	35年	36年	37年	38年	39年	40年	41年	42年	43年	44年	45年
欠席判決	6,921	7,238	6,604	4,321	2,917	2,633(2)	2,938(6)	3,285(3)	3,348(5)	3,398(1)	3,544(1)
放棄・認諾	151	123	125	63	48	45	50	63	76	48	72
其他ノ終局判決	9,934	10,297	9,626	7,654	6,273	6,132(4)	6,401(3)	6,704(6)	6,838(4)	6,993(3)	7,222(7)
取下	7,561	7,572	6,823	5,937	5,275	4,902(2)	5,387(8)	5,433(17)	5,775(10)	5,923(7)	6,405(6)
和解	167	172	155	139	123	145	178(1)	210	260	280	477
訴状差戻	2	4	5	10	7	2	2	3	2	0	1
其他ノ結果	6,579	6,615	5,994	4,239	3,594	3,664(1)	4,006(4)	3,947(9)	3,922(4)	3,975(3)	4,353(19)
終局合計	31,315	32,021	29,332	22,363	18,237	17,523(9)	18,962(22)	19,645(35)	20,221(23)	20,617(14)	22,074(33)
未決	10,016	10,600	8,818	6,709	6,228	6,771(6)	7,893(20)	7,960(7)	7,925(7)	8,320(3)	9,092(6)

（注）「放棄・認諾」は、「放棄、認諾ニ基ク判決」を示す。
40年以降は、年報の既済総数に樺太地方裁判所の件数が加わっているが、表中では（　）で内数表示している。

【2-4-3-1】地方裁判所第一審事件類型別既済事件数の推移（明治23年まで）

	明治	6年	7年	8年	9年	10年	11年	12年	13年	14年	15年	16年	17年	18年	19年	20年	21年	22年	23年
人事	（合計）	—	—	—	—	759	945	1,060	1,329	1,401	1,543	1,509	718	246	245	412	473	399	512
	家督相続	—	—	—	417	144	161	170	210	259	264	237	121	49	44	70	76	82	85
	離婚	—	—	—	499	202	219	234	237	248	255	279	129	39	45	79	123	99	112
	養子	—	—	—	354	169	236	223	289	429	474	441	196	63	62	67	102	62	105
	戸籍	—	—	—	122	116	92	101	164	175	223	249	104	40	34	62	75	58	99
土地		—	—	—	—	5,344	5,835	6,291	7,864	7,983	4,142	4,510	2,616	875	495	801	863	1,063	960
建物船舶		—	—	—	—	1,111	1,235	1,178	1,355	1,347	900	1,150	715	273	241	327	317	388	271
金銭	（合計）	—	—	—	—	174,495	125,267	109,277	107,186	101,026	24,755	38,846	28,197	9,643	9,382	9,214	8,905	8,183	8,778
	金銭貸借	—	—	—	188,825	143,073	100,499	85,343	83,835	79,469	18,591	31,013	22,941	7,463	2,566	2,880	3,116	3,005	3,123
	売代金	—	—	—	—	2,632	1,479	1,485	1,932	2,331	905	1,010	577	195	208	244	325	380	480
	地代	—	—	—	479	260	332	305	249	260	131	197	200	87(1)	35(19)	77(43)	62(33)	36(2)	43(1)
	借家料	—	—	—	1,472(267)	587(164)	443(97)	385(98)	442(103)	423(86)	83(18)	116(31)	70(13)	28(4)	40(10)	40(16)	25(1)	29(1)	43(3)
米穀		—	—	—	—	5,644	5,084	6,156	7,811	6,372	965	922	445	219	134	174	122	150	327
物品		—	—	—	—	4,356	3,221	3,262	3,976	4,025	1,291	1,235	637	209	181	260	328	375	334
証券		—	—	—	5,772	2,118	3,140	3,594	4,172	3,919	2,071	2,427	1,259	438	381	505	500	345	295
雑事		—	—	—	—	593	884	1,127	1,288	1,124	945	1,136	890	416	272	303	590	626	867

（注）「人事」、「土地」、「建物・船舶」、「米穀」、「物品」、「証券」、「雑事」は、大項目であり、当該項目に属する小項目の件数の合算であって、10年以降は記載がある。

「離婚」は、9年は「夫妻離別」、10年は「離婚」、11～18年は「離婚ノ(之)争」、19年以降は「離婚」の件数を採用した。

「養子」は、9～18年は「養子女離別」、19年以降は「養子女」の件数を採用した。

「戸籍」は、9、10年は「戸籍ニ関スル事」、11～18年は「戸籍ノ(之)争」、19年以降は「戸籍ニ関スル事」の件数を採用した。

「建物船舶」は、10～18年は「建物」、19年以降は「建物船舶」の件数を採用した。

「金銭貸借」は、9～18年は「金銭貸借」、19年以降は、「無抵当貸金」、「土地書入貸金」、「土地質入貸金」、「建物書入質貸金」、「船舶書入質貸金」、「動産書入質貸金」に分かれると考えられるが、45年まで連続表示されているものとして（【3-4-3】参照）、ここでは「無抵当貸金」の件数のみを計上した。

「地代」は、9～12年は「地代」、13年以降は「地代金」であり、18年の「地代」には、地代金と借地料（内数）が含まれる。

19年には、これにさらに「借地敷金」が含まれる（（ ）内は「借地料」と「借地敷金」の内数）。さらに、22、23年には「地代金」が存在しなくなり、「地所建物売渡代金（22年）」（23件）、「地所売渡代金（23年）」（21件）と、「借地料」（34件、42件）、「借地敷金」（2件、1件）とが項目としてあがっている。ここでは、後者の数値を表に示した。

「借家料」は、9年は「家賃」と「敷金」の合算（（ ）内は敷金の内金）であり、このうち「敷金」は19年以降は「借地敷金」と「借家敷金」とに分かれたが、この項目では「借家敷金」のみを内数として含んでいる。

【2-4-3-2-1】地方裁判所第一審事件類型別既済事件件数の推移（人事、明治24年以降34年まで）

	明治	24年	25年	26年	27年	28年	29年	30年	31年	32年	33年	34年
家督相続	欠席判決	2	7	14	18	9	14	25	39	180	140	144
	放棄・認諾	0	1	0	0	2	0	0	11	24	10	17
	其他ノ終局判決	98	82	86	95	77	84	88	229	1,268	1,207	1,197
	取下	44	51	57	70	46	63	80	101	268	254	230
	和解	10	11	7	5	5	5	9	4	2	4	0
	訴状差戻	0	0	0	0	0	0	0	0	2	3	1
	其他ノ結果	1	1	3	2	1	0	1	2	3	13	5
	終局合計	155	153	167	190	140	166	203	386	1,747	1,631	1,594
離婚	欠席判決	32	47	35	54	51	53	86	76	170	156	112
	放棄・認諾	2	1	4	7	1	4	1	3	0	0	0
	其他ノ終局判決	115	119	96	133	107	88	91	93	200	217	304
	取下	79	94	89	106	117	121	154	136	182	186	204
	和解	29	17	14	12	8	11	10	15	6	2	3
	訴状差戻	0	0	0	1	1	0	0	0	0	0	0
	其他ノ結果	5	4	3	4	2	1	2	2	0	4	1
	終局合計	262	282	241	317	287	278	344	325	558	565	624
養子縁組離縁	欠席判決	10	11	23	24	35	27	24	22	35	33	31
	放棄・認諾	1	4	2	2	0	5	3	4	1	0	0
	其他ノ終局判決	98	70	80	97	81	97	72	80	114	92	123
	取下	42	39	75	69	101	88	77	100	90	93	71
	和解	12	16	16	13	7	6	5	11	0	2	1
	訴状差戻	0	0	0	1	0	0	0	0	0	0	0
	其他ノ結果	3	4	2	2	2	3	2	0	5	1	4
	終局合計	166	144	198	208	226	226	183	217	245	221	230
戸籍ニ関スル事	欠席判決	11	11	20	35	23	43	48	40	11	15	3
	放棄・認諾	1	3	2	2	7	7	1	4	0	1	0
	其他ノ終局判決	62	81	66	74	63	76	94	61	47	39	27
	取下	35	51	63	76	69	91	113	100	51	45	29
	和解	13	14	5	11	7	6	11	11	3	2	0
	訴状差戻	0	0	0	0	0	0	0	0	0	0	0
	其他ノ結果	3	2	1	0	0	2	1	0	1	1	1
	終局合計	125	162	157	198	169	225	268	216	113	103	60
人事合計	欠席判決	66	100	132	190	168	174	246	258	508	441	364
	放棄・認諾	5	14	13	23	15	20	10	30	29	14	20
	其他ノ終局判決	557	532	540	605	535	590	581	688	1,970	1,927	2,002
	取下	267	345	412	508	531	595	693	690	898	913	871
	和解	95	86	71	61	50	45	59	57	20	21	10
	訴状差戻	0	0	0	2	2	0	1	0	4	3	1
	其他ノ結果	17	15	15	15	10	7	7	10	14	30	15
	終局合計	1,007	1,092	1,183	1,404	1,311	1,431	1,597	1,733	3,443	3,349	3,283

（注）「放棄・認諾」は、「放棄、認諾ニ基ク判決」を示す。
「人事合計」は、人事に関する全ての事件の既済件数の合算である。表中の「家督相続」、「離婚」、「養子縁組離縁」、「戸籍ニ関スル事」は、重要と思われる項目を個別に取り出したものである。
「養子縁組」は、24～37年は存在せず、「養子縁組離縁」となっている。
「養子縁組離縁」は、38年以降は「離縁」と「養子縁組」の件数を合算し、（ ）は「養子縁組」内数である。
「戸籍ニ関スル事」は、38～43年は「身分登記並戸籍」と「離籍」の件数を合算し、（ ）は「離籍」の内数、44年は「身分登記」と「離籍」の件数を合算し、（ ）内は「離籍」の内数であり、45年には存在しない。

【2-4-3-2-2】地方裁判所第一審事件類型別既済事件数の推移（人事、明治35年以降）

	明治	35年	36年	37年	38年	39年	40年	41年	42年	43年	44年	45年
家督相続	欠席判決	82	89	97	62	42	78	63	62	53	49	34
	放棄・認諾	40	24	15	15	4	5	4	2	3	0	2
	其他ノ終局判決	1,233	1,269	1,128	1,149	1,145	1,423	1,434	1,397	1,382	1,462	1,517
	取下	204	196	194	163	179	159	174	180	179	158	190
	和解	1	0	2	0	0	0	2	1	4	4	2
	訴状差戻	1	0	1	1	0	1	0	0	1	0	0
	其他ノ結果	6	6	4	9	5	4	7	12	7	13	10
	終局合計	1,567	1,584	1,441	1,399	1,375	1,670	1,684	1,654	1,629	1,686	1,755
離婚	欠席判決	95	65	72	42	53	53	68	48	46	32	23
	放棄・認諾	0	0	1	0	0	0	0	0	0	0	0
	其他ノ終局判決	345	388	349	306	390	359	413	428	480	482	549
	取下	233	204	203	176	250	241	301	273	329	330	329
	和解	0	0	4	2	0	3	0	2	0	2	2
	訴状差戻	0	0	2	2	1	0	1	0	0	0	0
	其他ノ結果	1	6	0	5	3	0	7	12	10	8	2
	終局合計	674	663	631	533	697	656	790	763	865	854	905
養子縁組離縁	欠席判決	20	23	13	15(3)	6(3)	17(3)	18(2)	10(4)	8	7	14(4)
	放棄・認諾	0	1	0	0	0	0	0	0	0	0	0
	其他ノ終局判決	111	139	90	95(16)	110(22)	138(15)	121(32)	127(28)	147(30)	162(46)	183(54)
	取下	95	93	83	89(19)	102(18)	111(15)	119(18)	117(17)	156(21)	160(40)	165(47)
	和解	2	2	0	1	1	1	0	2(1)	2	3	2(1)
	訴状差戻	0	0	0	0	0	0	0	0	0	0	0
	其他ノ結果	3	0	2	1	0	1(1)	0	3(2)	1	4	4(2)
	終局合計	231	258	188	201(38)	219(43)	268(34)	258(52)	259(52)	314(51)	336(86)	368(108)
戸籍ニ関スル事	欠席判決	5	3	4	3	5(3)	7(3)	7(1)	8(4)	2(1)	3	2
	放棄・認諾	0	1	1	1	1(1)	1(1)	1	1	2(2)	0	0
	其他ノ終局判決	28	26	20	17(5)	22(9)	19(11)	21(2)	14(7)	11(9)	13(7)	9(7)
	取下	18	20	18	22(3)	20(4)	23(11)	17(2)	11(5)	9(4)	8(4)	11(2)
	和解	0	2	3	0	3(1)	2(2)	1	0	0	0	0
	訴状差戻	0	0	0	0	0	0	0	0	0	0	0
	其他ノ結果	0	0	0	0	0	2(2)	2	3	0	1	0
	終局合計	51	52	46	43(8)	51(18)	54(30)	49(5)	37(16)	24(16)	25(11)	22(9)
人事合計	欠席判決	252	239	226	173	144	201	196	176	152	126	105
	放棄・認諾	41	28	20	18	5	8	9	4	6	0	3
	其他ノ終局判決	2,058	2,176	1,873	1,861	2,009	2,236	2,327	2,261	2,336	2,497	2,600
	取下	926	875	798	785	913	906	992	963	1,069	1,061	1,155
	和解	7	12	15	9	9	12	8	18	12	19	21
	訴状差戻	1	0	3	4	2	1	1	0	1	0	0
	其他ノ結果	24	20	11	25	9	10	23	42	24	35	21
	終局合計	3,309	3,350	2,946	2,875	3,091	3,374	3,556	3,464	3,600	3,738	3,905

【2-4-3-2-3】地方裁判所第一審事件類型別既済事件数の推移（土地、建物船舶、明治24年以降）

	明治	24年	25年	26年	27年	28年	29年	30年	31年	32年	33年	34年
土地	欠席判決	113	137	177	232	233	261	332	321	333	339	408
	放棄・認諾	14	22	31	30	27	37	22	37	25	28	20
	其他ノ終局判決	881	843	912	1,029	942	988	989	896	817	841	954
	取下	328	390	541	580	667	674	739	761	687	720	782
	和解	98	81	75	57	49	46	40	45	31	28	34
	訴状差戻	2	2	2	2	1	1	2	0	1	1	1
	其他ノ結果	30	27	32	9	11	7	7	20	7	9	14
	終局合計	1,466	1,502	1,770	1,939	1,930	2,014	2,131	2,080	1,901	1,966	2,213
建物船舶	欠席判決	29	14	21	19	23	27	28	49	54	75	91
	放棄・認諾	4	2	1	1	2	1	2	1	4	1	1
	其他ノ終局判決	64	53	65	60	41	61	54	54	74	135	131
	取下	26	28	37	30	52	43	45	59	54	85	102
	和解	7	5	2	4	4	4	5	2	3	6	7
	訴状差戻	0	0	0	0	0	0	0	0	0	0	0
	其他ノ結果	2	0	2	2	0	0	0	1	0	2	8
	終局合計	132	102	128	116	122	136	134	166	189	304	340

	明治	35年	36年	37年	38年	39年	40年	41年	42年	43年	44年	45年
土地	欠席判決	427	509	484	337	301	284	297	280	301	274	300
	放棄・認諾	21	12	13	7	15	15	16	19	15	14	22
	其他ノ終局判決	882	890	877	675	733	758	711	717	629	639	709
	取下	669	740	628	575	609	676	789	651	610	623	831
	和解	18	23	32	26	29	35	57	53	81	72	80
	訴状差戻	0	1	0	0	1	0	1	0	1	0	0
	其他ノ結果	13	4	9	19	9	5	6	6	5	4	6
	終局合計	2,030	2,179	2,043	1,639	1,697	1,773	1,877	1,726	1,642	1,626	1,948
建物船舶	欠席判決	97	120	114	99	72	70	57	81	58	71	88
	放棄・認諾	0	1	2	1	0	0	2	3	1	2	2
	其他ノ終局判決	144	180	142	155	111	103	109	111	128	129	129
	取下	137	145	116	131	122	125	127	157	113	121	129
	和解	8	10	5	2	5	11	7	12	10	13	24
	訴状差戻	0	0	0	2	0	0	0	0	0	0	0
	其他ノ結果	1	3	2	1	1	3	2	3	1	1	1
	終局合計	387	459	381	391	311	312	304	367	311	337	373

【2-4-3-2-4】地方裁判所第一審事件類型別既済事件数の推移（金銭、明治24年以降34年まで）

	明治	24年	25年	26年	27年	28年	29年	30年	31年	32年	33年	34年
無抵当貸金	欠席判決	979	776	658	750	714	630	840	1,162	1,429	1,460	1,962
	放棄・認諾	90	44	28	23	25	14	29	21	24	28	32
	其他ノ終局判決	1,377	847	745	729	652	616	582	757	1,074	1,037	1,355
	取下	616	454	480	521	536	487	564	748	954	994	1,201
	和解	213	94	40	31	22	17	14	23	27	18	32
	訴状差戻	4	2	2	0	3	2	1	0	0	3	1
	其他ノ結果	80	27	41	16	8	6	12	20	36	58	93
	終局合計	3,359	2,244	1,994	2,070	1,960	1,772	2,042	2,731	3,544	3,598	4,676
売代金	欠席判決	123	80	93	113	100	104	151	226	210	271	352
	放棄・認諾	10	8	5	3	0	4	9	4	2	7	1
	其他ノ終局判決	382	205	214	249	202	166	230	339	345	360	399
	取下	147	125	136	151	136	169	227	307	351	357	417
	和解	54	32	12	8	4	8	8	4	8	6	9
	訴状差戻	2	0	0	0	0	1	1	1	0	0	0
	其他ノ結果	17	2	4	3	3	1	4	0	2	7	6
	終局合計	735	452	464	527	445	453	630	881	918	1,008	1,184
借地料	欠席判決	10	16	9	10	11	8	16(1)	21	20	16	23
	放棄・認諾	1	0	1	2	0	0	0	0	0	0	1
	其他ノ終局判決	36	30	26(1)	21	24(1)	18	23	19	24	24	36
	取下	16	18	14	11	12	15	18	11	16	20	12
	和解	2	1	0	2	0	1	1	2	1	1	6
	訴状差戻	1	0	0	0	0	0	0	0	0	0	0
	其他ノ結果	1	2	0	0	0	0	0	0	0	0	0
	終局合計	67	67	50(1)	46	47(1)	42	58(1)	53	61	61	78
借家料	欠席判決	7(1)	7(1)	3(1)	9(3)	1	3(1)	3(1)	8(1)	10(2)	10(1)	15(4)
	放棄・認諾	0	0	0	0	0	0	0	0	1(1)	0	0
	其他ノ終局判決	26(9)	14(1)	12(3)	7(3)	10(3)	4(2)	9(2)	6	15(2)	12(5)	19(4)
	取下	9(5)	7(3)	7(1)	5	4(1)	3(1)	5(1)	3(1)	6(1)	8(1)	16(1)
	和解	0	1	0	1	0	1(1)	0	1(1)	0	0	0
	訴状差戻	0	0	0	0	0	0	0	0	0	0	0
	其他ノ結果	0	0	1	0	0	0	0	0	0	1(1)	0
	終局合計	42(15)	29(5)	23(5)	22(6)	15(4)	11(5)	17(4)	18(3)	32(6)	31(8)	50(9)
金銭合計	欠席判決	2,345	1,836	1,563	1,858	1,783	1,675	2,226	3,382	4,058	4,353	5,126
	放棄・認諾	248	147	96	71	54	37	83	73	78	73	84
	其他ノ終局判決	4,433	3,223	2,741	2,716	1,479	2,296	2,477	3,038	4,035	4,173	4,798
	取下	1,690	1,450	1,546	1,621	1,750	1,712	2,075	2,491	3,054	3,326	3,780
	和解	562	259	136	100	71	54	64	80	80	69	89
	訴状差戻	17	3	2	2	6	3	5	2	2	5	1
	其他ノ結果	222	66	93	58	30	36	42	46	88	225	509
	終局合計	9,517	6,984	6,177	6,426	6,173	5,813	6,972	9,112	11,395	12,224	14,387

（注）「売代金」は、38年以降は「売買代金」と「売掛代金」の件数を合算し、（ ）内は、「売掛代金」の内数である。
「借地料」は、26～37年は「借地料」と「借地敷金」の件数を合算した。ただし、38年以降は「地代金」に代わり、「敷金」の項目が他の項目と識別不可能になったことから、分離した。
「借家料」は、「借家料」と「借家敷金」の件数を合算した。ただし、38年以降は「家賃金」に代わり、「家賃金」と「敷金」の件数を合算し、（ ）内は「敷金」の内数である。

【2-4-3-2-5】地方裁判所第一審事件類型別既済事件数の推移（金銭、明治35年以降）

	明治	35年	36年	37年	38年	39年	40年	41年	42年	43年	44年	45年
無抵当貸金	欠席判決	2,179	2,327	2,243	1,271	817	701	807	985	1,027	1,101	1,073
	放棄・認諾	32	23	24	12	8	6	4	13	24	12	17
	其他ノ終局判決	1,475	1,490	1,578	1,092	617	555	608	736	755	794	750
	取下	1,285	1,308	1,209	1,042	715	615	649	743	856	835	919
	和解	31	31	24	21	20	11	23	32	37	28	71
	訴状差戻	0	2	0	1	0	0	0	0	0	0	0
	其他ノ結果	111	125	116	101	53	73	63	76	64	57	54
	終局合計	5,113	5,306	5,194	3,540	2,230	1,961	2,154	2,585	2,763	2,827	2,884
売代金	欠席判決	365	376	357	276(62)	167(104)	168(99)	189(135)	259(163)	268(181)	343(221)	371(257)
	放棄・認諾	3	9	6	1	1	4(3)	3(2)	1	6(3)	7(1)	4(3)
	其他ノ終局判決	473	489	532	423(142)	240(134)	261(129)	274(157)	312(158)	351(208)	358(215)	412(269)
	取下	445	434	417	338(95)	259(130)	241(134)	316(176)	334(195)	339(211)	435(278)	430(298)
	和解	13	12	8	7(2)	6(6)	7(4)	10(4)	11(8)	15(13)	30(15)	30(22)
	訴状差戻	0	0	0	0	0	0	0	0	0	0	0
	其他ノ結果	11	4	8	11(5)	2(1)	7(2)	10(7)	11(5)	6(2)	11(7)	5(3)
	終局合計	1,310	1,324	1,328	1,056(306)	675(375)	688(371)	802(481)	928(529)	985(618)	1,234(787)	1,252(852)
借地料	欠席判決	29	18	22	19	13	15	9	11	10	9	12
	放棄・認諾	2	0	0	0	0	0	1	0	1	0	1
	其他ノ終局判決	27	29	28	36	34	24	15	7	17	19	18
	取下	17	13	10	24	29	19	13	9	16	20	12
	和解	1	1	1	1	0	3	0	0	4	0	0
	訴状差戻	0	0	0	0	0	0	0	0	0	0	0
	其他ノ結果	0	0	0	1	0	0	0	2	0	0	0
	終局合計	76	61	61	81	76	61	38	29	48	48	43
借家料	欠席判決	13(1)	18(3)	18	19(2)	4	2	6(1)	4	10(3)	9	16(1)
	放棄・認諾	1	0	0	0	0	0	0	1	0	0	1
	其他ノ終局判決	26(5)	27(6)	29(6)	18(3)	16(2)	12(2)	5	11(1)	13(1)	11(1)	16(3)
	取下	28(4)	17(1)	25	20(1)	10(3)	5(1)	5(1)	12(4)	12(1)	7(2)	12(2)
	和解	0	0	1	0	0	0	0	2(1)	0	2	7(1)
	訴状差戻	0	0	0	0	0	0	0	0	0	0	0
	其他ノ結果	0	0	0	0	0	0	0	1(1)	1(1)	1	0
	終局合計	68(10)	62(10)	73(6)	57(6)	30(5)	19(3)	16(2)	31(7)	36(6)	30(3)	52(7)
金銭合計	欠席判決	5,333	5,424	4,915	3,146	2,060	1,746	2,023	2,403	2,471	2,626	2,725
	放棄・認諾	66	58	64	24	20	16	19	29	46	25	37
	其他ノ終局判決	5,042	4,991	4,925	3,643	2,492	2,172	2,324	2,704	2,892	2,812	2,949
	取下	4,042	3,877	3,484	2,980	2,391	2,123	2,227	2,417	2,767	2,865	3,038
	和解	90	94	71	63	53	68	78	101	119	135	254
	訴状差戻	0	3	1	2	2	1	0	2	0	0	1
	其他ノ結果	491	477	431	362	204	216	290	252	272	254	249
	終局合計	15,064	14,924	13,891	10,220	7,222	6,342	6,961	7,908	8,567	8,717	9,253

【2-4-3-2-6】地方裁判所第一審事件類型別既済事件数の推移（米穀、物品、証券、明治24年以降）

	明治	24年	25年	26年	27年	28年	29年	30年	31年	32年	33年	34年	35年	36年	37年	38年	39年	40年	41年	42年	43年	44年	45年
米穀	欠席判決	42	27	27	51	46	49	54	122	69	99	84	87	116	84	42	21	42	35	21	25	25	23
	放棄・認諾	3	4	0	1	4	3	2	3	1	2	3	0	0	1	1	0	2	0	0	0	0	0
	其他ノ終局判決	135	110	65	128	87	65	104	117	99	112	91	96	127	87	61	46	48	43	33	21	30	35
	取下	245	41	52	64	64	37	79	105	85	95	103	92	91	85	73	44	34	34	30	28	30	49
	和解	16	5	2	3	2	2	1	2	0	2	2	4	2	1	2	0	0	1	0	1	1	2
	訴状差戻	0	0	0	0	0	1	0	0	0	0	0	0	0	0	0	1	0	0	0	0	0	0
	其他ノ結果	8	2	3	1	0	0	1	1	2	0	2	2	6	1	5	1	0	0	2	2	0	0
	終局合計	449	189	149	248	203	157	241	350	256	310	285	281	342	259	184	113	126	113	86	77	86	109
物品	欠席判決	36	61	46	56	56	77	95	133	118	147	133	133	161	141	87	55	51	65	62	53	48	69
	放棄・認諾	5	2	6	5	2	4	5	3	4	3	3	3	4	5	1	2	0	1	1	1	1	2
	其他ノ終局判決	220	180	167	163	142	159	178	171	188	179	218	210	227	187	156	104	79	102	113	93	86	111
	取下	76	94	107	113	148	115	181	206	168	185	190	202	206	178	136	129	115	132	125	126	117	127
	和解	20	10	10	7	3	6	10	8	15	5	5	7	5	8	4	3	5	5	9	8	3	16
	訴状差戻	2	0	2	1	0	0	0	0	0	0	0	0	0	0	2	0	0	0	0	0	0	0
	其他ノ結果	4	4	4	5	1	3	4	0	4	4	3	3	2	1	3	1	0	0	3	6	1	0
	終局合計	363	351	342	350	352	364	473	521	497	523	552	558	605	520	389	294	250	305	313	287	256	325
証券	欠席判決	42	35	27	54	43	58	53	74	76	109	94	79	79	79	66	49	41	59	42	64	44	45
	放棄・認諾	5	10	8	2	3	5	3	8	6	1	8	6	3	3	0	1	1	0	1	2	1	1
	其他ノ終局判決	238	193	186	169	130	132	124	119	128	127	164	122	132	104	79	86	81	66	78	59	64	53
	取下	83	91	92	121	98	94	114	118	110	112	125	110	111	95	92	100	81	100	81	72	65	78
	和解	31	18	5	4	6	6	2	3	5	5	2	3	0	2	5	4	1	0	1	8	7	9
	訴状差戻	1	0	1	0	1	0	0	0	0	0	0	0	0	0	0	0	0	0	0	0	0	0
	其他ノ結果	12	5	8	5	1	2	1	1	1	10	6	3	1	4	2	7	1	1	1	6	4	0
	終局合計	412	352	327	355	282	297	297	323	326	364	399	323	326	287	244	247	206	226	204	211	185	186

【2-4-3-2-7】地方裁判所第一審事件類型別既済事件数の推移（選挙、雑事、明治24年以降）

	明治	24年	25年	26年	27年	28年	29年	30年	31年	32年	33年	34年	35年	36年	37年	38年	39年	40年	41年	42年	43年	44年	45年
選挙	欠席判決	0	0	——	0	——	——	——	0	0	——	——	——	——	——	——	——	——	——	——	——	——	——
	放棄・認諾	0	0	——	0	——	——	——	0	0	——	——	——	——	——	——	——	——	——	——	——	——	——
	其他ノ終局判決	3	16	——	8	——	——	——	4	0	——	——	——	——	——	——	——	——	——	——	——	——	——
	取下	3	3	——	3	——	——	——	0	1	——	——	——	——	——	——	——	——	——	——	——	——	——
	和解	0	0	——	0	——	——	——	0	0	——	——	——	——	——	——	——	——	——	——	——	——	——
	訴状差戻	0	0	——	0	——	——	——	0	0	——	——	——	——	——	——	——	——	——	——	——	——	——
	其他ノ結果	0	0	——	0	——	——	——	0	0	——	——	——	——	——	——	——	——	——	——	——	——	——
	終局合計	6	19	——	11	——	——	——	4	1	——	——	——	——	——	——	——	——	——	——	——	——	——
雑事	欠席判決	122	131	151	219	281	225	288	399	492	434	478	513	590	561	371	215	198	206	220	224	184	189
	放棄・認諾	3	11	38	26	15	29	21	28	23	16	15	14	17	17	11	5	3	3	6	5	5	5
	其他ノ終局判決	908	887	901	937	882	852	848	964	1,168	1,226	1,169	1,380	1,574	1,431	1,024	692	655	719	687	680	736	636
	取下	478	668	615	702	719	708	787	993	1,010	1,103	1,259	1,383	1,527	1,439	1,165	967	842	986	1,009	990	1,041	998
	和解	110	56	44	28	33	17	27	36	18	20	15	30	26	21	28	20	13	22	16	21	30	71
	訴状差戻	4	11	5	8	4	3	2	1	1	0	0	1	0	1	0	1	0	0	1	0	0	0
	其他ノ結果	2,945	2,910	2,999	3,901	3,543	3,992	4,220	5,014	5,127	5,627	6,542	6,042	6,102	5,535	3,822	3,362	3,429	3,684	3,638	3,606	3,676	4,076
	終局合計	4,570	4,674	4,753	5,821	5,477	5,826	6,193	7,435	7,839	8,426	9,478	9,363	9,836	9,005	6,421	5,262	5,140	5,620	5,577	5,526	5,672	5,975

【2-4-4-1】地方裁判所第一審審理期間別既済事件数の推移（明治23年まで）

明治	6年	7年	8年	9年	10年	11年	12年	13年	14年	15年	16年	17年	18年	19年	20年	21年	22年	23年
10日以下	——	——	——	——	——	31,111	31,478	27,525	23,917	4,962	6,098	5,857	1,571	1,276	778	1,042	1,082	932
1月以下	——	——	——	——	——	50,337	47,782	48,542	47,224	11,954	14,823	11,964	3,953	3,754	3,474	4,407	4,795	4,583
2月以下	——	——	——	——	——	25,978	22,360	23,884	24,107	8,819	10,320	7,016	2,793	2,631	3,033	2,989	2,830	3,356
3月以下	——	——	——	——	——	13,692	2,858	13,614	14,321	5,373	10,331	3,547	1,444	1,428	1,782	1,498	1,226	1,540
6月以下	——	——	——	——	——	15,365	11,537	13,458	11,430	5,504	6,383	4,163	1,419	1,409	1,872	1,466	1,172	1,425
1年以下	——	——	——	——	——	6,659	4,882	6,019	4,784	2,661	3,070	2,322	770	601	854	561	336	425
2年以下	——	——	——	——	——	2,084	1,780	1,702	1,202	492	622	416	321	178	167	119	74	69
3年以下	——	——	——	——	——	327	238	181	182	55	76	95	81	36	11	11	11	6
3年以上	——	——	——	——	——	58	30	56	30	24	12	11	9	18	25	5	3	8
合計	——	——	——	——	——	145,611	131,945	134,981	127,197	39,844	51,735	35,589	12,361	11,331	11,996	12,098	11,529	12,344

（注） 11～18年は、「10日以下」の他に「即日」の区分があるが、これは「10日以下」に合算している。
15年の審理期間は、「始審訴訟及郡区戸長並控訴事件等ノ出訴ヨリ結局ニ至ル日数区別」の件数を採用した。始審訴訟のみの件数表示はなかった。
16、17年は、「4年以下」、「5年以下」が付け加わるが、それらの件数は、「3年以上」に合算した。
16年以降は、未決の審理期間の表が付け加わった。それ以前は、既決、未決の区分がなかった。

【2-4-4-2-1】地方裁判所第一審審理期間別既済事件数の推移（明治24年以降34年まで）

	明治	24年	25年	26年	27年	28年	29年	30年	31年	32年	33年	34年
判決ニ因ルモノ	10日以下	172	179	166	141	130	122	163	393	394	381	560
	1月以下	3,457	2,880	2,492	2,351	2,131	2,047	2,347	3,064	3,939	4,079	4,332
	2月以下	3,392	2,915	2,585	2,755	2,434	2,406	2,653	3,348	4,326	4,401	4,889
	3月以下	1,642	1,108	1,080	1,240	1,206	1,200	1,312	1,587	2,090	2,164	2,366
	6月以下	1,398	1,032	1,119	1,412	1,274	1,241	1,467	1,617	2,291	2,425	2,728
	1年以下	388	364	369	565	590	540	620	687	936	1,003	1,199
	2年以下	62	104	92	167	177	224	195	223	304	331	308
	2年以上	10	8	11	22	51	45	68	53	77	71	77
	合計	10,521	8,590	7,914	8,653	7,993	7,825	8,825	10,972	14,357	14,855	16,459
判決ナキモノ	10日以下	2,800	2,634	2,892	3,814	3,521	4,091	4,306	5,105	5,261	5,807	6,804
	1月以下	2,010	1,762	1,515	1,577	1,588	1,480	1,733	2,069	2,034	2,241	2,451
	2月以下	1,158	1,090	1,052	971	978	903	1,159	1,436	1,491	1,660	1,857
	3月以下	498	469	464	467	489	488	542	638	692	827	871
	6月以下	689	417	468	517	458	436	602	619	737	869	939
	1年以下	214	200	275	306	288	319	334	346	527	449	609
	2年以下	26	94	231	327	457	434	443	462	621	641	820
	2年以上	6	9	18	38	78	62	94	77	127	117	127
	合計	7,401	6,675	6,915	8,017	7,857	8,213	9,213	10,752	11,490	12,611	14,478
合計	10日以下	2,972	2,813	3,058	3,955	3,651	4,213	4,469	5,498	5,655	6,188	7,364
	1月以下	5,467	4,642	4,007	3,928	3,719	3,527	4,080	5,133	5,973	6,320	6,783
	2月以下	4,550	4,005	3,637	3,726	3,412	3,309	3,812	4,784	5,817	6,061	6,746
	3月以下	2,140	1,577	1,544	1,707	1,695	1,688	1,854	2,225	2,782	2,991	3,237
	6月以下	2,087	1,449	1,587	1,929	1,732	1,677	2,069	2,236	3,028	3,294	3,667
	1年以下	602	564	644	871	878	859	954	1,033	1,463	1,452	1,808
	2年以下	88	198	323	494	634	658	638	685	925	972	1,128
	2年以上	16	17	29	60	129	107	162	130	204	188	204
	合計	17,922	15,265	14,829	16,670	15,850	16,038	18,038	21,724	25,847	27,466	30,937

【2-4-4-2-2】地方裁判所第一審審理期間別既済事件数の推移（明治35年以降）

	明治	35年	36年	37年	38年	39年	40年	41年	42年	43年	44年	45年
判決ニ因ルモノ	10日以下	542	515	488	373	182	168	221	191	161	147	154
	1月以下	4,233	4,867	4,425	2,889	2,275	2,075	2,307	2,344	2,199	2,214	2,163
	2月以下	4,990	5,231	4,889	3,424	2,801	2,675	2,708	2,796	2,812	2,908	2,950
	3月以下	2,469	2,429	2,273	1,757	1,428	1,345	1,424	1,432	1,529	1,594	1,635
	6月以下	2,829	2,795	2,535	2,075	1,556	1,564	1,563	1,815	1,955	2,063	2,053
	1年以下	1,432	1,256	1,276	1,075	696	738	852	1,034	1,081	988	1,268
	2年以下	389	432	348	357	211	187	261	352	399	421	509
	2年以上	118	133	121	88	89	58	53	88	126	104	106
	合計	17,002	17,658	16,355	12,038	9,238	8,810	9,389	10,052	10,262	10,439	10,838
判決ナキモノ	10日以下	6,247	6,596	5,912	4,151	3,700	3,430	3,729	4,065	3,936	4,025	4,441
	1月以下	2,517	2,580	2,376	2,002	1,779	1,772	2,023	1,782	1,723	1,897	1,933
	2月以下	1,932	1,910	1,820	1,487	1,299	1,283	1,419	1,312	1,391	1,457	1,645
	3月以下	891	891	848	724	618	614	674	629	688	709	817
	6月以下	987	956	809	796	652	661	741	721	862	826	927
	1年以下	597	551	453	457	392	370	407	433	526	438	593
	2年以下	948	740	601	578	447	477	459	513	634	597	681
	2年以上	190	139	158	130	112	106	121	138	199	229	199
	合計	14,309	14,363	12,977	10,325	8,999	8,713	9,573	9,593	9,959	10,178	11,236
合計	10日以下	6,789	7,111	6,400	4,524	3,882	3,598	3,950	4,256	4,097	4,172	4,595
	1月以下	6,750	7,447	6,801	4,891	4,054	3,847	4,330	4,126	3,922	4,111	4,096
	2月以下	6,922	7,141	6,709	4,911	4,100	3,958	4,127	4,108	4,203	4,365	4,595
	3月以下	3,360	3,320	3,121	2,481	2,046	1,959	2,098	2,061	2,217	2,303	2,452
	6月以下	3,816	3,751	3,344	2,871	2,208	2,225	2,304	2,536	2,817	2,889	2,980
	1年以下	2,029	1,807	1,729	1,532	1,088	1,108	1,259	1,467	1,607	1,426	1,861
	2年以下	1,337	1,172	949	935	658	664	720	865	1,033	1,018	1,190
	2年以上	308	272	279	218	201	164	174	226	325	333	305
	合計	31,311	32,021	29,332	22,363	18,237	17,523	18,962	19,645	20,221	20,617	22,074

【2-4-4-3】地方裁判所第一審審理期間別未済事件件数の推移（明治24年以降）

	明治	24年	25年	26年	27年	28年	29年	30年	31年	32年	33年	34年
未決審理中	10日以下	529	368	484	446	395	437	573	596	714	775	882
	1月以下	762	708	793	762	705	798	894	1,168	1,238	1,383	1,560
	2月以下	367	346	443	461	443	553	573	814	879	1,085	1,172
	3月以下	192	211	237	274	275	269	361	539	569	651	838
	6月以下	189	196	295	284	284	322	357	646	705	770	909
	1年以下	147	180	223	260	282	320	404	525	612	623	811
	2年以下	59	62	85	92	125	178	194	252	314	379	455
	2年以上	3	6	17	44	46	70	80	121	123	158	200
	合計	2,248	2,077	2,577	2,623	2,555	2,947	3,436	4,661	5,154	5,824	6,827
合計	10日以下	530	390	487	456	408	474	589	623	734	807	927
	1月以下	780	756	841	820	762	880	1,020	1,321	1,455	1,576	1,798
	2月以下	423	413	509	553	572	671	789	1,096	1,143	1,416	1,534
	3月以下	256	277	333	413	400	395	522	812	832	963	1,158
	6月以下	274	321	460	473	499	555	645	1,067	1,137	1,276	1,436
	1年以下	287	390	551	700	755	753	998	1,184	1,391	1,531	1,753
	2年以下	95	205	236	319	379	417	426	578	731	813	964
	2年以上	5	21	54	116	164	231	235	314	360	491	618
	合計	2,650	2,773	3,471	3,850	3,939	4,376	5,224	6,995	7,783	8,873	10,188

	明治	35年	36年	37年	38年	39年	40年	41年	42年	43年	44年	45年
未決審理中	10日以下	941	838	689	478	474	511	558	551	570	545	654
	1月以下	1,545	1,702	1,312	877	827	903	958	995	920	1,037	1,155
	2月以下	1,173	1,159	961	649	660	726	831	804	805	869	935
	3月以下	737	802	515	370	418	476	528	537	605	571	660
	6月以下	905	934	660	500	558	572	832	767	785	817	957
	1年以下	727	838	660	438	393	497	687	650	657	684	795
	2年以下	461	418	383	262	223	303	379	392	381	403	476
	2年以上	208	277	262	231	195	294	321	342	382	341	363
	合計	6,697	6,968	5,442	3,805	3,748	4,282	5,094	5,038	5,105	5,267	5,995
合計	10日以下	964	882	763	540	532	557	582	579	603	576	668
	1月以下	1,819	2,026	1,582	1,069	1,021	1,081	1,169	1,217	1,147	1,229	1,389
	2月以下	1,563	1,589	1,318	912	888	980	1,080	1,095	1,079	1,174	1,271
	3月以下	1,082	1,181	781	596	619	677	792	762	857	835	925
	6月以下	1,446	1,482	1,194	872	907	902	1,244	1,201	1,218	1,251	1,478
	1年以下	1,617	1,810	1,589	1,269	977	1,162	1,438	1,355	1,308	1,495	1,499
	2年以下	920	883	888	742	606	661	766	818	755	802	936
	2年以上	605	747	703	709	678	751	822	933	958	958	926
	合計	10,016	10,600	8,818	6,709	6,228	6,771	7,893	7,960	7,925	8,320	9,092

（注） 未決の審理期間の表には「審理中」、「中断」、「中止」、「休止」の件数が示されているが、上記「未決審理中」は、「審理中」のみの件数であり、「合計」は、「中断」、「中止」、「休止」も含めた未決全体の件数を示している。

【2-4-5-1】地方裁判所第一審訴額別新受事件数の推移(明治23年まで)

明治	6年	7年	8年	9年	10年	11年	12年	13年	14年	15年	16年	17年	18年	19年	20年	21年	22年	23年
5円まで	――	――	――	41,092	32,120	25,978	23,679	20,718	15,451	357	264	183	92	133	123	164	103	49
10円まで	――	――	――	59,293	28,393	22,316	20,869	20,233	15,935	455	156	191	107	87	50	79	62	35
20円まで	――	――	――	44,683	30,761	23,063	21,582	22,674	20,066	820	388	408	207	176	120	105	96	56
50円まで	――	――	――	49,820	36,450	24,982	22,861	22,462	23,210	1,334	827	1,025	373	373	225	198	158	121
75円まで	――	――	――	――	――	――	――	――	――	――	639	724	222	232	136	93	76	69
100円まで	――	――	――	26,607	21,554	14,052	11,935	12,699	13,746	1,126	594	1,081	490	530	519	494	480	504
250円まで	――	――	――	――	――	――	――	――	――	――	24,912	14,173	5,378	5,296	5,179	4,884	4,879	5,884
500円まで	――	――	――	24,236	21,195	12,482	10,699	9,973	12,554	16,993	9,706	5,563	2,213	2,149	1,979	2,017	2,016	2,335
750円まで	――	――	――	――	――	――	――	――	――	――	3,361	1,918	839	750	704	734	695	830
1,000円まで	――	――	――	2,796	2,647	1,544	1,354	1,376	1,826	2,847	1,394	883	434	413	406	443	406	490
2,500円まで	――	――	――	――	――	――	――	――	――	――	1,953	1,208	563	636	560	589	583	820
5,000円まで	――	――	――	――	――	――	――	――	――	――	462	294	193	167	160	168	159	263
10,000円まで	――	――	――	1,574	1,453	808	707	699	943	1,655	145	96	78	52	56	92	89	105
10,000円以上	――	――	――	68	63	37	31	54	52	90	69	47	34	38	37	46	48	93
金員不詳	――	――	――	5,307	21	0	――	――	――	――	――	――	――	――	――	――	――	――
合計	――	――	――	255,476	174,657	125,262	113,717	110,888	103,783	25,677	44,870	27,794	11,223	11,032	10,254	10,106	9,850	11,654

(注) 9、10年は「金銭ニ関スル訴訟ノ金員階級ヲ以本支区庁名ニ対照ス」、11〜14年は「金銭ニ関スル訴訟件数ノ金員階級」、15年は「始審訴訟及人民ヨリ郡区戸長ニ対スル訴訟ノ金員階級」となっている。
9〜15年の階級区分けでは、「75円まで」、「250円まで」、「750円まで」、「2,500円まで、5,000円まで」の各階級は存在しない。これらは、それぞれ「100円まで」、「500円まで」、「1,000円まで」、「10,000円まで」に合算されている。
「10,000円以上」は、「1,000円以上10,000円未満」、「10,000円以上20,000円未満」、「20,000円以上30,000円未満」、「30,000円以上50,000円未満」、「50,000円以上」等の件数を合算した。
「金員不詳」は、12年以降は存在しない。
16、17年の各件数は、「始審金額階級」と「始審価額階級」の件数を合算した。
16年の階級区分けでは、「5円未満」から始まり「5円以上、10円未満」・・・と続き、「5,000円以上、10,000円未満」、次に「10,000円以上20,000円未満」、「20,000円以上30,000円未満」・・・「50,000円以上」まで階級があるが、これら10,000円以上の件数は全て「10,000円以上」に合算した。
18〜23年の各件数は、「金額請求ノ第一審新受件数」と「金額ニ見積ル第一審新受件数」の件数を合算した。

【2-4-5-2】地方裁判所第一審訴額別新受件数の推移（明治24年以降）

明治	24年	25年	26年	27年	28年	29年	30年	31年	32年	33年	34年
5円まで	14	9	3	8	12	12	6	2	3	2	3
10円まで	14	10	6	9	10	7	3	2	0	1	2
20円まで	20	21	8	12	15	10	8	4	4	8	9
50円まで	55	52	47	56	39	34	24	20	22	25	23
75円まで	33	33	22	25	10	15	9	10	9	17	14
100円まで	255	179	164	123	206	148	174	167	178	200	164
250円まで	6,325	5,169	4,969	5,475	4,875	4,924	5,745	7,114	7,700	8,180	9,454
500円まで	2,989	2,526	2,473	2,520	2,337	2,427	2,975	3,651	4,243	4,778	5,525
750円まで	1,002	743	783	788	789	828	992	1,298	1,422	1,562	1,750
1,000円まで	621	496	485	538	500	588	720	930	1,048	1,191	1,433
2,500円まで	825	673	660	732	698	770	992	1,359	1,477	1,711	1,894
5,000円まで	308	245	255	207	253	301	394	496	561	641	782
10,000円まで	125	125	101	98	116	118	156	217	246	294	366
10,000円以上	104	72	66	90	80	92	122	147	171	208	284
合計	12,690	10,353	10,042	10,681	9,940	10,274	12,320	15,417	17,084	18,818	21,703

明治	35年	36年	37年	38年	39年	40年	41年	42年	43年	44年	45年
5円まで	1	2	3	0	1	0	2	9	2	1	0
10円まで	1	4	2	1	3	2	2	1	2	2	2
20円まで	8	5	12	7	3	2	7	3	4	3	7
50円まで	27	16	12	10	19	7	21	17	11	14	12
75円まで	13	3	7	18	6	7	3	7	4	6(1)	6
100円まで	134	150	122	133	110	90	90	78	70	75	86
250円まで	9,679	9,842	9,247	4,007	2,069	1,931(3)	2,200(4)	2,147(1)	2,235(2)	2,311	2,557(5)
500円まで	5,304	5,248	4,792	4,156	3,780	3,631(3)	4,203(11)	4,333(7)	4,519(4)	4,839(3)	5,118(3)
750円まで	1,746	1,730	1,538	1,399	1,291	1,303(3)	1,392(5)	1,441(1)	1,506(4)	1,584	1,647
1,000円まで	1,364	1,316	1,188	1,100	1,001	1,131(1)	1,237(6)	1,183(2)	1,268(4)	1,258(2)	1,490
2,500円まで	1,905	1,804	1,673	1,469	1,428	1,479(4)	1,705(3)	1,737(2)	1,688(2)	1,748(2)	1,939(2)
5,000円まで	739	749	663	615	632	655(1)	775(2)	696(2)	793(1)	824	900(4)
10,000円まで	372	361	300	253	311	311	397	364	332	373	473
10,000円以上	238	244	242	200	232	278	340	330	272	320(1)	316(2)
合計	21,531	21,474	19,801	13,368	10,886	10,827(15)	12,374(31)	12,346(15)	12,706(17)	13,358(9)	14,553(16)

（注） 40年の（ ）内の数値は、樺太地裁の事件数で内数である。

【2-4-6-1】区裁判所新受・旧受件数の推移

明治	9年	10年	11年	12年	13年	14年	15年	16年	17年	18年
旧受	1,411	13,307	11,327	5,457	7,250	5,606	7,239	20,634	20,607	4,684
新受	45,913	90,843	66,088	48,535	49,659	47,609	144,108	187,243	108,439	40,065
他ヨリ受取	――	――	――	――	――	――	6259	――	――	――
総数	47,324	104,150	77,415	53,992	56,909	53,215	157,606	207,877	129,046	44,749

明治	19年	20年	21年	22年	23年	24年	25年	26年	明治27年
旧受	2,945	4,082	3,900	2,873	2,540	5,312	9,565	10,043	10,813
新受	37,847	39,405	38,970	40,637	64,166	160,246	156,780	145,888	144,472
他ヨリ受取	――	――	――	――	――	――	――	――	――
総数	40,792	43,487	42,870	43,510	66,706	165,558	166,345	155,931	155,285

明治	28年	29年	30年	31年	32年	33年	34年	35年	36年
旧受	10,662	9,755	10,145	11,460	15,625	16,671	16,587	20,629	20,330
新受	120,156	107,576	115,059	136,057	139,890	138,510	164,142	179,657	201,203
他ヨリ受取	――	――	――	――	――	――	――	――	――
総数	130,818	117,331	125,204	147,517	155,515	155,181	180,729	200,286	221,533

明治	37年	38年	39年	40年	41年	42年	43年	44年	45年
旧受	21,173	17,252	15,082	13,907(0)	14,219(28)	16,383(39)	17,326(19)	18,003(11)	18,930(20)
新受	182,445	143,975	132,008	123,374(197)	131,031(430)	137,282(351)	146,253(262)	153,515(237)	164,491(285)
他ヨリ受取	――	――	――	――	――	――	――	――	――
総数	203,618	161,227	147,090	137,281(197)	145,250(458)	153,665(390)	163,579(281)	171,518(248)	183,421(305)

【2-4-6-2】区裁判所訴訟類型別新受件数の推移（明治24年以降）

明治	24年	25年	26年	27年	28年	29年	30年	31年	32年	33年	34年	35年	36年	37年	38年	39年
通常	119,823	103,814	96,081	91,789	76,077	65,503	67,630	77,581	81,621	79,327	93,459	104,397	116,099	101,941	82,424	75,108
証書	1,913	2,463	2,838	2,546	1,835	1,370	1,357	1,318	1,153	1,172	1,196	1,054	1,199	1,233	1,197	1,015
為替	82	43	41	114	131	316	374	1,268	1,520	1,347	1,057	913	968	786	646	546
公示催告	8	9	28	50	38	20	51	323	717	828	883	903	866	827	938	974
仮差押・仮処分	38,231	50,058	46,287	49,236	41,293	39,462	44,950	54,905	53,564	54,342	66,020	70,727	80,082	75,977	57,261	52,424
裁判所ニ繋属シタル訴訟外	181	356	565	706	757	888	667	656	1,315	1,494	1,527	1,663	1,989	1,681	1,509	1,941
合計	160,238	156,743	145,840	144,441	120,131	107,559	115,029	136,051	139,890	138,510	164,142	179,657	201,203	182,445	143,975	132,008

（再審）

取消ノ訴	22	20	12	4	7	5	12	3	5	3	1	7	1	0	1	1
原状回復ノ訴	65	45	54	33	27	25	21	15	20	12	30	17	15	9	10	20

明治	40年	41年	42年	43年	44年	45年
通常	69,813	72,995	76,961	81,798	87,546	96,611
証書	800	833	942	1,058	977	957
為替	388	539	555	614	680	830
公示催告	1,103	1,101	1,080	1,048	1,218	1,302
仮差押・仮処分	49,250	53,605	56,039	60,078	61,380	62,852
裁判所ニ繋属シタル訴訟外	2,020	1,958	1,705	1,657	1,708	1,939
合計	123,374	131,031	137,282	146,253	153,509	164,491

（再審）

取消ノ訴	4	1	2	1	2	4
原状回復ノ訴	6	13	10	9	6	7

【2-4-7-1】区裁判所終局区分別件数の推移（明治23年まで）

	明治	9年	10年	11年	12年	13年	14年	15年	16年	17年	18年	19年	20年	21年	22年	23年
願下		6,145	14,835	11,402	7,479	8,334	5,600	17,935	22,275	13,712	3,539	2,602	2,859	2,675	2,554	3,581
解訟・和解		24,091	70,836	53,064	32,350	32,928	27,913	64,775	92,266	61,855	20,280	16,996	17,137	14,307	13,085	19,476
棄却		2,208	2,833	1,687	1,609	1,643	950	2,224	1,816	1,082	290	440	452	483	530	846
裁許・判決	（総数）	79	4,210	5,711	5,164	8,270	11,446	50,019	70,035	46,888	17,350	16,684	19,139	22,532	24,801	38,780
	対審	――	――	――	――	――	――	――	――	――	――	14,583	16,030	17,055	16,987	21,499
	欠席	――	――	――	――	――	――	――	――	――	――	2,101	3,109	5,477	7,814	17,281
被告人失踪		0	0	31	15	39	76	216	646	539	252	――	――	――	――	――
消滅		――	――	――	――	――	――	――	9	8	――	――	――	――	――	――
検事ニ送致ス		27	109	63	54	63	34	38	106	42	――	――	――	――	――	――
他庁ニ引継ク		――	――	――	――	――	――	(759)	669	235	96	――	――	――	――	――
終局合計		32,550	92,823	71,958	46,671	51,279	46,019	135,207	187,822	124,361	41,807	36,722	39,587	39,997	40,970	62,683
未決		14,774	11,327	5,445	7,321	5,630	7,196	21,640	20,055	4,685	2,942	4,070	3,900	2,873	2,540	4,023

（注） 9～14年の件数は、「帝国統計年鑑」から引用した。
「解訟・和解」は、15～18年は「解訟」、19年以降は「和解」の件数を採用した。
「裁判・判決」は、15～18年は「裁判」、19年以降は「判決」の件数を採用した。
「被告人失踪」は、「被告人失踪ニヨリ証書ニ裏書シテ下附」を示す。
「検事ニ送致ス」は、15年は「検察官ニ送致ス」の件数を採用した。
「他庁ニ引継ク」は、15年は、終局合計に算入されていないが、16～18年は終局合計に算入されている。

【2-4-7-2】区裁判所終局区分別件数の推移（明治24年以降）

明治	24年	25年	26年	27年	28年	29年	30年	31年	32年	33年	34年
欠席判決	34,233	29,480	27,032	26,520	22,295	18,118	19,494	23,699	25,847	25,631	29,769
放棄・認諾	3,174	3,510	2,749	2,743	1,698	1,524	1,388	1,346	1,268	1,204	1,274
其他ノ終局判決	34,447	31,676	30,132	28,704	23,816	19,802	19,560	20,701	23,224	22,233	23,865
取下	25,125	25,910	25,671	25,814	23,377	21,467	22,251	24,650	25,500	26,038	27,386
和解	18,572	12,592	10,430	7,181	5,087	3,722	3,217	3,281	2,766	2,358	2,698
訴状差戻	140	236	411	266	194	238	294	466	440	363	495
其他ノ結果	40,229	52,847	48,672	53,364	44,566	42,258	47,531	57,749	59,804	60,557	74,564
終局合計	155,920	156,251	145,097	144,592	121,033	107,129	113,735	131,892	138,849	138,384	160,051
未決	9,638	10,074	10,834	10,693	9,775	10,202	11,469	15,625	16,666	16,797	20,678

明治	35年	36年	37年	38年	39年	40年	41年	42年	43年	44年	45年
欠席判決	34,700	37,817	34,660	26,773	23,785	21,853(8)	22,277(48)	24,336(39)	25,871(36)	27,279(36)	30,572(55)
放棄・認諾	1,398	1,640	1,410	917	836	683	616(2)	690	786(1)	1,133	938(1)
其他ノ終局判決	26,615	29,931	28,598	23,124	20,415	18,359(21)	17,750(49)	18,492(43)	18,278(23)	18,858(26)	19,570(33)
取下	31,925	33,691	31,274	27,555	25,814	24,600(24)	25,982(74)	27,882(85)	29,514(37)	31,283(39)	33,267(44)
和解	3,215	3,578	3,558	2,935	3,421	3,181(6)	3,497(8)	4,196(17)	5,527(15)	7,093(9)	9,277(15)
訴状差戻	416	321	111	51	28	24	38	4	16	51	44
其他ノ結果	81,006	93,420	86,757	64,787	58,887	54,365(110)	58,707(238)	60,745(187)	65,278(158)	66,895(118)	68,662(134)
終局合計	179,275	200,398	186,368	146,142	133,186	123,065(169)	128,867(419)	136,345(371)	145,270(270)	152,592(228)	162,330(282)
未決	20,536	21,135	17,250	15,085	13,904	14,216(28)	16,383(39)	17,320(19)	18,309(11)	18,926(20)	21,091(23)

（注） 40年以降の（ ）内の数値は、樺太にある区裁の件数の内数である。

【2-4-8-1】区裁判所事件類型別既済事件数の推移（明治23年まで）

	明治	9年	10年	11年	12年	13年	14年	15年	16年	17年	18年	19年	20年	21年	22年	23年
人事	（合計）	――	――	――	――	――	――	55	19	4	――	――	――	――	――	――
	家督相続	――	――	――	――	――	――	5	4	――	――	――	――	――	――	――
	離婚ノ争	――	――	――	――	――	――	5	1	1	――	――	――	――	――	――
	養子女離別	――	――	――	――	――	――	17	4	――	――	――	――	――	――	――
	戸籍ノ争	――	――	――	――	――	――	4	――	――	――	――	――	――	――	――
土地		――	――	――	――	――	――	3,651	5,033	3,658	1,590	453	589	811	928	1,545
建物船舶		――	――	――	――	――	――	731	1,106	809	447	440	423	521	485	872
金銭	（合計）	――	――	――	――	――	――	118,998	168,751	112,583	37,024	33,438	35,565	35,605	35,596	53,512
	金銭貸借	――	――	――	――	――	――	94,639	133,292	86,857	26,819	15,680	18,474	19,180	20,141	30,388
	売代金	――	――	――	――	――	――	2,423	3,573	2,122	795	802	930	1,169	1,273	2,542
	地代金	――	――	――	――	――	――	179	281	247	134	129	182	176	163	368
	借家料	――	――	――	――	――	――	476	873	619	295	381	381	462	470	984
米穀		――	――	――	――	――	――	5,469	5,686	3,243	1,511	1,353	1,618	1,311	1,950	3,681
物品		――	――	――	――	――	――	3,850	4,521	2,373	603	532	699	870	1,097	1,473
証券		――	――	――	――	――	――	1,832	1,726	913	320	364	504	534	435	536
雑事		――	――	――	――	――	――	621	827	522	216	142	189	345	479	1,064

（注）「建物船舶」は、15～18年は「建物」、19年以降は「建物船舶」の件数を採用した。
「借家料」は、明治15～18年は「家賃」と「敷金」の件数を合算し、19年以降は「借家料」と「借家敷金」の件数を合算した。
「地代金」は、17、18年は「地代金」と「借地料」、19～21年は「地代金」と「借地料」と「借地敷金」、22年以降は「借地料」と「借地敷金」の件数を合算した。
「金銭貸借」は、明治15～18年は「金銭貸借」、19年以降は、「無抵当貸金」、「土地書入貸金」、「土地質入貸金」、「建物書入質貸金」、「船舶書入質貸金」、「動産書入質貸金」に分かれると考えられるが、ここでは「無抵当貸金」の件数のみを計上した（【2-4-3-1】の「金銭貸借」の注参照）。

【2-4-8-2-1】区裁判所事件類型別既済事件数の推移（土地、建物船舶、明治24年以降）

	明治	24年	25年	26年	27年	28年	29年	30年	31年	32年	33年	34年
土地	欠席判決	523	547	591	568	595	540	575	586	475	554	572
	放棄・認諾	50	62	74	87	87	101	75	79	54	58	48
	其他ノ終局判決	1,527	1,501	1,577	1,488	1,321	1,267	1,125	963	841	955	729
	取下	668	925	1,120	1,161	1,065	1,133	1,126	1,049	849	838	801
	和解	498	441	420	331	277	232	184	142	132	101	79
	訴状差戻	4	8	3	6	1	2	0	1	2	1	7
	其他ノ結果	137	82	84	56	39	21	29	26	30	22	38
	終局合計	3,407	3,566	3,869	3,697	3,385	3,296	3,114	2,846	2,383	2,529	2,274
建物船舶	欠席判決	839	851	929	1,168	997	1,013	1,138	1,168	1,090	1,142	1,219
	放棄・認諾	89	69	86	121	70	80	88	57	40	55	49
	其他ノ終局判決	948	881	835	818	721	772	847	870	753	774	720
	取下	359	438	496	524	527	592	619	620	579	572	507
	和解	330	347	317	274	248	274	227	217	168	161	154
	訴状差戻	3	4	2	2	1	1	0	0	2	1	0
	其他ノ結果	183	48	27	49	24	9	14	14	13	25	24
	終局合計	2,751	2,638	2,692	2,956	2,588	2,741	2,933	2,946	2,645	2,730	2,673

	明治	35年	36年	37年	38年	39年	40年	41年	42年	43年	44年	45年
土地	欠席判決	529	701	645	685	706	658	676	665	595	581	672
	放棄・認諾	26	42	29	36	58	37	48	37	30	59	37
	其他ノ終局判決	684	757	773	766	852	839	787	690	633	597	583
	取下	669	756	701	703	930	990	1,019	855	823	771	913
	和解	73	109	92	105	120	114	133	133	125	158	193
	訴状差戻	3	1	0	0	0	1	1	0	0	0	0
	其他ノ結果	31	23	28	11	21	16	20	12	23	22	13
	終局合計	2,015	2,389	2,268	2,306	2,687	2,655	2,684	2,392	2,229	2,188	2,411
建物船舶	欠席判決	1,402	1,704	1,550	1,193	1,048	1,055	952	1,020	1,055	994	1,324
	放棄・認諾	70	74	74	54	47	34	36	37	47	48	44
	其他ノ終局判決	816	833	757	612	628	647	539	571	474	478	525
	取下	528	584	574	526	513	565	518	589	567	539	671
	和解	171	217	197	208	274	295	225	277	327	409	645
	訴状差戻	0	2	0	0	0	0	2	0	0	0	0
	其他ノ結果	42	58	54	50	30	21	20	15	12	12	19
	終局合計	3,029	3,472	3,206	2,643	2,540	2,617	2,292	2,509	2,482	2,480	3,228

【2-4-8-2-2】区裁判所事件類型別既済事件数の推移（金銭、明治24年以降34年まで）

	明治	24年	25年	26年	27年	28年	29年	30年	31年	32年	33年	34年
無抵当貸金	欠席判決	17,799	14,313	12,880	11,854	10,106	7,728	8,190	9,305	10,898	10,372	12,985
	放棄・認諾	2,557	1,615	1,242	1,178	637	554	508	474	467	435	489
	其他ノ終局判決	12,054	9,913	9,739	9,121	7,453	6,289	6,042	6,253	7,404	6,931	7,828
	取下	10,069	10,061	9,331	9,520	8,501	7,611	7,728	8,532	8,973	9,112	9,886
	和解	8,234	4,901	3,839	2,657	1,770	1,118	987	1,012	874	821	883
	訴状差戻	46	95	222	135	112	120	171	262	221	203	286
	其他ノ結果	1,899	1,397	1,325	1,511	1,340	1,042	1,046	1,176	2,656	2,372	3,277
	終局合計	52,658	42,295	38,578	35,976	29,919	24,462	24,672	27,014	31,493	30,246	35,634
売代金	欠席判決	1,227	1,238	1,209	1,718	1,058	1,009	1,195	1,669	1,987	1,787	2,353
	放棄・認諾	163	149	98	136	89	78	81	78	87	110	119
	其他ノ終局判決	2,213	2,019	1,867	1,975	1,661	1,328	1,500	1,989	1,899	2,042	2,312
	取下	1,163	1,311	1,493	1,732	1,581	1,473	1,788	2,244	2,361	2,316	2,768
	和解	725	699	533	467	355	269	232	270	227	194	323
	訴状差戻	10	11	49	15	12	10	13	29	42	21	29
	其他ノ結果	309	168	164	216	192	118	151	165	413	385	711
	終局合計	5,810	5,595	5,413	6,259	4,948	4,285	4,960	6,444	7,016	6,855	8,615
借地料	欠席判決	155	171	165	140	108	110	61	91	121	88	90
	放棄・認諾	27	18	12	9	13	9	3	8	4	3	6
	其他ノ終局判決	242	231	199	167	150	128	91	87	72	108	85
	取下	129	129	127	126	145	120	85	84	92	97	85
	和解	91	53	46	20	23	22	13	15	13	7	18
	訴状差戻	1	1	1	0	0	1	0	1	0	1	4
	其他ノ結果	18	19	12	22	18	6	2	29	14	21	16
	終局合計	663	622	562	484	457	396	255	315	316	325	304
借家料	欠席判決	434	490	436	497	380	215	246	289	252	387	437
	放棄・認諾	53	55	55	58	31	14	19	8	25	26	22
	其他ノ終局判決	599	611	472	477	351	255	247	264	379	307	415
	取下	331	286	284	363	276	282	253	277	320	308	277
	和解	201	192	211	122	70	45	52	62	38	57	66
	訴状差戻	2	4	0	0	2	6	3	5	1	2	1
	其他ノ結果	49	43	40	56	36	13	24	15	66	75	176
	終局合計	1,669	1,681	1,498	1,573	1,146	830	844	920	1,081	1,162	1,394
金銭合計	欠席判決	29,463	24,623	21,859	21,143	17,380	13,926	14,735	18,095	20,746	20,122	23,668
	放棄・認諾	4,450	2,905	2,241	2,144	1,250	1,060	975	927	941	848	969
	其他ノ終局判決	25,705	22,559	21,563	20,322	16,756	13,758	13,424	14,324	17,079	15,969	17,419
	取下	18,256	19,199	18,541	19,041	17,012	15,443	15,776	17,620	18,929	19,147	20,147
	和解	14,984	9,523	7,706	5,361	2,536	2,475	2,200	2,284	1,989	1,745	2,094
	訴状差戻	111	186	380	220	182	195	276	438	398	340	472
	其他ノ結果	3,688	2,577	2,314	2,688	2,270	1,703	1,752	2,020	4,439	4,354	5,947
	終局合計	96,657	81,572	74,604	70,919	58,386	48,560	49,138	55,708	64,521	62,525	70,716

（注）「売代金」は、38年以降は「売買代金」と「売掛代金」の件数を合算した。
「借地料」は、「借地料」と「借地敷金」の件数を合算した。ただし、29年は「借地料」、38年以降は「地代金」の件数を採用した。
「借家料」は、「借家料」と「借地敷金」の件数を合算した。ただし、38年以降は「家賃金」に代わり、「家賃金」と「敷金」の件数を合算し、（　）内は「敷金」の内数である。

【2-4-8-2-3】区裁判所事件類型別既済事件数の推移（金銭、明治35年以降）

	明治	35年	36年	37年	38年	39年	40年	41年	42年	43年	44年	45年
無抵当貸金	欠席判決	15,442	16,877	15,461	12,186	11,010	9,738	9,919	10,917	12,134	12,080	13,343
	放棄・認諾	595	668	564	377	337	280	239	287	343	471	413
	其他ノ終局判決	9,461	10,306	10,093	8,032	7,156	6,384	6,249	6,551	6,843	6,891	7,320
	取下	12,222	12,275	11,304	10,109	9,294	8,744	9,654	9,861	10,916	11,297	11,595
	和解	1,131	1,261	1,258	1,023	1,140	1,022	1,234	1,460	2,013	2,411	3,426
	訴状差戻	229	185	59	27	16	9	11	1	4	22	21
	其他ノ結果	4,450	5,967	4,506	3,117	2,251	1,589	1,392	1,475	1,703	1,851	1,880
	終局合計	43,530	47,539	43,245	34,871	31,204	27,766	28,698	30,552	33,956	35,023	37,998
売代金	欠席判決	2,821	3,391	3,055	2,009	1,819	1,826	2,226	2,887	3,309	3,808	4,731
	放棄・認諾	103	107	122	64	42	63	54	83	79	160	118
	其他ノ終局判決	2,834	3,340	3,487	2,435	2,037	1,790	1,964	2,336	2,610	2,659	2,754
	取下	3,367	3,470	3,393	2,809	2,621	2,433	2,683	3,539	3,896	4,553	5,090
	和解	410	479	470	336	432	396	499	706	1,065	1,502	1,895
	訴状差戻	40	36	22	8	1	2	9	0	1	13	6
	其他ノ結果	850	1,168	1,139	680	509	337	449	453	575	761	653
	終局合計	10,425	11,991	11,688	8,341	7,461	6,847	7,884	10,004	11,535	13,456	15,247
借地料	欠席判決	134	146	158	125	113	103	83	99	118	113	142
	放棄・認諾	2	4	5	4	8	4	5	3	3	3	7
	其他ノ終局判決	89	114	115	132	105	92	82	90	98	86	103
	取下	99	126	138	112	126	109	121	117	143	121	187
	和解	9	12	19	22	29	26	18	21	24	27	54
	訴状差戻	1	2	0	0	0	0	0	0	0	0	0
	其他ノ結果	38	44	27	34	23	4	5	11	15	22	13
	終局合計	372	448	462	429	404	338	314	341	401	372	506
借家料	欠席判決	591	724	681	416	417	332	336	408	468	583	582
	放棄・認諾	20	24	32	18	15	12	17	18	17	51	53
	其他ノ終局判決	447	568	544	377	274	314	314	374	382	399	444
	取下	353	456	425	347	329	302	351	414	451	449	509
	和解	57	101	123	99	123	110	127	198	249	335	371
	訴状差戻	1	4	3	1	6	0	0	0	0	2	0
	其他ノ結果	237	289	244	134	96	77	72	66	105	108	118
	終局合計	1,706	2,166	2,052	1,392	1,256	1,147	1,217	1,478	1,672	1,927	2,077
金銭合計	欠席判決	28,258	30,242	27,543	21,139	18,882	17,105	17,924	20,039	21,839	22,927	25,774
	放棄・認諾	1,051	1,193	1,025	644	579	491	427	525	600	895	771
	其他ノ終局判決	19,681	22,078	21,178	16,810	14,804	13,198	12,999	13,942	14,186	14,500	15,233
	取下	24,162	24,740	22,709	19,975	18,572	17,435	18,950	20,485	22,251	23,674	24,969
	和解	2,490	2,765	2,771	2,211	2,537	2,315	2,752	3,366	4,615	5,870	7,684
	訴状差戻	374	309	108	48	24	18	32	1	10	46	37
	其他ノ結果	7,680	10,153	7,993	5,307	3,883	2,625	2,676	2,794	3,259	3,636	3,671
	終局合計	83,696	91,480	83,327	66,134	59,281	53,187	55,760	61,152	66,760	71,548	78,139

【2-4-8-2-4】区裁判所事件類型別既済事件数の推移（米穀、物品、証券、雑事、明治24年以降）

	明治	24年	25年	26年	27年	28年	29年	30年	31年	32年	33年	34年	35年	36年	37年	38年	39年	40年	41年	42年	43年	44年	45年
米穀	欠席判決	1,943	1,493	1,418	1,267	1,106	827	924	1,204	985	1,061	1,118	1,059	1,389	1,328	1,040	886	1,075	823	640	598	773	737
	放棄・認諾	349	237	149	151	91	89	93	96	61	80	52	61	89	72	70	43	39	34	18	44	39	26
	其他ノ終局判決	1,754	1,529	1,333	1,398	1,081	853	949	1,053	875	873	949	820	1,319	1,037	806	624	690	583	421	371	471	477
	取下	1,289	1,436	1,385	1,298	1,148	1,047	1,152	1,470	1,065	1,173	992	1,045	1,352	1,248	1,016	948	1,011	819	699	696	836	922
	和解	910	603	469	372	251	230	172	171	112	84	68	82	106	120	75	117	99	69	71	90	138	153
	訴状差戻	4	9	10	16	1	13	14	20	23	13	10	35	3	0	1	0	2	0	0	1	2	0
	其他ノ結果	387	127	96	105	80	71	73	96	108	131	165	152	350	189	158	98	65	65	55	52	92	109
	終局合計	6,636	5,434	4,860	4,607	3,758	3,130	3,377	4,110	3,229	3,415	3,354	3,254	4,608	3,994	3,166	2,716	2,981	2,393	1,904	1,852	2,351	2,424
物品	欠席判決	888	1,133	1,108	1,154	1,173	985	1,222	1,269	1,107	1,110	1,257	1,284	1,326	1,253	844	767	683	663	615	574	748	726
	放棄・認諾	114	122	94	85	83	90	77	79	55	58	45	53	82	49	38	35	28	25	16	20	37	18
	其他ノ終局判決	1,582	1,391	1,393	1,130	974	923	970	843	811	746	713	705	828	733	605	519	437	406	376	309	372	308
	取下	845	1,082	1,104	1,082	1,112	1,112	1,364	1,165	1,012	934	1,051	963	1,151	1,020	960	845	839	769	758	648	713	671
	和解	547	589	464	365	322	235	211	196	146	101	110	177	155	149	128	134	122	126	115	147	147	199
	訴状差戻	6	6	3	4	4	4	1	2	7	5	3	0	4	1	0	3	2	1	1	2	0	1
	其他ノ結果	169	117	74	107	58	42	49	27	32	42	43	50	58	62	30	23	21	24	19	26	24	21
	終局合計	4,151	4,440	4,240	3,927	3,726	3,391	3,894	3,581	3,170	2,996	3,222	3,232	3,604	3,267	2,605	2,326	2,132	2,014	1,900	1,726	2,041	1,944
証券	欠席判決	75	87	115	120	101	80	75	122	89	99	112	115	110	99	113	118	104	101	92	83	48	37
	放棄・認諾	17	20	20	20	16	20	7	9	7	8	1	5	8	8	4	5	4	4	3	4	3	2
	其他ノ終局判決	294	313	321	286	210	192	138	147	135	133	116	108	96	106	96	106	102	72	67	58	57	44
	取下	163	234	206	250	192	167	155	151	128	140	126	143	135	119	134	154	133	106	98	93	92	77
	和解	76	102	64	58	40	24	18	28	14	13	12	17	12	6	11	20	7	8	17	17	12	19
	訴状差戻	2	0	1	1	0	0	0	0	0	0	0	0	1	0	0	0	0	0	0	0	0	0
	其他ノ結果	24	19	20	7	8	5	4	2	10	2	8	6	14	7	5	4	7	2	0	3	3	1
	終局合計	651	775	747	742	567	488	397	459	383	395	375	394	376	345	363	407	357	293	277	258	215	180
雑事	欠席判決	502	746	1,007	1,096	939	747	824	1,254	1,355	1,543	1,823	2,053	2,345	2,242	1,759	1,378	1,173	1,138	1,265	1,127	1,208	1,302
	放棄・認諾	105	95	84	135	101	84	73	99	110	97	110	132	152	153	71	69	50	42	54	41	52	40
	其他ノ終局判決	2,634	3,490	3,083	3,253	2,749	2,031	2,100	2,499	2,730	2,783	3,219	3,801	4,020	4,014	3,429	2,882	2,446	2,364	2,425	2,247	2,383	2,400
	取下	1,545	2,590	2,816	2,452	2,317	1,970	2,048	2,574	2,938	3,234	3,762	4,415	4,973	4,903	4,241	3,852	3,627	3,801	4,398	4,436	4,658	5,044
	和解	1,227	984	981	414	410	248	202	243	205	153	181	205	214	223	197	219	229	184	217	206	359	384
	訴状差戻	10	23	12	17	5	23	3	5	8	3	3	4	1	2	2	1	1	2	2	3	3	6
	其他ノ結果	35,637	49,870	46,048	50,352	42,084	40,402	45,610	55,564	55,172	55,981	68,339	73,045	82,764	78,424	59,226	54,828	51,610	55,900	57,850	61,903	63,106	64,828
	終局合計	41,660	57,798	54,031	57,719	48,605	45,505	50,860	62,238	62,518	63,794	77,437	83,655	94,469	89,961	68,925	63,229	59,136	63,431	66,211	69,963	71,769	74,004

【2-4-9-1】区裁判所審理期間別既済事件数の推移（明治23年まで）

	明治	9年	10年	11年	12年	13年	14年	15年	16年	17年	18年	19年	20年	21年	22年	23年
審理期間	10日以下	――	――	――	――	――	――	23,828	25,301	27,828	9,591	7,578	6,520	8,649	11,559	24,733
	1月以下	――	――	――	――	――	――	51,811	53,212	49,355	17,807	16,071	16,023	18,364	19,340	25,856
	2月以下	――	――	――	――	――	――	27,579	59,310	22,078	7,511	6,940	8,617	7,434	5,996	7,797
	3月以下	――	――	――	――	――	――	14,727	25,584	9,211	3,213	3,190	3,963	2,751	1,934	2,377
	6月以下	――	――	――	――	――	――	12,039	16,548	9,209	2,508	2,353	3,493	2,000	1,167	1,445
	1年以下	――	――	――	――	――	――	4,687	6,350	4,961	903	516	866	648	334	421
	2年以下	――	――	――	――	――	――	485	1,207	1,361	225	71	91	149	638	51
	3年以下	――	――	――	――	――	――	50	127	296	40	3	14	0	2	3
	3年以上	――	――	――	――	――	――	1	29	41	9	――	――	2	――	――
	合計	――	――	――	――	――	――	135,207	187,668	124,340	41,807	36,722	39,587	39,997	40,970	62,683

（注） 15年～18年は、「即日」の項目があるが、これは「10日以内」に合算している。
「3年以上」は、19、20、22、23年は存在しない。

【2-4-9-2-1】区裁判所審理期間別既済事件数の推移（明治24年以降34年まで）

	明治	24年	25年	26年	27年	28年	29年	30年	31年	32年	33年	34年
判決ニ因ルモノ	10日以下	35,870	30,332	26,309	24,816	20,018	16,404	16,302	16,579	15,603	15,575	16,961
	1月以下	27,737	23,387	22,678	21,971	18,093	14,914	15,138	18,577	20,523	19,986	22,977
	2月以下	6,291	6,661	6,367	6,435	5,285	4,349	4,907	5,931	7,904	7,321	8,664
	3月以下	2,428	2,548	2,374	2,491	2,141	1,862	2,019	2,389	3,242	3,041	3,167
	6月以下	1,150	1,234	1,602	1,400	1,361	1,139	1,352	1,470	2,034	1,960	2,047
	1年以下	340	415	455	680	699	516	533	575	824	909	844
	2年以下	32	74	88	148	180	226	150	201	168	238	228
	2年以上	3	3	7	13	24	28	33	21	41	38	20
	合計	73,851	64,654	59,880	57,954	47,801	39,438	40,434	45,743	50,339	49,068	54,908
判決ナキモノ	10日以下	52,148	62,368	58,305	60,539	50,964	47,499	52,710	62,787	62,362	63,310	75,620
	1月以下	21,124	17,375	15,673	15,307	12,435	11,309	11,272	13,055	13,492	13,794	16,009
	2月以下	4,710	5,685	5,028	4,813	3,604	3,020	3,468	4,045	4,638	4,447	5,562
	3月以下	1,956	2,461	2,033	1,791	1,601	1,305	1,507	1,794	1,909	1,885	2,366
	6月以下	1,400	1,985	1,470	1,255	1,093	1,085	967	1,120	1,584	1,439	1,525
	1年以下	463	1,104	1,302	1,146	1,309	1,206	1,166	1,188	1,766	1,425	1,355
	2年以下	244	549	1,292	1,665	2,037	2,084	2,056	2,040	2,626	2,848	2,601
	2年以上	17	42	60	97	171	165	133	116	133	168	105
	合計	82,062	91,569	85,163	86,613	73,214	67,673	73,279	86,145	88,510	89,316	105,143
合計	10日以下	88,018	92,700	84,614	85,355	70,982	63,903	69,012	79,366	77,965	78,885	92,581
	1月以下	48,861	40,762	38,351	37,278	30,528	26,223	26,410	31,632	34,015	33,780	38,986
	2月以下	11,001	12,346	11,395	11,248	8,889	7,369	8,375	9,976	12,542	11,768	14,226
	3月以下	4,384	5,009	4,407	4,282	3,742	3,167	3,526	4,183	5,151	4,926	5,533
	6月以下	2,550	3,219	3,072	2,655	2,454	2,224	2,319	2,590	3,618	3,399	3,572
	1年以下	803	1,519	1,757	1,826	2,008	1,722	1,699	1,763	2,590	2,334	2,199
	2年以下	276	623	1,380	1,813	2,217	2,310	2,206	2,241	2,794	3,086	2,829
	2年以上	20	45	67	110	195	193	166	137	174	206	125
	合計	155,913	156,223	145,043	144,567	121,015	107,111	113,713	131,888	138,849	138,384	160,051

【2-4-9-2-2】区裁判所審理期間別既済事件数の推移（明治35年以降）

	明治	35年	36年	37年	38年	39年	40年	41年	42年	43年	44年	45年
判決ニ因ルモノ	10日以下	19,659	23,699	24,224	19,705	18,442	15,588	14,869	14,996	15,059	16,296	17,048
	1月以下	25,991	27,979	26,005	19,945	16,876	15,711	15,671	16,967	17,991	18,771	21,310
	2月以下	10,233	10,397	8,497	6,593	5,486	5,340	5,289	6,254	6,420	6,639	7,034
	3月以下	3,490	3,745	2,852	2,135	2,028	2,030	2,391	2,522	2,685	2,444	2,468
	6月以下	2,244	2,434	1,964	1,499	1,371	1,429	1,526	1,759	1,859	2,065	2,088
	1年以下	902	894	901	774	627	614	753	835	739	894	947
	2年以下	155	202	172	131	187	162	123	158	160	128	153
	2年以上	35	38	53	32	19	21	21	27	22	33	32
	合計	62,709	69,388	64,668	50,814	45,036	40,895	40,643	43,518	44,935	47,270	51,080
判決ナキモノ	10日以下	82,786	97,370	92,901	73,195	67,432	63,125	67,392	70,449	75,686	78,399	81,537
	1月以下	18,449	18,822	17,230	13,268	12,399	11,543	12,003	13,108	15,079	16,694	19,251
	2月以下	6,714	6,487	4,951	3,671	3,492	2,989	3,527	3,769	4,234	4,575	4,763
	3月以下	2,530	2,472	1,552	1,056	1,157	1,153	1,322	1,413	1,626	1,569	1,444
	6月以下	1,583	1,632	1,090	824	774	778	1,022	924	1,033	1,039	1,150
	1年以下	1,500	1,506	1,204	1,122	1,083	958	1,109	1,039	981	1,074	974
	2年以下	2,811	2,546	2,648	2,045	1,675	1,551	1,760	2,033	1,616	1,870	1,987
	2年以上	156	175	124	147	138	73	89	92	80	102	144
	合計	116,529	131,010	121,700	95,328	88,150	82,170	88,224	92,827	100,335	105,322	111,250
合計	10日以下	102,445	121,069	117,125	92,900	85,874	78,713	82,261	85,445	90,745	94,695	98,585
	1月以下	44,440	46,801	43,235	33,213	29,275	27,254	27,674	30,075	33,070	35,465	40,561
	2月以下	16,947	16,884	13,448	10,264	8,978	8,329	8,816	10,023	10,654	11,214	11,797
	3月以下	6,020	6,217	4,404	3,191	3,185	3,183	3,713	3,935	4,311	4,013	3,912
	6月以下	3,827	4,066	3,054	2,323	2,145	2,207	2,548	2,683	2,892	3,104	3,238
	1年以下	2,402	2,400	2,105	1,896	1,710	1,572	1,862	1,874	1,720	1,968	1,921
	2年以下	2,966	2,748	2,820	2,176	1,862	1,713	1,883	2,191	1,776	1,998	2,140
	2年以上	191	213	177	179	157	94	110	119	102	135	176
	合計	179,238	200,398	186,368	146,142	133,186	123,065	128,867	136,345	145,270	152,592	162,330

【2-4-9-3】区裁判所審理期間別未済事件数の推移（明治24年以降）

	明治	24年	25年	26年	27年	28年	29年	30年	31年	32年	33年	34年
未決審理中	10日以下	3,486	2,939	2,833	2,205	1,780	1,909	1,973	2,464	2,468	2,556	3,344
	1月以下	2,211	1,897	1,937	1,610	1,348	1,340	1,438	2,101	2,203	2,072	3,081
	2月以下	771	901	694	704	586	588	492	852	892	925	1,300
	3月以下	409	452	323	295	270	281	262	478	610	556	711
	6月以下	481	460	367	314	211	279	258	499	760	694	711
	1年以下	429	548	299	302	268	284	264	373	490	515	473
	2年以下	88	141	141	169	171	152	123	177	210	281	246
	2年以上	8	20	45	88	99	102	97	104	112	151	167
	合計	7,883	7,358	6,639	5,687	4,733	4,935	4,907	7,048	7,745	7,750	10,033
合計	10日以下	3,638	3,043	3,019	2,473	1,914	2,190	2,386	2,887	2,931	3,048	3,986
	1月以下	2,557	2,104	2,375	2,113	1,788	1,837	2,103	3,052	3,232	3,363	4,637
	2月以下	1,006	1,232	1,195	1,301	1,093	1,117	1,184	1,802	1,796	2,089	2,716
	3月以下	616	776	850	859	739	839	954	1,511	1,535	1,605	1,973
	6月以下	785	1,002	1,208	1,205	1,107	1,195	1,309	2,149	2,407	2,241	2,621
	1年以下	825	1,563	1,638	2,058	2,127	2,097	2,537	2,996	3,489	3,083	3,375
	2年以下	183	307	420	508	774	535	574	743	811	806	799
	2年以上	27	57	125	166	226	392	414	483	465	562	571
	合計	9,637	10,084	10,830	10,683	9,768	10,202	11,461	15,623	16,666	16,797	20,678

	明治	35年	36年	37年	38年	39年	40年	41年	42年	43年	44年	45年
未決審理中	10日以下	3,449	3,598	2,828	2,507	2,414	2,204	2,620	2,739	2,839	2,868	3,196
	1月以下	3,112	2,874	1,974	1,641	1,703	1,581	2,229	2,152	2,384	2,453	2,899
	2月以下	1,212	1,208	684	628	734	656	800	876	1,108	1,066	1,163
	3月以下	750	576	306	321	361	378	477	474	486	558	621
	6月以下	637	717	393	386	670	443	604	549	573	636	676
	1年以下	459	454	211	233	188	214	262	290	265	343	375
	2年以下	211	158	134	94	72	123	104	132	122	118	129
	2年以上	140	103	75	37	36	33	53	48	45	61	94
	合計	9,970	9,688	6,605	5,847	6,178	5,632	7,149	7,260	7,822	8,103	9,153
合計	10日以下	4,046	4,345	3,664	3,303	3,325	3,013	3,586	3,622	3,942	4,077	4,588
	1月以下	4,853	4,577	3,568	3,009	2,961	2,899	3,926	3,977	4,498	4,633	5,342
	2月以下	2,462	2,522	1,809	1,756	1,601	1,562	1,842	2,115	2,432	2,380	2,580
	3月以下	1,868	1,672	1,267	1,167	1,159	1,059	1,372	1,529	1,550	1,593	1,709
	6月以下	2,313	2,583	2,119	1,837	1,848	1,996	2,130	2,097	2,081	2,434	2,570
	1年以下	3,541	3,904	3,363	2,753	2,139	2,574	2,490	2,761	2,647	2,659	2,964
	2年以下	844	915	823	655	439	648	517	718	623	623	738
	2年以上	609	617	637	605	432	465	520	501	536	527	600
	合計	20,536	21,135	17,250	15,085	13,904	14,216	16,383	17,320	18,309	18,926	21,091

（注） 未決の審理期間の表には「審理中」、「中断」、「中止」、「休止」の件数が示されているが、上記「未決審理中」は、「審理中」のみの件数であり、「合計」は、「中断」、「中止」、「休止」も含めた未決全体の件数を示している。

【2-4-10-1】区裁判所訴額別新受件数の推移（明治23年まで）

明治	9年	10年	11年	12年	13年	14年	15年	16年	17年	18年	19年	20年	21年	22年	23年
5円まで	―	―	―	―	―	―	16,040	23,914	15,055	4,674	4,584	4,932	5,770	5,503	9,798
10円まで	―	―	―	―	―	―	20,239	28,496	15,311	5,506	5,410	6,101	5,732	6,317	11,321
20円まで	―	―	―	―	―	―	26,996	38,510	22,315	8,581	8,213	8,501	8,310	8,993	14,702
50円まで	―	―	―	―	―	―	32,912	52,623	30,970	12,050	10,980	11,423	11,138	11,337	17,281
75円まで	―	―	―	―	―	―	―	23,209	13,579	5,042	4,786	4,565	4,381	4,779	6,179
100円まで	―	―	―	―	―	―	21,413	13,359	8,408	3,644	3,389	3,552	3,363	3,433	4,549
250円まで	―	―	―	―	―	―	―	1,914	1,828	358	266	195	121	120	122
500円まで	―	―	―	―	―	―	1,279	608	583	110	74	40	48	38	45
750円まで	―	―	―	―	―	―	―	177	131	26	24	13	7	10	4
1,000円まで	―	―	―	―	―	―	137	68	51	8	14	7	8	2	2
2,500円まで	―	―	―	―	―	―	―	68	49	5	8	8	5	3	2
5,000円まで	―	―	―	―	―	―	―	11	18	3	2	1	2	1	―
10,000円まで	―	―	―	―	―	―	74	1	2	―	1	―	1	―	―
10,000円以上	―	―	―	―	―	―	1	2	―	―	1	―	1	―	―
合計	―	―	―	―	―	―	119,091	182,960	108,300	40,007	37,752	39,338	38,887	40,536	64,005

（注）9～15年の階級区分けでは、「75円まで」、「250円まで」、「750円まで」、「2,500円まで、5,000円まで」の各階級は存在しない。これらは、それぞれ「100円まで」、「500円まで」、「1,000円まで」、「10,000円まで」に合算されている。

「10,000円以上」は、「1,000円以上10,000円未満」、「10,000円以上20,000円未満」、「20,000円以上30,000円未満」、「30,000円以上50,000円未満」、「50,000円以上」等の件数が合算されている。

16年の各件数は、「治安裁判所始審金額階級」と「治安裁判所始審価額階級」の件数を合算した。

16年の階級区分けでは、「5円未満」から始まり「5円以上、10円未満」・・・と続き、「5,000円以上、10,000円未満」、次に「10,000円以上20,000円未満」まで階級があるが、これら10,000円以上の件数は全て「10,000円以上」に合算した。

18年以降は、「治安始審金額価額階級」という表題のもとに、「金額請求ノ新訴件数」と「金額ニ見積ル新訴件数」の表があったので合算した。

「1,000円まで」と「1,000円以上」は、20、22年は存在せず、「500円まで」は、23年は存在しない。

【2-4-10-2】区裁判所訴額別新受件数の推移（明治24年以降）

明治	24年	25年	26年	27年	28年	29年	30年	31年	32年	33年	34年
5円まで	19,942	18,580	17,198	16,418	12,643	9,374	8,575	8,636	8,288	7,050	7,832
10円まで	23,880	20,575	19,220	17,882	14,210	11,673	11,293	12,023	13,229	11,079	12,568
20円まで	28,047	24,273	22,701	21,851	17,840	15,014	15,909	18,427	18,198	17,806	20,936
50円まで	30,818	26,248	24,081	23,479	19,897	18,282	19,563	23,741	25,425	25,719	30,868
75円まで	9,473	8,119	7,623	7,096	6,249	5,930	4,625	7,855	8,590	9,008	10,399
100円まで	7,879	6,973	6,521	6,376	5,920	5,712	6,377	7,962	8,776	9,551	11,297
250円まで	992	1,137	891	786	731	681	654	834	916	919	1,007
500円まで	84	107	94	117	122	110	149	202	247	299	327
750円まで	16	14	14	18	22	35	32	43	40	72	85
1,000円まで	7	7	9	12	6	20	17	41	49	44	63
2,500円まで	8	5	9	8	9	15	22	31	56	55	67
5,000円まで	1	2	3	1	8	2	9	10	11	19	13
10,000円まで	1		2	0	0	2	5	5	6	7	6
10,000円以上	1		1	0	1	0	0	0	3	4	3
合計	121,149	106,040	98,367	94,044	77,658	66,850	69,030	79,810	83,834	81,632	95,471

明治	35年	36年	37年	38年	39年	40年	41年	42年	43年	44年	45年
5円まで	8,730	10,093	9,238	6,643	5,363	4,966(3)	4,597(7)	4,417(5)	4,903(3)	5,221(2)	5,407(6)
10円まで	14,218	15,948	14,715	10,601	9,297	8,398(7)	8,214(14)	8,483(14)	9,177(5)	9,609(13)	10,876(8)
20円まで	23,181	26,278	23,029	17,294	15,264	13,648(24)	13,693(34)	14,461(37)	15,867(16)	16,945(19)	18,736(29)
50円まで	34,312	37,784	32,854	24,922	21,901	20,554(63)	21,721(74)	23,329(53)	24,568(30)	26,431(34)	29,006(38)
75円まで	11,552	12,783	10,689	8,245	7,388	7,036(14)	7,630(29)	8,094(28)	8,542(11)	9,027(21)	10,207(23)
100円まで	12,047	13,245	11,568	8,909	7,901	7,349(19)	8,123(24)	8,790(13)	9,084(23)	10,048(13)	10,849(20)
250円まで	1,220	1,186	960	7,021	8,814	8,478(39)	9,551(39)	9,974(28)	10,308(22)	11,057(23)	12,403(20)
500円まで	357	429	354	262	339	291(17)	342(1)	403(1)	434	441	542(2)
750円まで	97	99	89	87	60	84(6)	66	112	117(3)	120(1)	132
1,000円まで	69	82	77	51	54	68(1)	83	67	73	74	77
2,500円まで	73	75	91	68	45	64(4)	52	83	82(1)	75	75
5,000円まで	21	31	25	13	14	25	33	17	26	15	27
10,000円まで	9	8	3	8	10	6	6	8	8	8	13
10,000円以上	1	1	1	0	3	1	5	4	6	2	5
合計	105,887	118,042	103,693	84,124	76,453	70,968(197)	74,116(222)	78,242(179)	83,195(114)	89,073(126)	98,355(146)

（注） 40年以降の（　）内の数値は、樺太にある区裁の件数の内数である。

【2-5-1-1】控訴院控訴審の新受・旧受件数の推移

明治	8年	9年	10年	11年	12年	13年	14年	15年	16年	17年	18年	19年	20年	21年	22年	23年
越高・旧受	――	190	218	459	821	1,026	1,866	2,786	2,370	2,166	942	445	444	516	725	460
新訴・新受	771	825	1,513	2,625	3,419	4,871	6,679	6,081	5,895	3,832	1,605	1,683	2,023	2,652	2,496	2,603
総数	771	1,015	1,731	3,084	4,240	5,897	8,045	8,867	8,265	5,998	2,547	2,128	2,467	3,168	3,221	3,063

明治	24年	25年	26年	27年	28年	29年	30年	31年	32年	33年	34年	35年	36年	37年	38年	39年
越高・旧受	803	751	839	928	1,200	1,223	1,189	1,332	1,662	2,060	2,430	2,763	2,941	2,948	2,640	2,156
新訴・新受	2,997	2,680	2,673	2,661	2,587	2,479	2,759	2,796	3,362	3,373	3,551	3,727	3,866	3,584	2,913	2,619
総数	3,800	3,431	3,512	3,589	3,787	3,702	3,948	4,128	5,024	5,433	5,981	6,490	6,807	6,532	5,553	4,775

明治	40年	41年	42年	43年	44年	45年
越高・旧受	1,705	1,688	1,586	1,656	1,852	1,780
新訴・新受	2,313	2,253	2,449	2,381	2,349	2,423
総数	4,018	3,941	4,035	4,037	4,201	4,203

（注） 8年の新受件数は、司法省第五民事統計年報16頁の表によった。9～12年では、総数には「大審院ヨリ移サレタル件」を含んでいるが、その件数は、9年は10件、10年は13件、11年は15件、12年は38件、13年は56件、14年は72件、15年は6件である。

上等裁判所や控訴裁判所には、「人民ヨリ院省使府県等ニ対スル訴訟」も提起されている。その数は、12年には76件、13年は243件、14年は263件、15年は335件、16年は174件、17年は106件、18年は56件、19年は42件、20年は24件、21年は39件、22年は100件、23年は146件となっている。

18年は56件、19年は42件、20年は24件、21年は39件、22年は100件、23年は146件となっている。

なお、この「人民ヨリ院省使府県等ニ対スル訴訟」は、15～18年は「人民ヨリ官庁ニ対スル訴訟」となり、19～21年は「官庁ニ対スル訴訟」、22年以降は「特別訴訟」となる。

【2-5-1-2】控訴院控訴審訴訟類型別新受件数の推移（明治24年以降）

明治	24年	25年	26年	27年	28年	29年	30年	31年	32年	33年	34年
通常	2,972	3,370	2,640	2,633	2,574	2,467	2,742	2,667	3,186	3,203	3,390
証書	18	61	33	27	12	8	11	13	13	15	9
為替	7	――	0	1	1	4	6	8	24	22	29
人事	――	――	――	――	――	――	――	108	139	133	123
特別	6		2	22	2	2	0	18	0	0	1
合計	3,003	3,431	2,675	2,683	2,589	2,481	2,759	2,814	3,362	3,373	3,552

（再審）

取消ノ訴	3	――	1	0	2	0	4	5	1	2	4
原状回復ノ訴	25	――	23	26	22	11	16	10	9	8	7

明治	35年	36年	37年	38年	39年	40年	41年	42年	43年	44年	45年
通常	3,520	3,703	3,431	2,812	2,463	2,174	2,116	2,316	2,251	2,197	2,251
証書	32	8	3	0	2	3	3	5	2	8	9
為替	28	16	19	2	14	5	6	2	2	10	21
人事	147	139	131	99	140	131	128	126	126	134	142
特別	23	10	9	1	1	0	9	2	0	0	10
合計	3,750	3,876	3,593	2,914	2,620	2,313	2,262	2,451	2,381	2,349	2,433

（再審）

取消ノ訴	1	0	0	0	0	0	0	0	1	1	2
原状回復ノ訴	7	12	12	8	6	6	7	9	4	7	5

【2-5-2-1】控訴院控訴審終局区分別件数の推移（明治23年まで）

		明治	8年	9年	10年	11年	12年	13年	14年	15年	16年	17年	18年	19年	20年	21年	22年	23年
願下			―	158	139	302	481	705	627	520	224	296	69	39	43	62	35	51
解訟・和解			―	―	―	15	21	40	301	567	903	572	170	142	140	241	225	212
棄却			―	267	225	240	350	342	265	397	491	279	82	69	65	120	112	113
裁許・判決			―	369	908	1,671	2,438	3,189	4,326	4,611	4,653	4,015	1,780	1,434	1,703	2,047	2,389	1,884
	始審適当・認可		―	210	630	1,075	1,614	2,118	3,129	3,407	3,356	2,938	1,277	967	1,076	1,253	1,590	1,263
	始審不適当・取消合計		―	159	278	596	824	1,071	1,197	1,204	1,297	1,077	503	467	627	794	799	621
		全部取消	―	―	―	504	577	928	1,062	―	―	―	482	437	587	751	725	579
		一部取消	―	―	―	92	247	143	135	―	―	―	21	30	40	43	74	42
消滅			―	―	―	―	―	―	―	―	1	―	―	―	―	―	―	―
刑事廻			―	3	―	―	―	―	―	―	―	―	―	―	―	―	―	―
他庁引継			―	―	―	―	―	―	―	742	―	―	―	―	―	―	―	―
終局合計			―	797	1,272	2,264	3,290	4,276	5,519	6,095	6,272	5,162	2,101	1,684	1,951	2,443	2,761	2,260
未決			―	218	459	821	1,026	1,864	2,789	2,365	2,167	942	446	444	516	725	460	803

（注）9年の上等裁判所における控訴の結果は「願下」、「不受理」、「初審ノ通」、「初審ト異」、「刑事廻」、「合計」、「未決」となっている。
「不受理」は「棄却」に、「初審ノ通」は「始審適当・認可」に、「初審ト異」は「始審不適当・取消合計」に示した。
10年の上等裁判所の控訴の結果は、「願下」、「判決棄却」、「判決裁許」、「合計」、「未決」となっている。「判決棄却」は「棄却」に、「判決裁許」は「判決」に示した。
「判決」中の「始審裁判ヲ不適当トス」は、11年は「全部不適当」と「一部不適当」に分かれているが、それらはそれぞれ「全部取消」と「一部取消」に示してある。
「判決」は、15～17年では、「始審裁判ヲ適当トス」と「始審裁判ヲ不適当トス」に分かれているが、それらは、それぞれ「始審適当・認可」と「始審不適当・取消合計」に示してある。

【2-5-2-2】控訴院控訴審終局区分別件数の推移（明治24年以降）

	明治	24年	25年	26年	27年	28年	29年	30年	31年	32年	33年	34年
判決	棄却	1,847	1,464	1,405	1,304	1,321	1,308	1,352	1,329	1,518	1,429	1,574
	廃棄	758	710	697	635	712	670	654	585	809	793	758
取下		282	301	366	425	501	521	575	541	625	772	862
和解		140	93	91	10	17	6	20	7	6	4	3
命令却下		22	25	25	15	13	8	15	4	6	5	21
終局合計		3,049	2,593	2,584	2,389	2,564	2,513	2,616	2,466	2,964	3,003	3,218
未決		751	838	928	1,200	1,223	1,189	1,332	1,662	2,060	2,430	2,763

	明治	35年	36年	37年	38年	39年	40年	41年	42年	43年	44年	45年
判決	棄却	1,715	1,857	1,825	1,663	1,408	1,116	1,129	1,008	977	1,123	957
	廃棄	870	949	996	825	822	583	558	722	573	536	494
取下		937	1,027	1,050	887	817	606	649	613	606	729	679
和解		5	6	7	9	7	12	13	27	19	27	98
命令却下		22	20	18	13	16	14	6	9	10	6	15
終局合計		3,549	3,859	3,896	3,397	3,070	2,331	2,355	2,379	2,185	2,421	2,243
未決		2,941	2,948	2,636	2,156	1,705	1,687	1,586	1,656	1,852	1,780	1,960

【2-5-3-1】控訴院控訴審事件類型別既済事件件数の推移（明治23年まで）

	明治	9年	10年	11年	12年	13年	14年	15年	16年	17年	18年	19年	20年	21年	22年	23年
人事	（合計）	――	42	84	96	141	161	239	284	226	99	70	100	129	122	104
	家督相続	9	16	26	25	35	52	65	88	61	25	19	34	41	41	25
	離婚	――	2	12	7	15	24	17	31	28	8	6	4	16	15	15
	養子女離別	6	7	15	20	46	42	58	69	49	20	18	16	25	28	21
	戸籍	3	13	10	20	20	21	37	44	32	17	13	16	21	18	19
土地		――	381	571	797	1,185	1,820	1,814	1,204	887	430	245	237	326	440	412
建物船舶		――	39	65	80	92	144	146	139	117	34	44	64	72	78	62
金銭	（合計）	――	633	1,117	1,736	1,937	2,201	2,725	3,505	3,143	1,240	1,071	1,194	1,548	1,673	1,321
	金銭貸借	155	342	660	950	1,058	1,185	1,426	1,977	1,848	692	375	271	421	471	406
	売代金	――	37	50	94	118	116	173	208	149	48	69	76	81	117	93
	地代	2	15	3	12	34	33	36	34	37	15	13	16	21	42	17
	借家料	9	6	11	23	37	35	38	47	23	6	9	12	11	22	10
米穀		――	58	131	113	295	465	312	271	114	40	29	38	17	20	43
物品		――	47	95	129	173	213	245	205	165	65	60	55	56	137	91
証券		――	19	126	224	278	291	390	364	272	82	105	149	172	158	89
雑事		――	53	75	115	175	225	224	300	238	111	60	114	123	133	138

（注） 9年の訴訟種類は、細目のみで表されており、「人事」、「土地」、「建物船舶」、「金銭」等の大項目に区分けされていない。

「借家料」は、9年以降は「家賃」と「敷金」の件数を合算した。

「養子女離別」は、13年以降は「養子女離別」と「養子女取戻」の件数を合算した。

「戸籍ニ関スル事」は、13～18年は「戸籍ノ争」の件数を採用した。

「地代」は、9～12年は「地代」、13年以降は「地代金」の件数を採用し、17年以降は「地代金」と「借地料」の件数を合算した。さらに、21年以降は「地代金」が存在しなくなったので、「借地料」と「借地敷金」（項目のない年もある）の件数を合算した。

「金銭貸借」は、9～18年は「金銭貸借」、19年以降は「無抵当貸金」、「土地書入貸金」、「土地質入貸金」、「建物書入質貸金」、「船舶書入質貸金」、「動産書入質貸金」に分かれると考えられるが、ここでは「無抵当貸金」の件数のみを計上した。

【2-5-3-2-1】控訴院控訴審事件類型別既済事件数の推移（人事、明治24年以降34年まで）

	明治	24年	25年	26年	27年	28年	29年	30年	31年	32年	33年	34年
家督相続	棄却	20	18	30	29	35	36	40	25	34	18	23
	廃棄・全部	7	7	8	5	9	9	6	6	9	16	12
	廃棄・一部	1	0	1	0	1	2	0	5	1	0	0
	取下	8	10	5	12	16	14	11	18	15	11	14
	和解	5	3	4	1	0	0	2	0	0	0	0
	命令却下	0	0	0	0	1	0	0	0	0	0	1
	終局合計	41	38	48	47	62	61	59	54	59	45	50
離婚	棄却	10	19	10	8	12	6	10	4	11	2	10
	廃棄・全部	4	5	6	6	6	5	7	4	3	5	2
	廃棄・一部	1	2	0	0	0	0	0	0	1	2	0
	取下	0	7	8	5	9	8	4	3	11	10	5
	和解	1	1	2	0	0	1	0	0	0	0	1
	命令却下	0	0	0	0	1	0	0	0	0	0	0
	終局合計	16	34	26	19	28	20	21	11	26	19	18
養子縁組離縁	棄却	12	16	17	13	19	17	16	11	8	9	5
	廃棄・全部	4	6	4	7	8	14	10	10	8	11	1
	廃棄・一部	0	0	0	0	0	0	0	0	0	0	0
	取下	1	4	5	6	12	8	9	15	3	13	6
	和解	7	2	3	0	0	0	2	0	0	0	0
	命令却下	0	0	0	0	1	1	0	0	0	0	0
	終局合計	24	28	29	26	40	40	37	36	19	33	12
戸籍二関スル事	棄却	14	11	11	9	11	10	10	11	7	7	3
	廃棄・全部	10	10	7	4	4	3	6	9	10	3	2
	廃棄・一部	0	1	1	0	1	0	0	1	0	0	0
	取下	5	8	4	1	6	4	10	13	5	1	5
	和解	3	0	1	0	0	0	0	0	2	0	0
	命令却下	0	0	0	0	0	0	0	0	0	0	0
	終局合計	32	30	24	14	22	17	26	34	24	11	10
人事合計	棄却	91	97	116	94	106	110	110	85	99	68	75
	廃棄・全部	41	41	32	34	40	43	41	44	42	60	35
	廃棄・一部	4	5	3	2	2	2	3	9	2	3	0
	取下	22	42	47	50	60	57	52	72	60	65	66
	和解	19	8	15	2	0	5	5	0	3	0	2
	命令却下	1	1	1	0	3	2	0	0	0	0	3
	終局合計	178	194	214	182	211	219	211	210	206	196	181

（注）「人事合計」は、人事に関する全ての事件の既済件数の合算である。表中の「家督相続」、「離婚」、「養子縁組離縁」、「戸籍二関スル事」は、重要と思われる項目を個別に取り出したものである。
「養子縁組」は、24～37年は存在せず、「養子縁組離縁」となっている。
「養子縁組離縁」は、38年以降は「離縁」と「養子縁組」の件数を合算し、（　）は「養子縁組」内数である。
「戸籍二関スル事」は、38～43年は「身分登記並戸籍」と「離籍」の件数を合算し、（　）は「離籍」の内数、44年は「身分登記」と「離籍」の件数を合算し、（　）内は「離籍」の内数であり、45年には存在しない。

【2-5-3-2-2】控訴院控訴審事件類型別既済事件数の推移（人事、明治35年以降）

	明治	35年	36年	37年	38年	39年	40年	41年	42年	43年	44年	45年
家督相続	棄却	28	27	29	21	12	18	10	12	12	16	8
	廃棄・全部	8	12	14	8	12	7	10	10	8	9	10
	廃棄・一部	0	0	1	2	3	0	1	2	0	0	0
	取下	10	19	22	13	13	15	10	10	6	9	11
	和解	0	0	1	0	0	0	0	0	0	0	0
	命令却下	0	0	0	0	0	0	0	0	0	0	1
	終局合計	46	58	67	44	40	40	31	34	26	34	30
離婚	棄却	13	17	13	10	12	7	18	12	13	14	8
	廃棄・全部	4	6	10	6	7	5	4	7	4	1	5
	廃棄・一部	0	1	0	0	1	0	0	0	0	1	0
	取下	7	15	12	14	14	9	12	11	15	16	5
	和解	0	0	0	0	0	0	0	3	1	1	0
	命令却下	0	0	0	0	0	0	0	1	0	0	0
	終局合計	24	39	35	30	34	21	34	34	33	33	18
養子縁組離縁	棄却	8	3	4	3(3)	11(2)	10(8)	7(3)	12(9)	8(7)	14(7)	14(7)
	廃棄・全部	2	1	5	3(0)	4(1)	6(3)	5(2)	4(2)	5(2)	5(0)	4(1)
	廃棄・一部	1	1	0	0	0	0	0	0	0	0	1(1)
	取下	7	6	5	6(2)	6(2)	8(5)	14(9)	8(4)	11(4)	17(11)	19(13)
	和解	0	0	0	0	0	0	0	0	0	0	2(2)
	命令却下	1	0	0	0	0	0	0	0	0	0	0
	終局合計	19	11	14	12(5)	21(5)	24(16)	26(14)	24(15)	24(13)	36(18)	40(24)
戸籍ニ関スル事	棄却	3	5	1	4(1)	0	2(1)	5(2)	2(0)	3(2)	3(1)	――
	廃棄・全部	2	4	1	2(2)	4(1)	4(2)	0	0	2(1)	1(1)	――
	廃棄・一部	0	0	0	0	0	0	0	0	0	0	――
	取下	1	0	0	4(2)	2(1)	2(1)	4(2)	1(0)	3(1)	2(2)	――
	和解	0	0	0	0	0	0	0	0	0	0	――
	命令却下	0	0	0	0	0	0	0	0	0	0	――
	終局合計	6	9	2	10(5)	6(2)	8(4)	9(4)	0	8(4)	6(4)	――
人事合計	棄却	91	96	76	76	76	76	80	73	58	94	63
	廃棄・全部	35	34	43	34	40	36	35	29	30	24	37
	廃棄・一部	1	2	1	2	7	2	4	3	3	3	2
	取下	61	77	80	62	65	61	72	62	62	74	62
	和解	0	0	1	0	0	1	0	6	1	3	7
	命令却下	2	0	0	2	2	1	0	1	0	0	2
	終局合計	190	209	201	176	190	177	191	174	154	198	173

【2-5-3-2-3】控訴院控訴審事件類型別既済事件数の推移（土地、建物船舶、明治24年以降）

	明治	24年	25年	26年	27年	28年	29年	30年	31年	32年	33年	34年
土地	棄却	341	283	250	274	266	296	329	264	275	199	234
	廃棄・全部	106	101	112	149	157	146	131	108	114	102	102
	廃棄・一部	11	13	8	9	12	14	14	17	18	14	10
	取下	48	43	67	100	100	121	136	94	103	114	107
	和解	21	15	20	2	5	1	2	3	0	0	1
	命令却下	7	5	7	3	2	1	2	1	1	1	2
	終局合計	534	460	464	537	542	579	614	487	511	430	456
建物船舶	棄却	38	22	9	23	13	11	12	8	11	15	24
	廃棄・全部	7	2	6	3	6	2	6	4	7	4	10
	廃棄・一部	0	1	0	4	0	0	0	1	1	0	1
	取下	6	8	2	6	4	2	6	6	8	14	17
	和解	2	0	2	1	0	0	0	1	0	0	0
	命令却下	1	1	0	0	0	0	0	1	0	0	0
	終局合計	54	34	19	37	23	15	24	21	27	33	52

	明治	35年	36年	37年	38年	39年	40年	41年	42年	43年	44年	45年
土地	棄却	173	184	192	207	199	162	202	168	156	164	167
	廃棄・全部	82	79	62	98	72	58	70	71	67	58	48
	廃棄・一部	14	17	15	12	22	15	19	31	16	22	23
	取下	106	106	114	90	112	88	104	98	72	94	87
	和解	2	0	4	3	4	4	3	8	6	9	29
	命令却下	0	3	0	4	2	3	1	2	1	0	1
	終局合計	377	389	387	414	411	330	399	378	318	347	355
建物船舶	棄却	23	30	16	30	27	32	32	23	28	22	23
	廃棄・全部	8	7	10	9	10	6	8	15	9	12	4
	廃棄・一部	0	1	1	4	3	3	5	4	4	1	4
	取下	17	18	16	14	10	15	32	15	14	14	17
	和解	0	0	0	0	0	0	2	0	1	0	4
	命令却下	1	1	0	0	0	0	0	1	0	0	0
	終局合計	49	57	43	57	50	56	79	58	56	49	52

【2-5-3-2-4】控訴院控訴審事件類型別既済事件数の推移（金銭、明治24年以降34年まで）

	明治	24年	25年	26年	27年	28年	29年	30年	31年	32年	33年	34年
無抵当貸金	棄却	307	208	211	109	181	167	149	111	211	209	255
	廃棄・全部	116	100	104	40	75	66	68	37	59	74	65
	廃棄・一部	11	6	4	5	12	9	15	9	28	32	15
	取下	45	35	44	26	56	59	63	36	77	107	128
	和解	24	17	11	1	2	0	2	1	0	0	0
	命令却下	1	5	1	0	2	2	1	1	0	0	3
	終局合計	504	371	375	181	328	303	298	195	375	422	466
売代金	棄却	103	59	61	54	50	49	56	58	74	67	75
	廃棄・全部	39	35	21	27	24	23	19	26	25	27	31
	廃棄・一部	6	2	6	1	4	5	5	10	20	8	11
	取下	11	13	21	25	27	15	27	20	30	46	45
	和解	6	6	2	0	0	0	2	1	0	0	0
	命令却下	0	3	0	2	1	0	0	0	0	0	0
	終局合計	165	118	111	109	106	92	109	115	149	148	162
借地料	棄却	14	7	7	11	6	7	12	15	9	11	11
地代金	廃棄・全部	3	4	1	3	3	1	3	9	4	1	8
	廃棄・一部	0	1	1	0	0	1	0	0	2	4	3
	取下	0	1	0	0	1	5	3	8	3	5	2
	和解	1	1	0	0	0	0	0	0	0	0	0
	命令却下	0	0	0	1	0	0	0	0	1	0	0
	終局合計	18	14	9	15	10	14	18	32	19	21	24
借家料	棄却	3	3	9	1	4	3	4	7	7	6	1
家賃金	廃棄・全部	3	3	4	2	2	1	1	3	0	0	4
	廃棄・一部	0	0	0	0	1	0	0	0	0	0	0
	取下	0	0	2	1	0	0	1	2	1	3	3
	和解	0	0	0	0	1	0	0	0	0	0	0
	命令却下	1	0	0	0	0	0	0	0	0	0	0
	終局合計	7	6	15	4	8	4	6	12	8	9	8
金銭合計	棄却	1,067	778	757	631	640	615	621	645	814	823	893
	廃棄・全部	397	376	360	252	284	274	263	225	317	303	341
	廃棄・一部	61	29	38	25	35	51	57	52	116	120	84
	取下	143	157	182	170	227	225	249	246	290	390	448
	和解	71	45	37	4	8	0	7	2	3	2	0
	命令却下	11	16	12	10	7	5	9	1	3	4	11
	終局合計	1,750	1,401	1,386	1,092	1,201	1,170	1,206	1,171	1,543	1,642	1,777

（注）「売代金」は、38年以降は「売買代金」と「売掛代金」の件数を合算し、（　）内は、「売掛代金」の内数である。
「借地料」は、26～37年は「借地料」と「借地敷金」の件数を合算した。ただし、38年以降は「地代金」に代わり、「敷金」の項目が他の項目と識別不可能になったことから、分離した。
「借家料」は、「借家料」と「借家敷金」の件数を合算した。ただし、38年以降は「家賃金」に代わり、「家賃金」と「敷金」の件数を合算し、（　）内は「敷金」の内数である。

【2-5-3-2-5】控訴院控訴審事件類型別既済事件数の推移（金銭、明治35年以降）

	明治	35年	36年	37年	38年	39年	40年	41年	42年	43年	44年	45年
無抵当貸金	棄却	267	199	231	250	171	117	120	109	121	127	115
	廃棄・全部	101	67	97	89	62	40	49	45	46	32	37
	廃棄・一部	21	19	30	28	29	19	17	25	18	20	14
	取下	135	119	141	111	120	61	71	76	84	67	98
	和解	0	1	0	0	0	0	0	1	2	0	7
	命令却下	4	2	2	1	1	1	0	0	2	0	5
	終局合計	528	407	501	479	383	238	257	256	273	246	276
売代金	棄却	102	122	98	116(76)	83(64)	73(11)	53(11)	60(22)	53(28)	68(28)	63(35)
	廃棄・全部	43	37	53	37(20)	59(17)	37(7)	26(10)	34(16)	31(15)	26(7)	21(12)
	廃棄・一部	18	26	17	19(14)	25(10)	10(1)	13(0)	5(2)	17(12)	11(6)	11(4)
	取下	59	48	69	61(33)	54(14)	26(1)	36(8)	36(19)	50(23)	53(22)	43(18)
	和解	1	0	1	0	0	1(0)	0	2(2)	0	0	5(1)
	命令却下	0	2	0	0	2(1)	0	0	0	2(2)	1(0)	0
	終局合計	223	235	238	233(143)	223(61)	147(20)	128(29)	137(61)	153(80)	159(63)	143(70)
借地料	棄却	7	7	17	9	10	12	3	3	4	3	1
	廃棄・全部	5	5	7	4	4	2	0	5	2	1	1
	廃棄・一部	3	1	1	1	4	5	3	4	4	0	2
	取下	1	3	6	6	6	4	2	1	3	0	0
	和解	0	0	0	0	0	0	0	0	1	1	1
	命令却下	0	0	0	0	0	0	0	0	0	0	0
	終局合計	16	16	31	20	24	23	8	13	14	5	5
借家料	棄却	1	6	4	4(1)	3(2)	3(1)	0	2(0)	1(0)	1(0)	4(2)
	廃棄・全部	1	1	3	3(2)	0	0	0	3(0)	3(0)	2(0)	0
	廃棄・一部	1	1	1	1(0)	0	2(0)	0	1(0)	0	0	0
	取下	4	3	3	1(0)	3(0)	3(1)	2(0)	2(1)	1(0)	3(0)	1(0)
	和解	0	0	0	0	0	0	0	0	0	0	0
	命令却下	0	0	0	0	0	0	0	0	0	0	0
	終局合計	7	11	11	9(3)	6(2)	8(2)	2(0)	8(1)	5(0)	6(0)	5(2)
金銭合計	棄却	988	1,131	1,033	968	789	566	529	512	549	632	528
	廃棄・全部	394	379	467	371	323	224	199	290	216	219	188
	廃棄・一部	111	215	134	129	159	117	82	108	110	84	92
	取下	473	561	564	477	427	279	286	288	329	375	366
	和解	2	2	2	3	1	2	5	7	8	11	38
	命令却下	15	11	12	4	7	8	2	3	6	3	10
	終局合計	1,983	2,299	2,212	1,952	1,706	1,196	1,103	1,208	1,218	1,324	1,222

【2-5-3-2-6】控訴院控訴審事件類型別既済事件数の推移（米穀、物品、証券、選挙、雑事、明治24年以降）

	明治	24年	25年	26年	27年	28年	29年	30年	31年	32年	33年	34年	35年	36年	37年	38年	39年	40年	41年	42年	43年	44年	45年
米穀	棄却	32	30	19	19	26	19	21	32	22	16	22	19	17	18	22	19	10	9	7	1	6	8
	廃棄・全部	17	9	6	8	14	4	13	12	15	12	7	7	8	9	7	8	7	8	5	4	1	1
	廃棄・一部	4	0	3	2	3	4	0	3	6	1	1	1	2	3	1	1	5	1	1	0	1	1
	取下	33	2	8	6	9	12	11	12	9	8	9	11	13	18	8	8	3	6	3	7	7	5
	和解	3	0	0	0	0	0	0	0	0	0	0	0	0	0	0	0	0	1	0	0	0	0
	命令却下	0	0	1	0	0	0	1	0	0	0	0	0	0	0	0	0	0	1	0	0	0	0
	終局合計	89	41	37	35	52	39	46	59	52	37	39	38	40	48	38	36	25	26	16	12	15	15
物品	棄却	59	44	39	22	47	42	54	44	40	20	49	35	30	40	41	26	33	23	32	23	14	13
	廃棄・全部	18	27	17	11	15	22	18	10	31	15	23	19	23	21	10	18	4	13	17	13	12	8
	廃棄・一部	3	4	3	2	4	1	2	2	1	3	2	2	5	6	2	5	3	3	3	3	0	2
	取下	2	5	5	9	16	14	15	17	13	21	19	29	17	26	19	16	17	16	10	17	14	15
	和解	5	2	5	0	1	0	1	0	0	0	0	1	0	0	2	0	0	0	0	0	0	1
	命令却下	1	0	0	0	1	0	0	0	0	0	1	0	1	1	0	1	0	0	1	0	1	0
	終局合計	88	82	69	44	84	79	90	73	85	59	94	86	76	94	74	66	57	55	63	56	41	39
証券	棄却	70	46	39	35	31	34	30	30	32	29	31	29	39	23	24	17	17	18	13	13	9	10
	廃棄・全部	21	18	17	11	25	17	14	9	16	16	13	11	9	9	8	4	7	5	4	5	9	5
	廃棄・一部	4	1	3	0	1	4	0	0	5	4	0	2	3	2	4	6	1	0	4	2	1	1
	取下	12	9	6	6	12	13	16	8	20	10	17	16	16	20	12	18	11	7	17	11	17	7
	和解	3	6	2	0	1	0	0	0	0	0	0	0	0	0	0	0	0	1	2	0	0	2
	命令却下	0	1	0	1	0	0	0	0	0	0	1	0	0	1	0	0	0	0	0	1	0	2
	終局合計	110	81	67	53	70	68	60	47	73	59	62	58	67	55	48	45	36	31	40	32	36	27
選挙	棄却	2	—	—	—	—	—	—	—	—	—	—	—	—	—	—	—	—	—	—	—	—	—
	廃棄・全部	0	—	—	—	—	—	—	—	—	—	—	—	—	—	—	—	—	—	—	—	—	—
	廃棄・一部	0	—	—	—	—	—	—	—	—	—	—	—	—	—	—	—	—	—	—	—	—	—
	取下	0	—	—	—	—	—	—	—	—	—	—	—	—	—	—	—	—	—	—	—	—	—
	和解	0	—	—	—	—	—	—	—	—	—	—	—	—	—	—	—	—	—	—	—	—	—
	命令却下	0	—	—	—	—	—	—	—	—	—	—	—	—	—	—	—	—	—	—	—	—	—
	終局合計	2	—	—	—	—	—	—	—	—	—	—	—	—	—	—	—	—	—	—	—	—	—
雑事	棄却	147	164	176	206	192	181	175	221	225	259	246	357	330	427	295	255	220	236	180	149	182	145
	廃棄・全部	54	76	82	117	103	75	80	79	92	106	113	161	114	174	107	105	71	92	111	68	62	55
	廃棄・一部	10	7	7	6	11	11	12	10	26	30	16	22	51	39	27	39	24	14	26	23	27	23
	取下	16	35	49	78	73	77	90	86	122	150	179	224	219	212	205	161	132	126	120	94	134	120
	和解	16	17	10	1	2	0	5	1	0	2	0	0	4	0	1	2	5	1	4	3	4	17
	命令却下	1	1	4	1	0	0	3	1	2	0	3	4	4	4	3	4	2	2	1	2	2	0
	終局合計	244	300	328	409	381	344	365	398	467	547	557	768	722	856	638	566	454	471	442	339	411	360

【2-5-4-1-1】控訴院控訴審審理期間別既済事件数の推移（明治24年以降34年まで）

	明治	24年	25年	26年	27年	28年	29年	30年	31年	32年	33年	34年
判決ニ因ルモノ	10日以下	0	1	7	2	1	2	0	0	9	3	0
	1月以下	114	123	117	30	32	24	102	102	242	62	45
	2月以下	718	628	582	329	227	261	441	284	327	306	247
	3月以下	640	420	438	332	284	371	336	400	364	292	277
	6月以下	877	691	637	830	860	748	640	613	685	660	649
	1年以下	232	245	256	321	492	401	344	369	538	666	703
	2年以下	22	63	57	89	109	150	121	126	121	204	351
	2年以上	2	3	8	6	28	21	22	20	41	29	60
	合計	2,605	2,174	2,102	1,939	2,033	1,978	2,006	1,914	2,327	2,222	2,332
判決ナキモノ	10日以下	11	16	14	6	7	8	18	4	8	9	14
	1月以下	51	43	49	52	34	23	49	47	60	42	33
	2月以下	111	109	107	86	66	85	86	93	73	116	87
	3月以下	135	66	74	74	80	95	89	69	85	90	98
	6月以下	105	98	117	120	145	113	140	118	146	180	197
	1年以下	30	50	57	64	108	98	82	104	110	143	189
	2年以下	1	35	46	43	74	88	107	100	113	177	226
	2年以上	0	2	18	5	17	25	39	17	42	24	42
	合計	444	419	482	450	531	535	610	552	637	781	886
合計	10日以下	11	17	21	8	8	10	18	4	17	12	14
	1月以下	165	166	166	82	66	47	151	149	302	104	78
	2月以下	829	737	689	415	293	346	527	377	400	422	334
	3月以下	775	486	512	406	364	466	425	469	449	382	375
	6月以下	982	789	754	950	1,005	861	780	731	831	840	846
	1年以下	262	295	313	385	600	499	426	473	648	809	892
	2年以下	23	98	103	132	183	238	228	226	234	381	577
	2年以上	2	5	26	11	45	46	61	37	83	53	102
	合計	3,049	2,593	2,584	2,389	2,564	2,513	2,616	2,466	2,964	3,003	3,218

【2-5-4-1-2】控訴院控訴審審理期間別既済事件数の推移（明治35年以降）

	明治	35年	36年	37年	38年	39年	40年	41年	42年	43年	44年	45年
判決ニ因ルモノ	10日以下	1	3	1	0	4	4	1	0	0	2	0
	1月以下	35	46	78	72	91	43	42	48	38	20	22
	2月以下	217	212	235	271	387	293	245	246	154	145	107
	3月以下	248	258	239	238	335	248	257	252	192	179	160
	6月以下	684	801	706	668	637	522	478	587	460	471	423
	1年以下	870	1,054	1,095	542	498	383	426	427	295	562	468
	2年以下	424	339	380	597	226	155	192	132	327	230	180
	2年以上	106	93	87	100	52	51	46	38	84	50	91
	合計	2,585	2,806	2,821	2,488	2,230	1,699	1,687	1,730	1,550	1,659	1,451
判決ナキモノ	10日以下	10	22	17	10	13	12	11	13	9	8	8
	1月以下	31	50	53	52	77	57	77	79	66	42	70
	2月以下	88	104	104	82	127	101	109	109	106	133	135
	3月以下	110	105	107	90	95	80	97	82	70	80	80
	6月以下	203	273	267	182	211	140	130	135	121	150	161
	1年以下	234	213	276	194	125	97	94	109	61	141	144
	2年以下	227	209	190	212	142	90	98	93	137	160	117
	2年以上	61	77	61	87	50	55	52	29	65	48	77
	合計	964	1,053	1,075	909	840	632	668	649	635	762	792
合計	10日以下	11	25	18	10	17	16	12	13	9	10	8
	1月以下	66	96	131	124	168	100	119	127	104	62	92
	2月以下	305	316	339	353	514	394	354	355	260	278	242
	3月以下	358	363	346	328	430	328	354	334	262	259	240
	6月以下	887	1,074	973	850	848	662	608	722	581	621	584
	1年以下	1,104	1,267	1,371	736	623	480	520	536	356	703	612
	2年以下	651	548	570	809	368	245	290	225	464	390	297
	2年以上	167	170	148	187	102	106	98	67	149	98	168
	合計	3,549	3,859	3,896	3,397	3,070	2,331	2,355	2,379	2,185	2,421	2,243

【2-5-4-2】控訴院控訴審審理期間別未済事件数の推移（明治24年以降）

	明治	24年	25年	26年	27年	28年	29年	30年	31年	32年	33年	34年
未決審理中	10日以下	104	99	85	147	122	104	132	148	145	138	107
	1月以下	210	192	172	172	169	156	201	190	255	194	242
	2月以下	131	146	148	194	152	206	187	219	273	243	237
	3月以下	25	36	47	55	44	63	72	74	195	131	84
	6月以下	123	112	142	229	221	154	183	326	298	394	471
	1年以下	64	80	113	180	206	126	169	226	290	539	646
	2年以下	14	17	39	29	61	69	94	65	128	278	369
	2年以上	2	5	8	8	6	16	20	31	55	60	120
	合計	673	687	754	1,014	981	894	1,058	1,279	1,639	1,977	2,276
合計	10日以下	104	99	87	147	122	105	135	149	151	140	108
	1月以下	210	194	175	172	171	173	203	197	275	213	259
	2月以下	132	150	154	198	155	216	191	224	295	283	255
	3月以下	30	44	54	58	48	72	87	78	225	158	102
	6月以下	145	132	179	255	268	204	238	382	394	456	538
	1年以下	93	139	179	231	275	239	276	384	407	678	819
	2年以下	29	64	79	99	131	118	143	160	203	366	479
	2年以上	8	16	21	40	53	62	59	88	110	136	203
	合計	751	838	928	1,200	1,223	1,189	1,332	1,662	2,060	2,430	2,763

	明治	35年	36年	37年	38年	39年	40年	41年	42年	43年	44年	45年
未決審理中	10日以下	154	144	130	83	85	87	76	63	73	85	80
	1月以下	256	236	219	149	175	173	133	151	174	132	196
	2月以下	267	287	236	158	180	158	133	150	147	128	188
	3月以下	159	91	80	83	55	45	50	48	65	80	100
	6月以下	524	508	408	332	259	239	229	322	390	311	304
	1年以下	568	722	552	372	219	235	266	258	276	332	379
	2年以下	376	258	316	184	135	143	123	127	128	155	213
	2年以上	76	68	103	133	102	129	126	139	102	116	120
	合計	2,380	2,314	2,044	1,494	1,210	1,209	1,136	1,258	1,355	1,339	1,580
合計	10日以下	154	148	137	87	86	87	78	63	75	86	81
	1月以下	262	250	242	161	199	195	142	165	200	152	208
	2月以下	294	319	276	206	207	199	147	174	182	164	221
	3月以下	191	127	110	140	93	88	68	75	100	112	125
	6月以下	612	591	508	456	340	310	293	396	476	373	354
	1年以下	726	914	711	575	368	363	404	372	412	454	503
	2年以下	513	379	411	299	210	219	203	168	214	231	268
	2年以上	189	220	241	232	202	226	251	243	193	208	200
	合計	2,941	2,948	2,636	2,156	1,705	1,687	1,586	1,656	1,852	1,780	1,960

（注） 未決の審理期間の表には「審理中」、「中断」、「中止」、「休止」の件数が示されているが、上記「未決審理中」は、「審理中」のみの件数であり、「合計」は、「中断」、「中止」、「休止」も含めた未決全体の件数を示している。

【2-5-5-1】控訴院控訴審訴額別新受事件数の推移（明治23年まで）

明治	8年	9年	10年	11年	12年	13年	14年	15年	16年	17年	18年	19年	20年	21年	22年	23年
5円まで	―	―	―	25	27	47	108	19	7	24	2	0	1	3	1	1
10円まで	―	―	―	53	61	63	69	17	3	13	1	3	2	2	0	2
20円まで	―	―	―	60	138	131	143	72	13	36	3	3	1	10	3	2
50円まで	―	―	―	183	303	299	317	205	61	53	5	13	16	14	14	9
75円まで	―	―	―	―	―	―	―	―	50	14	6	7	5	16	12	8
100円まで	―	―	―	195	375	371	393	271	129	73	50	75	60	179	83	74
250円まで	―	―	―	―	―	―	―	―	1,639	1,324	496	563	657	802	810	825
500円まで	―	―	―	406	608	713	803	1,335	873	685	265	269	387	435	395	447
750円まで	―	―	―	―	―	―	―	―	475	322	124	119	138	207	193	173
1,000円まで	―	―	―	99	144	144	186	324	179	190	62	82	100	121	130	108
2,500円まで	―	―	―	―	―	―	―	―	384	277	116	122	151	172	162	200
5,000円まで	―	―	―	―	―	―	―	―	122	102	63	41	45	51	56	55
10,000円まで	―	―	―	105	143	140	174	283	44	44	19	13	29	43	36	40
10,000円以上	―	―	―	11	13	5	15	8	25	24	22	11	19	18	19	28
金円（員）不詳				3	―	―	34	69	148	―	―	―	―	―	―	―
合計	―	―	―	1,140	1,812	1,913	2,242	2,603	4,152	3,181	1,234	1,321	1,611	2,073	1,914	1,972

（注） 11～15年の階級区分けでは、「75円まで」、「250円まで」、「750円まで」、「2,500円まで」、「5,000円まで」の各階級は存在しない。
「10,000円以上」は、「10,000円以上20,000円未満」、「20,000円以上30,000円未満」、「30,000円以上50,000円未満」の件数を合算した。
15年は、「人民ヨリ官庁ニ対スル訴訟」が明示されているので、上記の数値はこれを除いている。
16、17年の各件数は、「始審金額階級」と「始審価額階級」の件数を合算した。
16年の階級区分けでは、「5円未満」から始まり「5円以上、10円未満」･･･と続き、「5,000円以上、10,000円未満」次に「10,000円以上20,000円未満」、「20,000円以上30,000円未満」･･･「50,000円以上」まで階級があるが、これら10,000円以上の件数は全て「10,000円以上」に合算した。
17～23年の各件数は、「金額請求ノ第一審新受件数」と「金額ニ見積ル第一審新受件数」の件数を合算した。

【2-5-5-2】控訴院控訴審訴額別新受事件数の推移(明治24年以降)

明治	24年	25年	26年	27年	28年	29年	30年	31年	32年	33年	34年
5円まで	0	0	1	0	2	0	1	0	2	7	2
10円まで	2	2	4	3	0	1	0	1	2	3	2
20円まで	2	2	1	2	1	5	1	2	3	5	2
50円まで	4	14	9	10	6	11	6	13	20	11	22
75円まで	8	15	16	12	11	4	8	12	14	9	23
100円まで	78	26	47	37	65	83	101	124	112	76	72
250円まで	943	772	857	822	816	800	850	848	952	958	992
500円まで	578	553	534	599	521	477	518	534	649	717	737
750円まで	197	179	174	173	177	190	234	235	270	281	260
1,000円まで	128	139	129	122	129	136	137	172	231	199	257
2,500円まで	220	227	191	197	212	191	225	252	306	345	429
5,000円まで	72	89	95	70	102	84	103	129	146	172	159
10,000円まで	46	46	54	40	48	42	41	58	58	76	79
10,000円以上	45	41	34	30	42	21	39	49	42	59	80
合計	2,323	2,105	2,146	2,117	2,132	2,045	2,264	2,429	2,807	2,918	3,116

明治	35年	36年	37年	38年	39年	40年	41年	42年	43年	44年	45年
5円まで	3	0	1	0	5	1	1	0	0	0	0
10円まで	0	1	7	1	3	1	1	1	0	2	0
20円まで	0	5	4	1	9	2	0	0	3	4	1
50円まで	11	24	19	16	72	6	4	12	9	5	5
75円まで	16	12	23	26	77	7	5	8	11	8	6
100円まで	46	98	61	40	52	30	20	31	38	37	45
250円まで	1,161	1,219	1,162	805	428	363	333	346	332	335	334
500円まで	762	826	686	615	561	579	509	590	568	579	598
750円まで	271	314	271	218	256	231	218	246	236	242	240
1,000円まで	337	269	254	209	203	195	237	223	203	193	251
2,500円まで	413	397	420	339	329	311	321	379	404	339	342
5,000円まで	193	224	184	177	143	182	154	160	166	184	201
10,000円まで	98	111	108	87	92	86	93	95	79	103	110
10,000円以上	84	98	65	54	73	77	88	113	112	89	98
合計	3,395	3,598	3,265	2,588	2,303	2,071	1,984	2,204	2,161	2,120	2,231

【2-5-6-1】地方裁判所控訴審の新受・旧受件数の推移

明治	15年	16年	17年	18年	19年	20年	21年	22年	23年
越高・旧受	―――	1,324	1,304	458	295	398	374	454	349
新受	4,205	6,508	4,541	1,856	2,018	2,449	3,209	3,105	4,462
総数	4,205	7,832	5,845	2,314	2,313	2,847	3,583	3,559	4,811

明治	24年	25年	26年	27年	28年	29年	30年	31年	32年	33年	34年	35年	36年	37年	38年	39年
越高・旧受	529	1,085	1,311	1,599	1,799	1,678	1,667	1,794	2,053	2,285	2,503	2,585	2,741	2,745	2,405	2,220
新受	5,855	6,388	6,554	6,702	6,027	5,231	5,080	4,771	5,500	6,121	6,482	6,526	7,055	6,763	6,074	5,871
総数	6,384	7,473	7,865	8,301	7,826	6,909	6,747	6,565	7,553	8,406	8,985	9,111	9,796	9,508	8,479	8,091

明治	40年	41年	42年	43年	44年	45年
越高・旧受	2,234	2,163(3)	2,309(3)	2,215(4)	2,107(2)	2,110(5)
新受	5,350(3)	4,932(7)	4,847(9)	4,746(6)	4,860(7)	4,656(7)
総数	7,584(3)	7,095(10)	7,156(12)	6,961(10)	6,967(9)	6,766(12)

（注）「越高・旧受」は、18年までは「越高」、それ以降は「旧受」の件数を採用した。
40年以降の（ ）内の数値は、樺太地方裁判所の件数であり、内数となっている。
本表の24年以降の件数は、通常訴訟、為替訴訟、証書訴訟件数を合算した。

【2-5-6-2】地方裁判所控訴審訴訟類型別新受件数の推移（明治24年以降）

明治	24年	25年	26年	27年	28年	29年	30年	31年	32年	33年	34年	35年	36年	37年	38年	39年	40年	41年	42年	43年	44年	45年
通常	5,839	6,358	6,513	6,641	5,982	5,183	5,025	4,698	5,459	6,087	6,448	6,494	7,037	6,745	6,060	5,852	5,343	4,924	4,843	4,739	4,856	4,647
証書	13	29	38	58	38	33	38	59	20	12	10	16	12	8	13	6	3	4	4	2	3	3
為替	3	1	3	3	7	15	17	14	21	22	24	16	6	10	1	13	4	4	0	5	1	6
合計	5,855	6,388	6,554	6,702	6,027	5,231	5,080	4,771	5,500	6,121	6,482	6,526	7,055	6,763	6,074	5,871	5,350	4,932	4,847	4,746	4,860	4,656

【2-5-7-1】地方裁判所控訴審終局区分別件数の推移（明治23年まで）

	明治	15年	16年	17年	18年	19年	20年	21年	22年	23年
願下		379	685	451	125	102	123	134	156	269
解訟・和解		137	532	582	206	172	211	268	244	306
棄却		158	281	206	48	37	59	74	86	285
裁判・判決		2,203	4,970	4,148	1,640	1,604	2,080	2,653	2,724	3,398
	認可	1,577	3,555	2,984	1,118	1,077	1,395	1,778	1,749	1,868
	取消（合計）	626	1,415	1,164	522	527	685	875	975	1,530
	全部取消	――	――	――	441	434	557	749	745	1,338
	一部取消	――	――	――	81	93	128	126	230	192
刑事廻		――	2	――	――	――	――	――	――	――
消滅		――	2	――	――	――	――	――	――	――
終局合計		2,877	6,529	5,387	2,019	1,915	2,473	3,129	3,210	4,258
他庁へ引継ク		――	57	――	――	――	――	――	――	――
未決		1,328	1,303	458	295	398	374	454	349	553

（注）「解訟・和解」は、18年までは「解訟」、19年以降は「和解」の件数を採用した。
「認可」は、18年までは「始審裁判ヲ適当トス」、19年以降は「原判決ヲ認可ス」の件数を採用した。
「取消」は、18年までは「始審裁判ヲ不適当トス」の件数を採用し、19年以降は「原判決ヲ取消ス」の項目中の「全部取消」と「一部取消」の件数を合算した。
ただし、18年は「始審裁判ヲ不適当トス」の項目中の「全部」と「一部」の件数を合算した。

【2-5-7-2】地方裁判所控訴審終局区分別件数の推移（明治24年以降）

		明治	24年	25年	26年	27年	28年	29年	30年	31年	32年	33年	34年
判決	棄却		2,860	3,195	3,108	3,255	2,915	2,607	2,286	2,063	2,430	2,728	3,080
	前判決ヲ廃棄ス（合計）		1,569	1,913	1,998	2,105	1,943	1,597	1,488	1,344	1,625	1,787	1,754
		全部	1,320	1,614	1,723	1,821	1,647	1,360	1,274	1,189	1,385	1,463	1,484
		一部	249	299	275	284	296	237	214	155	240	324	270
取下			665	894	1,037	1,070	1,211	979	1,093	1,057	1,170	1,335	1,500
和解			113	107	91	42	51	38	51	34	26	27	32
命令却下			89	53	32	30	28	21	35	14	17	26	34
終局合計			5,296	6,162	6,266	6,502	6,148	5,242	4,953	4,512	5,268	5,903	6,400
未決			1,088	1,311	1,599	1,799	1,678	1,667	1,794	2,053	2,285	2,503	2,585

		明治	35年	36年	37年	38年	39年	40年	41年	42年	43年	44年	45年
判決	棄却		2,958	3,414	3,376	2,866	2,689	2,515	2,116(2)	2,258(2)	2,129(1)	2,212(3)	2,055(4)
	前判決ヲ廃棄ス（合計）		1,626	1,867	1,922	1,630	1,524	1,333	1,165(4)	1,232(4)	1,134(2)	1,129(1)	987(4)
		全部	1,368	1,544	1,602	1,318	1,264	1,073	924(3)	949(1)	918(1)	886	781(3)
		一部	258	323	320	312	260	260	241(1)	283(3)	216(1)	243(1)	206(1)
取下			1,566	1,680	1,699	1,671	1,563	1,496	1,397(1)	1,360(2)	1,388(5)	1,339	1,258(1)
和解			31	47	59	65	61	63	78	72	113	155	196
命令却下			34	43	47	27	21	15	30	20	22	22	18(1)
終局合計			6,215	7,051	7,103	6,259	5,858	5,422	4,786(7)	4,942(8)	4,786(8)	4,857(4)	4,514(10)
未決			2,741	2,745	2,405	2,220	2,233	2,162(3)	2,309(3)	2,214(4)	2,175(2)	2,110(5)	2,252(2)

（注）「棄却」は、民訴419条、424条、428条の項目の合計である。
40年以降の（ ）内の数値は、樺太地方裁判所の件数であり、内数となっている。

【2-5-8-1】地方裁判所控訴審事件類型別既済事件件数の推移（明治23年まで）

	明治	15年	16年	17年	18年	19年	20年	21年	22年	23年
人事	（合計）	4	5	――	――	――	――	――	――	――
	家督相続	――	――	――	――	――	――	――	――	――
	離婚	――	――	――	――	――	――	――	――	――
	養子	――	――	――	――	――	――	――	――	――
	戸籍	――	――	――	――	――	――	――	――	――
土地		418	631	306	117	109	112	211	264	276
建物船舶		37	76	73	42	38	40	54	65	76
金銭	（合計）	1,856	4,650	4,306	1,510	1,500	1,986	2,440	2,367	2,779
	金銭貸借	987	2,583	2,227	732	543	709	895	819	988
	売代金	131	320	280	95	95	125	191	179	232
	地代金	16	24	31	21	9	14	19	24	34
	借家料	27	78	57	24	25	42	42	38	76
米穀		206	517	239	163	101	133	151	176	789
物品		141	291	174	63	67	66	84	156	126
証券		168	254	163	68	61	96	101	77	57
雑事		47	105	126	56	36	40	88	105	155

（注）「建物船舶」は、15～18年は「建物」、19年以降は「建物船舶」の件数を採用した。
「借家料」は、15～18年までは「家賃」と「敷金」、19年以降は「借家料」と「借家敷金」の件数を合算した。
「地代金」は、17、18年は「地代金」と「借地料」、19～21年は「地代金」と「借地料」と「借地敷金」、22年以降は「借地料」と「借地敷金」の件数を合算した 。
「金銭貸借」は、明治15年から18年までは「金銭貸借」、19年以降は、「無抵当貸金」、「土地書入貸金」、「土地質入貸金」、「建物書入質貸金」、「船舶書入質貸金」、「動産書入質貸金」に分かれると考えられるが、ここでは「無抵当貸金」の件数のみを計上 した(【2-4-3-1】の「金銭貸借」の注参照)。

【2-5-8-2-1】地方裁判所控訴審事件類型別既済事件件数の推移（土地、建物船舶、明治24年以降）

	明治	24年	25年	26年	27年	28年	29年	30年	31年	32年	33年	34年
土地	棄却	257	290	277	345	293	335	253	231	162	205	184
	廃棄全部	130	156	158	191	206	196	196	140	133	113	115
	廃棄一部	14	17	22	16	19	19	19	10	19	13	11
	取下	66	79	106	93	146	113	95	107	88	104	102
	和解	15	14	18	8	6	2	12	9	4	3	4
	命令却下	5	11	3	5	3	2	2	1	2	2	1
	終局合計	487	567	584	658	673	667	577	498	408	440	417
建物船舶	棄却	92	93	106	98	99	106	112	98	100	122	105
	廃棄全部	46	30	42	53	30	43	38	38	49	51	40
	廃棄一部	11	8	6	11	10	11	10	5	9	13	11
	取下	16	23	19	29	41	26	40	38	34	39	40
	和解	2	2	4	4	1	2	1	3	3	1	3
	命令却下	4	1	3	0	2	1	2	0	1	3	0
	終局合計	171	157	180	195	183	189	203	182	196	229	199

	明治	35年	36年	37年	38年	39年	40年	41年	42年	43年	44年	45年
土地	棄却	171	173	170	139	176	167	175	171	157	135	128
	廃棄全部	72	95	87	71	110	98	71	77	66	79	67
	廃棄一部	19	20	10	8	11	13	18	14	12	17	16
	取下	90	79	80	92	68	107	112	72	84	79	84
	和解	5	2	6	13	11	8	16	17	11	20	18
	命令却下	3	3	2	0	0	3	3	1	0	2	1
	終局合計	360	372	355	323	376	396	395	352	330	332	314
建物船舶	棄却	82	100	113	98	81	70	86	45	82	65	57
	廃棄全部	34	39	54	31	22	38	29	21	28	25	15
	廃棄一部	6	10	6	6	5	5	6	12	4	1	6
	取下	42	46	37	42	35	39	29	39	24	30	36
	和解	1	1	3	1	1	5	7	4	5	6	5
	命令却下	0	3	1	0	1	1	1	0	0	0	1
	終局合計	165	199	214	178	145	158	158	121	143	127	120

（注）「廃棄全部」は、「前判決を廃棄ス」の項目中の「全部」の件数、「廃棄一部」は、「前判決を廃棄ス」の項目中の「一部」の件数を示す。
「建物船舶」は、31年は「建物」の件数を採用した。

【2-5-8-2-2】地方裁判所控訴審事件類型別既済事件件数の推移（金銭、明治24年以降34年まで）

	明治	24年	25年	26年	27年	28年	29年	30年	31年	32年	33年	34年
無抵当貸金	棄却	649	777	750	769	663	654	566	469	655	731	766
	廃棄全部	310	404	453	372	362	282	281	259	293	351	311
	廃棄一部	50	74	70	76	77	55	57	40	71	74	55
	取下	168	216	218	248	308	242	314	252	267	318	359
	和解	22	26	26	6	7	11	7	5	3	7	9
	命令却下	31	18	10	3	7	5	8	6	4	11	16
	終局合計	1,230	1,515	1,527	1,474	1,424	1,249	1,233	1,031	1,293	1,492	1,516
売代金	棄却	232	215	236	221	226	174	156	194	234	265	288
	廃棄全部	102	134	117	145	134	98	82	131	157	132	152
	廃棄一部	18	19	24	18	28	20	17	21	22	30	18
	取下	57	56	93	88	102	78	78	80	128	130	132
	和解	12	6	4	1	2	3	2	3	3	6	2
	命令却下	5	3	2	0	1	3	1	3	3	3	1
	終局合計	426	433	476	473	493	376	336	432	547	566	593
借地料	棄却	31	31	24	17	34	9	6	10	12	11	23
	廃棄全部	11	11	20	17	15	10	8	4	7	6	7
	廃棄一部	7	9	2	2	3	2	1	4	3	1	5
	取下	9	6	7	8	10	11	6	3	9	9	3
	和解	0	0	1	1	1	0	0	0	0	0	0
	命令却下	1	0	0	0	0	0	0	0	0	0	0
	終局合計	59	57	54	45	63	32	21	21	31	27	38
借家料	棄却	40	42	38	33	45	33	13	34	28	40	19
	廃棄全部	21	18	27	25	24	13	14	12	14	16	27
	廃棄一部	5	4	7	12	7	6	1	3	8	0	3
	取下	7	10	10	9	11	16	4	6	16	22	22
	和解	0	2	3	0	2	0	2	0	0	0	1
	命令却下	5	0	1	0	0	1	0	0	1	1	0
	終局合計	78	76	86	79	89	69	34	55	67	79	72
金銭合計	棄却	1,953	2,161	2,082	2,133	1,891	1,670	1,443	1,272	1,648	1,795	2,214
	廃棄全部	895	1,123	1,200	1,185	1,076	812	758	745	883	1,018	961
	廃棄一部	184	223	207	207	204	167	148	117	172	252	208
	取下	444	593	673	724	773	645	715	635	766	880	1,063
	和解	76	72	52	21	35	24	31	19	17	16	20
	命令却下	67	27	20	16	14	14	21	13	11	17	28
	終局合計	3,619	4,199	4,234	4,286	3,993	3,332	3,116	2,801	3,497	3,978	4,494

（注）「売代金」は、38年以降は「売買代金」と「売掛代金」の件数を合算した。
「借家料」は、「借家料」と「借家敷金」の件数を合算した。ただし、38年以降は「家賃金」に代わり、「家賃金」と「敷金」の件数を合算した。

【2-5-8-2-3】地方裁判所控訴審事件類型別既済事件数の推移(金銭、明治35年以降)

	明治	35年	36年	37年	38年	39年	40年	41年	42年	43年	44年	45年
無抵当貸金	棄却	877	951	985	816	764	693	609	660	658	738	656
	廃棄全部	358	430	426	358	314	270	252	257	261	221	245
	廃棄一部	69	105	103	113	70	81	71	82	73	81	73
	取下	446	479	454	462	457	404	409	407	428	378	393
	和解	6	20	14	19	12	9	19	18	26	43	49
	命令却下	8	13	13	6	5	5	6	7	11	4	6
	終局合計	1,764	1,998	1,995	1,774	1,622	1,462	1,366	1,431	1,457	1,465	1,422
売代金	棄却	301	370	408	285	248	281	193	252	243	305	247
	廃棄全部	164	168	189	153	129	103	95	96	104	100	77
	廃棄一部	40	28	48	41	20	29	22	53	29	32	25
	取下	156	201	202	183	182	151	125	142	203	196	155
	和解	2	6	8	5	9	6	4	8	26	31	27
	命令却下	5	3	9	3	1	1	6	4	1	4	1
	終局合計	668	776	864	670	589	571	445	555	606	668	532
借地料	棄却	19	20	19	19	17	20	10	4	13	5	7
	廃棄全部	17	9	9	10	15	4	4	7	1	3	4
	廃棄一部	2	4	2	1	1	4	1	2	2	4	1
	取下	9	13	7	7	10	11	12	6	2	13	5
	和解	1	0	0	1	1	0	0	1	1	0	1
	命令却下	1	0	0	0	0	0	0	0	0	0	0
	終局合計	49	46	37	38	44	39	27	20	19	25	18
借家料	棄却	55	45	62	62	26	27	25	25	33	38	41
	廃棄全部	23	26	20	16	6	10	13	7	9	10	6
	廃棄一部	2	2	6	3	2	5	3	1	5	2	3
	取下	22	26	26	32	18	11	23	15	16	17	22
	和解	0	0	1	1	1	1	1	1	5	5	8
	命令却下	1	1	1	0	0	0	2	0	1	1	1
	終局合計	103	100	116	114	53	54	67	49	69	73	81
金銭合計	棄却	2,064	2,335	2,348	1,917	1,832	1,734	1,421	1,568	1,498	1,678	1,496
	廃棄全部	919	1,038	1,064	876	807	690	611	639	623	573	532
	廃棄一部	194	229	244	241	191	194	175	214	161	184	155
	取下	1,053	1,154	1,165	1,135	1,071	986	943	932	981	951	893
	和解	21	40	41	39	39	30	44	44	82	112	151
	命令却下	26	28	34	14	15	9	23	14	19	15	14
	終局合計	4,277	4,824	4,896	4,222	3,955	3,643	3,217	3,411	3,364	3,513	3,241

【2-5-8-2-4】地方裁判所控訴審事件類型別既済事件数の推移（米穀、物品、証券、雑事、明治24年以降）

	明治	24年	25年	26年	27年	28年	29年	30年	31年	32年	33年	34年	35年	36年	37年	38年	39年	40年	41年	42年	43年	44年	45年
米穀	棄却	157	129	120	120	139	83	98	110	95	103	75	99	115	112	96	79	81	61	53	48	47	47
	廃棄全部	53	54	67	91	68	60	52	55	51	47	94	52	52	47	40	40	34	32	19	17	27	24
	廃棄一部	9	9	10	10	12	7	10	7	14	4	7	8	14	14	15	7	6	10	12	6	6	8
	取下	30	49	39	48	44	31	63	57	59	65	60	73	73	70	51	43	52	58	29	35	40	35
	和解	10	5	2	0	3	0	1	0	0	1	0	1	1	0	2	3	1	2	0	0	1	4
	命令却下	2	2	0	1	1	1	3	0	0	0	1	1	2	1	1	0	1	0	1	0	1	0
	終局合計	261	248	238	270	267	182	227	229	219	220	237	234	257	244	205	172	175	163	114	106	122	118
物品	棄却	123	116	124	151	105	93	104	91	94	94	89	69	105	91	81	76	87	61	52	47	52	57
	廃棄全部	60	60	49	75	53	67	64	41	52	49	39	40	36	42	36	51	32	24	27	22	22	13
	廃棄一部	12	17	9	20	10	9	9	5	10	9	7	3	15	10	7	10	8	7	4	10	5	1
	取下	42	36	56	30	43	45	62	53	43	40	37	46	44	44	53	45	33	42	37	24	38	30
	和解	6	7	7	4	2	4	3	1	0	0	2	1	1	2	3	0	3	4	1	2	3	2
	命令却下	1	1	0	1	2	1	2	0	0	0	1	1	2	0	2	0	0	2	0	0	2	2
	終局合計	244	237	245	281	215	219	244	191	199	192	175	160	203	189	182	182	163	140	121	105	122	105
証券	棄却	30	39	46	35	32	25	19	16	11	13	16	17	21	16	24	15	23	17	21	11	6	8
	廃棄全部	19	18	24	29	20	9	16	13	14	10	9	7	9	5	11	10	9	6	6	8	4	2
	廃棄一部	1	2	1	1	1	1	1	1	1	1	0	1	0	3	2	2	1	1	3	1	2	1
	取下	9	12	13	14	9	6	9	10	9	10	13	9	4	6	6	11	8	4	10	10	5	4
	和解	0	2	2	1	2	0	0	1	1	0	2	0	0	1	0	0	0	0	0	3	0	1
	命令却下	2	0	0	0	1	0	1	0	0	0	0	0	0	1	1	0	0	0	0	1	0	0
	終局合計	61	73	86	80	65	41	46	41	36	34	40	34	34	32	44	38	41	28	40	34	17	16
雑事	棄却	248	367	353	373	356	295	257	245	320	396	397	456	565	526	511	430	353	295	348	286	229	262
	廃棄全部	117	173	183	197	194	173	150	157	203	175	226	244	275	303	253	224	172	151	160	154	156	128
	廃棄一部	18	23	20	19	40	23	17	10	15	32	26	27	35	33	33	34	33	24	24	22	28	19
	取下	58	102	131	132	155	113	109	157	171	197	185	253	280	297	292	290	271	209	241	230	196	176
	和解	4	5	6	4	2	6	3	1	1	6	1	2	2	6	7	7	16	5	6	10	13	15
	命令却下	8	11	6	7	5	2	4	0	3	4	3	3	5	8	9	5	1	1	4	2	2	0
	終局合計	453	681	699	732	752	612	540	570	713	810	838	985	1162	1173	1105	990	846	685	783	704	624	600

【2-5-9-1】地方裁判所控訴審審理期間別既済事件数の推移（明治23年まで）

明治	15年	16年	17年	18年	19年	20年	21年	22年	23年
10日以下	4,962	394	265	87	73	68	107	114	152
1月以下	11,954	1,611	1,418	527	489	589	991	991	1,186
2月以下	8,819	1,608	1,377	518	524	666	867	904	1,134
3月以下	5,373	883	875	357	316	431	450	572	1,125
6月以下	5,504	1,321	904	317	355	528	536	475	546
1年以下	2,661	621	387	140	127	167	156	135	102
2年以下	492	91	141	70	21	23	21	17	13
3年以下	55	0	17	2	6	1	1	1	――
3年以上	24	――	3	1	1	――	――	1	――
合計	39,844	6,529	5,387	2,019	1,912	2,473	3,129	3,210	4,258

（注） 15年の審理期間は、「始審訴訟及郡区戸長並控訴事件等ノ出訴ヨリ結局ニ至ル日数区別」の件数を採用した。控訴審訴訟のみの件数表示はなかった。
「10日以下」は、18年までは「即日」と「10日以下」の件数を合算した。

【2-5-9-2-1】地方裁判所控訴審審理期間別既済事件数の推移(明治24年以降34年まで)

	明治	24年	25年	26年	27年	28年	29年	30年	31年	32年	33年	34年
判決二因ルモノ	10日以下	37	7	21	22	46	34	9	22	31	27	32
	1月以下	1,287	1,579	1,469	1,383	1,209	972	792	716	846	877	887
	2月以下	1,447	1,815	1,670	1,792	1,502	1,306	1,201	1,121	1,262	1,336	1,450
	3月以下	836	805	840	822	784	626	642	566	663	819	820
	6月以下	655	672	750	901	879	794	730	639	797	977	1,121
	1年以下	158	185	265	318	321	345	263	249	317	339	370
	2年以下	9	42	85	108	97	115	106	85	115	111	133
	2年以上	———	3	6	14	20	12	31	9	24	29	21
	合計	4,429	5,108	5,106	5,360	4,858	4,204	3,774	3,407	4,055	4,515	4,834
判決ナキモノ	10日以下	86	51	39	49	44	40	65	40	37	56	62
	1月以下	303	343	359	316	349	279	291	294	303	351	360
	2月以下	202	272	256	244	259	226	253	272	277	310	357
	3月以下	127	143	175	157	168	132	141	137	135	168	273
	6月以下	101	137	149	123	131	122	153	121	180	192	178
	1年以下	39	52	61	74	88	55	59	77	105	116	105
	2年以下	9	55	115	160	218	157	187	140	144	171	200
	2年以上	———	1	6	19	33	27	30	24	32	24	31
	合計	867	1,054	1,160	1,142	1,290	1,038	1,179	1,105	1,213	1,388	1,566
合計	10日以下	123	58	60	71	90	74	74	62	68	83	94
	1月以下	1,590	1,922	1,828	1,699	1,558	1,251	1,083	1,010	1,149	1,228	1,247
	2月以下	1,649	2,087	1,926	2,036	1,761	1,532	1,454	1,393	1,539	1,646	1,807
	3月以下	963	948	1,015	979	952	758	783	703	798	987	1,093
	6月以下	756	809	899	1,024	1,010	916	883	760	977	1,169	1,299
	1年以下	197	237	326	392	409	400	322	326	422	455	475
	2年以下	18	97	200	268	315	272	293	225	259	282	333
	2年以上	———	4	12	33	53	39	61	33	56	53	52
	合計	5,296	6,162	6,266	6,502	6,148	5,242	4,953	4,512	5,268	5,903	6,400

【2-5-9-2-2】地方裁判所控訴審審理期間別既済事件数の推移（明治35年以降）

	明治	35年	36年	37年	38年	39年	40年	41年	42年	43年	44年	45年
判決ニ因ルモノ	10日以下	93	64	71	62	50	38	23	23	22	14	6
	1月以下	1,009	1,208	1,100	979	933	792	620	587	507	473	373
	2月以下	1,461	1,761	1,819	1,519	1,417	1,265	1,009	1,038	1,001	990	821
	3月以下	713	772	874	765	757	628	597	664	592	685	564
	6月以下	846	951	951	796	758	787	644	766	693	787	772
	1年以下	336	347	335	274	240	262	314	308	316	301	389
	2年以下	99	144	113	75	44	65	65	84	109	76	102
	2年以上	27	34	35	23	14	11	9	20	23	15	15
	合計	4,584	5,281	5,298	4,493	4,213	3,848	3,281	3,490	3,263	3,341	3,042
判決ナキモノ	10日以下	62	99	100	93	94	93	64	87	94	77	55
	1月以下	468	543	523	546	564	508	484	432	441	432	424
	2月以下	357	444	453	395	385	375	359	375	382	393	370
	3月以下	193	171	206	197	165	158	200	160	154	167	190
	6月以下	185	204	210	190	169	172	173	158	184	182	190
	1年以下	145	104	117	125	89	75	108	78	94	97	98
	2年以下	188	169	163	173	139	163	96	134	137	138	116
	2年以上	33	36	33	47	40	30	21	28	37	30	29
	合計	1,631	1,770	1,805	1,766	1,645	1,574	1,505	1,452	1,523	1,516	1,472
合計	10日以下	155	163	171	155	144	131	87	110	116	91	61
	1月以下	1,477	1,751	1,623	1,525	1,497	1,300	1,104	1,019	948	905	797
	2月以下	1,818	2,205	2,272	1,914	1,802	1,640	1,368	1,413	1,383	1,383	1,191
	3月以下	906	943	1,080	962	922	786	797	824	746	852	754
	6月以下	1,031	1,155	1,161	986	927	959	817	924	877	969	962
	1年以下	481	451	452	399	329	337	422	386	410	398	487
	2年以下	287	313	276	248	183	228	161	218	246	214	218
	2年以上	60	70	68	70	54	41	30	48	60	45	44
	合計	6,215	7,051	7,103	6,259	5,858	5,422	4,786	4,942	4,786	4,857	4,514

【2-5-9-3】地方裁判所控訴審審理期間別未済事件数の推移（明治24年以降）

	明治	24年	25年	26年	27年	28年	29年	30年	31年	32年	33年	34年
未決審理中	10日以下	224	206	190	205	159	134	143	166	181	221	212
	1月以下	394	411	441	399	335	352	359	326	393	385	464
	2月以下	176	166	173	243	226	170	197	268	297	320	305
	3月以下	25	47	78	69	65	59	83	79	129	124	109
	6月以下	40	71	122	86	115	119	140	178	244	263	214
	1年以下	31	67	73	135	131	107	123	187	141	208	174
	2年以下	4	41	31	47	57	56	72	84	94	101	130
	2年以上	――	2	12	12	9	27	22	33	43	39	46
	合計	894	1,011	1,120	1,196	1,097	1,024	1,139	1,321	1,522	1,661	1,654
合計	10日以下	225	207	191	211	164	145	165	171	188	233	221
	1月以下	405	418	459	419	353	392	400	385	441	452	515
	2月以下	207	190	229	301	266	228	280	352	373	403	399
	3月以下	41	61	112	113	101	102	147	143	180	167	168
	6月以下	98	134	225	191	217	216	244	319	380	384	377
	1年以下	97	185	225	340	321	310	307	380	329	452	455
	2年以下	15	111	111	176	183	179	163	212	233	235	263
	2年以上	――	5	47	48	73	95	88	91	161	177	187
	合計	1,088	1,311	1,599	1,799	1,678	1,667	1,794	2,053	2,285	2,503	2,585

	明治	35年	36年	37年	38年	39年	40年	41年	42年	43年	44年	45年
未決審理中	10日以下	235	307	224	233	241	196	236	164	162	164	152
	1月以下	469	466	386	341	414	340	357	316	332	277	301
	2月以下	332	310	267	251	289	230	257	248	256	234	259
	3月以下	110	100	94	126	78	77	117	84	138	106	150
	6月以下	204	200	178	120	149	180	195	188	188	211	269
	1年以下	285	186	173	110	101	158	147	198	148	147	212
	2年以下	147	114	69	29	42	67	91	82	76	70	88
	2年以上	65	68	57	36	34	36	56	60	48	57	36
	合計	1,847	1,751	1,448	1,246	1,348	1,284	1,456	1,340	1,348	1,266	1,467
合計	10日以下	246	325	242	250	256	209	246	179	174	172	157
	1月以下	545	546	487	431	480	401	423	385	393	348	344
	2月以下	432	437	351	362	376	306	334	343	346	311	317
	3月以下	181	171	157	196	148	162	185	147	211	173	230
	6月以下	368	351	321	262	305	299	320	337	325	339	397
	1年以下	521	478	444	385	318	394	363	438	351	369	428
	2年以下	283	231	201	140	169	208	226	178	177	202	205
	2年以上	165	206	202	194	181	183	212	207	198	196	174
	合計	2,741	2,745	2,405	2,220	2,233	2,162	2,309	2,214	2,175	2,110	2,252

（注）未決の審理期間の表には「審理中」、「中断」、「中止」、「休止」の件数が示されているが、上記「未決審理中」は、「審理中」のみの件数であり、「合計」は、「中断」、「中止」、「休止」も含めた未決全体の件数を示している。

【2-5-10-1】地方裁判所控訴審訴額別新受事件数の推移（明治23年まで）

明治	15年	16年	17年	18年	19年	20年	21年	22年	23年
5円まで	112	394	404	150	148	162	192	306	805
10円まで	186	454	441	162	197	259	296	294	396
20円まで	364	957	727	307	317	442	540	502	752
50円まで	689	2,001	1,395	584	683	828	1,100	1,054	1,309
75円まで	――	1,224	771	364	314	387	547	472	612
100円まで	667	750	548	253	306	316	449	390	467
250円まで	――	41	10	8	8	10	5	7	13
500円まで	20	2	3	1	1	1	2	2	1
750円まで	――	1	1	――	――	1	――	――	――
1,000円まで	――	0	1	――	――	1	――	――	――
1,000円以上	――	1	4	――	――	――	――	――	――
2,500円まで	――	0	――	――	――	――	――	――	――
合計	2,038	5,825	4,305	1,829	1,974	2,407	3,131	3,027	4,355

（注）「50円以上75円未満」、「100円以上250円未満」、さらに「500円以上750円未満」から上の金額項目は、15年は存在しない。
16、17年の各件数は、「控訴金額階級」と「控訴価額階級」の件数を合算した。
17～23年の各件数は、「金額請求ノ新訴（控訴新受）件数」と「金額ニ見積ル新訴（控訴新受）件数」の件数を合算した。

【2-5-10-2】地方裁判所控訴審訴額別新受事件数の推移（明治24年以降）

明治	24年	25年	26年	27年	28年	29年	30年	31年	32年	33年	34年
5円まで	388	467	495	509	477	345	336	334	267	335	273
10円まで	546	624	668	688	588	489	465	424	477	623	990
20円まで	1,057	1,262	1,164	1,282	1,108	955	891	817	905	983	954
50円まで	1,885	2,025	2,048	2,082	1,913	1,675	1,650	1,542	1,877	1,969	2,053
75円まで	814	819	831	881	775	709	704	601	748	865	872
100円まで	827	903	882	888	850	800	742	832	921	1,075	1,078
250円まで	81	120	130	136	118	86	102	82	83	137	101
500円まで	22	12	18	23	16	19	24	24	26	38	34
750円まで	2	6	2	2	4	6	3	2	4	7	6
1,000円まで	2	1	2	5	1	2	4	4	12	9	15
2,500円まで	1	1	7	4	4	5	2	1	10	4	6
5,000円まで	0	1	1	――	2	1	0	1	1	1	2
10,000円まで	0	1	0	――	0	0	0	1	1	0	0
10,000円以上	2	1	1	――	1	1	2	3	0	1	0
合計	5,627	6,243	6,249	6,500	5,857	5,093	4,925	4,668	5,332	6,047	6,384

明治	35年	36年	37年	38年	39年	40年	41年	42年	43年	44年	45年
5円まで	290	359	321	290	193	195	149	148	154	156	141
10円まで	569	590	611	517	413	370	317	330(1)	312	301(2)	272(1)
20円まで	1,129	1,331	1,217	965	885	783	664	639(2)	666(1)	653(1)	667(1)
50円まで	2,213	2,348	2,293	1,933	1,599	1,487(2)	1,355(2)	1,314	1,250(1)	1,362(2)	1,301
75円まで	925	957	996	812	743	653	618(2)	579(2)	640	575(1)	544(1)
100円まで	1,080	1,218	1,158	1,026	928	761	775	793(2)	737(1)	750(1)	672(1)
250円まで	95	86	87	447	970	959(1)	939(3)	954(1)	896(1)	947	965(3)
500円まで	50	32	31	30	51	50	37	48(1)	41(1)	33	44
750円まで	13	13	8	16	9	12	8	6	11(1)	24	14
1,000円まで	9	10	6	4	5	5	9	8	7	8	4
2,500円まで	10	3	5	9	10	10	11	3	6	13	10
5,000円まで	1	2	1	2	1	5	10	9	3	4	2
10,000円まで	0	0	2	2	2	0	0	0	4	2	3
10,000円以上	0	1	0	1	0	0	0	1	2	0	2
合計	6,384	6,950	6,736	6,054	5,809	5,290(3)	4,892(7)	4,832(9)	4,729(6)	4,828(7)	4,641(7)

（注） 40年以降の（ ）内の数値は、樺太地方裁判所の件数であり、内数となっている。

【2-5-11】控訴院抗告審の新受・旧受件数推移及び終局区分別件数の推移（明治24年以降）

			明治	24年	25年	26年	27年	28年	29年	30年	31年	32年	33年	34年
件数	旧受			―――	5	12	15	9	21	22	12	27	21	48
	新受			156	172	207	282	350	277	254	318	454	609	742
	総数			―――	177	219	297	359	298	276	330	481	630	790
結果	判決	棄却		106	117	141	202	202	201	197	229	376	470	580
		廃棄	合計	35	37	51	78	122	63	55	59	73	97	114
			全部	―――	33	48	62	116	58	45	55	64	89	107
			一部	―――	4	3	16	6	5	10	4	9	8	7
	取下			8	5	9	7	13	7	11	13	7	7	21
	其他ノ結果			2	6	3	1	1	5	1	2	4	8	15
	終局合計			151	165	204	288	338	276	264	303	460	582	730
	未決			5	12	15	9	21	22	12	27	21	48	60

			明治	35年	36年	37年	38年	39年	40年	41年	42年	43年	44年	45年
件数	旧受			60	129	91	71	43	23	34	59	55	67	70
	新受			1,027	1,023	1,127	942	728	547	626	607	622	624	618
	総数			1,087	1,152	1,218	1,013	771	570	660	666	677	691	688
結果	判決	棄却		756	839	899	763	601	414	474	463	491	512	494
		廃棄	合計	136	148	176	159	116	96	105	96	98	96	98
			全部	125	138	164	153	112	92	104	86	95	91	94
			一部	11	10	12	6	4	4	1	10	3	5	4
	取下			38	54	42	27	27	19	18	44	20	13	21
	其他ノ結果			28	20	30	21	4	7	4	8	1	0	2
	終局合計			958	1,061	1,147	970	748	536	601	611	610	621	615
	未決			129	91	71	43	23	34	59	55	67	70	73

【2-5-12-1】地方裁判所抗告審の新受・旧受件数の推移

明治	24年	25年	26年	27年	28年	29年	30年	31年	32年	33年	34年
旧受	2	16	17	21	17	9	15	9	39	29	44
新受	233	322	357	456	369	368	333	540	881	979	1,420
総数	235	338	374	477	386	377	348	549	920	1,008	1,464

明治	35年	36年	37年	38年	39年	40年	41年	42年	43年	44年	45年
旧受	138	131	152	142	161	135	166	229	203	143	128
新受	2,050	2,132	2,118	1,927	1,633	1,284	1453(1)	1,431	1,230	1,313	1,350
総数	2,188	2,263	2,270	2,069	1,794	1,419	1619(1)	1,660	1,433	1,456	1,478

（注） 40年の（ ）内の数値は、樺太地方裁判所の事件数で、内数である。

【2-5-12-2】地方裁判所抗告審事件類型別新受件数の推移（明治24年以降）

明治	24年	25年	26年	27年	28年	29年	30年	31年	32年	33年	34年
民事訴訟	201	288	306	390	338	311	283	470	724	760	1,204
其他ノ事件	32	34	51	66	31	57	50	70	157	219	216

明治	35年	36年	37年	38年	39年	40年	41年	42年	43年	44年	45年
民事訴訟	1,764	1,777	977	846	671	421	494	482	348	364	441
其他ノ事件	286	355	1,141	1,081	962	863	959	949	882	949	909

【2-5-13】地方裁判所抗告審終局区分件数の推移（明治24年以降）

		明治	24年	25年	26年	27年	28年	29年	30年	31年	32年	33年	34年
判決	棄却		152	218	229	281	232	238	207	377	619	693	950
	前裁判廃棄	全部	48	66	80	115	97	94	82	95	200	202	242
		一部	4	16	13	23	25	15	20	17	13	11	22
取下			10	14	17	23	18	8	22	15	43	33	91
其他ノ結果			5	11	14	18	5	7	8	6	16	25	21
終局合計			219	325	353	460	377	362	339	510	891	964	1,326
未決			16	13	21	17	9	15	9	39	29	44	138

		明治	35年	36年	37年	38年	39年	40年	41年	42年	43年	44年	45年
判決	棄却		1,488	1,591	1,555	1,408	1,185	814	925(1)	988	898	967	989
	前裁判廃棄	全部	318	316	331	293	287	228	219	238	188	206	140
		一部	59	33	17	16	12	15	12	5	5	4	7
取下			137	149	171	157	157	177	208	199	181	142	141
其他ノ結果			55	22	54	34	18	19	26	27	18	9	13
終局合計			2,057	2,111	2,128	1,908	1,659	1,253	1,390(1)	1,457	1,290	1,328	1,290
未決			131	152	142	161	135	166	229	203	143	128	188

（注） 40年の（ ）内の数値は、樺太地方裁判所の事件数で、内数である。

【2-6-1-1】大審院の新受・旧受件数の推移

	明治	8年	9年	10年	11年	12年	13年	14年	15年	16年	17年	18年	19年	20年	21年	22年	23年
第1局	旧受	——	——	——	——	——	——	——	——	——	——	——	147	185	226	157	——
	新受	——	——	——	——	——	——	——	——	——	——	——	305	433	544	771	——
	総数	——	——	——	——	——	——	——	——	——	——	——	452	618	770	928	——
第2局	旧受	——	——	——	——	——	——	——	——	——	——	——	161	105	55	109	——
	新受	——	——	——	——	——	——	——	——	——	——	——	119	154	283	302	——
	総数	——	——	——	——	——	——	——	——	——	——	——	280	259	338	411	——
	越高・旧受	——	46	127	181	219	89	117	341	507	429	276	308	290	281	266	367
	新訴・新受	84	146	156	301	332	504	765	886	803	536	427	305	433	544	771	627
	総数	84	192	283	482	551	593	882	1,227	1,310	965	703	613	723	825	1,037	994

	明治	24年	25年	26年	27年	28年	29年	30年	31年	32年	33年	34年
	旧受	381	369	288	259	241	236	266	299	299	254	272
	新受	726	667	655	536	539	550	542	475	524	645	589
	総数	1107	1036	943	795	780	786	808	774	823	899	861

	明治	35年	36年	37年	38年	39年	40年	41年	42年	43年	44年	45年
	旧受	161	172	170	137	180	183	93	87	59	76	87
	新受	690	700	642	624	672	503	491	431	423	431	425
	総数	851	872	812	761	852	686	584	518	482	507	512

（注） 明治19年勅令第40号裁判所官制第19条に基づき、民事第1局は上告事件の受理不受理を審判し、第2局は受理した事件を審判することと定められた。

【2-6-1-2】大審院事件類型別新受件数の推移（明治24年以降）

	明治	24年	25年	26年	27年	28年	29年	30年	31年	32年	33年	34年
上告審	通常訴訟	718	659	653	532	537	548	542	458	511	630	580
	証書訴訟	3	1	0	0	2	0	0	0	0	0	0
	為替訴訟	0	0	0	0	0	1	0	0	0	0	0
	特別訴訟	5	7	2	4	0	1	0	4	0	0	0
	人事訴訟	――	――	――	――	――	――	――	13	13	15	9
	合計	726	667	655	536	539	550	542	475	524	645	589
再審	取消ノ訴	2	1	0	0	0	0	0	0	0	0	0
	原状回復ノ訴	1	0	0	4	2	0	0	1	2	1	0
抗告審	民事訴訟	34	28	37	47	33	38	31	38	101	183	253
	其他ノ事件	0	0	0	0	6	0	11	19	31	53	7

	明治	35年	36年	37年	38年	39年	40年	41年	42年	43年	44年	45年
上告審	通常訴訟	675	674	632	616	658	495	477	415	417	422	414
	証書訴訟	0	0	0	0	0	0	0	2	0	1	0
	為替訴訟	3	7	0	2	2	1	0	0	2	1	1
	特別訴訟	1	7	2	1	3	0	3	6	0	0	1
	人事訴訟	11	12	8	5	9	6	11	8	4	7	9
	合計	690	700	642	624	672	502	491	431	423	431	425
再審	取消ノ訴	1	0	0	0	0	1	0	0	0	0	0
	原状回復ノ訴	1	0	0	0	0	0	1	0	0	1	0
抗告審	民事訴訟	312	383	401	327	236	155	162	158	168	171	199
	其他ノ事件	54	0	0	0	0	0	0	0	0	0	0

【2-6-2-1】大審院終局区分別件数の推移（明治23年まで）

		明治	8年	9年	10年	11年	12年	13年	14年	15年	16年	17年	18年	19年	20年	21年	22年	23年
	願下(解訟・和解)		6	3	14	36	137	90	73	51	125	64	108	——	——	——	——	56
	判決	（総数）	11	50	75	222	324	384	441	658	746	612	283	——	——	——	——	547
		棄却	21	12	13	5	1	2	27	11	8	13	4	——	——	——	——	——
		不受理(上告理ナシ・原裁判ヲ可トス)	11	37	57	164	223	278	321	388	549	421	193					382
		破毀　（合計）	——	13	18	58	101	106	120	270	197	191	90	——	——	——	——	175
		破毀ニ止ム	——	——	——	——	——	——	4	1	——	1	4	——	——	——	——	1
		本院ニテ審判ス	——	——	3	29	52	50	51	83	34	13	4	——	——	——	——	11
		破毀シタル事件ニ付他へ移送	——	——	15	29	49	56	65	186	163	177	82	——	——	——	——	163
	刑事廻・検事送致		1	1	——	2	——	——	——	——	——	——	——	——	——	——	——	——
	終局合計		38	65	102	263	462	476	541	720	879	689	395	——	——	——	——	613
	未決		46	127	181	219	89	117	341	507	431	276	308	——	——	——	——	381
第1局	願下		——	——	——	——	——	——	——	——	——	——	——	25	16	25	15	——
	判決	（総数）	——	——	——	——	——	——	——	——	——	——	——	242	376	588	649	——
		不受理	——	——	——	——	——	——	——	——	——	——	——	123	222	305	347	——
		受理	——	——	——	——	——	——	——	——	——	——	——	119	154	283	302	——
	終局合計		——	——	——	——	——	——	——	——	——	——	——	267	392	613	664	——
	未決		——	——	——	——	——	——	——	——	——	——	——	185	226	157	264	——
第2局	願下		——	——	——	——	——	——	——	——	——	——	——	12	9	9	15	——
	判決	（総数）	——	——	——	——	——	——	——	——	——	——	——	163	195	220	293	——
		棄却	——	——	——	——	——	——	——	——	——	——	——	2	0	3	2	——
		不破毀	——	——	——	——	——	——	——	——	——	——	——	63	46	35	77	——
		破毀	——	——	——	——	——	——	——	——	——	——	——	98	149	182	214	——
		破毀ニ止ム	——	——	——	——	——	——	——	——	——	——	——	1	——	1	5	——
		破毀自判	——	——	——	——	——	——	——	——	——	——	——	5	17	27	11	——
		他庁ニ移付ス	——	——	——	——	——	——	——	——	——	——	——	92	131	154	198	——
	終局合計		——	——	——	——	——	——	——	——	——	——	——	175	204	229	308	——
	未決		——	——	——	——	——	——	——	——	——	——	——	105	55	109	103	——

（注） 8年に大審院が設立されるが、この年には、大審院を終審とした事件の他に、司法省裁判所・東京上等裁判所・大坂上等裁判所を終審とした事件の上告合計29件も存在した。

12年以降では、「棄却」は現在の却下に相当する意味で用いられているが、11年以前では、「棄却」の中に、原裁判を可とする判決に関するものがすべて載せられていた。したがって、「却下」・「不受理」・「上告理ナシ」などが含まれていたが、本表は、この点を整理し直した明治17年の総計年報9～10頁の記載にしたがって8～11年までの数字を記している。

破毀の項目中の「本院ニテ審判ス」は「破毀ト共ニ判決」、「破毀シタル事件ニ付他へ移送」は「他庁ニ移ス」の件数を含んでいる。

19年の「裁判所官制」によって、大審院には、上告事件の受理・不受理を審判する「第一局」と、受理した事件を審判する「第二局」が置かれた（23年10月末まで）。

なお、下級裁判所関係の終局区分では、「棄却」（訴訟判決）と「裁許」（本案判決）とは別に扱ったが、大審院の民事判決録には棄却の場合も収録されているし、また、19年からの第2局への棄却の扱いとの関係もあるので、この表では18年までの「棄却」は、「判決」の数の中に入れてある。

【2-6-2-2】大審院終局区分別件数の推移（明治24年以降）

		明治	24年	25年	26年	27年	28年	29年	30年	31年	32年	33年	34年
判決	棄却	民訴439条1項	122	271	366	276	271	269	284	218	218	323	359
		民訴452条	352	156	90	84	69	70	51	43	91	59	78
		民訴453条	4	14	3	——	1	——	1	——	1	6	0
		民訴478条	——	——	——	2	2	1	——	——	1	——	——
	破毀	差戻	60	137	97	76	92	74	66	86	102	113	140
		移送	87	35	12	12	11	20	12	6	20	23	13
		自判	14	18	14	15	16	7	13	14	35	14	25
取下			99	115	101	87	81	79	82	107	101	89	85
和解			——	2	1	1	1	——	——	——	——	——	0
命令却下			——	——	——	1	——	——	——	1	——	0	——
終局合計			738	748	684	554	544	520	509	475	569	627	700
未決			369	288	259	241	236	266	299	299	254	272	161

		明治	35年	36年	37年	38年	39年	40年	41年	42年	43年	44年	45年
判決	棄却	民訴439条1項	360	421	365	297	339	358	296	248	248	222	224
		民訴452条	89	70	110	91	104	68	55	69	69	73	64
		民訴453条	2	0	0	3	4	1	3	0	0	0	0
		民訴478条	——	——	——	——	——	——	——	——	——	——	——
	破毀	差戻	128	109	102	111	113	90	71	77	41	53	74
		移送	11	1	6	4	15	2	3	1	1	2	10
		自判	13	19	10	9	12	8	11	10	8	12	8
取下			76	82	82	66	82	66	58	54	39	58	35
和解			0	0	0	0	0	0	——	——	——	——	——
命令却下			679	——	——	——	——	——	——	——	——	——	——
終局合計			——	702	675	581	669	593	497	459	406	420	415
未決			172	170	137	180	183	93	87	59	76	87	97

【2-6-3-1-1】大審院事件類型別既済事件数の推移（明治23年まで①）

		明治	8年	9年	10年	11年	12年	13年	14年	15年	16年	17年	18年	19年	20年	21年	22年	23年
第1局	人事	（合計）	—	—	—	—	—	—	—	—	—	—	—	14	9	17	23	—
		家督相続	—	—	—	—	—	—	—	—	—	—	—	5	5	6	7	—
		離婚	—	—	—	—	—	—	—	—	—	—	—	—	—	—	—	—
		養子	—	—	—	—	—	—	—	—	—	—	—	4	1	3	5	—
		戸籍	—	—	—	—	—	—	—	—	—	—	—	2	2	—	5	—
	土地		—	—	—	—	—	—	—	—	—	—	—	77	67	126	149	—
	建物船舶		—	—	—	—	—	—	—	—	—	—	—	1	7	13	11	—
	金銭	（合計）	—	—	—	—	—	—	—	—	—	—	—	125	222	341	378	—
		金銭貸借	—	—	—	—	—	—	—	—	—	—	—	28	49	84	79	—
		売代金	—	—	—	—	—	—	—	—	—	—	—	8	15	16	25	—
		地代金	—	—	—	—	—	—	—	—	—	—	—	3	8	7	12	—
		借家料	—	—	—	—	—	—	—	—	—	—	—	1	4	4	7	—
	米穀		—	—	—	—	—	—	—	—	—	—	—	7	12	17	17	—
	物品		—	—	—	—	—	—	—	—	—	—	—	7	28	16	14	—
	証券		—	—	—	—	—	—	—	—	—	—	—	29	36	49	51	—
	選挙		—	—	—	—	—	—	—	—	—	—	—	—	—	—	—	—
	雑事		—	—	—	—	—	—	—	—	—	—	—	7	11	34	21	
第2局	人事	（合計）	—	—	—	—	—	—	—	—	—	—	—	6	10	2	7	
		家督相続	—	—	—	—	—	—	—	—	—	—	—	4	4	1	3	—
		離婚	—	—	—	—	—	—	—	—	—	—	—	—	—	—	—	—
		養子	—	—	—	—	—	—	—	—	—	—	—	0	2	0	2	—
		戸籍	—	—	—	—	—	—	—	—	—	—	—	1	1	—	0	—
	土地		—	—	—	—	—	—	—	—	—	—	—	59	40	48	62	—
	建物船舶		—	—	—	—	—	—	—	—	—	—	—	0	3	5	2	—
	金銭	（合計）	—	—	—	—	—	—	—	—	—	—	—	77	101	121	195	—
		金銭貸借		—	—				—				—	16	29	18	43	—
		売代金	—	—	—	—	—	—	—	—	—	—	—	2	8	7	12	—
		地代金	—	—	—	—	—	—	—	—	—	—	—	1	1	2	5	—
		借家料	—	—	—	—	—	—	—	—	—	—	—	0	2	1	3	—
	米穀		—	—	—	—	—	—	—	—	—	—	—	4	2	9	10	—
	物品		—	—	—	—	—	—	—	—	—	—	—	3	21	10	10	—
	証券		—	—	—	—	—	—	—	—	—	—	—	23	20	23	12	—
	選挙		—	—	—	—	—	—	—	—	—	—	—	—	—	—	—	—
	雑事		—	—	—	—	—	—	—	—	—	—	—	3	7	11	10	

【2-6-3-1-2】大審院事件類型別既済事件件数の推移（明治23年まで②）

	明治	8年	9年	10年	11年	12年	13年	14年	15年	16年	17年	18年	19年	20年	21年	22年	23年
人事	（合計）	——	——	5	8	17	8	16	18	33	28	12	——	——	——	——	14
	家督相続	——	——	1	5	6	1	3	7	17	12	6	——	——	——	——	6
	離婚	——	——	1	2	3	——	——	——	——	3	——	——	——	——	——	——
	養子女離別	——	——	1	——	1	6	6	3	3	3	2	——	——	——	——	1
	戸籍ニ関スル事	——	——	1	——	7	——	5	4	2	4	2	——	——	——	——	4
土地		——	——	38	141	216	231	251	270	399	244	116	——	——	——	——	148
建物船舶		——	——	4	4	10	6	8	11	16	5	5	——	——	——	——	9
金銭	（合計）	——		32	81	131	127	124	139	216	281	196	——	——	——	——	318
	金銭貸借	——	——	6	41	54	55	49	49	111	116	67	——	——	——	——	68
	売代金	——	——	5	5	4	4	6	6	10	23	3	——	——	——	——	19
	地代金	——		1	2	——	1	7	3	1	——	1	——	——	——	——	6
	借家料	——	——	——	——	1	1	1	1	2	3	1	——	——	——	——	5
米穀		——	——	12	4	24	10	32	159	47	29	8	——	——	——	——	20
物品		——	——	2	8	13	22	12	16	14	9	14	——	——	——	——	13
証券		——	——	2	5	24	32	60	71	114	85	37	——	——	——	——	46
選挙		——	——	——	——	——	——	——	——	——	——	——	——	——	——	——	6
雑事		——	——	7	12	27	40	38	36	40	8	7	——	——	——	——	39

（注）「建物船舶」は、8～18年は「建物」、19年以降は「建物船舶」の件数を採用した。
「売代金」は、38年以降は「売買代金」と「売掛代金」の件数を合算した。
「借地料」は、「借地料」と「借地敷金」の件数を合算した。「借地料」は、38年から「地代金」となる。
「借家料」は、「借家料」と「敷金」の件数の合算であるが、13、14年は「敷金」のみ、15年は「家賃」のみの件数となっている。38年以降は「家賃金」と「敷金」の件数を合算した。
「金銭貸借」は、9～18年は「金銭貸借」、19年以降は、「無抵当貸金」、「土地書入貸金」、「土地質入貸金」、「建物書入質貸金」、「船舶書入質貸金」、「動産書入質貸金」に分かれると考えられるが、ここでは「無抵当貸金」の件数のみを計上した（【2-4-3-1】の「金銭貸借」の注参照）。
「貸金」は、38年以降は「無抵当貸金」、「地所抵当貸金」、「建物抵当貸金」に分かれるが、ここでは、「無抵当貸金」のみを示した。
「養子縁組離縁」は、38年以降は「養子縁組」と「離縁」の件数を合算した。
「戸籍ニ関スル事」は、戸籍にかかわる項目、たとえば「送籍差拒」、「復籍」等の件数を合算した。38年以降は「身分登記並戸籍」と「離籍」の件数を合算した。

【2-6-3-2-1】大審院事件類型別既済事件数の推移（人事、明治24年以降34年まで）

	明治	24年	25年	26年	27年	28年	29年	30年	31年	32年	33年	34年
家督相続	棄却	2	6	3	7	4	9	10	8	7	6	4
	破毀・差戻	0	1	1	1	1	1	1	3	1	1	3
	破毀・移送	0	0	0	0	0	0	0	0	0	1	0
	破毀・自判	0	0	0	0	0	0	1	0	1	0	0
	取下	1	1	0	1	3	2	2	3	3	4	1
	和解	――	0	0	0	0	――	――	――	――	0	0
	命令却下	――	――	――	0	――	――	――	0	――	――	――
	終局合計	3	8	4	9	8	12	14	14	12	12	8
離婚	棄却	2	0	2	――	1	2	4	――	0	3	2
	破毀・差戻	0	0	0	――	0	1	0	――	1	0	1
	破毀・移送	0	0	0	――	0	0	0	――	0	0	0
	破毀・自判	0	1	0	――	0	0	0	――	0	0	0
	取下	1	1	1	――	0	1	2	――	0	0	1
	和解	――	0	0	――	0	――	――	――	――	0	0
	命令却下	――	――	――	――	0	――	――	――	――	――	――
	終局合計	3	2	3	――	1	4	6	――	1	3	4
養子縁組離縁	棄却	0	3	0	1	1	3	0	3	6	2	2
	破棄・差戻	0	0	0	0	2	1	0	0	1	0	2
	破毀・移送	0	0	0	0	1	0	0	0	0	0	0
	破毀・自判	0	1	1	0	0	0	0	2	1	0	0
	取下	1	2	1	1	2	1	1	2	2	3	0
	和解	――	0	0	0	0	――	――	――	――	0	0
	命令却下	――	――	――	0	――	――	――	0	――	――	――
	終局合計	1	6	2	2	6	5	1	7	10	5	4
戸籍ニ関スル事	棄却	3	5	1	3	――	1	0	2	2	3	1
	破毀・差戻	0	0	1	0	――	1	0	0	2	0	1
	破毀・移送	0	0	0	0	――	0	0	0	0	0	1
	破毀・自判	0	0	1	0	――	0	0	0	0	0	1
	取下	0	0	0	0	――	0	1	1	1	0	0
	和解	――	0	0	0	――	――	――	――	――	0	0
	命令却下	――	――	――	0	――	――	――	0	――	――	――
	終局合計	3	5	3	3	――	2	1	3	5	3	4
人事合計	棄却	15	29	23	21	22	21	19	21	18	27	15
	破毀・差戻	0	2	4	5	4	4	2	5	7	3	10
	破毀・移送	1	0	0	0	1	0	0	0	0	1	1
	破毀・自判	0	2	3	0	0	1	2	2	3	0	2
	取下	4	8	5	7	11	6	14	11	8	9	3
	和解	――	0	0	0	0	――	――	――	――	0	0
	命令却下	――	――	――	0	――	――	――	0	――	――	――
	終局合計	20	41	35	33	38	32	37	39	36	40	31

（注）「養子縁組離縁」は、「養子離縁」、「養女取戻」、「養女入籍」の件数を含んでいる。

【2-6-3-2-2】大審院事件類型別既済事件数の推移（人事、明治35年以降）

	明治	35年	36年	37年	38年	39年	40年	41年	42年	43年	44年	45年
家督相続	棄却	6	10	9	5	9	3	2	7	4	5	6
	破毀・差戻	5	2	3	2	0	0	0	1	0	0	2
	破毀・移送	1	0	1	0	0	0	0	0	0	0	0
	破毀・自判	0	1	1	0	0	0	1	0	0	0	0
	取下	2	2	1	2	2	2	2	1	0	1	0
	和解	0	0	0	0	0	0	———	———	———	———	———
	命令却下	———	———	———	———	———	———	———	———	———	———	———
	終局合計	14	15	15	9	11	5	5	9	4	6	8
離婚	棄却	0	3	4	2	1	3	———	3	2	1	2
	破毀・差戻	0	2	0	0	0	0	———	0	1	0	0
	破毀・移送	1	0	0	0	0	0	———	0	0	0	0
	破毀・自判	0	0	0	1	0	0	———	0	0	0	0
	取下	0	0	0	1	1	1	———	0	0	1	1
	和解	0	0	0	0	0	0	———	———	———	———	———
	命令却下	———	———	———	———	———	———	———	———	———	———	———
	終局合計	1	5	4	4	2	4	———	3	3	2	3
養子縁組離縁	棄却	2	2	———	1	———	5	4	2	0	3	3
	破毀・差戻	0	0	———	0	———	1	0	0	1	0	1
	破毀・移送	0	0	———	0	———	0	0	0	0	0	0
	破毀・自判	0	0	———	0	———	0	0	0	0	0	0
	取下	0	0	———	1	———	1	0	1	0	0	0
	和解	0	0	———	0	———	0	———	———	———	———	———
	命令却下	———	———	———	———	———	———	———	———	———	———	———
	終局合計	2	2	———	2	———	7	4	3	1	3	4
戸籍ニ関スル事	棄却	———	———	2	0	———	2	2	1	1	———	0
	破毀・差戻	———	———	0	0	———	1	0	0	0	———	1
	破毀・移送	———	———	0	0	———	0	0	0	0	———	0
	破毀・自判	———	———	0	0	———	0	0	0	0	———	0
	取下	———	———	0	1	———	0	0	0	0	———	0
	和解	———	———	0	0	———	0	———	———	———	———	———
	命令却下	———	———	———	———	———	———	———	———	———	———	———
	終局合計	———	———	2	1	———	3	2	1	1	———	1
人事合計	棄却	15	25	26	16	16	23	20	20	11	17	19
	破毀・差戻	6	4	4	2	1	4	4	3	2	0	5
	破毀・移送	2	0	1	0	0	0	0	0	0	0	0
	破毀・自判	1	2	1	2	0	0	3	0	0	0	0
	取下	5	4	1	6	5	7	3	4	0	7	4
	和解	0	0	0	0	0	0	———	———	———	———	———
	命令却下	———	———	———	———	———	———	———	———	———	———	———
	終局合計	29	35	33	26	22	34	30	27	13	24	28

【2-6-3-2-3】大審院事件類型別既済事件数の推移（土地、建物船舶、明治24年以降）

	明治	24年	25年	26年	27年	28年	29年	30年	31年	32年	33年	34年
土地	棄却	136	121	99	100	105	120	108	84	79	114	108
	破毀・差戻	18	33	23	25	25	22	15	23	20	29	30
	破毀・移送	18	11	5	7	8	16	4	2	10	5	4
	破毀・自判	2	7	3	5	4	3	2	2	12	3	9
	取下	26	27	9	15	20	22	22	31	23	12	13
	和解	――	1	0	0	0	――	――	――	――	0	0
	命令却下	――	――	――	0	――	――	――	0	――	――	――
	終局合計	200	200	139	152	162	183	151	142	144	163	164
建物船舶	棄却	10	5	2	4	2	3	3	1	6	11	9
	破毀・差戻	1	2	0	1	3	0	0	2	1	0	2
	破毀・移送	1	1	1	0	0	0	0	0	1	1	0
	破毀・自判	1	0	0	0	0	0	0	0	1	1	0
	取下	2	0	2	1	2	0	1	0	1	2	3
	和解	――	0	0	0	0	――	――	0	――	0	0
	命令却下	――	――	――	0	――	――	――	――	――	――	――
	終局合計	15	8	5	6	7	3	4	3	10	15	14

	明治	35年	36年	37年	38年	39年	40年	41年	42年	43年	44年	45年
土地	棄却	126	127	88	64	50	64	46	58	57	51	56
	破毀・差戻	33	34	13	17	7	11	6	12	10	3	10
	破毀・移送	4	0	2	1	3	0	0	0	0	0	2
	破毀・自判	4	4	2	0	3	1	3	1	2	1	3
	取下	18	17	14	11	5	8	11	7	5	13	3
	和解	0	0	0	0	0	0	――	――	――	――	――
	命令却下	――	――	――	――	――	――	――	――	――	――	――
	結局合計	185	182	119	93	68	84	66	78	74	68	74
建物船舶	棄却	6	14	13	8	12	22	13	13	10	7	7
	破毀・差戻	3	3	3	3	5	1	3	5	2	3	1
	破毀・移送	1	0	0	0	1	0	0	0	1	0	2
	破毀・自判	1	0	0	0	0	0	0	0	0	0	0
	取下	2	3	3	2	2	2	7	5	1	0	1
	和解	0	0	0	0	0	0	――	――	――	――	――
	命令却下	――	――	――	――	――	――	――	――	――	――	――
	終局合計	13	20	19	13	20	25	23	23	14	10	11

【2-6-3-2-4】大審院事件類型別既済事件件数の推移（金銭、明治24年以降34年まで）

	明治	24年	25年	26年	27年	28年	29年	30年	31年	32年	33年	34年
無抵当貸金	棄却	60	62	65	28	25	37	38	22	24	32	30
	破毀・差戻	5	21	16	5	6	12	10	10	14	10	11
	破毀・移送	10	4	1	0	1	0	0	3	2	0	0
	破毀・自判	0	5	3	2	1	0	1	1	0	0	1
	取下	12	15	12	15	15	17	10	17	11	11	8
	和解	—	0	1	1	0	—	—	—	—	0	0
	命令却下	—	—	—	1	—	—	—	1	—	—	—
	終局合計	87	107	98	52	48	66	59	54	51	53	50
売代金	棄却	17	15	9	9	17	5	4	9	24	21	20
	破毀・差戻	0	7	1	3	2	3	0	2	4	4	4
	破毀・移送	4	1	0	0	0	0	0	0	0	0	0
	破毀・自判	0	0	0	1	0	0	0	0	1	1	0
	取下	5	4	6	0	3	2	0	6	11	5	5
	和解	—	0	0	0	0	—	—	—	—	0	0
	命令却下	—	—	—	0	—	—	—	0	—	—	—
	終局合計	26	27	16	13	22	10	4	17	40	31	29
借地料	棄却	1	1	1	2	1	2	2	—	3	2	4
	破毀・差戻	4	0	0	1	0	0	0	—	0	3	1
	破毀・移送	1	0	0	0	0	0	0	—	0	1	0
	破毀・自判	0	0	0	0	0	0	0	—	0	0	0
	取下	0	0	0	0	1	0	0	—	1	0	2
	和解	—	0	0	0	0	—	—	—	—	0	0
	命令却下	—	—	—	0	—	—	—	—	—	—	—
	終局合計	6	1	1	3	2	2	2	—	4	6	7
借家料	棄却	2	0	2	1	—	0	—	—	—	—	—
	破毀・差戻	0	1	0	0	—	0	—	—	—	—	—
	破毀・移送	0	0	0	0	—	1	—	—	—	—	—
	破毀・自判	0	0	0	0	—	0	—	—	—	—	—
	取下	0	0	2	0	—	1	—	—	—	—	—
	和解	—	0	0	0	—	—	—	—	—	—	—
	命令却下	—	—	—	0	—	—	—	—	—	—	—
	終局合計	2	1	4	1	—	2	—	—	—	—	—
金銭合計	棄却	227	219	251	169	151	142	144	115	146	176	229
	破毀・差戻	31	66	57	32	40	39	35	45	53	55	82
	破毀・移送	53	13	5	1	2	2	4	4	5	13	5
	破毀・自判	4	7	6	8	10	3	6	9	8	4	6
	取下	48	56	59	49	38	41	31	48	55	51	51
	和解	—	1	1	1	0	—	—	—	—	0	0
	命令却下	—	—	—	1	—	—	—	1	—	—	—
	終局合計	363	362	379	261	241	227	220	222	267	299	373

（注）「売代金」は、38年以降は「売買代金」と「売掛代金」の件数を合算した。
「借地料」は、「借地料」と「借地敷金」の件数を合算した。ただし、29年は「敷地料」、38年以降は「地代金」の件数を採用した。
「借家料」は、「借家料」と「借家敷金」の件数を合算した。ただし、38年以降は「家賃金」に代わり、「家賃金」と「敷金」の件数を合算し、（　）内は「敷金」の内数である。

【2-6-3-2-5】大審院事件類型別既済事件数の推移（金銭、明治35年以降）

	明治	35年	36年	37年	38年	39年	40年	41年	42年	43年	44年	45年
無抵当貸金	棄却	43	31	46	36	45	40	24	23	32	26	25
	破毀・差戻	6	9	10	8	10	7	10	12	2	4	2
	破毀・移送	2	0	0	0	0	0	0	0	0	0	0
	破毀・自判	1	2	1	1	1	0	0	1	2	0	1
	取下	8	11	10	9	13	12	7	7	5	4	4
	和解	0	0	0	0	0	0	――	――	――	――	――
	命令却下	――	――	――	――	――	――	――	――	――	――	――
	終局合計	60	53	67	54	69	59	41	43	41	34	32
売代金	棄却	17	22	19	24	19	22	22	17	10	16	16
	破毀・差戻	3	4	2	11	4	8	4	3	0	3	5
	破毀・移送	0	0	0	0	0	1	0	0	0	0	0
	破毀・自判	0	0	0	0	0	0	0	0	0	0	0
	取下	2	7	4	3	8	4	2	2	0	3	3
	和解	0	0	0	0	0	0	――	――	――	――	――
	命令却下	――	――	――	――	――	――	――	――	――	――	――
	終局合計	22	33	25	38	31	35	28	22	10	22	24
借地料	棄却	4	3	5	――	7	5	2	3	2	――	1
	破毀・差戻	1	0	2	――	1	0	0	0	1	――	2
	破毀・移送	0	0	0	――	1	0	0	0	0	――	0
	破毀・自判	0	0	0	――	0	0	0	0	0	――	0
	取下	0	0	1	――	2	0	0	0	0	――	1
	和解	0	0	0	――	0	0	――	――	――	――	――
	命令却下	――	――	――	――	――	――	――	――	――	――	――
	終局合計	5	3	8	――	11	5	2	3	3	――	4
借家料	棄却	1	1	2	――	0	6	――	――	――	4	――
	破毀・差戻	0	0	0	――	0	1	――	――	――	0	――
	破毀・移送	0	0	0	――	0	0	――	――	――	0	――
	破毀・自判	0	0	0	――	1	0	――	――	――	0	――
	取下	0	0	0	――	1	1	――	――	――	0	――
	和解	0	0	0	――	0	0	――	――	――	――	――
	命令却下	――	――	――	――	――	――	――	――	――	――	――
	終局合計	1	1	2	――	2	8	――	――	――	4	――
金銭合計	棄却	224	247	263	215	221	222	175	138	178	154	156
	破毀・差戻	63	51	64	66	70	59	43	37	18	33	41
	破毀・移送	3	1	2	1	4	2	0	0	0	1	4
	破毀・自判	7	8	3	4	6	0	1	3	4	3	4
	取下	36	41	50	38	52	42	19	25	26	21	19
	和解	0	0	0	0	0	0	――	203	――	――	――
	命令却下	――	――	――	――	――	――	――	――	――	――	――
	終局合計	333	348	382	324	353	325	238	――	226	212	224

【2-6-3-2-6】大審院事件類型別既済事件数の推移（米穀、物品、証券、選挙、雑事、明治24年以降）

	明治	24年	25年	26年	27年	28年	29年	30年	31年	32年	33年	34年	35年	36年	37年	38年	39年	40年	41年	42年	43年	44年	45年
米穀	棄却	18	6	11	9	7	5	2	8	9	6	5	7	3	2	4	2	3	5	3	1	2	2
	破毀・差戻	1	11	0	0	2	0	3	3	2	3	2	0	1	0	1	1	1	2	1	0	0	0
	破毀・移送	4	0	0	0	0	0	0	0	0	1	0	0	0	0	0	1	0	0	0	0	0	0
	破毀・自判	0	0	0	0	0	0	0	0	1	0	1	0	0	0	0	0	0	1	0	0	0	0
	取下	4	6	1	2	1	0	1	0	0	1	0	1	1	0	1	1	11	1	0	0	1	0
	和解	—	0	0	0	0	—	—	—	—	0	0	0	0	0	0	0	0	—	—	—	—	—
	命令却下	—	—	—	0	—	—	—	0	—	—	—	—	—	—	—	—	—	—	—	—	—	—
	終局合計	27	23	12	11	10	5	6	11	12	11	8	8	5	2	6	5	5	9	4	1	3	2
物品	棄却	6	13	11	11	8	9	9	4	13	3	11	17	9	5	6	10	8	8	10	8	3	5
	破毀・差戻	0	6	1	0	0	1	2	2	4	3	1	5	0	2	1	0	0	4	0	3	2	1
	破毀・移送	1	4	0	0	0	0	0	0	1	0	0	0	0	0	1	1	0	1	0	0	1	1
	破毀・自判	0	1	0	0	0	0	1	0	0	0	0	0	0	1	0	0	0	0	0	0	0	0
	取下	3	4	3	2	1	1	2	3	6	0	0	4	3	1	1	1	0	1	0	1	1	0
	和解	—	0	0	0	0	—	—	—	—	0	0	0	0	0	0	0	0	—	—	—	—	—
	命令却下	—	—	—	0	—	—	—	0	—	—	—	—	—	—	—	—	—	—	—	—	—	—
	終局合計	10	28	15	13	9	11	14	9	24	6	12	26	12	9	9	12	8	14	10	12	7	7
証券	棄却	21	19	18	2	8	7	8	5	6	2	4	16	3	5	4	6	5	1	4	1	5	6
	破毀・差戻	2	10	4	2	1	0	3	2	4	2	5	2	2	3	1	3	1	0	0	0	1	1
	破毀・移送	3	3	0	0	0	0	0	0	1	0	1	0	0	1	0	0	0	0	0	0	0	0
	破毀・自判	1	0	0	0	0	0	0	0	0	1	0	0	1	0	0	0	0	0	0	0	2	0
	取下	4	5	3	2	0	2	3	1	1	0	3	0	1	1	0	0	1	0	1	0	1	0
	和解	—	0	0	0	0	—	—	—	—	0	0	0	0	0	0	0	0	—	—	—	—	—
	命令却下	—	—	—	0	—	—	—	0	—	—	—	—	—	—	—	—	—	—	—	—	—	—
	終局合計	31	37	25	6	9	9	14	8	12	5	13	18	7	10	5	9	7	1	5	1	9	7
選挙	棄却	5	3	3	3	—	1	—	1	0	1	—	1	1	2	0	1	1	0	5	—	—	0
	破毀・差戻	1	2	0	0	—	0	—	0	0	0	—	0	0	0	1	1	0	0	2	—	—	0
	破毀・移送	1	1	0	0	—	0	—	0	0	0	—	0	0	0	0	0	0	0	0	—	—	0
	破毀・自判	0	1	0	0	—	0	—	0	1	0	—	0	2	0	0	0	0	1	0	—	—	0
	取下	0	0	0	1	—	0	—	1	0	0	—	0	2	2	0	0	0	0	1	—	—	1
	和解	—	0	0	0	—	—	—	—	—	0	—	0	0	0	0	0	0	—	—	—	—	—
	命令却下	—	—	—	0	—	—	—	0	—	—	—	—	—	—	—	—	—	—	—	—	—	—
	終局合計	7	7	3	4	—	1	—	2	1	1	—	1	5	4	1	2	1	1	8	—	—	1
雑事	棄却	40	26	41	43	40	32	43	22	34	48	56	39	62	71	74	129	79	86	66	51	56	37
	破毀・差戻	6	5	8	11	17	8	6	4	11	18	8	16	14	13	19	25	13	9	17	6	11	15
	破毀・移送	5	2	1	4	0	2	4	0	2	2	2	1	0	0	1	5	0	2	1	0	0	1
	破毀・自判	6	0	2	2	2	0	2	1	9	5	7	0	2	3	3	3	7	2	6	2	6	1
	取下	8	9	19	8	8	7	8	12	7	14	12	10	10	10	7	16	5	16	11	6	14	7
	和解	—	0	0	0	1	—	—	—	—	0	0	0	0	0	0	0	0	—	—	—	—	—
	命令却下	—	—	—	0	—	—	—	0	—	—	—	—	—	—	—	—	—	—	—	—	—	—
	終局合計	65	42	71	68	68	49	63	39	63	87	85	66	88	97	104	178	104	115	101	65	87	61

【2-6-4-1】大審院審理期間別既済事件数の推移（明治23年まで）

	明治	8年	9年	10年	11年	12年	13年	14年	15年	16年	17年	18年	19年	20年	21年	22年	23年
	10日以下	18	20	13	7	10	19	30	12	5	7	2	—	—	—	—	0
	1月以下	8	2	4	4	15	110	145	11	15	24	1	—	—	—	—	3
	2月以下	4	1	1	4	46	114	74	31	37	47	1	—	—	—	—	8
	3月以下	4	1	1	6	59	84	65	59	62	58	5	—	—	—	—	25
	6月以下	4	9	10	59	182	98	147	271	252	197	103	—	—	—	—	386
	1年以下	—	20	42	97	112	48	75	235	385	241	211	—	—	—	—	186
	2年以下	—	12	30	82	35	3	5	100	120	109	62	—	—	—	—	4
	3年以下	—	—	1	4	3	—	—	1	3	6	8	—	—	—	—	—
	3年以上	—	—	—	—	—	—	—	—	—	—	2	—	—	—	—	1
	合計	38	65	102	263	462	476	541	720	879	689	395	—	—	—	—	613
第１局	10日以下	—	—	—	—	—	—	—	—	—	—	—	1	3	1	0	—
	1月以下	—	—	—	—	—	—	—	—	—	—	—	1	1	1	4	—
	2月以下	—	—	—	—	—	—	—	—	—	—	—	4	4	8	54	—
	3月以下	—	—	—	—	—	—	—	—	—	—	—	14	4	54	197	—
	6月以下	—	—	—	—	—	—	—	—	—	—	—	102	208	485	392	—
	1年以下	—	—	—	—	—	—	—	—	—	—	—	131	164	63	14	—
	2年以下	—	—	—	—	—	—	—	—	—	—	—	14	5	1	3	—
	3年以下	—	—	—	—	—	—	—	—	—	—	—	0	2	—	0	—
	3年以上	—	—	—	—	—	—	—	—	—	—	—	—	1	—	0	—
	合計	—	—	—	—	—	—	—	—	—	—	—	267	392	613	664	—
第２局	10日以下	—	—	—	—	—	—	—	—	—	—	—	0	0	0	0	—
	1月以下	—	—	—	—	—	—	—	—	—	—	—	1	0	0	2	—
	2月以下	—	—	—	—	—	—	—	—	—	—	—	0	3	10	17	—
	3月以下	—	—	—	—	—	—	—	—	—	—	—	8	9	55	50	—
	6月以下	—	—	—	—	—	—	—	—	—	—	—	26	93	124	193	—
	1年以下	—	—	—	—	—	—	—	—	—	—	—	111	78	37	45	—
	2年以下	—	—	—	—	—	—	—	—	—	—	—	27	19	3	1	—
	3年以下	—	—	—	—	—	—	—	—	—	—	—	2	2	—	0	—
	3年以上	—	—	—	—	—	—	—	—	—	—	—	—	0	—	0	—
	合計	—	—	—	—	—	—	—	—	—	—	—	175	204	229	308	—

（注）「10日以下」は、8、9年は「即日」と「7日以下」の件数を合算し、14年以降は「即日」と「10日以下」の件数を合算した。
「1月以下」は、8、9年は「15日以下」と「30日以下」の件数を合算した。
「2月以下」は、8、9年は「60日以下」の件数を採用した。

【2-6-4-2-1】大審院審理期間別既済事件数の推移（明治24年以降34年まで）

	明治	24年	25年	26年	27年	28年	29年	30年	31年	32年	33年	34年
判決二因ルモノ	10日以下	0	0	0	0	0	0	0	0	1	0	0
	1月以下	0	6	1	1	0	2	0	1	1	1	2
	2月以下	5	27	20	28	10	20	0	2	17	5	43
	3月以下	8	71	70	39	71	72	0	5	27	67	88
	6月以下	189	268	286	243	230	173	47	144	170	235	308
	1年以下	394	233	202	139	143	164	164	190	195	214	165
	2年以下	42	26	3	14	7	9	209	23	52	13	8
	2年以上	1	――	0	1	1	1	7	2	5	3	1
	合計	639	631	582	465	462	441	427	367	468	538	615
判決ナキモノ	10日以下	0	3	1	0	0	0	0	0	0	0	0
	1月以下	1	1	1	2	2	1	0	2	0	3	2
	2月以下	7	4	6	6	5	3	1	1	3	4	5
	3月以下	7	9	14	5	14	8	0	5	9	12	9
	6月以下	30	45	49	44	33	45	15	45	45	32	31
	1年以下	43	48	29	29	25	20	31	47	32	31	34
	2年以下	8	7	2	3	1	1	35	3	11	3	2
	2年以上	3	――	0	0	2	1	0	5	1	4	2
	合計	99	117	102	89	82	79	82	108	101	89	85
合計	10日以下	0	3	1	0	0	0	0	0	1	0	0
	1月以下	1	7	2	3	2	3	0	3	1	4	4
	2月以下	12	31	26	34	15	23	1	3	20	9	48
	3月以下	15	80	84	44	85	80	0	10	36	79	97
	6月以下	219	313	335	287	263	218	62	189	215	267	339
	1年以下	437	281	231	168	168	184	195	237	227	245	199
	2年以下	50	33	5	17	8	10	244	26	63	16	10
	2年以上	4	――	0	1	3	2	7	7	6	7	3
	合計	738	748	684	554	544	520	509	475	569	627	700

【2-6-4-2-2】大審院審理期間別既済事件数の推移(明治35年以降)

	明治	35年	36年	37年	38年	39年	40年	41年	42年	43年	44年	45年
判決ニ因ルモノ	10日以下	1	0	2	0	0	0	0	1	0	0	0
	1月以下	1	61	18	28	10	39	42	61	80	20	21
	2月以下	75	162	152	128	90	151	121	127	103	131	110
	3月以下	123	130	143	116	106	92	94	75	78	65	83
	6月以下	304	213	221	204	283	175	155	120	91	124	129
	1年以下	91	44	52	39	94	69	23	18	15	22	36
	2年以下	7	10	5	0	4	1	2	2	0	0	1
	2年以上	1	0	0	0	0	0	2	1	0	0	0
	合計	603	620	593	515	587	527	439	405	367	362	380
判決ナキモノ	10日以下	1	0	0	0	0	0	0	0	1	1	0
	1月以下	2	8	2	4	2	3	8	6	10	5	5
	2月以下	12	16	24	25	24	19	16	16	12	23	15
	3月以下	16	14	24	16	13	12	13	12	9	9	8
	6月以下	34	26	23	17	33	25	17	14	6	14	5
	1年以下	10	11	5	4	9	7	2	4	1	4	2
	2年以下	1	3	4	0	1	0	2	1	0	2	0
	2年以上	0	4	0	0	0	0	0	1	0	0	0
	合計	76	82	82	66	82	66	58	54	39	58	35
合計	10日以下	2	0	2	0	0	0	0	1	1	1	0
	1月以下	3	69	20	32	12	42	50	67	90	25	26
	2月以下	87	178	176	153	114	170	137	143	115	154	125
	3月以下	139	144	167	132	119	104	107	87	87	74	91
	6月以下	338	239	244	221	316	200	172	134	97	138	134
	1年以下	101	55	57	43	103	76	25	22	16	26	38
	2年以下	8	13	9	0	5	1	4	3	0	2	1
	2年以上	1	4	0	0	0	0	2	2	0	0	0
	合計	679	702	675	581	669	593	497	459	406	420	415

【2-6-4-3-1】大審院審理期間別未済事件数の推移（明治23年まで）

	明治	8年	9年	10年	11年	12年	13年	14年	15年	16年	17年	18年	19年	20年	21年	22年	23年
	10日以下	——	——	——	——	——	——	——	——	24	15	17	——	——	——	——	24
	1月以下	——	——	——	——	——	——	——	——	32	24	16	——	——	——	——	18
	2月以下	——	——	——	——	——	——	——	——	38	36	10	——	——	——	——	8
	3月以下	——	——	——	——	——	——	——	——	32	32	18	——	——	——	——	66
	6月以下	——	——	——	——	——	——	——	——	163	74	81	——	——	——	——	177
	1年以下	——	——	——	——	——	——	——	——	124	75	130	——	——	——	——	85
	2年以下	——	——	——	——	——	——	——	——	18	18	35	——	——	——	——	2
	3年以下	——	——	——	——	——	——	——	——	0	2	1	——	——	——	——	——
	3年以上	——	——	——	——	——	——	——	——	——	——	0	——	——	——	——	1
	合計	——	——	——	——	——	——	——	——	431	276	308	——	——	——	——	381
第1局	10日以下	——	——	——	——	——	——	——	——	——	——	——	40	19	29	33	——
	1月以下	——	——	——	——	——	——	——	——	——	——	——	23	48	47	33	——
	2月以下	——	——	——	——	——	——	——	——	——	——	——	26	28	25	46	——
	3月以下	——	——	——	——	——	——	——	——	——	——	——	13	17	16	24	——
	6月以下	——	——	——	——	——	——	——	——	——	——	——	54	101	34	112	——
	1年以下	——	——	——	——	——	——	——	——	——	——	——	25	13	5	15	——
	2年以下	——	——	——	——	——	——	——	——	——	——	——	4	0	1	0	——
	3年以下	——	——	——	——	——	——	——	——	——	——	——	0	0	——	1	——
	3年以上	——	——	——	——	——	——	——	——	——	——	——	——	0	——	0	——
	合計	——	——	——	——	——	——	——	——	——	——	——	185	226	157	264	——
第2局	10日以下	——	——	——	——	——	——	——	——	——	——	——	3	9	10	8	——
	1月以下	——	——	——	——	——	——	——	——	——	——	——	11	17	21	19	——
	2月以下	——	——	——	——	——	——	——	——	——	——	——	7	13	39	29	——
	3月以下	——	——	——	——	——	——	——	——	——	——	——	6	7	26	28	——
	6月以下	——	——	——	——	——	——	——	——	——	——	——	10	5	2	12	——
	1年以下	——	——	——	——	——	——	——	——	——	——	——	58	3	11	6	——
	2年以下	——	——	——	——	——	——	——	——	——	——		10	1	0	0	——
	3年以下	——	——	——	——	——	——	——	——	——	——	——	0	0	——	0	——
	3年以上	——	——	——	——	——	——	——	——	——	——	——	——	0	——	1	——
	合計	——	——	——	——	——	——	——	——	——	——	——	105	55	109	103	——

（注） 19年以降の未決審理期間は、「審理中」と「中止」の件数を合算した。

【2-6-4-3-2】大審院審理期間別未済事件数の推移（明治24年以降）

		明治	24年	25年	26年	27年	28年	29年	30年	31年	32年	33年	34年
未決期間	未決審理中	10日以下	24	28	31	15	14	24	20	15	0	17	19
		1月以下	37	49	35	40	25	33	25	30	47	39	53
		2月以下	51	55	38	35	39	34	37	32	34	46	18
		3月以下	12	16	21	10	17	5	9	7	16	16	4
		6月以下	139	91	95	95	89	85	126	96	107	83	37
		1年以下	95	44	35	29	44	75	68	97	36	60	19
		2年以下	10	2	0	9	1	5	9	13	3	4	0
		2年以上	0	――	0	0	0	0	2	2	1	0	0
		合計	368	285	255	233	229	261	296	292	244	265	150
	合計	10日以下	24	28	31	15	14	24	20	15	0	17	19
		1月以下	37	49	35	40	25	33	25	30	47	39	53
		2月以下	51	55	38	35	39	34	37	32	34	46	18
		3月以下	12	16	21	10	17	5	9	7	16	16	4
		6月以下	140	91	95	97	89	85	126	96	107	83	37
		1年以下	95	44	37	31	45	75	70	99	38	60	23
		2年以下	10	5	0	13	6	9	9	15	6	5	2
		2年以上	0	――	2	0	1	1	3	5	6	6	5
		3年以上	369	288	259	241	236	266	299	299	254	272	161

		明治	35年	36年	37年	38年	39年	40年	41年	42年	43年	44年	45年
未決期間	未決審理中	10日以下	9	30	10	18	16	7	14	9	18	8	0
		1月以下	75	34	39	45	40	28	22	14	31	23	33
		2月以下	19	34	42	19	35	19	15	7	4	18	14
		3月以下	2	8	8	9	7	2	4	4	1	6	8
		6月以下	39	41	22	62	52	20	17	15	14	23	25
		1年以下	11	14	9	18	25	5	4	3	2	5	10
		2年以下	1	0	0	1	0	0	0	0	0	0	1
		2年以上	2	0	2	1	0	1	1	0	0	0	0
		合計	158	161	132	173	175	82	77	52	70	83	91
	合計	10日以下	9	30	10	18	16	7	14	9	18	8	0
		1月以下	75	34	41	45	40	28	22	14	31	23	33
		2月以下	19	34	42	19	35	19	15	7	4	18	14
		3月以下	2	8	9	9	7	2	4	4	1	6	8
		6月以下	40	41	23	62	52	20	17	15	14	23	26
		1年以下	18	18	9	21	28	7	6	6	2	6	10
		2年以下	2	0	0	1	1	4	2	0	3	0	1
		2年以上	7	5	3	5	4	6	7	4	3	3	5

【2-6-5-1】大審院訴額別新受件数の推移（明治23年まで）

明治	8年	9年	10年	11年	12年	13年	14年	15年	16年	17年	18年	19年	20年	21年	22年	23年
5円まで	――	――	――	1	1	1	2	4	1	10	35	12	7	14	12	16
10円まで	――	――	――	2	2	7	3	2	1	10	41	15	5	17	13	11
20円まで	――	――	――	1	3	4	5	1	4	14	14	6	26	22	20	27
50円まで	――	――	――	4	6	5	8	9	20	34	19	20	31	55	73	53
75円まで	――	――	――	――	――	――	――	――	22	29	21	8	37	32	51	36
100円まで	――	――	――	2	10	17	17	10	6	16	20	23	40	35	51	41
250円まで	――	――	――	――	――	――	――	――	38	37	33	39	82	73	116	79
500円まで	――	――	――	26	39	34	46	49	35	50	24	22	42	49	56	71
750円まで	――	――	――	――	――	――	――	――	16	17	8	16	24	15	37	29
1,000円まで	――	――	――	7	13	26	18	17	6	20	11	6	14	21	34	19
2,500円まで	――	――	――	――	――	――	――	――	21	36	25	20	30	38	41	44
5,000円まで	――	――	――	――	――	――	――	――	8	12	9	9	13	15	20	18
10,000円まで	――	――	――	15	38	26	21	23	6	9	4	7	9	11	15	10
10,000円以上	――	――	――	1	5	6	2	4	1	12	9	2	12	――	9	15
金円（員）不詳	――	――	――	22	42	6	2	20	31	――	――	――	――	――	――	――
合計	――	――	――	81	159	132	124	139	216	306	273	205	372	397	548	469

（注） 11～15年の階級区分けでは、「75円まで」、「250円まで」、「750円まで」、「2,500円まで」、「5,000円まで」の各階級は存在しない。
12、13年の階級区分けでは、「10,000円以上20,000円未満」、「20,000円以上30,000円未満」・・・「50,000円以上」の階級があるが、ここでは、それらの件数を「10,000円以上」に合算した。

【2-6-5-2】大審院訴額別新受事件数の推移(明治24年以降)

明治	24年	25年	26年	27年	28年	29年	30年	31年	32年	33年	34年
5円まで	0	1	1	1	0	0	0	0	1	1	0
10円まで	1	1	1	0	0	0	0	0	0	1	0
20円まで	2	0	1	0	0	0	0	0	0	1	0
50円まで	0	0	1	0	1	2	4	2	2	2	2
75円まで	1	1	3	1	3	2	3	1	3	4	1
100円まで	15	7	15	12	18	14	11	12	16	28	17
250円まで	135	158	161	130	148	144	121	118	123	97	134
500円まで	123	120	124	86	92	115	82	88	118	121	115
750円まで	42	42	46	43	38	46	48	38	34	71	44
1,000円まで	40	46	51	31	28	29	27	35	42	49	62
2,500円まで	69	84	59	44	54	58	42	57	62	85	92
5,000円まで	23	33	37	31	20	34	20	31	38	47	46
10,000円まで	18	23	19	20	16	18	13	16	17	13	23
10,000円以上	17	22	24	14	14	17	6	18	16	21	17
合計	486	538	543	413	432	479	377	416	472	541	553

明治	35年	36年	37年	38年	39年	40年	41年	42年	43年	44年	45年
5円まで	0	0	0	0	1	0	0	0	0	0	0
10円まで	0	0	0	0	0	0	0	0	0	0	0
20円まで	1	1	0	1	0	0	0	0	0	0	0
50円まで	0	0	4	1	5	0	1	4	0	1	0
75円まで	1	3	1	3	3	2	0	0	0	0	2
100円まで	16	9	20	12	14	18	4	5	0	4	2
250円まで	137	146	144	139	121	67	65	52	34	44	40
500円まで	143	145	102	116	116	73	91	72	63	69	85
750円まで	52	52	49	54	73	60	45	29	36	42	28
1,000円まで	76	59	60	52	65	40	44	43	39	35	42
2,500円まで	99	103	97	87	108	74	74	68	67	81	77
5,000円まで	46	52	53	59	57	71	56	38	32	54	44
10,000円まで	30	34	35	32	44	37	21	26	21	25	27
10,000円以上	22	28	27	27	26	29	30	25	33	36	18
合計	623	632	592	583	633	471	431	362	325	391	365

【2-6-6-1】控訴院上告審の新受・旧受件数の推移

明治	23年	24年	25年	26年	27年	28年	29年	30年	31年	32年	33年	34年
旧受		43	160	214	231	232	187	173	171	112	186	213
新受	45	517	697	771	833	789	653	641	515	573	619	683
総数	45	560	857	985	1,064	1,021	840	814	686	685	805	896

明治	35年	36年	37年	38年	39年	40年	41年	42年	43年	44年	45年
旧受	243	163	173	197	172	96	104	80	104	92	97
新受	580	611	607	578	538	590	421	480	424	443	397
総数	823	774	780	775	710	686	525	560	528	535	494

【2-6-6-2】控訴院上告審の事件類型別新受件数の推移

明治	23年	24年	25年	26年	27年	28年	29年	30年	31年	32年	33年	34年
通常	45	517	697	771	832	786	650	639	515	572	617	683
証書	0	0	0	0	1	3	3	2	0	0	2	0
為替	0	0	0	0	0	0	0	0	0	1	0	0
合計	45	517	697	771	833	789	653	641	515	573	619	683

明治	35年	36年	37年	38年	39年	40年	41年	42年	43年	44年	45年
通常	578	611	607	578	536	589	420	480	424	443	397
証書	1	0	0	0	2	0	1	0	0	0	0
為替	1	0	0	0	0	1	0	0	0	0	0
合計	580	611	607	578	538	590	421	480	424	443	397

【2-6-7】控訴院上告審終局区分別件数の推移

		明治	23年	24年	25年	26年	27年	28年	29年	30年	31年	32年	33年	34年
判決	棄却	（合計）	1	242	368	380	426	336	273	255	206	207	233	290
		民訴439条1項	――	89	213	240	183	171	158	184	84	148	112	205
		民訴452条	――	147	152	136	241	163	114	71	119	59	119	84
		民訴453条	――	6	3	4	2	2	1	0	3	0	2	1
	破毀	（合計）	――	105	175	212	228	273	195	188	182	118	166	140
		差戻	――	11	72	121	181	161	145	157	156	86	128	105
		移送	1	89	94	82	40	101	42	19	19	23	18	23
		自判	――	5	9	9	7	11	8	12	7	9	20	12
取下			――	40	98	157	178	224	199	200	186	173	193	223
和解			――	13	2	5	――	1	――	――	――	1	0	0
結局合計			2	400	643	754	832	834	667	643	574	499	592	653
未決			43	160	214	231	232	187	173	171	112	186	213	243

		明治	35年	36年	37年	38年	39年	40年	41年	42年	43年	44年	45年
判決	棄却	（合計）	192	226	231	210	236	202	177	194	186	174	181
		民訴439条1項	141	118	101	76	176	126	125	137	140	118	115
		民訴452条	50	101	126	125	60	73	52	57	46	48	65
		民訴453条	1	7	4	9	0	3	0	0	0	8	1
	破毀	（合計）	129	116	95	118	115	132	86	96	82	96	80
		差戻	116	102	85	99	103	121	77	92	76	88	73
		移送	10	7	4	2	5	3	3	1	3	5	6
		自判	3	7	6	17	7	8	6	3	3	3	1
取下			339	259	257	275	263	248	182	166	168	168	150
和解			0	0	0	0	0	0	0	――	――	――	1
結局合計			660	601	583	603	614	582	445	456	436	438	412
	未決		163	173	197	172	96	104	80	104	92	97	82

【2-6-8-1】控訴院上告審事件類型別既済事件数の推移（土地、建物船舶、明治23年以降）

	明治	23年	24年	25年	26年	27年	28年	29年	30年	31年	32年	33年	34年
土地	棄却	――	34	60	59	78	65	71	68	50	50	26	67
	破棄・差戻	――	5	15	16	32	34	37	39	37	22	29	24
	破棄・移送	――	18	15	20	6	21	12	8	5	4	3	3
	破棄・自判	――	2	1	2	0	2	2	3	1	2	4	4
	取り下げ	――	6	8	17	25	25	46	33	25	21	10	23
	和解	――	4	1	0	――	0	――	――	――	0	0	0
	結局合計	――	69	100	114	141	147	168	151	118	99	72	121
建物船舶	棄却	――	1	11	11	12	2	13	7	9	12	16	7
	破棄・差戻	――	0	0	5	4	5	5	4	10	2	7	4
	破棄・移送	――	2	3	1	0	4	2	0	1	2	1	2
	破棄・自判	――	0	0	0	0	0	0	0	0	1	1	0
	取り下げ	――	1	4	6	9	7	6	16	13	3	14	9
	和解	――	0	0	0	――	0	――	0	――	0	0	0
	結局合計	――	4	18	23	25	18	26	27	33	20	39	22

	明治	35年	36年	37年	38年	39年	40年	41年	42年	43年	44年	45年
土地	棄却	36	33	31	26	50	30	31	36	29	29	28
	破棄・差戻	24	15	8	20	14	17	15	14	12	13	15
	破棄・移送	2	1	0	0	1	1	1	0	0	1	0
	破棄・自判	1	0	1	2	0	2	2	2	1	1	0
	取り下げ	13	23	16	18	25	29	17	17	15	18	16
	和解	0	0	0	0	0	0	0	――	――	――	0
	結局合計	76	72	56	66	90	79	66	69	57	62	59
建物船舶	棄却	6	13	9	6	7	9	9	6	12	11	18
	破棄・差戻	1	3	4	2	3	3	2	4	1	4	4
	破棄・移送	1	1	0	0	1	1	0	0	0	0	0
	破棄・自判	0	0	0	0	0	1	0	0	0	0	0
	取り下げ	6	11	5	9	9	9	12	5	4	4	3
	和解	0	0	0	0	0	0	0	――	――	――	0
	結局合計	14	28	18	17	20	23	23	15	17	19	25

【2-6-8-2】控訴院上告審事件類型別既済事件数の推移（金銭、明治23年以降34年まで）

	明治	23年	24年	25年	26年	27年	28年	29年	30年	31年	32年	33年	34年
無抵当貸金	棄却	――	45	72	85	85	64	38	35	26	29	60	57
	破毀・差戻	――	1	14	25	39	28	35	17	16	9	19	10
	破毀・移送	――	8	19	12	9	29	8	2	5	4	2	1
	破毀・自判	――	0	1	0	2	4	4	1	0	3	5	1
	取下	――	9	27	33	40	55	29	35	32	33	44	44
	和解	――	2	0	0	――	0	――	――	――	0	0	0
	終局合計	――	65	133	155	175	180	114	90	79	78	130	113
売代金	棄却	――	11	19	28	20	15	13	12	8	16	11	19
	破毀・差戻	――	0	2	7	10	8	10	10	2	5	14	7
	破毀・移送	――	1	3	5	4	4	3	0	0	3	2	1
	破毀・自判	――	0	0	1	0	0	0	1	0	1	0	0
	取下	――	2	3	11	10	9	15	9	12	10	14	19
	和解	――	0	0	2	――	0	――	――	――	0	0	0
	終局合計	――	14	27	54	44	36	41	32	22	35	41	46
地代金	棄却	――	3	4	6	2	4	2	1	3	6	0	2
	破毀・差戻	――	0	2	1	1	2	0	0	0	0	1	1
	破毀・移送	――	1	2	0	0	0	0	0	0	0	0	0
	破毀・自判	――	0	0	0	0	0	0	0	0	0	0	0
	取下	――	1	0	1	0	1	0	1	3	1	3	1
	和解	――	0	0	0	――	0	――	――	――	0	0	0
	終局合計	――	5	8	8	3	7	2	2	6	7	4	4
借家料	棄却	――	6	3	5	7	4	3	6	――	1	1	4
	破毀・差戻	――	0	1	0	4	2	2	2	――	2	3	1
	破毀・移送	――	0	0	1	0	0	0	0	――	0	0	0
	破毀・自判	――	0	0	0	0	0	0	0	――	0	0	0
	取下	――	1	5	4	4	5	2	3	――	2	3	2
	和解	――	0	0	0	――	0	――	――	――	0	0	0
	終局合計	――	7	9	10	15	11	7	11	――	5	7	7
金銭合計	棄却	――	157	217	244	244	169	140	127	108	107	127	158
	破毀・差戻	――	5	46	87	119	92	75	83	73	41	68	48
	破毀・移送	――	53	60	49	26	65	24	7	10	13	10	11
	破毀・自判	――	2	3	6	5	7	6	6	5	5	10	4
	取下	――	28	71	111	106	139	106	113	106	113	124	133
	和解	――	6	1	5	――	1	――	――	――	1	0	0
	終局合計	――	251	398	502	500	473	351	336	302	280	339	354

【2-6-8-3】控訴院上告審事件類型別既済事件数の推移（金銭、明治35年以降）

	明治	35年	36年	37年	38年	39年	40年	41年	42年	43年	44年	45年
無抵当貸金	棄却	36	50	42	49	48	49	42	35	42	38	48
	破毀・差戻	13	21	17	16	17	22	15	19	16	16	19
	破毀・移送	2	0	0	0	0	0	1	0	1	1	0
	破毀・自判	1	1	3	2	1	1	0	1	1	0	1
	取下	52	52	57	66	57	61	54	45	37	48	41
	和解	0	0	0	0	0	0	0	――	――	――	0
	終局合計	104	124	119	133	123	133	112	100	97	103	109
売代金	棄却	14	10	16	16	16	8	13	12	13	13	15
	破毀・差戻	8	8	13	9	8	4	2	6	6	12	1
	破毀・移送	0	2	0	0	0	0	0	0	1	0	2
	破毀・自判	0	1	0	0	1	0	1	0	0	0	0
	取下	17	21	43	38	25	20	17	18	22	31	15
	和解	0	0	0	0	0	0	0	――	――	――	0
	終局合計	39	42	72	63	50	32	33	36	42	56	33
地代金	棄却	6	5	2	4	2	2	1	0	――	2	0
	破毀・差戻	3	1	1	1	2	1	0	1	――	0	0
	破毀・移送	1	0	1	0	0	0	0	0	――	0	0
	破毀・自判	0	0	0	0	0	0	0	0	――	0	0
	取下	0	0	0	4	0	1	0	2	――	1	1
	和解	0	0	0	0	0	0	0	――	――	――	0
	終局合計	10	6	4	9	4	4	1	3	――	3	1
借家料	棄却	1	2	4	4	2	1	1	2	5	1	0
	破毀・差戻	1	1	1	0	0	2	0	0	0	0	0
	破毀・移送	0	0	0	0	0	0	0	0	0	0	0
	破毀・自判	0	0	0	0	0	0	0	0	0	0	0
	取下	4	5	1	2	3	0	2	1	1	1	1
	和解	0	0	0	0	0	0	0	――	――	――	0
	終局合計	6	8	6	6	5	3	3	3	6	2	1
金銭合計	棄却	103	121	125	127	133	121	103	112	108	102	102
	破毀・差戻	62	52	53	52	61	61	44	54	48	55	40
	破毀・移送	4	4	2	2	1	0	1	1	3	2	4
	破毀・自判	2	4	3	8	4	5	3	1	2	1	1
	取下	254	160	171	177	157	161	109	109	105	115	96
	和解	0	0	0	0	0	0	0	――	――	――	1
	終局合計	425	341	354	366	356	348	260	277	266	275	244

【2-6-8-4】控訴院上告審事件類型別既済事件数の推移（米穀、物品、証券、雑事、明治24年以降）

	明治	23年	24年	25年	26年	27年	28年	29年	30年	31年	32年	33年	34年	35年	36年	37年	38年	39年	40年	41年	42年	43年	44年	45年
米穀	棄却	——	13	9	21	32	27	14	7	9	5	11	6	4	8	5	7	7	5	7	1	2	5	3
	破毀・差戻	——	0	2	3	9	4	5	15	6	2	2	3	2	6	2	3	2	7	1	3	1	1	1
	破毀・移送	——	4	1	2	0	0	1	2	2	1	0	2	1	0	0	0	0	0	0	0	0	0	0
	破毀・自判	——	0	0	1	1	0	0	1	0	0	0	0	0	0	0	1	1	0	0	0	0	0	0
	取下	——	3	2	2	7	8	10	8	6	6	5	13	4	16	2	7	2	8	2	3	6	1	4
	和解	——	1	0	0	——	0	——	——	——	0	0	0	0	0	0	0	0	0	0	——	——	——	0
	終局合計	——	21	14	29	49	39	30	33	23	14	18	24	11	30	9	18	12	20	10	7	9	7	8
物品	棄却	——	9	10	6	12	16	7	13	3	7	3	10	4	5	7	6	7	9	10	1	6	2	3
	破毀・差戻	——	0	1	2	4	4	5	5	5	6	4	2	5	2	0	3	3	8	2	2	0	0	1
	破毀・移送	——	3	6	4	4	6	3	1	0	0	1	2	0	0	0	0	0	0	0	0	0	0	0
	破毀・自判	——	0	0	0	0	0	0	0	0	0	0	0	0	0	0	0	2	0	0	0	0	0	0
	取下	——	0	4	6	11	13	5	3	3	5	8	5	9	3	8	8	14	6	6	1	4	6	4
	和解	——	0	0	0	——	0	——	——	——	0	0	0	0	0	0	0	0	0	0	——	——	——	0
	終局合計	——	12	21	18	31	39	20	22	11	18	16	19	18	10	15	17	26	23	18	4	10	8	8
証券	棄却	——	4	10	6	6	6	4	3	4	1	2	3	0	3	0	1	2	5	0	2	2	1	0
	破毀・差戻	——	0	2	0	0	2	1	3	1	1	0	0	0	1	1	2	3	3	0	2	0	0	0
	破毀・移送	——	5	1	0	2	1	0	0	0	0	0	1	0	0	0	0	0	0	1	0	0	0	0
	破毀・自判	——	1	1	0	0	0	0	0	1	0	0	0	0	0	0	2	0	0	0	0	0	0	0
	取下	——	0	0	4	4	5	1	4	6	1	2	1	3	2	2	1	5	1	0	1	0	0	2
	和解	——	0	0	0	——	0	——	——	——	0	0	0	0	0	0	0	0	0	0	——	——	——	0
	終局合計	——	10	14	10	12	14	6	10	12	3	4	5	3	6	3	6	10	9	1	5	2	1	2
雑事	棄却	——	24	51	33	42	51	24	30	23	25	48	39	39	43	54	37	30	23	17	36	27	24	27
	破毀・差戻	——	1	6	8	13	20	17	8	24	12	18	24	22	23	17	17	17	22	13	13	14	15	12
	破毀・移送	——	4	8	6	2	4	0	1	1	3	3	2	2	1	2	0	2	1	0	0	0	2	2
	破毀・自判	——	0	4	0	1	2	0	2	0	1	5	4	0	3	2	4	0	0	1	0	0	1	0
	取下	——	2	9	11	16	27	25	23	27	24	30	39	50	44	53	55	51	34	36	30	34	24	25
	和解	——	2	0	0	——	0	——	——	——	0	0	0	0	0	0	0	0	0	0	——	——	——	0
	終局合計	——	33	78	58	74	104	66	64	75	65	104	108	113	114	128	113	100	80	67	79	75	66	66

【2-6-9-1-1】控訴院上告審審理期間別既済事件数の推移（明治23年以降34年まで）

	明治	23年	24年	25年	26年	27年	28年	29年	30年	31年	32年	33年	34年
判決ニ因ルモノ	10日以下	――	2	1	0	4	4	2	1	2	3	1	0
	1月以下	――	39	30	22	51	15	23	21	19	44	29	8
	2月以下	――	81	142	126	104	107	104	75	82	59	91	87
	3月以下	――	62	129	137	124	135	120	98	113	92	90	57
	6月以下	――	156	185	246	263	266	158	181	130	104	127	180
	1年以下	――	6	55	56	103	75	46	62	39	21	57	94
	2年以下	――	1	1	5	4	7	13	5	3	1	4	4
	2年以上	――	――	――	0	1	0	2	0	0	1	0	0
	合計	――	347	543	592	654	609	468	443	388	325	399	430
判決ナキモノ	10日以下	――	5	3	10	10	7	5	5	6	4	9	6
	1月以下	――	5	24	34	34	44	39	42	65	72	50	30
	2月以下	――	13	26	37	28	43	48	51	49	27	44	77
	3月以下	――	13	13	22	31	57	59	54	42	39	34	38
	6月以下	――	17	24	45	52	55	31	37	19	25	46	53
	1年以下	――	0	10	11	21	15	11	10	2	5	9	18
	2年以下	――	0	0	3	2	4	5	1	2	2	1	1
	2年以上	――	――	――	0	0	0	1	0	1	0	0	0
	合計	――	53	100	162	178	225	199	200	186	174	193	223
合計	10日以下	――	7	4	10	14	11	7	6	8	7	10	6
	1月以下	――	44	54	56	85	59	62	63	84	116	79	38
	2月以下	――	94	168	163	132	150	152	126	131	86	135	164
	3月以下	――	75	142	159	155	192	179	152	155	131	124	95
	6月以下	――	173	209	291	315	321	189	218	149	129	173	233
	1年以下	――	6	65	67	124	90	57	72	41	26	66	112
	2年以下	――	1	1	8	6	11	18	6	5	3	5	5
	2年以上	――	――	――	0	1	0	3	0	1	1	0	0
	合計	――	400	643	754	832	834	667	643	574	499	592	653

【2-6-9-1-2】控訴院上告審審理期間別既済事件数の推移（明治35年以降）

	明治	35年	36年	37年	38年	39年	40年	41年	42年	43年	44年	45年
判決ニ因ルモノ	10日以下	2	0	0	8	0	0	0	0	0	0	0
	1月以下	13	24	36	28	24	31	29	38	36	27	17
	2月以下	46	58	58	46	67	83	72	82	92	74	84
	3月以下	60	55	60	48	89	79	67	36	55	59	52
	6月以下	149	138	113	61	130	111	68	53	55	81	73
	1年以下	48	64	53	93	36	29	26	57	27	25	31
	2年以下	2	2	5	44	5	1	1	24	2	4	4
	2年以上	1	1	1	0	0	0	0	0	1	0	0
	合計	321	342	326	328	351	334	263	290	268	270	261
判決ナキモノ	10日以下	9	0	3	8	6	4	0	6	2	4	3
	1月以下	32	21	34	60	55	102	70	73	66	51	42
	2月以下	49	55	41	35	107	67	53	41	55	64	58
	3月以下	68	56	46	50	38	36	35	11	23	28	29
	6月以下	76	93	88	53	46	32	18	14	21	16	11
	1年以下	9	28	42	52	9	3	5	12	1	4	5
	2年以下	94	6	1	17	1	4	1	9	0	1	1
	2年以上	2	0	2	0	1	0	0	0	0	0	2
	合計	339	259	257	275	263	248	182	166	168	168	151
合計	10日以下	11	0	3	16	6	4	0	6	2	4	3
	1月以下	45	45	70	88	79	133	99	111	102	78	59
	2月以下	95	113	99	81	174	150	125	123	147	138	142
	3月以下	128	111	106	98	127	115	102	47	78	87	81
	6月以下	225	231	201	114	176	143	86	67	76	97	84
	1年以下	57	92	95	145	45	32	31	69	28	29	36
	2年以下	96	8	6	61	6	5	2	33	2	5	5
	2年以上	3	1	3	0	1	0	0	0	1	0	2
	合計	660	601	583	603	614	582	445	456	436	438	412

【2-6-9-2】控訴院上告審審理期間別未決事件数の推移（明治23年以降）

	明治	23年	24年	25年	26年	27年	28年	29年	30年	31年	32年	33年	34年
未決審理中	10日以下	23	13	20	17	33	28	27	33	13	21	29	13
	1月以下	17	62	40	62	61	55	39	39	25	46	49	34
	2月以下	3	44	61	67	56	52	44	45	46	40	49	37
	3月以下	2	14	14	14	13	4	20	12	3	18	11	10
	6月以下	――	19	59	41	44	25	24	27	13	34	51	23
	1年以下	――	6	14	24	13	7	12	7	4	18	15	113
	2年以下	――	0	1	0	1	2	0	2	0	0	3	2
	2年以上	――	――	――	0	0	1	0	0	0	0	0	1
	合計	43	158	209	225	221	174	166	165	104	177	207	233
合計	10日以下	1	13	20	17	33	28	27	33	13	21	29	13
	1月以下	――	62	40	62	61	55	39	40	27	46	49	34
	2月以下	1	44	61	67	56	52	45	45	46	40	50	37
	3月以下	――	14	15	14	14	4	20	12	3	18	11	10
	6月以下	――	21	60	42	45	29	25	30	14	36	51	25
	1年以下	――	6	17	25	20	12	14	7	6	22	16	113
	2年以下	――	0	1	2	2	5	2	4	2	2	6	5
	2年以上	――	――	――	2	1	2	1	0	1	1	1	6
	合計	2	160	214	231	232	187	173	171	112	186	213	243

	明治	35年	36年	37年	38年	39年	40年	41年	42年	43年	44年	45年
未決審理中	10日以下	16	12	30	28	19	9	22	8	20	16	8
	1月以下	30	31	50	48	25	32	19	22	23	22	31
	2月以下	42	34	49	45	20	25	20	31	13	20	12
	3月以下	6	14	12	9	4	6	2	1	3	10	5
	6月以下	29	50	36	18	14	19	7	21	22	15	14
	1年以下	23	23	9	12	6	5	1	16	3	8	5
	2年以下	8	1	1	4	2	0	2	1	0	1	1
	2年以上	1	1	0	0	0	1	1	1	0	0	0
	合計	155	166	187	164	90	97	74	101	84	92	76
合計	10日以下	16	12	30	28	19	9	22	8	20	16	8
	1月以下	30	31	50	48	25	33	19	22	23	22	31
	2月以下	42	34	49	46	21	25	20	31	13	20	12
	3月以下	6	14	12	12	4	6	2	1	3	11	5
	6月以下	32	52	37	20	14	22	7	23	23	15	16
	1年以下	25	24	12	13	7	7	5	16	4	8	6
	2年以下	9	1	5	4	4	0	3	1	4	1	1
	2年以上	3	5	2	1	2	2	2	2	2	4	3
	合計	163	173	197	172	96	104	80	104	92	97	82

【2-6-10】控訴院上告審訴額別新受事件数の推移（明治23年以降）

明治	23年	24年	25年	26年	27年	28年	29年	30年	31年	32年	33年	34年
5円まで	0	27	31	35	42	38	30	29	28	39	25	28
10円まで	4	18	25	45	57	34	48	25	28	26	31	113
20円まで	7	72	75	86	48	124	95	69	59	69	63	69
50円まで	13	163	200	219	323	259	210	189	159	159	198	175
75円まで	9	89	111	130	115	136	99	127	108	114	86	99
100円まで	11	86	140	168	193	155	139	142	106	137	152	165
250円まで	0	15	41	36	21	21	9	9	6	11	14	9
500円まで	0	3	1	5	5	0	5	3	6	4	7	6
750円まで	0	0	3	2	0	0	0	0	1	1	2	5
1,000円まで	0	0	0	1	0	0	0	1	1	0	0	0
2,500円まで	0	0	1	2	0	1	3	1	0	1	2	0
5,000円まで	0	0	0	0	0	0	0	1	0	0	0	0
10,000円まで	0	0	0	0	0	0	0	1	0	0	0	0
10,000円以上	0	0	0	0	0	0	0	0	0	0	0	0
合計	44	473	628	729	804	768	638	597	502	561	580	669

明治	35年	36年	37年	38年	39年	40年	41年	42年	43年	44年	45年
5円まで	25	25	17	18	22	15	7	13	4	12	14
10円まで	39	35	38	33	16	24	15	21	17	15	18
20円まで	64	80	74	58	57	45	45	52	29	35	35
50円まで	184	176	199	181	134	135	99	109	84	93	90
75円まで	102	107	104	86	67	69	52	52	69	45	45
100円まで	137	163	138	144	116	118	83	91	82	105	68
250円まで	9	17	19	41	107	162	109	124	120	115	111
500円まで	5	3	6	2	9	6	8	7	10	10	11
750円まで	3	2	1	6	2	2	0	3	4	4	1
1,000円まで	1	1	1	1	1	2	1	3	1	1	0
2,500円まで	3	1	0	1	2	6	1	1	1	3	1
5,000円まで	0	0	0	0	0	1	0	2	3	3	1
10,000円まで	0	0	2	0	0	0	0	1	0	2	1
10,000円以上	0	0	1	0	0	0	0	0	0	0	1
合計	572	610	600	571	533	585	420	479	424	443	397

（注） 23年は、「10円まで」から始まり、「100円まで」しか階級がない。
25～26年は、「2,500円まで」、27年は「500円まで」しか階級がない。

【2-7-1-1-1】民事一覧（区裁判所、明治24年以降34年まで）

			明治	24年	25年	26年	27年	28年	29年	30年	31年	32年	33年	34年
区裁判所	和解事件		旧受	9,937	2,554	1,803	1,081	747	409	288	329	233	220	107
			新受	80,652	39,451	23,334	16,536	11,476	9,664	8,541	7,899	5,675	3,921	3,113
			総数	90,589	42,005	25,137	17,617	12,223	10,073	8,829	8,228	5,908	4,141	3,220
			既決	88,014	40,222	24,056	16,870	11,820	9,785	8,500	7,993	5,688	4,031	3,120
			未決	2,575	1,783	1,081	747	403	288	329	235	220	110	100
	督促事件		旧受	0	1,753	443	238	97	84	102	25	10	4	3
			新受	117,196	150,171	161,180	178,366	159,081	147,697	172,087	232,183	257,986	257,348	322,854
			総数	117,196	151,924	161,623	178,604	159,178	147,781	172,189	232,208	257,996	257,352	322,857
			既決	114,967	151,310	161,385	178,507	159,094	147,679	172,164	232,198	257,992	257,349	322,823
			未決	2,229	614	238	97	84	102	25	10	4	3	34
	通常訴訟		旧受	4,003	6,483	7,378	8,793	9,294	8,745	9,270	10,654	14,440	15,320	14,918
			新受	119,823	103,814	96,081	91,789	76,077	65,503	67,630	77,581	81,621	79,327	93,459
			総数	123,826	110,297	103,459	100,582	85,371	74,248	76,900	88,235	96,061	94,647	108,377
			既決	117,331	102,923	94,665	91,257	76,611	64,921	66,245	73,796	80,732	79,525	89,122
			未決	6,495	7,374	8,794	9,325	8,760	9,327	10,655	14,439	15,329	15,122	19,255
	証書訴訟		旧受	0	92	192	228	214	158	160	99	163	154	148
			新受	1,913	2,433	2,838	2,546	1,835	1,370	1,357	1,318	1,153	1,172	1,196
			総数	1,913	2,555	3,030	2,774	2,049	1,528	1,517	1,417	1,316	1,326	1,344
			既決	1,821	2,363	2,802	2,560	1,891	1,368	1,418	1,254	1,162	1,178	1,151
			未決	92	192	228	214	158	160	99	163	154	148	193
	為替訴訟		旧受	0	1	2	2	10	9	25	45	149	140	161
			新受	82	43	41	114	131	316	374	1,268	1,520	1,347	1,057
			総数	82	44	43	116	141	325	399	1,313	1,669	1,487	1,218
			既決	81	42	41	106	132	300	354	1,164	1,528	1,324	1,066
			未決	1	2	2	10	9	25	45	149	141	163	152
	公示催告		旧受	0	0	0	12	9	14	8	19	94	252	268
			新受	8	9	28	50	38	20	51	323	717	828	883
			総数	8	9	28	62	47	34	59	342	811	1,080	1,151
			既決	8	9	16	53	33	26	40	249	574	811	828
			未決	0	0	12	9	14	8	19	93	237	269	323
	仮差押・仮処分		旧受	1,309	2,985	2,448	1,767	1,115	819	677	639	738	744	1,021
			新受	38,231	50,058	46,287	49,236	41,293	39,462	44,950	54,905	53,564	54,342	66,020
			総数	39,540	53,043	48,735	51,003	42,408	40,281	45,627	55,544	54,302	55,086	67,041
			既決	36,495	50,540	46,967	49,888	41,589	39,604	44,988	54,806	53,558	54,062	66,356
			未決	3,045	2,503	1,768	1,115	819	677	639	738	744	1,024	685
	再審	取消の訴え	旧受	0	1	5	2	1	1	2	4	0	0	1
			新受	22	20	12	4	7	5	12	3	5	3	1
			総数	22	21	17	6	8	6	14	7	5	3	2
			既決	21	16	15	5	7	4	10	7	5	2	2
			未決	1	5	2	1	1	2	4	0	0	1	0
		現状回復の訴え	旧受	1	5	5	9	5	4	10	2	4	8	4
			新受	65	45	54	33	27	25	21	15	20	12	30
			総数	66	50	59	42	32	29	31	17	24	20	34
			既決	61	45	50	37	28	19	29	13	16	16	28
			未決	5	5	9	5	4	10	2	4	8	4	6

【2-7-1-1-2】民事一覧（区裁判所、明治35年以降）

			明治	35年	36年	37年	38年	39年	40年	41年	42年	43年	44年	45年
区裁判所	和解事件		旧受	100	77	57	44	25	18	30	23	22	22	18
			新受	2,300	1,979	1,384	1,028	929	803	707	680	597	525	697
			総数	2,400	2,056	1,441	1,072	954	821	737	703	619	547	715
			既決	2,323	1,999	1,396	1,047	936	791	714	681	596	529	686
			未決	77	57	45	25	18	30	23	22	23	18	29
	督促事件		旧受	34	19	17	6	3	1	0	0	2	1	1
			新受	354,897	385,995	336,740	240,463	209,789	187,661	206,326	232,262	258,589	270,792	293,095
			総数	354,931	386,014	336,757	240,469	209,792	187,662	206,326	232,262	258,591	270,793	293,096
			既決	354,912	385,997	336,751	240,466	209,791	187,662	206,326	232,260	258,590	270,792	293,089
			未決	19	17	6	3	1	0	0	2	1	1	7
	通常訴訟		旧受	19,208	19,145	20,199	16,622	14,427	13,297	13,516	15,643	16,547	17,257	18,070
			新受	104,397	116,099	101,941	82,424	75,108	69,813	72,995	76,961	81,798	87,546	96,611
			総数	123,605	135,244	122,140	99,046	89,535	83,110	86,511	92,604	98,345	104,803	114,681
			既決	104,241	115,075	105,518	84,614	76,240	69,592	70,867	76,062	80,787	86,736	94,544
			未決	19,364	20,169	16,622	14,432	13,295	13,518	15,644	16,542	17,558	18,067	20,137
	証書訴訟		旧受	193	133	135	131	124	95	80	110	137	146	139
			新受	1,054	1,199	1,233	1,197	1,015	800	833	942	1,058	977	957
			総数	1,247	1,332	1,368	1,328	1,139	895	913	1,052	1,195	1,123	1,096
			既決	1,114	1,197	1,237	1,204	1,045	815	803	915	1,049	984	916
			未決	133	135	131	124	94	80	110	137	146	139	180
	為替訴訟		旧受	152	106	132	81	80	60	52	66	72	84	88
			新受	913	968	786	646	546	388	539	555	614	680	830
			総数	1,065	1,074	918	727	626	448	591	621	686	764	918
			既決	958	942	837	647	566	396	525	549	602	676	789
			未決	107	132	81	80	60	52	66	72	84	88	129
	公示催告		旧受	328	393	351	332	376	382	474	441	451	431	515
			新受	903	866	827	938	974	1,103	1,101	1,080	1,048	1,218	1,302
			総数	1,231	1,259	1,178	1,270	1,350	1,485	1,575	1,521	1,499	1,649	1,817
			既決	847	918	855	895	973	1,027	1,142	1,074	1,067	1,139	1,301
			未決	384	341	323	375	377	458	433	447	432	510	516
	仮差押・仮処分		旧受	685	469	265	6	13	8	7	24	20	13	18
			新受	70,727	80,082	75,977	57,261	52,424	49,250	53,605	56,039	60,078	61,386	62,852
			総数	71,412	80,551	76,242	57,267	52,437	49,258	53,612	56,063	60,098	61,399	62,870
			既決	70,942	80,286	76,236	57,255	52,429	49,251	53,588	56,043	60,085	61,381	62,853
			未決	470	265	6	12	8	7	24	20	13	18	17
	再審	取消の訴え	旧受	0	0	0	0	0	0	0	0	0	0	0
			新受	7	1	0	1	1	4	1	2	1	2	4
			総数	7	1	0	1	1	4	1	2	1	2	4
			既決	7	1	0	1	1	4	1	2	1	2	3
			未決	0	0	0	0	0	0	0	0	0	0	1
		現状回復の訴え	旧受	6	6	2	1	2	1	2	7	4	4	2
			新受	17	15	9	10	20	6	13	10	9	6	7
			総数	23	21	11	11	22	7	15	17	13	10	9
			既決	17	19	10	9	21	5	8	13	9	8	4
			未決	6	2	1	2	1	2	7	4	4	2	5

【2-7-2-1-1】民事一覧（地方裁判所、明治24年以降34年まで①）

		明治	24年	25年	26年	27年	28年	29年	30年	31年	32年	33年	34年
地方裁判所	通常訴訟	旧受	2,294	2,229	2,421	3,102	3,543	3,643	4,087	4,773	5,883	6,360	7,187
第1審		新受	13,840	11,157	11,333	12,043	11,442	11,548	13,427	15,012	15,911	17,074	19,722
		総数	16,134	13,386	13,754	15,145	14,985	15,191	17,514	19,785	21,794	23,434	26,909
		既決	13,905	10,963	10,655	11,600	11,342	11,099	12,657	13,902	15,434	16,208	18,474
		未決	2,229	2,423	3,099	3,545	3,643	4,092	4,857	5,883	6,360	7,226	8,435
	証書訴訟	旧受	2	124	126	157	129	114	112	162	224	219	273
		新受	859	877	869	788	585	540	676	929	1,005	820	928
		総数	861	1,001	995	945	714	654	788	1,091	1,229	1,039	1,201
		既決	737	879	838	816	600	541	626	867	1,010	766	895
		未決	124	122	157	129	114	113	162	224	219	273	306
	為替訴訟	旧受	1	8	9	13	19	26	50	80	189	249	432
		新受	63	87	82	129	169	267	463	1,086	1,283	1,996	2,006
		総数	64	95	91	142	188	293	513	1,166	1,472	2,245	2,438
		既決	56	86	78	123	162	243	433	977	1,223	1,814	1,951
		未決	8	9	13	19	26	50	80	189	249	431	487
	仮差押・仮処分	旧受	211	287	218	201	156	155	120	124	126	130	115
		新受	3,257	3,249	3,241	4,075	3,745	4,120	4,326	5,116	5,193	5,663	6,662
		総数	3,468	3,536	3,459	4,276	3,901	4,275	4,446	5,240	5,319	5,793	6,777
		既決	3,179	3,318	3,258	4,120	3,746	4,155	4,322	5,114	5,189	5,678	6,630
		未決	289	218	201	156	155	120	124	126	130	115	147
	特別訴訟	旧受	42	0	1	1	1	1	1	1	1	1	1
		新受	3	20	0	11	0	0	0	4	1	0	0
		総数	45	20	1	12	1	1	1	5	2	1	1
		既決	45	19	0	11	0	0	0	4	1	0	1
		未決	0	1	1	1	1	1	1	1	1	1	0
	合計	旧受	2,550	2,648	2,775	3,474	3,848	3,939	4,370	5,224	6,995	7,783	8,831
		新受	18,022	15,390	15,525	17,046	15,941	16,475	18,892	23,495	26,635	28,556	32,294
		総数	20,572	18,038	18,300	20,520	19,789	20,414	23,262	28,719	33,630	36,339	41,125
		既決	17,922	15,265	14,829	16,670	15,850	16,038	18,038	21,724	25,847	27,466	30,937
		未決	2,650	2,773	3,471	3,850	3,939	4,376	5,224	6,995	7,783	8,873	10,188
控訴審	通常訴訟	旧受	529	1,083	1,304	1,589	1,788	1,667	1,651	1,777	2,038	2,275	2,490
		新受	5,839	6,358	6,513	6,641	5,982	5,183	5,025	4,698	5,459	6,087	6,448
		総数	6,368	7,441	7,817	8,230	7,770	6,850	6,676	6,475	7,497	8,362	8,938
		既決	5,282	6,137	6,228	6,442	6,103	5,199	4,899	4,437	5,222	5,872	6,362
		未決	1,086	1,304	1,589	1,788	1,667	1,651	1,777	2,038	2,275	2,490	2,576
	証書訴訟	旧受	0	2	7	10	10	9	13	15	12	7	8
		新受	13	29	38	58	38	33	38	59	20	12	10
		総数	13	31	45	68	48	42	51	74	32	19	18
		既決	11	24	35	58	39	29	36	62	25	11	15
		未決	2	7	10	10	9	13	15	12	7	8	3

【2-7-2-1-2】民事一覧（地方裁判所、明治24年以降34年まで②）

		明治	24年	25年	26年	27年	28年	29年	30年	31年	32年	33年	34年
	為替訴訟	旧受	0	0	0	0	1	2	3	2	3	3	5
		新受	3	1	3	3	7	15	17	14	21	22	24
		総数	3	1	3	3	8	17	20	16	24	25	29
		既決	3	1	3	2	6	14	18	13	21	20	23
		未決	0	0	0	1	2	3	2	3	3	5	6
	合計	旧受	529	1,085	1,311	1,599	1,799	1,678	1,667	1,794	2,053	2,285	2,503
		新受	5,855	6,388	6,554	6,702	6,027	5,231	5,080	4,771	5,500	6,121	6,482
		総数	6,384	7,473	7,865	8,301	7,826	6,909	6,747	6,565	7,553	8,406	8,985
		既決	5,296	6,162	6,266	6,502	6,148	5,242	4,953	4,512	5,268	5,903	6,400
		未決	1,088	1,311	1,599	1,799	1,678	1,667	1,794	2,053	2,285	2,503	2,585
控訴審	民事訴訟	旧受	0	13	17	17	14	8	14	9	32	29	43
		新受	201	288	306	390	338	311	283	470	724	760	1,204
		総数	201	301	323	407	352	319	297	479	756	789	1,247
		既決	188	288	306	393	344	305	288	447	727	746	1,114
		未決	13	13	17	14	8	14	9	32	29	43	133
	その他の事件	旧受	2	3	0	4	3	1	1	0	7	0	1
		新受	32	34	51	66	31	57	50	70	157	219	216
		総数	34	37	51	70	34	58	51	70	164	219	217
		既決	31	37	47	67	33	57	51	63	164	218	212
		未決	3	0	4	3	1	1	0	7	0	1	5
	合計	旧受	2	16	17	21	17	9	15	9	39	29	44
		新受	233	322	357	456	369	368	333	540	881	979	1,420
		総数	235	338	374	477	386	377	348	549	920	1,008	1,464
		既決	219	325	353	460	377	362	339	510	891	964	1,326
		未決	16	13	21	17	9	15	9	39	29	44	138
再審	取消の訴え	旧受	0	1	1	2	1	3	1	2	3	0	0
		新受	4	10	6	3	7	2	3	4	2	1	1
		総数	4	11	7	5	8	5	4	6	5	1	1
		既決	3	10	5	4	6	4	2	3	5	1	0
		未決	1	1	2	1	2	1	2	3	0	0	1
	現状回復の訴え	旧受	2	13	8	9	12	7	6	4	9	5	7
		新受	68	37	29	62	40	32	24	21	14	8	14
		総数	70	50	37	71	52	39	30	25	23	13	21
		既決	57	42	31	59	44	33	26	16	18	6	12
		未決	13	8	6	12	8	6	4	9	5	7	9

【2-7-2-2-1】民事一覧（地方裁判所、明治35年以降①）

		明治	35年	36年	37年	38年	39年	40年	41年	42年	43年	44年	45年
地方裁判所	通常訴訟	旧受	8,373	8,988	8,115	7,543	5,759	5,275	5,730	6,700	6,735	6,587	7,040
第1審		新受	20,146	20,790	18,706	12,810	10,712	10,753	12,002	11,781	12,123	12,726	13,882
		総数	28,519	29,778	26,821	20,353	16,471	16,028	17,732	18,481	18,858	19,313	20,922
		既決	19,954	20,668	19,207	14,567	11,195	10,299	11,032	11,749	12,166	12,271	13,175
		未決	8,565	9,110	7,614	5,786	5,276	5,729	6,700	6,732	6,692	7,042	7,747
	証書訴訟	旧受	303	250	201	216	95	73	52	79	87	78	73
		新受	981	846	781	498	315	225	297	324	306	316	300
		総数	1,284	1,096	982	714	410	298	349	403	393	394	373
		既決	1,040	877	766	619	337	246	270	316	313	321	284
		未決	244	219	216	95	73	52	79	87	80	73	89
	為替訴訟	旧受	481	339	217	220	165	126	161	186	209	222	219
		新受	1,264	1,092	996	610	407	412	610	647	691	720	837
		総数	1,745	1,431	1,213	830	572	538	771	833	900	942	1,056
		既決	1,414	1,196	992	665	446	377	585	624	678	723	795
		未決	331	235	221	165	126	161	186	209	222	219	261
	仮差押・仮処分	旧受	147	68	73	38	27	26	30	29	30	19	21
		新受	6,077	6,319	5,692	3,919	3,503	3,582	3,890	3,786	3,753	3,848	4,205
		総数	6,224	6,387	5,765	3,957	3,530	3,608	3,920	3,815	3,783	3,867	4,226
		既決	6,157	6,308	5,726	3,930	3,503	3,577	3,891	3,785	3,763	3,846	4,194
		未決	67	79	39	27	27	31	29	30	20	21	32
	特別訴訟	旧受	0	1	0	0	0	1	0	0	0	0	0
		新受	5	0	0	0	3	1	0	0	0	0	0
		総数	5	1	0	0	3	2	0	0	0	0	0
		既決	3	1	0	0	2	2	0	0	0	0	0
		未決	2	0	0	0	1	0	0	0	0	0	0
	合計	旧受	10,109	10,494	9,423	8,740	6,675	6,224	6,771	7,893	7,963	7,793	8,320
		新受	31,448	32,127	28,727	20,332	17,790	18,070	20,084	19,712	20,183	21,144	22,846
		総数	41,557	42,621	38,150	29,072	24,465	24,294	26,855	27,605	28,146	28,937	31,166
		既決	31,541	32,021	29,332	22,363	18,237	17,523	18,962	19,645	20,221	20,617	22,074
		未決	10,016	10,600	8,818	6,709	6,228	6,771	7,893	7,960	7,925	8,320	9,092
控訴審	通常訴訟	旧受	2,576	2,723	2,741	2,400	2,214	2,228	2,160	2,305	2,211	2,103	2,107
		新受	6,494	7,037	6,745	6,060	5,852	5,343	4,924	4,843	4,739	4,856	4,647
		総数	9,070	9,760	9,486	8,460	8,066	7,571	7,084	7,148	6,950	6,959	6,754
		既決	6,347	7,019	7,086	6,245	5,839	5,412	4,779	4,938	4,779	4,852	4,503
		未決	2,723	2,741	2,400	2,215	2,227	2,159	2,305	2,210	2,171	2,107	2,251
	証書訴訟	旧受	3	5	2	2	5	2	1	3	3	1	1
		新受	16	12	8	13	6	3	4	4	2	3	3
		総数	19	17	10	15	11	5	5	7	5	4	4
		既決	14	15	8	10	9	4	2	4	4	3	4
		未決	5	2	2	5	2	1	3	3	1	1	0

【2-7-2-2-2】民事一覧（地方裁判所、明治35年以降②）

		明治	35年	36年	37年	38年	39年	40年	41年	42年	43年	44年	45年
	為替訴訟	旧受	6	13	2	3	1	4	2	1	1	3	2
		新受	16	6	10	1	13	4	4	0	5	1	6
		総数	22	19	12	4	14	8	6	1	6	4	8
		既決	9	17	9	4	10	6	5	0	3	2	7
		未決	13	2	3	0	4	2	1	1	3	2	1
	合計	旧受	2,585	2,741	2,745	2,405	2,220	2,234	2,163	2,309	2,215	2,107	2,110
		新受	6,526	7,055	6,763	6,074	5,871	5,350	4,932	4,847	4,746	4,860	4,656
		総数	9,111	9,796	9,508	8,479	8,091	7,584	7,095	7,156	6,961	6,967	6,766
		既決	6,370	7,051	7,103	6,259	5,858	5,422	4,786	4,942	4,786	4,857	4,514
		未決	2,741	2,745	2,405	2,220	2,233	2,162	2,309	2,214	2,175	2,110	2,252
控訴審	民事訴訟	旧受	133	125	73	42	46	35	37	48	46	25	17
		新受	1,764	1,777	977	846	671	421	494	482	348	364	441
		総数	1,897	1,902	1,050	888	717	456	531	530	394	389	458
		既決	1,772	1,751	1,008	842	682	419	483	484	369	372	428
		未決	125	151	42	46	35	37	48	46	25	17	30
	その他の事件	旧受	5	6	79	100	115	100	129	181	157	118	111
		新受	286	355	1,141	1,081	962	863	959	949	882	949	909
		総数	291	361	1,220	1,181	1,077	963	1,088	1,130	1,039	1,067	1,020
		既決	285	360	1,120	1,066	977	834	907	973	921	956	862
		未決	6	1	100	115	100	129	181	157	118	111	158
	合計	旧受	138	131	152	142	161	135	166	229	203	143	128
		新受	2,050	2,132	2,118	1,927	1,633	1,284	1,453	1,431	1,230	1,313	1,350
		総数	2,188	2,263	2,270	2,069	1,794	1,419	1,619	1,660	1,433	1,456	1,478
		既決	2,057	2,111	2,128	1,908	1,659	1,253	1,390	1,457	1,290	1,328	1,290
		未決	131	152	142	161	135	166	229	203	143	128	188
再審	取消の訴え	旧受	1	2	0	2	0	2	2	2	1	1	1
		新受	17	2	5	4	4	3	3	2	1	0	1
		総数	18	4	5	6	4	5	5	4	2	1	2
		既決	17	4	3	6	2	3	3	3	1	0	2
		未決	1	0	2	0	2	2	2	1	1	1	0
	現状回復の訴え	旧受	9	7	6	7	3	9	8	2	3	8	7
		新受	12	17	17	16	17	15	6	8	15	13	5
		総数	21	24	23	23	20	24	14	10	18	21	12
		既決	14	18	16	20	11	16	12	7	10	15	9
		未決	7	6	7	3	9	8	2	3	8	6	3

【2-7-2-3-1】民事一覧（控訴院、明治24年以降34年まで①）

		明治	24年	25年	26年	27年	28年	29年	30年	31年	32年	33年	34年
控訴院	通常訴訟	旧受	802	739	819	920	1,198	1,219	1,184	1,312	1,597	1,981	2,348
控訴審		新受	2,972	2,631	2,640	2,633	2,574	2,467	2,742	2,667	3,186	3,203	3,390
		総数	3,774	3,370	3,459	3,553	3,772	3,686	3,926	3,979	4,783	5,184	5,738
		既決	3,035	2,552	2,539	2,355	2,553	2,502	2,599	2,382	2,802	2,836	3,087
		未決	739	818	920	1,198	1,219	1,184	1,327	1,597	1,981	2,348	2,651
	証書訴訟	旧受	0	11	20	8	2	4	3	1	3	3	8
		新受	18	49	33	27	12	8	11	13	13	15	9
		総数	18	60	53	35	14	12	14	14	16	18	17
		既決	7	40	45	33	10	9	13	11	13	10	10
		未決	11	20	8	2	4	3	1	3	3	8	7
	為替訴訟	旧受	1	1	0	0	0	0	2	4	4	12	12
		新受	7	0	0	1	1	4	6	8	24	22	29
		総数	8	1	0	1	1	4	8	12	28	34	41
		既決	7	1	0	1	1	2	4	8	16	22	21
		未決	1	0	0	0	0	2	4	4	12	12	20
	合計	旧受	803	751	839	928	1,200	1,223	1,189	1,332	1,662	2,060	2,430
		新受	2,997	2,680	2,673	2,661	2,587	2,479	2,759	2,796	3,362	3,373	3,551
		総数	3,800	3,431	3,512	3,589	3,787	3,702	3,948	4,128	5,024	5,433	5,981
		既決	3,049	2,593	2,584	2,389	2,564	2,513	2,616	2,466	2,964	3,003	3,218
		未決	751	838	928	1,200	1,223	1,189	1,332	1,662	2,060	2,430	2,763
上告審	通常訴訟	旧受	43	160	214	231	231	186	173	171	112	186	213
		新受	517	697	771	832	786	650	639	515	572	617	683
		総数	560	857	985	1,063	1,017	836	812	686	684	803	896
		既決	400	643	754	832	831	663	641	574	498	590	653
		未決	160	214	231	231	186	173	171	112	186	213	243
	証書訴訟	旧受	0	0	0	0	1	1	0	0	0	0	0
		新受	0	0	0	1	3	3	2	0	0	2	0
		総数	0	0	0	1	4	4	2	0	0	2	0
		既決	0	0	0	0	3	4	2	0	0	2	0
		未決	0	0	0	1	1	0	0	0	0	0	0
	為替訴訟	旧受	0	0	0	0	0	0	0	0	0	0	0
		新受	0	0	0	0	0	0	0	0	1	0	0
		総数	0	0	0	0	0	0	0	0	1	0	0
		既決	0	0	0	0	0	0	0	0	1	0	0
		未決	0	0	0	0	0	0	0	0	0	0	0
	合計	旧受	43	160	214	231	232	187	173	171	112	186	213
		新受	517	697	771	833	789	653	641	515	573	619	683
		総数	560	857	985	1,064	1,021	840	814	686	685	805	896
		既決	400	643	754	832	834	667	643	574	499	592	653
		未決	160	214	231	232	187	173	171	112	186	213	243

【2-7-2-3-2】民事一覧（控訴院、明治24年以降34年まで②）

		明治	24年	25年	26年	27年	28年	29年	30年	31年	32年	33年	34年
抗告審	民事訴訟	旧受	0	5	12	13	9	13	15	8	20	19	47
		新受	155	170	203	272	240	192	195	262	339	431	521
		総数	155	175	215	285	249	205	210	270	359	450	568
		既決	150	163	202	276	236	190	202	250	340	403	510
		未決	5	12	13	9	13	15	8	20	19	47	58
	その他の事件	旧受	0	0	0	2	0	8	7	4	7	2	1
		新受	1	2	4	10	110	85	59	56	115	178	221
		総数	1	2	4	12	110	93	66	60	122	180	222
		既決	1	2	2	12	102	86	62	53	120	179	220
		未決	0	0	2	0	8	7	4	7	2	1	2
	合計	旧受	0	5	12	15	9	21	22	12	27	21	48
		新受	156	172	207	282	350	277	254	318	454	609	742
		総数	156	177	219	297	359	298	276	330	481	630	790
		既決	151	165	204	288	338	276	264	303	460	582	730
		未決	5	12	15	9	21	22	12	27	21	48	60
特別訴訟		旧受	43	1	6	2	6	6	0	0	4	1	1
		新受	6	13	2	22	2	2	0	18	0	0	1
		総数	49	14	8	24	8	8	0	18	4	1	2
		既決	48	8	6	18	2	8	0	14	3	0	2
		未決	1	6	2	6	6	0	0	4	1	1	0
合計		旧受	889	917	1,071	1,176	1,447	1,437	1,384	1,515	1,805	2,268	2,692
		新受	3,676	3,562	3,653	3,798	3,728	3,411	3,654	3,647	4,389	4,601	4,977
		総数	4,565	4,479	4,724	4,974	5,175	4,848	5,038	5,162	6,194	6,869	7,669
		既決	3,648	3,409	3,548	3,527	3,738	3,464	3,523	3,357	3,926	4,177	4,603
		未決	917	1,070	1,176	1,447	1,437	1,384	1,515	1,805	2,268	2,692	3,066
再審	取消の訴え	旧受	1	0	0	0	0	1	1	2	1	1	1
		新受	3	1	1	0	2	0	4	5	1	2	4
		総数	4	1	1	0	2	1	5	7	2	3	5
		既決	4	1	1	0	1	0	3	6	1	2	1
		未決	0	0	0	0	1	1	2	1	1	1	4
	現状回復の訴え	旧受	5	5	8	4	8	8	7	9	8	8	7
		新受	25	19	23	26	22	11	16	10	9	8	7
		総数	30	24	31	30	30	19	23	19	17	16	14
		既決	25	16	27	22	22	12	14	11	9	9	5
		未決	5	8	4	8	8	7	9	8	8	7	9

【2-7-2-3-3】民事一覧（控訴院、明治35年以降①）

		明治	35年	36年	37年	38年	39年	40年	41年	42年	43年	44年	45年
控訴院	通常訴訟	旧受	2,651	2,808	2,852	2,561	2,101	1,637	1,614	1,523	1,595	1,775	1,700
控訴審		新受	3,520	3,703	3,431	2,812	2,463	2,174	2,116	2,316	2,251	2,197	2,251
		総数	6,171	6,511	6,283	5,373	4,564	3,811	3,730	3,839	3,846	3,972	3,951
		既決	3,363	3,659	3,746	3,272	2,927	2,198	2,207	2,244	2,071	2,272	2,101
		未決	2,808	2,852	2,537	2,101	1,637	1,613	1,523	1,595	1,775	1,700	1,850
	証書訴訟	旧受	7	18	8	2	0	0	1	0	1	0	1
		新受	32	8	3	0	2	3	3	5	2	8	9
		総数	39	26	11	2	2	3	4	5	3	8	10
		既決	21	18	5	2	2	2	4	4	3	7	6
		未決	18	8	6	0	0	1	0	1	0	1	4
	為替訴訟	旧受	20	16	5	7	3	4	1	3	0	0	6
		新受	28	16	19	2	14	5	6	2	2	10	21
		総数	48	32	24	9	17	9	7	5	2	10	27
		既決	32	27	16	6	13	8	4	5	2	4	13
		未決	16	5	8	3	4	1	3	0	0	6	14
	合計	旧受	2,763	2,941	2,948	2,640	2,156	1,705	1,688	1,586	1,656	1,852	1,780
		新受	3,727	3,866	3,584	2,913	2,619	2,313	2,253	2,449	2,381	2,349	2,423
		総数	6,490	6,807	6,532	5,553	4,775	4,018	3,941	4,035	4,037	4,201	4,203
		既決	3,549	3,859	3,896	3,397	3,070	2,331	2,355	2,379	2,185	2,421	2,243
		未決	2,941	2,948	2,636	2,156	1,705	1,687	1,586	1,656	1,852	1,780	1,960
上告審	通常訴訟	旧受	243	163	173	197	172	96	104	79	104	92	97
		新受	578	611	607	578	536	589	420	480	424	443	397
		総数	821	774	780	775	708	685	524	559	528	535	494
		既決	658	601	583	603	612	581	445	455	436	438	412
		未決	163	173	197	172	96	104	79	104	92	97	82
	証書訴訟	旧受	0	0	0	0	0	0	0	1	0	0	0
		新受	1	0	0	0	2	0	1	0	0	0	0
		総数	1	0	0	0	2	0	1	1	0	0	0
		既決	1	0	0	0	2	0	0	1	0	0	0
		未決	0	0	0	0	0	0	1	0	0	0	0
	為替訴訟	旧受	0	0	0	0	0	0	0	0	0	0	0
		新受	1	0	0	0	0	1	0	0	0	0	0
		総数	1	0	0	0	0	1	0	0	0	0	0
		既決	1	0	0	0	0	1	0	0	0	0	0
		未決	0	0	0	0	0	0	0	0	0	0	0
	合計	旧受	243	163	173	197	172	96	104	80	104	92	97
		新受	580	611	607	578	538	590	421	480	424	443	397
		総数	823	774	780	775	710	686	525	560	528	535	494
		既決	660	601	583	603	614	582	445	456	436	438	412
		未決	163	173	197	172	96	104	80	104	92	97	82

【2-7-2-3-4】民事一覧（控訴院、明治35年以降②）

		明治	35年	36年	37年	38年	39年	40年	41年	42年	43年	44年	45年
抗告審	民事訴訟	旧受	58	127	53	12	15	16	13	12	8	6	7
		新受	844	719	732	414	387	227	207	155	143	109	112
		総数	902	846	785	426	402	243	220	167	151	115	119
		既決	775	793	763	411	386	230	208	159	145	108	114
		未決	127	53	22	15	16	13	12	8	6	7	5
	その他の事件	旧受	2	2	38	59	28	7	21	47	47	61	63
		新受	183	304	395	528	341	320	419	452	479	515	506
		総数	185	306	433	587	369	327	440	499	526	576	569
		既決	183	268	384	559	362	306	393	452	465	513	501
		未決	2	38	49	28	7	21	47	47	61	63	68
	合計	旧受	60	129	91	71	43	23	34	59	55	67	70
		新受	1,027	1,023	1,127	942	728	547	626	607	622	624	618
		総数	1,087	1,152	1,218	1,013	771	570	660	666	677	691	688
		既決	958	1,061	1,147	970	748	536	601	611	610	621	615
		未決	129	91	71	43	23	34	59	55	67	70	73
特別訴訟		旧受	0	9	1	0	0	0	0	2	0	0	0
		新受	23	10	9	1	1	0	9	2	0	0	10
		総数	23	19	10	1	1	0	9	4	0	0	10
		既決	14	18	10	1	1	0	7	4	0	0	9
		未決	9	1	0	0	0	0	2	0	0	0	1
合計		旧受	3,066	3,242	3,213	2,908	2,371	1,824	1,826	1,727	1,815	2,011	1,947
		新受	5,357	5,510	5,327	4,434	3,886	3,450	3,309	3,538	3,427	3,416	3,448
		総数	8,423	8,752	8,540	7,342	6,257	5,274	5,135	5,265	5,242	5,427	5,395
		既決	5,181	5,539	5,636	4,971	4,433	3,449	3,408	3,450	3,231	3,480	3,279
		未決	3,242	3,213	2,904	2,371	1,824	1,825	1,727	1,815	2,011	1,947	2,116
再審	取消の訴え	旧受	4	2	0	0	0	0	0	0	0	1	1
		新受	1	0	0	0	0	0	0	0	1	1	2
		総数	5	2	0	0	0	0	0	0	1	2	3
		既決	3	2	0	0	0	0	0	0	0	1	2
		未決	2	0	0	0	0	0	0	0	1	1	1
	現状回復の訴え	旧受	9	5	7	9	6	4	6	8	8	7	8
		新受	7	12	12	8	6	6	7	9	4	7	5
		総数	16	17	19	17	12	10	13	17	12	14	13
		既決	11	10	10	11	8	4	5	9	5	6	5
		未決	5	7	9	6	4	6	8	8	7	8	8

【2-7-2-4-1】民事一覧（大審院、明治24年以降34年まで①）

		明治	24年	25年	26年	27年	28年	29年	30年	31年	32年	33年	34年
大審院	通常訴訟	旧受	380	368	287	259	241	235	266	299	287	244	266
上告審		新受	718	659	653	532	537	548	542	458	511	630	580
		総数	1,098	1,027	940	791	778	783	808	757	798	874	846
		既決	730	740	681	550	543	517	509	470	554	608	686
		未決	368	287	259	241	235	266	299	287	244	266	160
	証書訴訟	旧受	0	0	0	0	0	1	0	0	0	0	0
		新受	3	1	0	0	2	0	0	0	0	0	0
		総数	3	1	0	0	2	1	0	0	0	0	0
		既決	3	1	0	0	1	1	0	0	0	0	0
		未決	0	0	0	0	1	0	0	0	0	0	0
	為替訴訟	旧受	0	0	0	0	0	0	0	0	0	0	0
		新受	0	0	0	0	0	1	0	0	0	0	0
		総数	0	0	0	0	0	1	0	0	0	0	0
		既決	0	0	0	0	0	1	0	0	0	0	0
		未決	0	0	0	0	0	0	0	0	0	0	0
	特別訴訟	旧受	1	1	1	0	0	0	0	0	2	1	0
		新受	5	7	2	4	0	1	0	4	0	0	0
		総数	6	8	3	4	0	1	0	4	2	1	0
		既決	5	7	3	4	0	1	0	2	1	1	0
		未決	1	1	0	0	0	0	0	2	1	0	0
	合計	旧受	381	369	288	259	241	236	266	299	299	254	272
		新受	726	667	655	536	539	550	542	475	524	645	589
		総数	1,107	1,036	943	795	780	786	808	774	823	899	861
		既決	738	748	684	554	544	520	509	475	569	627	700
		未決	369	288	259	241	236	266	299	299	254	272	161
抗告審	民事訴訟	旧受	0	0	0	1	4	3	2	2	4	8	10
		新受	34	28	37	47	33	38	31	38	101	183	253
		総数	34	28	37	48	37	41	33	40	105	191	263
		既決	34	28	36	44	34	39	31	36	97	181	245
		未決	0	0	1	4	3	2	2	4	8	10	18
	その他の事件	旧受	0	0	0	0	0	0	0	0	0	0	0
		新受	0	0	0	0	6	0	11	19	31	53	7
		総数	0	0	0	0	6	0	11	19	31	53	7
		既決	0	0	0	0	6	0	11	19	31	53	7
		未決	0	0	0	0	0	0	0	0	0	0	0
	合計	旧受	0	0	0	1	4	3	2	2	4	8	10
		新受	34	28	37	47	39	38	42	57	132	236	260
		総数	34	28	37	48	43	41	44	59	136	244	270
		既決	34	28	36	44	40	39	42	55	128	234	252
		未決	0	0	1	4	3	2	2	4	8	10	18
合計		旧受	381	369	288	260	245	239	268	301	303	262	282
		新受	760	695	692	583	578	588	584	532	656	881	849
		総数	1,141	1,064	980	843	823	827	852	833	959	1,143	1,131
		既決	772	776	720	598	584	559	551	530	697	861	952
		未決	369	288	260	245	239	268	301	303	261	282	179

【2-7-2-4-2】民事一覧（大審院、明治24年以降34年まで②）

		明治	24年	25年	26年	27年	28年	29年	30年	31年	32年	33年	34年
再審	取消の訴え	旧受	0	0	0	0	0	0	0	0	0	0	0
		新受	2	1	0	0	0	0	0	0	0	0	0
		総数	2	1	0	0	0	0	0	0	0	0	0
		既決	2	1	0	0	0	0	0	0	0	0	0
		未決	0	0	0	0	0	0	0	0	0	0	0
	現状回復の訴え	旧受	0	1	0	0	1	1	0	0	0	0	0
		新受	1	0	0	4	2	0	0	1	2	1	0
		総数	1	1	0	4	3	1	0	1	2	1	0
		既決	0	1	0	3	2	1	0	1	2	1	0
		未決	1	0	0	1	1	0	0	0	0	0	0

【2-7-2-4-3】民事一覧（大審院、明治35年以降①）

		明治	35年	36年	37年	38年	39年	40年	41年	42年	43年	44年	45年
大審院	通常訴訟	旧受	160	170	165	137	177	176	91	84	59	76	87
上告審		新受	675	674	632	616	658	495	477	415	417	422	414
		総数	835	844	797	753	835	671	568	499	476	498	501
		既決	665	679	660	576	659	580	484	440	400	411	407
		未決	170	165	137	177	176	91	84	59	76	87	94
	証書訴訟	旧受	0	0	0	0	0	0	0	0	0	0	0
		新受	0	0	0	0	0	0	0	2	0	1	0
		総数	0	0	0	0	0	0	0	2	0	1	0
		既決	0	0	0	0	0	0	0	2	0	1	0
		未決	0	0	0	0	0	0	0	0	0	0	0
	為替訴訟	旧受	0	0	1	0	0	0	1	0	0	0	0
		新受	3	7	0	2	2	1	0	0	2	1	1
		総数	3	7	1	2	2	1	1	0	2	1	1
		既決	3	6	1	2	2	0	1	0	2	1	1
		未決	0	1	0	0	0	1	0	0	0	0	0
	特別訴訟	旧受	0	0	2	0	0	1	0	2	0	0	0
		新受	1	7	2	1	3	0	3	6	0	0	1
		総数	1	7	4	1	3	1	3	8	0	0	1
		既決	1	5	4	1	2	1	1	8	0	0	1
		未決	0	2	0	0	1	0	2	0	0	0	0
	合計	旧受	161	172	170	137	180	183	93	87	59	76	87
		新受	690	700	642	624	672	502	491	431	423	431	425
		総数	851	872	812	761	852	685	584	518	482	507	512
		既決	679	702	675	581	669	592	497	459	406	420	415
		未決	172	170	137	180	183	93	87	59	76	87	97
抗告審	民事訴訟	旧受	18	16	18	12	9	6	1	0	2	2	2
		新受	312	383	401	327	236	155	162	158	168	171	199
		総数	330	399	419	339	245	161	163	158	170	173	201
		既決	314	381	407	330	239	160	163	156	168	171	200
		未決	16	18	12	9	6	1	0	2	2	2	1
	その他の事件	旧受	0	0	0	0	0	0	0	0	0	0	0
		新受	54	0	0	0	0	0	0	0	0	0	0
		総数	54	0	0	0	0	0	0	0	0	0	0
		既決	54	0	0	0	0	0	0	0	0	0	0
		未決	0	0	0	0	0	0	0	0	0	0	0
	合計	旧受	18	16	18	12	9	6	1	0	2	2	2
		新受	366	383	401	327	236	155	162	158	168	171	199
		総数	384	399	419	339	245	161	163	158	170	173	201
		既決	368	381	407	330	239	160	163	156	168	171	200
		未決	16	18	12	9	6	1	0	2	2	2	1
合計		旧受	179	188	188	149	189	189	94	87	61	78	89
		新受	1,056	1,083	1,043	951	908	657	653	589	591	602	624
		総数	1,235	1,271	1,231	1,100	1,097	846	747	676	652	680	713
		既決	1,047	1,083	1,082	911	908	752	660	615	574	591	615
		未決	188	188	149	189	189	94	87	61	78	89	98

【2-7-2-4-4】民事一覧（大審院、明治35年以降②）

		明治	35年	36年	37年	38年	39年	40年	41年	42年	43年	44年	45年
再審	取消の訴え	旧受	0	0	0	0	0	0	0	0	0	0	0
		新受	1	0	0	0	0	1	0	0	0	0	0
		総数	1	0	0	0	0	1	0	0	0	0	0
		既決	1	0	0	0	0	1	0	0	0	0	0
		未決	0	0	0	0	0	0	0	0	0	0	0
	現状回復の訴え	旧受	0	0	0	0	0	0	0	1	0	0	0
		新受	1	0	0	0	0	0	1	0	0	1	0
		総数	1	0	0	0	0	0	1	1	0	1	0
		既決	1	0	0	0	0	0	0	1	0	1	0
		未決	0	0	0	0	0	0	1	0	0	0	0

【2-7-2-5-1】民事一覧（訴訟総数、明治24年以降34年まで）

		明治	24年	25年	26年	27年	28年	29年	30年	31年	32年	33年	34年
訴訟総数	第1審	旧受	6,385	8,938	10,135	12,298	13,216	12,702	13,705	15,898	21,625	23,268	23,944
		新受	136,589	118,474	111,246	107,442	90,241	79,546	83,927	98,564	105,736	104,739	121,346
		総数	142,974	127,412	121,381	119,740	103,457	92,248	97,632	114,462	127,361	128,007	145,290
		既決	134,024	117,283	109,085	106,491	90,740	78,480	81,733	92,838	104,083	103,815	115,649
		未決	8,950	10,129	12,296	13,249	12,717	13,768	15,899	21,624	23,278	24,192	29,641
	控訴審	旧受	1,332	1,836	2,150	2,527	2,999	2,901	2,856	3,126	3,715	4,345	4,933
		新受	8,852	9,068	9,227	9,363	8,614	7,710	7,839	7,567	8,862	9,494	10,033
		総数	10,184	10,904	11,377	11,890	11,613	10,611	10,695	10,693	12,577	13,839	14,966
		既決	8,345	8,755	8,850	8,891	8,712	7,755	7,569	6,978	8,232	8,906	9,618
		未決	1,839	2,149	2,527	2,999	2,901	2,856	3,126	3,715	4,345	4,933	5,348
	上告審	旧受	424	529	502	490	473	423	439	470	411	440	485
		新受	1,243	1,364	1,426	1,369	1,328	1,203	1,183	990	1,097	1,264	1,272
		総数	1,667	1,893	1,928	1,859	1,801	1,626	1,622	1,460	1,508	1,704	1,757
		既決	1,138	1,391	1,438	1,386	1,378	1,187	1,152	1,049	1,068	1,219	1,353
		未決	529	502	490	473	423	439	470	411	440	485	404
	抗告審	旧受	2	21	29	37	30	33	39	23	70	58	102
		新受	423	522	601	785	758	683	629	915	1,467	1,824	2,422
		総数	425	543	630	822	788	716	668	938	1,537	1,882	2,524
		既決	404	518	593	792	755	677	645	868	1,479	1,780	2,308
		未決	21	25	37	30	33	39	23	70	58	102	216
	合計	旧受	8,143	11,324	12,816	15,352	16,718	16,059	17,039	19,517	25,821	28,111	29,464
		新受	147,107	129,428	122,500	118,959	100,941	89,142	93,578	108,036	117,162	117,321	135,073
		総数	155,250	140,752	135,316	134,311	117,659	105,201	110,617	127,553	142,983	145,432	164,537
		既決	143,911	127,947	119,966	117,560	101,585	88,099	91,099	101,733	114,862	115,720	128,928
		未決	11,339	12,805	15,350	16,751	16,074	17,102	19,518	25,820	28,121	29,712	35,609
	再審	旧受	9	26	27	26	28	25	27	23	25	22	20
		新受	190	133	125	132	107	75	80	59	53	35	57
		総数	199	159	152	158	135	100	107	82	78	57	77
		既決	173	132	129	130	110	73	84	57	56	37	48
		未決	26	27	23	28	25	27	23	25	22	20	29

【2-7-2-5-2】民事一覧（訴訟総数、明治35年以降）

		明治	35年	36年	37年	38年	39年	40年	41年	42年	43年	44年	45年
訴訟総数	第1審	旧受	29,515	29,819	29,817	25,536	21,279	19,650	20,419	23,714	24,689	25,261	26,596
		新受	131,758	144,084	127,004	100,681	90,956	85,489	94,460	98,172	99,900	106,499	117,049
		総数	161,273	173,903	156,821	126,217	112,235	105,139	114,879	121,886	124,589	131,760	143,645
		既決	131,711	142,945	131,208	104,899	92,585	84,749	91,164	97,175	98,896	105,167	114,138
		未決	29,562	30,958	25,613	21,318	19,650	20,390	23,715	24,711	25,693	26,593	29,507
	控訴審	旧受	5,348	5,682	5,693	5,045	4,376	3,939	3,851	3,895	3,871	3,959	3,890
		新受	10,253	10,921	10,347	8,987	8,490	7,663	7,185	7,296	7,127	7,209	7,079
		総数	15,601	16,603	16,040	14,032	12,866	11,602	11,036	11,191	10,998	11,168	10,969
		既決	9,919	10,910	10,999	9,656	8,928	7,753	7,141	7,321	6,971	7,278	6,757
		未決	5,682	5,693	5,041	4,376	3,938	3,849	3,895	3,870	4,027	3,890	4,212
	上告審	旧受	404	335	343	334	352	279	197	167	163	168	184
		新受	1,270	1,311	1,249	1,202	1,210	1,092	912	911	847	874	822
		総数	1,674	1,646	1,592	1,536	1,562	1,371	1,109	1,078	1,010	1,042	1,006
		既決	1,339	1,303	1,258	1,184	1,283	1,174	942	915	842	858	827
		未決	335	343	334	352	279	197	167	163	168	184	179
	抗告審	旧受	216	276	261	225	213	164	201	288	260	212	200
		新受	3,443	3,538	3,646	3,196	2,597	1,986	2,241	2,196	2,020	2,108	2,167
		総数	3,659	3,814	3,907	3,421	2,810	2,150	2,442	2,484	2,280	2,320	2,367
		既決	3,383	3,553	3,682	3,208	2,646	1,949	2,154	2,224	2,068	2,120	2,105
		未決	276	261	225	213	164	201	288	260	212	200	262
	合計	旧受	35,483	36,112	36,114	31,140	26,220	24,032	24,668	28,064	28,983	29,600	30,870
		新受	146,724	159,854	142,246	114,066	103,253	96,230	104,798	108,575	109,894	116,690	127,117
		総数	182,207	195,966	178,360	145,206	129,473	120,262	129,466	136,639	138,877	146,290	157,987
		既決	146,352	158,711	147,147	118,947	105,442	95,625	101,401	107,635	108,777	115,423	123,827
		未決	35,855	37,255	31,213	26,259	24,031	24,637	28,065	29,004	30,100	30,867	34,160
	再審	旧受	29	22	15	19	11	16	18	20	16	21	19
		新受	63	47	43	39	48	35	31	31	31	30	24
		総数	92	69	58	58	59	51	49	51	47	51	43
		既決	71	54	39	47	43	33	29	35	26	33	25
		未決	21	15	19	11	16	18	20	16	21	18	18

第３部関係図表

凡　例

１　表は、明治８年から明治45年に至る38年間の訴訟件数（既済件数）を小項目ごとに累計し、その累計数の上位30項目を選んで作成したものである。ただし、「米穀」「物品」「証券」など訴訟件数が少なく、また項目名も少ない場合には上位20項目または10項目を採用して作成した。この点については、各表中に注を付した。

２　グラフは、訴訟件数の累計数上位５項目を選んで作成した。

３　『司法省民事統計年報』には、明治８年および９年に「人事」「土地」「建物船舶」「金銭」等という事件類型別の大項目の区別がなかったため、小項目の内容から適宜判断して分類した。

４　大審院と控訴院については、明治８年から訴訟小項目ごとに訴訟件数の統計があるが、地方裁判所については訴訟小項目ごとの統計が示されるのは明治９年からである。

５　勧解は明治８年12月28日から全国的に施行され、新受件数等についての統計は明治９年から存在するが、訴訟小項目については明治11年からであるので、第３部の表およびグラフの勧解に関する統計は明治11年以降の件数となる。

６　区裁判所の件数については、司法統計では明治14年以前は地方裁判所件数に内含されているが、『帝国統計年鑑』には新受件数や結局区分などの件数が区裁判所毎に掲載されている。しかし、訴訟小項目についての記載は『帝国統計年鑑』にはないので、明治15年以降の件数しか判明しなかった。このため第３部の表およびグラフでは、司法統計の形式に従い、明治14年以前の訴訟小項目件数については地方裁判所の件数に内含させ、15年以降については別に区裁判所の件数として採用した。

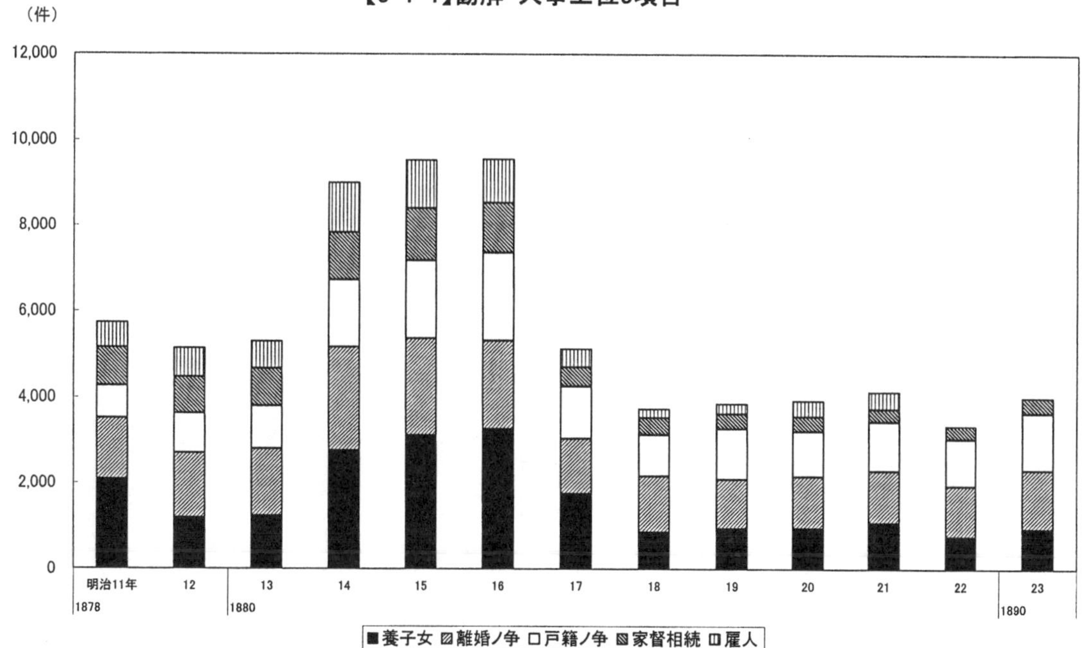
【3-1-1】勧解・人事上位5項目
（件）
12,000
10,000
8,000
6,000
4,000
2,000
0
明治11年 12 13 14 15 16 17 18 19 20 21 22 23
1878 1880 1890
■養子女 ▨離婚ノ争 □戸籍ノ争 ▧家督相続 ▥雇人

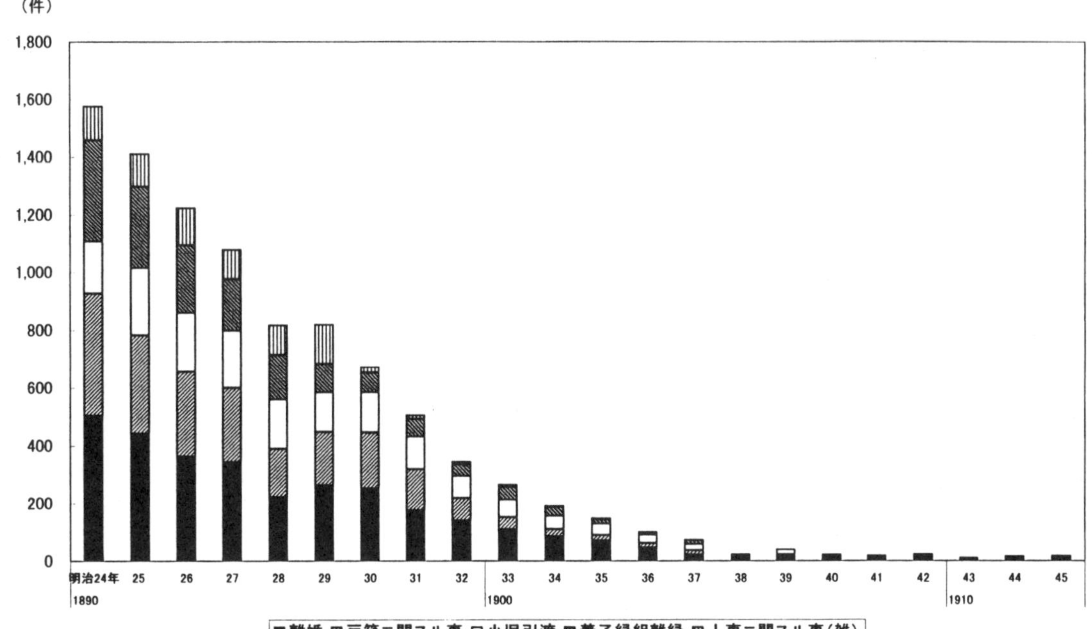
【3-1-2】起訴前の和解・人事上位5項目
（件）
1,800
1,600
1,400
1,200
1,000
800
600
400
200
0
明治24年 25 26 27 28 29 30 31 32 33 34 35 36 37 38 39 40 41 42 43 44 45
1890 1900 1910
■離婚 ▨戸籍ニ関スル事 □小児引渡 ▧養子縁組離縁 ▥人事ニ関スル事（雑）

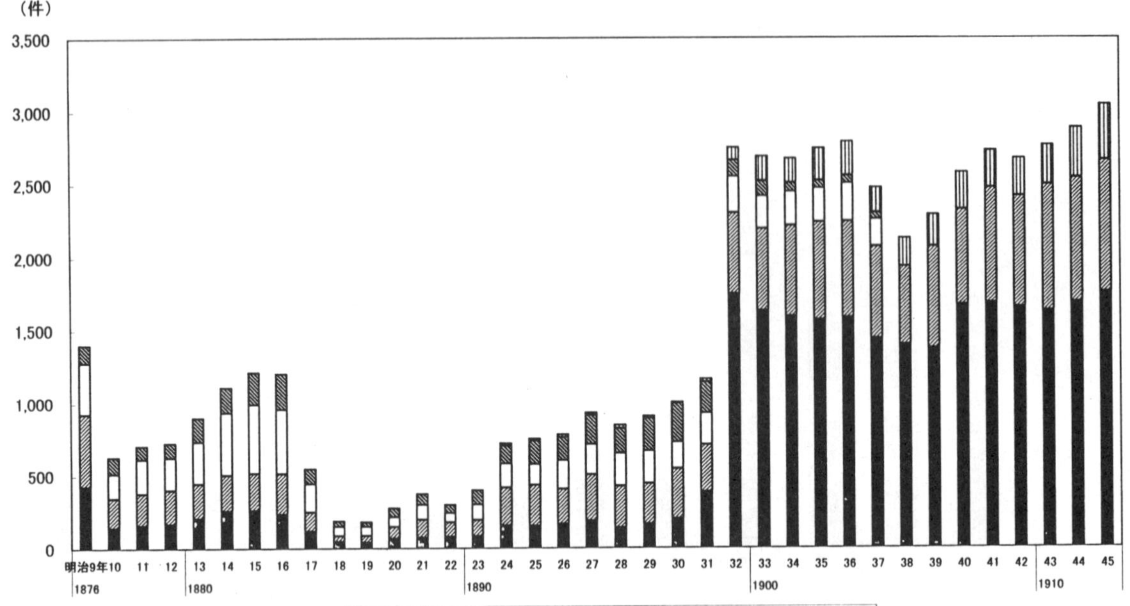
【3-1-4】地方裁判所第一審・人事上位5項目
(件)
3,500
3,000
2,500
2,000
1,500
1,000
500
0
明治9年 10 11 12 13 14 15 16 17 18 19 20 21 22 23 24 25 26 27 28 29 30 31 32 33 34 35 36 37 38 39 40 41 42 43 44 45
1876
1880
1890
1900
1910
■家督相続 ▨離婚 □養子縁組離縁 ▧戸籍ニ関スル事 ▥私生子認知

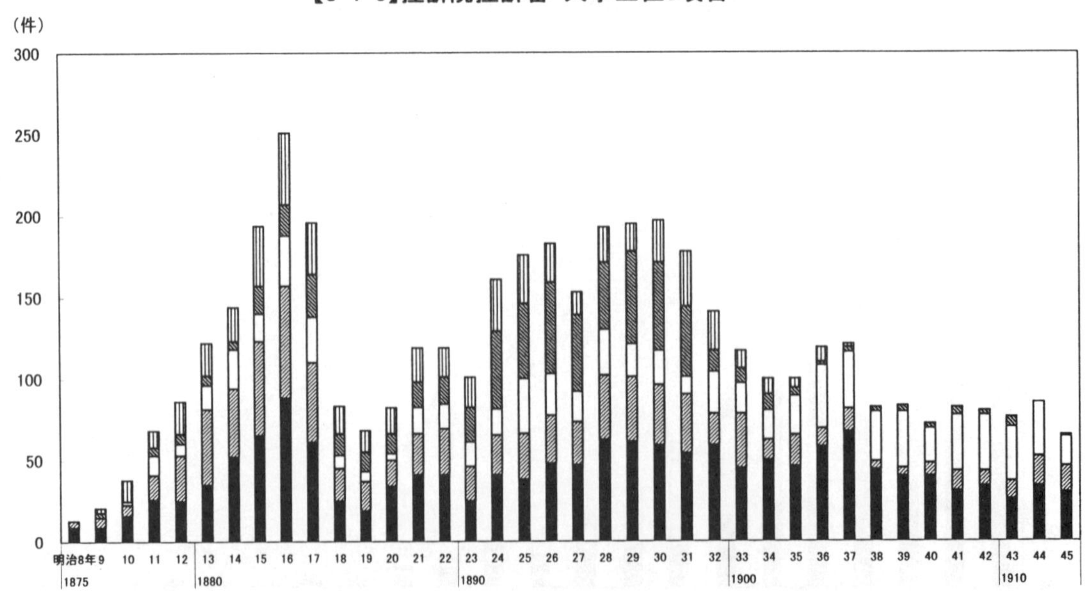
【3-1-5】控訴院控訴審・人事上位5項目
(件)
300
250
200
150
100
50
0
明治8年 9 10 11 12 13 14 15 16 17 18 19 20 21 22 23 24 25 26 27 28 29 30 31 32 33 34 35 36 37 38 39 40 41 42 43 44 45
1875
1880
1890
1900
1910
■家督相続 ▨養子縁組離縁 □離婚 ▧後見人(後見並保佐) ▥戸籍ニ関スル事

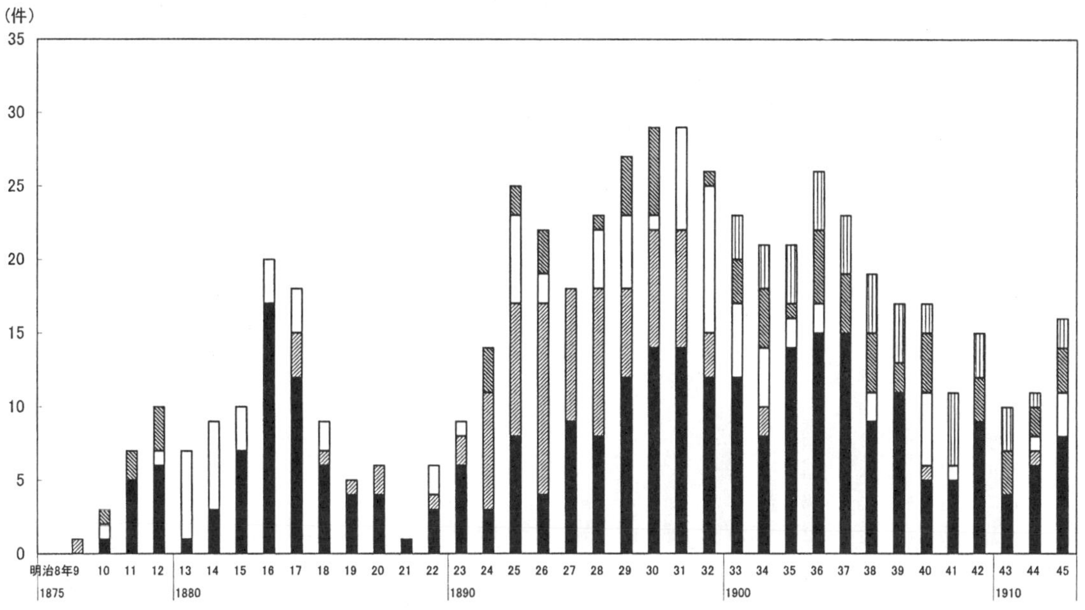
【3-1-6】大審院・人事上位5項目
（件）
35
30
25
20
15
10
5
0
明治8年9
10
11
12
13
14
15
16
17
18
19
20
21
22
23
24
25
26
27
28
29
30
31
32
33
34
35
36
37
38
39
40
41
42
43
44
45
1875
1880
1890
1900
1910
■家督相続 ▨後見人 □養子(縁組)離縁 ▧離婚 ▥親族会議

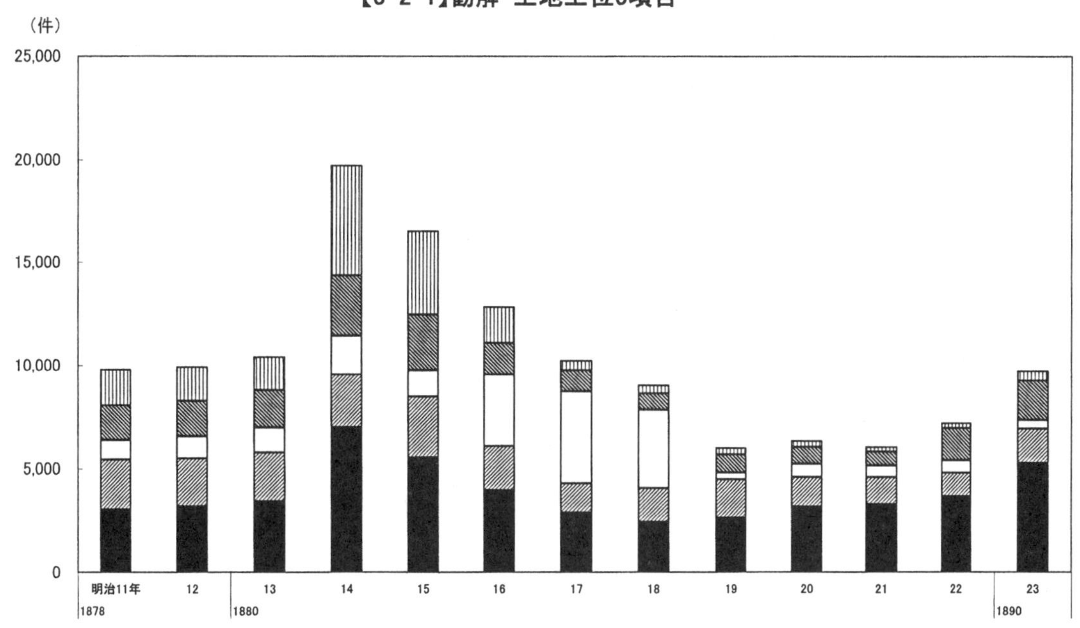
【3-2-1】勧解・土地上位5項目
（件）
25,000
20,000
15,000
10,000
5,000
0
明治11年
12
13
14
15
16
17
18
19
20
21
22
23
1878
1880
1890
■地所売買 ▨地所貸借 □地所書入 ▧地所所有 ▥地所質入

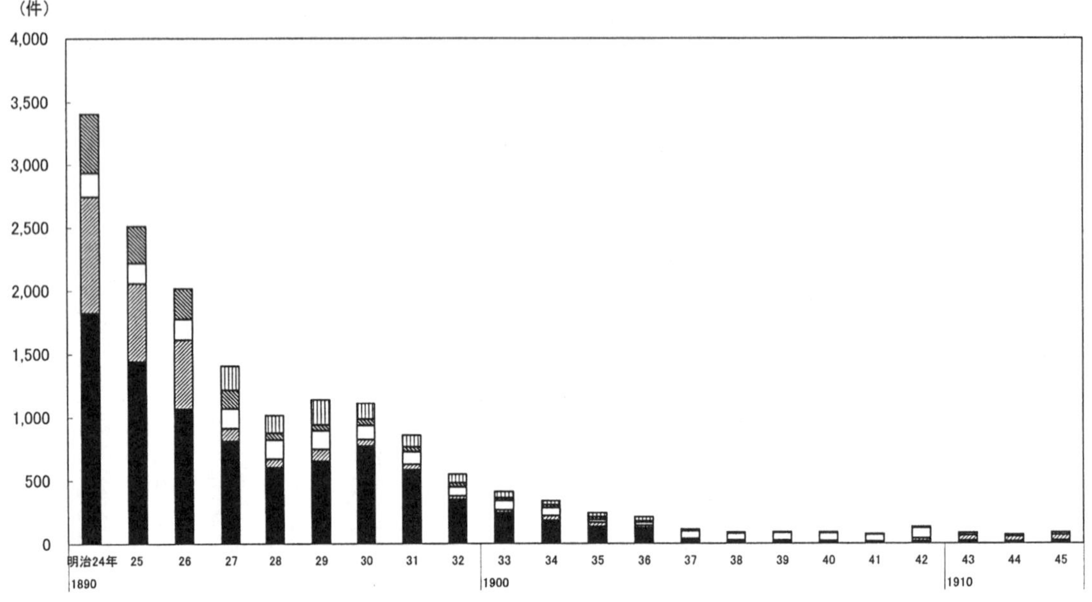
【3-2-2】起訴前の和解・土地上位5項目
（件）
4,000
3,500
3,000
2,500
2,000
1,500
1,000
500
0
明治24年
1890
25
26
27
28
29
30
31
32
33
1900
34
35
36
37
38
39
40
41
42
43
1910
44
45
■地所売買 ▨地所所有 □地所登記 ▧地所貸借 ▥地所取戻

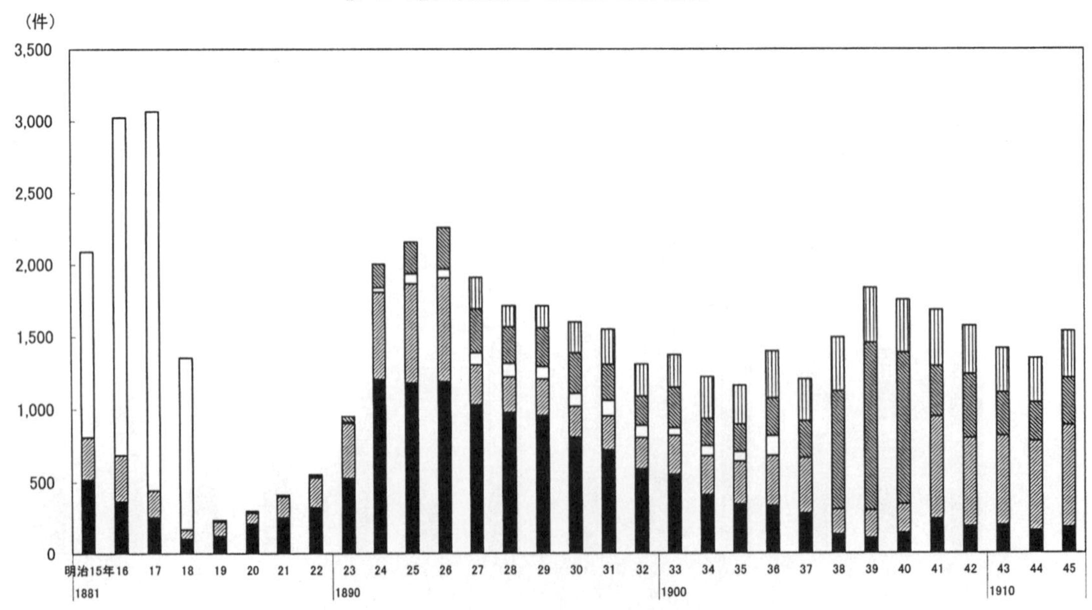
【3-2-3】区裁判所・土地上位5項目
（件）
3,500
3,000
2,500
2,000
1,500
1,000
500
0
明治15年
1881
16
17
18
19
20
21
22
23
1890
24
25
26
27
28
29
30
31
32
33
1900
34
35
36
37
38
39
40
41
42
43
1910
44
45
■地所売買 ▨地所所有 □地所書入 ▧地所登記 ▥地所明渡

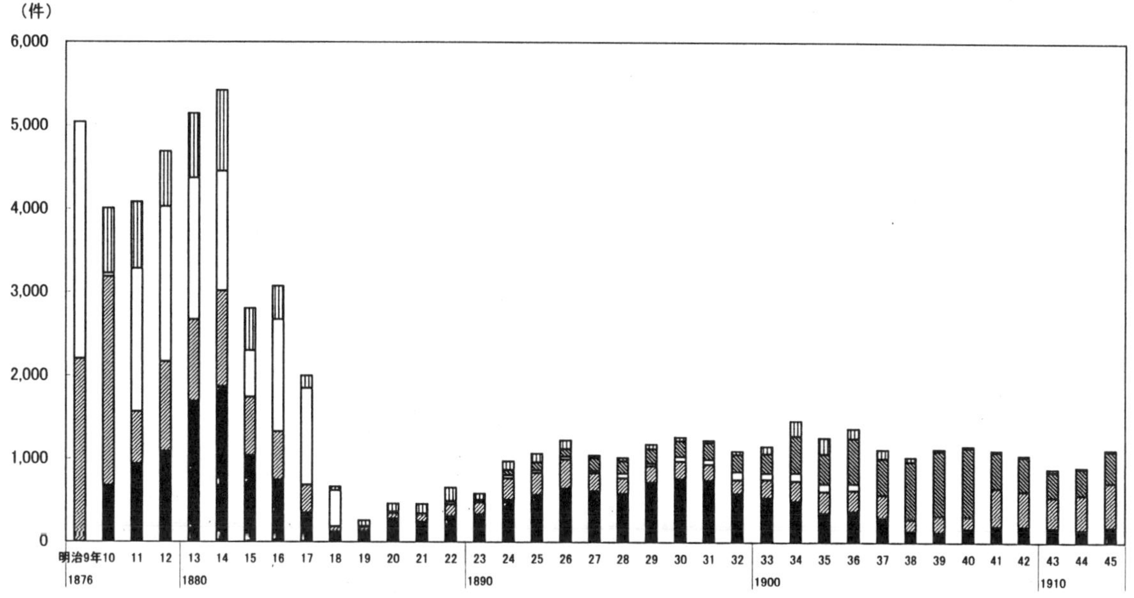
【3-2-4】地方裁判所第一審・土地上位5項目
（件）
6,000
5,000
4,000
3,000
2,000
1,000
0
明治9年 10 11 12 13 14 15 16 17 18 19 20 21 22 23 24 25 26 27 28 29 30 31 32 33 34 35 36 37 38 39 40 41 42 43 44 45
1876
1880
1890
1900
1910
■地所売買 ▨地所所有 □地所書入 ▧地所登記 ▥地所貸借

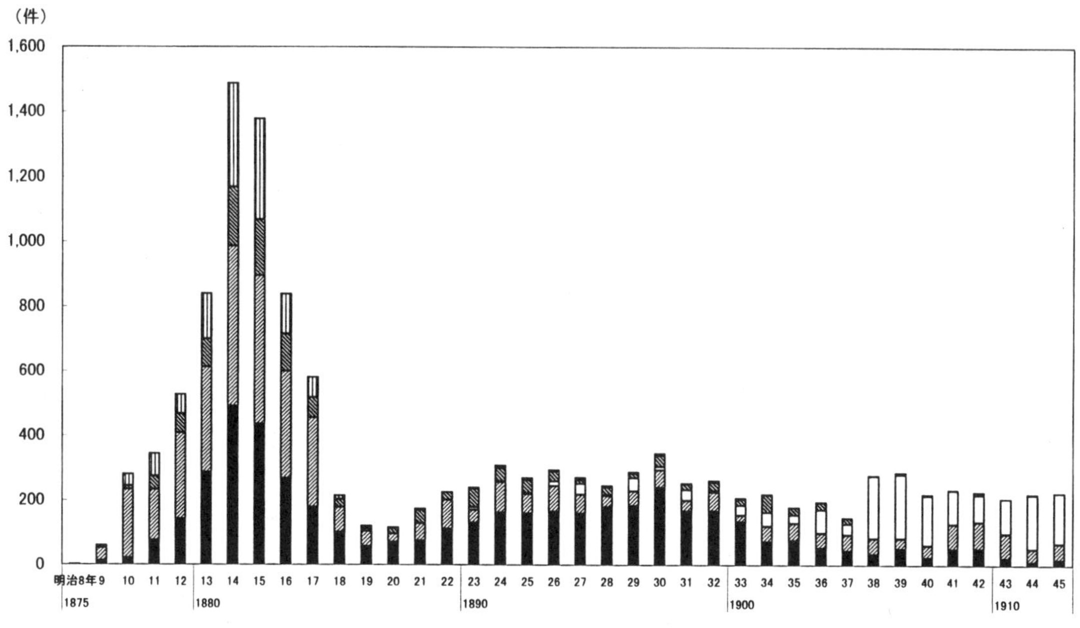
【3-2-5】控訴院控訴審・土地上位5項目
（件）
1,600
1,400
1,200
1,000
800
600
400
200
0
明治8年 9 10 11 12 13 14 15 16 17 18 19 20 21 22 23 24 25 26 27 28 29 30 31 32 33 34 35 36 37 38 39 40 41 42 43 44 45
1875
1880
1890
1900
1910
■地所売買 ▨地所所有 □地所登記 ▧地所貸借 ▥地所質入

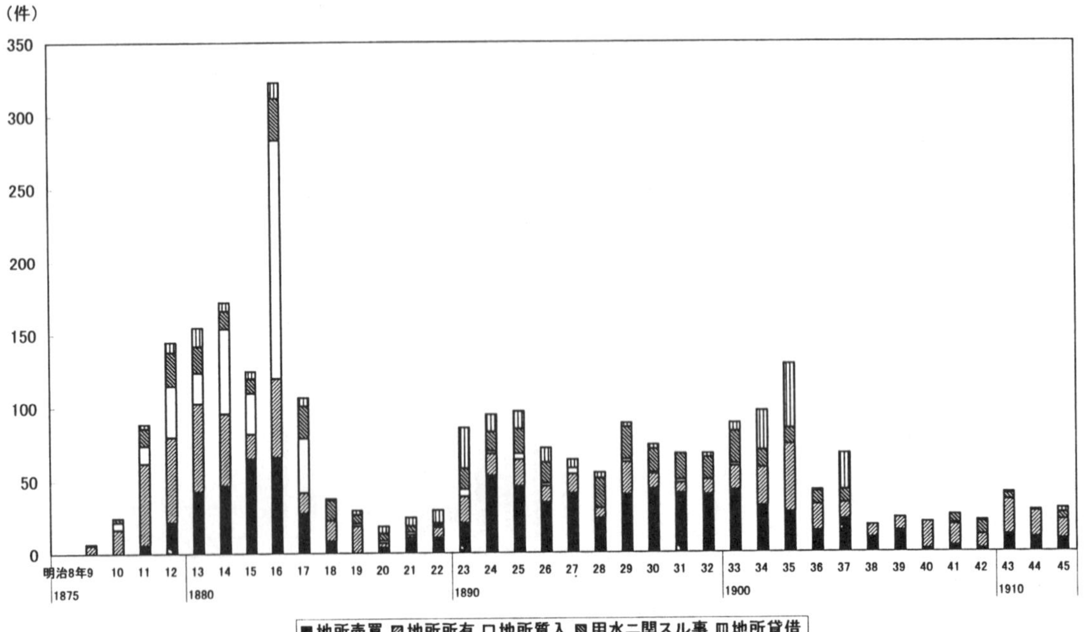
【3-2-6】大審院・土地上位5項目
（件）
350
300
250
200
150
100
50
0
明治8年9 10 11 12 13 14 15 16 17 18 19 20 21 22 23 24 25 26 27 28 29 30 31 32 33 34 35 36 37 38 39 40 41 42 43 44 45
1875
1880
1890
1900
1910
■地所売買 ▨地所所有 □地所質入 ▩用水ニ関スル事 ▥地所貸借

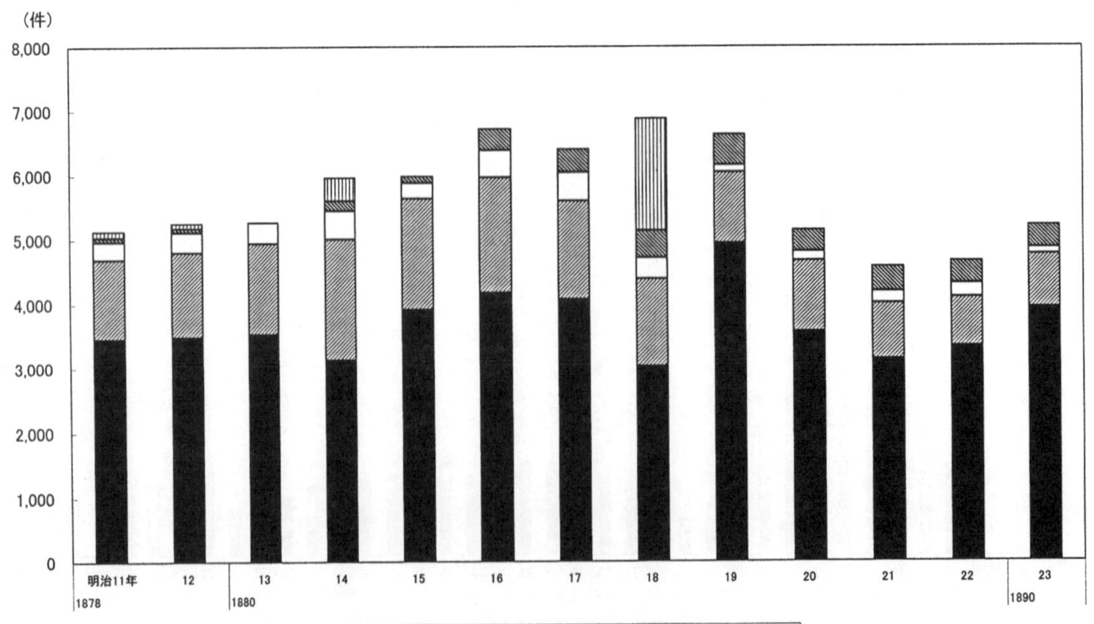
【3-3-1】勧解・建物船舶上位5項目
（件）
8,000
7,000
6,000
5,000
4,000
3,000
2,000
1,000
0
明治11年 12 13 14 15 16 17 18 19 20 21 22 23
1878
1880
1890
■建物貸借 ▨建物売買 □建物書入 ▩建物取払 ▥家屋明渡

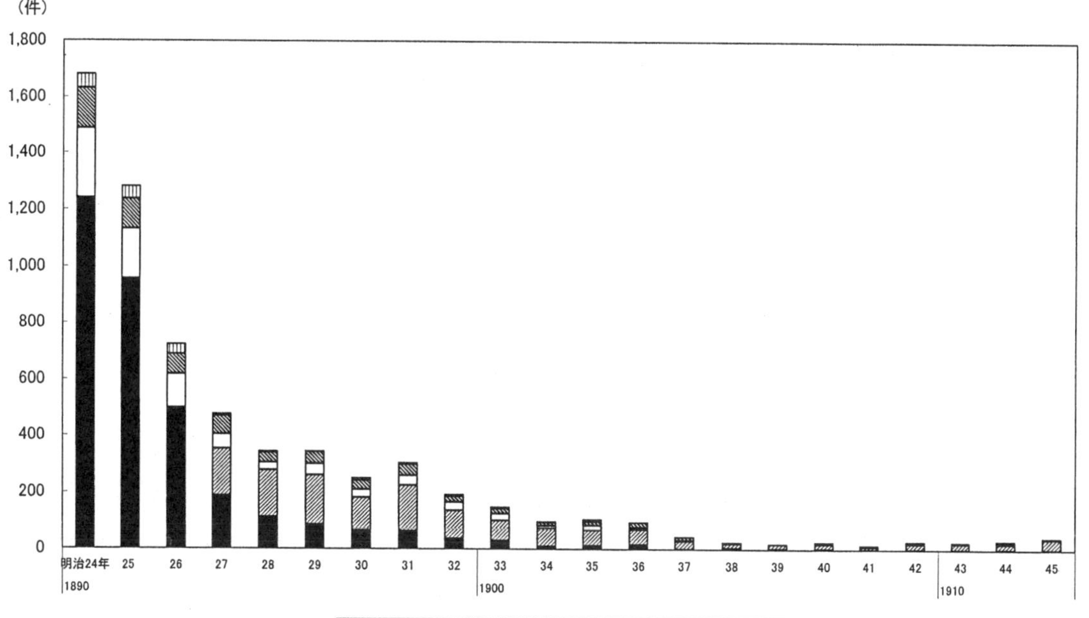
【3-3-2】起訴前の和解・建物船舶上位5項目
(件)
1,800
1,600
1,400
1,200
1,000
800
600
400
200
0
明治24年 25 26 27 28 29 30 31 32 33 34 35 36 37 38 39 40 41 42 43 44 45
1890
1900
1910
■建物貸借 ▨建物明渡 □建物売買 ▧建物取払 ▥建物所有

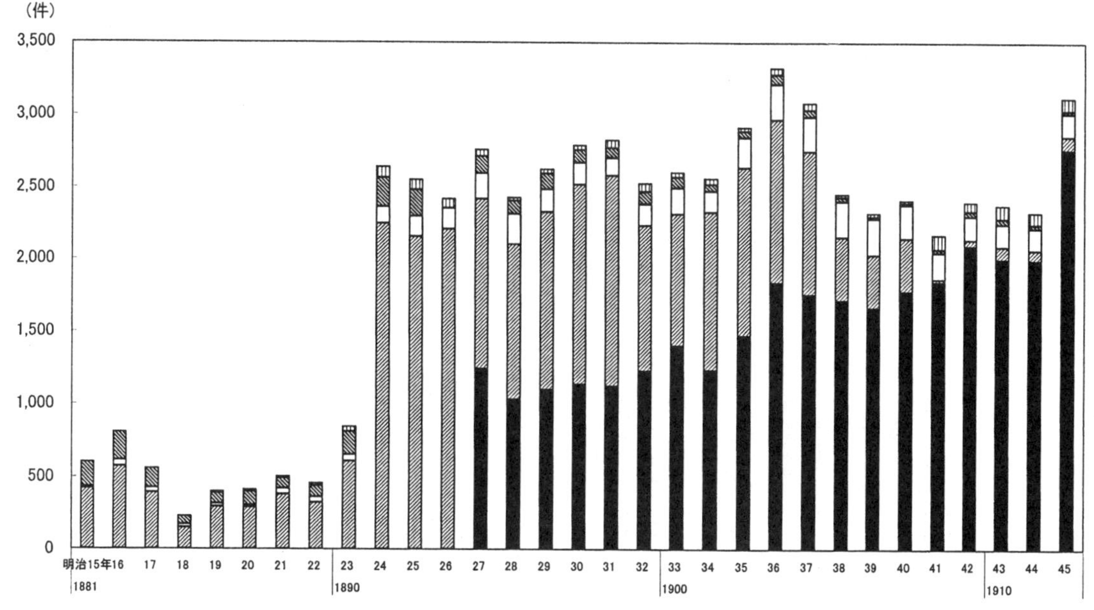
【3-3-3】区裁判所・建物船舶上位5項目
(件)
3,500
3,000
2,500
2,000
1,500
1,000
500
0
明治15年 16 17 18 19 20 21 22 23 24 25 26 27 28 29 30 31 32 33 34 35 36 37 38 39 40 41 42 43 44 45
1881
1890
1900
1910
■建物明渡 ▨建物貸借 □建物取払 ▧建物売買 ▥建物所有

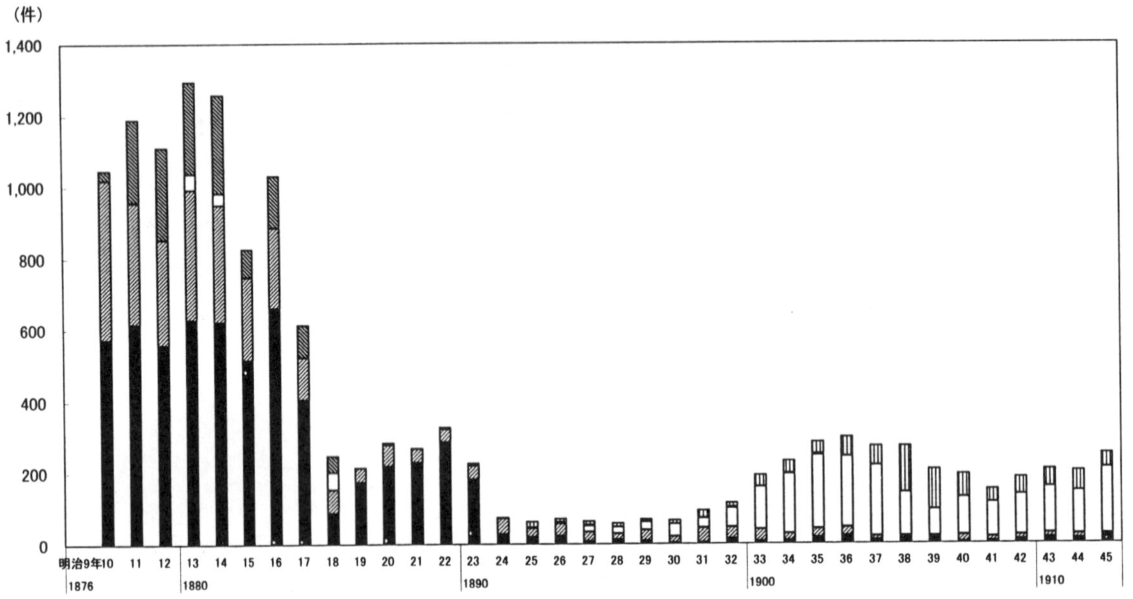
【3-3-4】地方裁判所第一審・建物船舶上位5項目
(件)
1,400
1,200
1,000
800
600
400
200
0
明治9年 10 11 12 13 14 15 16 17 18 19 20 21 22 23 24 25 26 27 28 29 30 31 32 33 34 35 36 37 38 39 40 41 42 43 44 45
1876 1880 1890 1900 1910
■建物貸借 ▨建物売買 □建物明渡 ▩建物書入 ◫建物登記

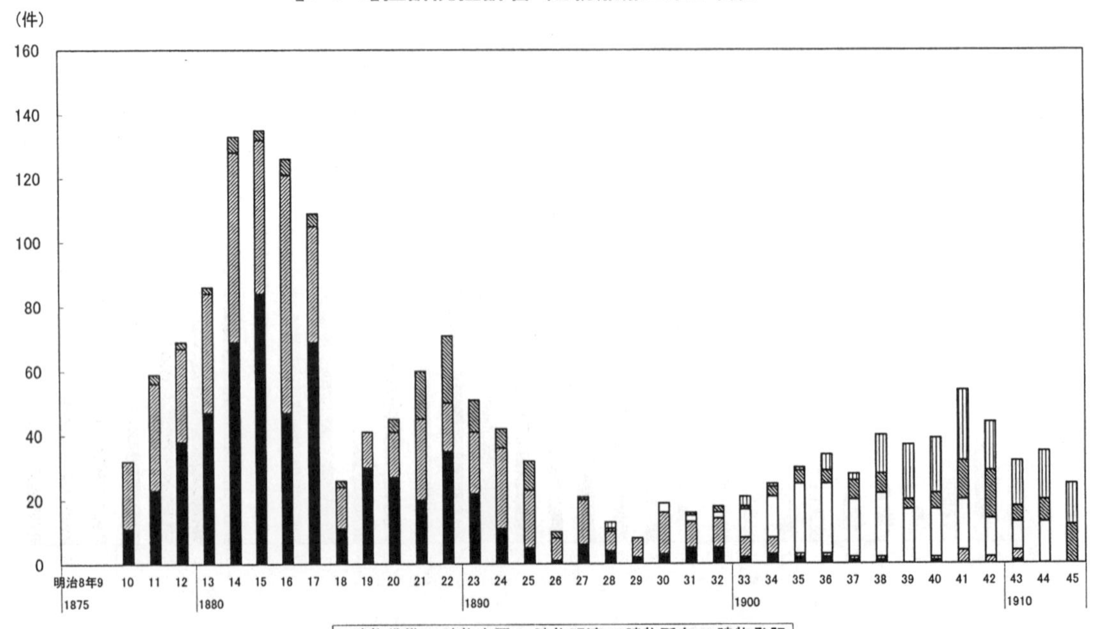
【3-3-5】控訴院控訴審・建物船舶上位5項目
(件)
160
140
120
100
80
60
40
20
0
明治8年 9 10 11 12 13 14 15 16 17 18 19 20 21 22 23 24 25 26 27 28 29 30 31 32 33 34 35 36 37 38 39 40 41 42 43 44 45
1875 1880 1890 1900 1910
■建物貸借 ▨建物売買 □建物明渡 ▩建物所有 ◫建物登記

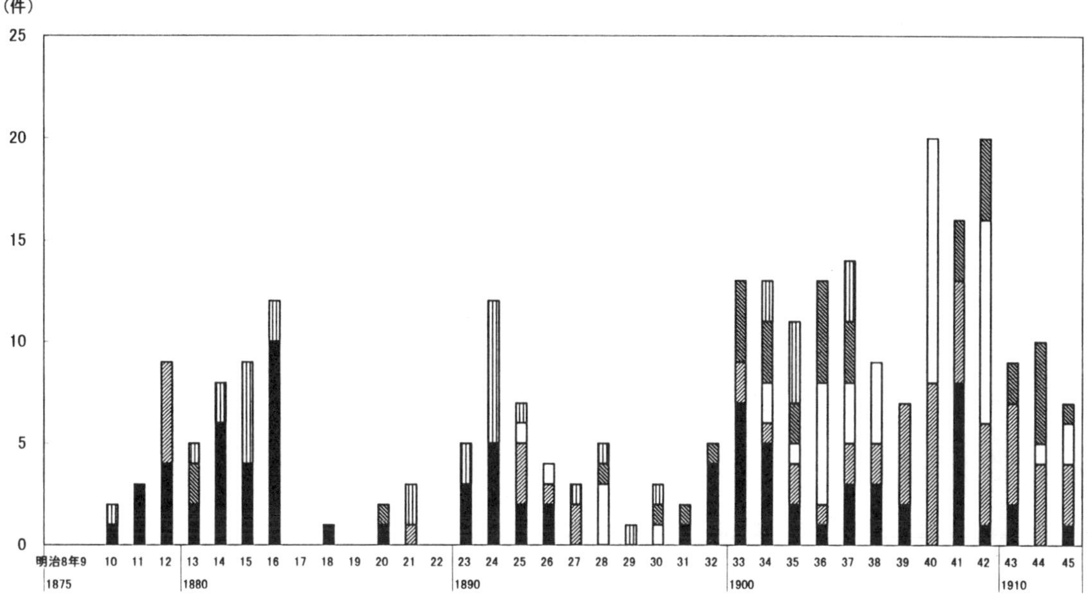
【3-3-6】大審院・建物船舶上位5項目
（件）
25
20
15
10
5
0
明治8年9 10 11 12 13 14 15 16 17 18 19 20 21 22 23 24 25 26 27 28 29 30 31 32 33 34 35 36 37 38 39 40 41 42 43 44 45
1875
1880
1890
1900
1910
■建物売買 ▨建物所有 □建物登記 ▧建物取払 ▥建物貸借

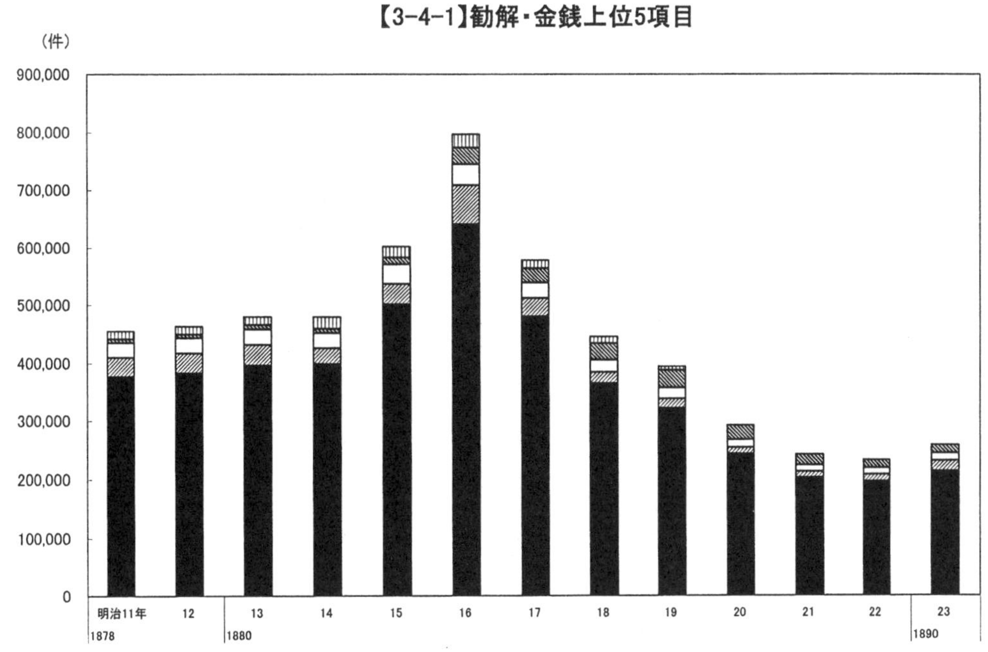
【3-4-1】勧解・金銭上位5項目
（件）
900,000
800,000
700,000
600,000
500,000
400,000
300,000
200,000
100,000
0
明治11年 12 13 14 15 16 17 18 19 20 21 22 23
1878
1880
1890
■金銭貸借 ▨売代金 □預ケ金 ▧講金 ▥年月賦金

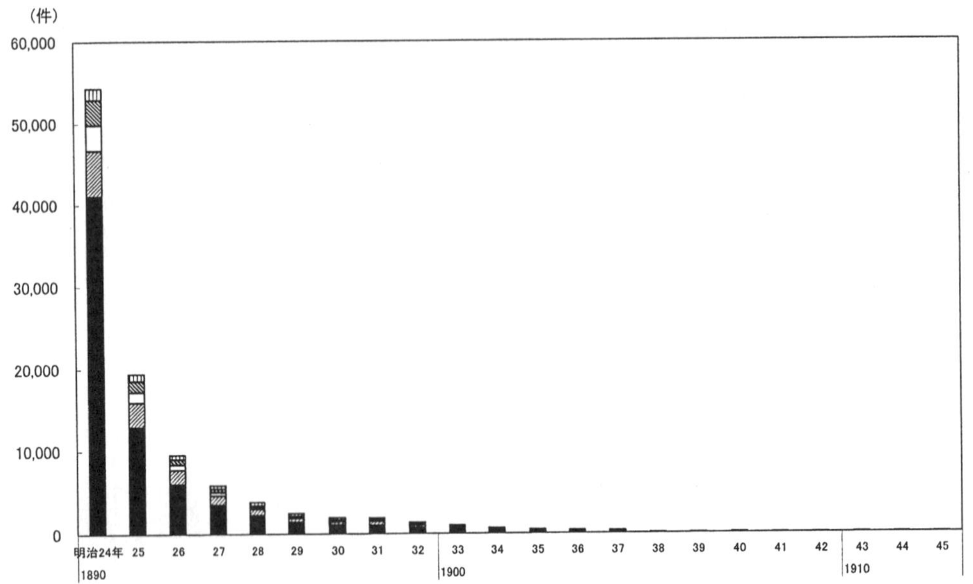
【3-4-2】起訴前の和解・金銭上位5項目
（件）
60,000
50,000
40,000
30,000
20,000
10,000
0
明治24年 25 26 27 28 29 30 31 32 33 34 35 36 37 38 39 40 41 42 43 44 45
1890
1900
1910
■貸金 ▨売代金 □預ケ金 ▧講金 ▥損害賠償金

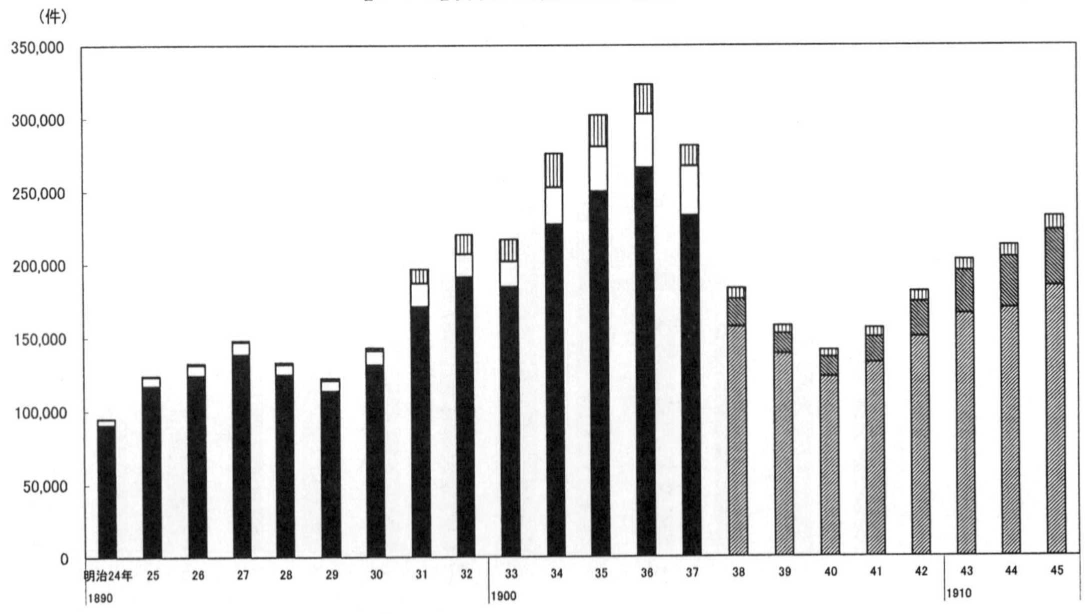
【3-4-3】督促・金銭上位5項目
（件）
350,000
300,000
250,000
200,000
150,000
100,000
50,000
0
明治24年 25 26 27 28 29 30 31 32 33 34 35 36 37 38 39 40 41 42 43 44 45
1890
1900
1910
■貸金（金銭貸借） ▨無抵当貸金 □売代金 ▧売掛代金 ▥手形金

【3-4-4】区裁判所・金銭上位5項目

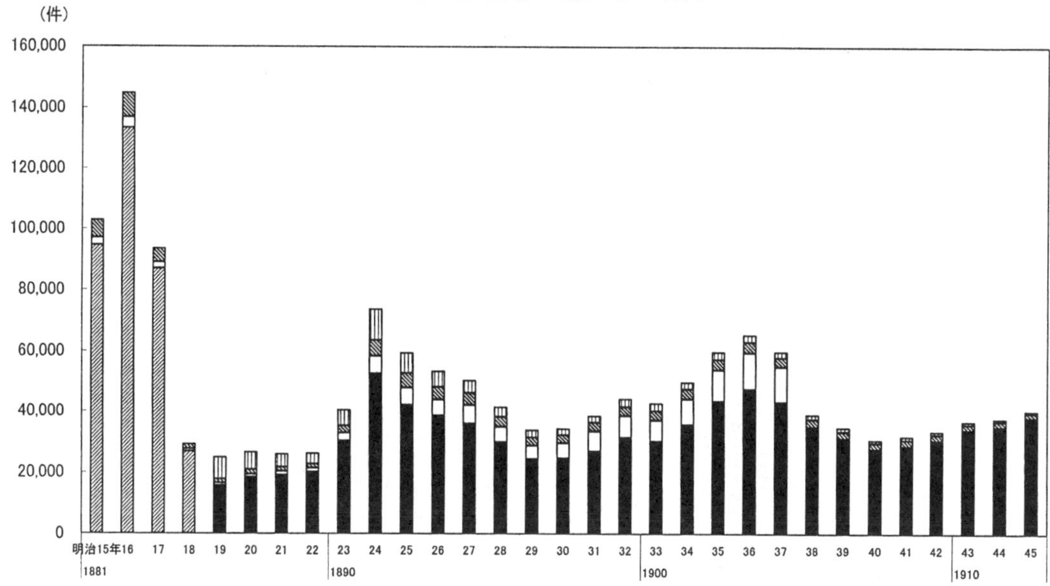

■無抵当貸金 ▨金銭貸借 □売代金 ▧預ケ金 ◫地所書入貸金

【3-4-5】地方裁判所第一審・金銭上位5項目

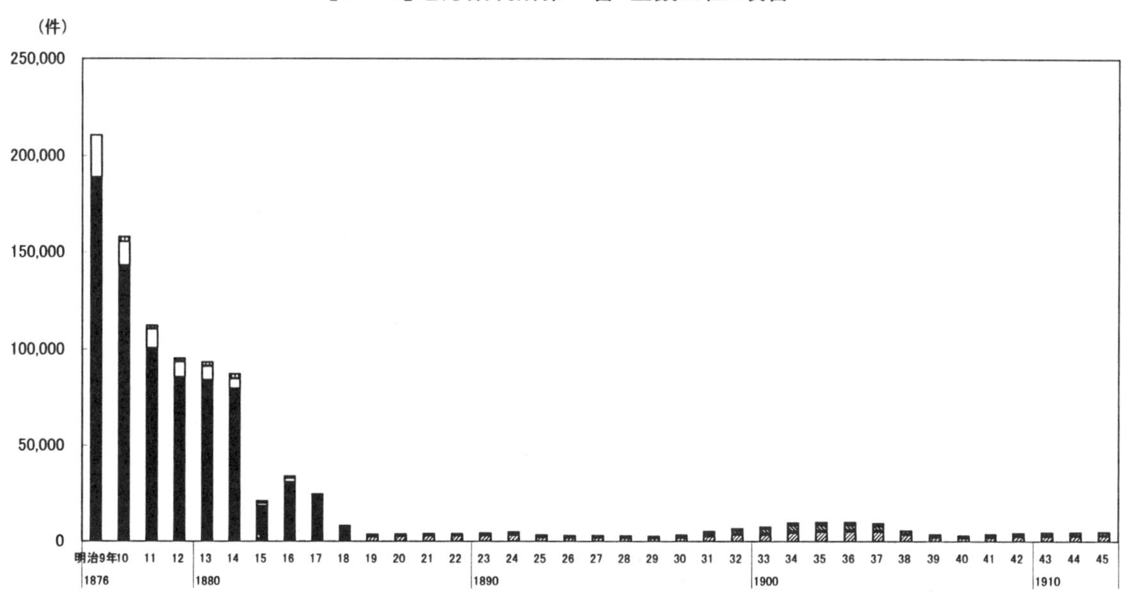

■金銭貸借 ▨無抵当貸金 □預ケ金 ▧手形金 ◫売代金

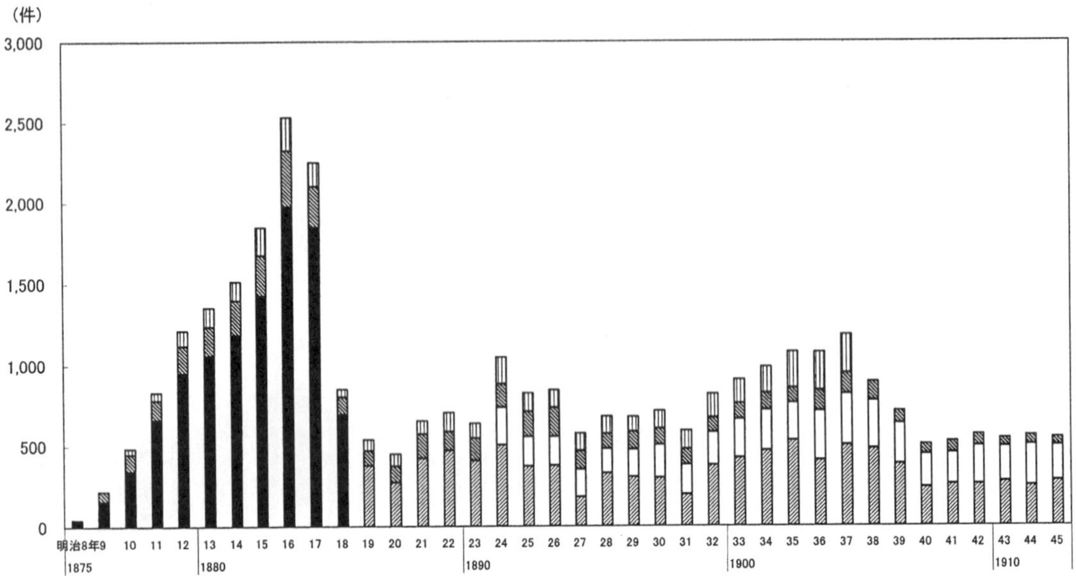
【3-4-6】控訴院控訴審・金銭上位5項目
（件）
3,000
2,500
2,000
1,500
1,000
500
0
明治8年9 10 11 12 13 14 15 16 17 18 19 20 21 22 23 24 25 26 27 28 29 30 31 32 33 34 35 36 37 38 39 40 41 42 43 44 45
1875
1880
1890
1900
1910
■金銭貸借 ▨無抵当貸金 □損害賠償金 ▧預ケ金 ▥売代金

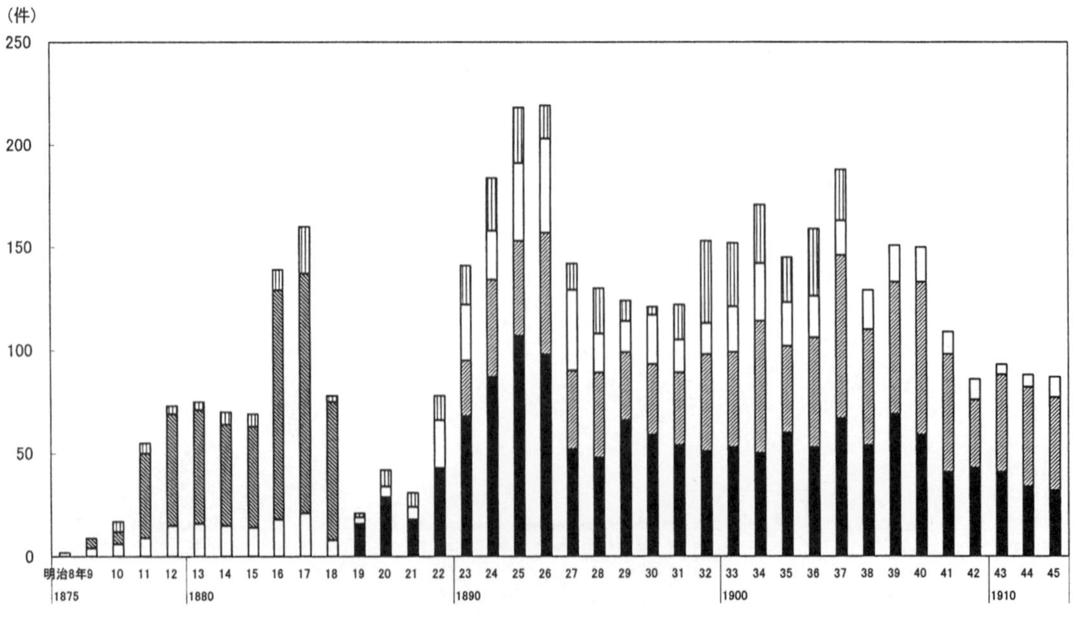
【3-4-7】大審院・金銭上位5項目
（件）
250
200
150
100
50
0
明治8年9 10 11 12 13 14 15 16 17 18 19 20 21 22 23 24 25 26 27 28 29 30 31 32 33 34 35 36 37 38 39 40 41 42 43 44 45
1875
1880
1890
1900
1910
■無抵当貸金 ▨損害賠償金 □預ケ金 ▧金銭貸借 ▥売代金

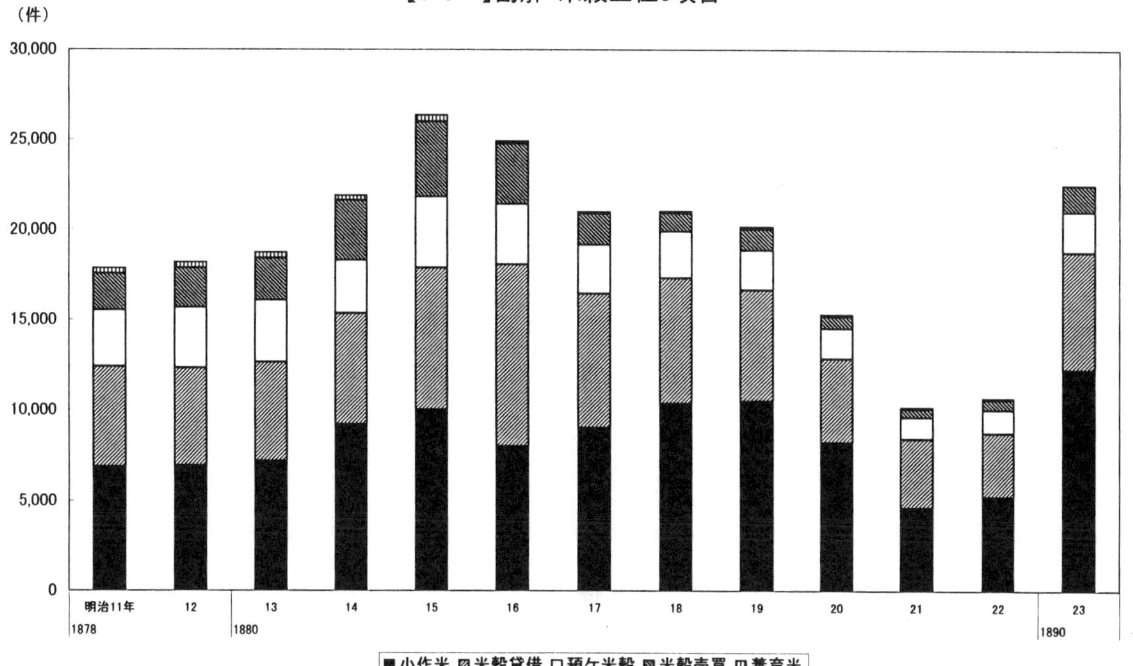

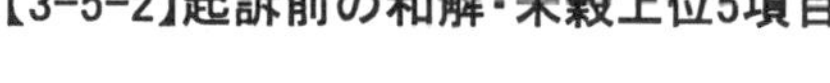

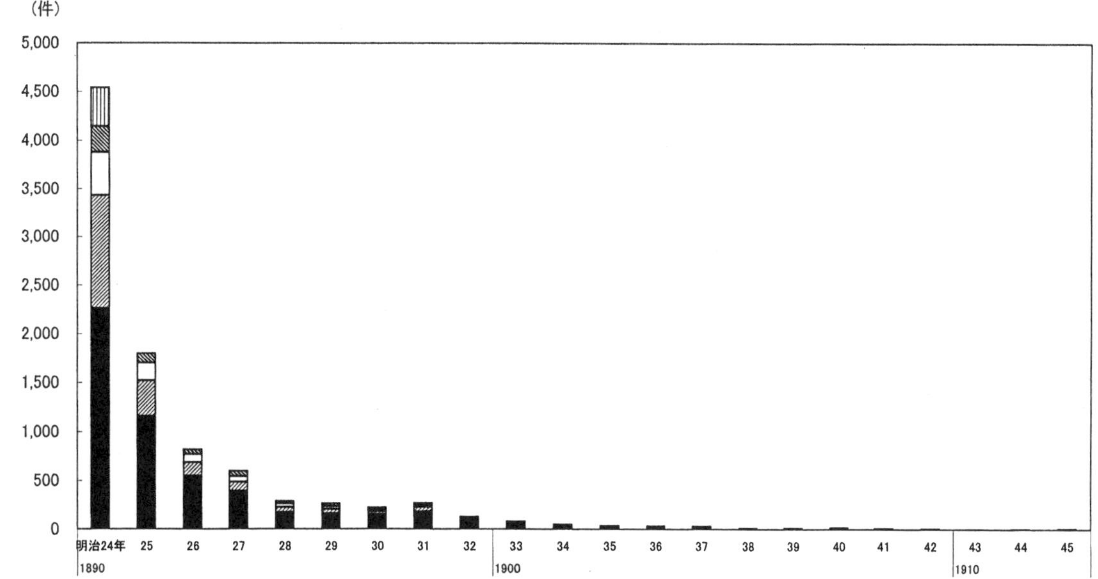

■小作米穀 ▨米穀貸借 □預ケ米穀 ▧米穀売買 ▥書入米

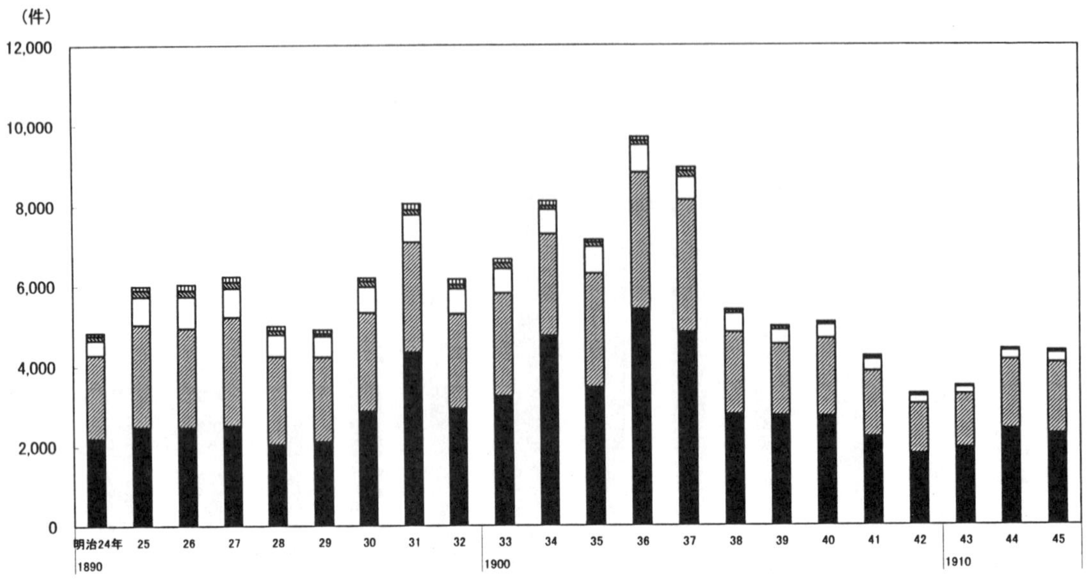
【3-5-3】督促・代替物の支払（米穀・物品）上位5項目
（件）
12,000
10,000
8,000
6,000
4,000
2,000
0
明治24年 25 26 27 28 29 30 31 32 33 34 35 36 37 38 39 40 41 42 43 44 45
1890
1900
1910

■小作米 ▨貸付米穀（米穀貸借） □預米穀 ▧買受米穀引渡（米穀売買） ▥預ケ物品

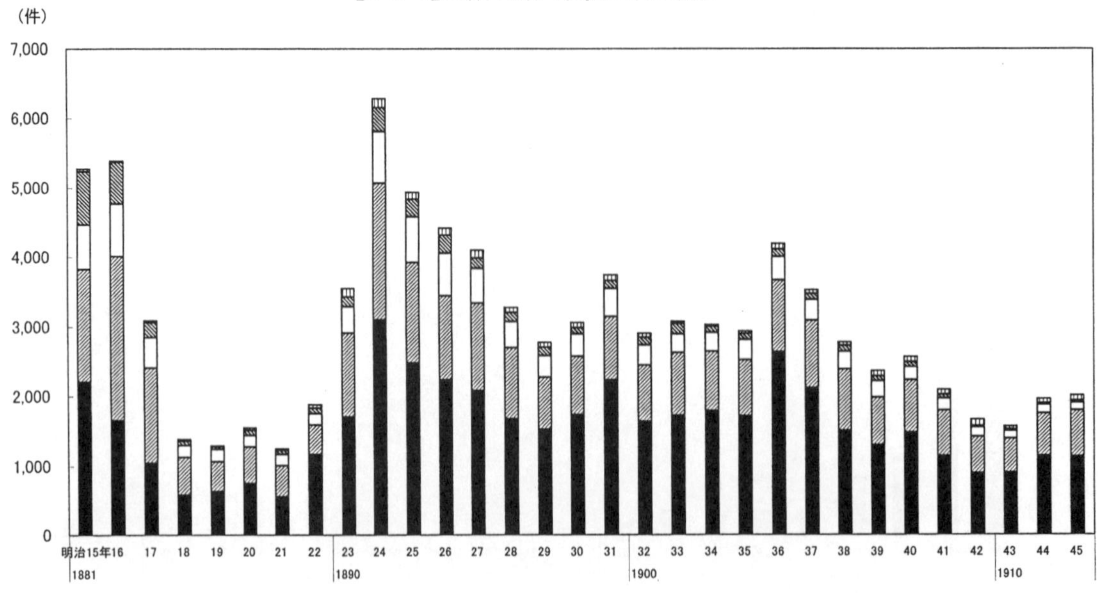
【3-5-4】区裁判所・米穀上位5項目
（件）
7,000
6,000
5,000
4,000
3,000
2,000
1,000
0
明治15年 16 17 18 19 20 21 22 23 24 25 26 27 28 29 30 31 32 33 34 35 36 37 38 39 40 41 42 43 44 45
1881
1890
1900
1910
■小作米穀 ▨米穀貸借 □預ケ米穀 ▧米穀売買 ▥講米穀

【3-5-5】地方裁判所第一審・米穀上位5項目

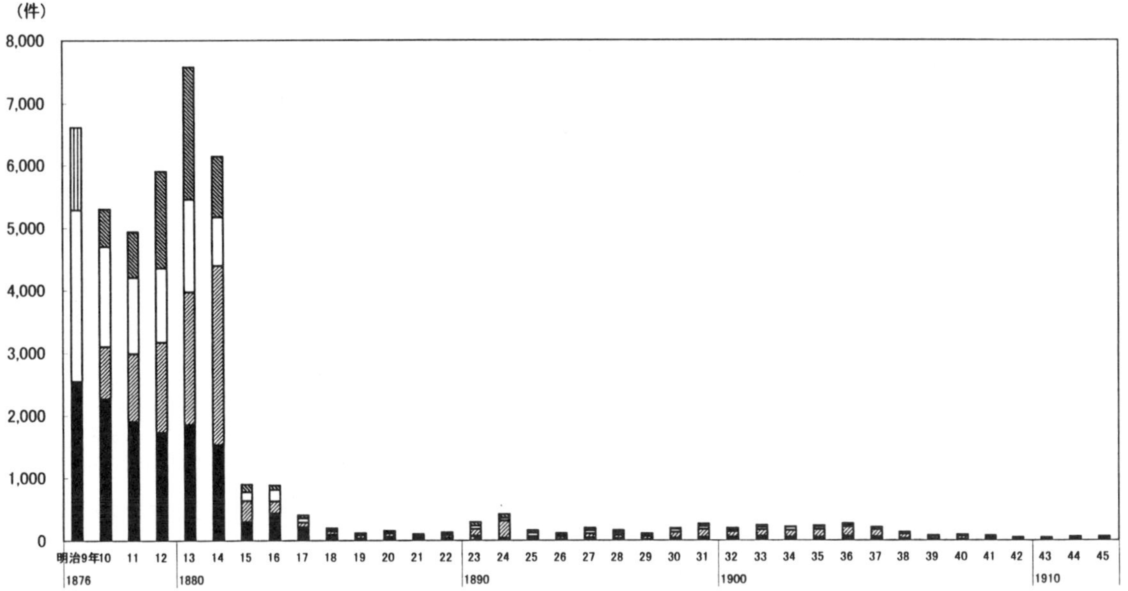

■米穀貸借 ▨小作米（穀） □預ケ米穀 ▧米穀売買 ◫米穀二関スル違約

【3-5-6】控訴院控訴審・米穀上位5項目

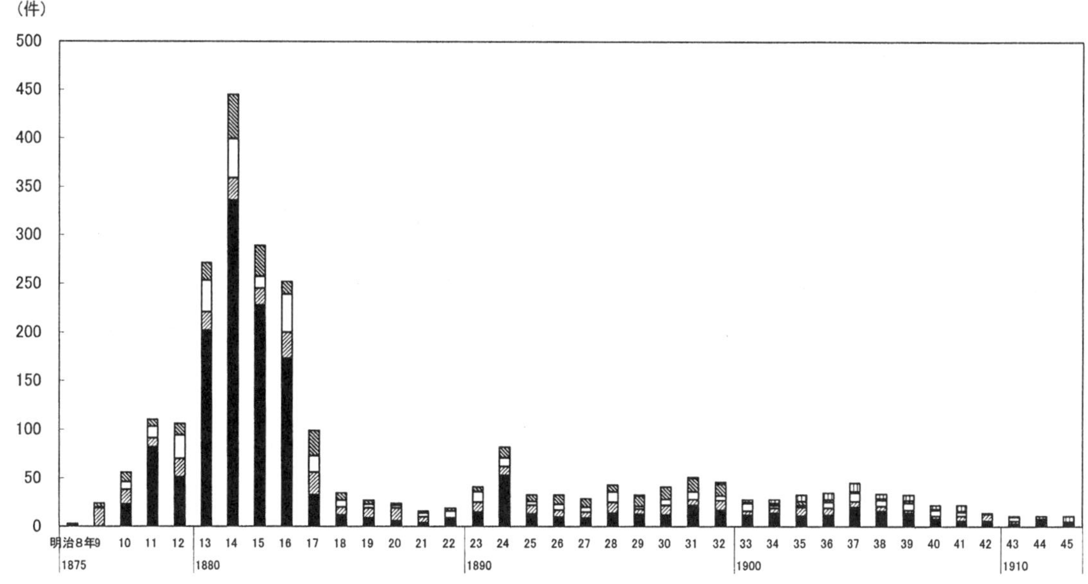

■小作米穀 ▨預ケ米穀 □米穀貸借 ▧米穀売買 ◫米穀引渡

【3-5-7】大審院・米穀上位5項目

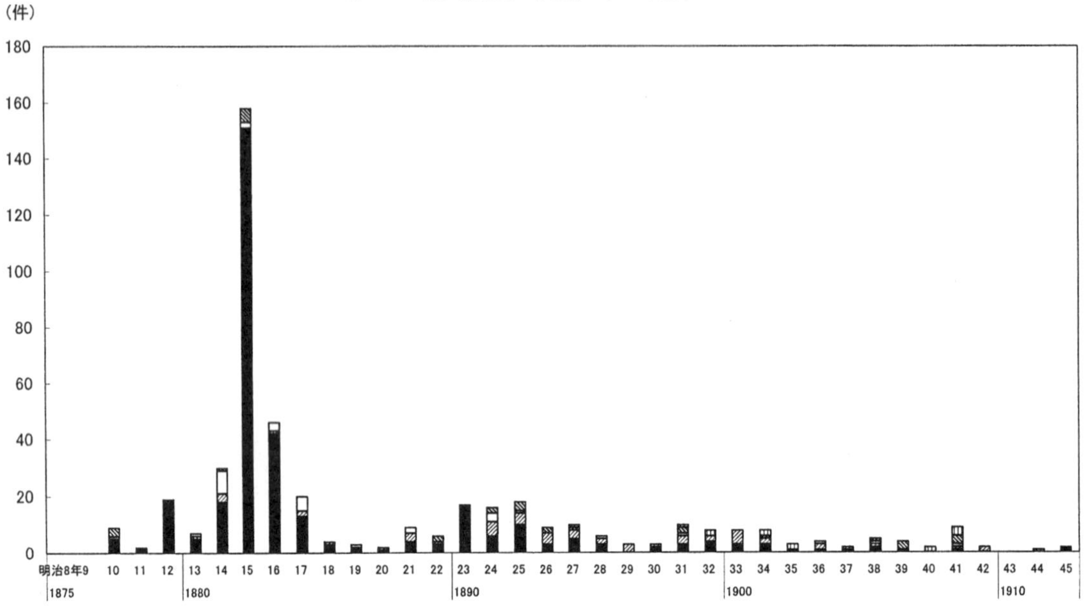

【3-6-1】勧解・物品上位5項目

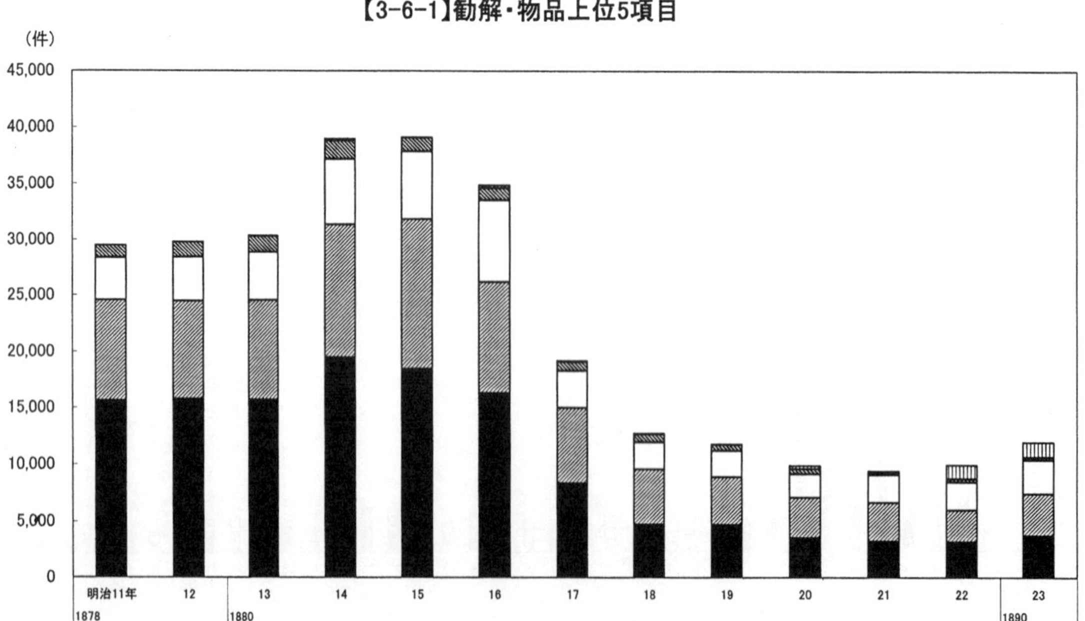

【3-6-2】起訴前の和解・物品上位5項目

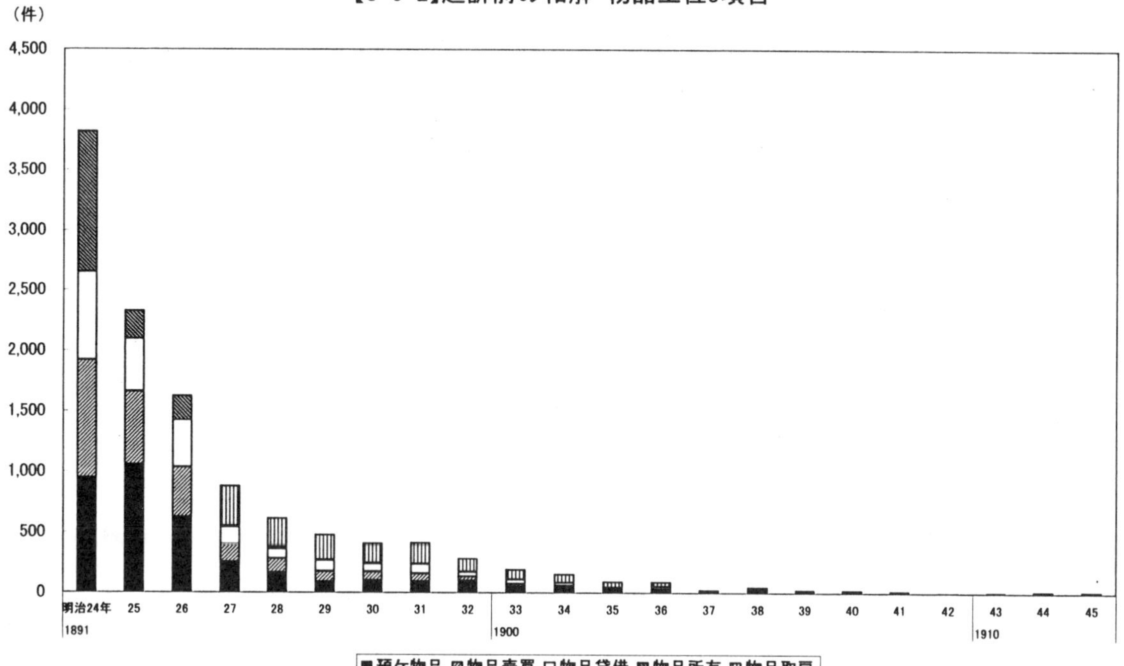

【3-6-3】区裁判所・物品上位5項目

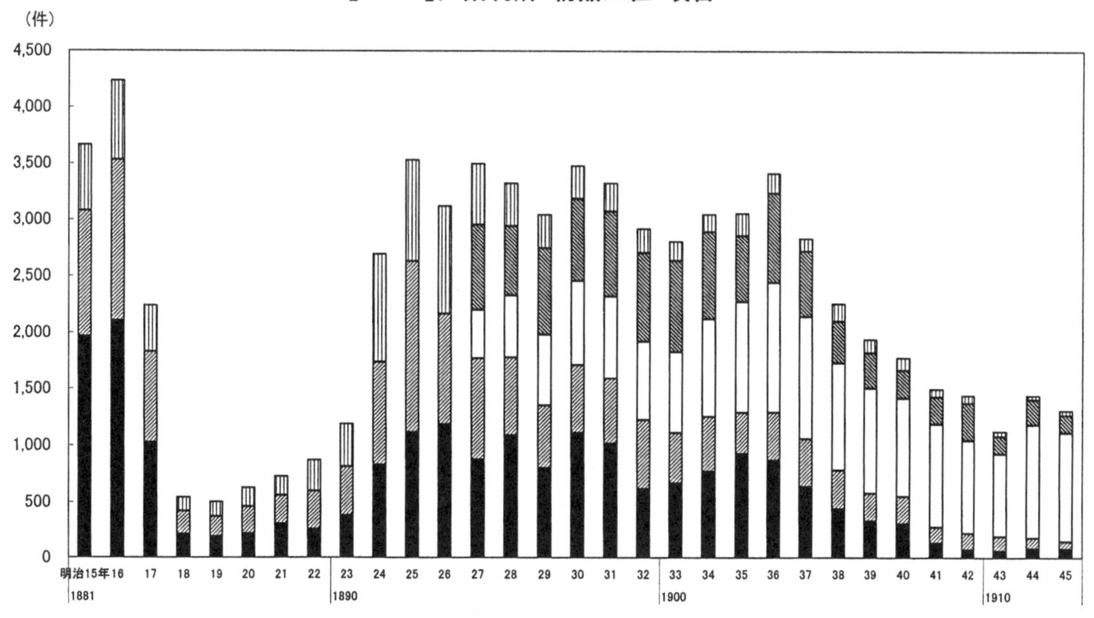

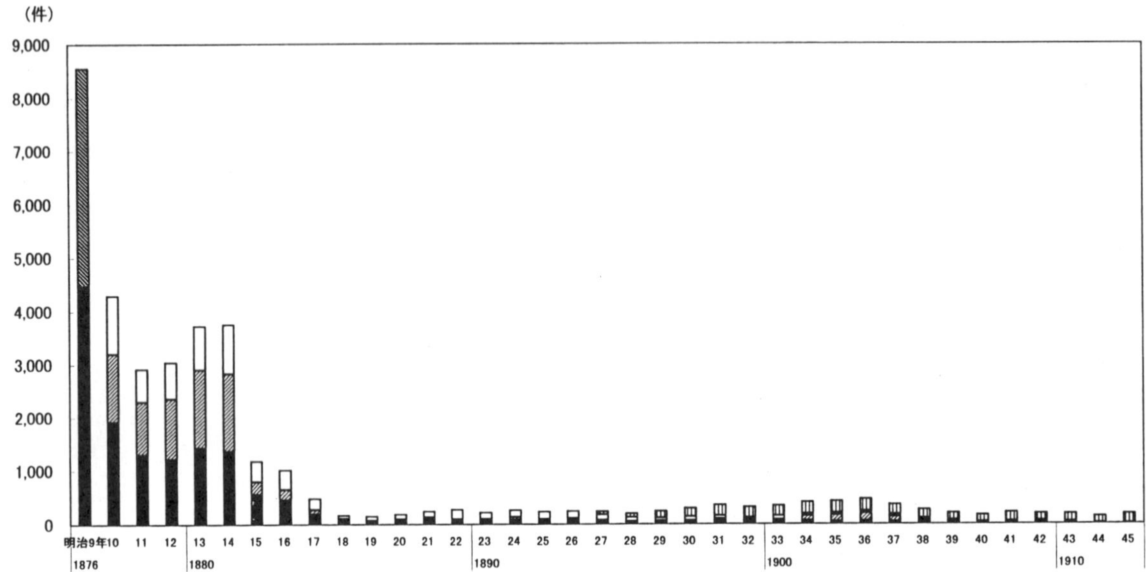
【3-6-4】地方裁判所第一審・物品上位5項目
(件)
9,000
8,000
7,000
6,000
5,000
4,000
3,000
2,000
1,000
0
明治9年 10 11 12 13 14 15 16 17 18 19 20 21 22 23 24 25 26 27 28 29 30 31 32 33 34 35 36 37 38 39 40 41 42 43 44 45
1876 1880 1890 1900 1910
■預ケ物品 ▨物品貸借 □物品売買 ▧諸物品ニ関スル違約 ▥物品引渡

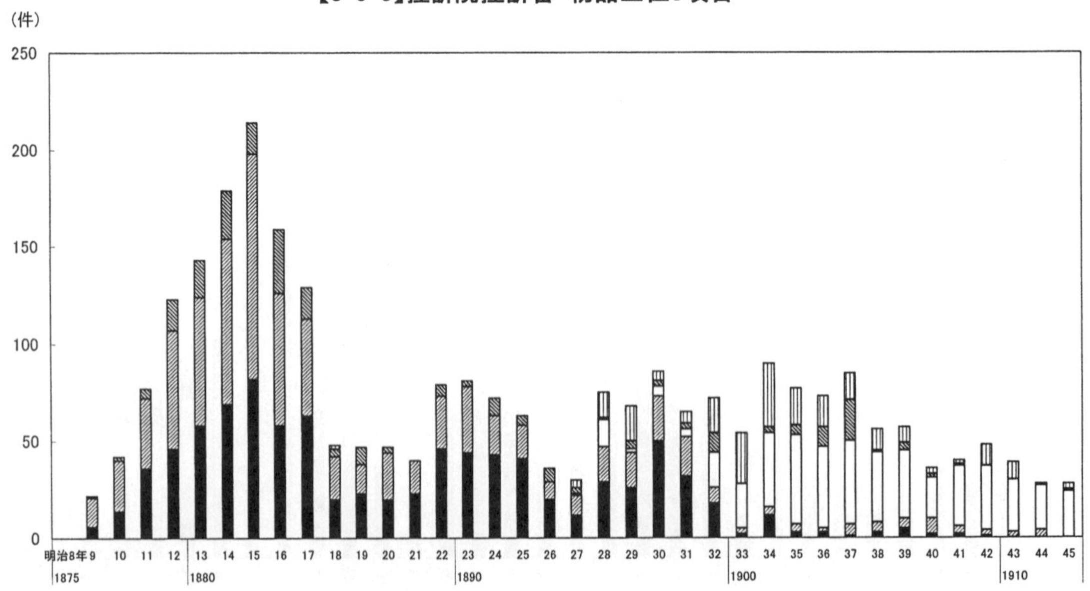
【3-6-5】控訴院控訴審・物品上位5項目
(件)
250
200
150
100
50
0
明治8年 9 10 11 12 13 14 15 16 17 18 19 20 21 22 23 24 25 26 27 28 29 30 31 32 33 34 35 36 37 38 39 40 41 42 43 44 45
1875 1880 1890 1900 1910
■物品売買 ▨預ケ物品 □物品引渡 ▧物品貸借 ▥物品取戻

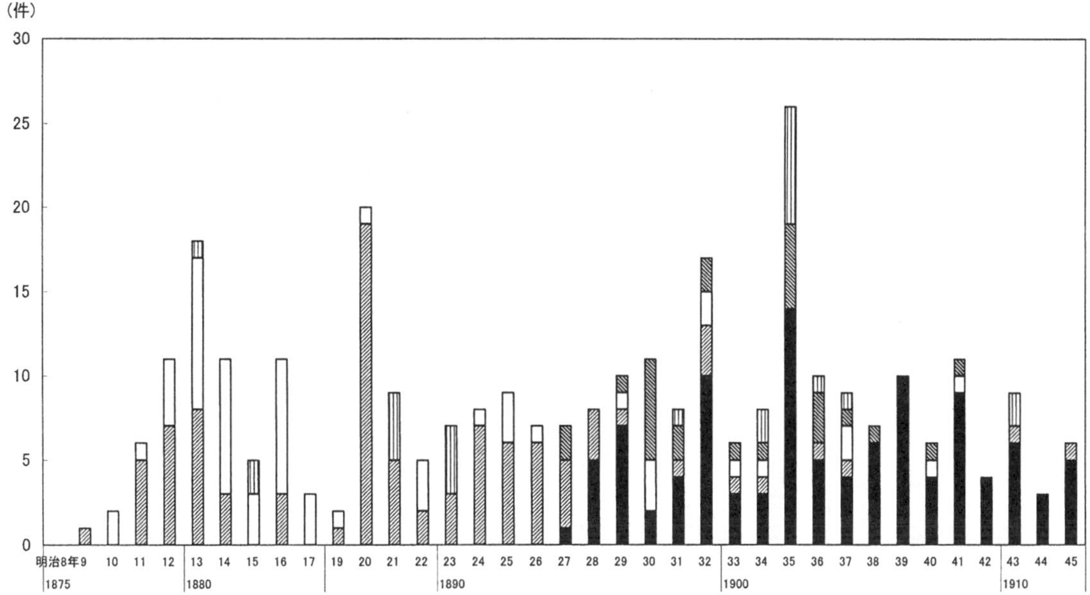
【3-6-6】大審院・物品上位5項目
(件)
30
25
20
15
10
5
0
明治8年 9 10 11 12 13 14 15 16 17 19 20 21 22 23 24 25 26 27 28 29 30 31 32 33 34 35 36 37 38 39 40 41 42 43 44 45
1875
1880
1890
1900
1910
■物品引渡 ▨物品売買 □預ケ物品 ▧物品取戻 ▥物品貸借

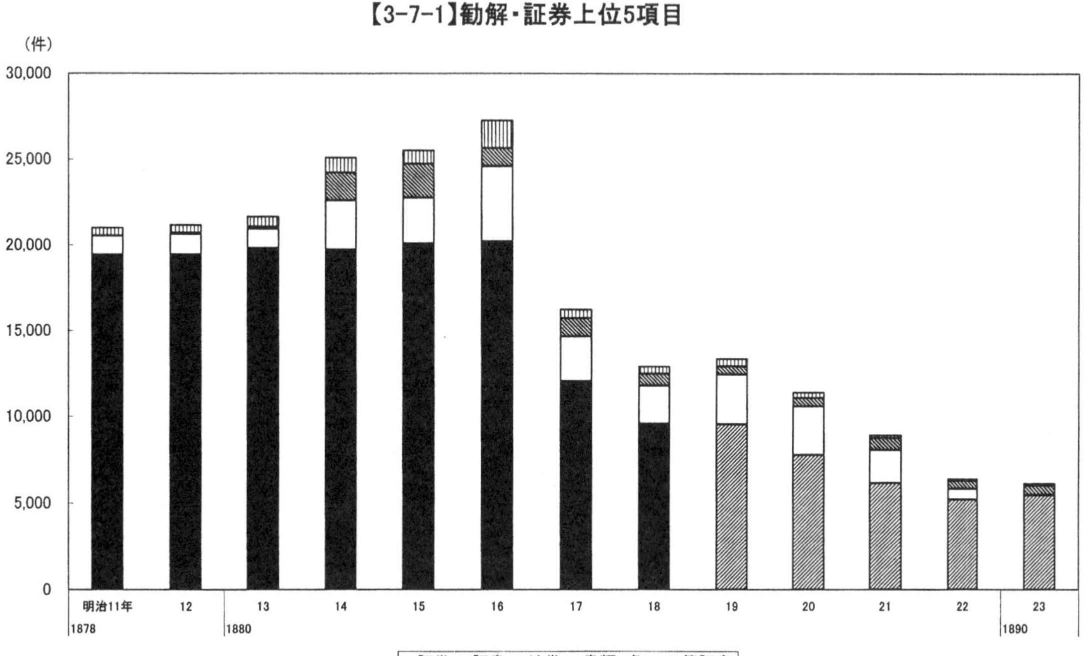
【3-7-1】勧解・証券上位5項目
(件)
30,000
25,000
20,000
15,000
10,000
5,000
0
明治11年 12 13 14 15 16 17 18 19 20 21 22 23
1878
1880
1890
■証券 ▨証書 □地券 ▧書類ノ争 ▥公債証書

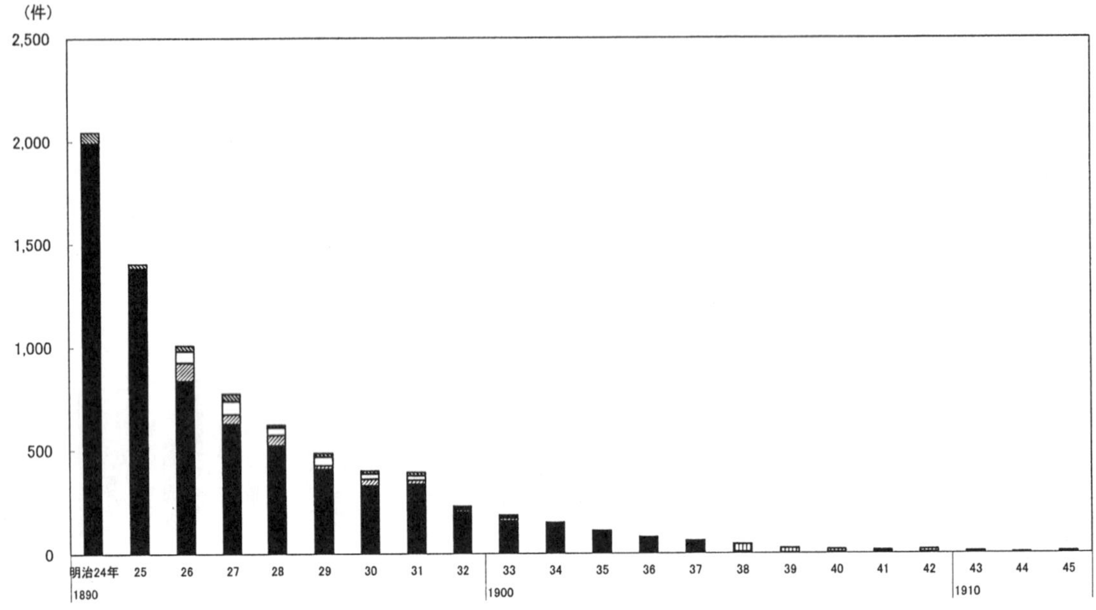
【3-7-2】起訴前の和解・証券上位5項目
（件）
2,500
2,000
1,500
1,000
500
0
明治24年
1890
25
26
27
28
29
30
31
32
33
1900
34
35
36
37
38
39
40
41
42
43
1910
44
45
■証書 ▨帳簿二関スル事 □書類二関スル事 ▧株券 ▥私証書

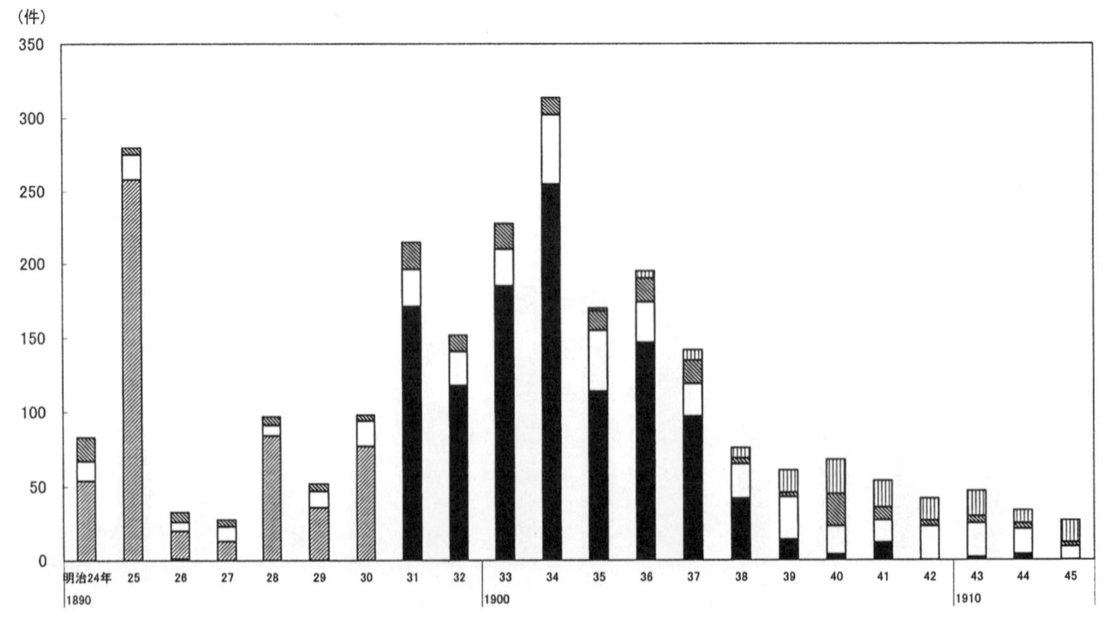
【3-7-3】督促・証券上位5項目
（件）
350
300
250
200
150
100
50
0
明治24年
1890
25
26
27
28
29
30
31
32
33
1900
34
35
36
37
38
39
40
41
42
43
1910
44
45
■手形 ▨約束手形 □公債証書 ▧株券 ▥債券

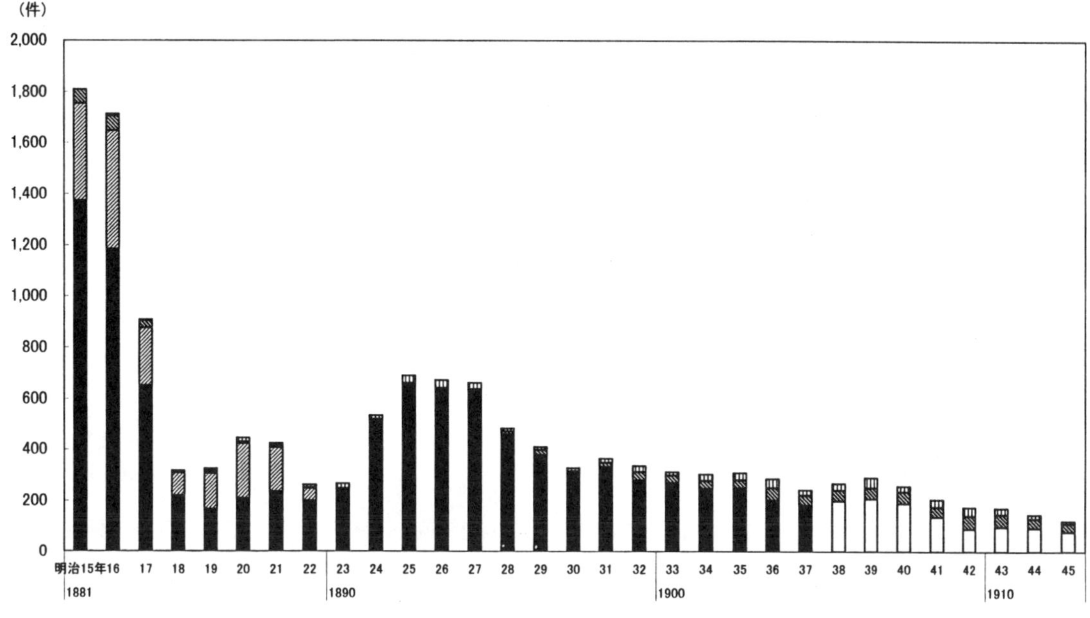
【3-7-4】区裁判所・証券上位5項目
(件)
2,000
1,800
1,600
1,400
1,200
1,000
800
600
400
200
0
明治15年16 17 18 19 20 21 22 23 24 25 26 27 28 29 30 31 32 33 34 35 36 37 38 39 40 41 42 43 44 45
1881
1890
1900
1910
■証書 ▨地券 □私証書 ▧公債証書 ▥株券

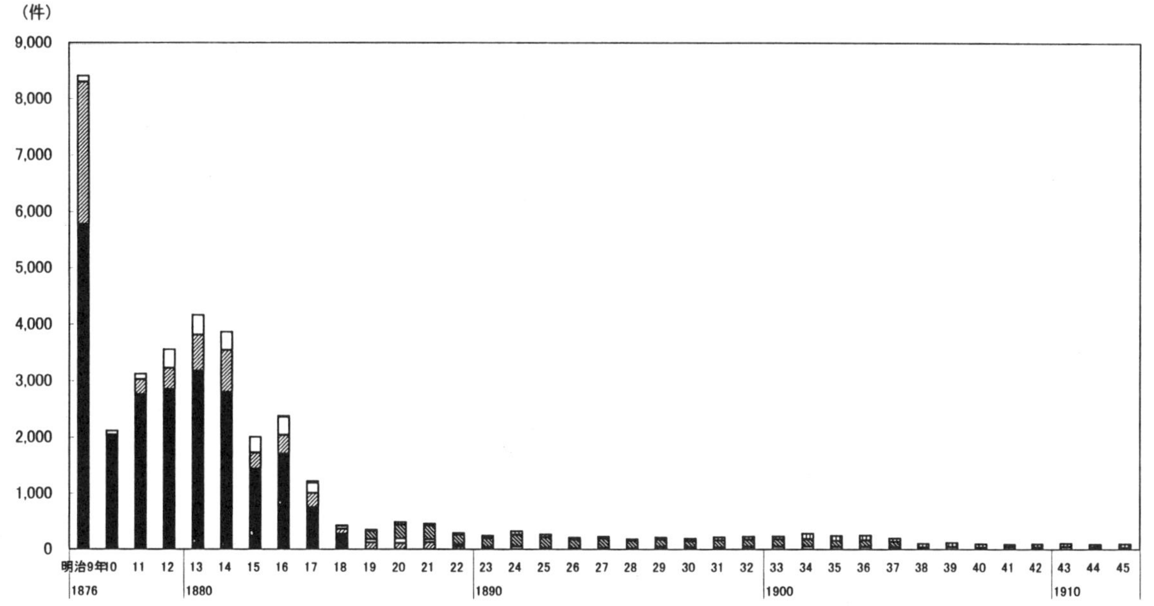
【3-7-5】地方裁判所第一審・証券上位5項目
(件)
9,000
8,000
7,000
6,000
5,000
4,000
3,000
2,000
1,000
0
明治9年10 11 12 13 14 15 16 17 18 19 20 21 22 23 24 25 26 27 28 29 30 31 32 33 34 35 36 37 38 39 40 41 42 43 44 45
1876
1880
1890
1900
1910
■証券 ▨地券 □公債証書 ▧証書 ▥株券

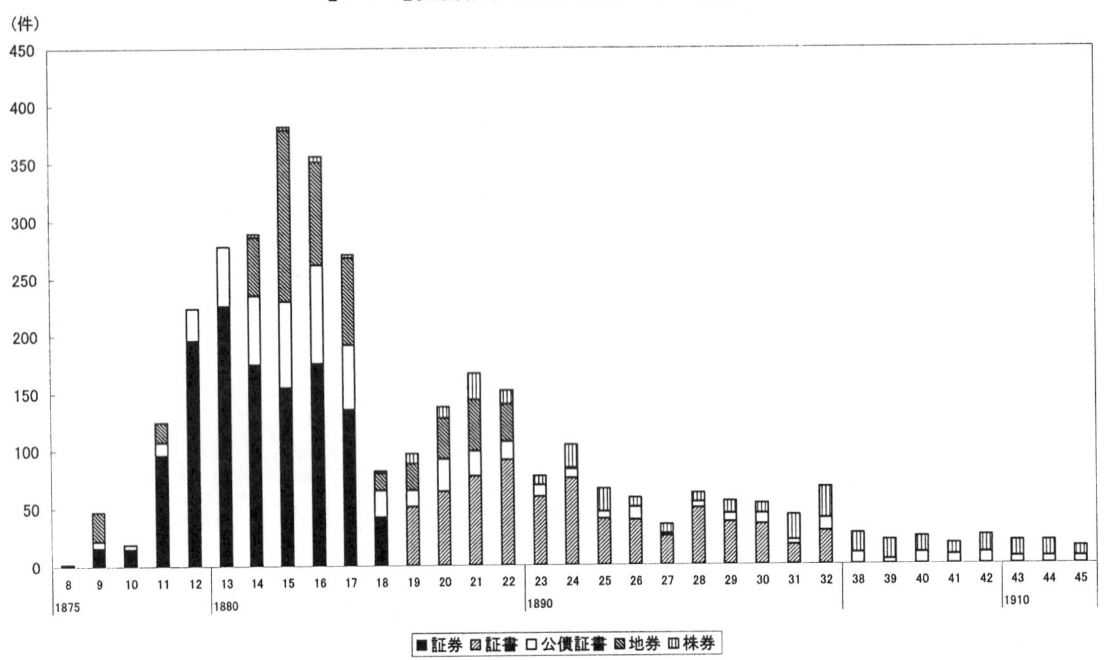
【3-7-6】控訴院控訴審・証券上位5項目
(件)
450
400
350
300
250
200
150
100
50
0
8 9 10 11 12 13 14 15 16 17 18 19 20 21 22 23 24 25 26 27 28 29 30 31 32 38 39 40 41 42 43 44 45
1875
1880
1890
1910
■証券 ▨証書 □公債証書 ▧地券 ▥株券

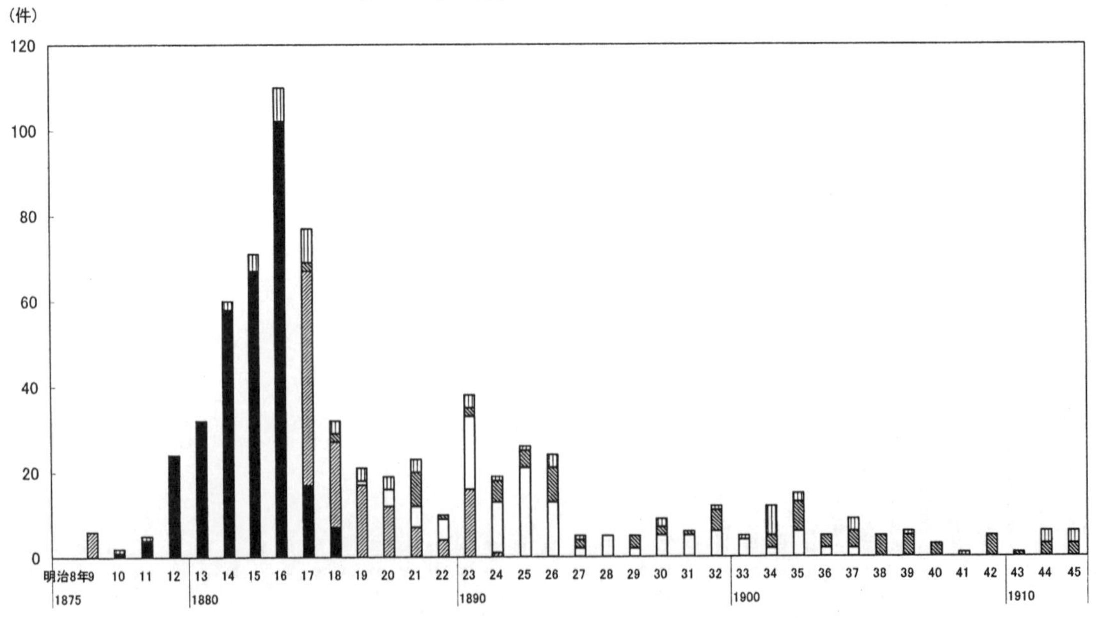
【3-7-7】大審院・証券上位5項目
(件)
120
100
80
60
40
20
0
明治8年9 10 11 12 13 14 15 16 17 18 19 20 21 22 23 24 25 26 27 28 29 30 31 32 33 34 35 36 37 38 39 40 41 42 43 44 45
1875
1880
1890
1900
1910
■証券 ▨地券 □証書 ▧株券 ▥公債証書

【3-8-1】勧解・雑事上位5項目

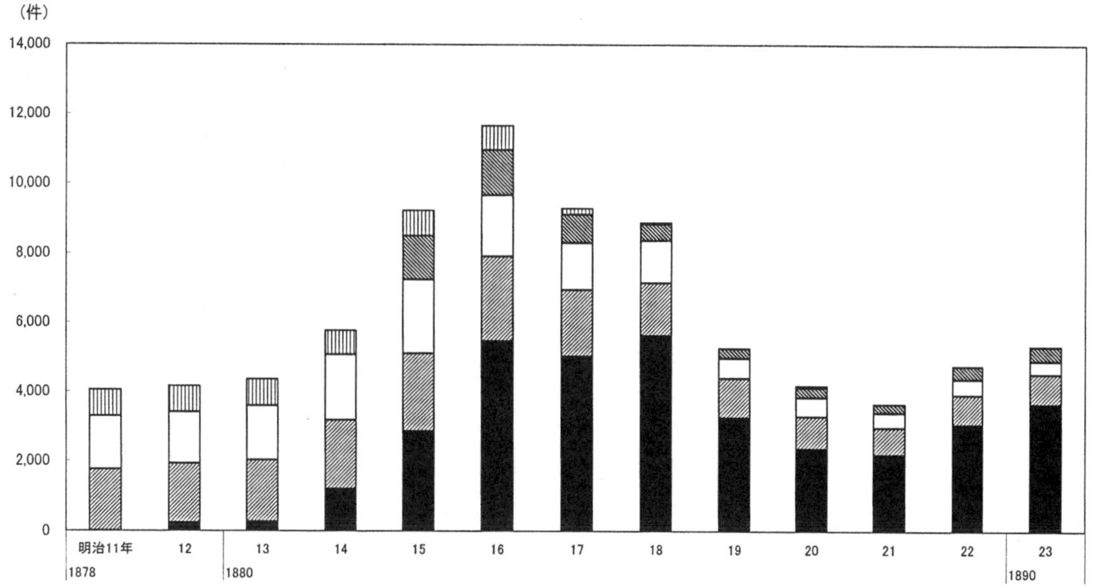

【3-8-2】起訴前の和解・雑事上位5項目

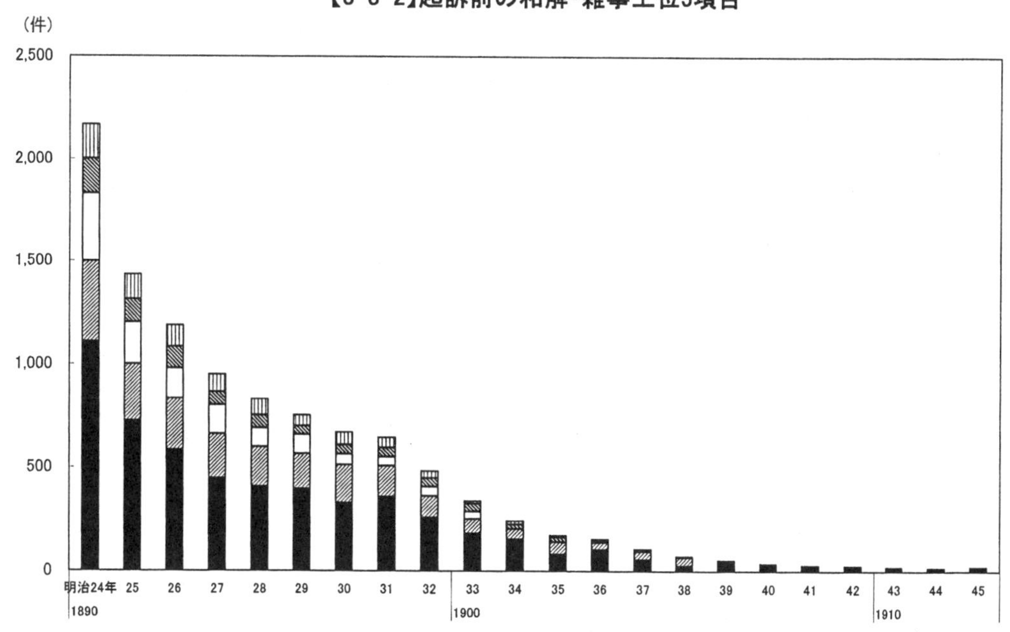

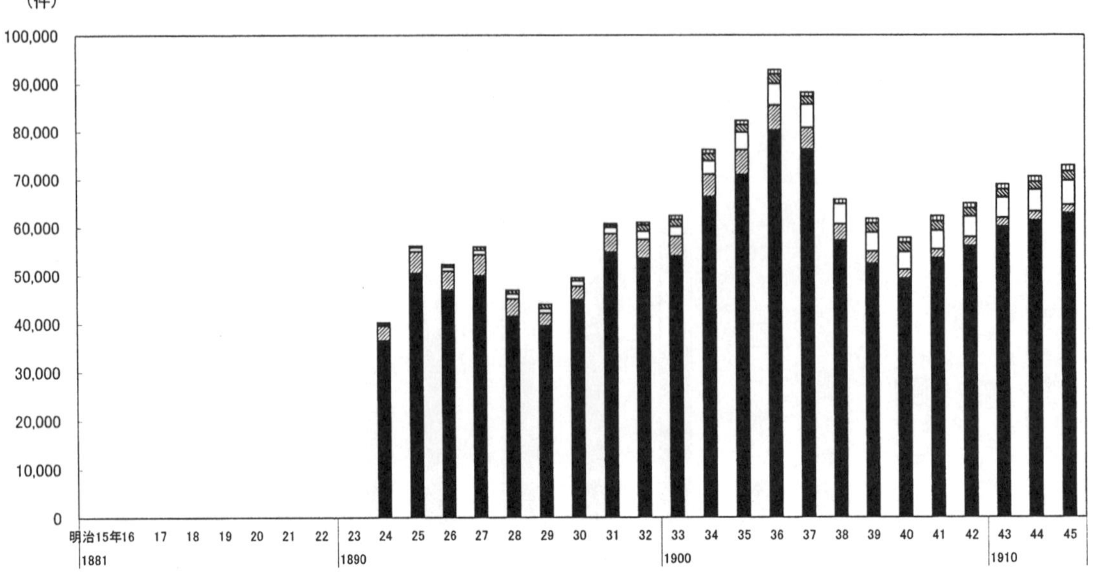
【3-8-3】区裁判所・雑事上位5項目
（件）
100,000
90,000
80,000
70,000
60,000
50,000
40,000
30,000
20,000
10,000
0
明治15年16 17 18 19 20 21 22 23 24 25 26 27 28 29 30 31 32 33 34 35 36 37 38 39 40 41 42 43 44 45
1881
1890
1900
1910
■仮差押及仮処分申請 ▨差押仮差押ニ関スル事 □強制執行ニ関スル事 ▧裁判所ニ繋属シタル訴訟外ノ申立 ▥公示催告

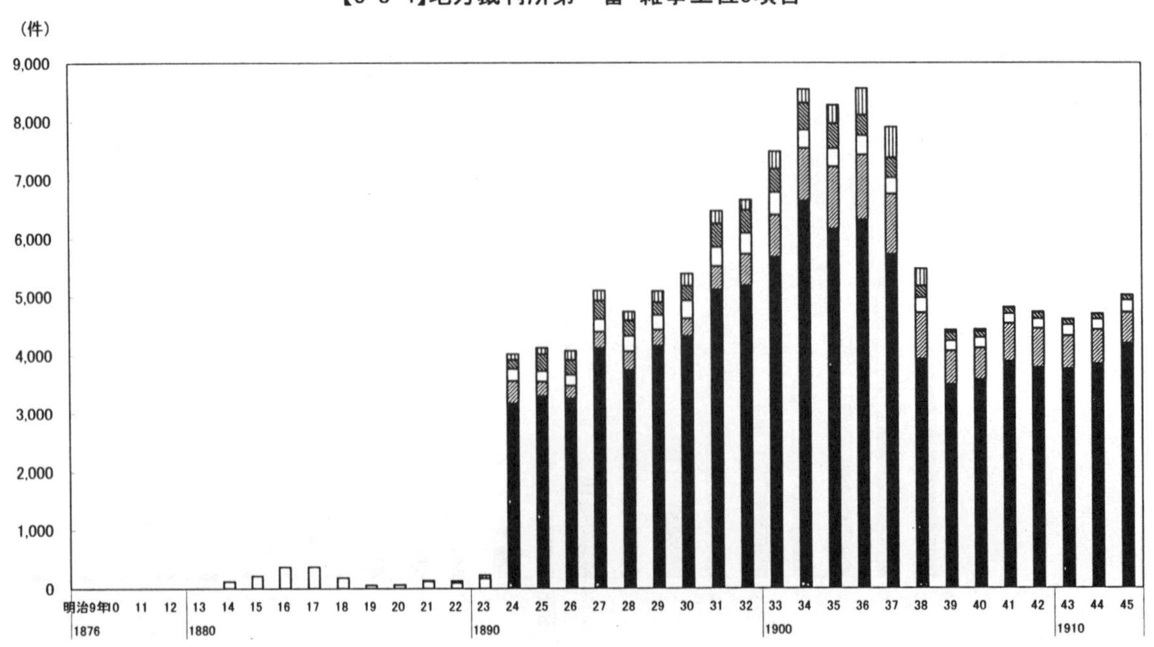
【3-8-4】地方裁判所第一審・雑事上位5項目
（件）
9,000
8,000
7,000
6,000
5,000
4,000
3,000
2,000
1,000
0
明治9年10 11 12 13 14 15 16 17 18 19 20 21 22 23 24 25 26 27 28 29 30 31 32 33 34 35 36 37 38 39 40 41 42 43 44 45
1876
1880
1890
1900
1910
■仮差押及仮処分申請 ▨強制執行ニ関スル事 □契約履行 ▧差押仮差押ニ関スル事 ▥登記ニ関スル事

【3-8-5】控訴院控訴審・雑事上位5項目

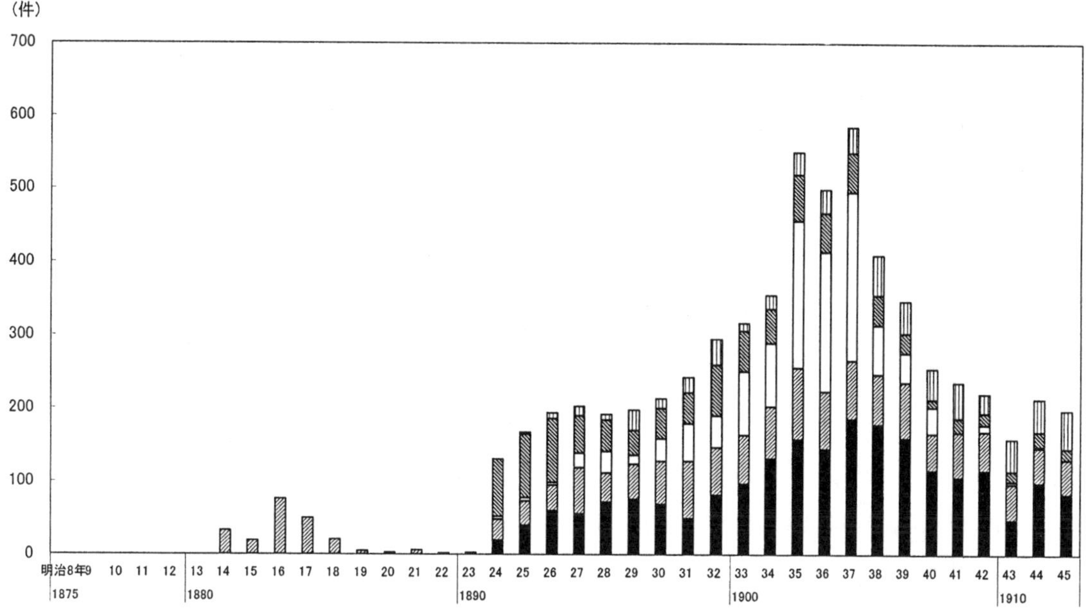

■強制執行ニ関スル事 ▨契約履行 □登記ニ関スル事 ▧差押仮差押ニ関スル事 ▥詐害行為取消

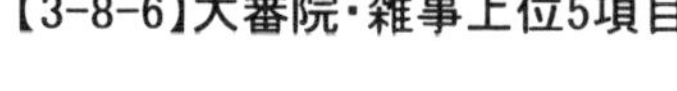
【3-8-6】大審院・雑事上位5項目

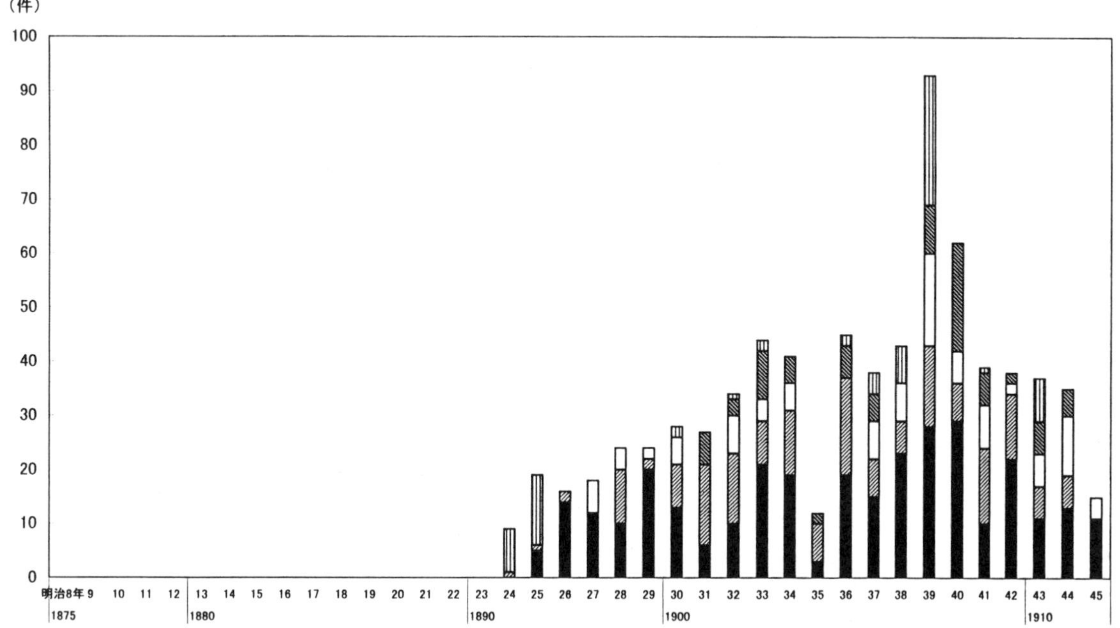

■強制執行ニ関スル事 ▨契約履行 □詐害行為廃罷 ▧権利確認 ▥登記ニ関スル事

【3-1-1】勧解　人事上位30項目表

明治	11年	12年	13年	14年	15年	16年	17年	18年	19年	20年	21年	22年	23年	
養子女	2,087	1,189	1,236	2,761	3,117	3,275	1,758	872	957	961	1,087	765	947	21,012
離婚ノ争	1,430	1,501	1,555	2,407	2,252	2,043	1,281	1,297	1,138	1,198	1,209	1,177	1,371	19,859
戸籍ノ争	750	938	1,009	1,568	1,823	2,060	1,222	963	1,183	1,055	1,155	1,099	1,337	16,162
家督相続	885	843	873	1,102	1,215	1,155	447	407	358	357	298	309	355	8,604
雇人	578	666	625	1,161	1,119	1,012	420	206	230	368	392			6,777
人権ニ関スル種々ノ争				309	479	747	554	571	391	514	382	640	399	4,986
後見ノ争	173	184	195	405	398	355	208	256	256	263	236	310	365	3,604
婚姻ノ争	162	169	167	223	441	266	152	108	298	239	289	285	272	3,071
分家分地	225	187	196	371	386	156	86	62	75	43	45	37	42	1,911
子女取戻		698	725					444						1,867
名誉回復		3	3		236	278	257	255	182	206	205			1,625
妻取戻	360	388	376											1,124
家内不和	150	148	131	195	232	81	80	63	25					1,105
弟子	44	48	5	121	77	80	25	24	18					442
芸娼妓	35	34	3	84	111									267
子女引渡	54	95	88											237
養育方	28	36	35	46	41	6		12						204
(町)村内不和	16	18	19	43	45	8	8	7						164
絶家再興	13	10	9	23	21	35	13	17					21	162
同居人立退(退去)	6	9	12	94										121
私生子ノ争	38		2	51										91
放蕩説諭		15	17	18										50
結婚ノ争			37											37
懐妊訳立	25	7	4											36
親戚不和	4	11	12											27
復婚ノ争	11	13												24
住居差拒	21	3												24
寄留人引渡	16													16
住職ノ争(住職解任)	5		2					5						12
会社員除名	8													8
その他の項目合算	20	10	14	4	0	1	0	2	0	0	0	0	0	51
年度別合計	7,144	7,223	7,350	10,986	11,993	11,558	6,511	5,571	5,111	5,204	5,298	4,622	5,109	93,680

(注)「養子女」は、11年は「養子女離別」、13年は「養子女取戻」の件数を採用した。
「雇人」は、11～13年は「雇人違約」、「雇人取戻」、「雇人引渡」の件数を合算した。
「人権ニ関スル種々ノ争」は、16年以降は「人事ニ関スル雑」の件数を採用した。
「後見ノ争」は、19年以降は「後見人」の件数を採用した。
「婚姻ノ争」は、11～13年は「婚姻違約」と「婚姻故障」の件数を合算した。
「分家分地」は、19年以降は「分家合家」の件数を採用した。
「弟子」は、11～13年は「職弟子違約」、「弟子取戻」、「年季弟子取戻」、「年季弟子引渡」の件数を合算した。
「芸娼妓」は、11～12年は「娼妓取戻」と「娼妓廃業」の件数を合算し、13年は「娼妓廃業」の件数を採用した。
「私生子ノ争」は、14年までは「私生ノ子」の件数を採用した。
「懐妊訳立」は、11～12年は「和姦引分並懐妊訳立」の件数を採用した。

【3-1-2】起訴前の和解　人事上位30項目表

明治	24年	25年	26年	27年	28年	29年	30年	31年	32年	33年	34年	35年	36年	37年	38年	39年	40年	41年	42年	43年	44年	45年	
離婚	505	444	364	344	223	264	253	176	140	110	85	71	47	22	15	23	13	15	15	8	12	9	3,158
戸籍ニ関スル事	422	339	292	257	167	185	194	143	79	42	26	19	15	15									2,195
小児引渡	180	232	204	198	170	135	137	113	77	62	46	40	29	22	9	17	9	4	9	3	5	9	1,710
養子縁組離縁	352	283	234	177	154	99	69	62	40	44	31	15	10	14									1,584
人事ニ関スル事（雑）	117	113	130	102	103	136	19	12	9	7	5	3											756
後見人	156	106	91	82	58	52	61	29	6	4	2	2			2					1			652
家督相続	186	95	74	51	39	45	50	43	19	8	7	10	7	3	2	2	1	2	1	1		5	651
婚姻	116	158	56	67	47	40	33	35	23	16	17	13	7	3		4	1	1		4	2	1	644
胎児確認						61	53	45	67	45	52	38	26	34	21	16	20	17	10	9	11	8	533
私生子	73	91	69	55	58	30	16	32	56														480
私生子認知										53	51	31	53	29	24	19	25	15	15	19	10	11	355
同居							42	44	39	27	23	25	16	3	12	16	9	3	3	5	2	5	274
分家	17	15	7	12	10	6	8	4	7	9	5	5	1	1	3	2		3	4	1	2		122
廃戸主		12	21	18	14	11	14	9	2	3													104
遺産相続	16	9	9	15	4	6	1	4	1	2	2							2				1	72
身分登記並戸籍														3	15	6	7	6	3	5		1	46
離縁															3	9	7	9	3	3	4	4	42
親族会議		4		1	1	1			3		4	1	3	2	2	1	2	1	2				28
絶家再興	4		2	6	5			1	3														21
養子縁組															5	2	1	2	1	4	3		18
別居							6	2	5			1	1										15
管財人	4	6																					10
廃嫡取消				1	1	5																	7
隠居											2		1	1					1				5
妻引渡																	1	3					4
廃嫡						1	3																4
離籍															1	1	1			1			4
身分確認															2			1					3
管理人				2																			2
戸主権回復														2									2
庶子確認								2															2
親族会員選定														2									2
相続権回復														2									2
その他の項目合算	0	0	0	0	2	1	0	0	0	0	0	1	3	4	0	0	1	0	2	0	0	2	16
年度別合計	2,148	1,907	1,553	1,388	1,056	1,078	959	756	576	432	358	275	219	162	116	118	98	84	69	64	51	56	13,523

（注）「後見人」は、38年以降は「後見人並保佐」の件数を採用した。
「同居」は、38～40年および43、45年は「同居並別居」の件数を採用した。
「分家」は、25、27、31年は「分家合家」、38年は「本家・分家・並一家創立」、39、43年は「分家並一家創立」の件数を採用した。
「親族会議」は、37年は「親族会ノ決議」、それ以降は「親族会」の件数を採用した。
「隠居」は、36～37年は「隠居手続」の件数を採用した。

【3-1-3】区裁判所　人事全項目表

明治	15年	16年	17年	
養子女離別	17	4		21
戸籍ノ争	4			4
雇人	10		1	11
家督相続	5	4		9
分家分地	6		1	7
離婚	5	1	1	7
名誉回復	1	4		5
後見	2	2		4
家内不和	3			3
弟子		3		3
人事二関スル雑		1	1	2
絶家再興	1			1
村内不和	1			1
年度別合計	55	19	4	78

（注）明治15年以降の裁判所機構の変化により、区裁判所では人事関係の訴訟を受け付けないこととなった。したがって本表に基づくグラフは作成していない。

【3-1-4-1】地方裁判所第一審　人事上位30項目表①

明治	9年	10年	11年	12年	13年	14年	15年	16年	17年	18年	19年	20年	21年	22年	23年
家督相続	427	144	161	170	210	259	264	237	121	49	44	70	76	82	85
離婚	499	202	219	234	237	248	255	279	129	39	45	79	123	99	112
養子縁組離縁	354	169	236	223	289	429	474	441	196	63	62	67	102	62	105
戸籍二関スル事	122	116	92	101	164	175	223	249	104	40	34	62	75	58	99
私生子認知															
後見人	15	18	26	31	46	60	85	72	48	12	27	41	46	45	75
離縁															
親族会															
小児引渡															
婚姻			7	9	6	18	17	8	7	1	5	9	4	2	10
親権並管理権															
親権喪失															
雇人	249	52	28	53	65	88	77	59	15	2		3	3		
人事二関スル事							28	51	52	15	14	64	25	43	19
子女取戻	158	44	89	120	136					15					
同居															
隠居															
養子縁組															
廃戸主															
分家分地	33	12	33	29	57	76	50	35	14	3					
準禁治産															
禁治産															
胎児確認															
分家合家											7	4	7	8	5
嫡出子否認															
身分登記並戸籍															
遺産相続															
妻取戻	24	2	28	36	48										
管理権喪失															
離籍															
その他の項目合算	98	0	26	54	71	48	70	78	32	7	7	13	12	0	2
年度別合計	1,979	759	945	1,060	1,329	1,401	1,543	1,509	718	246	245	412	473	399	512

（注）「離婚」は、9年は「夫妻離別」の件数を採用した。
「戸籍二関スル事」は、15～18年は「戸籍ノ争」の件数を採用した。
「私生子認知」は、24～32年は「私生子」の件数を採用した。
「養子縁組離縁」は、18年までは「養子女離別」、19～23年は「養子女」、24年以降は「養子縁組離縁」の件数を採用した。
「後見人」は、9～18年は「後見」、38年は「後見並保佐」の件数を採用した。
「親族会」は、24～37年は「親族会議」の件数を採用した。

【3-1-4-2】地方裁判所第一審　人事上位30項目表②

明治	24年	25年	26年	27年	28年	29年	30年	31年	32年	33年	34年	35年	36年	37年	38年	39年	40年	41年	42年	43年	44年	45年	
家督相続	155	153	167	190	140	166	203	386	1,747	1,631	1,594	1,567	1,584	1,441	1,399	1,375	1,670	1,684	1,654	1,629	1,686	1,755	26,375
離婚	262	282	241	317	287	278	344	325	558	565	624	674	663	631	533	697	656	790	763	865	854	905	14,913
養子縁組離縁	166	144	198	208	226	226	183	217	245	221	230	231	258	188									6,213
戸籍ニ関スル事	125	162	157	198	169	225	268	216	113	103	60	51	52	46									3,659
私生子認知	15	13	21	19	26	13	8	22	87	169	167	221	234	170	198	220	253	256	258	271	345	385	3,371
後見人	166	188	207	216	183	223	230	174	46	28	31	31	40	25	23	16	26	28	38	23	19	29	2,637
離縁															163	176	234	206	207	263	250	260	1,759
親族会	2		1	2	2		1	5	55	77	85	108	111	95	108	122	103	151	91	103	119	105	1,446
小児引渡	32	38	63	71	86	91	129	118	88	67	57	40	33	39	23	27	32	33	26	27	25	23	1,168
婚姻	26	28	13	15	22	17	23	67	89	121	66	70	38	56	98	41	29	25	63	52	53	30	1,145
親権並管理権															107	147	131	122	140	126	131	114	1,018
親権喪失								31	171	148	141	115	136	74									816
雇人																							694
人事ニ関スル事	16	29	50	49	70	54	17	14	5	4	8	8		2									637
子女取戻																							562
同居							26	22	40	48	49	53	27	34	23	32	18	39	19	26	23	27	506
隠居										33	29	30	58	37	32	40	40	40	37	44	37	49	506
養子縁組															38	43	34	52	52	51	86	108	464
廃戸主		29	34	72	51	73	65	61	55	10	14												464
分家分地																							342
準禁治産															44	40	37	43	32	40	40	56	332
禁治産								6	39	49	46	38	46	52	3	3	4		1	1			288
胎児確認						25	26	37	27	19	17	22	10	8	4	7	10	6	11	8	7	9	253
分家合家	17	5	7	9	12	10	15	18	17	9	21	9	8	2	5	7	8	4	10	2	8	8	242
嫡出子否認									9	14	8	12	12	7	8	25	14	9	16	28	20	13	195
身分登記並戸籍															35	33	24	44	21	8	14	13	192
遺産相続	7	9	11	22	27	21	13	4	3	5	5	1	11	2	7	7	5	8	2	7	3	3	183
妻取戻																							138
管理権喪失									22	19	22	22	18	15									118
離籍															8	18	30	5	16	16	11	9	113
その他の項目合算	18	12	13	16	10	9	46	10	27	9	9	6	11	22	16	15	16	11	7	10	7	4	822
年度別合計	1,007	1,092	1,183	1,404	1,311	1,431	1,597	1,733	3,443	3,349	3,283	3,309	3,350	2,946	2,875	3,091	3,374	3,556	3,464	3,600	3,738	3,905	71,571

（注）「婚姻」は、11〜13年は「婚姻違約」と「婚姻故障」の件数を合算し、14〜18年は「婚姻ノ争」の件数を採用した。
「雇人」は、9年および20〜23年は「雇人取戻」の件数を採用した。
「人事ニ関スル事」は、15〜18年は「人権ニ関スル種々ノ争」、28年以降は「人事ニ関スル雑」の件数を採用した。
「同居」は、38年以降は「同居並別居」の件数を採用した。
「隠居」は、37年までは「隠居取消」の件数を採用した。
「分家合家」は、19年および33〜37年は「分家」、38年は「本家・分家・合家並一家創立」、39年は「分家並一家創立」の件数を採用した。

【3-1-5-1】控訴院控訴審　人事上位30項目表①

明治	8年	9年	10年	11年	12年	13年	14年	15年	16年	17年	18年	19年	20年	21年	22年	23年
家督相続	9	9	16	26	25	35	52	65	88	61	25	19	34	41	41	25
養子縁組離縁	4	6	7	15	28	46	42	58	69	49	20	18	16	25	28	21
離婚			2	12	7	15	24	17	31	28	8	6	4	16	15	15
後見人(後見並保佐)		3		5	6	6	5	17	19	26	13	12	12	16	17	21
戸籍二関スル事		3	13	10	20	20	21	37	44	32	17	13	16	21	18	19
私生子認知																
親族会議																
親権並管理権																
分家分地		5	3	2	2	3	8	26	13	16	2					
離縁																
小児引渡						1										
隠居																
婚姻							1	1								
人権二関スル種々ノ争								3	11	5	5		14			
廃戸主																
準禁治産																
遺産相続																
同居																
身分確認																
身分登記並戸籍																
名誉回復								2	7	5	4		2	7		
離籍																
禁治産																
絶家再興						5	2	1		4						
子女取戻		4	1	6							5					
分家						1						2	2		3	
管理権喪失																
雇人		1				4	2	3	1					3		
財産保管人																3
嫡出子否認																
廃嫡																
その他の項目の合算	1	1	0	8	8	5	4	9	1	0	0	0	0	0	0	0
年度別合計	14	31	42	84	96	141	161	239	284	226	99	70	100	129	122	104

（注）「離婚」は、12、13、15、18年は「離婚ノ争」の件数を採用した。
「後見人」は、9年は「後見」、10年～18年は「後見ノ争」、38年以降は「後見並保佐」の件数を採用し、45年は「後見人免黜」の件数を採用した。
「戸籍二関スル事」は、18年までは「戸籍ノ争」の件数を採用した。
「養子縁組離縁」は、8年は「養子離別」、9～11年／14～18年は「養子女離別」、19～23年は「養子女」、38年以降は「養子縁組」の件数を採用した。ただし12、13年は「養子女取戻」の件数を合算した。
「私生子認知」は、24年および29～32年は「私生子」の件数を採用した。
「親族会議」は、39年以降は「親族会」の件数を採用した。
「親権並管理権」は、32～37年は「親権喪失」、43年は「親権」の件数を採用し、37年は「親権確認」の件数を合算した。

【3-1-5-2】控訴院控訴審　人事上位30項目表②

明治	24年	25年	26年	27年	28年	29年	30年	31年	32年	33年	34年	35年	36年	37年	38年	39年	40年	41年	42年	43年	44年	45年	
家督相続	41	38	48	47	62	61	59	54	59	45	50	46	58	67	44	40	40	31	34	26	34	30	1,585
養子縁組離縁	24	28	29	26	40	40	37	36	19	33	12	19	11	14	5	5	8	12	9	11	18	16	904
離婚	16	34	26	19	28	20	21	11	26	19	18	24	39	35	30	34	21	34	34	33	33	18	773
後見人(後見並保佐)	48	46	56	47	41	57	54	43	13	9	10	5	2	3	3	4	3	5	3	6		1	637
戸籍ニ関スル事	32	30	24	14	22	17	26	34	24	11	10	6	9	2									565
私生子認知	1					1	1	5	8	10	15	28	26	23	21	22	18	22	18	16	26	24	285
親族会議			1	1					7	18	25	22	23	13	19	20	11	22	23	10	17		232
親権並管理権									10	13	11	17	14	18	11	22	23	17	11	12	22	22	223
分家分地		1	1																	1		16	99
離縁															7	16	16	14	15	13	18		99
小児引渡			9	9	1	1	1	7	12	6	3				1	2	7	3	2	1	3	5	74
隠居										4	2	3	9	7	7	6	5	7	8	5	5	5	73
婚姻	2	1		3		2		7	2	8	5	3	2	1	7	2	5	7	3	3	5		70
人権ニ関スル種々ノ争	2	5	8	5	4	1																5	68
廃戸主			3	5	3	12	4	5	7	5	4												48
準禁治産												1	3	6	4	4	2	1	5	6	5		37
遺産相続		4	4		4	2	2		3	2	3	1	1	2		2	1	1	1	1		1	35
同居							1	2	5	2	3	3	1	3	2	2	1	3	2	1	1	2	34
身分確認															3	1						24	28
身分登記並戸籍															5	4	4	5	3	4	2		27
名誉回復																							27
離籍															5	2	4	4		4	4		23
禁治産									4	5	2	3	5	1									20
絶家再興				1	1	1				1		1		1								1	19
子女取戻																						2	18
分家	4			2	1	2	1																18
管理権喪失									4	3	4	2	2	2									17
雇人																							14
財産保管人	5	4																				1	13
嫡出子否認										1				2			3	3	1	1	1		12
廃嫡			2	2	1			2	3														10
その他の項目の合算	3	3	3	1	3	2	4	4	0	1	4	6	4	1	2	2	5	0	2	0	1	0	88
年度別合計	178	194	214	182	211	219	211	210	206	196	181	190	209	201	176	190	177	191	174	154	195	173	6,174

（注）「分家分地」は、9年は「分地」の件数を採用した。「分家」は、13年は「分家再興」、24年は「分家合家」の件数を採用した。
「隠居」は、33～37年は「隠居取消」の件数を採用した。
「人事二関スル事」は、15, 16年は「人事二関スル種々ノ争」、17, 18, 20年は「人事二関スル雑」の件数を採用した。
「同居」は、38～40年および45年は「同居並別居」の件数を採用した。
「嫡出子否認」は、34年は「嫡出子認知」、37年は「嫡出子確認」、45年は「嫡出子確認」の件数を採用した。
「雇人」は、9, 13, 14年は「雇人取戻」の件数を採用した。
「廃嫡」は、26～28年は「廃嫡取消」の件数を採用した。

【3-1-6-1】大審院　人事上位30項目表①

明治	8年	9年	10年	11年	12年	13年	14年	15年	16年	17年	18年	19年	20年	21年	22年	23年
家督相続			1	5	6	1	3	7	17	12	6	4	4	1	3	6
後見人		1								3	1	1	2		1	2
養子(縁組)離縁			1		1	6	6	3	3	3	2				2	1
離婚			1	2	3											
親族会議																
戸籍ニ関スル事			1				5									
遺産相続																
私生子(認知)																
廃戸主																
婚姻																
親権喪失																
離縁																
準禁治産																
親権並管理権																
絶家再興								2	1	1						
身分登記取消																
隠居取消(無効)																
嫡子確認(認知)																
入籍差拒											1					3
廃嫡取消																
復籍					1			1	1	2						
分家			1													
送籍差拒								3				1				
小児引取																
同居																
妻離別										3						
娼妓廃業								1								
代人解除									3							
嫡出子否認																
廃戸主養子離縁																
離籍																
戸籍訂正													1			
戸主権回復																
その他の項目合算	2	1	0	1	6	1	2	1	8	4	1	0	3	1	1	2
年度別合計	2	2	5	8	17	8	16	18	33	28	12	6	10	2	7	14

（注）明治19～22年は民事第二局の終局件数を採用した（以下全て同じ）。
「養子（縁組）離縁」は、18年までは「養子女離別」、ただし17年は「養子離別」、19年は「養子女」、20～23年は「養子離別」、28～29年は「養子離縁」、40～41年、45年は「養子縁組」の件数を採用した。それぞれの項目は同じ年に重複していない（以下同じ）。
「後見人」は、9年は「後見」、17、18年は「後見解除」、40年は「後見並保佐」、44年は「後見人免黜」の件数を採用した。
「親族会議」は、39～42年および45年は「親族会」、44年は「親族会議決議無効」の件数を採用した。
「戸籍ニ関スル事」は、10、14年は「戸籍ノ争」の件数を採用した。
「私生子（認知）」は、21年は「私生児取戻」の件数を採用した。
「親権喪失」は、42年は「親権」の件数を採用した。
「離縁」は、22年は「離縁送籍取消」の件数を採用した。
「準禁治産」は、44年は「準禁治産取消」の件数を採用した。

【3-1-6-2】大審院　人事上位30項目表②

明治	24年	25年	26年	27年	28年	29年	30年	31年	32年	33年	34年	35年	36年	37年	38年	39年	40年	41年	42年	43年	44年	45年	
家督相続	3	8	4	9	8	12	14	14	12	12	8	14	15	15	9	11	5	5	9	4	6	8	281
後見人	8	9	13	9	10	6	8	8	3		2						1				1		89
養子（縁組）離縁		6	2		4	5	1	7	10	5	4	2	2		2		5	1			1	3	88
離婚	3	2	3		1	4	6		1	3	4	1	5	4	4	2	4		3	3	2	3	64
親族会議										3	3	4	4	4	4	4	2	5	3	3	1	2	42
戸籍二関スル事		4	3	3		2	1	3	5	3	4			2									36
遺産相続		5	2		7	2	1	3				1	1				2	2	2				30
私生子（認知）									1	2	2	2	3	1	3	2	2	1	1	1	2	3	26
廃戸主		2	1	6	1		5	1		2													18
婚姻									1	2					1	1	1	8				1	15
親権喪失									1		1	1	2	3					2		3		13
離縁																	2	3	3	1		1	10
準禁治産											1	1	1	2		1	2				2		10
親権並管理権															1	1	3	1				4	10
絶家再興				1				2				1		1									9
身分登記取消																	3	1	1		2	1	8
隠居取消（無効）										1			1		1		2		1			1	7
嫡子確認（認知）									1	3			1										5
入籍差拒	1																						5
廃嫡取消			1	1	2		1																5
復籍																							5
分家	1		1		1									1									5
送籍差拒																							4
小児引取				1						1	1											1	4
同居										1									2		1		4
妻離別																							3
娼妓廃業										2													3
代人解除																							3
嫡出子否認											1	1						1					3
廃戸主養子離縁	1	1	1																				3
離籍															1			1		1			3
戸籍訂正	1																						2
戸主権回復																		1			1		2
その他の項目合算	2	4	4	3	4	1	0	1	1	0	0	1	0	0	0	0	0	0	0	0	2	0	57
年度別合計	20	41	35	33	38	32	37	39	36	40	31	29	35	33	26	22	34	30	27	13	24	28	871

（注）「絶家再興」は、27年は「不当絶家再興取消」の件数を採用した。
「身分登記取消」は、40、41、45年は「身分登記並戸籍」の件数を採用した。
「隠居取消（無効）」は、40、42、45年は「隠居」の件数を採用した。
「戸籍訂正」は、24年は「戸籍誤謬訂正」の件数を採用した。
「入籍差拒」は、24年は「入籍差拒分録請求」の件数を採用した。
「復籍」は、12年は「復籍差拒」の件数を採用した。
「分家」は、10年は「分家分地」、37年は「分家無効確認」の件数を採用した。
「戸主権回復」は、22年は「戸主回復後見担任」、41年は「戸主」の件数を採用した。
「分籍」は、21年は「分籍契約履行」の件数を採用した。
「同居」は、44年は「同居履行」の件数を採用した。

【3-2-1】勧解　土地上位30項目表

明治	11年	12年	13年	14年	15年	16年	17年	18年	19年	20年	21年	22年	23年	
地所売買	3,064	3,214	3,452	7,025	5,555	3,984	2,902	2,442	2,641	3,195	3,314	3,687	5,280	49,755
地所貸借	2,392	2,285	2,325	2,549	2,934	2,116	1,410	1,629	1,858	1,416	1,282	1,115	1,660	24,971
地所書入	935	1,065	1,215	1,872	1,286	3,467	4,424	3,786	320	625	555	607	429	20,586
地所所有	1,679	1,718	1,809	2,915	2,697	1,539	1,044	790	879	831	680	1,566	1,915	20,062
地所質入	1,729	1,646	1,604	5,364	4,059	1,736	458	387	311	281	220	233	460	18,488
預ケ地所	1,826	1,942	1,958	2,382	2,041	1,713	1,144	718	387	476	534	138	173	15,432
小作地所	88	117	147	443	1,460	1,374	484	648	1,062	1,021	778	618	1,091	9,331
地所境界	921	845	869	979	1,106	905	399	314	336	339	402	296	388	8,099
用水ノ争	251	238	308	449	417	699	267	138	259	276	223	204	189	3,918
地所妨害	4	6	3	84	164	120	159	117	173	244	230	194	270	1,768
地所譲与	12		14	110	73	67	48	50	198	191	176	255	271	1,465
山林ノ争	2								308	288	245	307	254	1,404
道路ノ争	70	60	68	178	200	131	66	58	58	90	73	58	41	1,151
秣場ノ争	163	177		165	192	254	36	29		1	13	1	6	1,037
開墾地ノ争	43	55	66	219	103	44	13	23	33	10	17	70	65	761
伐木								189	56	78	111	138	164	736
鉱山ノ争	45	49	35	65	149	52	39	17		8	18	31	96	604
地所登記												164	312	476
河水ノ争	71	93	83	74	75				27					423
共有地所				60	94	17	32	38	9	18	29	25	39	361
地所交換	13	15	16	15	85	12	14	16	36	33	31	29	37	352
地所分割	38			34	26	25	19	31	25	26	20	34	60	338
約定地所							1	9		6	109	38	84	247
入会山ノ争	12	16	21	22	56	26	16	4		3	2		1	179
海面漁業場ノ争	8	10	8	25	18	21	22	10		5		9	17	153
地所丈量		3	1	41	12	7	5	2		2	23	20	2	118
原野ニ関スル事									21	13	17	10	39	100
依託地所	6	12	14	11	19	5	1	8					2	78
地所変換						15	6	14		5	27		4	71
墓地ノ争			2		41	2	3	8			2		12	70
その他の項目の合算	93	98	63	52	30	44	33	35	81	13	9	21	15	587
年度別合計	13,465	13,664	14,081	25,133	22,892	18,375	13,045	11,510	9,078	9,494	9,140	9,868	13,376	183,121

（注）「用水ノ争」は、20年は「河水ニ関スル事」の件数を合算した。
「地所譲与」は、11年は「譲地所」の件数を合算した。

【3-2-2】起訴前の和解　土地上位30項目表

明治	24年	25年	26年	27年	28年	29年	30年	31年	32年	33年	34年	35年	36年	37年	38年	39年	40年	41年	42年	43年	44年	45年	
地所売買	1,826	1,441	1,068	813	604	657	775	586	352	247	186	138	126	32	20	16	18	8	15	21	15	23	8,987
地所所有	917	615	545	100	68	93	50	43	28	22	38	30	19	10	6	8	2	8	26	45	40	45	2,758
地所登記	191	160	163	155	150	145	110	100	70	72	61	25	25	59	57	65	66	58	85	18	15	18	1,868
地所貸借	472	294	242	151	55	46	53	38	32	23	24	21	11	10	5	2	4	2	2	1	1	3	1,492
地所取戻				190	139	201	125	94	70	50	33	33	33	6	4	2	3	2	6	2	2	1	996
小作地所	346	131	104	67	65	34	21	44	26	12	5	6											861
地所質入	220	137	73	47	61	58	56	34	23	16	4	5	1		1				1		1		738
地所譲与	87	110	72	75	48	56	39	46	32	17	18	20	12	1									633
地所引渡				143	75	86	53	64	42	31	28	17	25	24	9	2	5	9	4	3	6	5	631
地所境界	131	104	61	34	39	38	32	34	21	16	13	4	10	6	5	9	5	9	6	5	4	5	591
地所名義書換				86	56	92	76	56	46	44	22	16	19	25	9	6	3	4	1	1	1	1	564
地所明渡				46	52	52	47	48	31	20	26	4	15	12	20	14	5	12	6	55	14	11	490
用水ニ関スル事	97	64	66	75	34	33	14	22	17	6	8	4	2	3					1		1		447
地所書入	22	25	20	14	40	45	52	51	58	33	12	14	15										401
立木ニ関スル事	53	58	36	45	31	36	27	23	16	13	12	10	9	2									371
山林ニ関スル事	68	31	42	30	22	23	12	15	11	9	13	5	3	2									286
地所妨害	45	27	21	15	6	5	11	20	11	9	1	5	3	1	1		1	1					183
地所分割	18	19	10	17	10	9	10	16	16	7	11	3	7	2	3	1	5	3	3		3	1	174
地所競売	3		5	4	11	23	37	44	14	5	2	2			1						1		152
地所買戻														23	24	27	26	18	7	8	6	8	147
預ケ地所	39	44	18	9	7	8	11	4	2	2	1	1											146
共有地所	21	9	23	9	8	12	7	7	7	8	10	5	1										127
鉱山ニ関スル事	32	15	5	4	5	6	1	3	2	4	3	1											81
漁業場ニ関スル事	9	7	19	8	2	2		3	2	1	2												55
道路ニ関スル事	14	6	9	3	2		5	1	6	3	1	2	1	1									54
地所返還														6	4	2	7	7	3	4	9	3	45
地所交換	10	7	2	3	3	4		3	1	3	2		1					3	1	1			44
地所贈与														3	8	4	5	9	5	4	5	1	44
地所抵当														4	4	2	2	2	4	7	7	7	39
土地通行権	5	5	8	4	5	2			2	2	1	2											36
その他の項目の合算	98	62	48	53	38	44	21	19	20	11	11	9	6	4	10	12	9	9	1	5	9	11	510
年度別合計	4,724	3,371	2,660	2,200	1,636	1,810	1,645	1,418	958	686	548	382	344	236	191	172	166	164	177	180	140	143	23,951

（注）「地所境界」は、37年までは「地所経界」の件数を採用した。
「地所名義書換」は、37年は「地所名義書換・取消・回復」の件数を採用した。
「用水ニ関スル事」は、24年は「用水河水ニ関スル事」の件数を採用した。

【3-2-3-1】区裁判所　土地上位30項目表①

明治	15年	16年	17年	18年	19年	20年	21年	22年	23年
地所売買	519	365	253	103	123	209	250	320	525
地所所有	287	318	188	64	100	75	149	210	378
地所書入	1,284	2,341	2,625	1,188	12	13	12	9	9
地所登記								14	40
地所明渡									
地所境界	83	78	28	10	19	24	48	33	63
地所貸借	321	315	128	52	91	103	114	124	198
小作地所	331	783	97	68	34	47	68	87	145
地所引渡									
地所質入	605	310	207	62	14	24	17	17	52
地所取戻									
地所名義書換									
地所抵当									
山林二関スル事					9	16	28	26	12
立木二関スル事								16	
用水(河水)二関スル事	22	15	8		3	2	4	4	4
地所妨害	6	14	8	2	4	20	22	23	25
地所占有									
預ケ地所	143	153	96	28	18	29	49	13	8
地所譲与	4	9	3	2	12	12	12	18	16
地所競売									
地所買戻									
道路、堤防、河海、池沼、用水、下水道二関スル事									
地所分割	3	2					3	2	
地所返還									
抵当地所		297	2						
共有地所	9	5	1	2		5	2	3	3
地所使用並通行権									
地上権									
地所共有									
その他の項目の合算	34	27	14	9	14	10	33	9	67
年度別合計	3,651	5,032	3,658	1,590	453	589	811	928	1,545

（注）「地所境界」は、28～37年は「地所経界」の件数を採用した。
「用水(用水、河水)二関スル事」は、15～17年は「用水ノ争」の件数を採用した。
「地所使用並通行権」は、24～37年は「土地通行権」の件数を合算した。

【3-2-3-2】区裁判所　土地上位30項目表②

明治	24年	25年	26年	27年	28年	29年	30年	31年	32年	33年	34年	35年	36年	37年	38年	39年	40年	41年	42年	43年	44年	45年	
地所売買	1,206	1,179	1,189	1,032	978	956	807	719	588	550	409	340	330	279	130	106	141	240	187	195	155	179	14,562
地所所有	600	685	716	270	241	249	211	234	213	267	268	297	348	385	175	193	200	708	611	620	623	708	10,591
地所書入	32	70	63	86	95	86	90	107	86	52	71	67	136										8,534
地所登記	164	223	289	302	252	268	279	246	201	279	186	190	260	254	818	1,155	1,047	346	439	297	266	324	8,139
地所明渡				219	146	153	214	244	220	226	288	267	326	287	372	383	365	390	337	306	304	325	5,372
地所境界	154	204	181	228	216	217	273	227	198	209	198	182	228	198	188	242	263	263	227	230	286	299	5,297
地所貸借	532	493	527	220	267	166	149	112	153	132	173	112	153	197	77	89	81	29	35	37	33	12	5,225
小作地所	277	209	301	183	149	140	82	84	46	67	32	27	21	18									3,296
地所引渡				202	151	141	168	145	106	137	157	99	124	99	82	100	107	83	84	78	94	86	2,243
地所質入	99	91	82	90	70	71	73	78	24	28	35	5	8	6	1	1	1	14	3	6	6	19	2,119
地所取戻				253	240	235	146	136	118	107	70	69	41	37	19	20	28	19	6	12	3	6	1,565
地所名義書換				111	119	191	148	99	65	84	59	61	40	44	62	43	33	14	11	11	9	17	1,221
地所抵当														100	20	20	15	166	144	134	133	153	885
山林二関スル事	34	33	75	66	54	60	60	60	65	54	54	40	47	38									831
立木二関スル事		64	87	62	76	79	60	43	41	58	57	33	49	49									774
用水（河水）二関スル事	42	44	90	80	67	47	58	41	36	36	25	29	54	35									746
地所妨害	26	40	24	43	40	22	22	44	23	48	38	27	21	29	25	17	14	29	22	12	19	24	733
地所占有		29	23	30	40	33	39	29	31	35	33	35	29	36	42	31	40	48	27	45	31	34	720
預ケ地所	15	17	19	7	2	6	5	3	1	5		1	1		9	1	1						630
地所譲与	47	46	53	51	42	34	39	25	22	17	24	26	27	13	8	4	7						573
地所競売	7	14	9	17	18	37	77	89	38	32	16	13	16	10	23	29	30	11	15	6	8	5	520
地所買戻															58	61	67	71	55	25	20	20	377
道路、堤防、河海、地沼、用水、下水道二関スル事															45	55	65	58	41	41	27	42	374
地所分割	7	12	21	17	11	13	10	14	18	16	11	16	17	20	22	16	23	8	14	15	18	17	346
地所返還															44	47	49	42	27	30	36	29	304
抵当地所																							299
共有地所	6	17	22	15	12	10	16	15	23	26	20	20	37	23									292
地所使用並通行権	3	13	16	9	14	11	6	6	5	8	5	11	15	4	13	9	19	19	19	22	11	14	252
地上権															23	15	19	47	24	19	32	24	203
地所共有															15	13	11	37	24	33	37	18	188
その他の項目の合算	156	83	82	104	85	71	82	46	62	56	45	48	61	107	35	37	29	42	40	55	37	56	1,636
年度別合計	3,407	3,566	3,869	3,697	3,385	3,296	3,114	2,846	2,383	2,529	2,274	2,015	2,389	2,268	2,306	2,687	2,655	2,684	2,392	2,229	2,188	2,411	78,847

【3-2-4-1】地方裁判所第一審　土地上位30項目表①

明治	9年	10年	11年	12年	13年	14年	15年	16年	17年	18年	19年	20年	21年	22年	23年
地所売買		679	940	1,091	1,696	1,870	1,037	748	351	120	135	277	238	316	335
地所所有	2,197	2,502	624	1,073	974	1,142	708	580	337	65	43	66	93	135	140
地所書入	2,845	39	1,712	1,862	1,699	1,435	553	1,341	1,161	435	9	21	10	30	17
地所登記														12	16
地所貸借		789	808	660	781	979	509	403	151	46	69	96	114	162	77
地所家屋二関スル違約	6,375														
地所質入		528	462	563	1,088	1,179	441	241	69	24	3	8	11	12	5
地所明渡															
地所境界	1,064	349	336	287	283	342	240	188	83	26	34	49	56	41	44
用水二関スル事	259	88	113	95	150	144	145	188	152	36	61	97	94	75	63
預ケ地所		237	390	315	340	474	268	296	140	23	12	24	40	8	13
小作地所				86	496	128	46	259	62	51	40	55	49	74	49
地所譲与						22	11	20	11	3	13	17	24	33	31
地所取戻															
地所引渡															
地所名義書換															
地所抵当															
山林二関スル事								8			24	26	48	48	54
小作地引揚	497		26												
支配地引揚	522														
秣場二関スル事		22	74	83	92	82	34	37	11	12	2	2	7		3
鉱山二関スル事	4	0	14	10	16	19	14	20	6	2	7	6	14	26	35
地所妨害				15	9	26	14	13	11	8	10	22	25	38	15
道路二関スル事	37	41	22	26	35	38	20	20	21	4	5	16	15	9	11
立木二関スル事															
地上権															
共有地所					7	13	8	11	11	6	2	2	1	9	6
開墾地二関スル事	23	43	43	12	72	16	19	16	6	3	2	2	6	5	2
地所競売															
漁業場二関スル事			5	22	2	10	10	3	4	2	6	3		5	5
その他の項目の合算	169	27	266	91	124	64	65	118	29	9	18	12	18	25	39
年度別合計	13,992	5,344	5,835	6,291	7,864	7,983	4,142	4,510	2,616	875	495	801	863	1,063	960

（注）「地所書入」は、9年は「書入質」の件数を採用した。
「土地境界」は、27～37年は「土地経界」の件数を採用した。
「用水二関スル事」は、9年は「用水」、15～18年は「用水ノ争」の件数を採用した。
「山林二関スル事」は、16年は「山林ノ争」の件数を採用した。
「秣場二関スル事」は、10～14年は「秣場」、15～18年は「秣場ノ争」の件数を採用した。
「鉱山二関スル事」は、9～14年は「鉱山」、15～18年は「鉱山ノ争」の件数を採用した。

【3-2-4-2】地方裁判所第一審　土地上位30項目表②

明治	24年	25年	26年	27年	28年	29年	30年	31年	32年	33年	34年	35年	36年	37年	38年	39年	40年	41年	42年	43年	44年	45年	
地所売買	510	570	648	614	586	725	767	748	589	538	495	354	373	289	139	123	164	194	191	173	152	185	18,960
地所所有	260	265	347	218	187	196	207	192	167	220	247	259	251	286	137	197	148	461	427	373	423	540	16,687
地所書入	37	32	36	31	57	32	56	59	94	77	94	95	84										13,953
地所登記	63	97	93	153	150	173	189	201	206	231	446	357	545	435	699	780	830	437	413	308	319	378	7,531
地所貸借	104	102	104	32	40	54	47	30	44	91	181	195	119	112	50	27	18	20	19	35	15	20	7,103
地所家屋二関スル違約																							6,375
地所質入	27	19	29	26	20	37	30	37	13	14	7	6	3	1		1				3	3	4	4,914
地所明渡				54	37	42	64	88	140	195	214	273	388	377	266	242	262	279	216	317	324	341	4,119
地所境界	13	10	9	9	9	5	6	13	7	7	4	12	5	11	8	13	8	12	18	6	12	9	3,628
用水二関スル事	77	79	137	200	154	89	86	69	64	68	57	51	48	52									2,991
預ケ地所	17	10	11	4	5	7	5	5	2	8	2	1	1	5	1	3	2	1					2,670
小作地所	37	54	36	40	48	67	45	58	36	35	25	16	14	22									1,928
地所譲与	76	70	70	65	71	83	66	89	82	57	48	44	33	23	27	24	16	29	23	18		25	1,224
地所取戻				133	172	112	132	153	91	81	61	66	51	37	13	17	12	8	11	10	6	3	1,169
地所引渡				40	44	68	71	63	64	77	85	77	71	80	57	62	61	43	43	51	47	33	1,137
地所名義書換				62	98	122	82	91	94	84	68	58	45	52	35	26	22	12	16	15	3	12	997
地所抵当														104	37	22	27	129	139	145	133	196	932
山林二関スル事	37	20	35	37	34	27	50	30	36	24	24	32	27	26									647
小作地引揚																							523
支配地引揚																							522
秣場二関スル事	1	6	5		4	6	3	2	2		1		1										492
鉱山二関スル事	36	28	19	40	25	16	26	20	12	38	16	10	2	2									483
地所妨害	21	11	20	18	22	11	22	6	12	17	16	10	6	9	5	3	6	11	1	7	2	3	445
道路二関スル事	12	1	8	9	7	3	7	7	3	1	2	1	1	5									387
立木二関スル事		8	31	18	32	32	48	23	22	25	39	30	37	26									371
地上権															11	21	51	61	55	41	45	46	331
共有地所	9	18	12	11	14	17	20	17	17	27	22	12	16	14									302
開墾地二関スル事	8	2	4	1	2	1	1	2			6	2											299
地所競売	14	9	16	3	6	9	21	23	22	7	7	5	6	18	13	13	15	19	19	7	18	8	278
漁業場二関スル事	15	16	14	22	27	9	16	11	17	10	5	5	2	1									247
その他の項目の合算	92	75	86	99	79	71	64	43	65	34	41	59	50	56	141	123	131	161	135	133	124	145	3,081
年度別合計	1,466	1,502	1,770	1,939	1,930	2,014	2,131	2,080	1,901	1,966	2,213	2,030	2,179	2,043	1,639	1,697	1,773	1,877	1,726	1,642	1,626	1,948	104,726

（注）「道路二関スル事」は、9年は「道路通行」、15～18年は「道路ノ争」の件数を採用した。
「立木二関スル事」は、25年は「立木売買」の件数を採用した。
「開墾地二関スル事」は、15～18年は「開墾地ノ争」、34、35年は「開墾地所」の件数を採用した。
「漁業場二関スル事」は、18年までは「漁業場ノ争」の件数を採用した。

【3-2-5-1】控訴院控訴審　土地上位30項目表①

明治	8年	9年	10年	11年	12年	13年	14年	15年	16年	17年	18年	19年	20年	21年	22年	23年
地所売買		12	21	76	141	286	491	436	268	179	101	58	71	75	111	130
地所所有	2	41	213	157	267	327	495	459	332	276	78	46	25	53	91	41
地所登記																9
地所貸借		8	10	41	59	86	182	174	115	63	25	9	18	42	24	57
地所質入			37	70	61	141	320	309	124	63	11	7	2	5		3
用水ニ関スル事		9	26	27	32	38	51	66	72	98	39	27	31	27	41	24
地所境界	18	24	49	67	68	64	89	97	65	59	25	12	22	23	18	17
地所明渡																
預ケ地所			6	28	68	46	70	86	52	36	7	2	1	3	2	32
小作地所					14	34	26	46	11	11	51	15	9	15	30	15
地所取戻															5	
地所譲与				2	5	13	17	12	18	11	2	7	8	7	12	11
山林ニ関スル事												16	20	24	15	21
地所書入				15	10	15	12	19	17	24	10	13	10	7	10	8
地所名義書換																
鉱山ニ関スル事				3	7	6	7	5	14	9	2	2		7	6	14
地所引渡	5															
開墾地ニ関スル事	3	2		60	9	74	8	12	2	5	5	2	1	9	2	
秣場ニ関スル事			2	8	17	24	35	37	23	22	20					
漁業場ニ関スル事	1				2		3	5	12	6	4	6	5	5	6	3
道路ニ関スル事		7	6	4	11	8	7	9	15	10	5	3	6	4	4	4
共有地所								19	30	1	2					
立木ニ関スル事														1		1
地所抵当																
入会山ニ関スル事	1	30		2	3	3		4	10	4	7	7				
地上権																
道路、堤防、河海、池沼、用水、下水道ニ関スル事																
地所妨害								2	3	3	2		4	8	8	2
地所買戻																
入会権																
その他の項目の合算	65	82	11	11	23	20	7	17	21	7	34	13	4	11	55	20
年度別合計	95	215	381	571	797	1,185	1,820	1,814	1,204	887	430	245	237	326	440	412

（注）「用水ニ関スル事」は、9年は「用水」、10～18年は「用水ノ争」、22、24年は「用水河水ニ関スル事」の件数を採用した。
「地所境界」は、22～38年は「地所経界」の件数を採用した。
「鉱山ニ関スル事」は、21年までは「鉱山ノ争」の件数を採用した。
「地所引渡」は、8年は「地所引渡等違約」の件数を採用した。
「開墾地ニ関スル事」は、8年は「開墾地名前替ニ付所有争論」と「開墾地地受不服」の件数を合算した。また、11～18年は「開墾地ノ争」、38年は「開墾地所」の件数を採用した。
「地所譲与」は、12年は「譲地所」、13年は「譲地所有」の件数を採用した。
「地所売買」は、9年は「地所家屋売買」の件数を採用した。
「地所貸借」は、9年は「地所家屋貸借」の件数を採用した。

【3-2-5-2】控訴院控訴審　土地上位30項目表②

明治	24年	25年	26年	27年	28年	29年	30年	31年	32年	33年	34年	35年	36年	37年	38年	39年	40年	41年	42年	43年	44年	45年	
地所売買	163	160	166	160	180	184	240	168	168	134	73	77	54	45	35	52	24	51	52	23	11	18	4,694
地所所有	94	60	79	59	35	45	54	33	58	20	47	52	45	49	48	31	38	76	82	75	41	50	4,074
地所登記	3	3	15	33	3	41	11	32	5	32	44	26	73	33	193	198	154	105	85	109	167	157	1,531
地所貸借	40	41	30	12	23	14	34	19	26	19	54	24	23	19	2	6	4	2	8		2		1,315
地所質入	8	6	4	7	5	4	6	2	5	3	2		1										1,206
用水二関スル事	40	33	27	64	76	68	54	36	41	30	32	25	21	16					10				1,181
地所境界	15	5	8	6	11	5	9	6	8	2	4	2	4	2	1	3	5	3	5	1	3	2	827
地所明渡				4	3		7	8	20	50	46	55	49	94	48	53	37	42	45	35	62	63	721
預ケ地所	12	16	3	21	3	2	1	2	1	1	2	1											498
小作地所	18	7	15	15	13	8	6	10	8	8	5	2	4	16									412
地所取戻				17	25	43	31	49	54	41	29	21	30	24	7	1	5	4	5	1	2	2	396
地所譲与	29	26	21	26	22	26	32	13	12	10	10	2	4	2									360
山林二関スル事	32	19	8	18	27	28	31	17	25	7	15	8	8	15									354
地所書入	16	21	20	13	16	19	13	12	13	2	2	2	2										321
地所名義書換				2	23	24	31	20	13	32	32	15	9	6	2	1	2	9	4	5	1	1	232
鉱山二関スル事	15	7	12	12	12	14	11	11	11	10	8	5	3	2									215
地所引渡				5	19	9	2	6	4	6	13	17	29	17	12	18	7	11	6	12	6	8	212
開墾地二関スル事	5		3	2										1									205
秣場二関スル事				1	4	3	1	1	4														202
漁業場二関スル事	15	15	8	8	11	5	3	9	6	3	13	9	3	3									169
道路二関スル事	11	3	1	1	7	3	1	2	3	2	2	1	1	2									143
共有地所		1	4	4	3	4	7	5	6	3	2	6	3	5	3	5	5	7	2		4	4	135
立木二関スル事		5	10	7	3	12	10	9	8	6	10	12	10	13									117
地所抵当																5	2	37	22	19	11	6	102
入会山二関スル事		1	2			2	4	6		1	2	2	1	6									98
地上権															6	5	3	21	18	14	1	6	74
道路、堤防、河海、池沼、用水、下水道二関スル事															24	8	10	16				14	72
地所妨害	2	5	1	3	4	1	2	1	3				2	2	2	3	1		3	1		3	71
地所買戻															3	7	9	1	5	8	9	5	47
入会権															7	3	7	5	3	4	7	2	38
その他の項目の合算	16	26	27	37	14	15	13	10	9	8	9	13	10	15	21	12	17	9	23	11	20	14	750
年度別合計	534	460	464	537	542	579	614	487	511	430	456	377	389	387	414	411	330	399	378	318	347	355	20,778

（注）「秣場二関スル事」は、10年は「秣場」、11～18年は「秣場ノ争」の件数を採用した。
「漁業場二関スル事」は、8年は「漁業場境争論」、12～14年および16～18年は「漁業場ノ争」、15年は「漁業境界」の件数を採用した。
「道路二関スル事」は、9年は「道路通行」、10～18年は「道路ノ争」の件数を採用した。
「立木二関スル事」は、21, 23, 25年は「立木所有」の件数を採用した。
「入会山二関スル事」は、8年は「入会山境界争論」、9～19年は「入会山ノ争」の件数を採用した。

【3-2-6-1】大審院　土地上位30項目表①

明治	8年	9年	10年	11年	12年	13年	14年	15年	16年	17年	18年	19年	20年	21年	22年	23年
地所売買				6	22	43	47	65	66	28	9		4	11	11	21
地所所有		6	17	56	58	60	49	17	54	14	14	19	3	2	7	18
地所質入			5	12	35	21	58	28	163	37		2	2	2	1	5
用水ニ関スル事		1	3	12	23	18	12	10	29	22	14	6	5	4	2	14
地所貸借				3	7	13	6	5	11	6	1	3	5	6	9	28
地所登記																
地所境界	6	2	9	27	21	29	20	32	34	20	2	7	5	3	3	7
地所明渡																
地所取戻										26	7					
秣場ニ関スル事					8	13	17	10	17	8	5	3	3		1	4
入会山ニ関スル事		1			12	20				10	10	5		2		
地所書入						2	4							3		
預ケ地所			1	1	5	1	7	11	6	2	2	6	1	1	1	
共有地所							3	7	1	19			2	4	1	
地所譲与								1	2						1	3
地所受戻								64								
地所名義書換																
漁業場ノ争	1								1	5		1	2	1	4	1
地所引渡																
立木ニ関スル事																
地所抵当																
地上権																
山林ニ関スル事		2														
河水ニ関スル事			1		2		8	1								
小作地所						2				6		2	3	4		
地所妨害													1			
鉱山ノ争						2	3									
道路ニ関スル事		1	2	3	4	2	2	2	2	1		1				1
水利ニ関スル事																
開墾地ノ争		1					1	5	2	4	2		2	1	3	2
その他の項目合算	7	15	0	21	19	5	14	12	11	36	50	4	2	4	18	44
年度別合計	14	29	38	141	216	231	251	270	399	244	116	59	40	48	62	148

（注）「地所質入」は、23、24年は「質入地所」の件数を採用した。
「用水ニ関スル事」は、11年は「用水論」、14～18年は「用水ノ争」の件数を採用した。
「地所境界」は、8年は「地所境界争論」、19年および24～29年は「地所経界」の件数を採用した。同一年に項目の重複はない。
「地所明渡」は、22年は「地所明渡並地代滞」の件数を採用した。
「秣場ニ関スル事」は、18年までは「秣場ノ争」の件数を採用した。
「入会山ニ関スル事」は、18年までは「入会山ノ争」、24年は「入会権ノ争」、27年は「入会争論」の件数を採用した。

【3-2-6-2】大審院　土地上位30項目表②

明治	24年	25年	26年	27年	28年	29年	30年	31年	32年	33年	34年	35年	36年	37年	38年	39年	40年	41年	42年	43年	44年	45年	
地所売買	53	46	35	41	24	40	44	41	40	43	32	28	15	23	10	15	2	4	2	12	10	9	902
地所所有	15	18	11	13	7	22	10	7	10	16	26	46	18	11	9	9	19	15	10	24	18	13	741
地所質入	2	4	2	4		2	1	2		2								1					391
用水ニ関スル事	13	17	14		20	22	16	18	15	22	12	11	9	9				6	9	4		5	397
地所貸借	12	12	10	6	4	3	3		3	6	27	44	1	25					1	1	1	3	265
地所登記			7	11	21	9	3	1	24	1		3	72	2	23		19	7	29	1	5	17	255
地所境界	6	2	1	4	3	1	1	1				2			1	1	1		1	1			253
地所明渡					3	2		6	8	3	12	10	18	15	16	8	6	13	7	4	11	9	151
地所取戻				14	27	11	8	16	17		5	4	7	4	1		1		1			1	150
秣場ニ関スル事	5	2																					96
入会山ニ関スル事	2	2	10	4	6																		84
地所書入		5	4	7		3	5	8	5	5	13	6	5										75
預ケ地所	7	13					2		8														75
共有地所		5		2	1	4	6	2		8	4	1	1	2									73
地所譲与	5	7	6	3	2	4	6	2		10	6	3		4									65
地所受戻																							64
地所名義書換					5		10	14	4	9	12				2	4		2	1			1	64
漁業場ノ争	7	8		2	7	7	5	1				1											54
地所引渡					3	4	2	1		14	5	6	7		3		3			2		2	52
立木ニ関スル事		1	3		5	7	11	8	1	14				2									52
地所抵当														9	1	3	3	5	4	7	10	3	45
地上権																12	11	3	2	8	3	5	44
山林ニ関スル事			3		6	2	3	5			5	3	3	7									39
河水ニ関スル事					6	18	2																38
小作地所		3					3	3		6				2									34
地所妨害	2			1		2				3		10	12						2				33
鉱山ノ争	3	5	1		3	9	3					1		1									31
道路ニ関スル事	2	4			1		1					1											30
水利ニ関スル事				29																			29
開墾地ノ争	1	2																					26
その他の項目合算	65	44	32	11	8	11	6	6	9	1	5	5	14	3	27	16	19	10	9	10	10	6	589
年度別合計	200	200	139	152	162	183	151	142	144	163	164	185	182	119	93	68	84	66	78	74	68	74	5,197

（注）「漁業場ニ関スル事」は、8年は「漁業差妨ケラル」、16、17年は「漁業場ノ争」、23年は「漁場妨害制止」、27年は「漁業区域争論」の件数を採用した。
「河水ニ関スル事」は、12年は「河水妨害」、14、15年は「河水ノ争」の件数を採用した。
「立木ニ関スル事」は、25年は「立木差押解除」の件数を採用した。
「鉱山ニ関スル事」は、13、14年は「鉱山ノ争」、26年は「鉱山借区除名」の件数を採用した。
「道路ニ関スル事」は、9年は「道路通行」、11年は「道敷争論」、12、13年は「道敷ノ争」、14～16年は「道路ノ争」、17年は「道路修繕約定履行」、23年は「道路通行妨害」、28年は「道路取潰」の件数を採用した。
「開墾地ニ関スル事」は、18年までは「開墾地ノ争」の件数を採用した。

【3-3-1】勧解　建物船舶上位30項目表

明治	11年	12年	13年	14年	15年	16年	17年	18年	19年	20年	21年	22年	23年	
建物貸借	3,464	3,489	3,539	3,140	3,916	4,180	4,078	3,033	4,938	3,571	3,141	3,340	3,942	47,771
建物売買	1,228	1,312	1,405	1,869	1,725	1,791	1,522	1,353	1,105	1,096	868	757	818	16,849
建物書入	275	314	328	446	242	414	443	325	109	141	183	212	101	3,533
建物取払	70	65		151	106	334	360	423	478	333	382	347	356	3,405
家屋明渡	95	78		363				1,743						2,279
預ケ家屋	111	127	134	311	186	466	168	70	27	10	23		1	1,634
建物所有	9	13	16	25	21	418	39	41	197	181	111	167	200	1,438
建物譲与						4	3	7	125	58	10	28	45	280
建築故障			5		44	86	51	38						224
船舶貸借									39	30	26	19	21	135
船舶売買									22	25	29	30	29	135
建物質入	9	30	52	4	14	2	3	4						118
建物建築										42	27	17	22	108
建物受負									76			20		96
建物造作								52	33					85
船舶所有									8	6	10	14	29	67
船舶書入									11	5	6	27	7	56
横取家屋	1		47				7							55
建物修繕		12	9				2	7				4	19	53
家作差拒	26	18												44
家屋建築				44										44
建物雑作					1		30							31
建物登記													29	29
建物妨害										2	13	6	8	29
預ケ船舶									9	4	13		2	28
船舶譲与									9	1		2	1	13
雑作取戻		8												8
共有家屋			4					2						6
家作取払			5											5
家屋妨害		3												3
家屋交換						1	2							3
その他の項目の合算	2	0	1	0	0	0	0	0	0	1	1	0	4	9
年度別合計	5,290	5,469	5,545	6,353	6,255	7,696	6,708	7,098	7,186	5,506	4,843	4,990	5,634	78,573

（注）「建物貸借」は、18年までは「家屋貸借」の件数を採用した。
「建物売買」は、18年までは「家屋売買」の件数を採用した。
「預ケ家屋」は、19年以降は「預ケ建物」の件数を採用した。
「建物修繕」は、11、12年は「家屋修繕」の件数を採用した。
「建物所有」は、18年までは「家屋所有」の件数を採用した。

【3-3-2】起訴前の和解　建物船舶上位30項目表

明治	24年	25年	26年	27年	28年	29年	30年	31年	32年	33年	34年	35年	36年	37年	38年	39年	40年	41年	42年	43年	44年	45年	
建物貸借	1,240	957	499	188	113	86	66	64	37	30	10	13	17	1	5	2	2				1	1	3,332
建物明渡				165	165	175	116	161	100	72	63	55	53	29	17	17	19	12	22	23	21	38	1,323
建物売買	248	175	119	51	27	40	29	35	29	23	11	16	8	2	2		3	2	2				822
建物取払	143	105	71	67	36	42	32	40	21	19	11	15	17	12				2	4		7		644
建物所有	50	44	35	6	3	2	8	5	6	5	3	7	1		1		2			3	3	3	187
建物登記	26	17	22	13	4	12	5	3	3	3		5	3	10	5	11	7	2	3	2			156
建物引渡				25	16	15	26	19	9	7	7	9	5		2	1	2	1	1	1	1	4	151
建物建築	11	11	8	5	3	3	7	1	8														57
建物修繕	4	2	2	3			2	3	1		1				6	6	4			3		3	40
船舶売買	16	6	4	3	3	1		2	2		3												40
建物取戻				8	10	3	12	2	2		1	1											39
建物書入質	3	1	1		2	7	2	2	3	4		3	11										39
船舶所有	15	10	5	4		2																	36
船舶貸借	12	4	5	3		2				1													27
建物造作	10	4	4	6		1		1															26
建物名義書換				6		1	2	5	2	1			1	1	1		2	1		1			24
船舶引渡				5	3	3	1			3	2	3			1	1		1					23
建物妨害	7	3		1				4	1	1	2	1	1					1					22
建物譲与	3	3	2	1	6	2	1		1	1	1												21
預ケ建物	1	15				1	1																18
船舶取戻				5	4	1		1								1		1					13
建物分割												1	2	1			1			1		2	8
船舶登記	3	1				2	2																8
建物抵当														3							2	1	6
船舶名義書換						2		1				1				1	1						6
建物受負	1	1		1	1																		4
建物買戻															1	1					1	1	4
建物競売							1	1							1								3
建物共有					1							1	1										3
建物占有						1		2															3
建物変更												1	2										3
預ケ船舶		1	2																				3
その他の項目の合算	2	1	1	0	1	1	1	1	0	0	0	0	1	0	0	1	0	0	0	0	0	0	10
年度別合計	1,795	1,361	780	566	398	405	314	353	225	170	115	132	123	59	42	42	43	23	32	34	36	53	7,101

【3-3-3-1】区裁判所　建物船舶上位30項目表①

明治	15年	16年	17年	18年	19年	20年	21年	22年	23年
建物明渡									
建物貸借	422	572	393	149	295	292	381	324	608
建物取払	10	41	31	22	22	13	39	39	46
建物売買	170	194	135	60	74	96	73	78	157
建物所有					10	12	11	17	34
建物登記								3	8
建物書入	110	268	227	110	3	1	4	8	2
建物引渡									
建物占有									
建物取戻									
船舶引渡									
家屋明渡				96					
建物抵当									
船舶売買					5		2	3	6
建物名義書換									
船舶取戻									
船舶所有					2	1	1	1	
建物造作			2	5	2	1			
預ケ建物	15	15	13	4		1	1	1	
建物譲与					10	2		1	2
船舶貸借					6	2	2	2	2
建物建築							2	3	1
建物修繕						1		2	4
建物引渡									
建物競売									
建物共有									
建物妨害							5		
家屋所有	1	15	4	1					
差押建物									
船舶書入					5			1	1
その他の項目の合算	3	1	4	0	6	1	0	2	1
年度別合計	731	1,106	809	447	440	423	521	485	872

（注）「建物貸借」は、18年までは「家屋貸借」の件数を採用した。
「建物取払」は、38年以降は「建物築造、取払並修繕」の件数を採用した。
「建物書入」は、28～36年は「建物書入質」の件数を採用した。
「預ケ建物」は、18年までは「預ケ家屋」の件数を採用した。
「建物共有」は、24､25年は「共有建物」の件数を採用した。

【3-3-3-2】区裁判所　建物船舶上位30項目表②

明治	24年	25年	26年	27年	28年	29年	30年	31年	32年	33年	34年	35年	36年	37年	38年	39年	40年	41年	42年	43年	44年	45年	
建物明渡				1,248	1,036	1,103	1,138	1,126	1,234	1,407	1,239	1,476	1,839	1,759	1,719	1,668	1,780	1,843	2,093	2,001	1,993	2,763	30,465
建物貸借	2,250	2,159	2,210	1,173	1,068	1,228	1,383	1,458	1,003	910	1,092	1,161	1,129	991	439	362	369	21	46	87	72	91	24,138
建物取払	116	141	146	176	212	157	150	121	149	180	144	208	247	238	248	257	233	184	164	161	154	159	4,208
建物売買	202	184		118	91	109	88	69	87	75	48	44	66	47	30	12	11	24	36	38	28	20	2,464
建物所有	75	70	64	45	24	30	32	53	57	33	39	27	45	51	21	26	21	101	61	91	83	88	1,221
建物登記	32	19	25	40	33	33	28	19	21	21	25	21	31	32	113	153	117	44	37	31	37	48	971
建物書入	6	6	11	11	8	9	5	11	6	3	5	4	4										822
建物引渡					46	21	47	30	26	50	31	35	59	34	29	32	49	30	23	35	63	18	658
建物占有		4	178			3	4	3	3	1	3	11	5	1	3	7	3	7	8	4	10	1	259
建物取戻				15	9	6	7	7	9	16	18	3	2	5		2	7	5	6	3	2	1	123
船舶引渡				3	11	2	5	4	12	8	7	7	10	4	5	9	10	6	3	2	6	6	120
家屋明渡																							96
建物抵当														7	6		1	8	15	17	17	24	95
船舶売買	16	9	15	4	6	3	10	3	2		4		1		2			2	1		1		95
建物名義書換				9	13	5	9	13	3	4	2	6	6	1	5	3	2	1	1				83
船舶取戻				14	9	6	3	7	6	3	1	4	8	2	4	1	2	3	5	1		2	81
船舶所有	15	12	16	2	1		2			1				1				4	1	2	1		63
建物造作	2	5	7	21	2	3	2		3	1	1		3	2									62
預ケ建物		6	2																				58
建物譲与	3	2	2	3	5	4	1	5	1	4		3	2	2	1	1							54
船舶貸借	12	1	1	5	1	1	3	4	1	1	1	5		2	1		1						54
建物建築	1	1	1	5	1	5	6	4	2	4	2	1	3	2									44
建物修繕	2	5	4	6	4	2	2	1	3	1	1	1		1									40
建物引渡				39																			39
建物競売		1			3	8	4	5	6	2		3	2							1			35
建物共有	2	1				1	1		7	2		1	2	1	2				2	2	1	1	26
建物妨害	4	2							1		4	1	1	1		1	1		1	2	2		26
家屋所有																							21
差押建物	3	2	6	5																			16
船舶書入	4		2	3																			16
その他の項目の合算	6	8	2	11	5	2	3	3	3	3	6	7	7	22	15	6	10	9	6	4	10	6	172
年度別合計	2,751	2,638	2,692	2,956	2,588	2,741	2,933	2,946	2,645	2,730	2,673	3,029	3,472	3,206	2,643	2,540	2,617	2,292	2,509	2,482	2,480	3,228	66,625

【3-3-4-1】地方裁判所第一審　建物船舶上位30項目表①

明治	9年	10年	11年	12年	13年	14年	15年	16年	17年	18年	19年	20年	21年	22年	23年
建物貸借		572	616	558	627	621	516	660	405	87	174	218	228	286	182
建物売買		447	339	295	365	328	231	226	118	66	39	59	39	35	37
建物明渡			3		44	33				48					
建物書入		27	232	257	258	276	79	144	90	46	1	6	1	3	3
建物登記														2	4
建物取払			23	16	13	36	12	54	60	13	4	18	18	27	12
建物所有			3	12	17	9	19	36	13	8	10	18	17	17	10
建物修繕															
建物引渡															
建物抵当	66														
預ケ家屋（預ケ建物）		10	18	32	10	20	22	16	17	4					
建物名義書換															
船舶引渡															
雑事		55													
船舶貸借	26										2		1	2	2
建物取戻															
船舶売買												2	3	2	4
建物譲与											5		3	4	4
建物建築											1	1	1	9	5
船舶所有											2	1			3
建築故障							7	13	6	1					
船舶登記															1
建築ノ争						21									
船舶取戻															
建物内造作取戻					18										
建物共有															
建物競売															
建物造作							11				1	1			
建物修繕															
建物妨害													5		
その他の項目の合算	0	0	1	8	3	3	3	1	6	0	2	3	1	1	4
年度別合計	92	1,111	1,235	1,178	1,355	1,347	900	1,150	715	273	241	327	317	388	271

（注）「建物貸借」は、18年までは「家屋貸借」の件数を採用した。
「建物売買」は、18年までは「家屋売買」の件数を採用した。
「建物明渡」は、13年までは「建家明渡」、18年までは「家屋明渡」の件数を採用した。
「建物書入」は、19年以降は「建物書入質」の件数を採用した。
「建物取払」は、14年までは「家屋取払」の件数を採用した。ただし11年は「妨害建物取払」の件数を採用した。

【3-3-4-2】地方裁判所第一審　建物船舶上位30項目表②

明治	24年	25年	26年	27年	28年	29年	30年	31年	32年	33年	34年	35年	36年	37年	38年	39年	40年	41年	42年	43年	44年	45年	
建物貸借	29	21	24	8	13	9	3	3	15	7	9	18	23	10	14	16	4	6	11	17	13	20	6,043
建物売買	44	24	34	27	17	31	19	42	32	34	20	24	23	11	8	6	20	13	13	12	13	6	3,097
建物明渡				16	18	22	34	27	53	118	166	205	197	197	121	73	105	96	113	129	120	185	2,123
建物書入		2	4	3		1		1	3	1	2	4	1										1,445
建物登記	2	17	10	11	11	7	11	21	12	32	34	33	54	54	129	113	65	37	48	50	57	41	855
建物取払	21	9	16	20	18	20	24	19	24	55	53	45	83	53									766
建物所有	13	10	20	8	12	11	10	14	10	10	24	19	38	22	23	8	34	67	66	34	45	50	737
建物修繕															73	67	46	42	75	30	40	32	405
建物引渡				7	5	8	11	8	9	20	7	11	15	15	9	6	10	10	9	9	9	6	184
建物抵当														5	1	2	10	14	20	11	22	17	168
預ケ家屋（預ケ建物）																		1					150
建物名義書換				2	6	10	7	7	14	5	7	5	3	1	1	2	2	1	1		1	2	77
船舶引渡						1	1	1	4	2	2	5	5	6	7	7	3	5	4	7	3	1	64
雑事																							55
船舶貸借	2	1	3	2			1	3		1		1	2	1				2					52
建物取戻				2	8	4	4	7	3	3	4	2	5			3	2	1		1	1	1	51
船舶売買	7	2	4	2	3		1	3	1	2	3	3						1	1			1	45
建物譲与	5	6	1		3	1	2			2			2										38
建物建築	4	1	3	1	1	1	1	1			1	1	1	1									34
船舶所有		7	2			1			1	1		1	2						1	1	4	2	29
建築故障																							27
船舶登記			2		1			1		4	2	2	1		3	1	2		2				22
建築ノ争																							21
船舶取戻				1	1	1	2	4	1	3	1	1	1	1			1			1	1		20
建物内造作取戻																							18
建物共有							1	1	2		1			2			1	1	1	4		1	15
建物競売		1	1	1	1		2	1								2	1	2				2	14
建物造作																							13
建物修繕		1		2	1	2		1	1	1		2	1										12
建物妨害				2					1							1							9
その他の項目の合算	5	0	4	1	3	6	0	1	3	3	4	5	2	2	2	4	6	5	2	5	8	6	113
年度別合計	132	102	128	116	122	136	134	166	189	304	340	387	459	381	391	311	312	304	367	311	337	373	16,702

（注）「建物所有」は、18年までは「家屋所有」の件数を採用した。
「建物抵当」は、9年は「抵当ノ家屋地所」の件数を採用した。
「預ケ家屋」は、20年以降は「預ケ建物」の件数を採用した。
「船舶貸借」は、9年は「汽船貸借」の件数を採用した。
「建物造作」は、15年は「建物造作ノ争」の件数を採用した。

【3-3-5-1】控訴院控訴審　建物船舶上位25項目表①

明治	8年	9年	10年	11年	12年	13年	14年	15年	16年	17年	18年	19年	20年	21年	22年	23年
建物貸借			11	23	38	47	69	84	47	69	11	30	27	20	35	22
建物売買			21	33	29	37	59	48	74	36	13	11	14	25	15	19
建物明渡																
建物所有				3	2	2	5	3	5	4	2		4	15	21	10
建物登記																
建物取払				2				3	7	6			2	5		4
建物築造、取払並修繕																
建物書入		27	6	1	3	1	1	1	1	1	1	2		1		1
建物引渡	7															
建家明渡							8				4					
船舶売買													2	2	1	
船舶引渡																
預ケ家屋			1	2	6	2	1	2	1		1			1		
建物取戻																
建物譲与										1			4	1		1
建物名義書換																
建物建築													3			
船舶所有													2	1	1	2
譲家屋					2		1	3	2							
建物抵当																
船舶貸借																
建築故障								2	2							
船舶書入質													4			
建物取除															3	
建物共有																
建物質入						2										
船舶取戻																
その他の項目の合算	6	0	0	1	0	1	0	0	0	0	2	1	2	1	2	3
年度別合計	13	27	39	65	80	92	144	146	139	117	34	44	64	72	78	62

（注）本表は項目数が少ないため（全53項目）、通年の合計件数が1件の項目を削除し、上位25項目を表示した。
「建物貸借」は、18年までは「家屋貸借」の件数を採用した。
「建物売買」は、18年までは「家屋売買」の件数を採用した。
「建物所有」は、19年までは「家屋所有」の件数を採用した。
「建物取払」は、11年は「家屋取払」の件数を採用した。
「建物書入」は、9年は「抵當地所家屋」、12年は「建家書入」、19年以降は「建物書入質」の件数を採用した。

【3-3-5-2】控訴院控訴審　建物船舶上位25項目表②

明治	24年	25年	26年	27年	28年	29年	30年	31年	32年	33年	34年	35年	36年	37年	38年	39年	40年	41年	42年	43年	44年	45年	
建物貸借	11	5	1	6	4	2	3	5	5	2	3	2	2	1	1		1			1			588
建物売買	25	18	7	14	6	6	13	8	9	6	5	1	1	1	1		1	4	2	3			565
建物明渡							3	2	2	9	13	22	22	18	20	17	15	16	12	9	13		193
建物所有	6	9	2	1	1			1	2	1	3	4	4	6	6	3	5	12	15	5	7	12	181
建物登記					2					3	1	1	5	2	12	17	17	22	15	14	15	13	139
建物取払	3		3	2	3	4	1	2	4	9	15	13	6	4				18	9		8	4	137
建物築造、取払並修繕															10	12	15			16			53
建物書入	1			2	1		2																53
建物引渡				6				1		1	1	1	6	4	1		1	3	1	2	3		38
建家明渡																						19	31
船舶売買	1		3	4	4	2	1			2		2							1				25
船舶引渡											4	2	4	1	2					1		3	17
預ケ家屋																							17
建物取戻						1		1			4	1	3	1	1								12
建物譲与	2	2	1																				12
建物名義書換							1	1	3				1		3								9
建物建築				1					2		1			2									9
船舶所有	1																			1	1		9
譲家屋																							8
建物抵当																	1	1	1	4			7
船舶貸借	3		1		1									1									6
建築故障																							4
船舶書入質																							4
建物取除																							3
建物共有													1			1		1					3
建物質入																		1					3
船舶取戻													1	1							1		3
その他の項目の合算	1	0	1	1	1	0	0	0	0	0	2	0	1	1	0	0	0	1	2	0	1	1	32
年度別合計	54	34	19	37	23	15	24	21	27	33	52	49	57	43	57	50	56	79	58	56	49	52	2,161

（注）「建物引渡」は、8年は「家作引渡」の件数を採用した。
「建物明渡」は、18年は「家屋明渡」の件数を採用した。
「預ケ家屋」は、21年は「預建物」の件数を採用した。
「建物譲与」は、17年は「家屋譲与」の件数を採用した。
「建物取払」は、38～40年および43年は「建物築造取取払並修繕」の件数を採用した。

【3-3-6-1】大審院　建物船舶上位20項目表①

明治	8年	9年	10年	11年	12年	13年	14年	15年	16年	17年	18年	19年	20年	21年	22年	23年
建物売買			1	3	4	2	6	4	10		1		1			3
建物所有					5									1		
建物登記																
建物取払						2							1			
建物貸借			1			1	2	5	2					2		2
建物明渡																
建物共有																
建物築造、取払並修繕																
家屋明渡									4	2						1
建物引渡																
建物抵当																
建物取戻										1	1					
建物買戻																
建物書入質																
建物競売																
家屋引払								2								
家屋敷名前替				1												
建物確認																
建物配当																
建物名義書換																
雑事			2													
船舶売買																
その他の項目の合算	0	0	0	0	1	1	0	0	0	2	3	0	1	2	2	3
年度別合計	0	0	4	4	10	6	8	11	16	5	5	0	3	5	2	9

（注）本表は項目数が少ないため（全48項目）、通年の合計件数が1件の項目を削除し、上位20項目を表示した。
「建物売買」は、20年までは「家屋売買」の件数を採用した。
「建物取払」は、13年は「建家取払」の件数を採用した。

【3-3-6-2】大審院　建物船舶上位20項目表②

明治	24年	25年	26年	27年	28年	29年	30年	31年	32年	33年	34年	35年	36年	37年	38年	39年	40年	41年	42年	43年	44年	45年	
建物売買	5	2	2					1	4	7	5	2	1	3	3	2		8	1	2		1	84
建物所有		3	1	2						2	1	2	1	2	2	5	8	5	5	5	4	3	57
建物登記		1	1		3		1				2	1	6	3	4		12		10		1	2	47
建物取払					1		1	1	1	4	3	2	5	3				3	4	2	5	1	39
建物貸借	7	1		1	1	1	1				2	4		3									36
建物明渡													5		1	4		1		1		1	13
建物共有							1						1	2		2		1	1			2	10
建物築造、取払並修繕															2	4	4						10
家屋明渡																							7
建物引渡	2								2			1						1				1	7
建物抵当																2	1	1		3			7
建物取戻				1							1			1									5
建物買戻															1			1	1	1			4
建物書入質								1	1			1											3
建物競売			1											2									3
家屋引払																							2
家屋敷名前替				1																			2
建物確認																		2					2
建物配当													1			1							2
建物名義書換										2													2
雑事																							2
船舶売買					1	1																	2
その他の項目の合算	1	1	0	1	1	1	0	0	2	0	0	0	0	0	0	0	0	0	1	0	0	0	23
年度別合計	15	8	5	6	7	3	4	3	10	15	14	13	20	19	13	20	25	23	23	14	10	11	369

（注）「建物貸借」は、20年まで「家屋貸借」の件数を採用した。
「建物明渡」は、23年は「家屋明渡並家賃」の件数を採用した。
「建物取戻」は、17年は「家屋取戻」、18年は「家屋並付属品取戻」の件数を採用した。

【3-4-1】勧解　金銭上位30項目表

明治	11年	12年	13年	14年	15年	16年	17年	18年	19年	20年	21年	22年	23年	
金銭貸借	377,377	383,460	397,109	399,523	501,745	641,050	480,730	366,294	323,113	243,398	202,939	196,433	213,871	4,727,042
売代金	32,649	34,030	34,950	26,885	34,637	67,565	31,170	18,773	15,945	10,573	9,810	11,334	17,786	346,107
預ケ金	25,212	25,873	26,126	25,334	34,662	36,239	26,722	21,147	19,352	13,853	11,058	11,053	12,573	289,204
講金	6,466	6,528	7,909	7,746	11,924	27,990	25,858	28,380	30,406	24,904	18,646	14,280	14,499	225,536
年月賦金	13,395	13,641	13,875	20,269	19,107	24,192	14,010	11,494	6,300					136,283
立換金	13,976	13,717	13,910	14,064	14,778	16,136	9,150	6,239	6,225	4,689	4,070	4,274	4,761	125,989
償金	3,751	3,642	3,933	7,896	11,149	11,106	7,960	5,969	5,379	4,681				65,466
損料	7,348	7,271	8,189	9,040	8,059	7,880	3,318	1,466	1,239	793	769	893	1,148	57,413
酒食料(飲食料)	4,587	4,483	4,603	7,438	8,026	6,807	3,860	2,096	1,807	2,108	2,144	2,478	3,188	53,625
雇賃	5,828	5,645	5,431	6,988	10,693	5,783	3,977	1,599	1,417	1,284	1,229	1,141	1,536	52,551
訴訟入費	7,881	8,114	8,693	4,760	5,475	7,451	2,694	1,030	883	725	581	520	548	49,355
約定金	1,377	1,415		2,353	4,544	7,303	6,308	4,808	3,283	2,951	2,908	3,308	5,220	45,778
手形金	5,749	5,854	5,681	6,872	6,449	4,868	2,727	2,088	1,391	501	524	587	1,096	44,387
止宿並賄料	6,455	6,531	7,297	4,500	5,153	3,949	2,274	1,270	1,080	663	630	647	931	41,380
送達賃						9,518	10,109	2,327	2,556	2,928	1,153	1,386	833	30,810
代償金				426	1,819	3,941	5,648	4,397	3,132	2,860	2,433	2,142	1,925	28,723
代書代言料	5,009	4,210	4,481	4,384	3,913	3,028	1,850	368	233	141	128	100		27,845
給金	2,341	2,512	2,504	3,204	3,262	3,282	2,105	1,297	1,324	1,195	1,225	1,526	1,590	27,367
家賃	2,692	2,710	3,002	2,713	2,856	3,780	4,157	4,260						26,170
協議費		8		224	2,838	10,888	8,012	351	278	394	40	461	77	23,571
藝娼妓揚代金	1,785	1,841	1,966	4,439	4,313	3,457	1,812	987	707					21,307
小作金	1,388	1,465	1,660	1,065	1,551	1,853	2,125	2,013	1,882	1,668	1,285	1,179	1,300	20,434
借家料									4,243	3,241	2,966	2,818	4,636	17,904
受負金	1,295	1,258	1,388	1,234	1,540	1,195	1,024	719	1,127	686	770	852	1,120	14,208
為換金	1,190	1,264	1,335	1,690	2,025	1,489	871	499	733	631	625	563	643	13,558
要償金											4,423	4,093	4,890	13,406
手金	2,182	2,238	2,329	1,763	1,735	1,531	870	589						13,237
旅費日当	1,012	984	1,054	1,124	1,469	2,877	2,213	804	407	280	210	227	188	12,849
地代金	992	931	866	1,042	1,114	1,302	1,632	1,577	488	413	332		420	11,109
積金	385	220	293	332	574	486	534	940	1,307	1,458	1,125	1,177	1,095	9,926
その他の項目の合算	9,007	8,890	9,872	10,485	13,243	17,175	12,596	8,722	8,717	6,977	6,430	6,315	8,210	126,639
年度別合計	541,329	548,735	568,456	577,793	718,653	934,121	676,316	502,503	444,954	333,995	278,453	269,787	304,084	6,699,179

（注）「止宿並賄料」は、19～21年は「旅篭料」と「下宿料」の件数を合算し、23年は「下宿並旅篭料」の件数を採用した。
「旅費日当」は、14年は「旅費」と「日当金」の件数を合算し、15～19年は「日当金」の件数を採用した。
「地代金」は、23年は「地所売渡代金」の件数を採用した。

【3-4-2】起訴前の和解　金銭上位30項目表

明治	24年	25年	26年	27年	28年	29年	30年	31年	32年	33年	34年	35年	36年	37年	38年	39年	40年	41年	42年	43年	44年	45年	
貸金	41,066	12,903	6,010	3,557	2,277	1,471	1,122	1,049	724	558	363	256	202	176									71,734
売代金	5,577	3,032	1,723	1,105	746	453	386	492	345	241	144	83	75	48									14,450
預ケ金	3,185	1,257	641	410	240	144	112	107	76	51	45	29	24	24	21	13	13	10	8	14	3	3	6,430
講金	3,097	1,353	660	376	168	81	79	45	39	29	27	18	16	14	5	9	6	3	4	3	8	3	6,043
損害賠償金	1,377	888	506	427	420	346	284	268	236	153	116	113	78	62	37	37	52	40	22	24	26	33	5,545
立替金	1,367	674	438	283	203	137	132	128	91	57	51	34	28	28	9	13	10	6	1	9	8	2	3,709
約定金	799	534	346	245	179	150	119	89	72	104	52	48	25	14									2,776
借家料	997	468	300	157	72	59	58	45	27	29	11	6	10	4									2,243
給料（給金）	607	334	243	157	119	87	83	57	48	26	35	15	9	4	3	7	2		3	3	3	2	1,847
弁償金	407	315	271	122	69	97	87	62	55	29	34	11	8	4	13	1		2	2			6	1,595
飲食料		548	273	182	83	55	68	55	40	6	17	1	7					1	1				1,337
雇賃	405	219	151	122	62	47	53	36	73	21	22	19	18	10									1,258
小作金	481	161	121	109	48	48	37	60	30	27	17	12	34	7	3	4	5	1	1		2	2	1,210
借地料	402	233	152	82	62	51	50	50	20	13	18	9	4	1									1,147
遊興並飲食料	1,017														3		2			1	4	4	1,031
養料	213	158	132	115	83	51	71	52	41	27													943
委託金	279	142	101	113	42	47	49	21	26	11	14	7	5	7	5	1		5	3	2	1	1	882
手附金	238	141	123	80	49	42	39	47	26	21	16	9	8	4	3	2		2	4	1		4	859
受負金	256	181	112	113	74	27	20	13	19	10	6	9	4	11									855
無抵当貸金															139	108	88	106	119	78	56	120	814
過渡金	176	121	97	36	35	49	36	33	21	16	14	12	7	5	4	3		1		1	1	2	670
賄料並宿料	253	145	74	37	48	20	21	22	16	8	4	5	2	2	1	3	1		2			2	666
手間代金	195	139	70	63	34	21	15	26	6	8	5	3	3	2									590
手形金	241	60	24	28	16	6	5	25	17	14	16	10	8	12	10	8	5	7	7	5	7	6	537
訴訟費用	93	76	62	64	52	52	41	37	13	6	6	5	3	2	1								513
損料	289	125																					414
積金	183	82	41	26	12	11	16	6	5	2	6		1		8						1		400
精算金	101	104	57	19	31	16	20	14	5	5	4	2	1	7	1	1		2	1		2	3	396
地所建物売買代金	87	55	33	38	36	29	15	17	13	17	7	8	11	9									375
薬価並診察料	86	76	57	42	29	18	39	24	1	1	1												374
その他の項目の合算	1,445	768	630	455	331	280	237	245	223	114	158	140	111	60	138	161	99	96	79	82	83	117	6,052
年度別合計	64,919	25,292	13,448	8,563	5,620	3,895	3,294	3,125	2,308	1,604	1,209	864	702	517	404	371	283	282	257	223	205	310	137,695

（注）「貸金」は、24～27年は「金銭貸借」の件数を採用した。
「給料（給金）」は、25年および38年以降は「給金」の件数を採用した。
「小作金」は、28～37年は「小作料」の件数を採用した。
「遊興並飲食料」は、24年は「飲食料」の件数を採用した。
「訴訟費用」は、24～25年は「訴訟入費」、38年は「訴訟費」の件数を採用した。

【3-4-3】督促手続　金銭上位30項目表

明治	24年	25年	26年	27年	28年	29年	30年	31年	32年	33年	34年	35年	36年	37年	38年	39年	40年	41年	42年	43年	44年	45年	
貸金（金銭貸借）	90,411	116,807	124,319	138,582	124,764	113,575	131,584	171,100	191,224	184,525	227,450	249,924	266,128	233,431									2,363,824
無抵当貸金															157,240	138,876	122,982	132,817	150,312	165,925	169,629	184,742	1,222,523
売代金	4,212	6,312	7,108	8,452	7,189	7,094	9,575	15,844	15,613	17,246	25,247	30,520	36,519	33,646									224,577
売掛代金															18,667	13,512	13,426	17,375	23,797	29,094	34,694	38,155	188,720
手形金	305	864	1,082	970	1,235	1,557	2,003	9,690	13,757	15,168	23,047	21,530	20,591	14,134	7,411	5,653	5,048	6,262	7,170	7,682	8,286	9,612	183,057
預ヶ金	3,766	5,811	6,242	6,611	5,800	5,663	6,085	7,588	8,021	8,951	9,784	9,924	10,118	7,985	5,430	4,788	4,416	4,574	4,785	4,900	4,273	4,353	139,868
講金	2,127	2,796	2,749	2,692	2,080	1,725	1,774	2,384	2,845	3,289	4,445	5,607	6,394	5,625	3,927	3,043	2,304	2,148	2,257	3,302	4,354	5,424	73,291
地所抵当貸金															13,202	9,983	7,902	9,025	7,523	8,030	7,257	6,130	69,052
借家料	2,494	2,647	2,493	2,555	1,850	1,677	1,611	2,556	1,899	2,557	3,608	4,473	5,818	4,964									41,202
小作金	403	896	892	1,039	927	852	1,140	1,709	1,446	1,747	1,967	2,108	3,073	3,053	1,754	1,730	1,508	1,503	1,709	1,792	2,098	2,346	35,692
売買代金															2,573	4,645	3,915	3,868	4,818	4,757	4,983	4,991	34,550
家賃金															3,519	3,205	3,174	3,692	4,514	4,699	5,664	5,833	34,300
立替金	791	1,001	1,064	1,235	1,143	1,054	1,126	1,526	1,610	1,928	2,080	2,207	2,763	1,914	1,504	1,148	1,238	1,359	1,407	1,380	1,546	1,770	32,794
弁償金	383	761	935	993	1,083	949	929	1,211	1,734	1,551	1,995	2,406	3,128	2,478	2,072	1,970	1,417	1,503	1,151	1,145	1,408	957	32,159
約定金	718	1,051	1,138	1,308	1,226	1,096	960	1,449	2,626	2,669	2,106	1,975	1,803	1,535									21,660
遊興料													1,030	828	1,598	1,456	1,593	2,129	2,421	2,743	3,129	3,720	20,647
賃貸料			386	386	470	440	610	541	593	747	1,022	1,371	1,947	1,609	1,226	1,374	1,090	1,033	1,214	1,509	1,431	1,607	20,606
保証債務金													405	1,421	1,515	1,444	1,498	1,862	2,449	2,952	2,871	3,062	19,479
飲食料	309	554	704	851	871	902	1,106	1,699	1,760	1,747	2,039	2,189	1,502	1,370									17,603
損害賠償金	152	327	233	309	351	295	257	389	498	1,077	1,204	1,259	1,382	1,074	1,114	966	990	1,059	822	889	1,105	1,151	16,903
給料（給金）	365	369	536	465	530	608	631	735	762	903	821	871	811	721	651	503	485	616	644	581	534	647	13,789
利息金															1,321	1,178	1,095	1,405	1,423	1,730	1,746	1,541	11,439
雇賃（賃金）	70	147	157	185	156	145	238	319	316	254	472	506	666	437	516	451	542	712	808	777	860	981	9,715
組合入費	199	162	168	144	25	73	61	143	839	319	420	475	276	1,593	446	561	236	1,115	583	702	427	622	9,589
借地料	531	685	644	547	578	360	307	518	523	583	604	870	1,292	1,248									9,290
薬価並診察料	22	56	93	64	76	47	114	65	173	252	492	448	1,005	1,317	413	443	270	406	699	644	724	775	8,598
地代金															955	930	981	750	1,179	950	1,212	1,218	8,175
賄料並宿料	137	224	217	284	254	229	322	429	418	445	483	432	664	534	352	316	321	325	449	324	465	475	8,099
約束手形金	856	543	1,076	1,073	618	1,388	2,432																7,986
株金	25	59	10	19	42	63	226	543	651	460	477	931	1,448	373	855	269	91	194	268	285	303	129	7,721
その他の項目の合算	1,480	2,348	2,380	2,778	2,308	2,212	2,366	2,866	3,715	3,449	3,981	5,308	6,436	5,476	6,104	5,866	5,457	5,916	6,094	7,822	6,870	7,823	99,055
年度別合計	109,756	144,420	154,626	171,542	153,576	142,004	165,457	223,304	251,023	249,867	313,744	345,334	375,199	326,766	234,365	204,310	181,979	201,648	228,496	254,614	265,869	288,064	4,985,963

（注）「遊興費」は、38年は「遊興飲食料」の件数を採用した。
「薬価並診察料」は、37年は「薬価診察入院料」、38年は「薬価入院診察手術料」の件数を採用した。

【3-4-4-1】区裁判所　金銭上位30項目表①

明治	15年	16年	17年	18年	19年	20年	21年	22年	23年
無抵当貸金					15,680	18,474	19,180	20,141	30,388
金銭貸借	94,639	133,292	86,857	26,819					
売代金	2,423	3,573	2,122	795	802	930	1,169	1,273	2,542
預ケ金	5,837	7,999	4,561	1,558	1,253	1,486	1,388	1,362	2,283
地所書入貸金					7,166	5,682	4,193	3,390	5,217
手形金	1,081	924	459	119	48	48	98	147	325
売掛代金									
講金	1,878	4,208	3,679	1,848	1,529	1,981	2,015	1,703	2,282
損害賠償金									
立換金（立替金）	1,287	1,623	1,009	325	421	426	410	475	757
約定金	474	1,246	909	325	198	303	338	382	594
借家料					354	347	425	449	938
弁償金									
売買代金									
建物書入質貸金					1,445	1,197	924	790	1,094
動産書入質貸金					1,116	1,142	1,281	1,589	2,067
家賃金	389	746	549	266					
飲食料					65	80	94	135	183
給金	296	337	200	48	63	69	93	92	155
年月賦金	2,709	3,321	2,281	988					
代償金	522	1,002	791	320	209	336	407	375	397
小作金	148	462	396	155	136	159	139	146	238
賃貸料									
遊興並飲食料									
手附金					45	65	76	80	123
保証債務金									
雇賃	593	1,231	270	364	56	59	74	60	130
借地料			50	23	74	128	140	155	356
委託金	79	141	150	55	43	65	85	106	131
償金	1,754	1,993	1,283	471	412	486			
その他の項目の合算	4,889	6,653	7,017	2,545	2,323	2,102	3,076	2,746	3,312
年度別合計	118,998	168,751	112,583	37,024	33,438	35,565	35,605	35,596	53,512

（注）「地所書入貸金」は、19～21年は「土地書入貸金」の件数を採用した。
「建物書入質貸金」は、37年以降は「建物抵当貸金」の件数を採用した。
「動産書入貸金」は、38年以降は「動産抵当貸金」の件数を採用した。
「家賃金」は、15～18年は「家賃」の件数を採用した。

【3-4-4-2】区裁判所　金銭上位30項目表②

明治	24年	25年	26年	27年	28年	29年	30年	31年	32年	33年	34年	35年	36年	37年	38年	39年	40年	41年	42年	43年	44年	45年	
無抵当貸金	52,658	42,295	38,578	35,976	29,919	24,462	24,672	27,014	31,493	30,246	35,634	43,530	47,539	43,245	34,871	31,204	27,766	28,698	30,552	33,956	35,023	37,998	871,192
金銭貸借																							341,607
売代金	5,810	5,595	5,413	6,259	4,948	4,285	4,960	6,444	7,016	6,855	8,615	10,425	11,991	11,688									115,933
預ケ金	5,138	4,886	4,198	4,056	3,335	2,733	2,627	2,911	3,223	3,186	3,333	3,395	3,546	3,097	2,560	2,226	1,930	2,015	2,008	1,813	1,810	1,715	93,468
地所書入貸金	10,036	6,674	5,165	3,998	3,339	2,336	2,001	2,088	2,507	2,496	2,204	2,416	2,270	1,813	1,499	1,195	951	1,107	858	899	741	655	82,896
手形金	571	653	578	822	529	457	502	3,358	4,580	4,794	5,807	5,792	6,017	4,575	3,039	2,523	2,104	2,325	2,657	3,038	3,377	3,881	65,228
売掛代金															7,145	5,229	4,781	6,008	7,786	9,361	11,595	12,977	64,882
講金	4,057	3,291	2,901	2,281	1,455	960	988	1,071	1,162	997	1,160	1,482	1,746	1,519	1,256	836	735	697	775	887	1,076	1,365	53,820
損害賠償金	1,678	2,007	2,342	2,339	2,102	2,088	2,003	2,070	2,034	2,315	2,391	2,439	2,747	2,431	2,409	2,460	2,316	2,173	2,092	2,131	2,331	2,266	49,164
立換金（立替金）	1,382	1,397	1,384	1,448	1,236	1,013	1,091	1,104	1,234	1,161	1,131	1,160	1,372	1,256	1,016	919	851	884	941	892	919	1,094	31,618
約定金	1,240	1,332	1,332	1,245	1,194	1,026	832	868	1,986	1,415	1,207	1,467	1,281	1,429									22,623
借家料	1,578	1,576	1,350	1,418	1,069	760	779	842	997	1,087	1,310	1,605	2,082	1,966									20,932
弁償金	923	1,058	1,071	1,147	1,123	874	910	891	950	1,001	964	1,193	1,423	1,243	1,189	941	787	587	602	665	612	597	20,751
売買代金															1,196	2,232	2,066	1,876	2,218	2,174	1,861	2,270	15,893
建物書入質貸金	1,940	1,312	899	676	515	420	391	398	496	462	349	380	359	316	180	354	147	193	167	98	184	110	15,796
動産書入質貸金	1,845	1,438	912	904	525	441	441	339	407	309	141	106	85		29	22	23	20	6	6	2	16	15,212
家賃金															1,326	1,207	1,087	1,150	1,399	1,581	1,861	2,009	13,570
飲食料	650	709	777	911	709	642	750	827	811	807	840	927	1,045	476									11,438
給金	470	563	558	501	615	669	537	489	458	461	444	457	449	410	317	294	254	290	291	298	282	336	10,796
年月賦金																							9,299
代償金	212	255	199	164	143	92	119	89	111	136	195	252	390	694	233	192	161	128	121	132	115	108	8,600
小作金	587	518	532	554											590	608	561	454	410	494	602	617	8,506
賃貸料			348	278	237	238	221	248	267	301	338	467	599	529	454	512	442	397	499	564	524	535	7,998
遊興並飲食料														471	650	595	652	784	948	1,070	1,286	1,459	7,915
手附金	289	342	405	375	343	282	349	336	271	282	360	310	307	257	317	264	365	436	300	247	301	324	7,451
保証債務金															581	743	787	881	942	978	1,104	1,324	7,340
雇賃	237	266	240	299	334	187	310	305	289	232	360	408	453	365									7,122
借地料	657	615	559	479	451	391	252	315	315	325	303	372	447	462									6,869
委託金	305	346	372	342	287	286	230	244	262	223	243	243	287	351	244	249	209	236	213	160	196	174	6,557
償金																							6,399
その他の項目の合算	4,394	4,444	4,491	4,447	3,978	3,918	4,173	3,457	3,652	3,434	3,387	4,870	5,045	4,734	5,033	4,476	4,212	4,421	5,367	5,316	5,746	6,309	133,967
年度別合計	96,657	81,572	74,604	70,919	58,386	48,560	49,138	55,708	64,521	62,525	70,716	83,696	91,480	83,327	66,134	59,281	53,187	55,760	61,152	66,760	71,548	78,139	2,134,842

（注）「給金」は、28～37年は「給料」の件数を採用した。
「遊興並飲食費」は、37年以降は「遊興費」の件数を採用した。
「地所書入貸金」は、37年以降は「地所抵当貸金」の件数を採用した。
「建物書入質貸金」は、37年以降は「建物抵当貸金」の件数を採用した。
「動産書入質貸金」は、37年以降は「動産抵当貸金」の件数を採用した。

【3-4-5-1】地方裁判所第一審　金銭上位30項目表①

明治	9年	10年	11年	12年	13年	14年	15年	16年	17年	18年	19年	20年	21年	22年	23年
金銭貸借	188,825	143,072	100,499	85,343	83,835	79,469	18,591	31,013	22,941	7,463					
無抵当貸金											2,566	2,880	3,116	3,005	3,123
預ケ金	21,816	12,200	9,859	8,114	7,116	5,075	1,571	2,090	1,186	454	928	641	481	533	579
手形金			325	515	545	226	61	130	70	44	20	34	138	85	177
売代金		2,632	1,479	1,485	1,932	2,331	905	1,010	577	195	208	244	325	380	480
地所書入貸金											3,341	2,955	2,146	1,825	1,651
年月賦金	2,436	1,497	2,811	3,387	3,688	2,888	321	339	171	61					
損害賠償金															
講金	1,967	1,662	1,072	975	901	1,580	266	482	466	180	186	280	332	264	250
訴訟入費	1,522	1,288	3,048	2,327	1,513	1,280	192	129	45	5	7	10	17	7	9
立換金（立替金）	985	649	937	1,028	1,321	1,360	367	396	268	93	116	142	141	147	175
償金	1,214	572	930	1,349	1,667	1,474	905	1,152	681	245	249	284			
為換金（為替金）	5,349	1,945	193	230	276	234	88	105	58	23	26	29	30	22	28
代金	9,028														
租税金	475	4,621	393	127	179	103	43	41	65	43					
約定金				266	223	258	200	287	226	113	72	72	101	112	118
弁償金															
売掛代金															
建物書入質貸金											610	486	407	370	421
小作金	2,164	265	166	283	169	207	20	39	41	19	16	8	13	9	10
損料	1,903	796	234	422	376	386	32	23	15	4	11	11	5	7	5
家賃	1,205	423	346	385	339	337	65	85	57	24					
代償金						304	112	292	369	159	109	179	175	178	161
地代（金）	479	260	332	305	249	260	131	197	200	86	16	34	29		
受負金	192	103	215	197	193	201	113	83	52	33	32	44	45	57	76
売買代金															
止宿並賄料	1,396	366	212	206	193	238	13	17	9	2					
地所抵当貸金															
手金	778	340	279	301	282	310	106	109	49	12					
株金					1	3	6	15	13	12	8	12	13	9	18
その他の項目の合算	3,169	1,804	1,937	2,032	2,188	2,502	647	812	638	373	861	869	1,391	1,173	1,497
年度別合計	244,903	174,495	125,267	109,277	107,186	101,026	24,755	38,846	28,197	9,643	9,382	9,214	8,905	8,183	8,778

（注）「地所書入貸金」は、19～27年は「土地書入貸金」の件数を採用した。
「訴訟入費」は、28～41年は「訴訟費用の数値」、42年以降は「訴訟費」の件数を採用した。
「立換金」は、9年および25年以降は「立替金」の件数を採用した。

【3-4-5-2】地方裁判所第一審　金銭上位30項目表②

明治	24年	25年	26年	27年	28年	29年	30年	31年	32年	33年	34年	35年	36年	37年	38年	39年	40年	41年	42年	43年	44年	45年	
金銭貸借																							761,051
無抵当貸金	3,359	2,244	1,994	2,070	1,960	1,772	2,042	2,731	3,544	3,598	4,676	5,113	5,306	5,194	3,540	2,230	1,961	2,154	2,585	2,763	2,827	2,884	81,237
預ケ金	593	567	550	496	479	410	470	489	611	637	618	663	654	573	435	301	239	361	353	324	270	289	83,025
手形金	169	135	120	62	64	129	273	1,196	1,556	2,346	3,249	2,938	2,692	2,327	1,592	1,085	881	1,208	1,311	1,452	1,535	1,670	30,360
売代金	735	452	464	527	445	453	630	881	918	1,008	1,184	1,310	1,324	1,328									25,842
地所書入貸金	1,718	1,117	844	853	757	664	742	954	1,348	1,122	1,178	1,061	781										25,057
年月賦金																							17,599
損害賠償金	514	505	456	457	506	540	653	681	785	903	971	990	1,029	1,015	777	725	727	690	679	824	798	779	16,004
講金	234	164	132	149	125	72	57	41	55	72	53	82	75	90	58	33	17	18	22	30	36	46	12,524
訴訟入費	5	2	6	4	7	2	3	1	3		1		1						1			1	11,436
立換金（立替金）	153	152	134	139	161	151	166	197	185	211	189	172	172	165	139	132	95	90	144	118	110	127	11,427
償金																							10,722
為換金（為替金）	40	27	11	15	10	11	14	17	24	20	15	8	7	7									8,862
代金																							9,028
租税金																							6,090
約定金	141	117	159	170	169	183	185	177	255	337	307	331	335	330									5,244
弁償金	203	183	191	187	202	174	198	209	288	311	349	353	431	421	281	220	135	142	140	128	121	127	4,994
売掛代金															750	375	371	481	529	618	737	852	4,713
建物書入質貸金	311	199	145	110	109	88	71	107	153	121	108	150	82										4,048
小作金	5	11	9	9	16	13	18	29	16	26	28	25	54	22	12	6	11	8	13	6	18	15	3,799
損料	6	5	6																				4,247
家賃															51	25	16	14	24	30	27	45	3,498
代償金	38	34	36	27	44	23	24	29	36	26	66	76	149	112	14	15	14	17	19	15	21	20	2,893
地代（金）															81	76	61	38	29	48	48	43	3,002
受負金	84	95	104	84	81	86	80	101	107	77	78	105	103	90									2,911
売買代金															306	300	317	321	399	367	447	400	2,857
止宿並賄料																							2,652
地所抵当貸金														660	506	327	262	204	186	177	183	179	2,684
手金																							2,566
株金	45	17	10	15	18	14	63	83	171	108	64	306	368	197	216	85	70	43	65	175	118	96	2,457
その他の項目の合算	1,164	958	806	1,052	1,020	1,028	1,283	1,189	1,340	1,301	1,253	1,381	1,361	1,360	1,462	1,287	1,165	1,172	1,409	1,492	1,421	1,680	49,477
年度別合計	9,517	6,984	6,177	6,426	6,173	5,813	6,972	9,112	11,395	12,224	14,387	15,064	14,924	13,891	10,220	7,222	6,342	6,961	7,908	8,567	8,717	9,253	1,212,306

（注）「小作金」は、9年は「小作米金」、28～37年は「小作料」の件数を採用した。
「家賃」は、38年以降は「家賃金」の件数を採用した。

【3-4-6-1】控訴院控訴審　金銭上位30項目表①

明治	8年	9年	10年	11年	12年	13年	14年	15年	16年	17年	18年	19年	20年	21年	22年	23年
金銭貸借	45	155	342	660	950	1,058	1,185	1,426	1,977	1,848	692					
無抵当貸金												375	271	421	471	406
損害賠償金																
預ケ金		64	105	122	168	178	212	248	345	252	111	94	101	152	116	140
売代金			37	50	94	118	116	173	208	149	48	69	76	81	117	93
手形金									4	6	3		1			5
地所書入貸金												138	313	236	184	132
立換金		8	15	25	50	73	58	77	78	77	18	25	31	46	68	50
償金	4	19	18			86	138	218	300	255	102	90	85			
講金		2	1	6	13	35	37	64	58	66	33	36	53	105	93	80
約定金					4		33	80	101	88	32	6	17	18	27	23
弁償金																
売買代金																
受負金		10	2	16	14	15	9	21	27	14	7	12	14	17	26	11
売掛代金																
訴訟入費	3	18	25	67	158	58	60	27	14	22	11	9	3	11	3	7
不当利得金																
株金						1	1	5	5	8	6	1	8	8	4	2
委託金						1	3	14	21	24	10	8	9	14	14	10
証拠金		2	5	4	8	17	21	14	5	7	1		1	6	10	10
過渡金							4	16	23	25	10		12	14	22	10
借地料										10		7	10	20	42	17
為換金（為替金）		11	22	5	11	12	14	32	33	43	21	17	7	20	31	2
動産書入質貸金												21	47	44	56	34
地代金				3	12	34	33	36	34	27	15	6	6			
契約金																
違約金															7	2
地所抵当貸金																
損害要償金															153	147
精算金（清算金）									1	4	4	2	1	7	23	9
その他の項目の合算	86	87	61	159	254	251	277	274	271	218	116	155	128	328	206	131
年度別合計	138	376	633	1,117	1,736	1,937	2,201	2,725	3,505	3,143	1,240	1,071	1,194	1,548	1,673	1,321

（注）「金銭貸借」は、8年は「貸金催促」の件数を採用した。
「地所書入貸金」は、19～21年は「土地書入貸金」の件数を採用した。
「立換金」は、8、13年および25年以降は「立替金」の件数を採用した。
「訴訟入費」は、26年以降は「訴訟費用」の件数を採用した。
「為換金」は、9年および24年以降は「為替金」の件数を採用した。ただし38、40、45年は「為替並荷為替金」の件数を採用した。
「動産書入質貸金」は、37年以降は「動産抵当貸金」の件数を採用した。

【3-4-6-2】控訴院控訴審　金銭上位30項目表②

明治	24年	25年	26年	27年	28年	29年	30年	31年	32年	33年	34年	35年	36年	37年	38年	39年	40年	41年	42年	43年	44年	45年	
金銭貸借																							10,338
無抵当貸金	504	371	375	181	328	303	298	195	375	422	466	528	407	501	479	383	238	257	256	273	246	276	9,606
損害賠償金	231	184	180	169	152	171	205	184	205	239	250	233	303	317	296	252	205	194	238	216	255	220	4,899
預ケ金	149	154	179	117	93	111	101	98	91	98	108	94	131	128	119	77	63	73	73	53	58	51	4,627
売代金	165	118	111	109	106	92	109	115	149	148	162	223	235	238									3,509
手形金	18	17	21		13	12	21	72		163	259	328	325	266	167	152	101	75	105	117	136	120	2,507
地所書入貸金	112	77	54	162	60	67	55	134	56	42	23	36	250										2,131
立換金	87	48	58	41	67	58	46	48	51	40	41	36	37	50	48	34	39	21	20	22	26	20	1,637
償金																							1,315
講金	62	42	35	27	24	29	15	13	17	11	8	14	21	14	17	15	11	10	5	7	7	6	1,092
約定金	20	21	25	24	25	28	17	23	52	65	86	56	59	60									990
弁償金	8	44	62	27	43	21	37	31	38	42	57	54	56	64	62	35	30	38	30	25	26	21	851
売買代金															90	162	127	99	76	73	96	73	796
受負金	49	47	30	24	23	33	15	16	20	27	20	29	30	35									613
売掛代金															143	61	20	29	61	80	63	70	527
訴訟入費	7	2	3	2	2		2					1											515
不当利得金					6	6	8	13	15	23	27	50	42	53	40	41	37	29	31	28	31	30	510
株金	16	15	5	6	8	4	5	4	25	30	16	18	23	50	39	26	15	15	16	23	35	16	459
委託金	28	12	5	15	15	9	15	9	11	16	23	20	22	24	14	28	15	10	9	8	9	5	450
証拠金	9	6	10	7	15	19	29	24	40	27	17	14	11	11	5	2	11	19	5	14	12	19	437
過渡金	23	16	26	14	20	7	28	19	33	7	6	7	3	7	1	8	6	3	11	2	4	1	388
借地料	17	14	9	15	10	14	18	32	19	21	24	16	16	31									362
為換金（為替金）	10	5	4	2	11	2		5	6	6	2	2	6	2	2		7	1	1				355
動産書入質貸金	32	44	14	8	6	8	5	4		3			5	6	2				2				341
地代金															20	24	23	8	13	14	5	5	318
契約金															47	47	28	34	41	40	39	40	316
違約金	2	5	14	16	7	23	28	18	20	15	20	15	9	11	11	8	7	15	22	9	13	19	316
地所抵当貸金														85	62	42	16	17	12	20	34	23	311
損害要償金																							300
精算金（清算金）	14	10	12	5	3	21	5	6	28	20	5	13	17	15	5	9	6	14	9	10	9	13	300
その他の項目の合算	187	149	154	121	164	132	144	108	292	177	157	196	291	244	283	300	191	142	172	184	220	194	7,204
年度別合計	1,750	1,401	1,386	1,092	1,201	1,170	1,206	1,171	1,543	1,642	1,777	1,983	2,299	2,212	1,952	1,706	1,196	1,103	1,208	1,218	1,324	1,222	58,320

【3-4-7-1】大審院　金銭上位30項目表①

明治	8年	9年	10年	11年	12年	13年	14年	15年	16年	17年	18年	19年	20年	21年	22年	23年
無抵当貸金												16	29	18	43	68
損害賠償金																27
預ケ金	2	4	6	9	15	16	15	14	18	21	8	3	5	6	23	27
金銭貸借		5	6	41	54	55	49	49	111	116	67					
売代金			5	5	4	4	6	6	10	23	3	2	8	7	12	19
約束手形金															1	
地所書入貸金												11	18	24	14	33
立換金		1	1		11	8	6	5	9	8	7	7	3	1	5	10
弁償金											3				1	
講金					2	3		1	5			1	14	20	12	35
手形金										1			1	1	5	3
約定金						1			5	5	2					8
売買代金																
不当利得金																
清算金													1			4
受負金			2	3	3	1	8	4	2	1	1			1		5
保険金																
損害要償金								16		17	15	8	5	14	16	
証拠金					2	4		2	1							
株金					1									2	2	
過渡金								3	1	3	2				3	
契約金																
償金		2	6	6	8	5	14	1	20							
借地料											1				5	6
代償金					2					14		2				9
売掛代金																
委託金					1				1	1		1	1	2	1	2
延滞控米代金											53					
違約金																
報酬金																
その他の項目の合算	13	11	6	17	28	30	26	38	33	71	34	26	16	25	52	62
年度別合計	15	23	32	81	131	127	124	139	216	281	196	77	101	121	195	318

（注）「立換金」は、9、10年および25年以降は「立替金」の件数を採用した。
「預金」は、8年は「預金取戻」の件数を採用した。
「借地料」は、18年は「借地料ノ裁判執行」の件数を採用した。
「動産書入貸金」は、21年以降は「動産書入質貸金」の件数を採用した。
「委託金」は、17年は「委託金精算」の件数を採用した。

【3-4-7-2】大審院　金銭上位30項目表②

明治	24年	25年	26年	27年	28年	29年	30年	31年	32年	33年	34年	35年	36年	37年	38年	39年	40年	41年	42年	43年	44年	45年	
無抵当貸金	87	107	98	52	48	66	59	54	51	53	50	60	53	67	54	69	59	41	43	41	34	32	1,452
損害賠償金	47	46	59	38	41	33	34	35	47	46	64	42	53	79	56	64	74	57	33	47	48	45	1,115
預ケ金	24	38	46	39	19	15	24	16	15	22	28	21	20	17	19	18	17	11	10	5	6	10	632
金銭貸借																							553
売代金	26	27	16	13	22	10	4	17	40	31	29	22	33	25									429
約束手形金				7	5	5	2	7	12	32	40	51	59	54	40								315
地所書入貸金	22	11	7	17	15	2	8	13	14	10	23	20	18										280
立換金	14	8	15	9	9	6	5	5	3	9	5	4	8	12	8	7	13	6	4	3	4	7	246
弁償金	12	19	23	16	14	1	16	8	12	8	11	16	7	15	11	7	4	12	11	7	3	7	244
講金	26	18	13	8	5	3	5	3		1	6	2	3	3	4	3		4	1	1	1	1	204
手形金	7	10	10													39	17	16	10	18	20	19	177
約定金	10	16	12	10	4	7	8	3	7	7	15	14	23	9									166
売買代金															30	19	25	28	18	4	16	14	154
不当利得金						2	2	6	8	8	11	11	8	13	9	4	11	9	8	7	8	6	131
清算金	15	8	4	5	3		10	5	9	17	5	2	3	9	3	5	4	1		3	2		118
受負金	6	6	8	6	2	9	6	1		9	6	9	7										106
保険金			4		2	7		2	7	3	7	9	6	3	8	6	13	4	1	1	5	4	92
損害要償金																							91
証拠金		1	2	2		7	8	12	11	11	5	3		4	1	1		3	2	1	2	4	89
株金	5		1				1	2	4	3	3	1	5	7	1	8	3	3	3	4	6	4	69
過渡金	2	7	7		2		4	4		3			16	3		3	1	1	2		1		68
契約金															11	7	8	7	7	8	9	6	63
償金																							62
借地料	6	1	1	3	2		2		4	6	7	5	3	8									60
代償金	7	5				12						1		4		1				2		1	60
売掛代金															8	12	10		4	6	6	10	56
委託金	2	5	2	1	3	2	2	1		2	5	5		2	1	2	3	2	1	3		1	55
延滞控米代金																							53
違約金				1		5		2	4	6	4	2	1		2	2	5	5	3	3	2	5	52
報酬金			4	1	3		1	1	2	3	4	1		3	1	1	5	5	2	3	4	7	51
その他の項目の合算	45	29	47	33	42	35	19	25	17	9	45	32	22	45	57	75	53	23	40	59	35	41	1,316
年度別合計	363	362	379	261	241	227	220	222	267	299	373	333	348	382	324	353	325	238	203	226	212	224	8,559

【3-5-1】勧解　米穀上位30項目表

明治	11年	12年	13年	14年	15年	16年	17年	18年	19年	20年	21年	22年	23年	
小作米	6,896	6,941	7,195	9,201	10,033	8,015	9,019	10,382	10,516	8,239	4,637	5,255	12,270	108,599
米穀貸借	5,518	5,386	5,470	6,157	7,864	10,065	7,441	6,934	6,145	4,625	3,799	3,492	6,511	79,407
預ケ米穀	3,111	3,345	3,416	2,962	3,930	3,349	2,708	2,594	2,215	1,652	1,169	1,287	2,234	33,972
米穀売買	2,044	2,218	2,354	3,312	4,176	3,336	1,728	1,024	1,175	678	483	592	1,467	24,587
養育米	308	323	323	274	368	147	96	94	125	104	82	69		2,313
講米	55	54	45	133	170	350	70	223	142	279	186	183	350	2,240
約定米		42		84	134	172	216	208	134	108	117	147	247	1,609
立換米	138	114	83	128	214	176	53	76	46	43	7	71	153	1,302
利米			2		168	35	191	199	238	98	101	54	88	1,174
年月賦米	80	13		123	186	248	104	70						824
地代米	75	8	6	22	622	31		57						821
償米		31	48	59	39	201	24	19	14	19			8	462
加地子米				373										373
貢米	52	46	21	42			116	6	30	20	3	4	26	366
為換米	10		22	15		204	3	9		2	4	15	22	306
代償米					12	31	49	65	41	19	11	21	57	306
過渡米	6	10	13		64	18	20	19		6	14	14	12	196
委託米		13	20	10	11	18	30		26	21	9	13	19	190
手形米	4			116	7	17	4	23		2		2	15	190
給米	18	12	13	14	36	2	10	22	17			6	37	187
取込米	11	3	4	39	36			42	17			10	13	175
扶持米													134	134
掟米	31							76						107
横取米	3	9	6			23	48			13				102
請負米	95													95
運送米	10	13			24	8	2	7	9		1	3		77
肥代米	4	3				6	9					9	38	69
家賃米	5	7				11	6		14	14		2		59
敷地米			4										49	53
その他の項目の合算	124	48	23	21	8	23	14	32	53	39	20	9	53	467
年度別合計	18,598	18,639	19,068	23,085	28,102	26,486	21,961	22,275	20,957	15,981	10,643	11,258	23,803	260,856

（注）「貢米」は、11年は「貢租米」の件数を採用した。

【3-5-2】起訴前の和解　米穀上位30項目表

明治	24年	25年	26年	27年	28年	29年	30年	31年	32年	33年	34年	35年	36年	37年	38年	39年	40年	41年	42年	43年	44年	45年	
小作米穀	2,263	1,160	550	397	176	161	153	181	87	65	38	20	25	21	5	10	8	5	3	1	3	8	5,340
米穀貸借	1,171	359	138	92	50	45	33	47	22	12	8	6	8	12	5	2	7	7	1				2,025
預ケ米穀	443	180	81	56	37	29	18	17	10	2	3	11	1		2	1	2		2		1	1	897
米穀売買	269	101	50	57	24	31	19	25	11	5	4	2	1						1				600
書入米	395																						395
講米	75	46	40	26	10	6	11	5	4	2	2	2	2	4	1	2		2	1			1	242
米穀引渡				12	18	7	10	28	9	10	3	5	1	7	2	1	1	1	2	3		6	126
養育米	39	36	19	7	12																		113
約定米	26	17	13	11	10	6	4	4	6	2	1	4	1										105
宛口米		41	17	24	16																		98
敷地米	48	11																					59
給料米	24	15	4	4	2	2	2			1							1					1	56
肥代米	11	15	6	6	2	1	1	1	1														44
地代米穀				3	9	7	7	2	3	2	1	2	2		3					1	1		43
養料米						9	5	5	2	5	2	6							3				37
立替米	8	10	5		4	1	2		1														31
扶持米			1	4	5	5	3	3	3														24
米穀所有名義書換	14	4	1						1					1									21
作徳米		3	1	5		1	4	1	2	1	2												20
売代米		1	3	5	5	1	2	2		1													20
弁償米	8	2	2	1	1	2	2	1															19
過渡米	4	2	6	1	1	1	1	1						1									18
米穀取戻				2	5	2	4	2					1	1									17
委託米	4	3	1		2		1	2	1		1												15
利米	6	4			1			2	1				1										15
取込米	1	3	3	3	1	2		1															14
代償米	5	3	1	1	1		1	1															13
積立米	6			1				1	2	1													11
家賃米	3	3	2	2																			10
収穫米			2	3		4																	9
その他の項目の合算	16	20	19	11	5	7	6	3	1	1	0	0	0	0	4	0	0	4	0	0	0	3	100
年度別合計	4,839	2,039	965	734	397	330	289	335	167	110	65	58	43	47	22	16	19	19	13	5	5	20	10,537

（注）「小作米穀」は、27年は「小作米」の件数を採用した。
「講米」は、38年以降は「講米穀」の件数を採用したが、42年のみ「講米」となっていた。
「給料米」は、24、25年は「給米」、38、45年は「給料米穀」の件数を採用した。
「地代米穀」は、27年は「地代米」の件数を採用した。
「米穀所有名義書換」は、24、25、32年は「米穀所有」の件数を採用した。
「作徳米」は、29年は「作得米」の件数を採用した。

【3-5-3】督促手続　代替物の支払（米穀・物品）上位30項目表

明治	24年	25年	26年	27年	28年	29年	30年	31年	32年	33年	34年	35年	36年	37年	38年	39年	40年	41年	42年	43年	44年	45年	
小作米	2,195	2,480	2,476	2,517	2,039	2,108	2,877	4,350	2,934	3,250	4,749	3,472	5,399	4,835	2,785	2,753	2,734	2,212	1,783	1,936	2,414	2,284	64,582
貸付米穀（米穀貸借）	2,085	2,550	2,465	2,709	2,203	2,119	2,447	2,742	2,354	2,551	2,543	2,815	3,416	3,299	2,040	1,779	1,938	1,648	1,252	1,344	1,722	1,779	49,800
預米穀	368	690	788	712	538	517	643	676	624	612	604	682	690	567	462	354	333	286	194	173	222	236	10,971
買受米穀引渡（米穀売買）	120	173	161	154	111	67	139	128	108	145	92	109	105	154	73	79	61	56	47	28	39	55	2,204
預ヶ物品	72	102	147	141	112	97	87	159	134	109	131	79	92	95	30	17	18	39	28	22	19	18	1,748
地代米					26	41	45	104	57	108	179	137	64	59	134	82	118	58	76	94	85	148	1,615
講米	30	57	55	51	19	58	31	61	26	23	23	29	98	79	85	85	86	95	123	68	95	100	1,377
米穀引渡				21	30	34	50	92	146	170	122	55	93	118	58	33	50	30	35	61	45	81	1,324
貸付物品	32	63	129	76	26	325	19	74	37	35	76	39	38	35	42	20	28	9	28	24	28	10	1,193
物品引渡				26	83	91	85	83	102	64	86	106	70	46	25	37	47	29	12	29	23	27	1,071
賃貸米						1	5	2	7	4	16	69	313	352	122	39	57						987
買受物品引渡（物品売買）	120	108	150	135	55	49	28	34	43	41	33	25	18	7	15	6	4	4	12	10	10	9	916
約定米	16	25	31	47	33	24	22	37	173	25	22	27	33	27									542
宛口米		171	127	137																			435
弁償米	3	7	10	8	4	6	18	9	10	16	20	16	27	45	30	20	20	12	11	16	13	22	343
利米	6	18	37		47	12	12	19	12	22	16	24	31	29									285
養育米	2	8	9	5	14	5	14	7	6	6	8	176	9	3									272
賃貸料米穀																		57	37	29	45	91	259
其他物品	43	89	54	22	8																		216
立替米	3	13	5	8	18	10	11	20	5	10	2	16	13	6		5	8	4	4	4	11	5	181
肥代米	2	2	3	8	11	9	18	30	3	20	9	6	22	30									173
契約米穀															15	23	31	9	17	23	24	27	169
代償米	3	3	1	1	3	12	14	8	2	6	5	7	9	11	17	16	3	11	12	4	5	8	161
利息米穀															17	25	20	13	9	13	15	17	129
保証債務米														4	5	7	16	8	13	8	20	12	93
肥料米穀															12	11	15	6	8	6	12	16	86
借地米			35	48																			83
雇賃米							6	1			3	7	1	1	3	1	8	2	4	7	5	33	82
給米	2		3	9	2	6		5	2	4	2	4	6	3	3	3	3	1	1	3	6	5	73
家賃米		3	5	7	5	9	3	2	2		1	4	22	1									64
その他の項目の合算	19	43	27	90	27	23	35	33	30	24	21	19	34	37	52	24	17	35	16	27	31	15	679
年度別合計	5,121	6,605	6,718	6,932	5,414	5,623	6,609	8,676	6,817	7,245	8,763	7,923	10,603	9,843	6,025	5,419	5,615	4,624	3,722	3,929	4,889	4,998	142,113

（注）督促手続の｛代替物の支払い｝は｛米穀｝と｛物品｝に関する事件であるので、数量の多い｛米穀｝のところで取り扱った。38、39年は｛米穀｝と｛物品｝に分離するが、両者を本表に合算した。
26年の「利米」は司法統計の結局合計で30件となっているが、支払命令は37件出されており、かつ代替物の総合計から換算して、37件が正しいと思われる。
30年に「米穀売買」、「物品貸借」、「物品売買」へとそれぞれ項目名が変化したと考えられる。
「給米」は、28年以降は「給料米」、「給与米」、「給料米穀」の件数を採用した。

【3-5-4-1】区裁判所　米穀上位30項目表①

明治	15年	16年	17年	18年	19年	20年	21年	22年	23年
小作米穀	2,204	1,656	1,052	588	641	757	565	1,170	1,706
米穀貸借	1,621	2,354	1,359	540	427	523	446	420	1,204
預ケ米穀	646	760	435	172	175	160	160	161	378
米穀売買	764	598	221	62	41	80	63	80	139
講米穀	39	18	25	25	11	32	20	51	123
米穀引渡									
地代米穀	2	58	2	8					
約定米	11	19	24	12	14	13	23	13	59
宛口米									
賃貸料米穀									
利米	65	56	31	22	20	10	7	7	23
代償米穀	12	31	15	6	1	3	2	16	11
弁償米穀									
立替米穀	12	31	16	8	2	15	7	10	6
肥料米穀			1	4	1				
養料米	10	14	11	1	9	6	11	7	
委託米穀	2	4	10	1	1	4	3	4	1
米穀取戻									
契約米穀									
給料米穀	25	3	4	2	1				1
過渡米	12	16	5	3		1	1	2	2
敷地米		1							2
雇賃米									
保証債務米穀									
取込米穀	1								
年月賦米	39	18	8	21					
作徳米									
利息米穀									
扶持米					1				8
不当利得米穀									
その他の項目の合算	4	49	24	36	8	14	3	9	18
年度別合計	5,469	5,686	3,243	1,511	1,353	1,618	1,311	1,950	3,681

（注）27年に、「小作米」→「小作米穀」、「預ケ米」→「預ケ米穀」、「講米」→「講米穀」、「地代米」→「地代米穀」、「賃貸米」→「賃貸米穀」、「代償米」→「代償米穀」、「弁償米」→「弁償米穀」という項目名の一連の変化が見られる。
「養料米」には、年によって「養育米」の件数を採用している。両者が単一年度に重複することはない。

【3-5-4-2】区裁判所　米穀上位30項目表②

明治	24年	25年	26年	27年	28年	29年	30年	31年	32年	33年	34年	35年	36年	37年	38年	39年	40年	41年	42年	43年	44年	45年	
小作米穀	3,102	2,485	2,233	2,081	1,678	1,529	1,737	2,230	1,638	1,727	1,792	1,716	2,640	2,116	1,509	1,305	1,479	1,145	900	909	1,148	1,139	48,577
米穀貸借	1,965	1,435	1,210	1,256	1,021	738	837	915	811	900	851	806	1,027	972	874	673	749	650	520	486	604	657	28,851
預ケ米穀	744	667	614	497	377	317	321	402	286	268	271	292	335	297	257	235	190	170	132	108	124	107	10,058
米穀売買	341	250	262	151	126	120	90	112	112	153	89	89	109	85	87	69	78	56	18	22	20	28	4,515
講米穀	131	99	106	116	73	71	75	81	62	29	26	35	82	57	53	78	73	71	97	44	63	78	1,944
米穀引渡				29	46	21	34	67	86	93	63	84	103	107	101	96	114	81	75	89	108	144	1,541
地代米穀				41	35	51	22	36	46	62	93	80	77	98	45	94	147	76	49	78	111	103	1,414
約定米	47	59	43	56	55	53	24	45	47	34	13	32	39	29									764
宛口米	38	165	129	139	149																		620
賃貸料米穀		11	4	10	5	9	6	3	9	8			53	71	81	28	6	41	25	11	45	49	475
利米	17	27	29	10	8	3	4	13	12	25	18	16	20	26									469
代償米穀	25	12	9	7	16	69	51	12	5	4	3	3	5	13	9	6	4	4	1		4	8	367
弁償米穀		12	15	18	15	16	17	13	20	27	18	21	20	35	37	17	10	9	5	6	7	12	350
立替米穀	14	31	21	24	13	16	19	21	11	9	4	12	6	7		8	7	4	1	4	2	1	342
肥料米穀	12	15	10	11	10	18	45	34	11	21	11	6	18	11	9	9	10	4	6	2	2	8	289
養料米	28	17	21	24	21	15	20	7	5	7	3	8	6	5									256
委託米穀	7	16	20	9	17	6	5	11	8	4	3	8	5	8	7	9	8	3	2	2	2	4	194
米穀取戻				15	22	13	12	17	13	7	8	3	9	3	16	9	8	2	1	6	5	3	172
契約米穀															13	15	23	14	25	18	24	26	158
給料米穀	5	3	4	14	10	9	13	6	5	2	3	5	9	3	2	7	4	1	1		4	6	152
過渡米	10	7	5	20	5	9	6	8		1	5	3	1	1									123
敷地米	70	45																					118
雇賃米			15	7		1	4	2	1	2	35	18	17	12									114
保証債務米穀																6	14	20	17	8	12	12	89
取込米穀	4	1	5	6	7	8	4	11	8	2	11	3	6	7							1	1	86
年月賦米																							86
作徳米		5	3	15	4	9	3	27	6	1	4	1	2	2									82
利息米穀															20	18	7	5	4	12	8	2	76
扶持米	1	6	6	4	6	6	5	9	1	1	8	3	2	7									74
不当利得米穀														3	6	6	14	8	4	4	7	13	65
その他の項目の合算	75	66	96	47	39	23	23	28	26	28	22	10	17	19	40	28	36	29	21	43	50	23	954
年度別合計	6,636	5,434	4,860	4,607	3,758	3,130	3,377	4,110	3,229	3,415	3,354	3,254	4,608	3,994	3,166	2,716	2,981	2,393	1,904	1,852	2,351	2,424	103,375

【3-5-5-1】地方裁判所第一審　米穀上位30項目表①

明治	9年	10年	11年	12年	13年	14年	15年	16年	17年	18年	19年	20年	21年	22年	23年
米穀貸借	2,548	2,264	1,906	1,731	1,859	1,536	307	439	222	104	33	67	27	45	80
小作米（穀）		839	1,081	1,441	2,111	2,853	331	191	76	52	57	55	38	47	111
預ケ米穀	2,738	1,599	1,216	1,180	1,488	786	143	186	66	34	18	29	30	30	53
米穀売買		601	742	1,557	2,115	968	121	70	48	18	18	13	17	18	62
米穀二関スル違約	1,325														
米穀引渡															
貢租米		277	8	10	5	6		1	1			2			
養育米		6	30	33	30	26	5	2	4			2	2	1	4
約定米				25	17	12	2		6	3	1		2	4	4
年月賦米		13	28	44	35	16	7	4	1						
立替米		3	7	19	32	24	15	6	1			1		2	3
講米		2	13	8	6	22		5	1			2	1	2	4
地代米			1	34	10	10	2	3							
償米		3	12	24	30	18		2	1						
利米						34	7	3	5			1			1
取込米			8	8	5	12	2								
委託米					3	4		1		1	2		2		2
為換米（為替米）		35	2	5	1	2				2	1		1		
割賦米		2	2	3	18	11				1					
代償米						12	3	6	1	1	2	2	2		
過渡米			4	7	3		9		7						1
契約米穀															
給米			4	3	13	7			1						
弁償米															
抵当米穀				8	1	4	1	1	1	1					1
米穀取戻															
利息米				5	13										
米穀取渡															
敷地米			12					1							
不当利得米															
米穀返還															
その他の項目の合算			8	11	16	9	10	1	3	3	2	0	0	1	1
年度別合計	6,611	5,644	5,084	6,156	7,811	6,372	965	922	445	219	134	174	122	150	327

（注）「小作米」は、29年以降は「小作米穀」件数を採用した。
「預ケ米穀」は、19～28年は「預ケ米」の件数を採用した。
「養育米」は、29年以降は「養料米」の件数を採用した。
38年に、「講米」→「講米穀」、「地代米」→「地代米穀」、「委託米」→「委託米穀」、「弁償米」→「弁償米穀」、「不当利得米」→「不当利得米穀」、39年に「取込米」→「取込米穀」という項目名の変化が見られる。

【3-5-5-2】地方裁判所第一審　米穀上位30項目表②

明治	24年	25年	26年	27年	28年	29年	30年	31年	32年	33年	34年	35年	36年	37年	38年	39年	40年	41年	42年	43年	44年	45年	
米穀貸借	46	30	19	49	40	22	45	56	60	70	55	53	70	60	32	25	20	23	9	11	22	17	14,002
小作米(穀)	277	40	49	66	53	50	93	126	82	104	108	125	149	115	73	42	50	37	29	22	27	30	11,030
預ケ米穀	44	57	39	51	41	24	48	47	34	42	50	43	34	33	20	13	15	15	14	11	11	9	10,291
米穀売買	60	44	18	43	36	23	17	45	26	33	12	18	21	8	10	3	9	5	2	5	1	10	6,817
米穀ニ関スル違約																							1,325
米穀引渡				5	9	11	12	38	29	26	29	19	39		24	17	19	15	14	12	16	25	359
貢租米	1																						311
養育米		1	3	2		3			1	1		3	3	3									165
約定米	1	6	3	7	1	5	7	9	5	15	7	4	5	4									155
年月賦米																							148
立替米			1	4			1	3															122
講米	5		1	4		2	1	7	5	1		2	4		1		4				1	1	105
地代米			2	2	2	4		5	3	4	2	1	2	7		2	2	2	1				101
償米																							90
利米		1			1	1		1			1		2										58
取込米			1	1			3	2	3		6	3	1			1	1						57
委託米	2	1	4	1	2		4	2		4	3	2	4	2	3	2		1	1			1	53
為換米(為替米)				1	1																		51
割賦米																							37
代償米												1								2	1	1	34
過渡米		1			1		1																34
契約米穀															8	2	2	2	8	4	2	3	31
給米							1																29
弁償米		1	2	1	4	4	2	1	1	1	1	1	1		1	2		1				1	25
抵当米穀		1	1		1		1							1									23
米穀取戻				2		1	2		3	2	5	1	1	1				1				2	21
利息米																						1	19
米穀取渡														16									16
敷地米		2																					15
不当利得米					3	1								2	3		1	1	1		1	1	14
米穀返還															2	1	1	3	1	3	2	1	14
その他の項目の合算	13	4	6	9	8	6	3	8	4	7	6	5	6	7	7	3	2	7	6	7	2	6	197
年度別合計	449	189	149	248	203	157	241	350	256	310	285	281	342	259	184	113	126	113	86	77	86	109	45,749

（注）「為替米」は、10年および27年以降は「為替米」の件数を採用した。
「代償米」は、43年以降は「代償米穀」の件数を採用した。
「給米」は、30年以降は「給料米」の件数を採用した。
「利息米」は、45年は「利息米穀」の件数を採用した。

【3-5-6-1】控訴院控訴審　米穀上位20項目①

明治	8年	9年	10年	11年	12年	13年	14年	15年	16年	17年	18年	19年	20年	21年	22年	23年
小作米穀	3		23	82	51	202	336	228	173	33	12	9	6	4	8	15
預ケ米穀		19	15	9	19	19	23	17	27	23	8	10	13	6	1	10
米穀貸借		1	8	12	24	32	40	12	39	17	7	4	3	4	7	11
米穀売買		4	10	7	12	18	46	32	13	26	8	4	2	2	3	5
米穀引渡																
作徳米				16												
貢米			1	1	2	7	5	3	2	5			1			
償米						1	2	4	7	3			9			
約定米							1	1		2						
養育米					1	3	1	5	2	1						
立換米						5	2		2		1	1	1			
委託米穀													1			
講米							1									1
寄託米穀																
地代米										3	1					
扶持米						2	3	1								
米穀取戻																
不当利得米穀																
利足米						2						1	2			
積立米				3			1									
過剰米						1		0								
その他の項目の合算	17	4	1	1	4	3	4	9	6	1	3	0	0	1	1	1
年度別合計	20	28	58	131	113	295	465	312	271	114	40	29	38	17	20	43

（注）「小作米穀」は、8年は「小作米滞」、10～27年「小作米」の件数を採用した。
「作徳米」は、27年は「作得米」の件数を採用した。
「養育米」は、32年以降は「養料米」の件数を採用した。
「立換米」は、32年は「立替米」の件数を採用した。

【3-5-6-2】控訴院控訴審　米穀上位20項目表②

明治	24年	25年	26年	27年	28年	29年	30年	31年	32年	33年	34年	35年	36年	37年	38年	39年	40年	41年	42年	43年	44年	45年	
小作米穀	53	13	10	9	14	13	12	22	17	12	14	11	12	20	16	14	8	6	6	3	5	4	1,479
預ケ米穀	9	9	7	6	11	5	10	6	10	4	5	9	7	6	5	3	3	5	7	3	1	1	351
米穀貸借	9	4	6	5	11	3	6	8	5	8	3	2	6	9	6	7	6	4		4	2		335
米穀売買	11	7	10	9	7	11	13	14	12	1	2	4	3	1	2	3	1	1					304
米穀引渡						1		1	2	3	4	7	7	9	5	6	4	6	1	1	3	6	66
作徳米			1	4	1					2	2		1										27
貢米																							27
償米																							26
約定米	2	1				2			2	6	5	1	1										24
養育米									1			1	1										16
立換米								1															13
委託米穀		1					1	1	2		1	2			1	1	1						12
講米	1	3		1										1				2	1				11
寄託米穀															1	1		2		1	1	3	9
地代米					1	1	1	1															8
扶持米								1															7
米穀取戻					1		1		1		2		1										6
不当利得米穀										1		1		1	1						1		5
利足米																							5
積立米					1																		5
過剰米																							1
その他の項目の合算	4	3	3	1	5	3	2	4	0	0	1	0	1	1	1	1	2	0	1	0	2	1	92
年度別合計	89	41	37	35	52	39	46	59	52	37	39	38	40	48	38	36	25	26	16	12	15	15	2,829

（注）「委託米穀」は、10、25年は「委託米」の件数を採用した。
「講米」は、37年以降は「講米穀」の件数を採用した。
「積立米」は、11年は「積穀」、14年は「積立穀」の件数を採用した。

【3-5-7-1】大審院　米穀上位20項目表①

明治	8年	9年	10年	11年	12年	13年	14年	15年	16年	17年	18年	19年	20年	21年	22年	23年
小作米(穀)			5	2	19	5	18	151	42	13	3	2	1	4	3	17
預ケ米穀(預ケ米)						1	3		1	2	1		1	3	1	
米穀貸借			1			1	8	2	3	5		1		2		
米穀売買			3				1	5							2	
米穀引渡																
作徳米					2											
入付米																
約定米																
河池床米							2	1		1						
質入米																
委託米																
寄託米穀																
抵当米																
立換(替)米																1
越石徳米										2						
講米																
収穫米																
所得米											1	1				
水代米																
草手料米										2						
地代米					1	1										
弁償米穀																
養育米			2													
掟米																
その他の項目の合算			1	2	2	2	0	0	1	4	3	0	0	0	4	2
年度別合計			12	4	24	10	32	159	47	29	8	4	2	9	10	20

【3-5-7-2】大審院　米穀上位20項目表②

明治	24年	25年	26年	27年	28年	29年	30年	31年	32年	33年	34年	35年	36年	37年	38年	39年	40年	41年	42年	43年	44年	45年	
小作米(穀)	6	10	3	5	3		2	3	4	3	3	1	1	1	2	1		1				2	336
預ケ米穀(預ケ米)	5	4	4	3	2	3	1	3	2	5	2		2	1	1			1	2				54
米穀貸借	3	1			1			1					1		1			1					32
米穀売買	2	3	2	1				2			1				1	3		3					29
米穀引渡				1				1	2		2	2					2	3			1		14
作徳米		2			1														1				6
入付米	4	2																					6
約定米									2	1		1	1										5
河池床米																							4
質入米					1							1			1					1			4
委託米			2														1						3
寄託米穀																1			1		1		3
抵当米							2	1															3
立換(替)米	1								1														3
越石徳米																							2
講米									1	1													2
収穫米				1		1																	2
所得米																							2
水代米	2																						2
草手料米																							2
地代米																							2
弁償米穀																	2						2
養育米																							2
掟米												2											2
その他の項目の合算	4	1	1	0	2	1	1	0	0	1	0	1	0	0	0	0	0	0	0	0	1	0	34
年度別合計	27	23	12	11	10	5	6	11	12	11	8	8	5	2	6	5	5	9	4	1	3	2	556

【3-6-1】勧解　物品上位30項目表

明治	11年	12年	13年	14年	15年	16年	17年	18年	19年	20年	21年	22年	23年	
物品貸借	15,617	15,765	15,713	19,499	18,503	16,309	8,381	4,752	4,698	3,568	3,253	3,206	3,757	133,021
預ケ物品	8,919	8,684	8,824	11,840	13,314	9,875	6,613	4,830	4,220	3,562	3,436	2,816	3,696	90,629
物品売買	3,812	3,948	4,293	5,832	6,027	7,324	3,321	2,373	2,289	2,048	2,433	2,446	2,948	49,094
抵当物品	1,148	1,376	1,483	1,624	1,239	1,092	789	698	544	457	218	308	253	11,229
物品所有	3	25	47	183	31	256	93	85	48	277	114	1,196	1,310	3,668
委託物品	32	46	57	256	218	299	237	268	96		208	130	209	2,056
横取物品	180	132	145		435	168	204	106	45					1,415
贓物返還					90	390	144	91	121	73	65	77	40	1,091
物品質入		83	106			602	158	97						1,046
約定物品					20	27	48	144	34	66	195	140	234	908
物品譲与			13	29	7	58	18	13	149	123	144	98	104	756
取込物品	48			486								9	49	592
持参物品	15	19	16		54	59	53	65	70		63	69	44	527
物品書入		185	226											411
差押物品					10		4	2	22	18	67	145	86	354
運送物品			8		25	91	35	32	24	13	11	29	22	290
物品取戻	281													281
共有物品	8				15	13	10	13		14	16	11	13	113
損料物品						50	19	10	12					91
遺留物品							4	10		13	13	7	23	70
損料物品	63													63
物品交換	3				6	4	2	9		4		7	9	44
妨害物品												15	19	34
証拠物品						15		5		2		2	3	27
譲リ物品	6	10												16
立換物品	1	6			1	2	1	2						13
物品ニ関スル雑									13					13
結納物品	1		5					1			2	3	1	13
送リ物品	7	4												11
配当物品			10											10
寄付物品		2		5		2		1						10
その他の項目の合算	6	8	10	1	1	3	8	3	0	0	0	5	5	50
年度別合計	30,150	30,293	30,956	39,755	39,996	36,639	20,142	13,610	12,385	10,238	10,238	10,719	12,825	297,946

（注）「委託物品」は、11～14年は「依托物品」の件数を採用した。

【3-6-2】起訴前の和解　物品上位30項目表

明治	24年	25年	26年	27年	28年	29年	30年	31年	32年	33年	34年	35年	36年	37年	38年	39年	40年	41年	42年	43年	44年	45年	
預ケ物品	948	1,054	625	254	169	91	103	95	102	52	45	16	20	11	9	3	3	7			3	5	3,615
物品売買	972	607	410	147	115	87	74	66	35	22	15	8	10	4	10	4	4	1	1	2	7	4	2,605
物品貸借	733	435	389	141	80	90	64	78	38	38	26	19	22	7	10	7	5	1		1	2	1	2,187
物品所有	1,167	233	201	10	16	6	7	2	2	2			1			1							1,648
物品取戻				330	234	204	163	174	107	79	70	49	38		17	8	9	6	1	4	2	3	1,498
物品引渡				190	157	144	157	147	133	91	87	57	79	48	29	29	37	19	23	12	10	19	1,468
差押物品	56	84	47	1	4		1																193
委託物品	70	58	18	12										1	1								160
贓物返還	24	34	48	13	18	3	3	3	1		1					3							151
物品返還														54	7	6	4	10	7	5	9	13	115
損料物品	3	35	14	16	20																		88
質入物品	14	26	6	7	4	3	3	3	2	4							1	1			1		75
書入物品	46	23																					69
持参物品	12	9	14	16	5	6				2			1			1	1		1				68
抵当物品			10	9	10	6	11	8	4		1	1											60
物品譲与	10	9	7	4	2	5	2	2	2		2	1	1										47
物品取除						7	7	8	4	4	1	4	4										39
約定物品		1	16	2	2			3	4		4	2	2	1									37
取込物品	3	4	1	4		5	2		1	1													21
運送物品		8	4	3																			15
共有物品		1	4	4												1							10
妨害物品	1	8																					9
保管物品		3	2	2		1																	8
講掛物品		5	2			1																	8
物品占有			3				1	1		1													6
物品交換	3	1																					4
遺留物品		2		2																			4
物品競売				1				2															3
物品買戻														2									2
結納物品		1						1															2
立替物品					1																		1
配当物品																		1					1
贈与物品																		1					1
占有物回復														1									1
受負物品	1																						1
その他の項目の合算	15	0	0	0	19	13	5	13	10	12	3	1	7	1	1	2	0	0	1	0	1	0	104
年度別合計	4,078	2,641	1,821	1,168	856	672	603	606	445	308	255	158	185	130	84	65	64	47	34	24	35	45	14,324

（注）「贓物返還」は、26年は「贓物物品」、39年は「贓物」の件数を採用した。
「物品競売」は、27年は「競売物品」の件数を採用した。

【3-6-3-1】区裁判所　物品上位30項目表①

明治	15年	16年	17年	18年	19年	20年	21年	22年	23年
物品貸借	1,965	2,106	1,027	210	190	216	304	257	382
預ケ物品	1,112	1,424	802	209	176	242	256	341	432
物品引渡									
物品取戻									
物品売買	590	706	409	123	137	171	169	275	377
物品返還									
物品所有	5	26	9	3	1	3	10	41	139
差押物品	3					28	68	119	36
委託物品	15	39	9	8	2		12	17	15
贓物返還	37	48	19	4	2	2	5	12	4
抵当物品	68	64	73	29	11	15	14	18	20
持参物品	5	10	4	2	5	1	4	3	4
賃貸物品									
損料物品		21	6	1	1	4			
質入物品									
物品占有									
取込物品									48
物品取除						1		3	
運送物品		3		1	3	1	5	3	2
約定物品	2		4	5		1	19	4	4
寄託物品									
共有物品		1				4	1		1
横取物品	24	25	7	4		4			
物品譲与		3	1	1	1	1	2	3	3
物品書入	16	30	2						
講掛物品									
託寄物品									
遺留物品						3	1	1	2
書入物品									
結納物品						1			
その他の項目の合算	8	15	1	3	3	1	0	0	4
年度別合計	3,850	4,521	2,373	603	532	699	870	1,097	1,473

【3-6-3-2】区裁判所　物品上位30項目表②

明治	24年	25年	26年	27年	28年	29年	30年	31年	32年	33年	34年	35年	36年	37年	38年	39年	40年	41年	42年	43年	44年	45年	
物品貸借	830	1,118	1,187	876	1,090	800	1,111	1,018	620	670	773	929	872	640	442	331	304	134	73	62	83	79	20,699
預ケ物品	909	1,512	980	895	689	552	601	574	604	442	481	361	421	419	341	248	245	140	146	130	94	67	15,845
物品引渡				428	550	629	746	728	697	715	868	984	1,153	1,084	949	926	867	916	825	734	1,006	969	15,774
物品取戻				756	614	764	728	754	782	809	771	585	791	576	371	319	252	238	329	155	220	152	9,966
物品売買	955	900	953	543	381	299	292	252	216	168	156	198	174	115	155	117	109	71	66	43	37	41	9,198
物品返還															211	239	240	382	378	540	554	590	3,134
物品所有	791	333	489	118	104	84	65	82	46	15	29	36	46	50	43	50	29	47	25	11	13	13	2,756
差押物品	442	303	299	9	26	30	127																1,490
委託物品	50	52	90	70	89	80	58	55	88	82	71	57	81	71	30	39	25	40	28	13	6	11	1,303
贓物返還	67	65	62	77	43	33	50	39	40	13	19	7	8	5	7	1	1	3		1			674
抵当物品			24	34	27	13	19	11	6	5	3	2	10	4									470
持参物品	14	24	31	13	12	17	16	10	7	10	7	3	1	4	2	5	9	9	6	3		1	242
賃貸物品														238									238
損料物品	1	43	47	9	27	23	16	9	1	15													224
質入物品	2	9	18	11	10	13	8	9	11	19	9	3		11	6	5	5	5	3	2	3	9	171
物品占有		2		5	8	12	2	3	8	10	6	22	13	15	7	12	17	3	8	11	2	2	168
取込物品	11	4	9	20	17	6	4	4	6	3	3	15	2	5	2			5	2				166
物品取除			6	13	3	3	23	7	19	13	15	16	26	12									160
運送物品	13	30	6	10	4	5	9	3	2	1	4	3		4									112
約定物品	8	3	17	8	5	5	5	6	5			1	2	2									106
寄託物品																	23	13	9	20	20	8	93
共有物品	2	4	4	8	2	4	1	1	4	2	4	4	3	1	3	2	1	6	2			1	66
横取物品																							64
物品譲与	8	3	7	8	6		5	1	2	1		4		1									61
物品書入																							48
講掛物品	10	1	3	7	6	3	2	5	2														39
託寄物品															20	19							39
遺留物品	2	5	1	5	4	1	2	4	3	1	1												36
書入物品	19	15																					34
結納物品		1		3	3	5		3	1	1		2		5									25
その他の項目の合算	17	13	7	1	6	10	4	3	0	1	2	0	1	5	16	13	5	2	0	1	3	1	146
年度別合計	4,151	4,440	4,240	3,927	3,726	3,391	3,894	3,581	3,170	2,996	3,222	3,232	3,604	3,267	2,605	2,326	2,132	2,014	1,900	1,726	2,041	1,944	83,547

【3-6-4-1】地方裁判所第一審　物品上位30項目表①

明治	9年	10年	11年	12年	13年	14年	15年	16年	17年	18年	19年	20年	21年	22年	23年
預ケ物品	4,475	1,918	1,301	1,220	1,437	1,369	560	455	198	72	48	74	111	78	80
物品貸借		1,285	1,004	1,143	1,467	1,461	237	195	79	37	23	22	24	17	20
物品売買		1,086	615	678	820	923	381	359	206	64	82	94	109	184	123
諸物品ニ関スル違約	4,081														
物品引渡															
物品取戻															
抵当物品	83	62	81	111	120	132	50	60	101	18	6	28	17	21	18
物品所有			23	64	24	10	13	13	6	3	3	7	7	15	31
物品返還															
書入物品			173	14	25		2	92							
委託物品				7	3	8	5	10	9	5	1		29	11	17
質入物品	190	3	12	4	11		2	6	2						
横取物品		2	9	11	36	95	15	17	4	1	1				
差押物品							1				7	18	10	31	31
共有物品					4	11	4	3	4		1	2		2	3
物品譲与								5	1		4	10	16	7	2
運送物品				8			10	5	9		1			2	2
約定物品									8	6	1	1	3	3	
贓物返還							5	6	3	1	1	2	1	3	3
物品取除															
賃貸物品															
寄託物品															
持参物品				2	8	4	2	2	2		1	1	1		
物品占有															
遺留物品							2		3	1				1	
運送物品					7	12									
損料物品															
取込物品					1										
贈与物品															
洋銀売買					7										
その他の項目の合計	0	0	3	0	6	0	2	7	2	1	1	1	0	0	4
年度別合計	8,829	4,356	3,221	3,262	3,976	4,025	1,291	1,235	637	209	181	260	328	375	334

（注）「抵当物品」は、9年は「抵当ノ物品」の件数を採用した。
「横取物品」は、24年は「横領物品」の件数を採用した。
「贓物返還」は、19年は「贓物物品」、38年は「贓物」、43年は「贓品」の件数を採用した。
「物品質入」は、9～11年は「質入物品」の件数を採用した。
「物品書入」は、9～11年は「書入物品」の件数を採用した。

【3-6-4-2】地方裁判所第一審　物品上位30項目表②

明治	24年	25年	26年	27年	28年	29年	30年	31年	32年	33年	34年	35年	36年	37年	38年	39年	40年	41年	42年	43年	44年	45年	
預ケ物品	83	85	82	57	34	37	37	50	32	60	62	46	55	45	50	27	9	18	21	11	7	6	14,310
物品貸借	57	9	31	18	18	24	30	48	49	25	94	124	150	94	37	32	17	21	28	19	2	1	7,942
物品売買	125	142	135	109	78	60	74	61	42	71	38	42	40	42	21	13	11	10	8	9	3	2	6,860
諸物品二関スル違約																							4,081
物品引渡				59	73	128	159	198	198	189	218	220	227	182	164	138	136	175	141	155	131	180	3,071
物品取戻				49	90	69	99	89	124	124	82	88	79	62	32	14	14	21	26	21	22	18	1,123
抵当物品			8	2	4	5	13	7	3	4	8	4	3	2									971
物品所有	27	64	54	20	21	12	16	20	12	7	10	6	17	18	11	14	13	5	8	8	5	12	599
物品返還															54	38	32	35	59	48	77	87	430
書入物品	6	7																					319
委託物品	7	11	8	14	10	11	5	9	13	17	18	11	9	12	6	11	1	3	4	2	1	3	291
質入物品				3	6	1			1		4	2		1	2		2	1		3	2	2	260
横取物品	1																						192
差押物品	39	13	9		3		4																166
共有物品	2	4	3	4	2	1	3	2		1	1		5	4	5		2	5	4	3	3	6	94
物品譲与	1	5	3	3		2	4	2	1	3	1												70
運送物品		2	1	4	3	6	1		3	2	4	3	1	1									68
約定物品	1						8	18	1	1	3	2	1										57
贓物返還	1	4		1	3	5	5	2	5		1				1					2			55
物品取除	2						7	9	8	3	5	6	8	5									53
賃貸物品														47									47
寄託物品															4	6	7	6	9	4	2	7	45
持参物品	3	2		1	2			1			1			1			4		1	1		1	41
物品占有			1	1	2			2	4	1	2	1	5		1	1	1		1				23
遺留物品		1	1			1	3			2			3	1									19
運送物品																							19
損料物品			3	1		1				12													17
取込物品		1	3	1		1		2	1	1		2	2										15
贈与物品																		3	2	1	1		7
洋銀売買																							7
その他の項目の合計	8	1	0	3	3	0	5	1	0	0	0	1	0	3	1	0	1	2	1	0	0	0	57
年度別合計	363	351	342	350	352	364	473	521	497	523	552	558	605	520	389	294	250	305	313	287	256	325	41,309

【3-6-5-1】控訴院控訴審　物品上位20項目表①

明治	8年	9年	10年	11年	12年	13年	14年	15年	16年	17年	18年	19年	20年	21年	22年	23年
物品売買		6	14	36	46	58	69	82	58	63	20	23	20	23	46	44
預ケ物品		15	26	36	61	66	85	116	68	50	22	15	24	17	27	34
物品引渡																
物品貸借		1	2	5	16	19	25	16	33	16	4	9	3		6	3
物品取戻											2					
抵当物品	3	5	5	6	3	7	18	11	17	10	3	10	6	5	20	3
物品所有					2	12	7	3	18	16	1				34	1
物品返還																
委託物品									1		2			1		1
物品譲与												3	1	8	1	2
横取物品		3		2	1	2		3	3	7	5					
贓物返還							1	7	1		1			1		
運送物品							5	2	3	1				1	2	
共有物品				2				1								1
物品質入				3		8										
財産ノ争				4							5					
質入物品																
損料物品							2	2	2							
諸物品二関スル違約		7														
寄託物品																
差押物品																
その他の項目の合算	10	1	0	1	0	1	1	2	1	2	0	0	1	0	1	2
年度別合計	13	38	47	95	129	173	213	245	205	165	65	60	55	56	137	91

（注）「抵当物品」は、8年は「抵当物取上ケ不服」、9年は「抵当ノ物品」の件数を採用した。
「贓物返還」は、14、15年は「贓物環給」の件数を採用した。
「財産ノ争」は、11年は「財産取戻」の件数を採用した。

【3-6-5-2】控訴院控訴審　物品上位20項目表②

明治	24年	25年	26年	27年	28年	29年	30年	31年	32年	33年	34年	35年	36年	37年	38年	39年	40年	41年	42年	43年	44年	45年	
物品売買	43	41	20	12	29	26	50	32	18	2	12	3	3	1	3	5	2	2	1				913
預ケ物品	20	17	9	10	18	18	23	20	8	3	4	4	2	6	5	5	8	4	3	3	4		856
物品引渡				1	14	2	5	4	18	23	38	46	42	43	36	35	21	31	33	27	23	24	466
物品貸借	9	5	7	3	1	4	3	3	10		3	5	10	21	1	4	2	1			1	1	252
物品取戻				4	13	18	5	6	18	26	33	19	16	14	11	8	3	2	11	9		3	221
抵当物品			8	6	3	6	1	4	3	3													166
物品所有	2	12	10	1	1	2			1						3		6	3	6		2		143
物品返還															10	5	10	6	9	11	9	10	70
委託物品	3	1	9	1			2				1	5	1	6		1	3	2					40
物品譲与	5	3		2		3				1	1	1											31
横取物品																							26
贓物返還		1		1	1		1		2		1				1								19
運送物品					1							1	2										18
共有物品		1		1				1	1	1		1		2	2					1	2		17
物品質入																							11
財産ノ争																							9
質入物品					1										2		2	3					8
損料物品				2																			8
諸物品ニ関スル違約																							7
寄託物品																2				4		1	7
差押物品	1		4					2															6
その他の項目の合算	5	1	2	0	2	0	0	1	6	0	1	1	0	1	0	1	0	1	0	1	0	0	47
年度別合計	88	82	69	44	84	79	90	73	85	59	94	86	76	94	74	66	57	55	63	56	41	39	3,341

【3-6-6-1】大審院　物品上位20項目表①

明治	8年	9年	10年	11年	12年	13年	14年	15年	16年	17年	18年	19年	20年	21年	22年	23年
物品引渡																
物品売買		1		5	7	8	3		3		2	1	19	5	2	3
預ケ物品			2	1	4	9	8	3	8	3	2	1	1		3	
物品取戻											2					
物品貸借						1		2						4		4
抵当物品					1	1		4	1	1			1			1
委託物品																2
物品所有						2		3	2		2			1		
差押物品												1				
物品返還																
約定物品																
贓物返還											1					
質入物品		1		1												
贓物処分								3								
遺贈物品																
運送物品																
横取物品						1	1									
財産取締故障															2	
障碍物取除															1	1
物品譲与																
その他の項目の合算	0			1	1	0	0	1	0	5	5	0	0	0	2	2
年度別合計	0	2	2	8	13	22	12	16	14	9	14	3	21	10	10	13

（注）本表は、項目名、件数ともに少なかったので、上位20位までの項目から作成した。
「差押物品」は、24年は「物品差押解除」の件数を採用した。
「障碍物取除」は、23年は「障害物取除」の件数を採用した。

【3-6-6-2】大審院　物品上位20項目表②

明治	24年	25年	26年	27年	28年	29年	30年	31年	32年	33年	34年	35年	36年	37年	38年	39年	40年	41年	42年	43年	44年	45年	
物品引渡				1	5	7	2	4	10	3	3	14	5	4	6	10	4	9	4	6	3	5	105
物品売買	7	6	6	4	3	1		1	3	1	1		1	1						1		1	96
預ケ物品	1	3	1			1	3		2	1	1			2			1	1					62
物品取戻				2		1	6	2	2	1	1	5	3	1	1		1	1					29
物品貸借								1			2	7	1	1						2			25
抵当物品		3	3	3																			19
委託物品		3	3	1	1	1	2		1		3												17
物品所有		1							1				1								2	1	16
差押物品	2	5	1																	2	1		12
物品返還															1	2	1	3	4				11
約定物品			1						4														5
贓物返還		2						1	1														5
質入物品																			1				3
賍物処分																							3
遺贈物品				1			1																2
運送物品		1											1										2
横取物品																							2
財産取締故障																							2
障碍物取除																							2
物品譲与		1									1												2
その他の項目の合算	0	3	0	1	0	0	0	0	0	0	0	0	0	0	1	0	1	0	1	1	1	0	26
年度別合計	10	28	15	13	9	11	14	9	24	6	12	26	12	9	9	12	8	14	10	12	7	7	446

【3-7-1】勧解 証券全項目表

明治	11年	12年	13年	14年	15年	16年	17年	18年	19年	20年	21年	22年	23年	
証券	19,448	19,455	19,839	19,748	20,117	20,241	12,085	9,589						140,522
証書									9,546	7,779	6,156	5,216	5,461	34,158
地券	1,088	1,184	1,100	2,866	2,651	4,349	2,593	2,233	2,925	2,814	1,922	610	33	26,368
書類ノ争		68	135	1,623	1,971	1,055	1,058	699	463	521	691	467	516	9,267
公債証書	471	466	583	859	766	1,624	489	402	441	304	157	91	112	6,765
約束手形									146	311	605	506	637	2,205
株券			6			23	48	53	164	256	217	173	256	1,196
為換手形									5	466	80	141	104	796
委任状	74	45												119
家禄	14													14
土地台帳名義更正													10	10
預ケ手形													1	1
年度別合計	21,095	21,218	21,663	25,096	25,505	27,292	16,273	12,976	13,690	12,451	9,828	7,204	7,130	221,421

（注）「書類ノ争」には、15～19年は「書類披閲差拒」の件数を合算し、さらに18、19年は「書類謄写差拒」の件数も合算した。

【3-7-2】起訴前の和解　証券全項目表

明治	24年	25年	26年	27年	28年	29年	30年	31年	32年	33年	34年	35年	36年	37年	38年	39年	40年	41年	42年	43年	44年	45年	
証書	1,992	1,381	837	626	523	408	328	336	201	158	134	103	65	51									7,143
帳簿二関スル事			88	48	48	17	31	18	12	14	8	5	8	6	5	1	4	7	3	3	1	1	328
書類二関スル事			57	65	36	41	26	21	7	9	6	2	4	2									276
株券	55	22	27	36	13	19	15	17	10	5	3	2	4	4	2	1			1		1		237
私証書															38	24	17	10	17	9	4	9	128
公債証書	14	8	3	8	5	3	4	6	3	6	5	2	4	1		6		5	6	5		1	95
公証取消			21	15	17	9	11	6	5														84
公正証書	48	1	11	1	1	4	2		2				1	2	1	1	3						78
手形		5	1			2		2	2	10	5	4	2		2	1	1	1					38
土地台帳	5	12	6	4	3	2	2																34
公証二関スル事		24																					24
約束手形	14	4	1		1	2	1																23
債券															2		4	2	1	2			11
地券	6	3																					9
為替手形	2	2																					4
当座小切手						1																	1
年度別合計	2,136	1,462	1,052	803	647	508	420	406	242	202	161	118	88	66	50	34	29	25	28	19	6	11	8,513

（注）「帳簿二関スル事」は、24、25年は「證書及帳簿二関スル事」の件数を採用した。
「書類二関スル事」は、38年は「帳簿其他ノ書類」の件数を採用した。

【3-7-3】督促手続　証券全項目表

明治	24年	25年	26年	27年	28年	29年	30年	31年	32年	33年	34年	35年	36年	37年	38年	39年	40年	41年	42年	43年	44年	45年	
手形			1					171	118	185	255	114	147	97	42	14	4	12		2	4		1,166
約束手形	54	258	19	13	84	36	77																541
公債証書	13	17	6	10	7	11	17	25	23	25	47	41	27	22	23	29	19	15	23	23	17	9	449
株券	16	5	7	5	6	5	4	19	11	18	12	13	16	16	4	3	22	9	4	5	4	3	207
債券												2	5	7	7	15	23	18	15	17	9	15	133
為替手形	1		6	1	7																		15
証券								3		9													12
其他		4	2	1																			7
振出手形		1		3																			4
勧業債権											2												2
米券	2																						2
小切手	1																						1
質地証券	1																						1
預金証券	1																						1
預ヶ証券	1																						1
私証書																1							1
年度別合計	90	285	41	33	104	52	98	218	152	237	316	170	195	142	76	62	68	54	42	47	34	27	2,543

【3-7-4-1】区裁判所　証券全項目表①

明治	15年	16年	17年	18年	19年	20年	21年	22年	23年
証書	1,373	1,185	651	219	166	209	235	200	246
地券	382	463	225	89	140	213	172	48	1
私証書									
公債証書	54	58	28	5	9	7	9	3	1
株券		8	4	4	10	16	8	12	20
手形									
約束手形					35	48	83		254
債権									
帳簿ニ関スル事									
公証取消									
書類ニ関スル事	23	12	5	3	3	8	15	7	5
約定手形								133	
公正証書									
為換手形					1	3	12	27	7
土地台帳（名義書換）								5	2
恩給証書									
専売特許証書									
遺言証書									
勧業債権									
鑑札引渡									
勲章年金証書									
振出切手									
年金証書									
年度別合計	1,832	1,726	913	320	364	504	534	435	536

（注）「証書」は、18年までは「証券」の件数を採用した。
「帳簿ニ関スル事」は、38年以降は「帳簿其他ノ書類」の件数を採用した。
「書類ニ関スル事」は、18年までは「書類ノ争」の件数を採用し、さらに15年は「書類被閲差拒」の件数を合算した。

【3-7-4-2】区裁判所　証券全項目表②

明治	24年	25年	26年	27年	28年	29年	30年	31年	32年	33年	34年	35年	36年	37年	38年	39年	40年	41年	42年	43年	44年	45年	
証書	503	652	629	633	458	378	305	332	279	270	247	249	202	181									9,802
地券	6		2	1	1																		1,743
私証書															199	207	189	136	89	96	92	78	1,086
公債証書	10	9	11	3	11	20	10	15	33	28	31	31	48	40	41	44	45	39	52	50	38	32	815
株券	14	30	31	25	12	11	12	16	24	14	25	28	35	21	28	39	24	30	33	25	16	11	586
手形	6	8	4	3	4	7	2	66	22	53	53	64	58	76	38	48	7	6	5	8	3	2	543
約束手形	53	6	3	7	13	4	20																526
債権													3	12	35	53	59	52	66	51	36	30	397
帳簿ニ関スル事	25	14	14	15	11	19	8	6	5	8	8	12	7	6	17	5	15	24	27	23	27	25	321
公証取消	20	29	24	19	28	33	26	10	15	3	3												210
書類ニ関スル事	10	22	17	17	15	8	4	5	3	13	4	4	6	6									215
約定手形																							133
公正証書	4		7	8	8	3	3	7	1	2	2	5	15	2	5	11	18	6	5	5	3	2	122
為換手形		2	1	1			2																56
土地台帳（名義書換）		3	4	6	3	2	4	1	1	3	1	1	1										37
恩給証書				3	2					1			1	1									8
専売特許証書						2																	2
遺言証書								1															1
勧業債権											1												1
鑑札引渡				1																			1
勲章年金証書						1																	1
振出切手					1																		1
年金証書							1																1
年度別合計	651	775	747	742	567	488	397	459	383	395	375	394	376	345	363	407	357	293	277	258	215	180	16,608

【3-7-5-1】地方裁判所第一審　証券上位20項目表①

明治	9年	10年	11年	12年	13年	14年	15年	16年	17年	18年	19年	20年	21年	22年	23年
証券	5,772	2,042	2,754	2,852	3,181	2,795	1,435	1,703	752	277					
地券	2,528		273	381	633	746	290	337	255	87	121	112	129	48	13
公債証書	107	72	101	323	350	327	279	315	184	55	63	85	55	38	27
証書											144	242	239	181	163
株券								17	27	12	23	51	39	28	48
帳簿二関スル事						3									10
書類二関スル事			9	20	8	19	40	18	38	2	22	12	35	36	25
手形															
私証書															
公正証書															
債券															
書類披閲差拒						29	27	37	3	5					
公証取消															
約束手形											7	3	3	11	9
家禄	32	4	3												
土地台帳														3	
委任状				18											
特許証書															
恩給証書															
恩給登録写帖															
その他の項目の合算	0	0	0	0	0	0	0	0	0	0	1	0	0	0	0
年度別合計	8,439	2,118	3,140	3,594	4,172	3,919	2,071	2,427	1,259	438	381	505	500	345	295

（注）「地券」は、14年までは「地券証」、23年は「地券及土地台帳」の件数を採用した。
「帳簿二関スル事」は、14年は「帳簿訂正」、23年は「帳簿閲覧」、38年以降は「帳簿其他ノ書類」の件数を採用した。
「書類二関スル事」は、18年までは「書類ノ争」の件数を採用した。

【3-7-5-2】地方裁判所第一審　証券上位20項目表②

明治	24年	25年	26年	27年	28年	29年	30年	31年	32年	33年	34年	35年	36年	37年	38年	39年	40年	41年	42年	43年	44年	45年	
証券																							23,563
地券																							5,953
公債証書	52	26	17	24	17	44	33	35	47	51	57	50	48	43	38	49	36	46	43	48	40	31	3,256
証書	211	197	168	176	145	138	120	133	133	137	134	109	123	98									2,991
株券	63	48	29	32	24	38	44	56	55	51	97	92	86	63	69	77	65	49	56	62	52	70	1,523
帳簿ニ関スル事	35	39	62	40	37	32	37	31	26	19	14	23	18	20	13	16	9	21	13	9	17	21	565
書類ニ関スル事	14	27	28	22	31	9	11	12	12	10	10	2	2	3									477
手形	4			1		1	1	18	26	73	61	19	26	39	22	21	23	39	15	16	25	26	456
私証書															84	58	42	49	55	46	26	27	387
公正証書	2	3	6	27	15	10	15	22	15	8	15	16	16	7	11	11	13	4	3	7	8	1	235
債券												1	3	9	7	15	18	18	19	23	17	10	140
書類披閲差拒																							101
公証取消	9	8	6	11	2	16	10	10	5	8	2	1											88
約束手形	6		6	7	8	7	9																76
家禄																							39
土地台帳	3	1	1	1		1	4	1		3	1	1		3									23
委任状																							18
特許証書								1	2		3	6	1	2									15
恩給証書								3	4	3	1		3										14
恩給登録写帖	5		1	3			2					2											13
その他の項目の合算	8	3	3	9	3	1	3	1	1	1	4	1	0	0	0	0	0	0	0	0	0	0	39
年度別合計	412	352	327	355	282	297	297	323	326	364	399	323	326	287	244	247	206	226	204	211	185	186	39,982

【3-7-6-1】控訴院控訴審　証券上位20項目表①

明治	8年	9年	10年	11年	12年	13年	14年	15年	16年	17年	18年	19年	20年	21年	22年	23年
証券		15	15	96	196	226	175	155	176	136						
証書		1									42	51	64	77	91	59
公債証書	2	6	4	11	28	52	60	75	86	56	23	14	28	22	16	10
地券		25		18			51	149	89	76	15	23	36	45	33	
株券							3	3	5	3	2	9	10	23	12	8
帳簿ニ関スル事																7
私証書																
書類ノ二関スル事								3	8	1			2	3		
公正証書																
約束手形													9	1	2	2
手形																
債権																
公証取消																
土地台帳																
書類披閲差拒							2	4								
為換手形												6				
恩給証書																
特許証書																
帳簿閲覧写取等二関スル件															4	
鉱山借区券														1		
その他の項目の合算	12	1	0	1	0	0	0	1	0	0	0	2	0	0	0	3
年度別合計	14	48	19	126	224	278	291	390	364	272	82	105	149	172	158	89

（注）「証書」は、9年は「証書ニ関スル事」の件数を採用した。
「公債証書」は、8年は「公債証書受渡違約」の件数を採用した。
「約束手形」は、23年は「約束手形金」の件数を採用した。

【3-7-6-2】控訴院控訴審　証券上位20項目表②

明治	24年	25年	26年	27年	28年	29年	30年	31年	32年	33年	34年	35年	36年	37年	38年	39年	40年	41年	42年	43年	44年	45年	
証券																							1,190
証書	75	40	39	25	49	37	35	17	29	27	33	17	21	19									848
公債証書	8	6	11	2	5	7	9	4	11	7	11	4	5	12	10	4	10	8	10	6	6	6	655
地券	1																						561
株券	20	20	8	8	8	11	9	22	27	15	5	29	26	13	17	17	14	10	15	14	14	9	409
帳簿二関スル事	2	8	4	5		3	5		2	3	6	1	5	3		3	1	1	2	2	3	3	69
私証書															13	11	6	10	4	9	5	6	64
書類ノ二関スル事			2	2	3	2	1		1	2	2	1	4	1									38
公正証書				8	1	3		2				3	3	2	5	3	1		2	1			34
約束手形		1			2		1		2	2	2												24
手形								2					1	2	3	7	2	1	3			2	23
債権																	2	1	4		8	1	16
公証取消	1		1	1		1				1	2	3		1									11
土地台帳		4		1					1														6
書類披閲差拒																							6
為換手形																							6
恩給証書						2				2	1												5
特許証書						2							1	1									4
帳簿閲覧写取等二関スル件																							4
鉱山借区券	1			1	1																		4
その他の項目の合算	2	2	2	0	1	0	0	0	0	0	0	0	1	1	0	0	0	0	0	0	0	0	29
年度別合計	110	81	67	53	70	68	60	47	73	59	62	58	67	55	48	45	36	31	40	32	36	27	4,006

（注）「帳簿二関スル事」は、23年は「帳簿閲覧」、39〜44年は「帳簿其ノ他書類」、45年は「其他ノ書類」の件数を採用した。
「書類二関スル事」は、19年までは「書類ノ争」の件数を採用した。

【3-7-7-1】大審院　証券上位10項目表①

明治	8年	9年	10年	11年	12年	13年	14年	15年	16年	17年	18年	19年	20年	21年	22年	23年
証券			1	4	24	32	58	67	102	17	7					
地券		6								50	20	17	12	7	4	16
証書												1	4	5	5	17
株券										2	2			8	1	2
公債証書			1	1			2	4	8	8	3	3	3	3		3
書類二関スル事										6	5					
土地台帳																2
帳簿二関スル事									1							3
公証取消																
私証書																
約束手形																1
その他の項目の合算	0	0	0	0	0	0	0	0	3	2	0	2	1	0	2	2
年度別合計	0	6	2	5	24	32	60	71	114	85	37	23	20	23	12	46

（注）本表は、項目数・件数ともに少ないため、上位10項目のみを採用した。
「書類二関スル事」は、17、18年は「書類ノ争」の件数を採用し、39、40、45年は「帳簿其他ノ書類」の件数を合算した。
「土地台帳」は、23年は「土地台帳名義更正」の件数を採用した。

【3-7-7-2】大審院　証券上位10項目表②

明治	24年	25年	26年	27年	28年	29年	30年	31年	32年	33年	34年	35年	36年	37年	38年	39年	40年	41年	42年	43年	44年	45年	
証券																							312
地券	1																						133
証書	12	21	13	2	5	2	5	5	6	4	2	6	2	2									119
株券	5	4	8	2		3	2	1	5		3	7	3	4	5	5	3		5	1	3	3	87
公債証書	1	1	3	1			2		1	1	7	2		3		1		1			3	3	69
書類二関スル事		5				2					1	1				1	2					1	24
土地台帳	3	3				1	5																14
帳簿二関スル事	2	2	1		2	1																	12
公証取消	3				2							1											6
私証書																2					3		5
約束手形	1							2					1										5
その他の項目の合算	3	1	0	1	0	0	0	0	0	0	0	1	1	1	0	0	2	0	0	0	0	0	22
年度別合計	31	37	25	6	9	9	14	8	12	5	13	18	7	10	5	9	7	1	5	1	9	7	808

【3-8-1】勧解　雑事上位30項目表

明治	11年	12年	13年	14年	15年	16年	17年	18年	19年	20年	21年	22年	23年	
約定履行		238	273	1,207	2,859	5,469	5,026	5,629	3,263	2,362	2,198	3,060	3,662	35,246
精算差拒	1,757	1,688	1,752	1,969	2,245	2,438	1,915	1,511	1,130	936	772	854	862	19,829
調印差拒	1,522	1,485	1,566	1,894	2,129	1,757	1,354	1,227	577	544	441	457	377	15,330
家畜ノ争					1,268	1,296	814	475	282	284	242	380	410	5,451
受負違約	771	748	771	705	728	705	179	47	12	55	14	13	17	4,765
営業差拒	431	642	688	435	471	256	223	184	201	94	203	187	109	4,124
伐木	502	464	440	842	924	454	303							3,929
講会ノ争		108	156		51	149	187	390	518	408	493	331	336	3,127
訴訟済口違約	675	696	722	176	196	71	220	44	16	35	31	11	11	2,904
登記履行										120	401	698	1,125	2,344
財産ノ争			21	124	145	245	134		168	206	246	256	368	1,913
帳簿一覧差拒	517	498	553											1,568
妨害解除										283	186	113	467	1,049
損害要償							533	348						881
事実証明(事実明示)		1						252	154	125	150		193	875
約定違変(違約)	385	194	229											808
家畜貸借	188	171	181	263										803
雇人												429	352	781
委任解約(解除)	37	47	56		181		126		89			73	98	707
預ケ家畜	192	84	91	328										695
裁判執行	41	57	60	45	26	18	60	13		7	36	34	38	435
船舶				65	109	105	53	64						396
家畜売買	42	54	58	234										388
社寺ノ争	14	12	15	50	55	45	18	32	24	2	24	23	17	331
会社ノ争		3		69	29	62	5	39	23	23	36	10	15	314
名誉回復												230	302	532
名義切換													210	210
船舶貸借	67	68	73											208
調印取消	39	51	66											156
日陰故障		3	2	31	30		10	27						103
その他の項目の合算	340	132	97	6	0	7	144	63	66	86	79	287	216	1,523
年度別合計	7,520	7,444	7,870	8,443	11,446	13,077	11,327	10,345	6,523	5,570	5,552	7,446	9,185	111,748

（注）「約定履行」は、19年以降は「契約履行」の件数を採用した。
「登記履行」は、23年は「登記請求」の件数を採用した。
「講会ノ争」は、19年以降は「講会に関する事」の件数を採用した。

【3-8-2】起訴前の和解　雑事上位30項目表

明治	24年	25年	26年	27年	28年	29年	30年	31年	32年	33年	34年	35年	36年	37年	38年	39年	40年	41年	42年	43年	44年	45年	
契約履行	1,108	725	584	448	409	398	331	360	260	184	155	82	105	56	26	39	27	20	23	18	16	22	5,396
登記ニ関スル事	390	275	249	213	190	168	182	148	104	69	51	59	34	40	42	10	7	8					2,239
精算差拒	333	201	146	140	91	93	51	43	44	36													1,178
家畜ニ関スル事	170	112	105	65	63	41	46	45	42	39	21	24	8	5	4	5	3	1	4	3	1	1	808
調印ニ関スル事	165	120	103	85	79	54	61	50	34	12	17	10	9	6									805
雇人	142	87	63	95	52	64	44	44	52	26	9	9	1	2									690
差押仮差押ニ関スル事	201	78	63	63	34	26	28	40	30	18	39	18	21	2		1		1	1		4		668
契約解除	116	47	65	39	39	54	36	55	49	33	12	20	12	11	2	5	2	1	1	1	2	2	604
講会ニ関スル事	109	55	64	47	38	10	13	16	9	4	9	11	2		5	1	2		2	5	1		403
名誉回復	87	63	42	18	29	15	18	12	5	8	7	5	3	2	3	4	2	1	1				325
財産ニ関スル事	91	51	30	20	20	17	17	6	18	8	7	5	8	2									300
妨害解除		48	41		18	18	36	36	20	11	3	4	3	2									240
其他	108	30	17	23	20																		198
名義書換	55	43	24	11	13	3	10	9	4	7	1	4	2										186
強制執行ニ関スル事	34	20	13	12	15	9	13	13	6	5	4	3	4	5								1	157
証明請求	31	7	13	31	14	12	4	12	10	4													138
抵当ニ関スル事	9	3	7	13	7	1	2	5	3	3	10	11	20	1									95
所有権ノ争	12	23	19	4	3		5	6		2	7	6	2			1		2	1			1	94
保証義務	22	22	8	7	4	3	5	5	6	3	3						1						89
代人ニ関スル事	46	29																					75
弟子	10	10	11	6	7	3	8	11	4	2	1												73
精算請求											19	14	22	10									65
遺産ニ関スル事			5	13	6	4	4	4	2	4	6	5	7	2									62
社寺ニ関スル事	12	16	12	4	2	7	1	5		2													61
工事受負	21	8	2	4	5	5	3	2	4	1	1												56
妨害排除				40											5	2	1		2	1		1	52
行為要求															15	17	14	1	2			1	50
事実取調		17	13	7	1	8	2																48
組合ニ関スル事		4	7	7	2	9	7	2	1	2	1	1			1				1				45
債権譲与		4	7	5			4		5	6	2	6	6										45
その他の項目合算	103	51	64	28	49	65	45	65	55	30	24	17	26	34	36	34	30	35	33	19	27	19	889
年度別合計	3,375	2,149	1,777	1,448	1,210	1,087	976	994	767	519	409	314	295	180	139	119	89	70	71	47	51	48	16,134

（注）「名義書換」は、24、25年は「名義更正」の件数を採用した。
「抵当ニ関スル事」は、25年および35～37年は「抵当権ノ争」の件数を採用した。
「保証義務」は、27年は「保証義務取消」と「保証義務履行」の件数を合算した。
「精算請求」は、34年は「精算要求」の件数を採用した。
「妨害排除」は、27年は「妨害解除」の件数を採用した。

【3-8-3-1】区裁判所　雑事上位30項目表①

明治	15年	16年	17年	18年	19年	20年	21年	22年	23年
仮差押及仮処分申請									
差押仮差押ニ関スル事									
強制執行ニ関スル事									
裁判所ニ繋属シタル訴訟外ノ申立									
公示催告									
契約履行	161	370	243	111	42	67	118	144	171
登記ニ関スル事									
家畜ニ関スル事	108	128	75	21	13	21	26	33	46
所有権ノ争									5
契約解除									
保証債務									
訴訟外ノ申立									
詐害行為廃罷									
保証義務									
妨害解除						28	18	15	33
精算差拒	99	87	52	18	19	22	21	13	26
財産差押差止等ニ関スル事								160	495
仮処分ニ関スル事									
占有権ノ争									
権利確認									
調印ニ関スル事	34	41	19	7	5	8	14	11	13
抵当権ノ争									
講会ニ関スル事	2	11	8	2	2		14	6	13
請求異議									
伐木ニ関スル事	59	33	27						
財産ニ関スル事	17	15	5		46	16	47		
行為要求									
無効確認									
優先権ノ争									
訴訟済口違約	90	108	5	1	2	1	3	1	
その他の項目合算	51	34	88	56	13	26	84	96	262
年度別合計	621	827	522	216	142	189	345	479	1,064

（注）「家畜ニ関スル事」は、18年までは「家畜ノ争」の件数を採用した。
「詐害行為廃罷」は、38年以降は「詐害行為取消」の件数を採用した。
「妨害解除」は、38年以降は「妨害排除」の件数を採用した。
「調印ニ関スル事」は、23年までは「調印差拒」の件数を採用した。

【3-8-3-2】区裁判所　雑事上位30項目表②

明治	24年	25年	26年	27年	28年	29年	30年	31年	32年	33年	34年	35年	36年	37年	38年	39年	40年	41年	42年	43年	44年	45年	
仮差押及仮処分申請	36,495	50,507	46,967	49,888	41,589	39,604	44,988	54,806	53,558	54,062	66,356	70,942	80,286	76,236	57,255	52,429	49,251	53,588	56,043	60,085	61,381	62,853	1,219,169
差押仮差押二関スル事	3,096	4,433	3,956	4,386	3,534	2,613	2,688	3,773	3,841	3,981	4,636	5,099	5,158	4,548	3,364	2,469	1,913	1,738	1,882	1,788	1,785	1,738	72,419
強制執行二関スル事	516	822	812	946	1,047	933	1,117	1,335	1,746	2,085	2,791	3,728	4,526	4,830	4,270	3,981	3,649	3,933	4,302	4,292	4,552	5,078	61,291
裁判所二繋属シタル訴訟外ノ申立	177	347	552	703	759	892	668	619	1,295	1,484	1,528	1,648	1,980	1,685		1,935	1,984	1,942	1,702	1,680	1,676	1,927	27,183
公示催告	8	9	16	53	33	26	40	249	574	811	828	847	918	855	895	970	1,027	1,142	1,074	1,067	1,139	1,301	13,882
契約履行	493	601	524	515	468	435	416	412	439	348	297	301	314	247	250	283	193	166	182	152	180	160	8,803
登記二関スル事	222	320	405	430	340	296	237	213	190	222	197	268	303	340	305	71	66	35	10	15	25	9	4,519
家畜二関スル事	166	185	218	203	182	167	179	195	171	173	174	182	163	167	185	153	165	127	131	117	104	103	4,081
所有権ノ争	83	123	104	113	136	112	68	104	105	95	110	134	138	116	56	42	17	45	39	41	25	16	1,827
契約解除	34	84	104	92	104	87	104	135	174	129	106	84	84	81	62	36	49	34	41	31	27	9	1,691
保証債務															243	253		185	235	181	220	215	1,532
訴訟外ノ申立															1,527								1,527
詐害行為廃罷	4	2	15	26	36	32	17	19	26	23	25	21	32	45	78	121	86	107	89	106	123	140	1,173
保証義務	8	17	4	10	19	8	17	28	43	41	58	84	154	193			232						916
妨害解除	30	39	30	35	35	31	31	38	47	37	30	37	29	54	35	50	48	43	35	23	30	37	898
精算差拒	73	59	69	48	30	33	29	28	17	4			1										748
財産差押差止等二関スル事																							655
仮処分二関スル事				19	12	32	29	45	23	56	44	25	28	28	37	27	34	30	55	14	27	16	581
占有権ノ争		5	7	4	6	9	3	4	42	27	43	44	58	41	46	44	33	27	26	27	38	21	555
権利確認							4	27	28	12	6	7	5	12	25	44	55	52	48	44	86	53	508
調印二関スル事	28	26	25	22	22	23	37	19	28	23	23	7	10	14									459
抵当権ノ争	12	14	18	14	12	20	10	7	16	29	15	29	42	55	14	10	9	19	20	33	22	13	433
講会二関スル事	40	34	26	29	22	11	14	11	7	12	13	15	16	16	6	22	13	12	6	11	14	12	420
請求異議								2	7	18	12	17	38	60					39	25	61	31	310
伐木二関スル事															22	22	12	24	27	7	15	18	266
財産二関スル事	32	7		5	8	17	6	1	9	1		1	6	1									240
行為要求															43	41	33	6	29	24	29	31	236
無効確認												4	3	2	27	30	28	22	31	30	27	31	235
優先権ノ争	14	14	21	31	12	5	8	5	5	7	7	3	7	23	10	20	7	4	5	3		4	215
訴訟済口違約																							211
その他の項目合算	129	150	158	147	199	119	150	163	127	114	138	128	170	312	170	176	232	150	160	167	183	188	4,340
年度別合計	41,660	57,798	54,031	57,719	48,605	45,505	50,860	62,238	62,518	63,794	77,437	83,655	94,469	89,961	68,925	63,229	59,136	63,431	66,211	69,963	71,769	74,004	1,431,323

（注）「抵当権ノ争」は、24、25年は「抵当二関スル事」、35年は「抵当ノ争」の件数を採用した。
「講会二関スル事」は、18年までは「講会ノ争」の件数を採用した。
「財産二関スル事」は、17年までは「財産ノ争」の件数を採用した。

【3-8-4-1】地方裁判所第一審　雑事上位30項目表①

明治	9年	10年	11年	12年	13年	14年	15年	16年	17年	18年	19年	20年	21年	22年	23年
仮差押及仮処分申請															
強制執行ニ関スル事															
契約履行						124	221	369	369	188	63	67	127	100	172
差押仮差押ニ関スル事															
登記ニ関スル事												2	14	34	61
詐害行為取消															
精算差拒	130	72	138	202	232	230	182	183	137	53	44	37	59	57	61
契約解除															
調印ニ関スル事	161	82	140	149	147	155	164	183	92	43	27	37	36	35	43
訴訟済口違約	938	89	108	103	109	101	10	18	15	1		1	3	4	
受負違約	585	143	131	109	136	107	45	40	14	5	1		2	2	5
裁判執行	83	97	95	131	159	12		1	5	4	8	6	103	78	79
財産ニ関スル事						30	46	60	26		49	53	53		140
権利確認														4	
妨害排除												19	41	21	50
無効確認															
保証債務															
営業差拒	44	40	53	43	48	56	68	73	33	19	13	16	31	51	36
保証義務															
所有権ノ争															1
伐木			33	69	86	119	66	77	37						
名誉回復						4								12	13
仮処分ニ関スル事															
講会ニ関スル事			1	10	11	6	26	28	17	17	12		30	20	15
抵当権ノ争															
不当決議取消															6
法人、会社ニ関スル事															
請求異議															
会社ニ関スル事			13	2	10	6	8	6	4	4	5	4	9	11	20
同意、許可、追認ニ関スル事															
その他の項目の合算	78	70	172	309	350	174	109	98	141	82	50	61	82	197	165
年度別合計	2,019	593	884	1,127	1,288	1,124	945	1,136	890	416	272	303	590	626	867

（注）「登記ニ関スル事」は、20、21年は「登記履行」、22、23年は「登記請求」の件数を採用した。
「詐害行為取消」は、27～37年は「詐害行為廃罷」の件数を採用した。
「調印ニ関スル事」は、23年までおよび26年は「調印差拒」の件数を採用した。
「財産ニ関スル事」は、17年までは「財産ノ争」の件数を採用した。
「営業差拒」は、30年以降は「営業差止」の件数を採用した。
「伐木」は、38年以降は「伐木ニ関スル事」の件数を採用した。

【3-8-4-2】地方裁判所第一審　雑事上位30項目表②

明治	24年	25年	26年	27年	28年	29年	30年	31年	32年	33年	34年	35年	36年	37年	38年	39年	40年	41年	42年	43年	44年	45年	
仮差押及仮処分申請	3,179	3,303	3,258	4,120	3,746	4,155	4,322	5,114	5,189	5,678	6,630	6,157	6,308	5,726	3,928	3,498	3,577	3,891	3,785	3,763	3,846	4,194	97,367
強制執行二関スル事	384	250	219	277	319	275	297	405	541	710	904	1,061	1,117	1,021	788	574	542	646	665	564	583	531	12,673
契約履行	205	177	187	218	262	249	309	327	357	384	312	312	328	285	257	169	179	168	164	183	178	204	7,214
差押仮差押二関スル事	156	290	254	311	263	219	254	397	385	406	466	434	356	343	208	144	101	103	110	93	89	90	5,472
登記二関スル事	97	110	162	179	149	195	208	217	178	307	238	316	456	535	295	44	42	5	10	12	6	6	3,878
詐害行為取消	6	25	40	56	76	65	83	80	84	82	86	119	155	205	188	192	178	190	211	283	297	263	2,964
精算差拒	62	89	69	77	88	79	64	68	80	39													2,532
契約解除	72	60	94	111	146	135	148	203	245	178	172	215	186	113	77	28	12	11	14	19	16	10	2,265
調印二関スル事	47	55	60	61	45	54	72	68	59	50	16	23	14	9									2,127
訴訟済口違約	1																						1,501
受負違約																							1,325
裁判執行													1										862
財産二関スル事	33	22	14	22	11	8	8	28	38	29	22	12	21	10									735
権利確認		9		6	14	24	13	55	57	25	24	31	42	33	45	53	36	61	49	27	54	43	705
妨害排除	18	17	49	33	27	43	38	57	42	53	27	24	19	16	13	17	8	21	8	11	15	17	704
無効確認									12		5	2	8	26	52	49	48	66	104	109	125	98	704
保証債務															119	91	76	80	71	87	78	84	686
営業差拒	23	4		13			7	2	2	1	1	5	2	1									685
保証義務	4	12	9	8	14	9	12	15	44	34	67	94	167	122									611
所有権ノ争	4	17	23	10	16	26	29	25	37	35	44	34	72	53	50	20	8	22	20	22	21	15	604
伐木															14	10	8	11	20	6	6	6	568
名誉回復	37	33	28	36	24	25	19	29	30	21	24	25	24	22	12	28	19	15	20	21	14	19	554
仮処分二関スル事				28	26	25	22	48	28	37	36	44	31	26	23	27	13	20	22	14	18	15	503
講会二関スル事	36	20	28	20	20	11	12	9	15	6	7	2	5	4	4	3	2		1	3	2	5	408
抵当権ノ争		4	10	13	12	13	12	19	27	15	33	71	25	25	6	9	13	3	7	12	27	13	369
不当決議取消	9	4	8	14		7	26	17	38	38	51	49	51	36									354
法人、会社二関スル事															64	55	56	23	19	27	24	26	294
請求異議								4	21	22	26	24	45	35					18	26	18	53	292
会社二関スル事	14	1	16	8	8	13	11	7	15	12	10	5	24	20									266
同意、許可、追認二関スル事													1		3	5	2	65	11	36	70	73	266
その他の項目の合算	183	172	225	200	211	196	227	241	315	264	277	304	378	339	275	246	220	219	248	208	185	210	7,481
年度別合計	4,570	4,674	4,753	5,821	5,477	5,826	6,193	7,435	7,839	8,426	9,478	9,363	9,836	9,005	6,421	5,262	5,140	5,620	5,577	5,526	5,672	5,975	156,969

（注）「保証義務」は、27年は「保証義務履行」の件数を採用した。
「講会二関スル事」は、14年までは「講法取仕組方約定違約（講会違約）」、15～18年は「講会ノ争」の件数を採用した。
「抵当権ノ争」は、28～35年は「抵当ノ争」の件数を採用した。
「不当決議取消」は、25年は「不当議決取消」の件数を採用した。
「会社二関スル事」は、18年までは「1885会社ノ争」の件数を採用した。
「同意、許可、追認二関スル事」は、36年は「同意確認」の件数を採用した。
「営業差拒」は、30年以降は「営業差止」の件数を採用した。

【3-8-5-1】控訴院控訴審　雑事上位30項目表①

明治	8年	9年	10年	11年	12年	13年	14年	15年	16年	17年	18年	19年	20年	21年	22年	23年
強制執行二関スル事																
契約履行							33	19	76	50	21	5	3	6	2	
登記二関スル事																3
差押仮差押二関スル事																
詐害行為取消																
契約解除																
仮処分二関スル事																
精算差拒		3	12	14	9	20	21	19	24	19	6	9	18	9		
裁判執行		5	20	11	16	37	41	29	36	24	12	12	11	16	17	4
権利確認																
調印二関スル事		2	6	6	11	11	20	25	28	20	11	5	8	6	4	8
保証債務																
所有権ノ争																
営業差拒			4	5	21	26	16	15	23	20	11	4	4	13		14
伐木二関スル事				4	9	14	27	39	18	19						
無効確認																
財産二関スル事								22	26	9			20	13		
清算差拒															7	8
抵当権ノ争														1		
社寺二関スル事						11	9	7	9	8	2			5		
名誉回復							2								6	8
保証義務																
債権確認																
妨害解除																
敬慎願								4	34	25	14					
先取特権									1	2	3		23	12	15	9
不当決議取消																
財産差押差止等二関スル事	2											9			19	28
身代限ノ争				6	15	6	7	6	2			1	6	6		
講会二関スル事									1	1	4			4		4
その他の項目合算	54	28	11	29	34	50	49	39	22	41	27	15	21	32	63	52
年度別合計	56	38	53	75	115	175	225	224	300	238	111	60	114	123	133	138

（注）「抵当権ノ争」は、26～33年は「抵当ノ争」の件数を採用した。
「保証義務」は、27年は「保証義務解除」の件数を採用した。
「詐害行為取消」は、26～37年は「詐害行為廃罷」の件数を採用した。
「調印二関スル事」は、9～24年は「調印差拒」の件数を採用した。

【3-8-5-2】控訴院控訴審　雑事上位30項目表②

明治	24年	25年	26年	27年	28年	29年	30年	31年	32年	33年	34年	35年	36年	37年	38年	39年	40年	41年	42年	43年	44年	45年	
強制執行二関スル事	20	40	60	56	72	76	69	50	82	97	132	158	145	186	178	160	116	106	116	48	99	83	2,149
契約履行	28	33	35	63	40	48	59	78	65	67	71	98	79	80	69	76	50	62	53	49	48	48	1,514
登記二関スル事	4	5	4	20	29	12	31	51	43	87	86	200	190	229	67	40	36		9	4	2		1,152
差押仮差押二関スル事	79	87	87	51	43	34	41	43	70	55	47	63	53	54	41	27	11	19	16	14	20	15	970
詐害行為取消		3	8	13	8	28	14	21	35	11	19	31	32	36	55	44	42	49	27	44	45	52	617
契約解除	11	21	18	29	35	25	23	30	45	52	25	39	35	41	21	18	11	8	7	4	4	4	506
仮処分二関スル事				10	12	10	14	15	10	19	23	19	15	21	21	29	27	40	26	20	14	15	360
精算差拒					40	29	33	17	8	10													320
裁判執行																							291
権利確認				3	2	2	9	11	25	8	2	21	9	8	19	29	30	32	16	12	22	15	275
調印二関スル事	8	6	11	13	11	8	8	9	8	10	3	1	1										268
保証債務															32	45	25	21	44	36	31	20	254
所有権ノ争			5		5	1	9	13	3	12	10	14	17	33	7	10	12	9	22	14	17	3	216
営業差拒	3																						179
伐木二関スル事															6	4	2	3	2	5	4		156
無効確認													7	5	9	2	19	15	16	15	26	37	151
財産二関スル事				9	3	3	3	2	4	8	9	7	3	6									147
清算差拒	12	34	21	38																			120
抵当権ノ争			2	1	5	1		2	5	2	18	12	13	23	5	2		5	8	2	3	2	112
社寺二関スル事	6	7	12	11	8	3	1		5	2	5							1					112
名誉回復	8	6	11		3	3	2	3	4	5	5	4	7	6	5	3	6	5	2	2	2	1	109
保証義務		1		3					3	5	9	16	17	39									93
債権確認				2	12	6	9	7	10	7	14	10	9	7									93
妨害解除	2			4	3	15	6	9	3	7	1	14	5	7				6					82
敬慎願																							77
先取特権	4																						69
不当決議取消		3		2		2	2	7	6	3	17	5	16	3									66
財産差押差止等二関スル事																							58
身代限ノ争																							55
講会二関スル事	3	6	3	6	4	2	2	1		2	1	1		2	1	1				1	1		51
その他の項目合算	56	48	51	75	46	36	30	29	33	78	60	55	69	70	102	76	67	90	78	69	73	65	1,923
年度別合計	244	300	328	409	381	344	365	398	467	547	557	768	722	856	638	566	454	471	442	339	411	360	12,545

（注）「財産二関スル事」は、15～17年は「財産ノ争」の件数を採用した。
「財産差押差止二関スル事」は、8年は「財産差押不服」、19年は「財産差押解除」、22年は「財産差押」の件数を採用した。
「身代限ノ争」は、11年は「身代限処分」と「身代限財産区分」を合算した件数、12、13年は「身代限財産ノ争」、14年は「身代限財産」、19年に以降は「身代限二関スル事」の件数を採用した。
ただし、21年は「身体限財産区分」の件数を採用した。

【3-8-6-1】大審院　雑事上位30項目表①

明治	8年	9年	10年	11年	12年	13年	14年	15年	16年	17年	18年	19年	20年	21年	22年	23年
強制執行ニ関スル事																
契約履行																
詐害行為廃罷																
権利確認																
登記ニ関スル事																
差押仮差押等ニ関スル事																
特許権ニ関スル事																
無効確認																
意匠、商標ニ関スル事																
契約解除																
精算差拒			1			9	7	2	1							
保証債務																
仮処分ニ関スル事																
登録商標無効																
営業差拒			3	3	4	7	5	3	7	4	1					
所有権ノ争																
伐木				2	1	3	4	9	11							
社寺ニ関スル事																
妨害解除																
新案権ニ関スル事																
調印差拒					8	7	4	2			1					
裁判執行													5	2	3	7
調印ニ関スル事																
公売ニ関スル事																
会社ニ関スル事								1					1			
仮差押解除																
抵当権ノ争																
約定履行								7	11							
保証義務																
講会ニ関スル事														2	2	
その他の項目合算	7	3	3	7	14	14	18	12	10	4	5	3	1	7	5	32
年度別合計	7	3	7	12	27	40	38	36	40	8	7	3	7	11	10	39

（注）「強制執行ニ関スル事」は、44年は「強制執行異議」の件数を採用した。
「詐害行為廃罷」は、39、40、44、45年は「詐害行為取消」の件数を採用した。
「差押仮差押等ニ関スル事」は、24、28、29年は「仮差押及差押ニ関スル事」の件数を採用した。
「意匠、商標ニ関スル事」は、41、42、44年は「商標ニ関スル事」の件数を採用した。
「仮処分ニ関スル事」は、26、27年は「仮処分解除」の件数を採用した。
「会社ニ関スル事」は、15年は「会社ノ争」、20年は「会社設立取消」、38年は「法人・会社ニ関スル事」の件数を採用した。

【3-8-6-2】大審院　雑事上位30項目表②

明治	24年	25年	26年	27年	28年	29年	30年	31年	32年	33年	34年	35年	36年	37年	38年	39年	40年	41年	42年	43年	44年	45年	
強制執行ニ関スル事		5	14	12	10	20	13	6	10	21	19	3	19	15	23	28	29	10	22	11	13	11	314
契約履行	1	1	2		10	2	8	15	13	8	12	7	18	7	6	15	7	14	12	6	6		170
詐害行為廃罷				6	4	2	5		7	4	5			7	7	17	6	8	2	6	11	4	101
権利確認								6	3	9	5	2	6	5		9	20	6	2	6	5		84
登記ニ関スル事	8	13					2		1	2			2	4	7	24		1	0	8			72
差押仮差押等ニ関スル事	5	4			9	3	2	2	2	4	5	11			7	4	4	5	2	1			70
特許権ニ関スル事											3	2			9	5	7	7	7	4	11	11	66
無効確認													2	8	3	12		6	6	6	12	1	56
意匠、商標ニ関スル事															5	7	5	4	8	3	5	9	46
契約解除		1	1	3	4	3	4	3	5	1	4		5	4	2	1	1	2			1		45
精算差拒			4	10	5	3																	42
保証債務																17	7	3	6		5	4	42
仮処分ニ関スル事			1	4					1	5	1	2			1			7	7	7		6	42
登録商標無効									1	7	6	12	3	9									38
営業差拒															1								38
所有権ノ争							2	1			3	1			2	12	1	10	2	1	2		37
伐木															2	2	1			1	0		36
社寺ニ関スル事	9	5	5	4	4	3			2														32
妨害解除							1	2		9	2	2	6	4	2			1					29
新案権ニ関スル事																			9	4	5	6	24
調印差拒																							22
裁判執行	5																						22
調印ニ関スル事	11	1	2		2		2		1		2												21
公売ニ関スル事	19	1																					20
会社ニ関スル事									1	3			1	6	4				3				20
仮差押解除			13	6																			19
抵当権ノ争									1						4	7		5			2		19
約定履行																							18
保証義務			1								1	8	6										16
講会ニ関スル事	1	2	2								1												10
その他の項目合算	6	9	26	23	20	13	24	4	15	14	16	16	20	28	19	18	16	26	13	1	9	9	490
年度別合計	65	42	71	68	68	49	63	39	63	87	85	66	88	97	104	178	104	115	101	65	87	61	2,061

（注）「調印ニ関スル事」は、28年は「調印請求」の件数を採用した。
「伐木」は、39年以降は「伐木ニ関スル事」の件数を採用した。
「抵当権ノ争」は、32年は「抵当ノ争」の件数を採用した。
「講会ニ関スル事」は、21､22年は「講会ノ争」の件数を採用した。
「営業差拒」は、38年は「営業ニ関スル件」の件数を採用した。
「契約解除」は、38年は「契約取消」の件数を採用した。

［C］　参考法規編

Ⅰ　明治期の民事裁判関係法規制定年表

作成　林 真貴子

民事裁判にかかわる実体法規および手続規則制定・改正年表

明治	西暦	月日	法・布告・達	法・布告・達の内容	備考	一般
1	1868	12.25	第1151号(布)	東京住居ノ者諸有司エ立入誰殿出入誰殿御案内ト称シテ内願或ハ訴訟ノ世話ヲ為ス者アルヲ厳禁ス	制度変革により消滅	1.3 王政復古の大号令(明治維新)／1.27 戊辰戦争起こる(～明治2.6.27)／2.25 天皇、親政の詔を発布／4.6 五箇条の誓文／6.11 新政府、政体書を出す／6.15 新政府、会計官に商法司を設置／7.4 新紙幣(太政官札)5種を発行／7.19 商法大意頒布／9.3 江戸を東京とする詔書が出る／10.23 明治と改元し、一世一元を定める
		12.-	第1166号(弁事)	府県添書ヲ以テ行政官ニ直訴スル者以後会計官租税司ニ進致セシム	2年第91号廃止(以下、本欄では明治の元号はすべて省略して表記した)	
2	1869	1.-	第91号(会計官)	訴訟は会計官で扱う		3.17 太政官に造幣局を設置／3.20 新政府、新聞紙印行条例を定める／4.3 外国官に通商司を設置／7.25 版籍奉還／8.15 二官六省設置
		6.4	第503号(民部官)	府藩県において裁判し難い訴訟は民部官で聴断する	関連:2年第504号	
		6.4	第506、507号(民部官)	府藩県支配中および府藩県所轄外の訴訟を民部官へ出訴させる場合	3年第878号により消滅	
		6.12	第529号(民部官)	府藩県に交渉する訴訟の出訴順序など		
3	1870	9.19	第608号(太政官)布告	平民に苗字を許可		1.26 東京・横浜間電信開通／2.3 大教宣布の詔出る／2.26 長州脱藩騒動／3.3 兵部省、大阪に造兵司を設置／3.14 樺太開拓史を置く／8.6 民部・大蔵2省を分離／11.2 新律提綱成る(新律綱領と改称され、12.20頒布の上諭出る)／12.12 工部省設置
		閏10.17	第741、742号(太政官)布告	華士族隠居・養子願方		
		11.4	第797号(太政官)布告	華士族縁組規則		
		11.28	第878号(太政官)布告	府藩県交渉訴訟准判規程	4年改正	
		12.25	第1003号(太政官)布告	外国人との売買には必ず証書交換を行う旨達		
4	1871	4.4	太政官第170号布告	戸籍法	5年2月1日施行、19年改正／5年太政官第4号参照	3.14 東京・京都・大阪間に郵便開始を定める／6.27 新貨条例を定める／8.24 刑部省・弾正台を廃して司法省を設置／8.29 廃藩置県／9.2 文部省を設置／9.11 民部省を廃止／9.13 日清修好条規調印／10.12 政府、「穢多・非人」の称を廃止し、身分・職業とも平民同様とする
		9.2	太政官第456号布告	諸品売買取引心得方定書		
		9.7	大蔵省第47号達	田畑勝手作の許可(田畑夫食取入ノ余ハ諸物品勝手作ヲ許ス)		
5	1872	2.3	太政官第33号布告	東京開市裁判所で外国人訴訟を扱う	8年5月10日東京裁判所に併する	1.9 旧藩外債を処分／1.27 在官者以外の華士族卒職業自由化／3.8 政府、初めて全国の戸籍調査実施／4.5 兵部省を廃し、陸軍省・海軍省を設置／8.7 壬申地券の交付本格化／9.5 学制頒布／9.5 司法省職制章程を定める／10.14 新橋・横浜間鉄道開業式(日本最初の鉄道)／11.4 官営模範工場富岡製糸場開業／12.8 違式詿違条例を定める 12.9 太陰暦を廃し太陽暦を採用とする詔書／12.15 国立銀行条例・国立銀行成規を定める／12.28 徴兵の詔書
		2.15	太政官第50号布告	地所永代売買禁を解除		
		2.24	大蔵省第25号達	地券渡方規則	20年大蔵省令第1号により規則消滅	
		4.14	太政官第123号布告	旧藩へ米金を貸し付け郷印証文を持っている場合は訴訟取り上げ裁判することとなった	司法省第32号達、6年同第4号達参看	
		4.14	太政官第124号布告	外国人に対して土地の売却・抵当を禁止		
		6.23	太政官第187号布告	華士族平民身代限規則	5年太政官第188号布告参照	
		8.3	太政官無号達	**司法職務定制**	7年太政官第14号達／8年司法省達第10号達により消滅	
		8.10	司法省第6号達	聴訟のときの「笞杖」禁止	8年司法省達第2号達参照	
		9.13	司法省第9号達	詞訟審判に日切済方廃止、身代限の方法施行		
		9.19	司法省第14号達	**訴訟入費償却仮規則**	同年11月3日司法省第31号達にて一部改正、9年司法省甲第5号布達により改正	
		10.2	太政官第295号布告	人身売買の禁止	娼妓芸妓の年季奉公を禁止、貸借訴訟を取上げない	
		10.7	太政官第300号布告	華士族卒裁判制限及び一般人民出訴期限	6年出訴期限規則制定	
		10.10	司法省第25号達	白洲上尊卑分界廃止	17年司法省丁第6号達参看	
		10.22	太政官第317号布告	平民相互金穀貸借慶應3年大晦日以前に係るものは裁判で取り上げない	6年太政官第9号参看	
		11.27	司法省第40号達	身代限を申し付けられた者が余人への貸付を行っていた場合の処分方法	7年司法省第23号達により全面改正	
		11.27	司法省第41号達	金穀貸借裁判方		

明治	西暦	月日	法・布告・達	法・布告・達の内容	備考	一般
5	1872	11.28	司法省第46号達	各人民より行政の非理を訴えることを許す	8年司法省甲第6号布達にて取消	
6	1873	1.13	太政官第9号布告	動産不動産ノ質物ハ慶應三年十二月晦日以前ノ分モ取上裁判ス		1.10 徴兵令を定める／6.11 第一国立銀行設立(8.1営業開始)／7.28 地租改正条例を定め、地租改正施行規則、地方官心得書を頒布／8.6 日米郵便交換条約調印／8.13 大日本政府電信取扱規則を定める／10.14 祝祭日を定め休暇とする／11.10 内務省を設置 〈この年各地に徴兵反対などの一揆多発〉
		1.13	太政官第10号布告	金穀貸附証書中返済期限ナキ者出訴済方並出訴ノ期限ヲ定ム		
		1.17	太政官第18号布告	**地所質入書入規則**	6年太政官第167号布告、7年太政官第52号、第76号布告参照	
		1.18	太政官第21号布告	妻妾ニ非ル婦女分娩ノ児子ハ私生ト為シ其婦女ノ引受タラシム		
		1.22	太政官第27号布告	華士族平民互ニ養子取組ヲ許ス		
		1.22	太政官第28号布告	華士族家督相続ノ条規ヲ定ム	太政官第263号布告にて長男相続制を原則とする	
		2.7	太政官第40号布告	貸金銀利足ノ制ヲ改メ双方示談ノ上証文ニ記載セシム	辛未正月18日布告の改正	
		2.14	太政官第51号布告	質地ヨリ起ル訴訟済方		
		2.17	太政官第56号布告	受取諸証文印紙貼用心得方規則(証券印税規則)		
		3.4	太政官第27号布告	預金穀の裁判での取扱について		
		3.5	太政官第88号布告	僧侶身代限規則		
		3.7	太政官第92号布告	金穀貸付けの証文中に利息額の明示がない場合には、金高1ヵ年につき利息100分の6とする	10年太政官第66号布告により消滅	
		3.14	太政官第103号布告	外国人民ト婚姻差許条規ヲ定ム		
		3.25	太政官第114号布告	地所名称区別	7年太政官第120号、8年太政官第113号布告により改正／13年太政官第43号布告により民有地に第二種追加	
		3.25	司法省第43号達	無利息貸金預金滞滞の場合には利息を付させる	7年司法省第22号達参照	
		3.27	司法省第46号達	質地より起こる訴訟出訴期限および競売		
		5.15	太政官第162号布告	夫婦ノ際其婦離縁ヲ請フモ夫之ヲ肯セサル時ハ出訴スルヲ許ス		
		6.8	太政官第195号布告	金穀貸借請人証人弁償規則	8年太政官第102号により改正	
		6.13	太政官第205号布告	外国人訴訟規則		
		6.18	太政官第215号布告	**代人規則**	9年太政官第44号布告参看	
		7.5	太政官第239号布告	人民相互の証書には必ず実印をもちいること(実印のない証書は裁判上の証拠とならない)	10年太政官第44号布告により廃止	
		7.17	太政官第247号布告	**訴答文例並附録**	7年太政官第76号布告代書人の件改正	
		8.8	太政官第289号布告	外国政府・外国人より日本政府に対する訴訟は外務省管轄		
		8.23	太政官第306号布告	動産不動産書入金穀貸借規則	8年太政官第148号布告参看	
		10.10	太政官第339号布告	訴答文例は御国人のみ遵守		
		10.28	司法省第174号達	金穀貸借利息は返済の日または身代限配当金処分の日まで利息を計算する		
		11.5	太政官第362号布告	**出訴期限規則**		
		11.27	司法省第185号達	聴訟上裁判申渡請証文改正	7年太政官第54号布告により第2条消滅	
7	1874	3.20	太政官第34号達	裁判上入札または糶売は各地方便宜に従い裁判官の処分による		1.17 民撰議院設立建白書を左院に提出／2.1 佐賀の乱／2.6 政府、台湾征討を決定／3.28 秩禄公債証書発行条例を定める／10.31 台湾問題で清国と互換条款調印／12.8 恤救規則を定める
		3.28	太政官第39号布告	家禄引換公債証書発行条例	8年太政官第130号布告により廃止	
		5.19	太政官第54号布告	**民事控訴略則**	8年太政官第94号布告により廃止	

明治	西暦	月日	法・布告・達	法・布告・達の内容	備　考	一　般
7	1874	5.20	司法省甲第9号達	**裁判所取締規則**	7年司法省甲第14号、甲第19号、甲第21号達参看	
		7.3	太政官第71号布告	身代限掲示案改正	6年太政官第181号布告参照	
		9.2	司法省第24号達	**人民ヨリ官府(院省使府県)ニ対スル訴訟仮規則**	同年司法省第25号、26号達参照／8年司法省甲第5号達参照／11年司法省丁第13号達、12年司法省丁第19号達、20号達参照	
		9.23	太政官第125号達	外国政府・外国人より日本政府に対する訴訟は司法省管轄		
		10.19	太政官第109号布告	人民がその管轄外の裁判庁で訴訟を為す場合に管轄裁判庁の添翰は不要		
8	1875	1.20	太政官第6号布告	民法裁判上負債者失踪後の裁判成例改正		1.18 内務省、三菱商会に上海・横浜航路の開始を命令(日本最初の外国航路)／2.20 旧幕府制定の諸雑税(約1550種)を整理、車税規則・酒税規則制定／2.22 立志社、各地の自由民権政社に呼びかけ愛国社を結成、愛国社合議書を発表／4.14 元老院・大審院を置き、地方官会議を設け、漸次立憲政体樹立の詔書が出る／5.7 樺太・千島交換条約を調印／6.28 讒謗律、新聞紙条例制定／8.5 度量衡取締条例・度量衡種類表・度量衡検査規則等を定める(尺貫法を統一)／9.8 租税・賦金を国税・府県税と改称／9.20 江華島事件／10.4 煙草税則を定める
		2.3	太政官第13号布告	裁判に差添人を用いるに及ばず		
		2.22	太政官第30号布告	人民一般に民事訴訟の傍聴許可		
		4.4	司法省甲第2号布達	各裁判所傍聴規則		
		5.7	司法省甲第3号布達	内国人より外国人へ係る民事刑事の訴訟手続	9年司法省甲第12号布達参看、同第13号布達により刑事の二字削除	
		5.24	太政官第91号布告	**大審院諸裁判所職制章程**	8年司法省達第10号達司法省検事職制参照	
		5.24	太政官第93号布告	**控訴上告手続**	6年司法省第198号、第203号達および7年司法省第26号達参照／10年太政官第19号布告により改正	
		6.8	太政官第103号布告	**裁判事務心得**		
		8.14	太政官第128号布告	金銭貸借の引当として人身書入厳禁		
		8.14	司法省達第20号達	裁判官白洲上煙草を吸うことを禁止する		
		9.30	太政官第148号布告	建物書入質規則並売買譲渡規則	29年廃止	
		12.9	太政官第209号達	婚姻・養子縁組・離婚・離縁は戸籍に登記せざるうちは無効		
		12.12	司法省甲第16号布達	民事訴状目安糺	10年司法省丁第29号達により消滅	
		12.20	太政官第196号布告	**訴訟用罫紙規則**	17年太政官第5号布告により廃止／9年司法省甲第2号布達参照	
		12.28	司法省達第15号達	**裁判支庁仮規則**	9年司法省達第66号達により消滅／8年9月8日司法省番外達東京裁判所支庁仮規則参照	
9	1876	2.22	司法省甲第1号布達	**代言人規則**	13年改正／10年司法省甲第2号布達、11年司法省甲第1号布達参照	3.12 官庁、日曜日休業・土曜日半休制決定／3.28 廃刀令の発布／10.24 神風連の乱(直後、士族の反乱続く)／11～12 地租改正一揆、激化
		4.22	司法省甲第5号達	**訴訟入費償却規則改正**	9年司法省甲第6号達参照／12年司法省甲第2号達により差添人の費用は請求できないことになる	
		4.24	司法省達第47号達	糺問判事職務仮規則	13年太政官第37号布告により消滅／9年司法省達第48号達司法警察仮規則参照	
		5.20	太政官第75号布告	合家禁止	6年第28号及び第301号布告参照	
		7.6	太政官第99号布告	金穀等借用証書を譲渡するときは書換えが必要		

明治	西暦	月日	法・布告・達	法・布告・達の内容	備考	一般
9	1876	8.5	太政官第108号布告	金録公債証書発行条例	9年太政官第109号、123号布告参看／11年太政官第25号、26号布告、司法省丁第33号達参照	
		9.13	太政官第114号布告	府県裁判所廃止、地方裁判所設置	9年太政官第115号布告参照	
		9.27	司法省達第66号達	区裁判所仮規則	13年太政官第37号布告、14年太政官第53号、第83号布告により第5条まで消滅	
		10.14	司法省達第68号達	身代限をする者が詐欺行為を行い債主に損害を与えた場合は刑法上の罪に問う		
		10.18	司法省達第70号達	身代限処分の時の区入費取りたてについて		
		11.27	司法省甲第17号達	民事ノ詞訟ハ可成丈ケ一応区裁判所ノ勧解ヲ乞ハシム		
10	1877	1.17	太政官第5号布告	裁判所の呼出しに対して無届で遅参不参した場合には罰金を課す		1.4 地租、地価100分の3を2.5に軽減、民費を正租5分の1以内に限定／1.11 教部省・東京警視庁を廃止し、その事務を内務省に移管／1.30 西南戦争勃発（～9.24）／2.9 保釈条例を定める／6.9 立志社・片岡健吉ら国会開設建白書を政府に提出（6.12却下される）／8.21 第1回内国勧業博覧会、東京上野で開催
		1.29	太政官第12号布告	20年以前の預け金穀の訴訟は受理せず		
		2.5	司法省甲第1号布達	1ヶ月以上の期限をもって雇使する者は雇人を持って論ず		
		2.19	太政官第19号布告	大審院諸裁判所職制章程・控訴上告手続改正	10年太政官第46号、47号達参看／19年勅令第40号参照	
		3.8	太政官第28号布告	船舶売買書入ハ戸長ノ公証ヲ受ケシム	19年法律第1号登記法により廃止	
		3.26	司法省丁第27号達	訴答文例中の証書がなくても「証拠の端緒」があれば憑拠ある訴答と認める		
		4.5	司法省丁第29号達	目安糺廃止		
		7.7	司法省丁第49号達	地券の書換えなき土地移転も承認	11年司法省丁第31号達参照	
		7.13	司法省丁第50号達	養戸主離縁は裁判所の管轄事項		
		8.31	太政官第60号達	廃家者取扱方		
		9.11	太政官第66号布告	利息制限法	昭和19年廃止	
		10.13	太政官第75号達	諸法令規則等疑問の廉法制局へ質問する場合の心得	13年太政官第35号達により廃止	
11	1878	1.7	司法省丁第1号達	訴訟入費償却規則外国人民へ施行せず	同年同省丁第2号達参照	3.12 東京商法会議所設立認可／7.22 三新法制定（郡区町村編成法、府県会規則、地方税規則）／8.23 竹橋騒動／12.5 参謀本部条例を定める（統帥権独立の発端）〈この年、国立銀行の設立相次ぐ〉
		3.11	司法省丁第9号達	裁判執行の出訴期限は5箇年とする		
		5.4	太政官第8号布告	株式取引所条例	7年太政官第107号布告廃止して制定／20年勅令第11号により消滅	
		12.20	司法省丁第44号達	訴訟入費の請求は裁判言渡以前に行うこと	12年司法省丁第28号達により改達	
12	1879	2.12	太政官第7号達	地券書換改正ニ附キ確認ノ証記載方	12年太政官第7号達参看、14年太政官第30号布告、20年大蔵省令第1号により消滅	4.4 琉球藩を廃止し、沖縄県とする／6.9 生糸・繭・茶共進会規則制定／9.29 学制を廃し、教育令を定める／10.27 徴兵令改正
		2.25	司法省丁第9号達	習慣とは民法上人民の慣習認許するものと官民の間に慣行する例で条理に背戻しないもの	12年司法省丁第1号達の改達／丁第9号法令全書本文は「慣習」	
		3.20	司法省丙第3号達	免許代言人犯罪処分により免許返納すべきこと		
		7.29	司法省丙第9号達	刑事付帯私訴は取上げること	14年司法省甲第1号布達により消滅	
		11.21	司法省丁第28号達	訴訟入費は敗訴者負担である旨裁判言渡しをすべし	12年司法省丁第10号達参照	
13	1880	5.13	司法省甲第1号布達	代言人規則改正	13年司法省丙第8号参看／13年司法省丙第8号達乃至12号達参照	2.28 横浜正金銀行開業／3.17 国会期成同盟を結成／3.30 陸軍省、村田銃を軍用に指定／4.5 集会条例を定める（政治集会・結社は警察署の事前の許可必要など）／7.17 旧刑法・治罪法を制定（明治15.1.1施行）／11.5 工場払下概則を定める〈この年、金銀正貨の海外流出が激化し、正貨準備高は紙幣流通高5.7%となる〉
		5.13	司法省甲第2号布達	代言人規則改正にともない詞訟代人心得		

明治	西暦	月日	法・布告・達	法・布告・達の内容	備　考	一　般
13	1880	6.29	太政官第35号達	法律布令上疑問がある場合の伺い方法改正	13年太政官第36号参照、13年司法省丁第20号達参照、14年太政官第89号達参事院職制参照／14年太政官第88号達参看	
		11.30	太政官第52号布告	土地売買譲渡規則	19年法律第1号により廃止	
14	1881	8.5	司法省甲第4号布達	人民より郡区長及び戸長に対する詞訟は各上等裁判所で受理する	司法省丁第9号達参照	4.5 大日本農会設立／4.7 農商務省を設置／8.1 北海道開拓使、官有物の払下げ認可／10.11 明治14年の政変／10.12 明治23年に国会開設する旨の詔書出る／10.18 自由党結成会議／10.21 松方正義を参議兼大蔵卿に任命(松方財政の始まり)／10.21 参事院設置／11.11 政府、日本鉄道会社に特許条約書を下付、同会社成立(私設鉄道会社の最初)／12.3 布告・布達・達・告示の区別規定
		10.4	太政官第86号達	大審院及び各裁判所公庭取締等のため巡査を使用	23年法律第6号参看	
		10.10	司法省丁第16号達	裁判所順次		
		12.2	司法省甲第8号布達	大審院諸裁判所所属代言人規則	14年司法省丙第4号、丙第5号達参照	
		12.5	司法省丁第26号達	使丁規則		
		12.28	太政官第83号布告	治安裁判所及び始審裁判所の権限	19年法律第1号により廃止	
		1.9	太政官第1号布告	当分の内、弁護人を用いない刑の言渡であっても無効とならない		
15	1882	1.31	太政官第2号布達	土地売買譲渡規則にもとづく土地分割取扱手続		1.4 軍人勅諭を発表／4.16 立憲改進党結成、大隈重信を総理に決定／6.27 日本銀行条例を定める(資本金1000万円)／7.23 壬午事変／10.– 紡績連合会設立／11.28 福島事件／12.16 郵便条例を定める
		5.5	司法省丙第19号達	内訓条例	制度変革により消滅	
		12.11	太政官第57号布告	為替手形約束手形条例		
		12.12	太政官第58号布告	請願条例規則	16年内務省甲第2号告示参看	
16	1883	1.30	司法省告示甲第2号	支庁へ出訴スヘキ民事ノ訴訟被告人ノ承諾書ヲ添へ始審裁判所へ出訴スルヲ得	23年法律第6号に依り消滅	4.16 新聞紙条例改正／5.5 国立銀行条例を改正(各国立銀行発行紙幣銷却の命令など)／6.29 出版条例の改正／10.26 東京商工会設立認可／12.28 徴兵令改正
		3.6	司法省丁第10号達	治安裁判所及ハ出仕ヲ以テ民事裁判ニモ従事苦シカラス	19年勅令第40号により消滅	
		3.6	司法省丁第11号達	身代限分配加入ノ訴受理及分配取扱方	23年法律第6号、第29号により消滅	
17	1884	3.15	太政官第7号布告	地租条例		3.17 宮中に制度取調局設置(憲法・皇室典範起草開始)／5.7 区町村会法改正／5.7 戸長公選制廃止／7.6 長崎造船局を廃止、郵便汽船三菱会社に貸下げ、長崎造船所と改称／7.7 華族令を定める／9.19 深川セメント製造所・深川白煉瓦製造所を浅野総一郎に払下げ／9.23 加波山事件／10.28 会計年度を改正(毎年4月1日の起算)／10.29 自由党解党／10.31 秩父事件／12.23 院内銀山を古河市兵衛に払下げ
		3.25	太政官第9号布告	質屋取締条例		
		5.26	太政官第18号布告	兌換銀行券条例		
		6.7	太政官第19号布告	商標条例	21年改正	
		6.10	太政官第20号布告	単身戸主死亡又は除籍者の絶家に期限		
		6.24	司法省丁第23号達	勧解略則	23年廃止	
		12.26	太政官第102号達	判事登用規則		
18	1885	5.30	太政官第13号布告	預金規則		4.18 専売特許条例を定める／4.18 天津条約調印／5.7 電信取扱規則を定める／6.16 日本経済会設立／9.24 違警罪即決例を定める／11.23 大阪事件／12.22 太政官制度廃止、内閣制度制定(伊藤博文を初代総理大臣に任命)
		7.21	内務省甲第26号達	民事上裁判執行ヲ遂ケサル者警察官ニ於テ執行セシム		
		10.24	司法省丁第21号達	大審院并裁判所書類保存規程		
19	1886	2.26	勅令第1号	公文式	40年廃止、公式令制定	1.4 日銀不換紙幣の正貨兌換開始／3.18 参謀本部条例改正／4.10 師範学校令・小学校令・中学校令を公布／4.26 海軍条例公布／4.28 兵庫造船所を川崎正蔵に貸下げ(5.19 川崎造船所と改称、のち払下げ)／5.1 井上外相、各国公使と第1回条約改正会議を開催／6.12 甲府の雨宮製糸場の女工ストライキ／7.20 地方官官制公布
		4.29	勅令第34号	華族世襲財産法		
		5.5	勅令第19号	裁判所官制		
		8.13	法律第1号	登記法	20年2月1日施行	
		8.13	法律第2号	公証人規則		
		10.16	勅令第66号	整理公債条例		
		10.16	内務省令第22号	戸籍取扱手続		
		3.23	内務訓令第20号	戸籍登記書式		
20	1887	3.23	勅令第5号	所得税法	32年改正	5.18 私設鉄道条例公布／6.7 長崎造船所を三菱社に払下げ／7.7 横浜正金銀行条例公布／7.25 文官試験試補及見習規則公布／7.30 官吏服務紀律改正公布／12.15「三大事件建白」を元老院に提出(言論集会の自由・条約改正中止・地租軽減)／12.26 保安条例公布(秘密結社・秘密集会の禁止など)
		5.14	勅令第11号	取引所条例	26年廃止、取引所法制定	
21	1888	10.9	勅令第66号	登記印紙規則		4.25 市制・町村制公布(明治22年に町村合併進行)／4.30 枢密院官制公布／8.1 兌換銀行券条例改正公布／11.30 日本メキシコ修好条約調印(最初の平等条約)
		12.22	勅令第84、85、86号	特許条例、意匠条例、商標条例	18年専売特許条例の改正	
22	1889	2.11		大日本帝国憲法		2.11 大日本帝国憲法発布・皇室典範制定・衆議院議員選挙法公布／2.11 会計法公布／3.9 参謀本部条例・海軍参謀本部条例公布／3.14 国税徴収法公布／5.10 会計検査院法公布／7.1 東海道線、新橋・神戸間全線開通／12.24 内閣官制公布(内閣職権廃止、首相の権限縮小、軍部大
		2.11	法律第3号	衆議院議員選挙法	33年改正	

明治	西暦	月日	法・布告・達	法・布告・達の内容	備考	一般
22	1889					臣の上奏など規定)／12.-年末より、恐慌状態始まる・日本最初の経済恐慌(明治23年恐慌)の開始
23	1890	2.10	法律第6号	**裁判所構成法**	38、39、41、44年、大正2、3、10、11、14年、昭和9、10、12、14、15年改正、昭和22年廃止	5.17 府県制・郡制各公布／6.21 官吏恩給法・軍人恩給法公布／7.1 第1回衆議院総選挙／7.25 集会及政社法公布／8.- 足尾銅山鉱毒問題深刻化／9.26 鉱業条例公布(日本坑法廃止)／10.7 刑事訴訟法公布(大正11年改正)／10.30 教育勅語発布／11.25 第1回帝国議会招集
		4.21	法律第28号	民法(財産編、財産取得編、債権担保編、証拠編)	26年施行予定が延期され、29年新民法公布	
		4.21	法律第29号	民事訴訟法	24年4月1日施行、大正15年改正	
		4.26	法律第32号	商法	24年施行予定が31年まで延期、32年に新法公布	
		6.30	法律第48号	**行政裁判法**	大正5年改正、昭和22年廃止	
		7.25	法律第51号	**執達吏規則**		
		7.26	勅令第145号	供託規則		
		8.9	法律第61号	日本銀行条例中改正		
		8.13	法律第63号	郵便貯金条例	38年廃止	
		8.16	法律第64号	民事訴訟費用法		
		8.16	法律第65号	**民事訴訟用印紙法**		
		8.21	法律第67号	家資分散法		
		8.21	法律第68号	判事懲戒法		
		8.25	法律第72号	銀行条例	28年改正	
		8.25	法律第73号	貯蓄銀行条例	28年改正、大正10年廃止	
		10.4	法律第93号	裁判上代位法		
		10.4	法律第95号	非訟事件手続法	31年廃止	
		10.7	法律第97号	法例	31年廃止	
		10.7	法律第98号	民法(財産取得編第二部、人事編)民法人事編		
		10.9	法律第104号	婚姻事件養子縁組事件及禁治産事件ニ関スル訴訟規則		
		10.10	法律第105号	訴願法		
24	1891	1.7	勅令第3号	民事訴訟法第14条に依り国を代表するに附いての規定		3.24 度量衡法公布(明治26.1.1施行)／5.11 大津事件／9.1 日本鉄道、盛岡・青森間開通により上野・青森間全線開通／12.18 田中正造、衆議院へ初めて足尾鉱毒問題に関する質問書を提出／12.25 衆議院、予算削減案可決
		4.1	内務省通牒無号	戸主死亡し相続人未定中は家族の転籍を許さず		
		5.8	司法省訓令第3号	債権者の差押へたる大蔵省預金局保管に係る保管金、供託金銭及有価証券の差押命令を裁判所より大臣、局長に送るとき寄託の要項記載方		
		6.8	勅令第54号	訴訟書類郵便送達手数料納付方		
		6.26	内務省訓令第11号	戸籍登記書式中改正追加		
		9.7	司法省訓令第7号	民事訴訟法第152条第153条に依りて為す送達の囑託手続準拠方		
		9.19	司法省令第11号	司法官庁より起すべき民事訴訟に附き国を代表する権利委任		
25	1892	2.26	宮内省達乙1、乙2号	明治22年達第4号〈華族土地を以て世襲財産と為さんとするとき出願及所管庁奥印方〉廃止。華族土地を以て世襲財産と為さんとする者は財産目録に其土地台帳謄本添付(宮達乙2)		2.15 第2回臨時総選挙／5.11 貴族院、選挙干渉に関する建議案可決(5.14、衆議院も可決)／5.27 貴族院、民法・商法施行延期法案を審議(5.28 修正可決、6.10 衆議院可決)／7.15 横須賀海軍造船廠スト／6.21 鉄道敷設法公布／9.25 第1回全国商業会議所連合会(京都)／11.6 大井憲太郎、東洋自由党結党
		11.24	法律第8号	民法財産編財産取得編債権担保編人事編商法商法施行条例法例施行延期	29年12月31日まで施行延期	
26	1893	3.4	法律第5号	取引所法	32年、大正3年、昭和4、14、15年改正	5.22 戦時大本営条例公布(戦時の最高統帥部)／10.31 文官任用令・文官試験規則各公布／11.15 枢密院会議、条約改正始末書・改正条約案・議定書案を可決〈この年、商法一部施行に伴い企業の株式会社・合資会社・合名会社等への改組相次ぐ〉
		3.4	法律第7号	**弁護士法**	33年、大正3、12年、昭和8年改正	
		3.6	法律第9号	商法及商法施行条例中改正加除並施行条〈商法中会社・手形・小切手・破産(第一編第6章・第12章・第三編)の各規定及び商法施行条例の一部、又商法第一編第2章・第4章を商事会社について、7.1より施行〉		

明治	西暦	月日	法・布告・達	法・布告・達の内容	備　考	一　般
26	1893	4.25	司法省令第7号、第8号	明治23年省令第8号〈商業及船舶の登記公告に関する取扱規則〉第10条中追加、7.4改正。商法第226条に依り謄書の謄本を求むる手数料登記印紙を以て給付		
		5.1	大蔵省令第7号	銀行条例施行細則		
		7.4	大蔵省訓令第23号	差押命令仮差押命令執行方		
		7.4	宮内省達乙第3号	華族公債証書を世襲財産とするときは記名とす		
		7.7	農商務省達第12号	株式会社債権に関する細則		
27	1894					3.1 第3回臨時総選挙／2.- 朝鮮で甲午農民戦争(東学党の乱)起こる／5.26 綿糸輸出海関税免除法公布／7.16 日英通商航海条約調印(8.27公布)／8.1 清国に宣戦布告(日清戦争)／8.20 日韓暫定合同条款調印(朝鮮京仁・京釜鉄道敷設権を認めさせる)／8.16 軍事公債条例公布(5000万円を限度とする)／9.1 第4回臨時総選挙／10.24 臨時軍事費特別会計に基づく第1次予算1億5000万円公布
28	1895	3.6	法律第13号	古物商取締法	昭和24年廃止、古物営業法	4.17 日清講和条約調印／4.23 独・仏・露3国、遼東半島の清国への返還を勧告(三国干渉)／10.8 京城にて日本公使の指揮により閔妃殺害／10.31 講和条約第4条に基づき、清国より軍事賠償金2億両の一部を受領　(日清戦争後の経済好況にて、鉄道・銀行・紡績・石炭・保険等の企業熱・投機熱勃興)
		3.13	法律第14号	質屋取締法	昭和25年廃止、質屋営業法	
29	1896	4.27	法律第89号	民法(第一・二・三編)公布	23年法律第28号廃止	3.1 進歩党結成(立憲改進党・立憲革新党・中国進歩党が合同、99名の議員)／3.24 航海奨励法・造船奨励法公布／3.28 登録税法・酒造税法・営業税法・葉煙草専売法各公布(日清戦争後の第1次増税)／3.30 八幡製鉄所官制公布(明治30.6.1開業)／3.31 台湾に施行すべき法令に関する法律公布(法律第63号)／3.31 台湾総督府条例公布／3.31 拓殖務省官制公布／4.8 移民保護法公布／4.20 銀行合併法・日本勧業銀行法・農工銀行法・農工銀行補助法各公布／6.9 山県・ロバノフ協定／7.21 日清通商航海条約調印(10.29公布)
		12.25	司法省令第56号	東京市内の商業登記取扱庁の件		
		12.29	法律第94号	商法、法例、民法施行延期〈商法未施行部分、法例、民法財産取得編、人事編は明治31.6.30まで施行せず〉		
30	1897	4.6	法律第46号	森林法		3.3 足尾銅山鉱毒被害民800余名上京、請願運動開始／3.29 関税定率法公布(明治32.1.1施行)／4.2 遠洋漁業奨励法公布／4.12 重要輸出品同業組合法公布／6.14 日銀、個人取引を公開／7.4 労働組合期成会の発起人会開催、規約を定める／10.21 台湾総督府官制公布／12.1 鉄工組合結成
31	1898	6.21	法律第9号	民法(第四・五編)公布		2.24 日本鉄道会社機関手、火夫スト／4.19 日銀、財界の金融逼迫救済のため、政府の委託により、償金の一部で公債を買入れ(最初の市場操作)／6.22 憲政党結党(自由党・進歩党合同)／6.30 第1次大隈内閣(隈板内閣)成立／9.1 農商務省、工場法案(職工法案の修正)を発表／9.21 戊戌の政変起こる(西太后、実権を握る)／12.30 地租条例改正・田畑地価修正法各公布
		6.21	法律第10号	法例	23年法例廃止	
		6.21	法律第11号	民法施行法		
		6.21	法律第12号	戸籍法		
		6.21	法律第13号	**人事訴訟手続法**	大正15年改正	
		6.21	法律第14号	**非訟事件手続法**	32、44年、大正2、11、15年、昭和2、4、6、9、14年改正	
		6.21	法律第15号	競売法	大正15年、昭和6年改正	
32	1899	2.8	法律第15号	供託法	大正10年改正	3.- 三東で義和団蜂起／3.14 関税法公布(8.4施行)／3.16 国籍法公布／3.22 耕地整理法公布／3.22 北海道拓殖銀行法公布／3.23 国有林野法公布／3.28 文官任用令改正・文官分限令・文官懲戒令公布／4.20 外債募集に関する法律公布／7.15 軍機保護法公布／10.2 幸徳秋水ら東京に普通選挙期成同盟会を組織(のち普通選挙同盟会へ)
		2.24	法律第24号	不動産登記法	38、44年、大正2、5、8、11年、昭和2、5、8、11年改正	
		3.2	法律第36、37、38号	特許法、意匠法、商標法	42年改正	
		3.4	法律第39号、勅令第178号	著作権法	43年、大正9年、昭和6、9、16年改正	
		3.9	法律第48、49号	商法、商法施行法	44年改正	
		3.10	法律第54号	印紙税法		
		6.15	勅令第271号	小商人の規定の件		
33	1900	3.31	法律第79号	植林のための地上権登記に関する法律		3.7 産業組合法公布／3.10 治安警察法公布／3.10 農工銀行法・同補助法各改正公布／3.13 郵便法・鉄道船舶郵便法・郵便為替法各公布／3.14 電信法公布／3.22 保険業法公布／3.23 日本興業銀行法公布／5.19 陸軍省・海軍省官制改正公布(軍部大臣の現役大・中将制確立)／6.2 行政執行法公布／9.15 立憲政友会発会式(総裁・伊藤博文、代議士152人)／10.19 第4次伊藤内閣成立
34	1901	4.13	法律第36号	民法中第374条(改正)		2.5 官営八幡製鉄所、第一高炉火入れ／4.13 漁業法公布(明治35.7.1施行)／4.16 第七十九銀行・難波銀行の支払停止を契機に大阪に銀行恐慌勃発、各地へ波及／5.20 片山潜・幸徳秋水・阿部磯雄ら社会民主党を結成、即日禁止／9.7 北京で義和団事件最終議定書調印(清国、11ヵ国に賠償金を支払いと華北駐兵権を認める)
		9.21	法律第39号、勅令第178号	永代賃借権に関する法律及び勅令		
35	1902	4.5	法律第37号	民法第743条中追加(第2項第3項追加、直系卑属の携帯分家を認める)		1.30 日英同盟協約、ロンドンで成立、即日実施／3.25 商業会議所法公布／3.27 日本興業銀行設立(特殊銀行)／11.1 税務監督局官制・税務署官制公布／12.2 国勢調査に関する法律公布(10

明治	西暦	月日	法・布告・達	法・布告・達の内容	備　考	一　般
35	1902	7.24	司法省令第13号、16号、17号、20号、21号	不動産登記法施行細則中改正追加。商業登記取扱手続中改正追加。法人及び夫婦財産契約登記取扱手続中改正追加。地所建物船舶質入書入に関する旧公証簿及附属書類保存の件。身分登記戸籍及び寄留に関する書類保存規程。		年ごとの調査）
		12.2	法律第50号	年齢計算に関する件		
36	1903					3.20 通信官署官制公布／4.13 小学校令改正公布、教科書国定制／11.15 幸徳・堺ら、平民社を結成
37	1904	4.1	法律第17号	記名の国債を目的とする質権の設定に関する件		2.10 日露戦争（ロシアに宣戦布告）／2.23 日韓議定書調印／4.1 臨時事件費特別会計法に基づく第1次予算3億8000万円公布／4.1 非常特別税法・たばこ専売法公布施行／8.14 片山潜、第2インター・アムステルダム大会に出席、副議長に選出される／8.22 第1次日韓協約調印
		4.9	勅令第107号	土地台帳規則第4条中改正		
38	1905	2.16	法律21号	実用新案法	42年、大正10年改正	1.1 非常特別税法改正、相続税法・塩専売法・臨時事件費支弁に関する法律改正各公布／1.31 第一銀行京城支店、韓国の中央銀行となる／7.29 桂=タフト協定成立／9.5 日露講和条約（ポーツマス条約）／9.5 日比谷焼打事件／11.17 第2次日韓協約調印
		2.16	法律第23号	郵便貯金法	昭和22年廃止、郵便貯金法	
		3.13	法律第53号	鉄道抵当法	大正8年、昭和8年改正	
		3.13	法律第54号、55号	工場抵当法、鉱業抵当法		
39	1906	6.22	法律第55号	債務者に代位する債権者の登記申請に関する件		2.24 日本平民党・日本社会党合同し、日本社会党第1回大会を開催／3.2 国債整理基金特別会計法公布／3.31 鉄道国有法・京釜鉄道買収法各公布／8.1 関東都督府官制公布／10.18 全国商業会議所連合会、所得税法改廃・営業税改正を決議（営業税改正運動）／11.26 南満州鉄道設立
		7.9	司法省令第17号	一定の町村又は其大字の土地登録簿に関する件		
40	1907	2.1	勅令第6号	公式令制定公文式廃止	大正10年、昭和15年改正、昭和22年廃止	1.21 東京株式相場暴落（日露戦後恐慌始まる）／2.4 足尾銅山坑夫、大暴動、軍隊出動／3.15 樺太庁官制公布／6.10 日仏協約調印／7.24 第3次日韓協約調印（韓国内政全般を統監の指導下に置く）／7.30 第1回日露協約調印／10.- 生糸輸出不振、糸価暴落開始
		4.23	法律第43号	森林法		
41	1908	7.1	法律第62号	明治34年法律第39号〈永代借地権に関する件〉中改正		3.16 石油消費税公布、酒造税法・麦酒税法等改正で間接税中心の増税／4.14 公証人法公布／7.14 第2次桂内閣成立／11.30 高平=ルート協定調印
42	1909	5.1	法律第40号	建物保護に関する件		3.25 遠洋航路補助法公布／4.5 改正特許法・改正意匠法・改正商標法・改正実用新案法各公布／4.9 産業組合法改正公布／4.11 日糖疑獄事件の検挙始まる（代議士23人有罪）／5.6 新聞紙条例廃止、新聞紙法公布（発売頒布禁止の行政処分復活）／10.26 伊藤博文、暗殺される〈この年、生糸輸出量、中国の生糸輸出量を初めて凌駕し、世界第1位となる。綿布の輸出額、輸入額を凌駕〉
43	1910	4.13	法律第51号	外国人の土地所有に関する法律		2.1 横浜正金・興銀・第一・三井・住友・安田などの有力15銀行、内国債借換えの国債引受けシンジケートを結成／4.15 改正関税定率法公布／7.4 第2回日露協約調印／8.22 韓国併合に関する日韓条約調印／9.30 朝鮮総督府官制・同中枢院官制各公布／9.30 朝鮮総督府臨時土地調査局官制公布／11.3 帝国在郷軍人会、発会式／11.15 農商務省、帝国農会の設立を許可／12.24 皇室財産令公布
		4.16	法律第56号	立木の先取特権に関する件		
		4.26	司法省令第5号	立木登記規則	45年改正	
44	1911	3.21	法律第12号	不動産登記法中改正		1.18 大審院、幸徳秋水ら大逆事件被告24人に死刑判決／2.21 日米新通商航海条約及び付属議定書調印（初めて関税自主権を確立）／3.29 工場法公布（大正5.9.1施行）／3.30 電気事業法公布／7.3 第3回日英同盟協約／8.21 警視庁、特別高等課設置／8.30 第2次西園寺内閣成立／10.10 辛亥革命始まる／12.9 臨時制度整理局官制公布
		3.29	法律第46号	工場法	大正12年、昭和4、10年改正	
		3.30	法律第55号	電気事業法		
		3.30	法律第52号	司法事務共助法		
		4.7	法律第72号	民事訴訟法中改正〈差戻し・移送後の判事の不関与〉		
		5.3	法律第73号	商法改正		
45	1912	3.29	法律第7号	外国裁判所の嘱託に因る共助法中改正		1.1 中華民国の成立／2.12 清朝滅亡（宣統帝退位、袁世凱が全権を掌握）／7.6 オリンピックに初参加／7.8 第3回日露協約調印／7.30 睦仁天皇没し、大正と改元／8.1 鈴木文治ら、友愛会を結成／9.26 恩赦令・大赦令公布／12.19 憲政擁護大会、東京で開催（以後、全国各地で開催。第1次護憲運動）

（注）　本表は、岩波書店編集部編『近代日本総合年表』（岩波書店、1968年）／熊谷開作・井ヶ田良治・山中永之佑・橋本久編『日本法史年表』（日本評論社、1981年）／石井良助監修『近代日本法律司法年表』（第一法規出版、1982年）／矢部洋三・古賀義弘・渡辺広明・飯島正義編著『現代経済史年表』第二版（日本経済評論社、1993年）、を参照して作成した。
「法・布告・達」欄に記した内容は原則として原文通りの表記としたが、紙幅の都合上、その要旨のみを記した場合がある。

效ナル仲裁契約ノ成立セサルコト、仲裁契約カ判斷ス可キ爭ニ關係セサルコト又ハ仲裁人カ其職務ヲ施行スル權ナキコトヲ主張スルトキト雖モ仲裁手續ヲ續行シ且仲裁判斷ヲ爲スコトヲ得

第七百九十八條　數名ノ仲裁人カ仲裁判斷ヲ爲ス可キトキハ過半數ヲ以テ其判斷ヲ爲ス可シ但仲裁契約ニ別段ノ定アルトキハ此限ニ在ラス

第七百九十九條　仲裁判斷ニハ其作リタル年月日ヲ記載シテ仲裁人之ニ署名捺印ス可シ

仲裁人ノ署名捺印シタル判斷ノ正本ハ之ヲ當事者ニ送達シ其原本ハ送達ノ證書ヲ添ヘテ管轄裁判所ノ書記課ニ之ヲ預ケ置ク可シ

第八百條　仲裁判斷ハ當事者間ニ於テ確定シタル裁判所ノ判決ト同一ノ效力ヲ有ス

第八百一條　仲裁判斷ノ取消ハ左ノ場合ニ於テ之ヲ申立ツルコトヲ得

第一　仲裁手續ヲ許ス可カラサリシトキ

第二　仲裁判斷カ法律上禁止ノ行爲ヲ爲ス可キ旨ヲ當事者ニ言渡シタルトキ

第三　當事者カ仲裁手續ニ於テ法律ノ規定ニ從ヒ代理セラレサリシトキ

第四　仲裁手續ニ於テ當事者ヲ審訊セサリシトキ

第五　仲裁判斷ニ理由ヲ付セサリシトキ

第六　第四百六十九條第一號乃至第五號ノ場合ニ於テ原狀回復ノ訴ヲ許ス條件ノ存スルトキ

仲裁判斷ノ取消ハ當事者カ別段ノ合意ヲ爲シタルトキハ本條第四號及ヒ第五號ニ掲ケタル理由ニ因リ之ヲ爲スコトヲ得ス

第八百二條　仲裁判斷ニ因リ爲ス强制執行ハ執行判決ヲ以テ其許ス可キコトヲ言渡シタルトキニ限リ之ヲ爲スコトヲ得

右執行判決ハ仲裁判斷ノ取消ヲ申立ツルコトヲ得ヘキ理由ノ存スルトキハ之ヲ爲スコトヲ得ス

第八百三條　執行判決ヲ爲シタル後ハ仲裁判斷ノ取消ハ第八百一條第六號ニ掲ケタル理由ニ因リテノミ之ヲ申立ツルコトヲ得但當事者カ自己ノ過失ニ非スシテ前手續ニ於テ取消ノ理由ヲ主張スル能ハサリシコトヲ疏明シタルトキニ限ル

第八百四條　仲裁判斷取消ノ訴ハ前條ノ場合ニ於テハ一个月ノ不變期間内ニ之ヲ起ス可シ

右期間ハ當事者カ取消ノ理由ヲ知リタル日ヲ以テ始マル然レトモ執行判決ノ確定前ニハ始マラサルモノトス但執行判決ノ確定ト爲リタル日ヨリ起算シテ五个年ノ滿了後ハ此訴ヲ起スコトヲ許サス

仲裁判斷ヲ取消ストキハ執行判決ノ取消ヲモ亦言渡ス可シ

第八百五條　仲裁人ヲ選定シ若クハ忌避スルコト、仲裁契約ノ消滅スルコト、仲裁手續ヲ許ス可カラサルコト、仲裁判斷ヲ取消スコト又ハ執行判決ヲ爲スコトヲ目的トスル訴ニ付テハ仲裁契約ニ指定シタル區裁判所又ハ地方裁判所之ヲ管轄シ其指定ナキトキハ請求ヲ裁判上主張スル場合ニ於テ管轄ヲ有ス可キ區裁判所又ハ地方裁判所之ヲ管轄ス

前項ニ依リ管轄ヲ有スル裁判所數箇アルトキハ當事者又ハ仲裁人カ最初ニ關係セシメタル裁判所之ヲ管轄ス

第二　公示催告ニ付テノ公告ヲ爲サス又ハ法律ニ定メタル方法ヲ以テ公告ヲ爲サヽルトキ

第三　公示催告ノ期間ヲ遵守セサルトキ

第四　判決ヲ爲ス判事カ法律ニ依リ職務ノ執行ヨリ除斥セラレタルトキ

第五　請求又ハ權利ノ屆出アリタルニ拘ハラス判決ニ於テ其屆出ヲ法律ニ從ヒ顧ミサルトキ

第六　第四百六十九條第一號乃至第五號ノ場合ニ於テ原狀回復ノ訴ヲ許ス條件ノ存スルトキ

第七百七十五條　不服申立ノ訴ハ一个月ノ不變期間内ニ之ヲ起ス可シ此期間ハ原告カ除權判決ヲ知リタル日ヲ以テ始マル然レトモ前條第四號及ヒ第六號ニ掲ケタル不服申立ノ理由ノ一ニ基キ訴ヲ起シ且原告カ右ノ日ニ其理由ヲ知ラサリシ場合ニ於テハ其期間ハ不服ノ理由ノ原告ニ知レタル日ヲ以テ始マル

除權判決ノ言渡ノ日ヨリ起算シテ五个年ノ滿了後ハ此訴ヲ起スコトヲ得ス

第七百七十六條　裁判所ハ第百二十條ノ條件ノ存セサルトキト雖モ數箇ノ公示催告ノ併合ヲ命スルコトヲ得

第七百七十七條　盜取セラレ又ハ紛失若クハ滅失シタル手形其他商法ニ無效ト爲シ得ヘキコトヲ定メタル證書ノ無效宣言ノ爲ニ爲ス公示催告手續ニ付テハ以下數條ノ特別規定ヲ適用ス

此規定ハ法律上公示催告手續ヲ許ス他ノ證書ニ付キ其法律中ニ特別規定ヲ設ケサル限リハ之ヲ適用ス

第七百七十八條　無記名證券又ハ裏書ヲ以テ移轉シ得ヘク且略式裏書ヲ付シタル證書ニ付テハ最終ノ所持人公示催告手續ヲ申立ツル權アリ

此他ノ證書ニ付テハ證書ニ因リ權利ヲ主張シ得ヘキ者此申立ヲ爲ス權アリ

第七百七十九條　公示催告手續ハ證書ニ表示シタル履行地ノ裁判所之ヲ管轄ス若シ證書ニ其履行地ヲ表示セサルトキハ發行人カ普通裁判籍ヲ有スル地ノ裁判所之ヲ管轄シ其裁判所ナキトキハ發行人カ發行ノ當時普通裁判籍ヲ有セシ地ノ裁判所之ヲ管轄ス

證書ヲ發行スル原因タル請求ヲ登記簿ニ記入シタルトキハ其物ノ所在地ノ裁判所ノ管轄ニ專屬ス

第七百八十條　申立人ハ申立ノ憑據トシテ左ノ手續ヲ爲ス可シ

第一　證書ノ謄本ヲ差出シ又ハ證書ノ重要ナル旨趣及ヒ證書ヲ十分ニ認知スルニ必要ナル諸件ヲ開示スルコト

第二　證書ノ盜難、紛失、滅失及ヒ公示催告手續ヲ申立ツルコトヲ得ルノ理由タル事實ヲ疏明スルコト

第七百八十一條　公示催告中ニ公示催告期日マテニ權利ヲ裁判所ニ屆出テ且其證書ヲ提出ス可キ旨ヲ證書ノ所持人ニ催告ス可ク又失權トシテ證書ノ無效宣言ヲ爲ス可キ旨ヲ戒示ス可シ

第七百八十二條　公示催告ノ公告ハ裁判所ノ掲示板ニ掲示シ且官報又ハ公報ニ掲載シ及ヒ新聞紙ニ三回掲載シテ之ヲ爲ス

公示催告裁判所ノ所在地ニ取引所アルトキハ取引所ニモ亦此公告ヲ掲示ス可シ

第七百八十三條　公示催告ヲ官報又ハ公報ニ掲載シタル日ト公示催告期日トノ間ニハ少ナクトモ六个月ノ時間ヲ存スルコトヲ要ス

第七百八十四條　除權判決ニ於テハ證書ヲ無效ナリト宣言ス可シ

除權判決ノ重要ナル旨趣ハ官報又ハ公報ヲ以テ之ヲ公告ス可シ

不服申立ノ訴ニ因リ判決ヲ以テ無效宣言ヲ取消シタルトキハ其判決ノ確定後官報又ハ公報ヲ以テ之ヲ公告ス可シ

第七百八十五條　除權判決アリタルトキハ其申立人ハ證書ニ因リ義務ヲ負擔スル者ニ對シテ證書ニ因レル權利ヲ主張スルコトヲ得

第八編　仲裁手續

第七百八十六條　一名又ハ數名ノ仲裁人ヲシテ爭ノ判斷ヲ爲サシムル合意ハ當事者カ係爭物ニ付キ和解ヲ爲ス權利アル場合ニ限リ其效力ヲ有ス

第七百八十七條　將來ノ爭ニ關スル仲裁契約ハ一定ノ權利關係及ヒ其關係ヨリ生スル爭ニ關セサルトキハ其效力ヲ有セス

第七百八十八條　仲裁契約ニ仲裁人ノ選定ニ關スル定ナキトキハ當事者ハ各一名ノ仲裁人ヲ選定ス

第七百八十九條　當事者ノ雙方カ仲裁人ヲ選定スル權利ヲ有スルトキハ先ニ手續ヲ爲ス一方ハ書面ヲ以テ相手方ニ其選定シタル仲裁人ヲ指示シ且七日ノ期間內ニ同一ノ手續ヲ爲ス可キ旨ヲ催告ス可シ

右期間ヲ徒過シタルトキハ管轄裁判所ハ先ニ手續ヲ爲ス一方ノ申立ニ因リ仲裁人ヲ選定ス

第七百九十條　當事者ノ一方ハ相手方ニ仲裁人選定ノ通知ヲ爲シタル後ハ相手方ニ對シテ其選定ニ羈束セラル

第七百九十一條　仲裁契約ヲ以テ選定シタルニ非サル仲裁人カ死亡シ又ハ其他ノ理由ニ因リ欠缺シ又ハ其職務ノ引受若クハ施行ヲ拒ミタルトキハ其仲裁人ヲ選定シタル當事者ハ相手方ノ催告ニ因リ七日ノ期間內ニ他ノ仲裁人ヲ選定ス可シ此期間ヲ徒過シタルトキハ管轄裁判所ハ其催告ヲ爲シタル者ノ申立ニ因リ仲裁人ヲ選定ス可シ

第七百九十二條　當事者ハ判事ヲ忌避スル權利アルト同一ノ理由及ヒ條件ヲ以テ仲裁人ヲ忌避スルコトヲ得

此他仲裁契約ヲ以テ選定シタルニ非サル仲裁人カ其責務ノ履行ヲ不當ニ遲延スルトキハ亦之ヲ忌避スルコトヲ得

無能力者、聾者、啞者及ヒ公權ノ剝奪又ハ停止中ノ者ハ之ヲ忌避スルコトヲ得

第七百九十三條　仲裁契約ハ當事者ノ合意ヲ以テ左ノ場合ノ爲メ豫定ヲ爲サヽリシトキハ其效力ヲ失フ

第一　契約ニ於テ一定ノ人ヲ仲裁人ニ選定シ其仲裁人中ノ或ル人カ死亡シ又ハ其他ノ理由ニ因リ欠缺シ又ハ其職務ノ引受ヲ拒ミ又ハ仲裁人ノ取結ヒタル契約ヲ解キ又ハ其責務ノ履行ヲ不當ニ遲延シタルトキ

第二　仲裁人カ其意見ノ可否同數ナル旨ヲ當事者ニ通知シタルトキ

第七百九十四條　仲裁人ハ仲裁判斷前ニ當事者ヲ審訊シ且必要トスル限リハ爭ノ原因タル事件關係ヲ探知ス可シ

仲裁手續ニ付キ當事者ノ合意アラサル場合ニ於テハ其手續ハ仲裁人ノ意見ヲ以テ之ヲ定ム

第七百九十五條　仲裁人ハ其面前ニ任意ニ出頭スル證人及ヒ鑑定人ヲ訊問スルコトヲ得

仲裁人ハ證人又ハ鑑定人ヲシテ宣誓ヲ爲サシムル權ナシ

第七百九十六條　仲裁人ノ必要ト認ムル判斷上ノ行爲ニシテ仲裁人ノ爲スコトヲ得サルモノハ當事者ノ申立ニ因リ管轄裁判所之ヲ爲ス可シ但其申立ヲ相當ト認メタルトキニ限ル

證人又ハ鑑定人ニ供述ヲ命シタル裁判所ハ證據ヲ述フルコト又ハ鑑定ヲ爲スコトヲ拒ミタル場合ニ於テ必要ナル裁判ヲモ亦爲ス權アリ

第七百九十七條　仲裁人ハ當事者カ仲裁手續ヲ許ス可カラサルコトヲ主張スルトキ殊ニ法律上有

假差押命令ノ執行ハ命令ヲ言渡シ又ハ申立人ニ命令ヲ送達シタル日ヨリ十四日ノ期間ヲ徒過スルトキハ之ヲ爲スコトヲ許サス

右執行ハ債務者ニ差押命令ヲ送達スル前ト雖モ之ヲ爲スコトヲ得

第七百五十條　動產ニ對スル假差押ノ執行ハ各差押ト同一ノ原則ニ從ヒテ之ヲ爲ス

債權ノ假差押ニ付テハ其命令ヲ發シタル裁判所ヲ以テ管轄執行裁判所トス

債權ノ假差押ニ付テハ第三債務者ニ對シ債務者ニ支拂ヲ爲スコトヲ禁スル命令ノミヲ爲ス可シ

假差押ノ金錢ハ之ヲ供託ス可シ其他假差押物ノ競賣及ヒ假差押有價證券ノ換價ハ一時之ヲ爲サス然レトモ假差押物ニ著シキ價額ノ減少ヲ生スル恐アルトキ又ハ其貯藏ニ付キ不相應ナル費用ヲ生ス可キトキハ執行裁判所ハ申立ニ因リ其物ヲ競賣シ賣得金ヲ供託ス可キ旨ヲ執達吏ニ命スルコトヲ得

第七百五十一條　不動產ニ對スル假差押ノ執行ハ假差押ノ命令ヲ登記簿ニ記入スルニ因リテ之ヲ爲ス

第七百五十二條　假差押執行ノ爲メ强制管理ヲ爲ス場合ニ於テハ保全ス可キ債權ニ相當スル金額ヲ取立テ之ヲ供託ス可シ

第七百五十三條　船舶ニ對スル假差押ノ執行ハ假差押ノ當時碇泊スル港ニ碇泊セシムルコトニ因リテ之ヲ爲ス裁判所ハ債權者ノ申立ニ因リ船舶ノ監守及ヒ保存ノ爲メ必要ナル處分ヲ爲ス

第七百五十四條　假差押命令ニ於テ定メタル金額ヲ供託シタルトキハ執行裁判所ハ執行シタル假差押ヲ取消ス可シ

假差押ノ續行ニ付キ特別ノ費用ヲ要シ且之カ爲メ必要ナル金額ヲ債權者カ豫納セサルトキモ亦執行裁判所ハ假差押ノ取消ヲ命スルコトヲ得

右裁判ハ口頭辯論ヲ經スシテ之ヲ爲スコトヲ得

假差押ヲ取消ス決定ニ對シテハ即時抗告ヲ爲スコトヲ得

第七百五十五條　係爭物ニ關スル假處分ハ現狀ノ變更ニ因リ當事者一方ノ權利ノ實行ヲ爲スコト能ハス又ハ之ヲ爲スニ著シキ困難ヲ生スル恐アルトキ之ヲ許ス

第七百五十六條　假處分ノ命令其他ノ手續ニ付テハ假差押ノ命令及ヒ手續ニ關スル規定ヲ準用ス但以下數條ニ於テ差異ノ生スルトキハ此限ニ在ラス

第七百五十七條　假處分ノ命令ハ本案ノ管轄裁判所之ヲ管轄ス

右裁判ハ急迫ナル場合ニ於テハ口頭辯論ヲ經スシテ之ヲ爲スコトヲ得

第七百五十八條　裁判所ハ其意見ヲ以テ申立ノ目的ヲ達スルニ必要ナル處分ヲ定ム

假處分ハ保管人ヲ置キ又ハ相手方ニ行爲ヲ命シ若クハ之ヲ禁シ又ハ給付ヲ命スルコトヲ以テ之ヲ爲スコトヲ得

假處分ヲ以テ不動產ヲ讓渡シ又ハ抵當ト爲スコトヲ禁シタルトキハ裁判所ハ第七百五十一條ノ規定ヲ準用シテ登記簿ニ其禁止ヲ記入セシム可シ

第七百五十九條　特別ノ事情アルトキニ限リ保證ヲ立テシメテ假處分ノ取消ヲ許スコトヲ得

第七百六十條　假處分ハ爭アル權利關係ニ付キ假ノ地位ヲ定ムル爲ニモ亦之ヲ爲スコトヲ得但其處分ハ殊ニ繼續スル權利關係ニ付キ著シキ損害ヲ避ケ若クハ急迫ナル强暴ヲ防ク爲メ又ハ其他ノ理由ニ因リ之ヲ必要トスルトキニ限ル

第七百六十一條　急迫ナル場合ニ於テハ係爭物ノ所在地ヲ管轄スル區裁判所ハ假處分ノ當否ニ付テノ口頭辯論ノ爲メ本案ノ管轄裁判所ニ相手方ヲ呼出ス可キ申立ノ期間ヲ定メ假處分ヲ命スルコトヲ得

此期間ヲ徒過シタル後區裁判所ハ申立ニ因リ其命シタル假處分ヲ取消ス可シ

右裁判ハ口頭辯論ヲ經スシテ之ヲ爲スコトヲ得

第七百六十二條　本章ノ規定ニ於ケル本案ノ管轄裁判所ハ第一審裁判所トス但本案カ控訴審ニ繫屬スルトキニ限リ控訴裁判所トス

第七百六十三條　急迫ナル場合ニ於テ口頭辯論ヲ要セサルモノニ限リ裁判長ハ本章ノ申立ニ付キ裁判ヲ爲スコトヲ得

第七編　公示催告手續

第七百六十四條　請求又ハ權利ノ屆出ヲ爲サシムル爲メノ裁判上ノ公示催告ハ其屆出ヲ爲ササルトキハ失權ヲ生スル效力ヲ以テ法律ニ定メタル場合ニ限リ之ヲ爲スコトヲ得

公示催告手續ハ區裁判所之ヲ管轄ス

第七百六十五條　公示催告ノ申立ハ書面又ハ口頭ヲ以テ之ヲ爲スコトヲ得

此申立ニ付テノ裁判ハ口頭辯論ヲ經スシテ之ヲ爲スコトヲ得

申立ヲ許ス可キトキハ裁判所ハ公示催告ヲ爲ス可ク其公示催告ニハ殊ニ左ノ諸件ヲ揭ク可シ

第一　申立人ノ表示

第二　請求又ハ權利ヲ公示催告期日マテニ屆出ツ可キコトノ催告

第三　屆出ヲ爲ササルニ因リ生ス可キ失權ノ表示

第四　公示催告期日ノ指定

第七百六十六條　公示催告ニ付テノ公告ハ裁判所ノ揭示板ニ揭示シ及ヒ官報又ハ公報ニ揭載シテ之ヲ爲シ其他法律ニ別段ノ規定ヲ設ケサルトキハ第百五十七條第三項ノ規定ニ從ヒテ之ヲ爲ス

第七百六十七條　公示催告ヲ官報又ハ公報ニ揭載シタル日ト公示催告期日トノ間ニハ法律ニ別段

ノ規定ヲ設ケサルトキハ少ナクトモ二个月ノ時間ヲ存スルコトヲ要ス

第七百六十八條　公示催告期日ノ終リタル後ト雖モ除權判決前ニ屆出ヲ爲ストキハ適當ナル時間ニ之ヲ爲シタルモノト看做ス

第七百六十九條　除權判決ハ申立ニ因リテ之ヲ爲ス

右判決前ニ詳細ナル探知ヲ爲ス可キ旨ヲ命スルコトヲ得

除權判決ノ申立ヲ却下スル決定及ヒ除權判決ニ付シタル制限又ハ留保ニ對シテハ即時抗告ヲ爲スコトヲ得

第七百七十條　申立人ノ申立ノ理由トシテ主張シタル權利ヲ爭フコトノ屆出アリタルトキハ其事情ニ從ヒ屆出テタル權利ニ付テノ裁判確定スルマテ公示催告手續ヲ中止シ又ハ除權判決ニ於テ屆出テタル權利ヲ留保ス可シ

第七百七十一條　申立人カ公示催告期日ニ出頭セサルトキハ其申立ニ因リ新期日ヲ定ム可シ此申立ハ公示催告期日ヨリ六个月ノ期間內ニ限リ之ヲ爲スコトヲ許ス

第七百七十二條　公示催告手續ヲ完結スル爲メ新期日ヲ定メタルトキハ其期日ノ公告ヲ爲スコトヲ要セス

第七百七十三條　裁判所ハ除權判決ノ重要ナル旨趣ヲ官報又ハ公報ニ揭載シテ公告ヲ爲スコトヲ得

第七百七十四條　除權判決ニ對シテハ上訴ヲ爲スコトヲ得ス

除權判決ニ對シテハ左ノ場合ニ於テ申立人ニ對スル訴ヲ以テ催告裁判所ノ所在地ヲ管轄スル地方裁判所ニ不服ヲ申立ツルコトヲ得

第一　法律ニ於テ公示催告手續ヲ許ス場合ニ非サルトキ

ス可キ船舶登記簿ノ抄本又ハ信用ス可キ證明書ヲ添附ス可シ

差押命令ハ債務者ノ外船舶管理人ニモ之ヲ送達ス可シ

差押ハ此命令ヲ船舶管理人ニ送達スルニ因リ債務者ニ送達スルト同一ノ效力ヲ生ス

第七百二十八條　船舶股分ノ競賣代金ノ配當ニ付テハ第六百二十六條以下ノ規定ヲ準用ス

第七百二十九條　外國ノ船舶ヲ差押ヘタルトキ又ハ登記簿ニ登記セサル船舶ヲ差押ヘタルトキハ登記簿ニ記入ス可キ手續ニ關スル規定ヲ適用セス

第三章　金錢ノ支拂ヲ目的トセサル債權ニ付テノ強制執行

第七百三十條　債務者カ特定ノ動產又ハ代替物ノ一定ノ數量ヲ引渡ス可キトキハ執達吏ハ之ヲ債務者ヨリ取上ケテ債權者ニ引渡ス可シ

第七百三十一條　債務者カ不動產又ハ人ノ住居スル船舶ヲ引渡シ又ハ明渡ス可キトキハ執達吏ハ債務者ノ占有ヲ解キ債權者ニ其占有ヲ得セシム可シ

此強制執行ハ債權者又ハ其代理人カ受取ノ爲メ出頭シタルトキニ限リ之ヲ爲スコトヲ得

強制執行ノ目的物ニ非サル動產ハ執達吏之ヲ取除キテ債務者ニ引渡ス可シ若シ債務者不在ナルトキハ其代理人又ハ債務者ノ成長シタル家族若クハ雇人ニ之ヲ引渡ス可シ

債務者及ヒ前項ニ掲ケタル者不在ナルトキハ執達吏ハ右ノ動產ヲ債務者ノ費用ニテ保管ニ付ス可シ

債務者カ其動產ノ受取ヲ怠ルトキハ執達吏ハ執行裁判所ノ許可ヲ得テ差押物ノ競賣ニ關スル規定ニ從ヒテ之ヲ賣却シ其費用ヲ控除シタル後其代金ヲ供託ス可シ

第七百三十二條　引渡ス可キ物カ第三者ノ手中ニ存スルトキハ債務者ノ引渡ノ請求ハ申立ニ因リ金錢債權ノ差押ニ關スル規定ニ從ヒテ之ヲ債權者ニ轉付ス可シ

第七百三十三條　債務者カ爲ス可キ行爲ヲ爲ササル場合ニ於テ第三者之ヲ爲シ得ヘキモノナルトキハ第一審ノ受訴裁判所ハ申立ニ因リ民法（財產編第三百八十二條第三項第四項）ノ規定ニ從ヒテ決定ヲ爲ス

債權者ハ同時ニ其行爲ヲ爲スニ因リ生ス可キ費用ヲ豫メ債務者ニ支拂ヲ爲サシムル決定ノ宣言アランコトヲ申立ツルコトヲ得但其行爲ヲ爲スニ因リ此ヨリ多額ノ費用ヲ生スルトキ後日其請求ヲ爲ス權利ヲ妨ケス

第七百三十四條　債務者カ其意思ノミニ因リ爲シ得ヘキ行爲ニシテ第三者之ヲ爲シ得ヘカラサルモノナルトキハ第一審ノ受訴裁判所ハ申立ニ因リ民法（財產編第三百八十六條第三項）ノ規定ニ從ヒテ決定ヲ爲ス

第七百三十五條　前二條ノ決定ハ口頭辯論ヲ經スシテ之ヲ爲スコトヲ得但決定前債務者ヲ審訊ス可シ

第七百三十六條　債務者カ權利關係ノ成立ヲ認諾ス可キコト又ハ其他ノ意思ノ陳述ヲ爲ス可キコトノ判決ヲ受ケタルトキハ其判決ノ確定ヲ以テ認諾又ハ意思ノ陳述ヲ爲シタルモノト看做ス反對給付ノ有リタル後認諾又ハ意思ノ陳述ヲ爲ス可キ場合ニ於テハ第五百十八條及ヒ第五百二十條ノ規定ニ從ヒ執行力アル正本ヲ付與シタルトキ其效力ヲ生ス

第四章　假差押及ヒ假處分

第七百三十七條　假差押ハ金錢ノ債權又ハ金錢ノ債權ニ換フルコトヲ得ヘキ請求ニ付キ動產又ハ不動產ニ對スル強制執行ヲ保全スル爲メ之ヲ爲スコトヲ得

假差押ハ未タ期限ニ至ラサル請求ニ付テモ亦之ヲ爲スコトヲ得

第七百三十八條　假差押ハ之ヲ爲ササレハ判決ノ執行ヲ爲スコト能ハス又ハ判決ノ執行ヲ爲スニ

著シキ困難ヲ生スル恐アルトキ殊ニ外國ニ於テ判決ノ執行ヲ爲スニ至ル可キトキハ之ヲ爲スコトヲ得

第七百三十九條　假差押ノ命令ハ假ニ差押フ可キ物ノ所在地ヲ管轄スル區裁判所又ハ本案ノ管轄裁判所之ヲ管轄ス

第七百四十條　假差押ノ申請ニハ左ノ諸件ヲ掲ク可シ

第一　請求ノ表示若シ其請求カ一定ノ金額ニ係ラサルトキハ其價額

第二　假差押ノ理由タル事實ノ表示

請求及ヒ假差押ノ理由ハ之ヲ疏明ス可シ

申請ハ口頭ヲ以テ之ヲ爲スコトヲ得

第七百四十一條　假差押ノ申請ニ付テノ裁判ハ口頭辯論ヲ經スシテ之ヲ爲スコトヲ得

請求又ハ假差押ノ理由ヲ疏明セサルトキト雖モ假差押ニ因リ債務者ニ生ス可キ損害ノ爲メ債權者カ裁判所ノ自由ナル意見ヲ以テ定ムル保證ヲ立テタルトキハ裁判所ハ假差押ヲ命スルコトヲ得

又請求及ヒ假差押ノ理由ヲ疏明シタルトキト雖モ裁判所ハ保證ヲ立テシメ假差押ヲ命スルコトヲ得

保證ヲ立テタルトキハ其保證ヲ立テタルコト及ヒ如何ナル方法ヲ以テ之ヲ立テタルコトヲ假差押ノ命令ニ記載ス可シ

第七百四十二條　假差押ノ申請ニ付テノ裁判ハ口頭辯論ヲ爲ス場合ニ於テハ終局判決ヲ以テ之ヲ爲シ其他ノ場合ニ於テハ決定ヲ以テ之ヲ爲ス

假差押ノ申請ヲ却下シ又ハ保證ヲ立テシムル裁判ハ債務者ニ之ヲ通知スルコトヲ要セス

第七百四十三條　假差押ノ命令ニハ假差押ノ執行ヲ停止スルコトヲ得ル爲メ又ハ執行シタル假差押ヲ取消スコトヲ得ル爲ニ債務者ヨリ供託ス可キ金額ヲ記載ス可シ

第七百四十四條　債務者ハ假差押決定ニ對シ異議ヲ申立ツルコトヲ得

此異議ニ付テハ假差押ノ取消又ハ變更ヲ申立ツル理由ヲ開示ス可シ

異議ノ申立ハ假差押ノ執行ヲ停止セス

第七百四十五條　異議ノ申立アリタルトキハ裁判所ハ口頭辯論ノ爲メ當事者ヲ呼出ス可シ

裁判所ハ終局判決ヲ以テ假差押ノ全部若クハ一分ノ認可、變更又ハ取消ヲ言渡シ又自由ナル意見ヲ以テ定ムル保證ヲ立ツ可キコトノ條件ヲ附シテ之ヲ言渡スコトヲ得

第七百四十六條　本案ノ未タ繫屬セサルトキハ假差押裁判所ハ債務者ノ申立ニ因リ口頭辯論ヲ經スシテ相當ニ定ムル期間內ニ訴ヲ起ス可キコトヲ債權者ニ命ス可シ

此期間ヲ徒過シタル後ハ債務者ノ申立ニ因リ終局判決ヲ以テ假差押ヲ取消ス可シ

第七百四十七條　債務者ハ假差押ノ理由消滅シ其他事情ノ變更シタルトキ又ハ裁判所ノ自由ナル意見ヲ以テ定ム可キ保證ヲ立テ又ハ立テントノ提供ヲ爲シタルトキハ假差押ノ認可後ト雖モ假差押ノ取消ヲ申立ツルコトヲ得

此申立ニ付テハ終局判決ヲ以テ之ヲ裁判ス其裁判ハ假差押ヲ命シタル裁判所又本案カ既ニ繫屬シタルトキハ本案ノ裁判所之ヲ爲ス

第七百四十八條　假差押ノ執行ニ付テハ強制執行ニ關スル規定ヲ準用ス但以下數條ニ於テ差異ノ生スルトキハ此限ニ在ラス

第七百四十九條　假差押ノ命令ニハ其命令ヲ發シタル後債權者又ハ債務者ニ於テ承繼アル場合ニ限リ執行文ヲ附記スルコトヲ要ス

ヒ第六百五十一條乃至第六百五十四條ノ規定ヲ準用ス

不動產カ債權者ノ債權ニ付キ不動產上ノ義務ヲ負フタル場合ニ於テハ第六百四十三條第一號第二號ニ依リ提出ス可キ證書ハ不動產ヲ債務者カ占有スルコトヲ疏明スル證書ヲ以テ足ル

第七百七條 裁判所ハ強制管理開始ノ決定ニ於テ債務者カ管理人ノ事務ニ干渉スルコト及ヒ不動產ノ收益ニ付キ處分スルコトヲ禁シ又不動產ノ收益ノ給付ヲ爲ス可キ第三者アルトキハ其第三者ニ其後ノ給付ヲ管理人ニ爲ス可キコトヲ命ス可シ

既ニ收穫シ若クハ收穫ス可ク又ハ期限ノ到來シ若クハ到來ス可キ果實ハ收益ニ屬ス

開始決定ハ第三者ニ對シテハ之ヲ送達スルニ因リ其效力ヲ生ス此送達ハ職權ヲ以テ之ヲ爲ス

第七百八條 裁判所ハ強制管理開始ノ決定ヲ爲シタル不動產ニ付キ強制管理ノ申立アルモ更ニ開始決定ヲ爲スコトヲ得ス

右申立ハ執行記錄ニ添附スルニ依リ配當要求ノ效力ヲ生シ又既ニ開始シタル強制管理ノ取消ト爲リタルトキハ開始決定ヲ受ケタル效力ヲ生ス

假差押ノ命令アリタル不動產ニ付テハ本條ノ規定ヲ適用セス

第七百九條 配當要求ハ執行力アル正本ニ因リ且裁判所ノ所在地ニ住居ヲモ事務所ヲモ有セサル者ハ假住所ヲ選定シテ執行裁判所ニ之ヲ爲ス可シ

第七百十條 執行裁判所ハ前二條ノ申立及ヒ要求アリタルコトヲ債權者、債務者及ヒ管理人ニ通知ス可シ

第七百十一條 管理人ハ裁判所之ヲ任命ス但債權者ハ適當ノ人ヲ推薦スルコトヲ得

管理人ハ管理及ヒ收益ノ爲メ自ラ不動產ヲ占有スル權ヲ有ス此場合ニ於テ抵抗ヲ受クルトキハ執達吏ヲ立會ハシムルコトヲ得

管理人ノ任命ハ債務者ニ代リ第三者ノ給付ス可キ收益ヲ取立ツル權ヲ授與スルモノトス

第七百十二條 裁判所ハ債權者及ヒ債務者ヲ審訊シタル後又適當トスル場合ニ於テハ鑑定人ヲ立會ハシメタル上管理人ニ管理ニ關シ必要ナル指揮ヲ爲シ又管理人ニ與フ可キ報酬ヲ定メ且管理人ノ業務施行ヲ監督ス可シ

裁判所ハ管理人ニ保證ヲ立テシメ又ハ貳拾圓以下ノ過料ヲ言渡シ又ハ其職ヲ免スルコトヲ得

第七百十三條 第三者不動產ニ付キ強制管理ヲ許スコトヲ妨クル權利ヲ主張スルトキハ第五百四十九條ノ規定ヲ準用ス

第七百十四條 管理人ハ直チニ不動產ニ付キ得タル收益ヨリ其不動產ノ負擔ニ係ル租稅其他ノ公課ヲ控除シタル後別段ノ手續ヲ要セスシテ管理ノ費用ヲ辨濟シ其殘額ノ配當ニ付キ債權者間ニ協議調ハサルトキハ其旨ヲ裁判所ニ届出ツ可シ

前項ノ届出アリタルトキハ裁判所ハ第六百九十一條、第六百九十六條乃至第六百九十八條ノ規定ヲ準用シテ配當表ヲ作リ其配當表ニ基キ管理人ヲシテ債權者ニ支拂ヲ爲サシム可シ

第七百十五條 管理人ハ毎年及ヒ其業務施行ノ終了後各債權者、債務者及ヒ裁判所ニ計算書ヲ差出ス可シ

各債權者及ヒ債務者ハ計算書ノ送達アリタルヨリ七日ノ期間內ニ執行裁判所ニ異議ノ申立ヲ爲スコトヲ得

右期間內ニ異議ノ申立ナキトキハ計算ニ付キ全ク異議ナク且管理人ノ卸任ヲ承諾シタルモノト看做ス

異議ノ申立アルトキハ裁判所ハ管理人ヲ審訊シタル後之ヲ裁判ス可シ若シ異議ノ申立ナク又ハ申立テタル異議ヲ完結シタルトキハ裁判所ハ管理人ヲシテ卸任セシム可シ

第七百十六條 強制管理ノ取消ハ裁判所ノ決定ヲ以テ之ヲ爲ス

此取消ハ各債權者不動產ノ收益ヲ以テ辨濟ヲ受ケタルトキハ職權ヲ以テ之ヲ爲ス

若シ管理續行ノ爲メ特別ノ費用ヲ要スルトキ債權者カ必要ナル金額ヲ豫納セサルニ於テハ裁判所ハ強制管理ノ取消ヲ命スルコトヲ得

裁判所ハ右ノ取消ヲ決定スル際登記判事ニ強制管理ニ關スル記入ノ抹消ヲ囑託ス可シ

第三節 船舶ニ對スル強制執行

第七百十七條 商船其他ノ海船ニ對スル強制執行ハ不動產ノ強制競賣ニ關スル規定ニ從ヒテ之ヲ爲ス但事物ノ性質ニ因リテ差異ノ顯ハルルトキ又ハ以下數條ニ於テ別段ノ規定ヲ設ケタルトキハ此限ニ在ラス

端舟其他櫓櫂ノミヲ以テ運轉シ又ハ主トシテ櫓櫂ヲ以テ運轉スル舟ニハ本節ノ規定ヲ適用セス

第七百十八條 船舶ノ強制競賣ニ付テハ船舶カ差押ノ當時碇泊スル港ノ區裁判所ヲ以テ管轄執行裁判所トス

第七百十九條 船舶ハ執行手續中差押ノ港ニ之ヲ碇泊セシム可シ然レトモ商業上利益ノ爲メ適當トスル場合ニ於テハ裁判所ハ總テノ利害關係人ノ申立ニ因リ航行ヲ許スコトヲ得

第七百二十條 強制競賣ニ付テノ申立ニハ左ノ證書ヲ添附ス可シ

第一 債務者カ所有者ナル場合ニ於テハ其所有者トシテ船舶ヲ占有スルコト又船長ナル場合ニ於テハ船長トシテ船舶ヲ指揮スルコトヲ疏明スルニ足ル可キ證書

第二 船舶カ船舶登記簿ニ登記アル場合ニ於テハ其船舶ニ關スル有效ナル各登記事項ヲ包含シタル登記簿ノ抄本

債權者ハ公簿ヲ主管スル官廳カ遠隔ノ地ニ在ルトキハ第二號ノ抄本ノ求アランコトヲ執行裁判

所ニ申立ツルコトヲ得

第七百二十一條 裁判所ハ債權者ノ申立ニ因リ船舶ノ監守及ヒ保存ノ爲メ必要ナル處分ヲ爲サシム可シ

此處分ヲ爲シタルトキハ開始決定ノ送達前ト雖モ差押ノ效力ヲ生ス

若シ此處分ヲ續行スル爲メ債權者カ必要ナル金額ヲ豫納セサルトキハ裁判所ハ之ヲ取消スコトヲ得

第七百二十二條 船長ニ對シ爲シタル判決ニ基キ船舶債權者ノ爲メ船舶ノ差押ヲ爲ストキハ其差押ハ所有者ニ對シテモ效力アリ此場合ニ於テハ所有者モ亦利害關係人トス

差押後所有者若クハ船長ノ變更アルモ手續ノ續行ヲ妨ケス

差押後新ニ船長ト爲リタル者ハ之ヲ利害關係人トス此場合ニ於テハ前船長ハ其關係人タル責務ヲ免カル

第七百二十三條 船舶カ差押ノ當時其裁判所管轄內ニ存セサルコトノ顯ハルルトキハ其手續ヲ取消ス可シ

第七百二十四條 競賣期日ノ公告ニハ第六百五十八條第一號ニ揭ケタル旨趣ニ換ヘテ船舶ノ表示及ヒ其碇泊ノ場所ヲ揭ク可シ

第七百二十五條 定繫港ノ區裁判所管轄外ニ於テ差押ヲ爲シタルトキハ執行裁判所ハ競賣期日ノ公告ヲ定繫港ノ區裁判所ニ送付シ其裁判所ノ揭示板ニ揭示ス可キコトヲ囑託ス可シ

第七百二十六條 船舶ノ股分ニ對スル強制執行ハ第六百二十五條ノ規定ニ從ヒテ之ヲ爲ス其執行ニ付テハ定繫港ノ區裁判所之ヲ管轄ス

第七百二十七條 債權者ハ差押命令ノ申請ニ債務者カ船舶ノ股分ニ付キ所有權ヲ有スルコトヲ證

第六百八十七條　競落人ハ代金ノ全額ヲ支拂ヒタル後ニ非サレハ不動産ノ引渡ヲ求ムルコトヲ得ス

競落人若クハ債權者競落ヲ許ス決定アリタル後引渡アルマテ管理人ヲシテ不動産ヲ管理セシメンコトヲ申立テタルトキハ裁判所ハ之ヲ命ス可シ

債務者カ引渡ヲ拒ミタルトキハ競落人若クハ債權者ノ申立ニ因リ裁判所ハ執達吏ヲシテ債務者ノ占有ヲ解キ其不動産ヲ管理人ニ引渡サシム可シ

第六百八十八條　競落人カ代金支拂期日ニ其義務ヲ完全ニ履行セサルトキハ裁判所ハ職權ヲ以テ不動産ノ再競賣ヲ命ス可シ

最初ノ競賣ノ爲ニ定メタル最低競賣價額其他賣却條件ハ再競賣ノ手續ニモ亦之ヲ適用ス

再競賣期日ハ少ナクトモ十四日ノ後タル可シ

競落人カ再競賣期日ノ三日前マテニ買入代金及ヒ手續ノ費用ヲ支拂ヒタルトキハ再競賣手續ヲ取消ス可シ

再競賣ヲ爲ストキハ前ノ競落人ハ競買ニ加ハルコトヲ許サス且再度ノ競落代價カ最初ノ競落代價ヨリ低キトキハ不足ノ額及ヒ手續ノ費用ヲ負擔シ其高キトキハ剩餘ノ額ヲ請求スルコトヲ得ス

第六百八十九條　共有物持分ノ强制競賣ニ付テハ債權者ノ債權ノ爲メ債務者ノ持分ニ付キ强制競賣ノ申立アリタルコトヲ登記簿ニ記入ス但他ノ共有者ニハ其强制競賣ノ申立ヲ通知ス可シ

最低競賣價額ハ共有物全部ノ評價額ニ基キ債務者ノ持分ニ付キ之ヲ定ム可シ

第六百九十條　競賣申立カ競落ヲ許スコト無クシテ完結シタルトキハ裁判所ハ第六百五十一條ノ規定ニ從ヒテ爲シタル差押記入ノ抹消ヲ登記判事ニ囑託ス可シ

第六百九十一條　競落ヲ許ス決定確定スルトキハ賣却代金カ配當ニ與カル各債權者ヲ滿足セシムルニ足ラサル場合ニ於テハ民法、商法及ヒ特別法ニ從ヒテ之ヲ配當ス可シ

第六百九十二條　各債權者ハ競落期日マテニ其債權ノ元金、利息、費用其他附帶ノ債權ノ計算書ヲ差出ス可シ

前項ノ規定ニ從ハサル債權者ニ付テハ第六百二十八條第二項ノ規定ヲ準用ス

第六百九十三條　代金ノ支拂及ヒ配當ハ競落ヲ許ス決定ノ確定後ニ裁判所カ職權ヲ以テ定ムル期日ニ於テ之ヲ爲ス

此期日ニハ利害關係人、執行力アル正本ニ因ラスシテ配當ヲ要求スル債權者及ヒ競落人ヲ呼出ス可シ

第六百九十四條　期日ニ於テハ先ツ配當ス可キ不動産ノ賣却代金ノ幾許ナルヤヲ定ム可シ

左ノモノヲ賣却代金トス

第一　代金

第二　不動産カ果實其他金錢ニ見積ルコトヲ得ヘキ利益ヲ生スル場合ニ於テハ競落決定言渡ヨリ代金支拂マテノ利息

代金支拂ハ裁判所ニ之ヲ爲ス可シ

最高競買價額ノ保證ノ爲メ預リタル金額ハ代金ニ之ヲ算入ス

第六百九十五條　裁判所ハ出頭シタル利害關係人及ヒ執行力アル正本ニ因ラスシテ配當ヲ要求スル債權者ヲ訊問シテ配當表ヲ確定ス可シ

第六百九十六條　配當表ニハ賣却代金、各債權者ノ債權ノ元金、利息、費用及ヒ配當ノ順位並ニ配當ノ割合ヲ記載ス可シ

若シ出頭シタル總テノ利害關係人及ヒ執行力アル正本ニ因ラスシテ配當ヲ要求スル債權者一致シタルトキハ其一致ニ基キ配當表ヲ作ル可シ

第六百九十七條　配當表ニ對スル異議ノ完結及ヒ配當表ノ實施ニ付テハ第六百三十條以下ノ規定ヲ準用ス但以下數條ニ於テ別段ノ規定ヲ設ケタルモノハ此限ニ在ラス

第六百九十八條　期日ニ出頭シタル債務者ハ各債權者ノ債權ニ對シ又ハ其債權ノ爲メ主張スル順位ニ對シ異議ヲ申立ツル權利アリ

出頭シタル各債權者ハ自己ノ利害ニ關シテハ他ノ債權者ニ對シ前項ト同一ノ權利アリ

執行スルヲ得ヘキ債權ニ對スル債務者ノ異議ハ第五百四十五條、第五百四十七條及ヒ第五百四十八條ノ規定ニ從ヒテ之ヲ完結ス

第六百九十九條　競落人ハ賣却條件ニ因リ不動産ノ負擔ヲ引受クル外配當表ノ實施ニ際シ買入代金ノ額ニ滿ツルヲ限トシ關係債權者ノ承諾ヲ得テ買入代金ノ支拂ニ換ヘ債務ヲ引受クルコトヲ得若シ債權者競落人ナルトキハ其債權ノ配當額カ買入代金ノ額ニ滿ツル限リハ買入代金トシテ之ヲ計算スルニ因リテ消滅ス然レトモ引受ク可キ債務又ハ計算ス可キ競落人ノ債權ニ對シ適當ナル異議アルトキハ之ニ相當スル代金ヲ支拂ヒ又ハ保證ヲ立ツ可シ

第七百條　配當表ヲ實施シタル後裁判所ハ配當調書及ヒ競落決定ノ正本ヲ登記判事ニ送付シテ左ノ諸件ヲ囑託ス可シ

第一　競落人ノ所有權ノ登記

第二　競落人ノ引受ケサル不動産上負擔記入ノ抹消

第三　第六百五十一條ノ規定ニ從ヒ爲シタル記入ノ抹消

右登記及ヒ抹消ニ關スル總テノ費用ハ競落人之ヲ負擔ス可シ

第七百一條　數多ノ差押債權者ノ爲メ同時ニ爲ス可キ不動産ノ競賣手續ニ付テハ前數條ノ規定ヲ準用ス

第七百二條　裁判所ハ競賣期日ノ公告前利害關係人ノ申立ニ因リ又ハ職權ヲ以テ競賣ニ換ヘテ入札拂ヲ命スルコトヲ得但入札拂ニ付テハ以下數條ニ於テ別段ノ規定ナキモノハ前數條ノ規定ヲ準用ス

第七百三條　入札ハ入札期日ニ於テ執達吏ニ之ヲ差出ス可シ

入札ニハ左ノ諸件ヲ具備スルコトヲ要ス

第一　入札人ノ氏名及ヒ住所

第二　不動産ノ表示

第三　入札價額

第七百四條　執達吏ハ入札人ノ面前ニ於テ入札ヲ開封シ之ヲ朗讀ス可シ

二人以上同價額ノ入札アルトキハ執達吏ハ其者ヲシテ追加ノ入札ヲ爲サシメ最高價入札人ヲ定ム

一定ノ金額ヲ以テ入札價額ヲ表セスシテ他ノ入札價額ニ對スル比例ヲ以テ價額ヲ表シタル入札ハ之ヲ許サス

第七百五條　最高價入札人タル呼上ヲ受ケタル者第六百六十四條ノ規定ニ從ヒ保證ヲ立ツ可キ求ヲ受クルモ之ヲ立テサルトキハ其次位ノ入札人ヲ以テ最高價入札人ト定ム但此場合ニ於テハ最初呼上ヲ受ケタル者ハ其入札價額ト次位ノ入札價額トノ差金ヲ負擔スル義務アリ

第三款　强制管理

第七百六條　强制管理ニ付テハ第六百四十二條、第六百四十三條、第六百四十四條第一項第三項及

第三　執行記録ヲ各人ノ閲覽ニ供シタルコト又特別賣却條件アルトキハ之ヲ告知シタルコト
第四　競買價額ノ申出ヲ催告シタル日時
第五　總テノ競買價額竝ニ其申出人ノ氏名、住所又ハ許ス可キ競買ノ申出ナキコト
第六　競賣ノ終局ヲ告知シタル日時
第七　申立ニ因リ競買ノ爲メ保證ヲ立テタルコト又ハ申立アルモ保證ヲ立テサル爲メ其競買ヲ許サヽルコト
第八　最高價競買人ノ氏名及ヒ其價額ヲ呼上ケタルコト

最高價競買人及ヒ出頭シタル利害關係人ハ調書ニ署名捺印ス可シ若シ此等ノ者調書ノ作成前ニ退席シタルトキハ其旨ヲ附記ス可シ

競買ノ保證ノ爲メ預リタル金錢又ハ有價證券ヲ返還シタルトキハ執達吏ハ受取證ヲ取リ之ヲ調書ニ添附ス可シ

第六百六十八條　執達吏ハ調書及ヒ總テ競買ノ保證ノ爲メ預リタル金錢又ハ有價證券ニシテ返還セサルモノハ三日内ニ裁判所書記ニ之ヲ渡ス可シ

第六百六十九條　最高價競買人執行裁判所ノ所在地ニ住居ヲモ事務所ヲモ有セサルトキハ其所在地ニ假住所ヲ選定シ其旨ヲ裁判所ニ屆出ツ可シ若シ之ヲ怠リタルトキハ第百四十三條第三項ノ規定ヲ準用ス

住所ノ選定ハ執達吏ニ口述シ其調書ヲ作ラシメテ之ヲ爲スコトヲ得

第六百七十條　競賣期日ニ於テ許ス可キ競買價額ノ申出ナキトキハ第六百四十九條第一項ノ規定ヲ害セサル限リハ裁判所ハ其意見ヲ以テ最低競賣價額ヲ相當ニ低減シ新競賣期日ヲ定ム可シ若シ其期日ニ於テ仍ホ許ス可キ競買價額ノ申出ナキトキモ亦同シ

新競賣期日ハ少ナクトモ十四日ノ後タル可シ

第六百七十一條　裁判所ハ競落期日ニ出頭シタル利害關係人ニ競落ノ許可ニ付キ陳述ヲ爲サシム可シ

競落ノ許可ニ付テノ異議ハ期日ノ終ニ至ルマテニ之ヲ申立ツ可シ既ニ申立テタル異議ニ對スル陳述ニ付テモ亦同シ

第六百七十二條　競落ノ許可ニ付テノ異議ハ左ノ理由ニ基クコトヲ要ス
第一　強制執行ヲ許ス可カラサルコト又ハ執行ヲ續行ス可カラサルコト
第二　最高價競買人賣買契約ヲ取結ヒ若クハ其不動産ヲ取得スル能力ナキコト
第三　法律上ノ賣却條件ニ抵觸シテ競買ヲ爲シタルコト又ハ總テノ利害關係人ノ合意ヲ得スシテ法律上ノ賣却條件ヲ變更シタルコト
第四　競賣期日ノ公告ニ第六百五十八條ニ掲ケタル要件ノ記載ナキコト
第五　競賣期日ノ公告ハ法律上規定シタル方法ニ依リテ之ヲ爲サヽルコト
第六　第六百五十九條ニ規定シタル期間ヲ存セサリシコト
第七　第六百六十五條第二項及ヒ第六百六十六條第一項ノ規定ニ違背シタルコト
第八　第六百六十四條ノ規定ニ違背シ最高價競買人ナリト呼上ケタルコト

第六百七十三條　異議ハ他ノ利害關係人ノ權利ニ關スル理由ニ基テハ之ヲ許サス

第六百七十四條　裁判所ハ異議ノ申立ヲ正當トスルトキハ競落ヲ許サス

第六百七十二條第一號乃至第八號ニ掲ケタル事項ノ一アルトキハ職權ヲ以テモ競落ヲ許サス但第一號ノ場合ニ於テハ競賣シタル不動産カ讓渡スコトヲ得サルモノナルトキ又ハ競賣手續ノ停止ヲ爲シタルトキニ限リ第二號ノ場合ニ於テハ能力若クハ資格ノ欠缺カ除去セラレサルトキニ

限リ第三號ノ場合ニ於テハ利害關係人手續ノ續行ニ付キ承認セサルトキニ限ル

第六百七十五條　數箇ノ不動産ヲ競賣ニ付シタル場合ニ於テ或ル不動産ノ賣得金ヲ以テ各債權者ニ辨濟ヲ爲シ及ヒ強制執行ノ費用ヲ償フニ足ル可キトキハ他ノ不動産ニ付テハ競落ヲ許サス

此場合ニ於テ債務者ハ其不動産中賣却ス可キモノヲ指定スルコトヲ得

第六百七十六條　第六百七十二條及ヒ第六百七十四條ノ規定ニ從ヒ全ク競落ヲ許サヽル場合ニ於テ更ニ競賣ヲ許ス可キトキハ職權ヲ以テ新競賣期日ヲ定ム可シ

第六百七十七條　前條ノ規定ニ從ヒテ新競賣期日ヲ定ムル場合ノ外競落ヲ許シ又ハ許サヽル決定ノ言渡ヲ爲ス可シ

新競賣期日ハ少ナクトモ十四日ノ後タル可シ

競落期日ノ調書ニ付テハ第百二十九條乃至第百三十二條及ヒ第百三十四條ノ規定ヲ準用ス

第六百七十八條　競賣期日ト競落期日トノ間ニ天災其他ノ事變ニ因リ不動産カ著シク毀損シタルトキハ最高價競買人タル呼上ヲ受ケタル者ハ其競買ヲ取消ス權利アリ其毀損ノ著シキヤ否ヤハ裁判所事情ヲ斟酌シテ之ヲ定ム

第六百七十九條　競落ヲ許ス決定ニハ競賣ヲ爲シタル不動産、競落人及ヒ競落ヲ許シタル競買價額ヲ掲ケ又特別ノ賣却條件ヲ以テ競落ヲ爲シタルトキハ其條件ヲモ掲ク可シ

右決定ハ之ヲ言渡ス外尚ホ裁判所ノ掲示板ニ掲示シテ公告ス可シ

第六百八十條　利害關係人ハ競落ノ許否ニ付テノ決定ニ因リ損失ヲ被ムル可キ場合ニ於テハ其決定ニ對シ即時抗告ヲ爲スコトヲ得

競落ヲ許ス可キ理由ナキコト又ハ決定ニ掲ケタル以外ノ條件ヲ以テ許ス可キコトヲ主張スル競落人又ハ競落ヲ求メ之ヲ許ス可キコトヲ主張スル競買人モ亦即時抗告ヲ爲スコトヲ得

右抗告ハ執行停止ノ效力ヲ有ス

第二項ノ場合ニ於テ競落ヲ求メタル競買人ハ其申出テタル價額ニ付キ拘束ヲ受クルモノトス

第六百八十一條　競落ヲ許サヽル決定ニ對スル抗告ハ此法律ニ掲クル總テノ不許ノ原因ナキコトヲ理由トスルトキニ限リ之ヲ爲スコトヲ得

競落ヲ許シタル決定ニ對スル抗告ハ此法律ニ掲クル競落ノ許可ニ對スル異議ノ原因ノ一ヲ理由トスルトキ又ハ競落決定カ競落期日ノ調書ノ旨趣ニ抵觸シタルコトヲ理由トスルトキニ限リ之ヲ爲スコトヲ得

取消ノ訴若クハ原狀回復ノ訴ノ要件ヲ理由トスル抗告ハ前二項ノ規定ニ依リ妨ケラルルコト無シ

第六百八十二條　抗告裁判所ハ必要ナル場合ニ於テハ反對陳述ヲ爲サシムル爲メ抗告人ノ相手方ヲ定ム可シ

一ノ決定ニ關スル數箇ノ抗告ハ互ニ之ヲ併合ス可シ

第六百七十三條及ヒ第六百七十四條ノ規定ハ抗告審ニモ亦之ヲ準用ス

第六百八十三條　執行裁判所ノ決定ヲ變更シ又ハ廢棄シタル抗告裁判所ノ裁判ハ執行裁判所之ヲ裁判所ノ掲示板ニ掲示シテ公告ス可シ

第六百八十四條　競落ヲ許サヽル決定確定シタルトキハ競落人及ヒ競落ヲ求メタル競買人ハ其競買ノ責務ヲ免カル

第六百八十五條　第六百七十八條ノ場合ニ於テ競買取消ノ爲メ競落ヲ許サヽルトキハ第六百五十五條乃至第六百五十七條ノ規定ヲ準用ス

第六百八十六條　競落人ハ競落ヲ許ス決定ニ因リテ不動産ノ所有權ヲ取得スルモノトス

第六百四十七條　執行裁判所ハ前二條ノ申立及ヒ要求アリタルコトヲ利害關係人ニ通知ス可シ
執行力アル正本ニ因ラスシテ配當ヲ要求スル債權者アルトキハ債務者ハ右通知アリタルヨリ三日ノ期間内ニ其債權ヲ認諾スルヤ否ヤヲ裁判所ニ申出ツ可シ
債務者カ認諾セサルコトヲ裁判所ヨリ通知アリタルトキハ債權者ハ其通知アリタルヨリ三日ノ期間内ニ債務者ニ對シ訴ヲ起シ其債權ヲ確定ス可シ
第六百四十八條　左ニ掲クル者ヲ競賣手續ニ於テノ利害關係人ト爲ス
第一　差押債權者及ヒ執行力アル正本ニ因リ配當ヲ要求スル債權者
第二　債務者
第三　登記簿ニ記入アル不動産上權利者
第四　不動産上權利者トシテ其債權ヲ證明シ執行記錄ニ備フ可キ屆出ヲ爲シタル者
第六百四十九條　差押債權者ノ債權ニ先タツ債權ニ關スル不動産ノ負擔ヲ競落人ニ引受ケシムルカ又ハ賣却代金ヲ以テ其負擔ヲ辨濟スルニ足ル見込アルトキニ非サレハ賣却ヲ爲スコトヲ得ス
不動産ハ賣却ニ因リ登記簿ニ記入ヲ要スル總テノ不動産上ノ負擔ヲ免カルルモノトス但競落人其負擔ヲ引受ケタルトキハ此限ニ在ラス
登記簿ニ記入ヲ要セサル不動産ノ負擔ハ競落人之ヲ引受クルモノトス
第六百五十條　權利ヲ取得スル第三者其取得ノ際差押又ハ競賣ノ申立アリタルコトヲ知リタルトキハ差押ノ效力ニ對シ其善意ナリシコトヲ主張スルコトヲ得ス
若シ不動産カ差押ノ原因タル債權ノ爲メ義務ヲ負擔スルトキハ差押後所有ノ移轉シタル場合ニ限リ新所有者其取得ノ際差押又ハ競賣ノ申立アリタルコトヲ知ラサルトキト雖モ競賣手續ヲ續行ス可シ

競賣申立ノ取下ニ因リテ差押ハ消滅ス
第六百五十一條　裁判所ハ競賣手續開始ノ決定ヲ爲ス際職權ヲ以テ競賣ノ申立アリタルコトヲ登記簿ニ記入ス可キ旨ヲ登記判事ニ囑託ス可シ
登記判事ハ前項ノ囑託ニ從ヒ記入ヲ爲ス可シ
第六百五十二條　登記判事ハ前條ニ掲ケタル記入ヲ爲シタル後登記簿ノ謄本ヲ裁判所ニ送付シ不動産上權利者ヨリ差出シタル證書アルトキハ其抄本ヲモ送付ス可シ
第六百五十三條　豫メ知ルニ於テハ手續ノ開始ヲ妨ク可キ事實カ登記判事ノ通知ニ依リ顯ハルルトキハ裁判所ハ其事情ニ因リ直チニ手續ヲ取消シ又ハ裁判所ノ意見ヲ以テ定ムル期間内ニ其障碍ノ消滅シタルコトヲ證明ス可キコトヲ債權者ニ命ス可シ其期間内ニ此證明ヲ爲ササルトキハ期間ノ滿了後職權ヲ以テ手續ヲ取消ス可シ
第六百五十四條　裁判所ハ競賣開始ノ決定ヲ爲シタルトキハ租稅其他ノ公課ヲ主管スル官廳ニ通知シ其不動産ニ對スル債權ノ有無及ヒ限度ヲ申出ツ可キコトヲ期間ヲ定メテ催告ス可シ
第六百五十五條　裁判所ハ登記判事及ヒ租稅其他ノ公課ヲ主管スル官廳ヨリ通知ヲ受ケタル後鑑定人ヲシテ不動産ノ評價ヲ爲サシメ其評價額ヲ以テ最低競賣價額ト爲ス
第六百五十六條　裁判所ハ最低競賣價額ヲ以テ差押債權者ノ債權ニ先タツ不動産上ノ總テノ負擔及ヒ手續ノ費用ヲ辨濟シテ剩餘アル見込ナシトスルトキハ差押債權者ニ其旨ヲ通知ス可シ
右通知ヨリ七日ノ期間内ニ差押債權者カ前項ノ負擔及ヒ費用ヲ辨濟シテ剩餘アル可キ價額ヲ定メ且其價額ニ應スル競買人ナキ場合ニ於テハ自ラ其價額ヲ以テ買受ク可キ旨ヲ申立テ十分ナル保證ヲ立テサルトキハ競賣手續ヲ取消ス可シ
第六百五十七條　裁判所ハ前條第一項ノ債權及ヒ費用ヲ辨濟シ剩餘ヲ得ル見込アルトキ又ハ差押

債權者前條第二項ノ申立ヲ爲シ十分ナル保證ヲ立テタルトキハ職權ヲ以テ競賣期日及ヒ競落期日ヲ定メテ之ヲ公告ス
第六百五十八條　競賣期日ノ公告ニハ左ノ諸件ヲ具備スルコトヲ要ス
第一　不動産ノ表示
第二　租稅其他ノ公課
第三　賃貸借アル場合ニ於テハ其期限竝ニ借賃
第四　强制執行ニ因リ競賣ヲ爲ス旨
第五　競賣期日ノ場所、日時及ヒ競賣ヲ爲ス可キ執達吏ノ氏名竝ニ住所
第六　最低競賣價額
第七　競落期日ノ場所及ヒ日時
第八　執行記錄ヲ閲覽シ得ヘキ場所
第九　登記簿ニ記入ヲ要セサル不動産上權利ヲ有スル者其債權ヲ申出ツ可キ旨
第十　利害關係人競賣期日ニ出頭ス可キ旨
第六百五十九條　競賣期日ハ公告ノ日ヨリ少ナクトモ十四日ノ後タル可シ
此期日ハ裁判所ノ意見ヲ以テ裁判所内又ハ其他ノ場所ニ於テ執達吏ヲシテ之ヲ開カシム
第六百六十條　競落期日ハ競賣期日ヨリ七日ヲ過クルコトヲ得ス
此期日ハ裁判所ニ於テ之ヲ開ク
第六百六十一條　競賣期日ノ公告ハ左ノ箇所ニ揭示シテ之ヲ爲ス
第一　裁判所ノ揭示板
第二　不動産所在地ノ市町村ノ揭示板

此他公告ハ裁判所ノ意見ニ從ヒ一箇又ハ數箇ノ新聞紙ニモ揭載スルコトヲ得
第六百六十二條　最低競賣價額ヲ除ク外本款ニ揭ケタル賣却條件ノ變更ハ利害關係人ノ合意アルトキニ限リ之ヲ許ス但此合意ハ競賣期日ニ至ルマテ之ヲ爲スコトヲ得
第六百六十三條　競賣期日ヲ開キタル後執達吏ハ執行記錄ヲ各人ノ閲覽ニ供シ又特別ノ賣却條件アルトキハ之ヲ告知シ且競買價額申出ヲ催告ス可シ
第六百六十四條　利害關係人カ或ル競買人ヨリ保證ヲ立テシメンコトヲ申立ツルトキハ其競買人カ保證トシテ競買價額十分ノ一ニ當ル金額ヲ現金又ハ有價證券ヲ以テ直チニ執達吏ニ預クルトキニ非サレハ其競買ヲ許サス
右申立ハ競買價額ノ申出アリタル後直チニ之ヲ述フルコトヲ要ス其申立ハ同一ナル競買人ノ其後ノ競買ニ付テモ亦效力アリ
第六百六十五條　競買ヲ許サレタル各競買人ハ更ニ高價ノ競買ノ許アルマテ其申出テタル價額ニ付キ拘束ヲ受クルモノトス
競賣ハ競買價額ヲ申出ツ可キ催告後滿一時間ヲ過クルニ非サレハ之ヲ終局スルコトヲ得ス
第六百六十六條　執達吏ハ最高價競買人ノ氏名及ヒ其價額ヲ呼上ケタル後競賣ノ終局ヲ告知ス可シ
他ノ各競買人ハ右ノ告知ニ因リ其競買ノ責務ヲ免カレ且預ケタル保證アルトキハ即時ニ其返還ヲ求ムル權利アリ
第六百六十七條　競賣ニ付キ作ル可キ調書ニハ左ノ諸件ヲ具備スルコトヲ要ス
第一　不動産ノ表示
第二　差押債權者ノ表示

第六百三十條　期日ニ於テ異議ノ申立ナキトキハ配當表ニ從ヒテ其配當ヲ實施ス可シ
停止條件附ノ債權ノ配當額ハ仍ホ之ヲ供託シ民法ニ從ヒテ條件ノ成否ニ依リ後ニ之ヲ支拂ヒ又ハ更ニ配當ス可シ
第五百九十一條第三項ノ場合又ハ假差押ノ場合ニ於テ未タ確定セサル債權其他異議アル債權ノ配當額ハ仍ホ之ヲ供託ス可シ
配當實施ニ付テハ調書ヲ作ル可シ

第六百三十一條　異議ノ申立アルトキハ他ノ債權者ハ直チニ陳述ヲ爲ス可シ若シ關係人異議ヲ正當ナリト認ムルトキ又ハ他ノ方法ニ於テ合意スルトキハ之ニ從ヒ配當表ヲ更正シ配當ヲ實施ス可シ
異議ノ完結セサルトキハ異議ナキ部分ニ限リ配當ヲ實施ス可シ

第六百三十二條　期日ニ出頭セサル債權者ハ配當表ノ實施ニ同意シタルモノト看做ス
若シ期日ニ出頭セサル債權者カ他ノ債權者ヨリ申立テタル異議ニ關係ヲ有スルトキハ其債權者ハ異議ヲ正當ナリト認メサルモノト看做ス

第六百三十三條　期日ニ於テ異議ノ完結セサルトキハ異議ヲ申立テタル債權者ハ他ノ債權者ニ對シ訴ヲ起シタルコトヲ期日ヨリ七日ノ期間內ニ裁判所ニ證明ス可シ若シ其期間ヲ徒過シタル後ハ裁判所ハ異議ニ拘ハラス配當ノ實施ヲ命ス可シ

第六百三十四條　異議ヲ申立テタル債權者前條ノ期間ヲ怠リタルトキト雖モ配當表ニ從ヒテ配當ヲ受ケタル債權者ニ對シ訴ヲ以テ優先權ヲ主張スル權利ハ配當實施ノ爲メ妨ケラルルコト無シ

第六百三十五條　異議ヲ申立テタル債權者ノ訴ニ付テハ配當裁判所之ヲ管轄ス然レトモ訴訟物カ區裁判所ノ管轄ニ屬セサルトキハ其配當裁判所ノ所在地ヲ管轄スル地方裁判所之ヲ管轄ス若シ

數箇ノ訴ノ提起アリタル場合ニ於テ一ノ訴ヲ地方裁判所カ管轄スルトキハ其他ノ訴ヲモ亦之ヲ管轄ス但各債權者總テノ異議ニ付キ配當裁判所ノ裁判ヲ受ク可キコトヲ合意シタルトキハ此限ニ在ラス

第六百三十六條　異議ニ付キ裁判ヲ爲ス判決ニハ配當額ノ係爭部分ヲ如何ナル債權者ニ如何ナル數額ヲ以テ支拂フ可キヤヲ定ム可シ若シ之ヲ定ムルコトヲ適當トセサルトキハ判決ニ於テ新ナル配當表ノ調製及ヒ他ノ配當手續ヲ命ス可シ

第六百三十七條　異議ヲ申立テタル債權者カ口頭辯論ノ期日ニ出頭セサルトキハ異議ヲ取下ケタルモノト看做ス旨ノ闕席判決ヲ爲ス可シ

第六百三十八條　前二條ノ判決確定ノ證明アルトキハ配當裁判所ハ其判決ニ基キ支拂又ハ他ノ配當手續ヲ命ス

第六百三十九條　裁判所ハ配當表ニ依リテ左ノ手續ヲ爲シ配當ヲ實施ス可シ
債權全部ノ配當ヲ受ク可キ債權者ニハ配當額支拂證ヲ交付スルト同時ニ其所持スル執行力アル正本又ハ債權ノ證書ヲ差出サシメ之ヲ債務者ニ交付ス可シ
債權一分ノミノ配當ヲ受ク可キ債權者ニハ執行力アル正本又ハ債權ノ證書ヲ差出サシメ之ニ配當額ヲ記入シテ返還シ且配當額支拂證ヲ交付スルト同時ニ右債權者ヨリ金額ヲ證記シタル受取書ヲ差出サシメ之ヲ債務者ニ交付ス可シ
期日ニ出頭セサル債權者ノ配當額ハ仍ホ之ヲ供託ス可シ
右ノ手續ヲ爲シタルトキハ調書ニ記載シテ之ヲ明確ニス可シ

第二節　不動產ニ對スル强制執行

第一款　通則

第六百四十條　不動產ニ對スル强制執行ハ左ノ方法ヲ以テ之ヲ爲ス
第一　强制競賣
第二　强制管理
債權者ハ自己ノ選擇ニ依リ一箇ノ方法ヲ以テ又ハ二箇ノ方法ヲ併セテ執行セシムルコトヲ得
强制管理ハ假差押ノ執行ノ爲ニモ亦之ヲ爲ス

第六百四十一條　不動產ニ對スル强制執行ニ付テハ其不動產所在地ノ區裁判所執行裁判所トシテ之ヲ管轄ス若シ其不動產數箇ノ區裁判所ノ管轄區內ニ散在スルトキハ第二十六條ノ規定ヲ適用ス
强制執行ハ申立ニ因リテ裁判所之ヲ爲ス

第二款　强制競賣

第六百四十二條　强制競賣ノ申立ニハ左ノ諸件ヲ具備スルコトヲ要ス
第一　債權者、債務者及ヒ裁判所ノ表示
第二　不動產ノ表示
第三　競賣ノ原因タル一定ノ債權及ヒ其執行シ得ヘキ一定ノ債務名義

第六百四十三條　申立ニハ執行力アル正本ノ外左ノ證書ヲ添附ス可シ
第一　登記簿ニ債務者ノ所有トシテ登記シタル不動產ニ付テハ登記判事ノ認證書
第二　登記簿ニ登記アラサル不動產ニ付テハ債務者ノ所有タルコトヲ證ス可キ證書
第三　地所ニ付テハ國郡市町村、字、番地、地目、反別若クハ坪數、土地臺帳ニ登錄シタル地價及ヒ其地所ニ付キ納ム可キ一个年ノ租稅其他ノ公課ヲ證ス可キ證書
第四　建物ニ付テハ國郡市町村、字、番地、構造ノ種類、建坪及ヒ其建物ニ付キ納ム可キ一个年ノ

公課ヲ證ス可キ證書
第五　地所、建物ニ付キ賃貸借アル場合ニ於テハ其期限並ニ借賃ヲ證ス可キ證書
第二號、第三號及ヒ第四號ノ要件ニ付テハ債權者公簿ヲ主管スル官廳ニ其證明書ヲ求ムルコトヲ得
第四號及ヒ第五號ノ要件ヲ證明スル能ハサルトキハ債權者ハ競賣申立ノ際其取調ヲ執行裁判所ニ申請スルコトヲ得但此場合ニ於テハ裁判所ハ執達吏ヲシテ其取調ヲ爲サシム可シ
强制管理ノ爲メ既ニ不動產ヲ差押ヘタル場合ニ於テ其執行記錄ニ第一號乃至第五號ノ要件ヲ記載シタルモノ有ルトキハ其證書ヲ添附スルコトヲ要セス

第六百四十四條　競賣手續ノ開始決定ニハ同時ニ債權者ノ爲メ不動產ヲ差押フルコトヲ宣言ス可シ
差押ハ債務者カ不動產ノ利用及ヒ管理ヲ爲スコトヲ妨ケス
差押ハ其決定ヲ債務者ニ送達スルニ因リ其效力ヲ生ス此送達ハ職權ヲ以テ之ヲ爲ス

第六百四十五條　裁判所ハ競賣手續開始ノ決定ヲ爲シタル不動產ニ付キ强制競賣ノ申立アルモ更ニ開始決定ヲ爲スコトヲ得ス
右申立ハ執行記錄ニ添附スルニ因リ配當要求ノ效力ヲ生シ又既ニ開始シタル競賣手續取消ト爲リタルトキハ第六百四十九條第一項ノ規定ヲ害セサル限リハ開始決定ヲ受ケタル效力ヲ生ス
假差押ノ命令アリタル不動產ニ付テハ本條ノ規定ヲ適用セス

第六百四十六條　配當要求ハ其原因ヲ開示シ且裁判所ノ所在地ニ住居ヲモ事務所ヲモ有セサル者ハ假住所ヲ選定シテ執行裁判所ニ之ヲ爲ス可シ
右要求ハ競落期日ノ終ニ至ルマテ之ヲ爲スコトヲ得

第一　債權ノ認諾ノ有無及ヒ其限度並ニ支拂ヲ爲ス意思ノ有無及ヒ其限度
第二　債權ニ付キ他ノ者ヨリ請求ノ有無及ヒ其請求ノ種類
第三　債權カ既ニ他ノ債權者ヨリ差押ヘラレタルコトノ有無及ヒ其種類

右ノ陳述ヲ求ムル催告ハ之ヲ送達證書ニ記載ス可シ第三債務者陳述ヲ怠リタルトキハ此ニ因リテ生スル損害ニ付キ其責ニ任ス

第六百十條　債權者カ命令ノ旨趣ニ基キ第三債務者ニ對シ訴ヲ起スニ至リタルトキハ一般ノ規定ニ從ヒテ管轄ヲ有スル裁判所ニ其訴ヲ起シ且債務者内國ニ在リテ住所ノ知レタルトキハ其訴訟ヲ之ニ告知ス可シ

第六百十一條　債權者カ取立ヲ爲ス可キ債權ノ行用ヲ怠リタルトキハ此カ爲メ債務者ニ生シタル損害ノ責ニ任ス

第六百十二條　債權者ハ命令ニ因リ取立ノ爲メ取得シタル權利ヲ拋棄スルコトヲ得但此カ爲メ其請求ヲ害セラルルコト無シ

此拋棄ハ裁判所ニ屆書ヲ差出シテ之ヲ爲ス但其謄本ハ第三債務者及ヒ債務者ニ之ヲ送達ス可シ

第六百十三條　差押ヘタル債權カ條件附若クハ有期ナルトキ又ハ反對給付ニ繫リ若クハ他ノ理由アリテ其取立ノ困難ナルトキハ裁判所ハ申立ニ因リ取立ニ換ヘ他ノ換價方法ヲ命スルコトヲ得

債務者内國ニ在リテ住所ノ知レタルトキハ其申立ヲ許ス決定前ニ之ヲ審訊ス可シ

第六百十四條　有體物ノ引渡又ハ給付ノ請求ニ對スル強制執行ハ以下數條ノ規定ヲ斟酌シテ第五百九十八條乃至第六百十二條ノ規定ニ從ヒテ之ヲ爲ス

第六百十五條　有體動產ノ請求ノ差押ニ付テハ其動產ヲ債權者ノ委任シタル執達吏ニ引渡ス可キコトヲ命ス可シ

右動產ノ換價ニ付テハ差押物ノ換價ニ關スル規定ヲ適用ス

第六百十六條　不動產ノ請求ノ差押ニ付テハ債權者ノ申立ニ因リ其不動產ヲ不動產所在地ノ區裁判所ヨリ命シタル保管人ニ引渡ス可キコトヲ命ス可シ

引渡シタル不動產ニ付テノ強制執行ハ不動產ニ對スル強制執行ニ付テノ規定ニ從ヒテ之ヲ爲ス

第六百十七條　有體物ノ引渡又ハ給付ノ請求ニ付テハ支拂ニ換ヘ轉付スル命令ヲ爲スコトヲ得ス

第六百十八條　左ニ掲クル債權ハ之ヲ差押フルコトヲ得ス

第一　法律上ノ養料
第二　債務者カ義捐建設所ヨリ又ハ第三者ノ慈惠ニ因リ受クル繼續ノ收入但債務者及ヒ其家族ノ生活ノ爲メ必要ナルモノニ限ル
第三　下士、兵卒ノ給料並ニ恩給及ヒ其遺族ノ扶助料
第四　出陣ノ軍隊又ハ役務ニ服シタル軍艦ノ乘組員ニ屬スル軍人、軍屬ノ職務上ノ收入
第五　文武ノ官吏、神職、僧侶及ヒ公立私立ノ教育場教師ノ職務上ノ收入、恩給及ヒ其遺族ノ扶助料
第六　職工、勞役者又ハ雇人カ其勞力又ハ役務ノ爲ニ受クル報酬

第一號、第五號、第六號ノ場合ニ於テ職務上ノ收入、恩給其他ノ收入カ一个年間ニ三百圓ヲ超過スルトキハ其超過額ノ半額ヲ差押フルコトヲ得

第六百十九條　數名ノ差押債權者ノ爲メ同時ニ爲ス可キ債權ノ差押ニ付テハ前數條ノ規定ヲ準用ス

第六百二十條　執行力アル正本ヲ有スル債權者及ヒ民法ニ從ヒ配當ノ要求ヲ爲シ得ヘキ債權者ハ差押債權者カ取立ヲ爲シ其旨ヲ執行裁判所ニ屆出ツルマテ又ハ執達吏カ賣得金ヲ領收スルマテ

配當ヲ要求スルコトヲ得但執行力アル正本ニ因ラスシテ配當ヲ要求スル債權者ニ付テハ第五百九十條及ヒ第五百九十一條第二項第三項ノ規定ヲ適用ス

支拂ニ換ヘテノ轉付ノ命令アリタル後ハ配當ノ要求ヲ爲スコトヲ得ス

右配當要求ハ職權ヲ以テ之ヲ第三債務者、債務者及ヒ差押債權者ニ送達シ又既ニ爲シタル差押カ取消ト爲リタルトキハ執行力アル正本ニ因リ要求シタル債權者ノ爲メ要求ノ順序ニ因リ差押ノ效力ヲ生ス

第六百二十一條　金錢ノ債權ニ付キ配當要求ノ送達ヲ受ケタル第三債務者ハ債務額ヲ供託スル權利アリ

第三債務者ハ配當ニ與カル或ル債權者ノ求ニ因リ債務額ヲ供託スル義務アリ

第三債務者債務額ヲ供託シタルトキハ其事情ヲ裁判所ニ屆出ツ可シ

第六百二十二條　請求カ不動產ニ關スルトキハ第三債務者ハ其不動產所在地ノ區裁判所カ差押債權者又ハ第三債務者ノ申立ニ因リ命シタル保管人ニ事情ヲ開示シ且送達セラレタル命令ヲ添ヘ其不動產ヲ引渡ス權利ヲ有シ又ハ差押債權者ノ求ニ因リ之ヲ引渡ス義務アリ

第六百二十三條　第三債務者カ取立手續ニ對シテ義務ヲ履行セサルトキハ差押債權者ハ訴ヲ以テ之ヲ履行セシムルコトヲ得

執行力アル正本ヲ有スル各債權者ハ共同訴訟人トシテ原告ニ加ハル權利アリ

訴ヲ受ケタル第三債務者ハ原告ニ加ハラサル債權者ヲ共同訴訟人トシテ呼出アランコトヲ口頭辯論ノ第一期日マテニ申立ツルコトヲ得

右ノ場合ニ於ケル裁判ハ呼出ヲ受ケタル債權者ニ利害ヲ及ホス效力アリ

第六百二十四條　差押債權者取立手續ヲ怠リタルトキハ執行力アル正本ニ因リ要求シタル各債權

者ハ一定ノ期間内ニ取立ヲ爲ス可キコトヲ催告シ其催告ノ效アラサルトキハ執行裁判所ノ許可ヲ得テ自ラ取立ヲ爲スコトヲ得

第六百二十五條　不動產ヲ目的トセス又前數條ニ掲ケタル以外ノ財產權ニ對スル強制執行ニ付テハ本款ノ規定ヲ準用ス

若シ第三債務者ナキトキハ差押ハ債務者ニ權利ノ處分ヲ禁スル命令ヲ送達シタル日時ヲ以テ之ヲ爲シタルモノト看做ス

右ノ場合ニ於テハ裁判所ハ特別ノ處分殊ニ其權利ノ管理若クハ讓渡ヲ命スルコトヲ得

第四款　配當手續

第六百二十六條　配當手續ハ動產ニ對スル強制執行ニ際シ競賣期日又ハ金錢差押ノ日ヨリ十四日ノ期間内ニ債權者間ノ協議調ハサル爲メ金額ヲ供託シタルトキ之ヲ爲ス

第六百二十七條　裁判所ハ事情屆書ニ基キ七日ノ期間内ニ元金、利息、費用其他附帶ノ債權ノ計算書ヲ差出ス可キ旨ヲ各債權者ニ催告ス可シ

第六百二十八條　前條ノ期間滿了後裁判所ハ配當表ヲ作ル可シ

右期間ヲ遵守セサル債權者ノ債權ハ配當表ヲ作ルニ際シ配當要求並ニ屆書ノ旨趣及ヒ其憑據書類ニ依リ之ヲ計算ス但後ニ債權額ヲ補充スルコトヲ許サス

第六百二十九條　裁判所ハ配當表ニ關スル陳述及ヒ配當實施ノ爲メ期日ヲ指定シ其期日ニハ各債權者及ヒ債務者ヲ呼出ス可シ但債務者ノ所在明カナラサルトキ又ハ外國ニ在ルトキハ呼出ヲ爲スコトヲ要セス

配當表ハ各債權者及ヒ債務者ニ閲覧セシムル爲メ遲クトモ期日ノ三日前ニ裁判所書記課ニ之ヲ備置ク可シ

キハ執行裁判所ハ其流通回復ヲ爲サシメ及ヒ此カ爲メ必要ナル陳述ヲ債務者ニ代リテ爲ス權ヲ執達吏ニ與フルコトヲ得

第五百八十四條 土地ヨリ離レサル前ニ差押ヘタル果實ノ競賣ハ其成熟ノ後始メテ之ヲ爲スコトヲ許ス執達吏ハ競賣ノ爲メ其收穫ヲ爲サシムル權利アリ

差押ヘタル蠶ノ競賣ハ全ク繭ト爲リタル後始メテ之ヲ爲スコトヲ許ス

第五百八十五條 差押債權者、執行力アル正本ニ因リ配當ヲ要求スル債權者又ハ債務者ノ申立ニ因リ執行裁判所ハ前數條ノ規定ニ依ラス他ノ方法又ハ他ノ場所ニ於テ差押物ノ賣却ヲ爲ス可キ旨又ハ執達吏ニ依ラス他ノ者ヲシテ競賣ヲ爲サシム可キ旨ヲ命スルコトヲ得

第五百八十六條 執達吏ハ既ニ差押ヘタル物ニ付キ他ノ債權者ノ爲メ更ニ差押ノ手續ヲ爲スコトヲ得ス

執達吏ハ既ニ差押ヲ爲シタル執達吏ニ差押調書ノ閲覽ヲ求メテ物ノ照査ヲ爲シ未タ差押ニ係ラサル物アルトキハ之ヲ差押ヘ既ニ差押ヲ爲シタル執達吏ニ差押調書ヲ交付シ且總テノ差押物ヲ競賣ニ付ス可キコトヲ求ム可シ若シ差押フ可キ物アラサルトキハ照査調書ヲ作リ既ニ差押ヲ爲シタル執達吏ニ之ヲ交付ス可シ

前項ノ求ニ因リ執行ニ關スル債權者ノ委任ハ既ニ差押ヲ爲シタル執達吏ニ法律上移轉ス

假差押ニ係ル物ニ付テハ本條ノ規定ヲ適用セス

第五百八十七條 前條ニ揭ケタル物ノ照査手續ハ配當要求ノ效力ヲ生シ又既ニ爲シタル差押カ取消ト爲リタルトキハ差押ノ效力ヲ生ス

第五百八十八條 適當ナル期間經過スルモ執達吏競賣ヲ爲ササルトキハ差押債權者及ヒ執行力アル正本ニ因リ配當ヲ要求スル債權者ハ一定ノ期間內ニ競賣ヲ爲ス可キコトヲ催告シ其催告ノ效

アラサルトキハ相當ノ命令アランコトヲ執行裁判所ニ申請スルコトヲ得

第五百八十九條 民法ニ從ヒ配當ヲ要求シ得ヘキ債權者ハ執行力アル正本ニ因ラスシテ賣得金ノ配當ヲ要求スルコトヲ得

第五百九十條 前條ノ配當要求ハ其原因ヲ開示シ且裁判所ノ所在地ニ住居ヲモ事務所ヲモ有セサル者ハ假住所ヲ選定シ執達吏ニ之ヲ爲ス可シ

第五百九十一條 第五百八十六條第二項及ヒ第五百九十條ノ場合ニ於テ執達吏ハ配當要求ノ有リタルコトヲ配當ニ與カル各債權者及ヒ債務者ニ通知ス可シ

執行力アル正本ニ因ラスシテ配當ヲ要求スル債權者アルトキハ債務者ハ執達吏ノ通知アリタルヨリ三日ノ期間內ニ其債權ヲ認諾スルヤ否ヤヲ執達吏ニ申立ツ可シ

債務者カ認諾セサルコトヲ執達吏ヨリ通知アリタルトキハ債權者ハ其通知アリタルヨリ三日ノ期間內ニ債務者ニ對シ訴ヲ起シ其債權ヲ確定ス可シ

第五百九十二條 配當ノ要求ハ競賣期日ノ終ニ至ルマテ之ヲ爲スコトヲ得

第五百九十三條 賣得金ヲ以テ配當ニ與カル各債權者ヲ滿足セシムルニ足ラサル場合ニ於テ債權者間ニ配當ノ協議調ハサルトキハ其賣得金ヲ供託ス可シ

數多ノ債權者ノ爲メ同時ニ金錢ヲ差押ヘタルトキ之ヲ以テ各債權者ヲ滿足セシムルニ足ラサル場合ニ於テモ亦同シ

右ノ場合ニ於テ執達吏ハ其事情ヲ執行裁判所ニ屆出ツ可ク其屆書ニハ執行手續ニ關スル書類ヲ添附ス可シ

第三款 債權及ヒ他ノ財產權ニ對スル强制執行

第五百九十四條 第三者（第三債務者）ニ對スル債務者ノ債權ニシテ金錢ノ支拂又ハ他ノ有體物若

クハ有價證券ノ引渡若クハ給付ヲ目的トスルモノ、ノ强制執行ハ執行裁判所ノ差押命令ヲ以テ之ヲ爲ス

第五百九十五條 執行裁判所トシテハ債務者ノ普通裁判籍ヲ有スル地ノ區裁判所若シ此區裁判所ナキトキハ第十七條ノ規定ニ從ヒテ債務者ニ對スル訴ヲ管轄スル區裁判所管轄權ヲ有ス

第五百九十六條 債權者ハ差押命令ノ申請ニ差押フ可キ債權ノ種類及ヒ數額ヲ開示ス可シ

右申請ハ書面又ハ口頭ヲ以テ之ヲ爲スコトヲ得

第五百九十七條 差押命令ハ豫メ第三債務者及ヒ債務者ノ審訊ヲ經スシテ之ヲ發ス

第五百九十八條 金錢ノ債權ヲ差押フ可キトキハ裁判所ハ第三債務者ニ對シ債務者ニ支拂ヲ爲スコトヲ禁シ又債務者ニ對シ債權ノ處分殊ニ其取立ヲ爲ス可カラサルコトヲ命ス可シ

差押命令ハ職權ヲ以テ第三債務者及ヒ債務者ニ之ヲ送達シ又債權者ニハ其送達シタル旨ヲ通知ス可シ

差押ハ第三債務者ニ對スル送達ヲ以テ之ヲ爲シタルモノト看做ス

第五百九十九條 抵當アル債權ノ差押ノ場合ニ於テハ債權者ハ債務者ノ承諾ヲ要セスシテ其債權ノ差押ヲ登記簿ニ記入スル權利アリ

此記入ノ申請ハ裁判所ニ之ヲ爲ス可シ其申請ハ差押命令ノ申請ト之ヲ併合スルコトヲ得

裁判所ハ義務ヲ負フタル不動產ノ所有者（第三債務者）ニ差押命令ヲ送達シタル後記入ノ手續ヲ爲ス可シ

第六百條 差押ヘタル金錢ノ債權ニ付テハ差押債權者ノ選擇ニ從ヒ代位ノ手續ヲ要セスシテ之ヲ取立ツル爲メ又ハ支拂ニ換ヘ券面額ニテ差押債權者ニ之ヲ轉付スル爲メ命令アランコトヲ申請スルコトヲ得

右命令ノ送達ニ付テハ第五百九十八條第二項ノ規定ヲ準用ス

第六百一條 支拂ニ換ヘ券面額ニテ債權ヲ轉付スル命令アル場合ニ於テハ其債權ノ存スル限リハ第五百九十八條第二項ノ手續ヲ爲スニ因リ債務者ハ債權ノ辨濟ヲ爲シタルモノト看做ス

第六百二條 取立ノ爲メノ命令ハ其債權ノ全額ニ及フモノトス但執行裁判所ハ債務者ノ申立ニ因リ差押債權者ヲ審訊シテ差押額ヲ其債權者ノ要求額マテニ制限シ其超過スル額ノ處分殊ニ取立ヲ爲スヲ許スコトヲ得其制限シタル部分ニ限リ他ノ債權者ハ配當要求ヲ爲スコトヲ得ス

右許可ハ第三債務者及ヒ債權者ニ通知ス可シ

第六百三條 手形其他裏書ヲ以テ移轉スルコトヲ得ル證券ニ因レル債權ノ差押ハ執達吏其證券ヲ占有シテ之ヲ爲ス

第六百四條 俸給又ハ此ニ類スル繼續收入ノ債權ノ差押ハ債權額ヲ限トシ差押後ニ收入ス可キ金額ニ及フモノトス

第六百五條 職務上收入ノ差押ハ債務者ノ轉官兼任又ハ增俸ニ因ル收入ニモ亦及フモノトス

第六百六條 債務者ハ債權ニ關スル所持ノ證書ヲ差押債權者ニ引渡ス義務アリ債權者ハ差押命令ニ基キ强制執行ノ方法ヲ以テ其證書ヲ債務者ヨリ取上ケシムルコトヲ得

第六百七條 第五百五條第二項ニ從ヒテ債務者ニ保證ヲ立テシメ又ハ供託ヲ爲サシメテ執行ヲ免カルルコトヲ許ス可キトキハ差押ヘタル金錢債權ニ付テハ取立ノ命令ノミヲ爲ス可シ但此命令ハ第三債務者ヲシテ債務額ヲ供託セシムル效力ノミヲ有ス

第六百八條 債權者取立ヲ爲シタルトキハ其旨ヲ執行裁判所ニ屆出ツ可シ

第六百九條 差押債權者ハ第三債務者ヲシテ差押命令ノ送達ヨリ七日ノ期間內ニ書面ヲ以テ左ノ陳述ヲ爲サシメンコトヲ裁判所ニ申立ツルコトヲ得

第二章　金錢ノ債權ニ付テノ强制執行

第一節　動產ニ對スル强制執行

第一款　通則

第五百六十四條　動產ニ對スル强制執行ハ差押ヲ以テ之ヲ爲ス

差押ハ執行力アル正本ニ揭ケタル請求ヲ債權者ニ辨濟スル爲メ及ヒ强制執行ノ費用ヲ償フ爲ニ必要ナルモノノ外ニ及ホスコトヲ得ス

差押フ可キ物ヲ換價スルモ强制執行ノ費用ヲ償フテ剩餘ヲ得ル見込ナキトキハ强制執行ヲ爲スコトヲ得ス

第五百六十五條　第三者カ差押ヲ受ク可キ物ニ付キ物上ノ擔保權ヲ有スルモ差押ヲ妨クルコトヲ得ス然レトモ第五百四十九條ノ規定ニ從ヒ訴ヲ以テ賣得金ニ付キ優先ノ辨濟ヲ請求スル權利ハ此カ爲ニ妨ケラルルコト無シ

此場合ニ於テ請求ノ爲メ主張シタル事情カ法律上理由アリト見エ且事實上ノ點ニ付キ疏明アリタルトキハ裁判所ハ賣得金ノ供託ヲ命ス可シ但此事項ニ付テハ第五百四十七條及ヒ第五百四十八條ノ規定ヲ準用ス

第二款　有體動產ニ對スル强制執行

第五百六十六條　債務者ノ占有中ニ在ル有體動產ノ差押ハ執達吏其物ヲ占有シテ之ヲ爲ス

其物ハ債權者ノ承諾アルトキ又ハ其運搬ヲ爲スニ付キ重大ナル困難アルトキハ之ヲ債務者ノ保管ニ任ス可シ此場合ニ於テハ封印其他ノ方法ヲ以テ差押ヲ明白ニスルトキニ限リ其效力ヲ生ス

執達吏ハ債務者ニ其差押ヲ爲シタルコトヲ通知ス可シ

第五百六十七條　前條ノ規定ハ債權者又ハ物ノ提出ヲ拒マサル第三者ノ占有中ニ在ル物ノ差押ニ付テモ亦之ヲ準用ス

第五百六十八條　果實ハ未タ土地ヨリ離レサル前ト雖モ之ヲ差押フルコトヲ得然レトモ其差押ハ通常ノ成熟時期ノ前一个月內ニ非サレハ之ヲ爲スコトヲ得ス

蠶ハ其多分カ繭ヲ成造スル爲メ揚リ蠶ト爲リタル後ニ非サレハ之ヲ差押フルコトヲ得ス

第五百六十九條　差押ノ效力ハ差押物ヨリ生スル天然ノ產出物ニモ當然及フモノトス

第五百七十條　左ニ揭クル物ハ之ヲ差押フルコトヲ得ス

第一　衣服、寢具、家具及ヒ廚具但此物カ債務者及ヒ其家族ノ爲メ缺ク可カラサルトキニ限ル

第二　債務者及ヒ其家族ニ必要ナル一个月間ノ食料及ヒ薪炭

第三　技術者、職工、勞役者及ヒ穩婆ニ在テハ其營業上缺ク可カラサル物

第四　農業者ニ在テハ其農業上缺ク可カラサル農具、家畜、肥料及ヒ次ノ收穫マテ農業ヲ續行スル爲メ缺ク可カラサル農產物

第五　文武ノ官吏、神職、僧侶、公立私立ノ敎育場敎師、辯護士、公證人及ヒ醫師ニ在テハ其職業ヲ執行スル爲メ缺ク可カラサル物竝ニ身分相當ノ衣服

第六　文武ノ官吏、神職、僧侶及ヒ公立私立ノ敎育場敎師ニ在テハ第六百十八條ニ規定スル職務上ノ收入又ハ恩給ノ差押ヲ受ケサル金額但差押ヨリ次期ノ俸給又ハ恩給ノ支拂マテノ日數ニ應シテ之ヲ計算ス

第七　藥舖ニ在テハ調藥ヲ爲ス爲メ缺ク可カラサル器具及ヒ藥品

第八　勳章及ヒ名譽ノ證標

第九　實印其他職業ニ必要ナル印

第十　神體、佛像其他禮拜ノ用ニ供スル物

第十一　系譜

第十二　債務者又ハ其家族ノ未タ公ニセサル發明ニ關スル物及ヒ債務者又ハ其家族ノ未タ公ニセサル著述ノ稿本

第十三　債務者及ヒ其家族カ學校ニ於テ使用ニ供スル書籍

然レトモ債務者ノ承諾アルトキハ第三號乃至第八號ニ揭ケタル物ヲ除ク外之ヲ差押フルコトヲ得

第五百七十一條　差押物保存ノ爲メ特別ノ處分ヲ必要トスルトキハ執達吏ハ適當ノ方法ヲ以テ之ヲ爲ス可シ若シ此カ爲ニ費用ヲ要スルトキハ債權者ヲシテ之ヲ豫納セシメ又債權者數名關係スルトキハ其要求額ノ割合ニ從ヒテ其各債權者ヨリ之ヲ豫納セシム可シ

第五百七十二條　執達吏ハ差押ヲ實施シタル後債權者又ハ裁判所ノ特別委任ヲ要セスシテ以下數條ノ規定ニ從ヒテ公ノ競賣方法ヲ以テ其差押物ヲ賣却ス可シ

第五百七十三條　競賣ス可キ物ノ中ニ高價ノモノ有ルトキハ執達吏ハ適當ナル鑑定人ヲシテ其評價ヲ爲サシム可シ

第五百七十四條　差押金錢ハ之ヲ債權者ニ引渡ス可シ

執達吏カ金錢ヲ取立テタルトキハ債務者ヨリ支拂ヲ爲シタルモノト看做ス但保證ヲ立テ又ハ供託ヲ爲シテ執行ヲ免カルルコトヲ債務者ニ許シタルトキハ此限ニ在ラス

第五百七十五條　差押ノ日ト競賣ノ日トノ間ニハ少ナクトモ七日ノ時間ヲ存スルコトヲ要ス但差押債權者、執行力アル正本ニ因リ配當ヲ要求スル債權者及ヒ債務者カ競賣ヲ更ニ早ク爲サンコトヲ合意シタルトキ又ハ差押物ヲ永ク貯藏スルニ付キ不相應ノ費用若クハ其物ノ價格ノ著シク減少スル危害ヲ避ケン爲メ競賣ヲ早ク爲スコトノ必要ナルトキハ此限ニ在ラス

第五百七十六條　競賣ハ差押ヲ爲シタル市町村ニ於テ之ヲ爲ス但差押債權者及ヒ債務者カ他ノ地ニ於テ之ヲ爲スコトヲ合意シタルトキハ此限ニ在ラス

競賣ノ日時及ヒ場所ハ之ヲ公告ス但其公告ニハ競賣ス可キ物ヲ表示ス可シ

第五百七十七條　最高價競買ノ爲メノ競落ハ其價額ヲ三回呼上ケタル後之ヲ爲ス

競落物ノ引渡ハ代金ト引換ヘ之ヲ爲ス

最高價競買人競賣條件ニ定メタル支拂期日又ハ其定ナキトキハ競賣期日ノ終ル前ニ代金ノ支拂ヲ爲シテ物ノ引渡ヲ求メサルトキハ更ニ其物ヲ競賣ス可シ此場合ニ於テハ前ノ最高價競買人ハ競買ニ加ハルコトヲ得ス且再度ノ競落代價カ最初ノ競落代價ヨリ低キトキハ不足ヲ擔任ス可シ其高キトキハ剩餘ヲ請求スルコトヲ得ス

第五百七十八條　競賣ハ賣得金ヲ以テ債權者ニ辨濟ヲ爲シ及ヒ强制執行ノ費用ヲ償フニ足ルニ至ルトキハ直チニ之ヲ止ム可シ

第五百七十九條　執達吏賣得金ヲ領收シタルトキハ債務者ヨリ支拂ヲ爲シタルモノト看做ス但保證ヲ立テ又ハ供託ヲ爲シテ執行ヲ免カルルコトヲ債務者ニ許シタルトキハ此限ニ在ラス

第五百八十條　金銀物ハ其金銀ノ實價ヨリ以下ニ競落スルコトヲ許サス其實價マテニ競買ヲ爲ス者ナキトキハ執達吏ハ金銀ノ實價ニ達スル價額ヲ以テ適宜ニ之ヲ賣却スルコトヲ得

第五百八十一條　執達吏有價證券ヲ差押ヘタルトキハ相場アルモノハ賣却日ノ相場ヲ以テ適宜ニ之ヲ賣却シ其相場ナキモノハ一般ノ規定ニ從ヒテ之ヲ競賣ス可シ

第五百八十二條　有價證券ノ記名ナルトキハ執行裁判所ハ買主ノ氏名ニ書換ヲ爲サシメ及ヒ此カ爲メ必要ナル陳述ヲ債務者ニ代リ爲ス權ヲ執達吏ニ與フルコトヲ得

第五百八十三條　無記名ノ證券ニシテ記名ニ換ヘ又ハ他ノ方法ニ依リ流通ヲ止メタルモノナルト

ト無シ

然レトモ異議ノ爲メ主張シタル事情カ法律上理由アリト見エ且事實上ノ點ニ付キ疏明アリタルトキハ受訴裁判所ハ申立ニ因リ判決ヲ爲スニ至ルマテ保證ヲ立テシメ若クハ之ヲ立テシメスシテ强制執行ヲ停止ス可キコトヲ命シ又ハ保證ヲ立テシメテ强制執行ヲ續行ス可キコトヲ命シ又ハ其爲シタル執行處分ヲ保證ヲ立テシメテ取消ス可キヲ命スルコトヲ得

右裁判ハ口頭辯論ヲ經スシテ之ヲ爲シ又急迫ナル場合ニ於テハ裁判長之ヲ爲スコトヲ得

急迫ナル場合ニ於テハ執行裁判所モ亦此權利ヲ行使スルコトヲ得此場合ニ於テハ執行裁判所ハ受訴裁判所ノ裁判ヲ提出セシムル爲ニ相當ノ期間ヲ定ム可シ此期間ヲ徒過シタルトキハ債權者ノ申立ニ因リ强制執行ヲ續行ス

第五百四十八條 受訴裁判所ハ異議ノ訴ニ付キ裁判スル判決ニ於テ前條ニ揭ケタル命ヲ發シ又ハ既ニ發シタル命ヲ取消シ之ヲ變更シ若クハ之ヲ認可スルコトヲ得

判決中前項ニ揭クル事項ニ限リ職權ヲ以テ假執行ノ宣言ヲ爲ス可シ

右裁判ニ對スル不服ニ付テハ第五百十一條ノ規定ヲ準用ス

第五百四十九條 第三者カ强制執行ノ目的物ニ付キ所有權ヲ主張シ其他目的物ノ讓渡若クハ引渡ヲ妨クル權利ヲ主張スルトキハ訴ヲ以テ債權者ニ對シ其强制執行ニ對スル異議ヲ主張シ又債務者ニ於テ其異議ヲ正當ナリトセサルトキハ債權者及ヒ債務者ニ對シテ之ヲ主張ス可シ

右訴ヲ債權者及ヒ債務者ニ對シテ起スニトキハ之ヲ共同被告ト爲ス

右訴ハ執行裁判所ノ管轄ニ屬ス然レトモ訴訟物カ區裁判所ノ管轄ニ屬セサルトキハ執行裁判所ノ所在地ヲ管轄スル地方裁判所之ヲ管轄ス

强制執行ノ停止及ヒ既ニ爲シタル執行處分ノ取消ニ付テハ第五百四十七條及ヒ第五百四十八條

ノ規定ヲ準用ス但執行處分ノ取消ハ保證ヲ立テシメスシテ之ヲ爲スコトヲ得

第五百五十條 强制執行ハ左ノ書類ヲ提出シタル場合ニ於テ之ヲ停止シ又ハ之ヲ制限ス可シ

第一 執行ス可キ判決若クハ其假執行ヲ取消ス旨又ハ强制執行ヲ許サストシテ宣言シ若クハ其停止ヲ命シタル旨ヲ記載シタル執行力アル裁判ノ正本

第二 執行又ハ執行處分ノ一時ノ停止ヲ命シタル旨ヲ記載シタル裁判ノ正本

第三 執行ヲ免カルル爲メ保證ヲ立テ又ハ供託ヲ爲シタル旨ヲ記載シタル公正ノ證明書

第四 執行ス可キ判決ノ後ニ債權者カ辨濟ヲ受ケ又ハ義務履行ノ猶豫ヲ承諾シタル旨ヲ記載シタル證書

第五百五十一條 前條第一號及ヒ第三號ノ場合ニ於テハ既ニ爲シタル執行處分ヲモ取消ス可ク第四號ノ場合ニ於テハ既ニ爲シタル執行處分ヲ一時保持セシム可ク第二號ノ場合ニ於テハ其裁判ヲ以テ從前ノ執行行爲ノ取消ヲ命セサルトキニ限リ既ニ爲シタル執行處分ヲ一時保持セシム可シ

第五百五十二條 强制執行ノ開始後ニ債務者カ死亡スルトキハ强制執行ハ遺產ニ對シ之ヲ續行ス可シ

債務者ノ知ルコトヲ要スル執行行爲ヲ實施スル場合ニ於テ相續人アラサルトキ又ハ相續人ノ所在明カナラサルトキハ執行裁判所ハ債權者ノ申立ニ因リ遺產又ハ相續人ノ爲メ特別代理人ヲ任ス可シ

第五百五十三條 强制執行ノ開始後ニ戶主タリシ債務者カ其地位ヲ辭シ又ハ之ヲ失ヒタルトキハ此變更ノ生セシ當時債務者ノ所持シタル財產ニ付キ前條ノ規定ヲ準用ス

第五百五十四條 强制執行ノ費用ハ必要ナリシ部分ニ限リ債務者ノ負擔ニ歸ス此費用ハ强制執行

ヲ受クル請求ト同時ニ之ヲ取立ツ可シ

强制執行ノ基本タル判決ヲ廢棄若クハ破毀シタルトキハ其費用ハ之ヲ債務者ニ辨濟ス可シ

第五百五十五條 執行ノ爲メ官廳ノ援助ヲ必要トスルトキハ裁判所ハ其援助ヲ官廳ニ求ム可シ

第五百五十六條 豫備、後備ノ軍籍ニ在ラサル軍人、軍屬ニ對シ兵營及ヒ軍事用廳舍又ハ軍艦ニ於テ强制執行ヲ爲ス可キトキハ債權者ノ申立ニ因リ執行裁判所ハ管轄ノ軍事裁判所又ハ所屬ノ長官又ハ隊長ニ囑託シテ之ヲ爲ス

囑託ニ因リ差押ヘタル物ハ債權者ノ委任シタル執達吏ニ之ヲ交付ス可シ

第五百五十七條 外國ニ於テ强制執行ヲ爲ス可キ場合ニ於テ其外國官廳カ本邦裁判所ニ法律上ノ共助ヲ爲ス可キトキハ債權者ノ申立ニ因リ第一審ノ受訴裁判所ハ之ヲ外國官廳ニ囑託ス可シ

外國駐在ノ本邦領事ニ依リ强制執行ヲ爲シ得ヘキトキハ第一審ノ受訴裁判所ハ之ヲ其領事ニ囑託ス可シ

第五百五十八條 强制執行ノ手續ニ於テ口頭辯論ヲ經スシテ爲スコトヲ得ル裁判ニ對シテハ卽時抗告ヲ爲スコトヲ得

第五百五十九條 强制執行ハ左ノ諸件ニ付テモ亦之ヲ爲スコトヲ得

第一 抗告ヲ以テノミ不服ヲ申立ツルコトヲ得ル裁判

第二 執行命令

第三 訴ノ提起後受訴裁判所ニ於テ又ハ受命判事若クハ受託判事ノ面前ニ於テ爲シタル和解

第四 第三百八十一條ノ規定ニ從ヒ區裁判所ニ於テ爲シタル和解

第五 公證人カ其權限內ニ於テ成規ノ方式ニ依リ作リタル證書但一定ノ金額ノ支拂又ハ他ノ代替物若クハ有價證券ノ一定ノ數量ノ給付ヲ以テ目的トスル請求ニ付キ作リタル證書ニシ

テ直チニ强制執行ヲ受ク可キ旨ヲ記載シタルモノニ限ル

第五百六十條 前條ニ揭ケタル債務名義ニ因レル强制執行ニハ第五百十六條乃至第五百五十八條ノ規定ヲ準用ス但第五百六十一條、第五百六十二條ノ規定ニ依リ差異ノ生スルトキハ此限ニ在ラス

第五百六十一條 執行命令ニハ其命令ヲ發シタル後債權者又ハ債務者ニ於テ承繼アル場合ニ限リ執行文ヲ附記スルコトヲ要ス

請求ニ關スル異議ハ執行命令ノ送達後ニ生シタル原因ニ基クトキニ限リ之ヲ許ス

執行文付與ニ付テノ訴又ハ請求ニ關シ異議ヲ主張スル訴又ハ執行文付與ノ際到來シタリト認メタル承繼ヲ爭フ訴ハ執行命令ヲ發シタル區裁判所之ヲ管轄ス但其請求カ區裁判所ノ管轄ニ屬セサルモノナルトキハ管轄地方裁判所ニ其訴ヲ起ス可シ

第五百六十二條 公證人ノ作リタル證書ノ執行力アル正本ハ其證書ヲ保存スル公證人之ヲ付與ス

執行文付與ニ關スル異議ニ付テノ裁判及ヒ更ニ執行文付與ニ付テノ裁判ハ公證人職務上ノ住所ヲ有スル地ヲ管轄スル區裁判所ニ於テ之ヲ爲ス

請求ニ關スル異議ノ主張ニ付テハ第五百四十五條第二項ニ規定シタル制限ニ從ハス

執行文付與ニ付テノ訴又ハ請求ニ關シ異議ヲ主張スル訴又ハ執行文付與ノ際證明シタリト認メタル事實ノ到來ニ係リ此ニ因リテ證書ノ執行ヲ爲シ得ヘキモノヲ爭フ訴ハ債務者カ本邦ニ於テ普通裁判籍ヲ有スル地ノ裁判所又ハ此裁判所ナキトキハ第十七條ノ規定ニ從ヒテ債務者ニ對シ訴ヲ起シ得ヘキ裁判所之ヲ管轄ス

第五百六十三條 本編ニ定メタル裁判籍ハ專屬ナリトス

表示シタル債權者ノ承繼人ノ爲ニ爲シ又ハ判決ニ表示シタル債務者ノ承繼人ニ對シ爲ス可キトキハ執行ス可キ判決ノ外尚ホ之ニ附記スル執行文ヲ强制執行ヲ始ムル前ニ送達スルコトヲ要ス

若シ證明書ニ依リ執行文ヲ付與シタルトキハ亦其證書ノ謄本ヲ强制執行ヲ始ムル前ニ送達シ又ハ同時ニ送達スルコトヲ要ス

第五百二十九條　請求ノ主張カ或ル日時ノ到來ニ繫ルトキハ其日時ノ滿了後ニ限リ强制執行ヲ始ムルコトヲ得

若シ執行カ債權者ヨリ保證ヲ立ツルコトニ繫ルトキハ債權者カ保證ヲ立テタルコトニ付テノ公正ノ證明書ヲ提出シ且其謄本ヲ既ニ送達シ又ハ同時ニ送達シタルトキニ限リ其執行ヲ始ムルコトヲ得

第五百三十條　豫備、後備ノ軍籍ニ在ラサル軍人、軍屬ニ對シテ爲ス强制執行ハ其上班司令官廳ニ通知ヲ爲シタル後ニ限リ之ヲ始ムルコトヲ得

此官廳ハ債權者ノ求ニ因リ通知ノ受取證ヲ付與ス可シ

第五百三十一條　强制執行ハ此法律ニ於テ別段ノ規定ナキトキニ限リ執達吏之ヲ實施ス

債權者ハ强制執行ヲ委任スル爲ニ區裁判所書記ノ補助ヲ求ムルコトヲ得

裁判所書記ノ委任シタル執達吏ハ債權者ノ委任シタルモノト看做ス

第五百三十二條　執達吏ハ債權者ノ委任ニ因リテ爲ス行爲及ヒ職務上ノ義務ノ違背ヨリシテ債權者其他ノ關係人ニ對シ損害ヲ生セシメタルトキハ第一ニ其責ニ任ス

第五百三十三條　債權者執行力アル正本ヲ交付シテ强制執行ヲ委任シタルトキハ執達吏ハ特別ノ委任ヲ受ケサルトキト雖モ支拂其他ノ給付ヲ受取リ其受取リタルモノニ付キ有效ニ受取ノ證書ヲ作リ之ヲ交付シ且債務者ニ於テ其義務ヲ完全ニ盡シタルトキハ執行力アル正本ヲ債務者ニ交

付スルコトヲ得

第五百三十四條　執達吏ハ執行力アル正本ヲ所持スルヲ以テ債務者及ヒ第三者ニ對シ强制執行及ヒ前條ニ揭ケタル行爲ヲ實施スル權利ヲ有ス債權者ハ此等ノ者ニ對シ委任ノ欠缺又ハ制限ヲ主張スルコトヲ得ス

執達吏ハ其正本ヲ携帶シ關係人ノ求アルトキハ其資格ヲ證スル爲ニ之ヲ示ス可シ

第五百三十五條　執達吏ハ債務者カ其義務ヲ完全ニ盡シタルトキハ執行力アル正本及ヒ受取ノ證ヲ之ニ交付シ又其義務ノ一分ヲ盡シタルトキハ執行力アル正本ニ其旨ヲ附記シ且受取ノ證ヲ債務者ニ交付ス可シ

債務者カ後ニ債權者ニ對シ受取ノ證ヲ求ムル權利ハ前項ノ規定ニ因リテ妨ケラルルコト無シ

第五百三十六條　執達吏ハ執行ノ爲メ必要ナル場合ニ於テハ債務者ノ住居、倉庫及ヒ筺匣ヲ搜索シ又ハ閉鎖シタル戶扉及ヒ筺匣ヲ開カシムル權利ヲ有ス

抵抗ヲ受クル場合ニ於テハ執達吏ハ威力ヲ用ヰ且警察上ノ援助ヲ求ムルコトヲ得若シ兵力ヲ要スルトキハ之ヲ執行裁判所ニ申立ツ可シ

第五百三十七條　執達吏ハ執行行爲ヲ爲スニ際シ抵抗ヲ受クルトキ又ハ債務者ノ住居ニ於テ執行行爲ヲ爲スニ際シ債務者又ハ成長シタル其家族若クハ雇人ニ出會ハサルトキハ成丁者二人又ハ市町村若クハ警察ノ吏員一人ヲ證人トシテ立會ハシム可シ

第五百三十八條　强制執行ニ付キ利害ノ關係ヲ有スル各人ニハ其求ニ因リ執達吏ノ記錄ノ閱覽ヲ許シ及ヒ記錄中ニ存スル書類ノ謄本ヲ付與スルコトヲ要ス

第五百三十九條　夜間及ヒ日曜日竝ニ一般ノ祝祭日ニハ執行裁判所ノ許可アルトキニ限リ執行行爲ヲ爲スコトヲ得

右許可ノ命令ハ强制執行ノ際之ヲ示ス可シ

第五百四十條　執達吏ハ各執行行爲ニ付キ調書ヲ作ル可シ

此調書ニハ左ノ諸件ヲ具備スルコトヲ要ス

第一　調書ヲ作リタル場所、年月日

第二　執行行爲ノ目的物及ヒ其重要ナル事情ノ略記

第三　執行ニ與カリタル各人ノ表示

第四　右各人ノ署名捺印

第五　調書ヲ其各人ニ讀聞セ又ハ閱覽セシメ其承諾ノ後署名捺印ヲ爲シタルコトノ開示

第六　執達吏ノ署名捺印

第四號及ヒ第五號ノ要件ヲ具備スルコト能ハサルトキハ其理由ヲ記載ス可シ

第五百四十一條　執行行爲ニ屬スル催告其他ノ通知ハ執達吏口頭ヲ以テ之ヲ爲シ且調書ニ之ヲ記載ス可シ

若シ口頭ヲ以テ催告又ハ通知ヲ爲ス能ハサルトキハ第百三十九條、第百四十條及ヒ第百四十五條乃至第百四十九條ノ規定ヲ準用シテ其調書ノ謄本ヲ送達シ又別ニ送達證ヲ作ラサルトキハ調書ニ其送達ヲ爲シタルコトヲ記載ス可シ

若シ强制執行ノ地ニ於テモ執行裁判所ノ管轄內ニ於テモ送達ヲ爲ス能ハサルトキハ催告又ハ通知ヲ受ク可キ者ニ郵便ヲ以テ調書ノ謄本ヲ送達シ且之ヲ郵便ニ付シタルコトヲ調書ニ記載ス可シ

第五百四十二條　執行行爲ノ際債務者ニ爲ス可キ送達及ヒ通知ハ債務者ノ所在明カナラサルトキ又ハ外國ニ在ルトキハ之ヲ必要トセス

第五百四十三條　此法律ニ於テ裁判所ニ任カセタル執行行爲ノ處分又ハ其行爲ノ共力ハ執行裁判所トシテ區裁判所ノ管轄ニ屬ス

法律ニ於テ別段ニ裁判所ヲ指定セサル各箇ノ場合ニ於テハ執行手續ヲ爲ス可キ地又ハ之ヲ爲シタル地ヲ管轄スル區裁判所ヲ以テ執行裁判所ト看做ス

執行裁判所ノ裁判ハ口頭辯論ヲ經スシテ之ヲ爲スコトヲ得

第五百四十四條　强制執行ノ方法又ハ執行ニ際シ執達吏ノ遵守ス可キ手續ニ關スル申立及ヒ異議ニ付テハ執行裁判所之ヲ裁判ス又執行裁判所ハ第五百二十二條第二項ニ定メタル命ヲ發スル權ヲ有ス

執達吏カ執行委任ヲ受クルヲ拒ミ若クハ委任ニ從ヒ執行行爲ヲ實施スルコトヲ拒ミタルトキ又ハ執達吏ノ計算セシ手數料ニ付キ異議アルトキハ執行裁判所ハ之ヲ裁判スル權ヲ有ス

第五百四十五條　判決ニ因リテ確定シタル請求ニ關スル債務者ノ異議ハ訴ヲ以テ第一審ノ受訴裁判所ニ之ヲ主張ス可シ

右ノ異議ハ此法律ノ規定ニ從ヒ遲クトモ異議ヲ主張スルコトヲ要スル口頭辯論ノ終結後ニ其原因ヲ生シ且故障ヲ以テ之ヲ主張スルコトヲ得サルトキニ限リ之ヲ許ス

債務者カ數箇ノ異議ヲ有スルトキハ同時ニ之ヲ主張スルコトヲ要ス

第五百四十六條　前條ノ規定ハ第五百十八條第二項及ヒ第五百十九條ノ場合ニ於テ債務者カ執行文付與ノ際證明シタリト認メラレタル事實ノ到來ニシテ此ニ因リ判決ノ執行ヲ爲シ得ヘキモノヲ爭ヒ又ハ認メラレタル承繼ヲ爭フトキハ亦之ヲ準用ス但此場合ニ於テ第五百二十二條ノ規定ニ從ヒ執行文ノ付與ニ對シ異議ヲ申立ツル債務者ノ權ハ此カ爲ニ妨ケラルルコト無シ

第五百四十七條　强制執行ノ續行ハ前二條ノ場合ニ於ケル異議ノ訴ノ提起ニ因リテ妨ケラルルコ

立テシメ又ハ供託ヲ爲サシメテ執行ヲ免カルルコトヲ許ス可シ
第五百六條　假執行ニ關スル申立ハ判決ニ接著スル口頭辯論ノ終結前ニ之ヲ爲ス可シ
第五百七條　假執行ニ付テノ裁判ハ判決主文ニ之ヲ揭ク可シ
第五百八條　職權ヲ以テ判決ノ假執行ヲ宣言ス可キ場合ニ於テ假執行ニ付テノ裁判ヲ爲サヽルトキ又ハ判決ノ假執行ヲ宣言ス可キ債權者ノ申立ヲ看過シタルトキハ第二百四十二條及ヒ第二百四十三條ノ規定ニ從ヒ判決ノ補充ヲ爲スコトヲ得
第五百九條　第一審又ハ第二審ノ判決ニシテ假執行ノ宣言ナカリシモノ又ハ條件附ノ假執行ノ宣言アリタルモノハ上訴ヲ以テ不服ヲ申立テサル部分ニ限リ口頭辯論ノ進行中ニ爲シタル原告若クハ被告ノ申立ニ因リ上級審ニ於テ其判決ニ假執行ノ宣言ヲ付ス可シ
第五百十條　本案ノ裁判又ハ假執行ノ宣言ヲ廢棄若クハ破毀又ハ變更スル判決ノ言渡アルトキハ假執行ハ其廢棄若クハ破毀又ハ變更ヲ爲ス限度ニ於テ效力ヲ失フ
假執行ノ宣言アリタル本案ノ判決ヲ廢棄若クハ破毀又ハ變更スルトキハ判決ニ基キ被告ノ支拂又ハ給付シタルモノノ辨濟ヲ被告ノ申立ニ因リ判決ヲ以テ原告ニ言渡ス可シ
第五百十一條　第二審ニ於テハ申立ニ因リ先ツ假執行ニ付キ辯論及ヒ裁判ヲ爲ス可シ
口頭辯論ノ延期ニ付テノ第四百十條ノ規定ハ此場合ニ於テハ之ヲ適用セス
第二審ニ於テ假執行ニ付キ爲シタル裁判ニ對シテハ不服ヲ申立ツルコトヲ得ス
第五百十二條　假執行ノ宣言ヲ付シタル判決ニ對シ故障ヲ申立又ハ上訴ヲ起シタルトキハ第五百條ノ規定ヲ準用ス
第五百十三條　本編ノ規定ニ從ヒ原告若クハ被告ニ保證ヲ立ツル義務ヲ負ハシメ若クハ保證ヲ立又ハ供託ヲ爲スコトヲ許シタル場合ニ於テハ原告若クハ被告ハ其普通裁判籍ヲ有スル地ノ區裁判所又ハ執行裁判所ニ保證ヲ立又ハ供託ヲ爲スコトヲ得
保證ヲ立又ハ供託ヲ爲シタルコトニ付テハ求ニ因リ證明書ヲ付與ス可シ
第五百十四條　外國裁判所ノ判決ニ因レル强制執行ハ本邦ノ裁判所ニ於テ執行判決ヲ以テ其適法ナルコトヲ言渡シタルトキニ限リ之ヲ爲スコトヲ得
執行判決ヲ求ムル訴ニ付テハ債務者ノ普通裁判籍ヲ有スル地ノ區裁判所又ハ地方裁判所之ヲ管轄シ又普通裁判籍ナキトキハ第十七條ノ規定ニ從ヒテ債務者ニ對スル訴ヲ管轄スル裁判所之ヲ管轄ス
第五百十五條　執行判決ハ裁判ノ當否ヲ調査セスシテ之ヲ爲ス可シ
執行判決ヲ求ムル訴ハ左ノ場合ニ於テハ之ヲ却下ス可シ
第一　外國裁判所ノ判決ノ確定ト爲リタルコトヲ證明セサルトキ
第二　本邦ノ法律ニ依リ强テ爲サシムルコトヲ得サル行爲ヲ執行セシム可キトキ
第三　本邦ノ法律ニ從ヘハ外國裁判所カ管轄權ヲ有セサルトキ
第四　敗訴ノ債務者本邦人ニシテ應訴セサリシトキ但訴訟ヲ開始スル呼出又ハ命令ヲ受訴裁判所所屬ノ國ニ於テ又ハ法律上ノ共助ニ依リ本邦ニ於テ本人ニ送達セサリシトキニ限ル
第五　國際條約ニ於テ相互ヲ保セサルトキ
第五百十六條　强制執行ハ執行文ヲ付シタル判決ノ正本ニ基キ之ヲ爲ス
執行力アル正本ハ第一審裁判所ノ書記又訴訟カ上級裁判所ニ繫屬スルトキハ其裁判所ノ書記之ヲ付與ス
第五百十七條　執行文ハ判決ノ正本ノ末尾ニ之ヲ附記ス
執行力アル正本ヲ求ムル申立ハ口頭ヲ以テ之ヲ爲スコトヲ得

其文式左ノ如シ
前記ノ正本ハ被告某若クハ原告某ニ對シ强制執行ノ爲メ原告某若クハ被告某ニ之ヲ付與ス
執行文ニハ裁判所書記署名捺印シ且裁判所ノ印ヲ押ス可シ
第五百十八條　執行力アル正本ハ判決ノ確定シタルトキ又ハ假執行ノ宣言アリタルトキニ限リ之ヲ付與ス
判決ノ執行カ其旨趣ニ從ヒ保證ヲ立ツルコトニ繫ル場合ノ外他ノ條件ニ繫ル場合ニ於テハ債權者カ證明書ヲ以テ其條件ヲ履行シタルコトヲ證スルトキニ限リ執行力アル正本ヲ付與スルコトヲ得
第五百十九條　執行力アル正本ハ判決ニ表示シタル債權者ノ承繼人ノ爲ニ之ヲ付與シ又ハ判決ニ表示シタル債務者ノ一般ノ承繼人ニ對シ之ヲ付與スルコトヲ得但其承繼カ裁判所ニ於テ明白ナルトキ又ハ證明書ヲ以テ之ヲ證スルトキニ限ル
此承繼カ裁判所ニ於テ明白ナルトキハ之ヲ執行文ニ記載ス可シ
第五百二十條　第五百十八條第二項及ヒ第五百十九條ノ場合ニ於テハ執行力アル正本ハ裁判長ノ命令アルトキニ限リ之ヲ付與スルコトヲ得
裁判長ハ其命令前ニ書面又ハ口頭ヲ以テ債務者ヲ審訊スルコトヲ得
右命令ハ執行文ニ之ヲ記載ス可シ
第五百二十一條　第五百十八條第二項及ヒ第五百十九條ニ依リ必要ナル證明ヲ爲ス能ハサルトキハ債權者ハ判決ニ基キ執行文ノ付與ニ付キ第一審ノ受訴裁判所ニ訴ヲ起スコトヲ得
第五百二十二條　執行文ノ付與ニ對シ債務者カ異議ヲ申立テタルトキハ其執行文ヲ付與シタル裁判所書記ノ屬スル裁判所之ヲ裁判ス
裁判長ハ其裁判前ニ假處分ヲ爲スコトヲ得殊ニ保證ヲ立テシメ若クハ之ヲ立テシメスシテ强制執行ヲ一時停止シ又ハ保證ヲ立テシメテ强制執行ヲ續行ス可キヲ命スルコトヲ得
第五百二十三條　債權者カ執行力アル正本ノ數通ヲ求メ又ハ前ニ付與シタル正本ヲ返還セスシテ更ニ同一判決ノ正本ヲ求ムルトキハ裁判長ノ命令アルトキニ限リ之ヲ付與スルコトヲ得
裁判長ハ其命令ノ前ニ書面又ハ口頭ヲ以テ債務者ヲ審訊スルコトヲ得
相手方ヲ審訊セスシテ執行力アル正本ノ數通ヲ付與シ又ハ更ニ正本ヲ付與シタルトキハ其旨ヲ相手方ニ通知ス可シ
正本ノ數通ヲ付與シ又ハ更ニ正本ヲ付與シタルトキハ其旨ヲ明記ス可シ
第五百二十四條　執行力アル正本ノ付與前ニ判決ノ原本ニ原告ノ爲メ若クハ被告ノ爲ニ之ヲ付與ヘル旨且之ヲ付與スル日時ヲ記載ス可シ
第五百二十五條　執行力アル正本ノ效力ハ之ヲ付與シタル裁判所ノ管轄内ニ止マラス總テ本邦ノ裁判區域内ニ及フモノトス
第五百二十六條　債權者ハ一箇ノ地又ハ一箇ノ方法ニテ强制執行ヲ爲スモ完全ナル辨濟ヲ得ル能ハサルトキハ數通ノ執行力アル正本ニ基キ數箇ノ地又ハ數箇ノ方法ニテ同時ニ强制執行ヲ爲ス權利ヲ有ス
第五百二十七條　債權者ハ執行ヲ爲ス可キ地ヲ管轄スル區裁判所ノ所在地ニ住居ヲモ事務所ヲモ有セサルトキハ其所在地ニ假住所ヲ選定シ其旨ヲ裁判所ニ屆出ツ可シ
第五百二十八條　强制執行ハ之ヲ求ムル者及ヒ之ヲ受クル者ノ氏名ヲ判決又ハ之ニ附記スル執行文ニ表示シ且判決ヲ既ニ送達シ又ハ同時ニ送達シタルトキニ限リ之ヲ始ムルコトヲ得
判決ノ執行カ其旨趣ニ從ヒ債權者ノ證明ス可キ事實ノ到來ニ繫ルトキ又ハ判決ノ執行カ判決ニ

訟ヲ繋屬セシメテ證書訴訟ヲ止ムルコトヲ得

第四百八十九條 訴ヲ以テ主張シタル請求カ理由ナシト見ユ又ハ被告ノ抗辯ニ因リ理由ナシト見ユルトキハ原告ノ請求ヲ却下ス可シ

證書訴訟ヲ許ス可カラサルトキ殊ニ適法ノ證據方法ヲ以テ原告ノ義務タル證據ヲ申出テス又ハ完全ニ之ヲ擧ケサル場合ニ於テハ被告カ口頭辯論ノ期日ニ出頭セス又ハ法律上ノ理由ナキ異議若クハ證書訴訟ニ於テ許ササル異議ノミヲ以テ訴ニ對シ抗辯シタルトキト雖モ此訴訟ニ於テハ其訴ヲ許ササルモノトシテ之ヲ却下ス可シ

第四百九十條 證書訴訟ニ於テ適法ノ證據方法ヲ以テ被告ノ義務タル證據ヲ申出テス又ハ完全ニ之ヲ擧ケサルトキハ被告ノ異議ハ證書訴訟ニ於テ許ササルモノトシテ之ヲ却下ス可シ

第四百九十一條 主張シタル請求ヲ爭ヒタル被告ニハ敗訴ノ言渡ヲ受ケタル總ノ場合ニ於テ其權利ノ行使ヲ留保ス可シ

判決ニ此留保ヲ掲ケサルトキハ第二百四十二條ノ規定ニ依リ判決ノ補充ヲ申立ツルコトヲ得

留保ヲ掲ケタル判決ハ上訴及ヒ强制執行ニ付テハ之ヲ終局判決ト看做ス

第四百九十二條 被告ニ權利ノ行使ヲ留保シタルトキハ訴訟ハ通常ノ訴訟手續ニ於テ繋屬ス

此手續ニ於テ證書訴訟ヲ以テ主張シタル請求ノ理由ナカリシコトノ顯ハルルトキハ前判決ヲ廢棄シ原告ノ請求ヲ却下シ且其生セシメタル費用ノ全部又ハ一分ノ辨濟ヲ原告ニ言渡シ又前判決ニ基キ被告ヨリ支拂ヒ又ハ給付シタルモノノ辨濟ヲ申立ニ因リ原告ニ言渡ス可シ

右手續ニ於テ原告若クハ被告カ出頭セサルトキハ闕席判決ニ關スル規定ヲ準用ス

第四百九十三條 第四百二十六條及ヒ第四百二十七條ノ規定ハ證書訴訟ニ之ヲ適用セス

第四百九十四條 商法ニ規定シタル手形ニ因ル請求ヲ證書訴訟ヲ以テ主張スルトキハ爲替訴訟ト

シテ以下二條ニ掲クル特別ノ規定ヲ適用ス

第四百九十五條 爲替ノ訴ハ支拂地ノ裁判所又ハ被告カ其普通裁判籍ヲ有スル地ノ裁判所ニ之ヲ起スコトヲ得

數人ノ爲替義務者カ共同ニテ訴ヲ受ク可キトキハ支拂地ノ裁判所又ハ被告ノ各人カ其普通裁判籍ヲ有スル地ノ裁判所各之ヲ管轄ス

第四百九十六條 訴狀ニハ爲替訴訟トシテ訴フル旨ヲ掲クルコトヲ要ス

訴ノ許ス可キモノナルトキハ直チニ口頭辯論ノ期日ヲ定ム

口頭辯論ノ期日ト訴狀送達トノ間ニハ少ナクトモ二十四時ノ時間ヲ存スルコトヲ要ス

第六編 强制執行

第一章 總則

第四百九十七條 强制執行ハ確定ノ終局判決又ハ假執行ノ宣言ヲ付シタル終局判決ニ因リテ之ヲ爲ス

第四百九十八條 判決ハ適法ナル故障ノ申立又ハ適法ナル上訴ノ提起ニ付キ定メタル期間ノ滿了前ニハ確定セサルモノトス

判決ノ確定ハ故障若クハ上訴ヲ其期間内ニ申立若クハ提起スルニ因リ之ヲ遮斷ス

第四百九十九條 原告若クハ被告カ判決ノ確定ニ付キ證明書ヲ求ムルトキハ第一審裁判所ノ書記ハ記錄ニ基キ之ヲ付與ス

訴訟カ猶ホ上級審ニ於テ繋屬中ナルトキハ上級裁判所ノ書記ハ判決ノ確定ト爲リタル部分ノミニ付キ證明書ヲ付與ス

判決ニ對シ上訴ノ提起ナキ場合ニ非サレハ證明書ヲ付與スルコトヲ得サルトキニ限リ上訴ヲ管

轄スル裁判所ノ書記カ不變期間内ニ上訴ノ提起ナキコトヲ認メタル證明書ヲ以テ足ル

第五百條 原狀回復又ハ再審ヲ求ムル申立アルトキハ裁判所ハ申立ニ因リ保證ヲ立テシメ又ハ保證ヲ立テシメスシテ强制執行ヲ一時停止ス可キコトヲ命シ又ハ保證ヲ立テシメテ强制執行ヲ爲ス可キコトヲ命シ及ヒ保證ヲ立テシメテ其爲シタル强制處分ヲ取消ス可キヲ命スルコトヲ得

保證ヲ立テシメスシテ爲ス强制執行ノ停止ハ其執行ニ因リ償フコト能ハサル損害ヲ生ス可キコトヲ疏明スルトキニ限リ之ヲ許ス

右裁判ハ口頭辯論ヲ經スシテ之ヲ爲スコトヲ得其裁判ニ對シテハ不服ヲ申立ツルコトヲ得ス

第五百一條 左ノ判決ニ付テハ職權ヲ以テ假執行ノ宣言ヲ爲ス可シ

第一 認諾ニ基キ敗訴ヲ言渡ス判決

第二 證書訴訟又ハ爲替訴訟ニ於テ言渡ス判決

第三 同一審ニ於テ同一ノ原告若クハ被告ニ對シ本案ニ付キ言渡シタル第二又ハ其後ノ闕席判決

第四 假差押又ハ假處分ヲ取消ス判決

第五 養料ヲ支拂フ義務ヲ言渡ス判決但訴ノ提起後ノ時間及ヒ其提起前最後ノ三个月間ノ爲ニ支拂フ可キモノナルトキニ限ル

第五百二條 左ノ場合ニ於テハ申立ニ因リ假執行ノ宣言ヲ爲ス可シ

第一 總テノ住家其他ノ建物又ハ其或ル部分ノ受取、明渡、使用、占據若クハ修繕ニ關シ又ハ賃借人ノ家具若クハ所持品ヲ賃貸人ノ差押ヘタルコトニ關シ賃貸人ト賃借人トノ間ニ起リタル訴訟

第二 占有ノミニ係ル訴訟

第三 雇主ト雇人トノ間ニ雇期限一个年以下ノ契約ニ關リ起リタル訴訟

第四 左ニ掲ケタル事項ニ付キ旅人ト旅店若クハ飲食店ノ主人トノ間ニ又ハ旅人ト水陸運送人トノ間ニ起リタル訴訟

イ 賄料又ハ宿料又ハ旅人ノ運送料又ハ之ニ伴フ手荷物ノ運送料

ロ 旅店若クハ飲食店ノ主人又ハ運送人ニ旅人ヨリ保護ノ爲メ預ケタル手荷物、金錢又ハ有價物

第五 此他財產權上ノ請求ニ關シ金額又ハ價額ニ於テ貳拾圓ヲ超過セサル訴訟但其物ノ價額ニ付テハ第三條乃至第六條ノ規定ヲ適用ス

第五百三條 前二條ニ掲ケタル外左ノ場合ニ於テハ財產權上ノ請求ニ關スル判決ニ限リ債權者ノ申立ニ因リ假執行ノ宣言ヲ爲ス可シ

第一 債權者カ執行ノ前ニ保證ヲ立テント申出ツルトキ

第二 債權者カ判決ノ確定ト爲ルマテ執行ヲ中止セハ償ヒ難キ損害又ハ計リ難キ損害ヲ受ク可キコトヲ疏明スルトキ

第五百四條 債務者カ判決ノ確定ト爲ル前ニ判決ヲ執行セハ回復スルコトヲ得サル損害ヲ受ク可キコトヲ疏明シタルトキハ其申立ニ因リ左ノ宣言ヲ爲ス可シ

第一 第五百一條ノ場合ニ於テハ判決ヲ假ニ執行ス可カラサルコト

第二 第五百二條及ヒ第五百三條ノ場合ニ於テハ債權者ノ假執行ノ申立ヲ却下スルコト

第五百五條 總テノ場合ニ於テ裁判所ハ債務者ノ申立ニ因リ債權者豫メ保證ヲ立ツルトキハ假執行ヲ爲シ得ヘキ旨ヲ宣言スルコトヲ得

債權者カ執行ノ前ニ保證ヲ立ツルコトヲ申出テサルトキハ債務者ノ申立ニ因リ債務者ニ保證ヲ

第一號及ヒ第三號ノ場合ニ於テ上訴若クハ故障ヲ以テ取消ヲ主張シ得ヘカリシトキハ取消ノ訴ヲ許サス

第四百六十九條 左ノ場合ニ於テハ原狀回復ノ訴ニ因リ再審ヲ求ムルコトヲ得

第一 刑法ニ掲ケタル職務上ノ義務ニ違背シタル罪ヲ訴訟ニ關シ犯シタル判事カ裁判ニ參與シタリシトキ

第二 原告若クハ被告ノ法律上代理人若クハ訴訟代理人又ハ相手方若クハ其法律上代理人若クハ訴訟代理人カ罰セラル可キ行爲ヲ訴訟ニ關シテ爲シタリシトキ

第三 判決ノ憑據ト爲リタル證書カ僞造又ハ變造ナリシトキ

第四 證人若クハ鑑定人カ供述ニ因リ又ハ通事カ判決ノ憑據ト爲リタル通譯ニ因リ僞證ノ罪ヲ犯シタリシトキ

第五 判決ノ憑據ト爲リタル刑事上ノ判決カ他ノ確定ト爲リタル刑事上ノ判決ヲ以テ廢棄若クハ破毀セラレタリシトキ

第六 原告若クハ被告カ同一ノ事件ニ付テノ判決ニシテ前ニ確定ト爲リタルモノヲ發見シ其判決カ不服ヲ申立テラレタル判決ト牴觸スルトキ

第七 相手方若クハ第三者ノ所爲ニ依リ以前ニ提出スルコトヲ得サリシ證書ニシテ原告若クハ被告ノ利益ト爲ル可キ裁判ヲ爲スニ至ラシム可キモノヲ發見シタルトキ

第一號乃至第四號ノ場合ニ於テハ罰セラル可キ行爲ニ付テ判決カ確定ト爲リタルトキ又ハ證據欠缺外ナル理由ヲ以テ刑事訴訟手續ノ開始若クハ實行ヲ爲シ得サルトキニ限リ再審ヲ求ムルコトヲ得

第四百七十條 原狀回復ノ訴ハ原告若クハ被告カ自己ノ過失ニ非スシテ前訴訟手續ニ於テ殊ニ故

障又ハ控訴若クハ附帶控訴ニ依リ原狀回復ノ理由ヲ主張スルコト能ハサリシトキニ限リ之ヲ爲スコトヲ得

第四百七十一條 不服ヲ申立テラレタル判決前ニ同一ノ裁判所又ハ下級ノ裁判所ニ於テ爲シタル裁判ニ關スル不服ノ理由ハ再審ヲ求ムル訴ト共ニ之ヲ主張スルコトヲ得但不服ヲ申立テラレタル判決カ其裁判ニ根據スルトキニ限ル

第四百七十二條 再審ヲ求ムル訴ハ不服ヲ申立テラレタル裁判ヲ爲シタル裁判所ノ管轄ニ專屬ス」同一ノ事件ニ付キ一分ハ下級ノ裁判所又一分ハ上級ノ裁判所ニ於テ爲シタル數箇ノ判決ニ對スル訴ハ上級ノ裁判所ノ管轄ニ專屬ス

督促手續ニ依リテ區裁判所ノ發シタル執行命令ニ對シ再審ヲ求ムル訴ハ其命令ヲ發シタル區裁判所ノ管轄ニ專屬ス然レトモ其請求カ區裁判所ノ管轄ニ屬セサルトキハ請求ニ付テノ訴訟ヲ管轄スル裁判所ニ專屬ス

第四百七十三條 訴ノ提起及ヒ其後ノ訴訟手續ニハ以下數條ニ於テ別段ノ規定ヲ設ケサル限リハ其訴ニ付キ辯論及ヒ裁判ヲ爲ス可キ裁判所ノ訴訟手續ニ關スル規定ヲ準用ス

第四百七十四條 訴ハ一个月ノ不變期間内ニ之ヲ起ス可シ

此期間ハ原告若クハ被告カ不服ノ理由ヲ知リタル日ヲ以テ始マル若シ原告若クハ被告カ判決ノ確定前ニ不服ノ理由ヲ知リタルトキハ判決ノ確定ヲ以テ始マル

判決確定ノ日ヨリ起算シテ五个年ノ滿了後ハ訴ヲ爲スコトヲ得ス

前二項ノ規定ハ第四百六十八條第四號ノ場合ニ之ヲ適用セス此場合ニ於テ其訴ノ提起ノ期間ハ原告若クハ被告又ハ其法律上代理人カ送達ニ因リ判決アリタルコトヲ知リタル日ヲ以テ始マル

第四百七十五條 訴狀ニハ左ノ諸件ヲ具備スルコトヲ要ス

第一 取消又ハ原狀回復ノ訴ヲ受クル判決ノ表示

第二 取消又ハ原狀回復ノ訴ヲ起ス旨ノ陳述

此他訴狀ハ準備書面ニ關スル一般ノ規定ニ從ヒテ之ヲ作リ且不服ノ理由ノ表示、此理由及ヒ不變期間ノ遵守ヲ明白ナラシムル事實ニ付テノ證據方法又如何ナル程度ニ於テ不服ヲ申立テラレタル判決ヲ廢棄若クハ破毀ス可キヤノ申立又本案ニ付キ更ニ如何ナル裁判ヲ爲ス可キヤノ申立ヲモ掲ク可シ

第四百七十六條 判然許ス可カラサル訴又ハ判然法律上ノ方式ニ適セス若クハ其期間ノ經過後ニ起シタル訴ハ裁判長ノ命令ヲ以テ之ヲ却下ス可シ

此却下ノ命令ニ對シテハ卽時抗告ヲ爲スコトヲ得

第四百七十七條 原告ハ口頭辯論ノ期日ニ於テ相手方ノ陳述ノ有無ニ拘ハラス再審ヲ求ムル理由及ヒ法律上ノ期間ノ遵守ヲ明白ニスル事實ヲ疎明ス可シ

第四百七十八條 許ス可カラサル訴又ハ法律上ノ方式ニ適セス若クハ其期間ノ經過後ニ起シタル訴ハ職權ヲ以テ判決ニ因リ不適法トシテ之ヲ棄却ス可シ

第四百七十九條 本案ニ付テノ辯論及ヒ裁判ハ不服申立ノ理由ノ存スル部分ニ限リ更ニ之ヲ爲ス可シ

裁判所ハ本案ニ付テノ辯論前ニ再審ヲ求ムル理由及ヒ許否ニ付キ辯論及ヒ裁判ヲ爲スコトヲ得

此場合ニ於テハ本案ニ付テノ辯論ハ再審ヲ求ムル理由及ヒ許否ニ付テノ辯論ノ續行ト看做ス

第四百八十條 原告ノ不利益ト爲ル判決ノ變更ハ相手方カ再審ヲ求ムル訴ヲ起シテ變更ヲ申立テタルトキニ非サレハ之ヲ爲スコトヲ得ス

第四百八十一條 訴カ上告裁判所ニ屬スルトキハ上告裁判所ハ再審ヲ求ムル理由及ヒ其許否ニ付

テノ辯論ノ完結カ係爭事實ノ確定及ヒ斟酌ニ繫ルトキト雖モ其完結ヲ爲ス可シ

第四百八十二條 上訴ハ訴ニ付キ裁判ヲ爲シタル裁判所ノ判決ニ對シ一般ニ爲スコトヲ得ヘキトキニ限リ之ヲ爲スコトヲ得

第四百八十三條 第三者カ原告及ヒ被告ノ共謀ニ因リ第三者ノ債權ヲ詐害スル目的ヲ以テ判決ヲ爲サシメタリト主張シ其判決ニ對シ不服ヲ申立ツルトキハ原狀回復ノ訴ニ因レル再審ノ規定ヲ準用ス

此場合ニ於テハ原告及ヒ被告ヲ共同被告ト爲ス

第五編 證書訴訟及ヒ爲替訴訟

第四百八十四條 一定ノ金額ノ支拂其他ノ代替物若クハ有價證劵ノ一定ノ數量ノ給付ヲ目的トスル請求ハ其請求ヲ起ス理由タル總テノ必要ナル事實ヲ證書ニ依リ證スルコトヲ得ヘキトキハ證書訴訟ヲ以テ之ヲ主張スルコトヲ得

第四百八十五條 訴狀ニハ證書訴訟トシテ訴フル旨ノ陳述ヲ掲ケ且證書ノ原本又ハ謄本ヲ添フルコトヲ要ス

第四百八十六條 本案ノ辯論ハ妨訴ノ抗辯ニ基キ之ヲ拒ムコトヲ得ス然レトモ裁判所ハ申立ニ因リ又ハ職權ヲ以テ此抗辯ニ付キ辯論ノ分離ヲ命スルコトヲ得

第四百八十七條 反訴ハ之ヲ爲スコトヲ得ス

證書ノ眞否及ヒ第四百八十四條ニ掲ケタル以外ノ事實ニ關シテハ書證ノミヲ以テ適法ノ證據方法ト爲スコトヲ得

書證ノ申出ハ證書ノ提出ヲ以テノミ之ヲ爲スコトヲ得

第四百八十八條 原告ハ口頭辯論ノ終結ニ至ルマテハ被告ノ承諾ヲ要セスシテ通常ノ手續ニテ訴

第四百五十條 事件ノ差戻又ハ移送ヲ受ケタル裁判所ハ上告裁判所ノ爲シタル法律ニ係ル判斷ニ基キテ判決ヲ破毀スル基本ト爲シタルモノヲ以テ新ナル辯論及ヒ裁判ノ基本ト爲ス義務アリ

第四百五十一條 上告裁判所ハ左ノ場合ニ於テ事件ニ付キ裁判ヲ爲ス可シ

第一 確定シタル事實ニ法律ヲ適用スルニ當リ法律ニ違背シタル爲ニ判決ヲ破毀シ且其事件カ裁判ヲ爲スニ熟スルトキ

第二 無訴權ノ爲メ又ハ裁判所ノ管轄違ナル爲ニ判決ヲ破毀スルトキ

第四百五十二條 上告ヲ理由ナシトスルトキハ之ヲ棄却ス可シ

第四百五十三條 裁判カ其理由ニ於テ法律ニ違背シタルトキト雖モ他ノ理由ニ因リ裁判ノ正當ナルトキハ上告ヲ棄却ス可シ

第四百五十四條 左ノ諸件ニ關スル控訴ノ規定ハ上告ニ之ヲ準用ス

第一 闕席判決ニ對スル不服ノ申立

第二 控訴ノ取下

第三 當事者ノ雙方ヨリ控訴ヲ起シタル場合ニ於ケル訴訟手續及ヒ控訴ト故障トヲ同時ニ爲シタルトキノ訴訟手續

第四 口頭辯論ノ延期

第五 口頭辯論ノ際ニ於ケル當事者ノ演述

第六 妨訴ノ抗辯ニ付テノ辯論

第七 控訴ヲ起シタル者ノ不利益ト爲ル裁判ヲ爲ス可カラサルコト

第八 記錄ノ送付竝ニ返還

第三章 抗告

第四百五十五條 抗告ハ訴訟手續ニ關スル申請ヲ口頭辯論ヲ經スシテ却下シタル裁判ニ對シ其他此法律ニ於テ特ニ掲ケタル場合ニ限リ之ヲ爲スコトヲ得

第四百五十六條 抗告ニ付テハ直近ノ上級裁判所其裁判ヲ爲ス

抗告裁判所ノ裁判ニ對シテハ其裁判ニ因リ新ナル獨立ノ抗告理由ヲ生シタルトキニ非サレハ更ニ抗告ヲ爲スコトヲ得ス

第四百五十七條 抗告ハ不服ヲ申立テラレタル裁判ヲ爲シタル裁判所又ハ裁判長ノ屬スル裁判所ニ抗告狀ヲ差出シテ之ヲ爲ス

訴訟カ區裁判所ニ繫屬シ若クハ當テ繫屬シタルトキ又ハ證人、鑑定人ヨリ若クハ證書ヲ提出スル義務アリト宣言ヲ受ケタル第三者ヨリ抗告ヲ爲ストキハ口頭ヲ以テ之ヲ爲スコトヲ得

第四百五十八條 抗告ハ新ナル事實及ヒ證據方法ヲ以テ憑據ト爲スコトヲ得

第四百五十九條 不服ヲ申立テラレタル裁判ヲ爲シタル裁判所又ハ裁判長カ再度ノ考案若クハ新ナル提供ニ基キ抗告ヲ理由アリトスルトキハ不服ノ點ヲ更正シ又理由ナシトスルトキハ裁判所又ハ裁判長ハ意見ヲ付シテ三日ノ期間内ニ抗告ヲ抗告裁判所ニ送付シ又適當トスル場合ニ於テハ訴訟記錄ヲモ送付ス可シ

第四百六十條 抗告ハ此法律ニ於テ別段ノ規定ヲ設ケタル場合ニ限リ執行停止ノ效力ヲ有ス

然レトモ不服ヲ申立テラレタル裁判ヲ爲シタル裁判所又ハ裁判長ハ抗告ニ付テノ裁判アルマテ其執行ノ中止ヲ命スルコトヲ得

抗告裁判所ハ抗告ニ付テノ裁判ヲ爲ス前ニ不服ヲ申立テラレタル裁判ノ執行中止ヲ命スルコトヲ得

第四百六十一條 抗告ハ急迫ナル場合ニ限リ直チニ抗告裁判所ニ之ヲ爲スコトヲ得

抗告裁判所ハ裁判ヲ爲ス前ニ不服ヲ申立テラレタル裁判ヲ爲シタル裁判所又ハ裁判長ノ意見及ヒ記錄ヲ要求スルコトヲ得

抗告裁判所ハ事件ヲ急迫ナラスト認ムルトキハ不服ヲ申立テラレタル裁判ヲ爲シタル裁判所又ハ裁判長ニ其事件ヲ送付シ且其旨ヲ抗告人ニ通知ス可シ

第四百六十二條 抗告裁判所ハ口頭辯論ヲ經スシテ裁判ヲ爲スヲ以テ通例トス

抗告裁判所ハ抗告人ト反對ノ利害關係ヲ有スル者ニ抗告ヲ通知シテ書面上ノ陳述ヲ爲サシムルコトヲ得

陳述ハ口頭ヲ以テ抗告ヲ爲シ得ヘキ場合ニ於テハ亦口頭ヲ以テ之ヲ爲スコトヲ得

第四百六十三條 抗告裁判所ハ口頭辯論ノ爲ニ當事者ヲ呼出スコトヲ得

抗告裁判所ハ抗告ヲ許ス可キヤ否ヤ又法律上ノ方式ニ從ヒ若クハ其期間ニ於テ提出シタルヤ否ヤヲ職權ヲ以テ調査ス可シ

若シ此要件ノ一ヲ缺クトキハ抗告ヲ不適法トシテ棄却ス可シ

第四百六十四條 抗告ヲ適法ニシテ且理由アリトスルトキハ抗告裁判所ハ不服ヲ申立テラレタル裁判ヲ廢棄シテ自ラ更ニ裁判ヲ爲シ又ハ不服ヲ申立テラレタル裁判ヲ爲シタル裁判所又ハ裁判長ニ委任シテ裁判ヲ爲サシムルコトヲ得

抗告裁判所ノ裁判ハ不服ヲ申立テラレタル裁判ヲ爲シタル裁判所又ハ裁判長ニ之ヲ通知ス可シ

第四百六十五條 受命判事若クハ受託判事ノ裁判又ハ裁判所書記ノ處分ノ變更ヲ求ムルニハ先ツ受訴裁判所ノ裁判ヲ求ム可シ

抗告ハ受訴裁判所ノ裁判ニ對シテ之ヲ爲スコトヲ得

第一項ノ規定ハ大審院ニモ亦之ヲ適用ス

第四百六十六條 卽時抗告ノ場合ニ於テハ左ノ特別ノ規定ニ從フ

抗告ハ七日ノ不變期間内ニ之ヲ爲ス可シ其期間ハ裁判ノ送達ヨリ始マリ第二百五十三條、第六百八十條及ヒ第七百六十九條第三項ノ場合ニ於テハ裁判ノ言渡ヨリ始マル抗告裁判所ニ抗告ヲ提出シタルトキハ急迫ナラスト認メタル場合ニ於テモ亦不變期間ヲ保存ス

再審ヲ求ムル訴ニ付テノ要件存スルトキハ不變期間ノ滿了後ト雖モ此訴ノ爲メ定メタル期間内ハ抗告ヲ爲スコトヲ得

前條第一項ノ場合ニ於テハ抗告提出ノ爲メ定メタル方法ニ依リ不變期間内ニ受訴裁判所ノ裁判ヲ求ムルコトヲ要ス受訴裁判所ハ其申請ヲ正當ト認メサルトキハ之ヲ抗告裁判所ニ送付ス可シ

第四編 再審

第四百六十七條 確定ノ終局判決ヲ以テ終結シタル訴訟ハ取消ノ訴又ハ原狀回復ノ訴ニ因リ之ヲ再審スルコトヲ得

當事者ノ一方又ハ雙方ヨリ此兩訴ヲ起シタルトキハ原狀回復ノ訴ニ付テノ辯論及ヒ裁判ハ取消ノ訴ニ付テノ裁判カ確定スルマテ之ヲ中止ス可シ

第四百六十八條 左ノ場合ニ於テハ取消ノ訴ニ因リ再審ヲ求ムルコトヲ得

第一 規定ニ從ヒ判決裁判所ヲ構成セサリシトキ

第二 法律ニ依リ職務ノ執行ヨリ除斥セラレタル判事カ裁判ニ參與シタルトキ但忌避ノ申請又ハ上訴ヲ以テ除斥ノ理由ヲ主張シタルモ其效ナカリシトキハ此限ニ在ラス

第三 判事カ忌避セラレ且忌避ノ申請カ理由アリト認メラレタルニ拘ハラス裁判ニ參與シタリシトキ

第四 訴訟手續ニ於テ原告若クハ被告カ法律ノ規定ニ從ヒ代理セラレサリシトキ

テ判決ニ付キ不服ヲ申立テタル部分ニ限リ之ヲ爲スコトヲ得

第四百二十六條　第二百十條ノ規定ニ從ヒテ防禦ノ方法ヲ却下スルトキハ其防禦ノ方法ヲ主張スル權ハ之ヲ被告ニ留保ス可シ

判決ニ此留保ヲ掲ケサルトキハ第二百四十二條ノ規定ニ從ヒテ判決ノ補充ヲ申立ツルコトヲ得

留保ヲ掲ケタル判決ハ上訴及ヒ强制執行ニ付テハ終局判決ト看做ス

第四百二十七條　防禦ノ方法ニシテ被告ニ其主張ヲ留保スルモノニ付テハ其訴訟ハ第二審ニ繋屬ス

爾後ノ手續ニ於テ訴ヲ以テ主張シタル請求ノ理由ナカリシコトノ顯ハルルトキハ前判決ヲ廢棄シテ其訴ヲ棄却シ且申立ニ因リ判決ニ基キ支拂ヒタルモノ又ハ給付シタルモノヲ返還ス可キコトヲ言渡シ並ニ費用ニ付キ裁判ヲ爲ス可シ

第四百二十八條　控訴人カ口頭辯論ノ期日ニ出頭セサルトキハ出頭シタル被控訴人ノ申立ニ因リ闕席判決ヲ以テ控訴ノ棄却ヲ言渡ス可シ

第四百二十九條　被控訴人口頭辯論ノ期日ニ出頭セサル場合ニ於テ出頭シタル控訴人ヨリ闕席判決ノ申立ヲ爲ストキハ第一審裁判ノ憑據ト爲リタルモノニ牴觸セサル控訴人ノ事實上ノ供述ハ被控訴人之ヲ自白シタルモノト看做シ且第一審裁判所ノ事實上ノ確定ヲ補充シ若クハ辯駁スル爲メ控訴人ノ申立テタル適法ノ證據調ハ既ニ之ヲ爲シ及ヒ其結果ヲ得タルモノト看做シ闕席判決ヲ爲ス

第四百三十條　判決中ノ事實ノ摘示ニ付テハ前審ノ判決ヲ引用スルコトヲ得

第四百三十一條　控訴裁判所ノ書記ハ控訴狀ノ提出ヨリ二十四時間ニ第一審裁判所ノ書記ニ訴訟記錄ノ送付ヲ求ム可シ

控訴完結ノ後其記錄ハ第二審ニ於テ爲シタル判決ノ認證アル謄本ト共ニ第一審裁判所ノ書記ニ之ヲ返還ス可シ

第二章　上告

第四百三十二條　上告ハ地方裁判所及ヒ控訴院ノ第二審ニ於テ爲シタル終局判決ニ對シテ之ヲ爲ス

第四百三十三條　終局判決前ニ爲シタル裁判ハ亦上告裁判所ノ判斷ヲ受ク但此法律ニ於テ不服ヲ申立ツルコトヲ得スト明記シタルトキ又ハ抗告ヲ以テ不服ヲ申立ツルコトヲ得ルトキハ此限ニ在ラス

第四百三十四條　上告ハ法律ニ違背シタル裁判ナルコトヲ理由トスルトキニ限リ之ヲ爲スコトヲ得

第四百三十五條　法則ヲ適用セス又ハ不當ニ適用シタルトキハ法律ニ違背シタルモノトス

第四百三十六條　裁判ハ左ノ場合ニ於テハ常ニ法律ニ違背シタルモノトス

第一　規定ニ從ヒ判決裁判所ヲ構成セサリシトキ

第二　法律ニ依リ職務ノ執行ヨリ除斥セラレタル判事カ裁判ニ參與シタルトキ但忌避ノ申請又ハ上訴ヲ以テ除斥ノ理由ヲ主張シタルモ其效ナカリシトキハ此限ニ在ラス

第三　判事カ忌避セラレ且忌避ノ申請ヲ理由アリト認メタルニ拘ハラス裁判ニ參與シタルトキ

第四　裁判所カ其管轄又ハ管轄違ヲ不當ニ認メタルトキ

第五　訴訟手續ニ於テ原告若クハ被告カ法律ノ規定ニ從ヒ代理セラレサリシトキ

第六　訴訟手續ノ公行ニ付テノ規定ニ違背シタル口頭辯論ニ基キ裁判ヲ爲シタルトキ

第七　裁判ニ理由ヲ付セサルトキ

第四百三十七條　上告期間ハ一个月トス此期間ハ不變期間ニシテ判決ノ送達ヲ以テ始マル

判決ノ送達前ニ提起シタル上告ハ無效トス

第四百三十八條　上告ノ提起ハ上告狀ヲ上告裁判所ニ差出シテ之ヲ爲ス

此上告狀ニハ左ノ諸件ヲ具備スルコトヲ要ス

第一　上告セラルル判決ノ表示

第二　此判決ニ對シ上告ヲ爲ス旨ノ陳述

此他上告狀ハ準備書面ニ關スル一般ノ規定ニ從ヒテ之ヲ作リ特ニ判決ニ對シ如何ナル程度ニ於テ不服ナルヤ及ヒ判決ニ付キ如何ナル程度ニ於テ破毀ヲ爲ス可キヤノ申立ヲ掲ケ且法則ヲ適用セス若クハ不當ニ適用シタルコトヲ上告ノ理由トスルトキハ其法則ノ表示又ハ訴訟手續ニ付テノ規定ニ違背シタルコトヲ上告ノ理由トスルトキハ其欠缺ヲ明カニスル事實ノ表示又ハ法律ニ違背シテ事實ヲ確定シ若クハ遺脫シ若クハ提出シタリト看做シタルコトヲ上告ノ理由トスルトキハ其事實ノ表示ヲ掲ク可シ

第四百三十九條　上告裁判所ハ上告人ヲ呼出シ其陳述ヲ聽キ上告ヲ許ス可カラサルモノナルトキ又ハ法律上ノ方式及ヒ期間ニ於テ起ササルトキ又ハ第四百三十四條ノ規定ニ依ラサルトキハ判決ヲ以テ之ヲ棄却ス可シ

上告人カ呼出ノ期日ニ出頭セサルトキハ上告ヲ取下ケタルモノト看做ス但出頭セサリシコトヲ期日ヨリ七日ノ期間内ニ十分ナル理由ヲ以テ辯解シタルトキハ更ニ期日ヲ定ム

第四百四十條　上告狀ノ送達ト口頭辯論ノ期日トノ間ニ存スルコトヲ要スル時間ニ付テハ第百九十四條ノ規定ヲ適用シ答辯書ヲ差出ス可キ期間ノ催告ニ付テハ第百九十九條ノ規定ヲ適用ス

前項ノ場合ニ於テモ亦第二百三條ノ規定ヲ適用スルコトヲ得

第四百四十一條　答辯書ハ準備書面ニ關スル一般ノ規定ニ從ヒテ之ヲ作リ且一定ノ申立ヲ掲ク可シ

第四百四十二條　被上告人ハ附帶上告ヲ爲スコトヲ得

此附帶上告ニ付テハ附帶控訴ノ規定ヲ準用ス

第四百四十三條　答辯書ニ附帶上告ヲ爲ス旨ノ陳述ヲ掲ケタルトキハ之ヲ上告人ニ送達ス可シ

第四百四十四條　右ノ外上告ノ訴訟手續ニハ地方裁判所ノ第一審ノ訴訟手續ノ規定ヲ準用ス但本章ノ規定ニ依リ差異ノ生スルモノハ此限ニ在ラス

第四百四十五條　上告裁判所ハ當事者ノ爲シタル申立ノミニ付キ調査ヲ爲ス

第四百四十六條　上告裁判所ハ裁判ヲ爲スニ付キ控訴裁判所カ其裁判ノ憑據トシタル事實ヲ標準トス此事實ノ外ハ第四百三十八條第三項ニ掲ケタル事實ニ限リ之ヲ斟酌スルコトヲ得

第四百四十七條　上告ヲ理由アリトスルトキハ上告裁判所ハ之ヲ命ス可シ證據調ヲ必要トスルトキハ上告裁判所ハ之ヲ命ス可シ

第四百四十八條　判決ヲ破毀スル場合ニ於テハ第四百五十一條ノ規定ヲ除ク外更ニ辯論及ヒ裁判ヲ爲サシムル爲メ事件ヲ控訴裁判所ニ差戾シ又ハ之ヲ他ノ同等ナル裁判所ニ移送ス可シ

事件ノ差戾又ハ移送ヲ受ケタル裁判所ハ新口頭辯論ニ基キ裁判ヲ爲スコトヲ要ス

第四百四十九條　當事者ハ破毀セラレタル判決ノ以前ニ於ケル口頭辯論ニ當リ提出スルコトヲ得ヘカリシ事項ヲ新口頭辯論ニ際シ提出スル權利アリ

テ不服ヲ申立ツルコトヲ得

第三百九十九條　控訴ハ口頭辯論ノ前ニ於テハ被控訴人ノ承諾ナクシテ之ヲ取下クルコトヲ得

控訴ノ取下ハ上訴權ヲ喪失スル結果ヲ生ス

第四百條　控訴期間ハ一个月トス此期間ハ不變期間ニシテ判決ノ送達ヲ以テ始マル

判決ノ送達前ニ提起シタル控訴ハ無效トス

第二百四十二條ノ規定ニ從ヒ控訴期間内ニ追加裁判ヲ以テ判決ヲ補充シタルトキハ控訴期間ノ進行ハ最初ノ判決ニ對スル控訴ニ付テモ追加裁判ノ送達ヲ以テ始マル

第四百一條　控訴ノ提起ハ控訴狀ヲ控訴裁判所ニ差出シテ之ヲ爲ス

此控訴狀ニハ左ノ諸件ヲ具備スルコトヲ要ス

第一　控訴セラルル判決ノ表示

第二　此判決ニ對シ控訴ヲ爲ス旨ノ陳述

此他控訴狀ハ準備書面ニ關スル一般ノ規定ニ從ヒテ之ヲ作リ且判決ニ對シ如何ナル程度ニ於テ不服ナルヤ及ヒ判決ニ付キ如何ナル變更ヲ爲ス可キヤノ申立ヲ掲ケ若シ新ニ主張セントスル事實及ヒ證據方法アルトキハ其新ナル事實及ヒ證據方法ヲモ掲ク可シ

第四百二條　判然許ス可カラサル控訴又ハ判然法律上ノ方式ニ適セス若クハ其期間ノ經過後ニ起シタル控訴ハ裁判長ノ命令ヲ以テ之ヲ却下ス

此却下ノ命令ニ對シテハ即時抗告ヲ爲スコトヲ得

第四百三條　控訴狀ノ送達ト口頭辯論ノ期日トノ間ニ存スルコトヲ要スル時間ニ付テハ第百九十四條ノ規定ヲ適用シ答辯書ヲ差出ス可キ期間ノ催告ニ付テハ第百九十九條ノ規定ヲ適用ス

前項ノ場合ニ於テモ亦第二百三條ノ規定ヲ適用スルコトヲ得

第四百四條　答辯書ハ準備書面ニ關スル一般ノ規定ニ從ヒテ之ヲ作リ且被控訴人ノ一定ノ申立及ヒ其主張セントスル新ナル事實及ヒ證據方法ヲ掲ク可シ

第四百五條　被控訴人ハ自己ノ控訴ヲ抛棄シタルトキ又ハ控訴期間ノ經過シタルトキト雖モ附帶控訴ヲ爲スコトヲ得

闕席判決ニ對シ附帶控訴ヲ以テ不服ヲ申立ツルコトニ付テハ第三百九十八條ノ規定ニ從フ

第四百六條　左ノ場合ニ於テハ附帶控訴ハ其效力ヲ失フ

第一　控訴ヲ不適法トシテ判決ヲ以テ棄却シタルトキ

第二　控訴ヲ取下ケタルトキ

然レトモ被控訴人カ控訴期間内ニ附帶控訴ヲ爲シタルトキハ之ヲ獨立ノ控訴ト看做ス

第四百七條　答辯書ニ新ナル事實若クハ證據方法ヲ掲ケ又ハ附帶控訴ヲ爲ス旨ノ陳述ヲ掲ケタルトキハ之ヲ控訴人ニ送達ス可シ

第四百八條　右ノ外控訴ノ訴訟手續ニハ地方裁判所ノ第一審ノ訴訟手續ノ規定ヲ準用ス但本章ノ規定ニ依リ差異ノ生スルモノハ此限ニ在ラス

第四百九條　當事者ノ雙方ヨリ控訴ヲ起シタルトキハ其兩控訴ニ付キ辯論及ヒ裁判ヲ同時ニ爲スヲ以テ通例トス

第四百十條　口頭辯論ハ其期日ニ於テ被控訴人ノ控訴期間ノ未タ經過セサルトキハ其申立ニ因リ期間ノ滿了マテ之ヲ延期ス

闕席判決ヲ受ケタル原告若クハ被告ヨリ其判決ニ對シ故障ヲ申立テ相手方ヨリ控訴ヲ起シタルトキハ控訴ニ付テノ辯論及ヒ裁判ハ故障ノ完結マテ職權ヲ以テ之ヲ延期ス

第四百十一條　控訴裁判所ニ於ケル訴訟ハ不服ノ申立ニ因リ定マリタル範圍内ニ於テ更ニ之ヲ辯論ス

第四百十二條　當事者ハ其控訴ノ申立及ヒ不服ヲ申立テラレタル裁判ノ當否ヲ明瞭ナラシムル爲メ必要ナル限リハ口頭辯論ノ際第一審ニ於ケル辯論ノ結果ヲ演述ス可シ

演述ノ不正確又ハ不完全ナル場合ニ於テハ裁判長ハ其更正若クハ補完ヲ爲サシメ又必要ナル場合ニ於テハ辯論ヲ再開シテ之ヲ爲サシム可シ

第四百十三條　訴ノ變更ハ相手方ノ承諾アルトキト雖モ之ヲ許サス

第四百十四條　妨訴ノ抗辯ハ職權ヲ以テ調査ス可カラサルモノニシテ且原告若クハ被告カ其過失ニ非スシテ第一審ニ於テ提出シ能ハサリシコトヲ疏明スルトキニ限リ之ヲ主張スルコトヲ得

本案ノ辯論ハ妨訴ノ抗辯ニ基キ之ヲ拒ムコトヲ得ス然レトモ裁判所ハ職權ヲ以テ妨訴ノ抗辯ニ付キ分離シタル辯論ヲ命スルコトヲ得

第四百十五條　當事者ハ第一審ニ於テ主張セサリシ攻擊防禦ノ方法殊ニ新ナル事實及ヒ證據方法ヲ提出スルコトヲ得

第四百十六條　新ナル請求ハ第百九十六條第二號及ヒ第三號ノ場合又ハ相殺スルコトヲ得ヘキモノニシテ且原告若クハ被告カ其過失ニ非スシテ第一審ニ於テ提出シ能ハサリシコトヲ疏明スルトキニ限リ之ヲ起スコトヲ得

第四百十七條　事實又ハ證書ニ付キ第一審ニ於テ爲ササリシ陳述又ハ拒ミタル陳述ハ第二審ニ於テ之ヲ爲スコトヲ得

第四百十八條　第一審ニ於テ爲シタル裁判上ノ自白ハ第二審ニ於テモ亦其效力ヲ有ス

第四百十九條　控訴裁判所ハ控訴ヲ許ス可キヤ否ヤ又控訴ヲ法律上ノ方式ニ從ヒ若クハ其期間ニ

於テ起シタルヤ否ヤヲ職權ヲ以テ調査ス可シ若シ此要件ノ一ヲ缺クトキハ判決ヲ以テ控訴ヲ不適法トシテ棄却ス可シ

第四百二十條　第一審ノ裁判ハ變更ヲ申立テタル部分ニ限リ之ヲ變更スルコトヲ得

第四百二十一條　第一審ニ於テ是認シ又ハ非認シタル請求ニ關スル總テノ爭點ニシテ申立ニ從ヒ辯論及ヒ裁判ヲ必要トスルモノハ第一審ニ於テ此爭點ニ付キ辯論及ヒ裁判ヲ爲ササルトキト雖モ控訴裁判所ニ於テ其辯論及ヒ裁判ヲ爲ス

第四百二十二條　控訴裁判所ハ左ノ場合ニ於テ事件ニ付キ尚ホ辯論ヲ必要トスルトキハ其事件ヲ第一審裁判所ニ差戻ス可シ

第一　不服ヲ申立テラレタル判決カ闕席判決ナルトキ

第二　不服ヲ申立テラレタル判決カ闕席判決ニ對スル故障ヲ不適法トシテ棄却シタルモノナルトキ

第三　不服ヲ申立テラレタル判決カ妨訴ノ抗辯ノミニ付キ裁判ヲ爲シタルモノナルトキ

第四　請求カ其原因及ヒ數額ニ付キ爭アル場合ニ於テ不服ヲ申立テラレタル判決カ先ツ其原因ニ付キ裁判ヲ爲シタルモノナルトキ

第五　不服ヲ申立テラレタル判決カ證書訴訟及ヒ爲替訴訟ニ於テ敗訴ノ被告ニ別訴訟ヲ以テ追行ヲ爲ス權ヲ留保シタルモノナルトキ

第四百二十三條　第一審ニ於テ訴訟手續ニ付テノ規定ニ違背シタルトキハ控訴裁判所ハ其判決及ヒ違背シタル訴訟手續ノ部分ヲ廢棄シ事件ヲ第一審裁判所ニ差戻スコトヲ得

第四百二十四條　控訴ヲ理由ナシトスルトキハ判決ヲ以テ控訴ノ棄却ヲ言渡ス可シ

第四百二十五條　判決ヲ控訴人ノ不利益ニ變更スルコトハ相手方カ控訴又ハ附帶控訴ノ方法ヲ以

被告ハ妨訴ノ抗辯ニ基キ本案ノ辯論ヲ拒ム權利ナシ然レトモ裁判所ハ職權ヲ以テ右抗辯ニ付キ分離シタル辯論ヲ命スルコトヲ得

第三百八十條 第二百二十二條、第二百六十六條乃至第二百七十二條ノ規定ハ區裁判所ノ訴訟手續ニ之ヲ適用セス

然レトモ原告若クハ被告ノ申立及ヒ陳述ハ裁判所ノ意見ニ從ヒ訴訟關係ヲ十分ニ明確ナラシムル爲メ必要ナルモノニ限リ調書ヲ以テ之ヲ明確ナラシム可シ

第三百八十一條 訴ヲ起サントスル者ハ和解ノ爲メ請求ノ目的物ヲ開示シテ相手方ヲ其普通裁判籍ヲ有スル區裁判所ニ呼出ス可キコトヲ申立ツルコトヲ得其申立ハ書面又ハ口頭ヲ以テ之ヲ爲スコトヲ得

當事者雙方出頭シ和解ノ調ヒタルトキハ調書ヲ以テ之ヲ明確ナラシム可シ

和解ノ調ハサルトキハ當事者雙方ノ申立ニ因リ其訴訟ニ付キ直チニ辯論ヲ爲ス此場合ニ於ケル訴ノ提起ハ口頭ノ演述ヲ以テ之ヲ爲ス

相手方カ出頭セス又ハ和解ノ調ハルトキハ此カ爲ニ生シタル費用ハ訴訟費用ノ一分ト看做ス

第二節 督促手續

第三百八十二條 一定ノ金額ノ支拂其他ノ代替物若クハ有價證券ノ一定ノ數量ノ給付ヲ目的トスル請求ニ付キ債權者ハ通常ノ訴訟手續ニ依ラスシテ督促手續ニ依リ條件附ノ支拂命令ヲ債務者ニ對シ發センコトヲ申立ツルコトヲ得

申請ノ旨趣ニ依レハ申請者反對給付ヲ爲スニ非サレハ其求請ヲ主張スルコトヲ得サルトキ又ハ支拂命令ノ送達ヲ外國ニ於テ爲シ若クハ公示送達ヲ以テ爲ス可キトキハ督促手續ヲ許サス

第三百八十三條 支拂命令ハ區裁判所之ヲ發ス

此命令ハ區裁判所ノ第一審ノ事物ノ管轄ノ制限ナキモノト看做シ通常ノ訴訟手續ニ於ケル訴ノ提起ニ付キ普通裁判籍又ハ不動産上裁判籍ノ屬ス可キ區裁判所ノ管轄ニ專屬ス

第三百八十四條 支拂命令ヲ發スルコトノ申請ハ書面又ハ口頭ヲ以テ之ヲ爲スコトヲ得

此申請ハ左ノ諸件ヲ具備スルコトヲ要ス

第一 當事者及ヒ裁判所ノ表示

第二 請求ノ一定ノ數額、目的物及ヒ原因ノ表示若シ請求ノ數箇ナルトキハ其各箇ノ一定ノ數額、目的物及ヒ原因ノ表示

第三 支拂命令ヲ發センコトノ申立

第三百八十五條 裁判所ハ申請ヲ調査シ其申請カ前三條ノ規定ニ適當セス又ハ申請ノ旨趣ニ於テ請求ノ理由ナク又ハ現時理由ナキコトノ顯ハルルトキハ其申請ヲ却下ス

請求ノ一分ノミニ付キ支拂命令ヲ發スルコトヲ得サルトキハ亦其申請ヲ却下ス然レトモ數箇ノ請求中或ルモノニ理由ナクシテ其他ノモノニ理由アリト見ユルトキハ其理由アリト見ユルモノニ限リ申請ヲ許容ス

右却下ノ命令ニ對シテハ不服ヲ申立ツルコトヲ得ス然レトモ通常ノ訴訟手續ニ依リ訴追スルヲ妨クルコト無シ

第三百八十六條 支拂命令ハ豫メ債務者ヲ審訊セスシテ之ヲ發ス

支拂命令ニハ第三百八十四條第一號及ヒ第二號ニ掲ケタル申請ノ要件ヲ記載シ且即時ノ强制執行ヲ避ケント欲セハ此命令送達ノ日ヨリ十四日ノ期間内ニ請求ヲ滿足セシメ及ヒ其手續ノ費用ニ付キ定ムル數額ヲ債權者ニ辨濟ス可ク又ハ裁判所ニ異議ヲ申立ツ可キ旨ノ債務者ニ對スル命令ヲ記載ス可シ

前項ノ期間ハ爲替ヨリ生スル請求ニ付テハ申立ニ因リ三日マテニ之ヲ短縮スルコトヲ得

第三百八十七條 權利拘束ノ効力ハ支拂命令ヲ債務者ニ送達スルヲ以テ始マル

支拂命令ノ送達ハ之ヲ債權者ニ通知ス可シ

第三百八十八條 債務者ハ支拂命令ニ對シ書面又ハ口頭ヲ以テ異議ノ申立ヲ爲スコトヲ得

第三百八十九條 債務者カ請求ノ全部又ハ一分ニ對シ適當ナル時間ニ異議ヲ申立ツルトキハ支拂命令ノ効力ヲ失フ然レトモ權利拘束ノ効力ヲ存續ス

數箇ノ請求中或ルモノニ對シ異議ヲ申立テタルトキハ支拂命令ハ其他ノ請求及ヒ之ニ相當スル費用ノ部分ニ付キ效力ヲ有ス

第三百九十條 適當ナル時間ニ異議ヲ申立テタル場合ニ於テ請求ニ付キ起ス可キ訴カ區裁判所ノ管轄ニ屬スルトキハ其訴ハ支拂命令ノ送達ト同時ニ區裁判所ニ之ヲ起シタルモノト看做ス其口頭辯論ノ期日ハ第三百七十七條ノ規定ニ從ヒテ之ヲ定ム

第三百九十一條 請求ニ付キ起ス可キ訴カ地方裁判所ノ管轄ニ屬スル場合ニ於テハ適當ナル時間ニ異議ノ申立アリタルコトヲ債權者ニ通知ス可シ

債權者其通知書ノ送達アリタル日ヨリ起算シ一个月ノ期間内ニ管轄裁判所ニ訴ヲ起ササルトキハ權利拘束ノ効力ヲ失フ

第三百九十二條 督促手續ノ費用ハ適當ナル時間ニ異議ノ申立アリタル場合ニ於テハ起ス可キ訴訟ノ費用ノ一分ト看做ス

前條ノ場合ニ於テ期間内ニ訴ヲ起ササルトキハ手續ノ費用ハ債權者ノ負擔ニ歸ス

第三百九十三條 支拂命令ハ其命令中ニ掲ケタル期間ノ經過後債權者ノ申請ニ因リ之ヲ假ニ執行

シ得ヘキコトヲ宣言ス但假執行ノ宣言前債務者異議ヲ申立テサルトキニ限ル

右假執行ノ宣言ハ支拂命令ニ付ス可キ執行命令ヲ以テ之ヲ爲ス其執行命令ニハ債權者ニ於テ計算スル手續ノ費用ヲ掲ク可シ

債權者ノ申請ヲ却下スル決定ニ對シテハ即時抗告ヲ爲スコトヲ得

第三百九十四條 執行命令ハ假執行ノ宣言ヲ付シタル闕席判決ト同一ナリトス其執行命令ニ對シテハ第二百五十五條乃至第二百六十四條ノ規定ニ從ヒテ故障ヲ申立ツルコトヲ得請求カ區裁判所ノ管轄ニ屬セサルトキハ區裁判所ハ其故障ヲ法律上ノ方式及ヒ期間ニ於テ申立テタルヤノ點ノミニ付キ辯論及ヒ裁判ヲ爲ス此場合ニ於テハ第三百九十一條第二項ニ定メタル期間ハ故障ヲ許ス判決ノ確定ヲ以テ始マル

第三百九十五條 時期ニ後レテ申立テタル異議ハ命令ヲ以テ之ヲ却下ス

此却下ノ命令ニ對シテハ不服ヲ申立ツルコトヲ得ス

第三編 上訴

第一章 控訴

第三百九十六條 控訴ハ區裁判所又ハ地方裁判所ノ第一審ニ於テ爲シタル終局判決ニ對シテ之ヲ爲ス

第三百九十七條 終局判決前ニ爲シタル裁判ハ亦控訴裁判所ノ判斷ヲ受ク但此法律ニ於テ不服ヲ申立ツルコトヲ得スト明記シタルトキ又ハ抗告ヲ以テ不服ヲ申立ツルコトヲ得ルトキハ此限ニ在ラス

第三百九十八條 闕席判決ニ對シテハ期日ヲ懈怠シタル者ヨリ控訴ヲ以テ不服ヲ申立ツルコトヲ得ス但故障ヲ許ササル闕席判決ニ對シテハ懈怠ナカリシコトヲ理由トスルトキニ限リ控訴ヲ以

倣スコトヲ得

第三百五十四條　提出シタル證書ハ直チニ之ヲ還付シ又適當ナル場合ニ於テハ其謄本ヲ記錄ニ留メテ之ヲ還付ス可シ

然レトモ證書ノ僞造又ハ變造ナリト爭フトキハ檢事ノ意見ヲ聽キタル後ニ非サレハ之ヲ還付スルコトヲ得ス

第三百五十五條　公正證書ノ僞造若クハ變造ナルコトヲ眞實ニ反キテ主張シタル原告若クハ被告ニ惡意若クハ重過失ノ責アルトキハ五十圓以下ノ過料ヲ言渡ス

又私署證書ノ眞正ナルコトヲ眞實ニ反キテ爭フトキハ前項ト同一ナル條件ヲ以テ二十圓以下ノ過料ヲ言渡ス

第三百五十六條　本節ノ規定ハ事件ノ性質ニ於テ許ス限リハ事跡ノ紀念又ハ權利ノ證徵ノ爲メ作リタル割符、界標等ノ如キモノニモ之ヲ準用ス

第九節　檢證

第三百五十七條　檢證ノ申出ハ檢證物ヲ表示シ及ヒ證ス可キ事實ヲ開示シテ之ヲ爲ス

第三百五十八條　受訴裁判所ハ檢證ヲ爲スニ際シ鑑定人ノ立會ヲ命スルコトヲ得

受訴裁判所ハ檢證及ヒ鑑定人ノ任命ヲ其部員一名ニ命シ又ハ區裁判所ニ囑託スルコトヲ得

第三百五十九條　檢證ヲ爲ス際發見シタル事項ハ調書ニ記載シテ之ヲ明確ナラシメ又必要ナル場合ニ於テハ調書ノ附錄トシテ添附ス可キ圖面ヲ作リ之ヲ明確ナラシム可シ

若シ既ニ記錄ニ圖面ノ存スルトキハ之ヲ檢證物ニ對照シ必要ナル場合ニ於テハ之ヲ更正ス可シ

第十節　當事者本人ノ訊問

第三百六十條　當事者ノ提出シタル許ス可キ證據ヲ調ヘタル結果ニ因リ證ス可キ事實ノ眞否ニ付

キ裁判所カ心證ヲ得ルニ足ラサルトキハ申立ニ因リ又ハ職權ヲ以テ原告若クハ被告ノ本人ヲ訊問スルコトヲ得

第三百六十一條　裁判所ハ原告若クハ被告ヲ訊問スルコトヲ決定シ且原告若クハ被告ノ自身カ決定言渡ノ際在廷スルトキハ直チニ其訊問ヲ爲スヲ以テ通例トス

第三百六十二條　訊問ヲ受クル原告若クハ被告ハ供述ニ換ヘテ書類ヲ朗讀シ其他覺書ヲ用ヰルコトヲ得ス但算數ノ關係ニ限リ覺書ヲ用ヰルコトヲ得

第三百六十三條　原告若クハ被告カ十分ナル理由ナクシテ供述スルコトヲ拒ミ又ハ訊問期日ニ出頭セサルトキハ裁判所ハ其意見ヲ以テ訊問ニ因リテ擧證ス可キ相手方ノ主張ヲ正當ナリト認ムルコトヲ得

第三百六十四條　訴訟無能力者ノ法律上代理人カ訴訟ヲ爲ストキハ法律上代理人若クハ訴訟無能力者ヲ訊問ス可キヤ又ハ此等ノ者ヲ共ニ訊問ス可キヤ裁判所ノ意見ヲ以テ之ヲ決定ス

法律上代理人數人アルトキハ其一人ヲ訊問ス可キヤ又ハ數人ヲ訊問ス可キヤモ亦前項ニ同シ

第十一節　證據保全

第三百六十五條　證據ヲ紛失スル恐アリ又ハ之ヲ使用シ難キ恐アルトキハ證據保全ノ爲メ證人若クハ鑑定人ノ訊問又ハ檢證ヲ申立ツルコトヲ得

第三百六十六條　訴訟カ既ニ繫屬シタルトキハ此申請ハ受訴裁判所ニ之ヲ爲ス可シ

切迫ナル危險ノ場合ニ於テハ訊問ヲ受ク可キ者ノ現在地又ハ檢證ス可キ物ノ所在地ヲ管轄スル區裁判所ニ申請ヲ爲スコトヲ得

訴訟ノ未タ繫屬セサルトキハ前項ニ記載シタル區裁判所ニ申請ヲ爲スコトヲ要ス

右申請ハ書面又ハ口頭ヲ以テ之ヲ爲スコトヲ得

第三百六十七條　申請ニハ左ノ諸件ヲ具備スルコトヲ要ス

第一　相手方ノ表示

第二　證據調ヲ爲ス可キ事實ノ表示

第三　證據方法殊ニ證人若クハ鑑定人ノ訊問ヲ爲ス可キトキハ其表示

第四　證據ヲ紛失スル恐アリ又ハ之ヲ使用シ難キ恐アル理由此理由ハ之ヲ疏明ス可シ

第三百六十八條　申請ニ付テノ決定ハ口頭辯論ヲ經スシテ之ヲ爲スコトヲ得

申請ヲ許容スル決定ニハ證據調ヲ爲ス可キ事實及ヒ證據方法殊ニ訊問ス可キ證人若クハ鑑定人ノ氏名ヲ記載ス可シ此決定ニ對シテハ不服ヲ申立ツルコトヲ得ス

第三百六十九條　證據調ノ期日ニハ申立人ヲ呼出シ又決定及ヒ申請ノ謄本ヲ送達シテ其權利防衞ノ爲ニ相手方ヲモ呼出ス可シ

切迫ナル危險ノ場合ニ於テハ適當ナル時間ニ相手方ヲ呼出スコトヲ得サリシトキト雖モ證據調ヲ妨クルコト無シ

第三百七十條　證據調ハ本章第六節、第七節及ヒ第九節ノ規定ニ從ヒテ之ヲ爲ス

證據調ノ調書ハ證據調ヲ命シタル裁判所ニ之ヲ保存ス可シ各當事者ハ證據調ノ調書ヲ訴訟ニ於テ使用スル權利アリ

受訴裁判所ハ申立ニ因リ又ハ職權ヲ以テ再度ノ證據調ヲ命シ又ハ既ニ調ヘタル證據ノ補充ヲ命スルコトヲ得

第三百七十一條　證據調ハ第三百六十五條ノ條件ナキトキト雖モ相手方ノ承諾ニ因リ之ヲ許スコトヲ得

第三百七十二條　申立人カ相手方ヲ指定セサルトキハ申立人自己ノ過失ニ非スシテ相手方ヲ指定

シ能ハサルコトヲ疏明スル場合ニ限リ其申請ヲ許ス

申請ヲ許容シタルトキハ裁判所ハ其知レサル相手方ノ權利防衞ノ爲ニ臨時代理人ヲ任スルコトヲ得

第二章　區裁判所ノ訴訟手續

第一節　通常ノ訴訟手續

第三百七十三條　區裁判所ノ通常ノ訴訟手續ニ付テハ區裁判所ノ構成又ハ第一編及ヒ本節ノ規定ニ依リ差異ノ生セサル限リハ地方裁判所ノ訴訟手續ニ付テノ規定ヲ適用ス

第三百七十四條　訴ハ書面又ハ口頭ヲ以テ裁判所ニ之ヲ爲スコトヲ得

第三百七十五條　起訴アリタルトキハ裁判所書記ハ訴狀ヲ被告ニ送達スル手續ヲ爲ス

準備書面ノ交換ハ之ヲ爲スコトヲ要セス

第三百七十六條　原告若クハ被告ハ其申立及ヒ事實上ノ主張ニシテ豫メ通知スルニ非サレハ相手方ニ於テ之ニ對シ陳述ヲ爲シ得ヘカラサルモノヲ口頭辯論ノ前直接ニ相手方ニ通知スルコトヲ得

第三百七十七條　口頭辯論ノ期日ト訴狀送達トノ間ニ少ナクトモ三日ノ時間ヲ存スルコトヲ要ス

急迫ナル場合ニ於テハ此時間ヲ二十四時マテニ短縮スルコトヲ得

送達ヲ外國ニ於テ爲ス可キトキハ事情ニ應シテ時間ヲ定ム可シ

第三百七十八條　當事者ハ通常ノ裁判日ニ於テハ豫メ期日ノ指定ナクシテ裁判所ニ出頭シ訴訟ニ付キ辯論ヲ爲スコトヲ得

此場合ニ於テ訴ノ提起ハ口頭ノ演述ヲ以テ之ヲ爲ス

第三百七十九條　數箇ノ妨訴ノ抗辯ヲ本案ノ辯論前同時ニ提出ス可キ規定ハ裁判所管轄違ノ抗辯ニ限リ之ヲ適用ス

第三百三十五條 擧證者其使用セントスル證書カ相手方ノ手ニ存スル旨ヲ主張スルトキハ書證ノ申出ハ相手方ニ其證書ノ提出ヲ命センコトヲ申立テテ之ヲ爲ス可シ

第三百三十六條 相手方ハ左ノ場合ニ於テ證書ヲ提出スル義務アリ

第一 擧證者カ民法ノ規定ニ從ヒ訴訟外ニ於テモ證書ノ引渡又ハ其提出ヲ求ムルコトヲ得ルトキ

第二 證書カ其旨趣ニ因リ擧證者及ヒ相手方ニ共通ナルトキ

第三百三十七條 相手方ハ其手ニ存スル證書ニシテ其訴訟ニ於テ擧證ノ爲メ引用シタルモノヲ提出スル義務アリ準備書面中ニノミ引用シタルトキト雖モ亦同シ

第三百三十八條 證書ノ提出ヲ命センコトノ申立ニハ左ノ諸件ヲ掲ク可シ

第一 證書ノ表示

第二 證書ニ依リ證ス可キ事實ノ表示

第三 證書ノ旨趣

第四 證書カ相手方ノ手ニ存スル旨ヲ主張スル理由タル事情

第五 證書ヲ提出ス可キ義務ノ原因ノ表示

第三百三十九條 裁判所ハ證書ニ依リ證ス可キ事實ノ重要ニシテ且申立ヲ正當ナリト認ムル場合ニ於テ相手方カ證書ノ其手ニ存スルコトヲ自白スルトキ又ハ申立ニ對シ陳述セサルトキハ證據決定ヲ以テ證書ノ提出ヲ命ス

第三百四十條 相手方カ證書ヲ所持セサル旨ヲ申立ツルトキハ此申立ノ眞實ナルヤ否ヤヲ定ムル爲メ又ハ證書ノ所在ヲ穿鑿スル爲メ又ハ擧證者ノ使用ヲ妨クル目的ヲ以テ故意ニ證書ヲ隱匿シ若クハ使用ニ耐ヘサラシメタルヤ否ヤヲ穿鑿スル爲メ本章第十節ノ規定ニ從ヒテ相手方本人ヲ

訊問ス可シ

相手方カ官廳ナルトキハ證書カ其官廳ノ保藏ニ係ラス又ハ其所在ヲ開示スルヲ得サル旨ノ長官ノ證明書ヲ以テ訊問ニ換フ裁判所ハ此證明書ヲ差出サシムル爲メ相當ノ期間ヲ定ム可シ

第三百四十一條 證書ヲ所持スルコトヲ自白シ又ハ之ヲ所持セスト申立テサル相手方カ其證書ヲ提出ス可シトノ命ニ從ハス又ハ相手方カ所持セスト申立テタル證書ニ付キ訊問ヲ受ケテ供述ヲ爲スコトヲ拒ミタルトキ又ハ擧證者ノ使用ヲ妨クル目的ヲ以テ故意ニ證書ヲ隱匿シ若クハ使用ニ耐ヘサラシメタルコトノ明確ナルトキハ擧證者ノ差出シタル證書ノ謄本ヲ正當ナルモノト看做ス若シ謄本ヲ差出ササルトキハ裁判所ハ其意見ヲ以テ證書ノ性質及ヒ旨趣ニ付キ擧證者ノ主張ヲ正當ナリト認ムルコトヲ得

前條第二項ニ掲ケタル證明書ヲ裁判所ノ定メタル期間内ニ差出ササルトキハ相手方タル官廳ニ對シ前項ト同一ノ結果ヲ生ス

第三百四十二條 擧證者其使用セントスル證書カ第三者ノ手ニ存スル旨ヲ主張スルトキハ書證ノ申出ハ其證書ヲ取寄スル爲メ期間ヲ定メンコトヲ申立テテ之ヲ爲ス

第三百四十三條 第三者ハ擧證者ノ相手方ニ於ケルト同一ナル理由ニ因リ證書ヲ提出スル義務アリ然レトモ強テ證書ヲ提出セシムルコトハ訴ヲ以テノミ之ヲ爲スコトヲ得

第三百四十四條 第三百四十二條ニ從ヒ申立ヲ爲スニハ第三百三十八條第一號乃至第三號及ヒ第五號ノ要件ヲ履ミ且證書カ第三者ノ手ニ存スルコトヲ疎明ス可シ

第三百四十五條 證書ニ依リ證ス可キ事實ノ重要ニシテ且其申立カ前條ノ規定ニ適スルトキハ裁判所ハ證書提出ノ期間ヲ定ム可シ

第三者ニ對スル訴訟ノ完結シタルトキ又ハ擧證者カ訴ノ提起、訴訟ノ繼續又ハ強制執行ヲ遲延

シタルトキハ相手方ハ前項ノ期間ノ滿了前ト雖モ訴訟手續ノ繼續ヲ申立ツルコトヲ得

第三百四十六條 擧證者其使用セントスル證書カ官廳又ハ公吏ノ手ニ存スル旨ヲ主張スルトキハ書證ノ申出ハ證書ノ送付ヲ官廳又ハ公吏ニ囑託セラレンコトヲ申立テテ之ヲ爲ス

此規定ハ當事者カ法律上ノ規定ニ從ヒ裁判所ノ助力ナクシテ取寄スルコトヲ得ヘキ證書ニハ之ヲ適用セス

官廳又ハ公吏カ第三百三十六條ノ規定ニ基キ證書ヲ提出スル義務アル場合ニ於テ其送付ヲ拒ムトキハ第三百四十二條乃至第三百四十五條ノ規定ヲ適用ス

第三百四十七條 證據決定ヲ爲シタル後第三百四十二條及ヒ第三百四十六條ノ規定ニ從ヒ書證ヲ申出テタル場合ニ於テ證書取寄ノ手續ノ爲ニ訴訟ノ完結ヲ遲延スルニ至ル可ク且裁判所ニ於テ原告若クハ被告カ訴訟ヲ遲延スル故意ヲ以テ又ハ甚シキ怠慢ニ因リ書證ヲ早ク申出テサリシコトノ心證ヲ得タルトキハ申立ニ因リ其書證ノ申出ヲ却下スルコトヲ得

第三百四十八條 口頭辯論ノ際證書ヲ提出スルニ於テハ其毀損若クハ紛失ノ恐アリ又ハ他ノ顯著ナル障碍アルトキハ受命判事又ハ受託判事ノ面前ニ證書ヲ提出ス可キ旨ヲ命スルコトヲ得

受命判事又ハ受託判事ハ證書ノ明細書及ヒ其謄本ヲ調書ニ添附シ又證書ノ一分ノミ必要ナルトキハ第百七條第二項ノ規定ニ從ヒテ作リタル抄本ヲ之ニ添附ス可シ

第三百四十九條 公正證書ハ正本又ハ認證ヲ受ケタル謄本ヲ以テ之ヲ提出スルコトヲ得然レトモ裁判所ハ擧證者ニ正本ノ提出ヲ命スルコトヲ得

私署證書ハ原本ヲ以テ之ヲ提出ス可シ若シ當事者カ未タ提出セサル原本ノ眞正ニ付キ一致シ只其證書ノ效力又ハ解釋ニ付テノミ爭ヲ爲ストキハ謄本ヲ提出スルヲ以テ足ル然レトモ裁判所ハ職權ヲ以テ擧證者ニ原本ノ提出ヲ命スルコトヲ得

提出シタル謄本ニ換ヘテ正本又ハ原本ヲ提出ス可キ旨ノ命ニ從ハサルトキハ裁判所ハ心證ヲ以テ謄本ニ如何ナル證據力ヲ付ス可キヤヲ裁判ス

第三百五十條 擧證者ハ證書ヲ提出シタル後ハ相手方ノ承諾ヲ得ルトキニ限リ此證據方法ヲ拋棄スルコトヲ得

第三百五十一條 公正證書又ハ檢眞ヲ經タル私署證書ヲ僞造若クハ變造ナリト主張スル者ハ其證書ノ眞否ヲ確定センコトノ申立ヲ爲ス可シ

此場合ニ於テハ裁判所ハ其證書ノ眞否ニ付キ中間判決ヲ以テ裁判ヲ爲ス可シ

第三百五十二條 私署證書ノ眞否ニ付キ爭アルトキハ裁判所ハ擧證者ノ申立ニ因リ檢眞ヲ爲スコトヲ得

第三百五十三條 私署證書ノ檢眞ハ總テノ證據方法及ヒ手跡若クハ印章ノ對照ニ因リテ之ヲ爲ス」

證書ノ眞否ヲ證セントスル當事者ハ裁判所ノ定ムル期間内ニ手跡若クハ印章ヲ對照スル爲ニ適當ナル書類ヲ提出ス可シ

眞正ナリトノ自白又ハ證明シタル適當ノ對照書類ナキトキハ對照ノ爲メ原告若クハ被告ニ對シ裁判所ニ於テ一定ノ語辭ノ手記ヲ命スルコトヲ得其手記シタル語辭ハ調書ノ附錄トシテ之ニ添附ス可シ

裁判所ハ手跡若クハ印章ヲ對照シタル結果ニ付キ自由ナル心證ヲ以テ裁判ヲ爲シ又必要ナル場合ニ於テハ鑑定ヲ爲サシメタル後之ヲ爲ス

原告若クハ被告カ裁判所ノ定メタル期間内ニ對照書類ヲ提出セサルトキ又ハ對照ス可キ語辭ヲ手記ス可キ裁判所ノ命ニ對シ十分ナル辯解ヲ爲サスシテ之ニ從ハサルトキ又ハ書樣ヲ變シテ手記シタルトキハ證書ノ眞否ニ付テノ相手方ノ主張ハ其他ノ證據ヲ要セスシテ之ヲ眞正ナリト看

證人ノ供述互ニ齟齬シタルトキハ之ヲ對質セシムルコトヲ得

第三百十二條　證人訊問ハ證人ニ其氏名、年齡、身分、職業及ヒ住居ヲ問フヲ以テ始マル又必要ナル場合ニ於テハ其事件ニ於テ證言ノ信用ニ關スル事情殊ニ當事者トノ關係ニ付テノ問ヲ爲ス可シ

第三百十三條　證人ニハ其訊問事項ニ付キ知リタルモノヲ牽連シテ供述セシム可シ

證人ノ供述ヲ明白及ヒ完全ナラシメ且其知リ得タル原因ヲ穿鑿スル爲メ必要ナル場合ニ於テハ尚ホ他ノ問ヲ發ス可シ

第三百十四條　證人ハ其供述ニ換ヘテ書類ヲ朗讀シ其他覺書ヲ用ヰルコトヲ得ス但算數ノ關係ニ限リ覺書ヲ用ヰルコトヲ得

第三百十五條　陪席判事ハ裁判長ニ告ケテ證人ニ問ヲ發スルコトヲ得

當事者ハ證人ニ對シ自ラ問ヲ發スルコトヲ得ス然レトモ當事者ハ證人ノ供述ヲ明白ナラシムル爲ニ其必要ナリトスル問ヲ發セシムルコトヲ裁判長ニ申立ツルコトヲ得

發問ノ許否ニ付キ異議アルトキハ裁判所ハ直チニ之ヲ裁判ス

第三百十六條　調書ニハ證人カ其訊問ノ前若クハ後ニ宣誓シタルヤ又ハ宣誓セスシテ訊問ヲ受ケタルヤヲ記載ス可シ

第三百十七條　受訴裁判所ハ左ノ場合ニ於テ證人ノ再訊問ヲ命スルコトヲ得

第一　證人訊問カ法律上ノ規定ニ違ヒタルトキ

第二　證人訊問ノ完全ナラサルトキ

第三　證人ノ供述カ明白ナラス又ハ兩義ニ渉ルトキ

第四　證人カ其供述ノ補充又ハ更正ヲ申立ツルトキ

第五　此他裁判所カ再訊問ヲ必要トスルトキ

第三百十八條　左ノ場合ニ於テ證人ニ依レル證據調ハ受訴裁判所ノ部員一名ニ之ヲ命シ又ハ區裁判所ニ之ヲ囑託スルコトヲ得

第一　眞實ヲ探知スル爲メ現場ニ就キ證人ヲ訊問スルノ必要ナルトキ

第二　證人カ疾病其他ノ事由ノ爲メ受訴裁判所ニ出頭スル能ハサルトキ

第三　證人カ受訴裁判所ノ所在地ヨリ遠隔ノ地ニ在リテ其裁判所ニ出頭スルニ付キ不相應ノ時日及ヒ費用ヲ要スルトキ

第三百十九條　第二百九十四條、第二百九十五條、第三百二條及ヒ第三百九條ニ掲ケタル證人ニ對スル受訴裁判所ノ權ハ受命判事又ハ受託判事ニモ屬ス

證人カ受命判事又ハ受託判事ノ面前ニ於テ理由ヲ開示シテ證言ヲ拒ミ又ハ宣誓ヲ拒ミ又ハ職權若クハ申立ニ因リ發シタル問ニ答フルコトヲ拒ムトキハ此拒絶ノ當否ニ付キ裁判ヲ爲ス權ハ受訴裁判所ニ屬ス

受命判事又ハ受託判事カ原告若クハ被告ヨリ申立テタル問ヲ發スルコトヲ否ムトキハ原告若クハ被告ハ其當否ニ付キ受訴裁判所ノ裁判ヲ求ムルコトヲ得

證人ノ再訊問ハ受命判事又ハ受託判事ノ意見ヲ以テ之ヲ命スルコトヲ得

第三百二十條　證人ヲ申出テタル原告若クハ被告ハ其訊問ノ開始マテハ此證據方法ヲ拋棄スルコトヲ得其後ハ相手方ノ承諾ヲ得ルトキニ限リ之ヲ拋棄スルコトヲ得

第三百二十一條　各證人ハ日當ノ辨濟及ヒ其出頭ノ爲ニ旅行ヲ要スルトキハ旅費ノ辨濟ヲ請求スルコトヲ得

此金額ノ拂渡ハ訊問期日ノ終リタル後直チニ之ヲ求ムルコトヲ得

擧證者ノ豫納シタル金額不足スルトキハ職權ヲ以テ其不足額ヲ取立ツ可シ

第七節　鑑定

第三百二十二條　鑑定ニ付テハ以下數條ニ於テ別段ノ規定ヲ設ケサル限リハ人證ニ付テノ規定ヲ準用ス

第三百二十三條　鑑定ノ申出ハ鑑定ス可キ事項ヲ表示シテ之ヲ爲ス

第三百二十四條　立會フ可キ鑑定人ノ選定及ヒ其員數ノ指定ハ受訴裁判所之ヲ爲ス其裁判所ハ鑑定人ノ任命ヲ一名マテニ制限シ又ハ何時ニテモ既ニ任命シタル者ニ代ヘ他ノ鑑定人ヲ任命スルコトヲ得

裁判所ハ鑑定人トシテ訊問ヲ受クルニ適當ナル者ヲ指名ス可キ旨ヲ當事者ニ催告スルコトヲ得

當事者カ一定ノ者ヲ鑑定人ニ爲スコトヲ合意シタルトキハ裁判所ハ其合意ニ從フ可シ然レトモ裁判所ハ當事者ノ爲ス可キ選定ヲ一定ノ員數ニ制限スルコトヲ得

第三百二十五條　外國ノ書類又ハ產物ノ審査ヲ要スル場合ニ於テ必要ナル能力ヲ有スル本邦人ノ在ラサルトキハ裁判所ハ外國人ヲ鑑定人ニ任命スルコトヲ得

第三百二十六條　左ニ掲クル者鑑定ヲ命セラレタルトキハ之ヲ爲ス義務アリ

第一　必要ナル種類ノ鑑定ヲ爲ス爲ニ公ニ任命セラレタル者

第二　鑑定ヲ爲スニ必要ナル學術、技藝若クハ職業ニ常ニ從事スル者又ハ學術、技藝若クハ職業ニ從事スル爲ニ公ニ任命セラレ若クハ授權セラレタル者

右ノ外鑑定ヲ爲ス可キ旨ヲ裁判所ニ於テ述ヘタル者ハ鑑定人タル義務ナキトキト雖モ鑑定ヲ爲ス義務アリ

第三百二十七條　鑑定人ハ證人カ證言ヲ拒ムコトヲ得ルト同一ノ原因ニ依リ鑑定ヲ拒ム權利アリ

官吏、公吏ハ其所屬廳ニ於テ異議アルトキハ之ヲ鑑定人トシテ訊問スルコトヲ得ス

第三百二十八條　鑑定ヲ爲ス義務アル鑑定人出頭セス又ハ鑑定ヲ拒ミタル場合ニ於テハ其者ニ對シ此カ爲ニ生シタル費用ノ賠償及ヒ罰金ヲ言渡ス可シ但其鑑定人ヲ勾引スルコトヲ得ス

第三百二十九條　鑑定人ハ其鑑定ヲ爲ス前ニ其鑑定人タル義務ヲ公平且誠實ニ履行スヘキ旨ノ誓ヲ宣フ可シ

第三百三十條　受訴裁判所ハ其意見ヲ以テ左ノ諸件ヲ定ム可シ

第一　鑑定人ノ意見ハ口頭又ハ書面ニテ之ヲ述ヘシム可キヤ

第二　數名ノ鑑定人ヲ訊問ス可キ場合ニ於テ各意見カ異ナルトキハ共同ニテ鑑定書ヲ作ラシム可キヤ又ハ各別ニ之ヲ作ラシム可キヤ

第三　口頭辯論ノ際鑑定人ノ總員又ハ其一名ヲシテ鑑定書ヲ說明セシム可キヤ

第四　鑑定ノ結果カ不十分ナルトキハ同一又ハ他ノ鑑定人ヲシテ再ヒ鑑定ヲ爲サシム可キヤ

第三百三十一條　受訴裁判所ハ鑑定人ノ任命ヲ受命判事又ハ受託判事ニ委任スルコトヲ得此場合ニ於テハ受命判事又ハ受託判事ハ第三百二十四條及ヒ第三百三十條第一號竝ニ第二號ノ規定ニ依リ受訴裁判所ニ屬スル權ヲ有ス

第三百三十二條　鑑定人ハ日當、旅費及ヒ立替金ノ辨濟ヲ請求スルコトヲ得

此場合ニ於テハ第三百二十一條ノ規定ヲ準用ス

第三百三十三條　特別ノ智識ヲ要セシ過去ノ事實又ハ事情ニシテ其實驗アル者ノ訊問ニ因リテ確定ス可キトキハ人證ニ付テノ規定ヲ適用ス

第八節　書證

第三百三十四條　書證ノ申出ハ證書ヲ提出シテ之ヲ爲ス

證人カ再度出頭セサル場合ニ於テハ更ニ費用ノ賠償及ヒ罰金ヲ言渡ス可シ又其勾引ヲ命スルコトヲ得

證人ハ右ノ決定ニ對シテ抗告ヲ爲スコトヲ得此抗告ハ執行ヲ停止スル效力ヲ有ス

豫備、後備ノ軍籍ニ在ラサル軍人、軍屬ニ對スル罰金ノ言渡及ヒ執行ハ軍事裁判所又ハ所屬ノ長官又ハ隊長ニ囑託シテ之ヲ爲ス其勾引ニ付テモ亦同シ

第二百九十五條 證人其出頭セサリシコトヲ後日ニ正當ノ理由ヲ以テ辯解スルトキハ罰金及ヒ賠償ノ決定ヲ取消ス可シ

證人ノ不參屆及ヒ決定取消ノ申請ハ書面又ハ口頭ヲ以テ之ヲ爲スコトヲ得

第二百九十六條 皇族證人ナルトキハ受命判事又ハ受託判事其所在ニ就キ訊問ヲ爲ス

各大臣ニ付テハ其官廳ノ所在地ニ於テ之ヲ訊問ス若シ其所在地外ニ滯在スルトキハ其現在地ニ於テ之ヲ訊問ス

帝國議會ノ議員ニ付テハ開會期間其議會ノ所在地ニ滯在中ハ其所在地ニ於テ之ヲ訊問ス

第二百九十七條 左ニ掲クル者ハ證言ヲ拒ムコトヲ得

第一 原告若クハ被告又ハ其配偶者ト親族ナルトキ但姻族ニ付テハ婚姻ノ解除シタルトキト雖モ亦同シ

第二 原告若クハ被告ノ後見ヲ受クル者

第三 原告若クハ被告ト同居スル者又ハ雇人トシテ之ニ仕フル者

裁判長ハ訊問前ニ前項ノ者ニ證言ヲ拒ム權利アル旨ヲ告ク可シ

第二百九十八條 左ノ場合ニ於テハ證言ヲ拒ムコトヲ得

第一 官吏、公吏又ハ官吏、公吏タリシ者カ其職務上默祕ス可キ義務アル事情ニ關スルトキ

第二 醫師、藥商、穩婆、辯護士、公證人、神職及ヒ僧侶カ其身分又ハ職業ノ爲メ委託ヲ受ケタルニ因リテ知リタル事實ニシテ默祕ス可キモノニ關スルトキ

第三 問ニ付テノ答辯カ證人又ハ前條ニ掲ケタル者ノ耻辱ニ歸スルカ又ハ其刑事上ノ訴追ヲ招ク恐アルトキ

第四 問ニ付テノ答辯カ證人又ハ前條ニ掲ケタル者ノ爲メ直接ニ財産權上ノ損害ヲ生セシム可キトキ

第五 證人カ其技術又ハ職業ノ祕密ヲ公ニスルニ非サレハ答辯スルコト能ハサルトキ

第二百九十九條 證人ハ第二百九十七條第一號及ヒ第二百九十八條第四號ノ場合ニ於テ左ノ事項ニ付キ證言ヲ拒ムコトヲ得ス

第一 家族ノ出産、婚姻又ハ死亡

第二 家族ノ關係ニ因リ生スル財産事件ニ關スル事實

第三 證人トシテ立會ヒタル場合ニ於ケル權利行爲ノ成立及ヒ旨趣

第四 原告若クハ被告ノ前主又ハ代理人トシテ係爭ノ權利關係ニ關シ爲シタル行爲

前條第一號、第二號ニ掲ケタル者其默祕ス可キ義務ヲ免除セラレタルトキハ證言ヲ拒ムコトヲ得ス

第三百條 證言ヲ拒ム證人ハ其訊問ノ期日前ニ書面又ハ口頭ヲ以テ又ハ期日ニ於テ其拒絶ノ原因タル事實ヲ開示シ且之ヲ疏明ス可シ

期日前ニ證言ヲ拒ミタル證人ハ期日ニ出頭スル義務ナシ

裁判所書記ハ拒絶ノ書面ヲ受領シ又ハ其陳述ニ付キ調書ヲ作リタルトキハ之ヲ當事者ニ通知ス可シ

第三百一條 拒絶ノ當否ニ付テハ受訴裁判所當事者ヲ審訊シタル後決定ヲ以テ其裁判ヲ爲ス但第二百九十八條第一號ノ場合ニ於テ爲シタル拒絶ノ當否ニ付テハ所屬廳又ハ最後ノ所屬廳ノ裁定ニ任ス

原告若クハ被告カ出頭セサルトキハ出頭シタル者ノ申述ヲ斟酌シテ決定ヲ爲ス

右決定ニ對シテハ即時抗告ヲ爲スコトヲ得此抗告ハ執行ヲ停止スル效力ヲ有ス

第三百二條 原因ヲ開示セスシテ證言ヲ拒ミ又ハ開示シタル原因ノ棄却確定シタル後ニ之ヲ拒ミタルトキハ申立ヲ要セスシテ決定ヲ以テ證人ニ對シ其拒絶ニ因リテ生シタル費用ノ賠償及ヒ四十圓以下ノ罰金ヲ言渡ス

證人ハ費用ノ賠償及ヒ罰金ノ言渡ニ對シ抗告ヲ爲スコトヲ得此抗告ハ執行ヲ停止スル效力ヲ有ス

豫備、後備ノ軍籍ニ在ラサル軍人、軍屬ニ對スル罰金ノ言渡及ヒ執行ハ軍事裁判所ニ囑託シテ之ヲ爲ス

第三百三條 原告若クハ被告ハ相手方ト相手方ノ證人トノ間ニ第二百九十七條第一號乃至第三號ノ關係アルトキハ其證人ヲ忌避スルコトヲ得

第三百四條 忌避ノ申請ハ證人ノ訊問前ニ之ヲ爲ス可シ此時限後ハ其前ニ忌避ノ原因ヲ主張スルヲ得サリシコトヲ疏明スルトキニ限リ其證人ヲ忌避スルコトヲ得

忌避ノ申請ハ書面又ハ口頭ヲ以テ之ヲ爲スコトヲ得

忌避ノ原因ハ之ヲ疏明ス可シ

第三百五條 忌避ノ申請ニ付テノ裁判ハ口頭辯論ヲ經スシテ之ヲ爲スコトヲ得

忌避ノ原因アリト宣言スル決定ニ對シテハ上訴ヲ爲スコトヲ得ス忌避ノ原因ナシト宣言スル決

定ニ對シテハ即時抗告ヲ爲スコトヲ得

第三百六條 各證人ニハ其携帶ス可キ呼出狀其他適當ノ方法ヲ以テ人違ナラサルコトヲ判然ナラシメタル後訊問前各別ニ宣誓ヲ爲サシム可シ

然レトモ宣誓ハ特別ノ原因アルトキ殊ニ之ヲ爲サシム可キヤ否ヤニ付キ疑ノ存スルトキハ訊問ノ終ルマテ之ヲ延フルコトヲ得

第三百七條 證人ハ訊問前ニ宣誓ヲ爲ス可キ場合ニ於テハ良心ニ從ヒ眞實ヲ述ヘ何事ヲモ默祕セス又何事ヲモ附加セサル旨ノ誓ヲ宣フ可シ

又訊問後ニ宣誓ヲ爲ス可キ場合ニ於テハ良心ニ從ヒ眞實ヲ述ヘ何事ヲモ默祕セス又何事ヲモ附加セサリシ旨ノ誓ヲ宣フ可シ

第三百八條 判事ハ宣誓前ニ相當ナル方法ヲ以テ宣誓者ニ僞證ノ罰ヲ諭示ス可シ

第三百九條 宣誓ヲ拒ム證人ニ付テハ第三百條乃至第三百二條ノ規定ヲ適用ス

第三百十條 左ノ者ハ宣誓ヲ爲サシメスシテ參考ノ爲メ之ヲ訊問スルコトヲ得

第一 訊問ノ時未タ滿十六歳ニ達セサル者

第二 宣誓ノ何物タルヤヲ了解スルニ必要ナル精神上ノ發達ノ缺クル者

第三 刑事上ノ判決ニ因リ公權ヲ剝奪又ハ停止セラレタル者

第四 第二百九十七條及ヒ第二百九十八條第三號竝ニ第四號ノ規定ニ依リ證言ヲ拒絶スル權利アリテ之ヲ行使セサル者但第二百九十八條第三號竝ニ第四號ノ場合ニ於テハ拒絶ノ權利ニ關スル事實ニ付キ證言ヲ爲ス可キコトヲ申立テラレタルトキニ限ル

第五 訴訟ノ成績ニ直接ノ利害關係ヲ有スル者

第三百十一條 證人訊問ハ後ニ訊問ス可キ證人ノ在ラサル場所ニ於テ各別ニ之ヲ爲ス

第二百七十一條　當事者ハ口頭辯論ニ於テ準備手續ノ結果ヲ調書ニ基キ演述ス可シ原告若クハ被告カ出頭セサルトキハ準備手續ニ於テ爭ハサル請求ハ一分判決ヲ以テ之ヲ完結ス其他ニ付テハ申立ニ因リテ闕席判決ヲ爲ス可シ

第二百七十二條　受命判事ノ調書ヲ以テ明確ニス可キ事實又ハ證書ニ付キ陳述ヲ爲サス又ハ之ヲ拒ミタルトキハ口頭辯論ニ於テ之ヲ追完スルコトヲ得ス請求、攻擊若クハ防禦ノ方法、證據方法及ヒ證據抗辯ニシテ受命判事ノ調書ヲ以テ之ヲ明確ニセサルモノニ付テハ後日ニ至リ始メテ生シ又ハ後日ニ至リ始メテ原告若クハ被告ノ知リタルコトヲ疏明スルトキニ限リ口頭辯論ニ於テ之ヲ主張スルコトヲ得

第五節　證據調ノ總則

第二百七十三條　證據調ハ受訴裁判所ニ於テ之ヲ爲スヲ以テ通例トス證據調ハ此法律ニ定メタル場合ニ限リ受訴裁判所ノ部員一名ニ之ヲ命シ又ハ區裁判所ニ之ヲ囑託スルコトヲ得此證據調ヲ命スル決定ニ對シテハ不服ヲ申立ツルコトヲ得ス

第二百七十四條　當事者ノ申立テタル數多ノ證據中其調フ可キ限度ハ裁判所之ヲ定ム當事者ノ演述ニ引續キ直チニ證據調ヲ爲サスシテ受訴裁判所ニ於テ新期日ニ之ヲ爲シ又ハ受命判事若クハ受託判事ノ面前ニ於テ之ヲ爲ス可キトキハ證據決定ニ因リ之ヲ命ス可シ

第二百七十五條　證據調ニ付キ不定時間ノ障碍アルトキハ申立ニ因リ相當ノ期間ヲ定ム可シ此期間ノ滿了後ト雖モ訴訟手續ヲ遲滯セシメサル限リハ其證據方法ヲ用ヰルコトヲ得

第二百七十六條　證據決定ニハ左ノ諸件ヲ揭ク可シ

第一　證ス可キ係爭事實ノ表示

第二　證據方法ノ表示殊ニ證人又ハ鑑定人ヲ訊問ス可キトキハ其表示

第三　證據方法ヲ申出テタル原告若クハ被告ノ表示

第二百七十七條　證據決定ノ變更ハ其決定ノ施行完結前ニ在リテ新ナル辯論ニ基クトキニ限リ之ヲ申立ツルコトヲ得

證據決定ノ施行ハ職權ヲ以テ之ヲ爲ス

第二百七十八條　受訴裁判所ノ部員カ證據調ヲ爲ス可キトキハ裁判長證據決定言渡ノ際受命判事ヲ指名シ且證據調ノ期日ヲ定ム若シ其期日ヲ定メサルトキハ受命判事之ヲ定ム受命判事其命ヲ施行スルニ差支アルトキハ裁判長更ニ他ノ部員ヲ命ス

第二百七十九條　他ノ裁判所ニ於テ證據調ヲ爲ス可キトキハ裁判長ハ其囑託書ヲ發ス可シ證據調ニ關スル書類ハ原本ヲ以テ受託判事ヨリ受訴裁判所書記ニ之ヲ送致シ其書記ハ之ヲ受領シタルコトヲ當事者ニ通知ス可シ

第二百八十條　受命判事又ハ受託判事カ證據調ノ期日ヲ定メタルトキハ其期日及ヒ場所ヲ當事者ニ通知ス可シ

第二百八十一條　外國ニ於テ爲ス可キ證據調ハ外國ノ管轄官廳又ハ其國駐在ノ帝國ノ公使若クハ領事ニ囑託シテ之ヲ爲ス其囑託ニ付テハ第百五十二條及ヒ第百五十五條ノ規定ヲ準用ス

第二百八十二條　受命判事又ハ受託判事ハ他ノ裁判所ニ於テ證據調ヲ爲ス可キコトノ至當ナル原因ノ爾後ニ生シタルトキハ其裁判所ニ證據調ヲ囑託スルコトヲ得此囑託ヲ爲シタルトキハ當事者ニ之ヲ通知ス可シ

第二百八十三條　受命判事又ハ受託判事ノ面前ニ於テ證據調ノ際ニ爭ヲ生シ其爭ノ完結スルニ非サレハ證據調ヲ續行スルコトヲ得ス且其判事之ヲ裁判スル權ナキトキハ其完結ハ受訴裁判所之

ヲ爲ス

第二百八十四條　當事者ノ一方又ハ雙方證據調ノ期日ニ出頭セサルトキハ事件ノ程度ニ因リ爲シ得ヘキ限リハ證據調ヲ爲ス可シ

原告若クハ被告ノ出頭セサルカ爲ニ證據調ノ全部又ハ一分ヲ爲スコトヲ得サル場合ニ於テハ其追完又ハ補充ハ此カ爲メ訴訟手續ノ遲滯セサルトキ又ハ擧證者其過失ニ非スシテ前期日ニ出頭スル能ハサリシコトヲ疏明スルトキニ限リ判決ニ接著スル口頭辯論ノ終結ニ至ルマテ申立ニ因リ之ヲ命ス

第二百八十五條　裁判所ハ事件ノ未タ判決ヲ爲スニ熟セスト認ムルトキハ證據調ノ補充ヲ決定スルコトヲ得

第二百八十六條　證據調又ハ其續行ノ爲メ新期日ヲ定ムル必要アルトキハ擧證者又ハ當事者雙方前期日ニ出頭セサリシトキト雖モ職權ヲ以テ之ヲ定ム

第二百八十七條　受訴裁判所ニ於テ證據調ヲ爲ストキハ其期日ハ同時ニ口頭辯論ヲ續行スル期日ナリトス

受命判事又ハ受託判事ノ面前ニ於テ證據調ヲ爲ス可キコトヲ命シタルトキハ受訴裁判所ハ證據決定中ニ併セテ口頭辯論續行ノ期日ヲ定ムルコトヲ得若シ之ヲ定メサルトキハ證據調ノ終結後職權ヲ以テ其期日ヲ定メ之ヲ當事者ニ通知ス可シ

第二百八十八條　擧證者ハ裁判所ノ定ムル期間內ニ證據調ノ費用ヲ豫納ス可シ若シ其期間內ニ豫納セサルトキハ證據調ヲ爲サス但期間ノ滿了後ト雖モ豫納シタルトキハ訴訟手續ノ遲滯ヲ生セサル場合ニ限リ證據調ヲ許ス

第六節　人證

第二百八十九條　何人ヲ問ハス法律ニ別段ノ規定ナキ限リハ民事訴訟ニ關シ裁判所ニ於テ證言スル義務アリ

第二百九十條　官吏、公吏ハ退職ノ後ト雖モ其職務上默祕ス可キ義務アル事情ニ付テハ其所屬廳又ハ其最後ノ所屬廳ノ許可ヲ得タルトキニ限リ證人トシテ之ヲ訊問スルコトヲ得大臣ニ付テハ勅許ヲ得ルコトヲ要ス

此許可ハ證言カ國家ノ安寧ヲ害スル恐アルトキニ限リ之ヲ拒ムコトヲ得

右許可ハ受訴裁判所ヨリ之ヲ求メ且證人ニ之ヲ通知ス可シ

第二百九十一條　人證ノ申出ハ證人ヲ指名シ及ヒ證人ノ訊問ヲ受ク可キ事實ヲ表示シテ之ヲ爲ス

第二百九十二條　證人ノ呼出狀ニハ左ノ諸件ヲ具備スルコトヲ要ス

第一　證人及ヒ當事者ノ表示

第二　證據決定ノ旨趣ニ依リ訊問ヲ爲ス可キ事實ノ表示

第三　證人ノ出頭ス可キ場所及ヒ日時

第四　出頭セサルトキハ法律ニ依リ處罰ス可キ旨

第五　裁判所ノ名稱

第二百九十三條　豫備、後備ノ軍籍ニ在ラサル軍人、軍屬ヲ證人トシテ呼出スニハ其所屬ノ長官又ハ隊長ニ囑託シテ之ヲ爲ス其長官又ハ隊長ハ期日ヲ遵守セシムル爲ニ其呼出ヲ受ケタル者ノ闕勤ヲ許ス可シ若シ軍務上之ヲ許ス能ハサルトキハ其旨ヲ裁判所ニ通知シ且他ノ期日ヲ定ムル求ヲ爲ス義務アリ

第二百九十四條　合式ニ呼出サレタル證人ニシテ正當ノ理由ナク出頭セサル者ニ對シテハ申立ナシト雖モ決定ヲ以テ其不參ニ因リ生シタル費用ノ賠償及ヒ貳拾圓以下ノ罰金ヲ言渡ス可シ

第二百四十七條　出頭セサル一方カ原告ナルトキハ裁判所ハ闕席判決ヲ以テ其訴ノ却下ヲ言渡ス可シ

第二百四十八條　出頭セサル一方カ被告ナルトキハ裁判所ハ被告カ原告ノ事實上ノ口頭供述ヲ自白シタルモノト看做シ原告ノ請求ヲ正當ト爲ストキハ闕席判決ヲ以テ被告ノ敗訴ヲ言渡シ又其請求ヲ正當ト爲ササルトキハ其訴ノ却下ヲ言渡ス可シ

第二百四十九條　延期シタル口頭辯論ノ期日又ハ口頭辯論ヲ續行スル爲ニ定メタル期日モ亦第二百四十六條ノ辯論期日ニ同シ

第二百五十條　原告若クハ被告出頭スルモ辯論ヲ爲ササルトキ又ハ辯論ヲ爲サスシテ任意ニ退廷シタルトキハ出頭セサルモノト看做ス

第二百五十一條　原告若クハ被告カ本案ノ辯論ヲ爲シタルトキハ各箇ノ事實、證書又ハ發問ニ付キ陳述ヲ爲サス又ハ任意ニ退廷スルモ本節ノ規定ヲ適用セス

第二百五十二條　左ノ場合ニ於テハ闕席判決ノ申立ヲ却下ス然レトモ出頭シタル原告若クハ被告ハ口頭辯論ノ延期ヲ申立ツルコトヲ得

第一　出頭シタル原告若クハ被告カ裁判所ノ職權上調査ス可キ事情ニ付キ必要ナル證明ヲ爲ス能ハサルトキ

第二　出頭セサル原告若クハ被告ニ口頭上事實ノ供述又ハ申立ヲ適當ナル時期ニ書面ヲ以テ通知セサルトキ

辯論ヲ延期シタルトキハ出頭セサル原告若クハ被告ヲ新期日ニ呼出ス可シ

第二百五十三條　闕席判決ノ申立ヲ却下スル決定ニ對シテハ即時抗告ヲ爲スコトヲ得又其決定ヲ取消シタルトキハ出頭セサリシ原告若クハ被告ヲ新期日ニ呼出サスシテ闕席判決ヲ爲ス

第二百五十四條　裁判所ハ左ノ場合ニ於テハ職權ヲ以テ闕席判決ノ申立ニ付テノ辯論ヲ延期スルコトヲ得

第一　出頭セサル原告若クハ被告カ合式ニ呼出サレサリシトキ

第二　出頭セサル原告若クハ被告カ天災其他避ク可カラサル事變ノ爲ニ出頭スル能ハサルコトノ眞實ト認ム可キ事情アルトキ

出頭セサリシ原告若クハ被告ハ新期日ニ之ヲ呼出ス可シ

第二百五十五條　闕席判決ヲ受ケタル原告若クハ被告ハ其判決ニ對シ故障ヲ申立ツルコトヲ得

故障申立ノ期間ハ十四日トス此期間ハ不變期間ニシテ闕席判決ノ送達ヲ以テ始マル

故障申立ハ判決ノ送達前ト雖モ之ヲ爲スコトヲ得

外國ニ於テ送達ヲ爲ス可キトキ又ハ公ノ告示ヲ以テ之ヲ爲ス可キトキハ裁判所ハ闕席判決ニ於テ故障期間ヲ定メ又ハ後日決定ヲ以テ之ヲ定ム此決定ハ口頭辯論ヲ經スシテ爲スコトヲ得

第二百五十六條　故障申立ハ闕席判決ヲ爲シタル裁判所ニ書面ヲ差出シテ之ヲ爲ス

此書面ニハ左ノ諸件ヲ具備スルコトヲ要ス

第一　故障ヲ申出テラレタル闕席判決ノ表示

第二　其判決ニ對スル故障ノ申立

此書面ニハ本案ニ付テノ口頭辯論準備ノ爲ニ必要ナル事項アルトキモ亦之ヲ揭ク可シ

第二百五十七條　判然許ス可カラサル故障又ハ判然法律上ノ方式ニ適セス若クハ其期間ノ經過後ニ起シタル故障ハ裁判長ノ命令ヲ以テ之ヲ却下ス可シ

此却下ノ命令ニ對シテハ即時抗告ヲ爲スコトヲ得

第二百五十八條　前條ノ場合ヲ除ク外裁判所ハ故障申立ノ書面ヲ相手方ニ送達シ且故障ニ付キ口

頭辯論ノ新期日ヲ定メ當事者ノ雙方ヲ呼出ス可シ

第二百五十九條　裁判所ハ職權ヲ以テ故障ヲ許ス可キヤ否ヤ又法律上ノ方式ニ從ヒ若クハ其期間ニ於テ故障ヲ申立テタルヤ否ヤヲ調査ス可シ

若シ此要件ノ一ヲ缺クトキハ判決ヲ以テ故障ヲ不適法トシテ棄却ス

第二百六十條　故障ヲ適法トスルトキハ訴訟ハ闕席前ノ程度ニ復ス

第二百六十一條　新辯論ニ基キ爲ス可キ判決カ闕席判決ト符合スルトキハ闕席判決ヲ維持スルコトヲ言渡シ其符合セサル場合ニ於テハ新判決ニ於テ闕席判決ヲ廢棄ス

第二百六十二條　法律ニ從ヒ闕席判決ヲ爲シタルトキ闕席ニ因リテ生シタル費用ハ相手方ノ不當ナル異議ニ因リ生セサルモノニ限リ故障ノ爲メ闕席判決ヲ變更スル場合ニ於テモ其闕席シタル原告若クハ被告ニ之ヲ負擔セシム

第二百六十三條　故障ヲ申立テタル原告若クハ被告口頭辯論ノ期日又ハ辯論延期ノ期日ニ出頭セサルトキハ第二百五十二條及ヒ第二百五十四條ニ規定シタル場合ヲ除ク外出頭シタル相手方ノ申立ニ因リ故障ヲ棄却スル新闕席判決ヲ言渡ス

新闕席判決ニ對シテハ故障ヲ申立ツルコトヲ得ス

第二百六十四條　故障ノ抛棄及ヒ其取下ニ付テハ控訴ノ抛棄及ヒ其取下ニ付テノ規定ヲ準用ス

第二百六十五條　本節ノ規定ハ反訴又ハ既ニ原因ノ確定シタル請求ノ數額ノ定ヲ目的物トスル訴訟手續ニ之ヲ準用ス

中間訴訟ノ辯論ノ爲メ期日ヲ定メタルトキハ其闕席訴訟手續及ヒ闕席判決ハ其中間訴訟ヲ完結スルニ止マリ本節ノ規定ヲ之ニ準用ス

第四節　計算事件、財產分別及ヒ此ニ類スル訴訟ノ準備手續

第二百六十六條　計算ノ當否、財產ノ分別又ハ此ニ類スル關係ヲ目的トスル訴訟ニ於テ計算書又ハ財產目錄ニ對シ許多ノ爭アル請求ノ生シ又ハ許多ノ爭アル異議ノ生シタルトキハ受訴裁判所ハ受命判事ノ面前ニ於ケル準備手續ヲ命スルコトヲ得

第二百六十七條　準備手續ヲ命スル決定ヲ言渡スニ際シ裁判長ハ受命判事ヲ指定シ決定施行ノ期日ヲ定ム可シ若シ裁判長此期日ヲ定メサルトキハ受命判事之ヲ定ム又受命判事其委任ヲ施行スルニ差支アルトキハ裁判長更ニ他ノ判事ヲ任ス

第二百六十八條　準備手續ニ於テハ調書ヲ以テ左ノ諸件ヲ明確ニス可シ

第一　如何ナル請求ヲ爲スヤ及ヒ如何ナル攻擊、防禦ノ方法ヲ主張スルヤ

第二　如何ナル請求及ヒ如何ナル攻擊、防禦ノ方法ヲ爭フヤ又ハ之ヲ爭ハサルヤ

第三　爭ト爲リタル請求及ヒ爭ト爲リタル攻擊、防禦ノ方法ニ付テハ其事實上ノ關係及ヒ當事者ノ表示シタル證據方法、主張シタル證據抗辯、證據方法並ニ證據抗辯ニ關シテ爲シタル陳述及ヒ提出シタル申立

此手續ハ受訴裁判所ニ於テ訴訟又ハ中間訴訟カ判決又ハ證據決定ヲ爲スニ熟スルマテ之ヲ續行ス可シ

第二百六十九條　原告若クハ被告カ期日ニ於テ受命判事ノ面前ニ出頭セサルトキハ受命判事ハ前條ノ規定ニ依リ調書ヲ以テ出頭シタル原告若クハ被告ノ提供ヲ明確ニシ且新期日ヲ定メ出頭セサル原告若クハ被告ニハ調書ノ謄本ヲ付與シテ新期日ニ之ヲ呼出ス可シ

原告若クハ被告カ新期日ニモ亦出頭セサルトキハ送達セシ調書ニ揭ケタル相手方ノ事實上ノ主張ヲ自白シタリト看做シ其主張ニ付テノ準備手續ハ完結シタルモノトス

第二百七十條　受訴裁判所ハ準備手續ノ終結後ニ口頭辯論ノ期日ヲ定メ之ヲ當事者ニ通知ス可シ

ヲ以テ調書若クハ其附錄トシテ添附ス可キ爲メ差出シタル書面ニ依リテ之ヲ明確ニス可シ

第二百二十四條　當事者ハ訴訟記錄ヲ閲覽シ且裁判所書記ヲシテ其正本、抄本及ヒ謄本ヲ付與セシムルコトヲ得

裁判長ハ第三者カ權利上ノ利害ヲ疏明スルトキニ限リ當事者ノ承諾ナクシテ訴訟記錄ノ閲覽及ヒ其抄本並ニ謄本ノ付與ヲ許スコトヲ得

判決、決定、命令ノ草案及ヒ其準備ニ供シタル書類並ニ評議又ハ處罰ニ關スル書類ハ其原本ナルト謄本ナルトヲ問ハス之ヲ閲覽スルコトヲ許サス

第二節　判決

第二百二十五條　訴訟カ裁判ヲ爲スニ熟スルトキハ裁判所ハ終局判決ヲ以テ裁判ヲ爲ス

同時ニ辯論及ヒ裁判ヲ爲ス爲メ併合シタル數箇ノ訴訟中ノ一ノミ裁判ヲ爲スニ熟スルトキモ亦同シ

第二百二十六條　一ノ訴ヲ以テ起シタル數箇ノ請求中ノ一箇又ハ一箇ノ請求中ノ一分又ハ反訴ヲ起シタル場合ニ於テハ本訴若クハ反訴ノミ裁判ヲ爲スニ熟スルトキハ裁判所ハ終局判決(一分判決)ヲ以テ裁判ヲ爲ス

然レトモ裁判所ハ事件ノ事情ニ從ヒテ一分判決ヲ相當トセサルトキハ之ヲ爲ササルコトヲ得

第二百二十七條　各箇ノ獨立ナル攻擊若クハ防禦ノ方法又ハ中間ノ爭カ裁判ヲ爲スニ熟スルトキハ中間判決ヲ以テ裁判ヲ爲スコトヲ得

第二百二十八條　請求ノ原因及ヒ數額ニ付キ爭アルトキハ裁判所ハ先ツ其原因ニ付キ裁判ヲ爲スコトヲ得

請求ノ原因ヲ正當ナリトスル判決ハ上訴ニ關シテハ終局判決ト看做シ其判決確定ニ至ルマテ爾

後ノ手續ヲ中止ス然レトモ裁判所ハ申立ニ因リ其數額ニ付キ辯論ヲ爲ス可キヲ命スルコトヲ得

第二百二十九條　口頭辯論ノ際原告其訴ヘタル請求ヲ拋棄シ又ハ被告之ヲ認諾スルトキハ裁判所ハ申立ニ因リ其拋棄又ハ認諾ニ基キ判決ヲ以テ却下又ハ敗訴ノ言渡ヲ爲ス可シ

第二百三十條　判決ハ辯論ヲ經タル總テノ攻擊及ヒ防禦ノ方法ヲ包括ス

然レトモ數箇ノ獨立ナル攻擊又ハ防禦ノ方法中其一箇ヲ適切ナリトスルトキハ裁判所ハ他ノ方法ニ付キ判斷スル義務ナシ

第二百三十一條　裁判所ハ申立テサル事物ヲ原告若クハ被告ニ歸セシムル權ナシ

裁判所ハ終局判決ヲ爲ス場合ニ於テハ訴訟費用ノ負擔ニ限リ申立アラサルモ判決ヲ爲ス可シ然レトモ一分判決ヲ爲ス場合ニ於テハ費用ノ裁判ヲ後ノ判決ニ讓ルコトヲ得

第二百三十二條　判決ハ其基本タル口頭辯論ニ臨席シタル判事ニ限リ之ヲ爲ス

第二百三十三條　判決ハ口頭辯論ノ終結スル期日又ハ直チニ指定スル期日ニ於テ之ヲ言渡ス但其期日ハ七日ヲ過クルコトヲ得ス

第二百三十四條　判決ノ言渡ハ判決主文ノ朗讀ニ因リ之ヲ爲ス闕席判決ノ言渡ハ其主文ヲ作ラサル前ト雖モ之ヲ爲スコトヲ得

裁判ノ理由ヲ言渡スコトヲ至當ト認ムルトキハ判決ノ言渡ト同時ニ其理由ヲ朗讀シ又ハ口頭ニテ其要領ヲ告ク可シ

第二百三十五條　判決ノ言渡ハ當事者又ハ其一方ノ在廷スルト否トニ拘ハラス其效力ヲ有ス

言渡アリタル判決ニ基キ訴訟手續ヲ續行シ又ハ他ニ其判決ヲ使用スル原告若クハ被告ノ權ハ此法律ニ特定シタル場合ヲ除ク外相手方ニ其判決ヲ送達スルト否トニ拘ハラサルモノトス

第二百三十六條　判決ニハ左ノ諸件ヲ掲ク可シ

第一　當事者及ヒ其法律上代理人ノ氏名、身分、職業及ヒ住所

第二　事實及ヒ爭點ノ摘示但其摘示ハ當事者ノ口頭演述ニ基キ殊ニ其提出シタル申立ヲ表示シテ之ヲ爲ス

第三　裁判ノ理由

第四　判決主文

第五　裁判所ノ名稱、裁判ヲ爲シタル判事ノ官氏名

第二百三十七條　判決ノ原本ニハ裁判ヲ爲シタル判事署名捺印ス若シ陪席判事署名捺印スルニ差支アルトキハ其理由ヲ開示シテ裁判長其旨ヲ附記シ裁判長差支アルトキハ官等最モ高キ陪席判事之ヲ附記ス

判決ノ原本ハ言渡ノ日ヨリ起算シテ七日内ニ裁判所書記ニ之ヲ交付ス可シ

裁判所書記ハ言渡ノ日及ヒ原本領收ノ日ヲ原本ニ附記シ且其附記ニ署名捺印ス可シ

第二百三十八條　各當事者ハ判決ノ送達アランコトヲ申立ツルコトヲ得其申立アリタルトキハ判決ノ正本ヲ送達ス可シ

第二百三十九條　未タ判決ヲ言渡サス又ハ未タ判決ノ原本ニ署名捺印セサル間ハ裁判所書記ハ其正本、抄本及ヒ謄本ヲ付與スルコトヲ得ス

第二百四十條　裁判所ハ其言渡シタル終局判決及ヒ中間判決ノ中ニ包含シタル裁判ニ羈束セラル

裁判所書記ハ判決ノ正本、抄本及ヒ謄本ニ署名捺印シ且裁判所ノ印ヲ捺シテ之ヲ認證ス可シ

第二百四十一條　裁判所ハ申立ニ因リ又ハ職權ヲ以テ何時ニテモ判決中ノ違算、書損及ヒ此ニ類スル著シキ誤謬ヲ更正ス

此更正ニ付テハ口頭辯論ヲ經スシテ裁判ヲ爲スコトヲ得

右更正ノ申立ヲ却下スル決定ニ對シテハ上訴ヲ爲スコトヲ得ス更正ヲ宣言スル決定ニ對シテハ即時抗告ヲ爲スコトヲ得

第二百四十二條　主タル請求若クハ附帶ノ請求又ハ費用ノ全部若クハ一分ノ裁判ヲ爲スニ際シ脱漏シタルトキハ申立ニ因リ追加ノ裁判ヲ以テ判決ヲ補充ス可シ

判決ノ言渡後直チニ追加裁判ノ申立ヲ爲ササルトキハ遲クトモ判決ノ正本ヲ送達シタル日ヨリ起算シテ七日ノ期間内ニ之ヲ爲スコトヲ要ス

追加裁判ノ申立アルトキハ即時ニ又ハ新期日ヲ定メテ口頭辯論ヲ爲サシム可シ其辯論ハ訴訟ノ完結セサル部分ニ限リ之ヲ爲ス

第二百四十三條　判決ヲ更正シ又ハ補充スル裁判ハ判決ノ原本及ヒ正本ニ之ヲ追加シ若シ正本ニ之ヲ追加スルコトヲ得サルトキハ更正又ハ補充ノ裁判ノ正本ヲ作ル可シ

第二百四十四條　判決ハ其主文ニ包含スルモノニ限リ確定力ヲ有ス

第二百四十五條　口頭辯論ニ基キ爲ス裁判所ノ決定ハ之ヲ言渡スコトヲ要ス

第二百三十三條、第二百三十四條ノ規定ハ裁判所ノ決定ニ之ヲ準用シ又第二百三十五條、第二百三十九條及ヒ第二百四十條ノ規定ハ裁判所ノ決定及ヒ裁判長並ニ受命判事又ハ受託判事ノ命令ニ之ヲ準用ス

言渡ヲ爲ササル裁判所ノ決定及ヒ言渡ヲ爲ササル裁判長並ニ受命判事又ハ受託判事ノ命令ハ職權ヲ以テ之ヲ當事者ニ送達ス可シ

第三節　闕席判決

第二百四十六條　原告若クハ被告口頭辯論ノ期日ニ出頭セサル場合ニ於テハ出頭シタル相手方ノ申立ニ因リ闕席判決ヲ爲ス

起スコトヲ得
然レトモ財産權上ノ請求ニ非サル請求ニ係ル反訴又ハ目的物ニ付キ專屬管轄ノ規定アル反訴ハ若シ其反訴カ本訴ナルトキ其裁判所ニ於テ管轄權ヲ有ス可キ場合ニ限リ之ヲ爲スコトヲ許ス
反訴ニ對シテハ更ニ反訴ヲ爲スコトヲ得ス
第二百一條 反訴ハ答辯書若クハ特別ノ書面ヲ以テ又ハ口頭辯論中相手方ノ面前ニ於テ口頭ヲ以テ之ヲ爲スコトヲ得
然レトモ答辯書差出ノ期間內ニ差出レタル書面ヲ以テ起ササル反訴ハ被告ノ請求ノ全部又ハ一分ト相殺ヲ爲ス可キ場合ニ於テ同時ニ被告カ自己ノ過失ニ因ラスシテ其以前反訴ヲ起スヲ得サリシコトヲ疏明スルトキニ限リ之ヲ爲スコトヲ許ス
第二百二條 訴ニ關スル此法律ノ規定ハ反訴ニ之ヲ適用ス但其規定ニ因リ差異ノ生ス可キトキハ此限ニ在ラス
第二百三條 裁判長ハ申立ニ因リ其命令ヲ以テ第百九十九條ニ定メタル期間ヲ相當ニ短縮若クハ伸長シ又第百九十四條ニ定メタル時間ヲ切迫ナル危險ノ場合ニ限リ二十四時マテニ短縮スルコトヲ得
前項時間ノ短縮ハ此カ爲メ答辯書ヲ差出スコトヲ得サルトキト雖モ亦之ヲ爲スコトヲ得
本條ノ規定ハ第百六十七條ニ掲ケタル規定ヲ妨ケス
第二百四條 各當事者ハ訴狀又ハ答辯書ニ掲ケサリシ事實上ノ主張若クハ證據方法又ハ申立ニ付キ相手方カ豫メ穿鑿ヲ爲スニ非サレハ陳述ヲ爲ス能ハストヲ豫知スル事項アルトキハ口頭辯論ノ前ニ書面ニテ差出ス可シ但其書面ヲ相手方ニ送達スル時間及ヒ相手方ヲシテ必要ナル穿鑿ヲ爲ス時間ヲ得セシム可シ

口頭辯論ノ延期ヲ爲ストキハ裁判所ハ爾後必要ナル準備書面ヲ差出ス可キ期間ヲ定ムルコトヲ得
第二百五條 口頭辯論ハ一般ノ規定ニ從ヒテ之ヲ爲ス
第二百六條 妨訴ノ抗辯ハ本案ニ付テノ被告ノ辯論前同時ニ之ヲ提出ス可シ
左ニ掲クルモノヲ妨訴ノ抗辯トス
第一 無訴權ノ抗辯
第二 裁判所管轄違ノ抗辯
第三 權利拘束ノ抗辯
第四 訴訟能力ノ欠缺又ハ法律上代理ノ欠缺ノ抗辯
第五 訴訟費用保證ノ欠缺ノ抗辯
第六 再訴ニ付キ前訴訟費用未濟ノ抗辯
第七 延期ノ抗辯
本案ニ付キ被告ノ口頭辯論ノ始マリタル後ハ妨訴ノ抗辯ハ被告ノ有效ニ拋棄スルコトヲ得サルモノナルトキ又ハ被告ノ過失ニ非スシテ本案ノ辯論前ニ其抗辯ヲ主張スル能ハサリシコトヲ疏明スルトキニ限リ之ヲ主張スルコトヲ得
第二百七條 被告カ妨訴ノ抗辯ニ基キ本案ノ辯論ヲ拒ムトキ又ハ裁判所カ申立ニ因リ若クハ職權ヲ以テ別ニ辯論ヲ命スルトキハ其抗辯ニ付キ別ニ辯論ヲ爲シ及ヒ判決ヲ以テ裁判ヲ爲ス可シ
妨訴ノ抗辯ヲ棄却スル判決ハ上訴ニ關シテハ終局判決ト看做ス但裁判所ハ申立ニ因リ本案ニ付キ辯論ヲ爲ス可キヲ命スルコトヲ得
第二百八條 裁判所ハ計算事件、財産分別及ヒ此ニ類スル訴訟ニ於テハ口頭辯論ヲ延期シ準備手

續ヲ命スルコトヲ得但妨訴ノ抗辯アリタルトキハ其完結後之ヲ爲ス
第二百九條 攻撃及ヒ防禦ノ方法（反訴、抗辯、再抗辯等）ハ第二百一條ニ規定スル制限ヲ以テ判決ニ接著スル口頭辯論ノ終結ニ至ルマテ之ヲ提出スルコトヲ得
第二百十條 被告ヨリ時機ニ後レテ提出シタル防禦ノ方法ハ裁判所カ若シ之ヲ許スニ於テハ訴訟ヲ遲延ス可ク且被告ハ訴訟ヲ遲延セシメントスル故意ヲ以テ又ハ甚シキ怠慢ニ因リ早ク之ヲ提出セサリシコトノ心證ヲ得タルトキハ申立ニ因リ之ヲ却下スルコトヲ得
第二百十一條 訴訟ノ進行中ニ爭ト爲リタル權利關係ノ成立又ハ不成立カ訴訟ノ裁判ノ全部又ハ一分ニ影響ヲ及ホストキハ判決ニ接著スル口頭辯論ノ終結ニ至ルマテ原告ハ訴ノ申立ノ擴張ニ依リ又被告ハ反訴ノ提起ニ依リ判決ヲ以テ其權利關係ヲ確定セシコトヲ申立ツルコトヲ得
第二百十二條 訴狀其他ノ準備書面ニ於テ主張セサル請求ノ權利拘束ハ口頭辯論ニ於テ其請求ヲ主張シタル時ヲ以テ始マル
第二百十三條 各當事者ハ事實上ノ主張ヲ證明シ又ハ之ヲ辯駁セン爲ニ用ヰントスル證據方法ヲ開示シ且相手方ヨリ開示シタル證據方法ニ付キ陳述ス可シ
各箇ノ證據方法ニ付テノ證據申出及ヒ之ニ關スル陳述ハ第六節乃至第十節ノ規定ニ從フ
第二百十四條 證據方法及ヒ證據抗辯ハ判決ニ接著スル口頭辯論ノ終結ニ至ルマテ之ヲ主張スルコトヲ得
證據方法及ヒ證據抗辯ノ時機ニ後レタル提出ニ付テハ第二百十條ノ規定ヲ準用ス
第二百十五條 證據調並ニ證據決定ヲ以テスル特別ノ證據調手續ノ命令ハ第五節乃至第十節ノ規定ニ從フ
第二百十六條 當事者ハ訴訟ノ關係ヲ表明シ證據調ノ結果ニ付キ辯論ヲ爲ス可シ

受命判事又ハ受託判事ノ面前ニ於テ證據調ヲ爲シタルトキハ當事者ハ證據調ニ關スル審問調書ニ基キ其結果ヲ演述ス可シ
第二百十七條 裁判所ハ民法又ハ此法律ノ規定ニ反セサル限リハ辯論ノ全旨趣及ヒ或ル證據調ノ結果ヲ斟酌シ事實上ノ主張ヲ眞實ナリト認ム可キヤ否ヤヲ自由ナル心證ヲ以テ判斷ス可シ
第二百十八條 裁判所ニ於テ顯著ナル事實ハ之ヲ證スルコトヲ要セス
第二百十九條 地方慣習法、商慣習及ヒ規約又ハ外國ノ現行法ハ之ヲ證ス可シ裁判所ハ當事者カ其證明ヲ爲スト否トニ拘ハラス職權ヲ以テ必要ナル取調ヲ爲スコトヲ得
第二百二十條 此法律ノ規定ニ依リ事實上ノ主張ヲ疏明ス可キトキハ裁判官ヲシテ其主張ヲ眞實ナリト認メシム可キ證據方法ヲ申出ツルヲ以テ足ル但卽時ニ爲スコトヲ得サル證據調ハ疏明ノ方法トシテハ之ヲ許サス
第二百二十一條 裁判所ハ事件ノ如何ナル程度ニ在ルヲ問ハス自ラ又ハ受命判事若クハ受託判事ニ依リ訴訟又ハ或ル爭點ノ和解ヲ試ムル權アリ和解ヲ試ムル爲ニハ當事者ノ自身出頭ヲ命スルコトヲ得
第二百二十二條 判決ヲ受ク可キ事項ノ申立ハ書面ニ基キ之ヲ爲スコトヲ要ス
書面ニ掲ケサル申立アルトキハ調書ニ附錄トシテ添附ス可キ書面ヲ差出シテ之ヲ爲スコトヲ要ス
重要ノ點ニ於テ以前申立テタルモノト異ナル申立ニ付テモ亦同シ
本條ノ規定ヲ遵守セサルトキハ申立ナキモノト看做ス
第二百二十三條 前條ノ申立ヲ除ク外書面ニ掲ケサル重要ナル陳述又ハ其書面ノ旨趣ト重要ノ點ニ於テ差異ノ存スル事項ハ其差異カ附加、削除其他ノ變更ニ係ルヲ問ハス申立ニ因リ又ハ職權

了後始メテ之ヲ爲シ又其期間内ニ故障ヲ申立テタルトキハ其完結後始メテ之ヲ爲ス

第百七十九條　原告若クハ被告ノ財産ニ付キ破産ノ開始シタル場合ニ於テ訴訟手續カ破産財團ニ關スルトキハ破産ニ付テノ規定ニ從ヒ手續ヲ受繼キ又ハ破産手續ヲ解止スルマテ之ヲ中斷ス

第百八十條　原告若クハ被告カ訴訟能力ヲ失ヒ又ハ其法律上代理人カ死亡シ又ハ其代理權カ原告若クハ被告ノ訴訟能力ヲ得ル前ニ消滅シタルトキハ訴訟手續ハ法律上代理人又ハ新法律上代理人カ其任設ヲ相手方ニ通知シ又ハ相手方カ訴訟手續ヲ續行セントスルコトヲ其代理人ニ通知スルマテ之ヲ中斷ス

第百八十一條　原告若クハ被告ノ死亡ニ因リ訴訟手續ヲ中斷スル場合ニ於ケル訴訟手續ノ受繼ニ關シ遺産ニ付キ管理人ヲ任設スルトキハ前條ノ規定又遺産ニ付キ破産ヲ開始スルトキハ第百七十九條ノ規定ヲ適用ス

第百八十二條　戰爭其他ノ事故ニ因リ裁判所ノ行務ヲ止メタルトキハ此事情ノ繼續間訴訟手續ヲ中斷ス

第百八十三條　訴訟代理人ヲ以テ訴訟ヲ爲ス場合ニ於テ原告若クハ被告カ死亡シ又ハ訴訟能力ヲ失ヒ又ハ法律上代理人カ死亡シ又ハ其代理權カ消滅スルトキハ委任消滅ノ通知ニ因リ訴訟手續ヲ中斷ス

訴訟手續ノ受繼ニ付テハ第百七十八條、第百八十條、第百八十一條ノ規定ニ從フ

第百八十四條　原告若クハ被告カ戰時兵役ニ服スルトキ又ハ官廳ノ布令、戰爭其他ノ事變ニ因リ受訴裁判所ト交通ノ絶エタル地ニ在ルトキハ受訴裁判所ハ申立ニ因リ又ハ職權ヲ以テ障碍ノ消除スルマテ訴訟手續ノ中止ヲ命スルコトヲ得

第百八十五條　訴訟手續中止ノ申請ハ受訴裁判所ニ之ヲ提出ス其申請ハ口頭ヲ以テ之ヲ爲スコト

ヲ得

此裁判ハ口頭辯論ヲ經スシテ之ヲ爲スコトヲ得

第百八十六條　訴訟手續ノ中斷及ヒ中止ハ各期間ノ進行ヲ止メ及ヒ中斷又ハ中止ノ終リタル後更ニ全期間ノ進行ヲ始ムル效力ヲ有ス

中斷及ヒ中止ノ間本案ニ付キ爲シタル原告若クハ被告ノ訴訟行爲ハ他ノ一方ニ對シ其效力ナシ」

口頭辯論ノ終結後ニ生シタル中斷ハ其辯論ニ基キテ爲ス可キ裁判ノ言渡ヲ妨クルコト無シ

第百八十七條　中斷シ又ハ中止シタル訴訟手續ノ受繼及ヒ本節ニ定メタル通知ハ原告若クハ被告ヨリ其書面ヲ受訴裁判所ニ差出シ裁判所ハ相手方ニ之ヲ送達ス可シ

第百八十八條　當事者ハ訴訟手續ヲ休止ス可キ合意ヲ爲スコトヲ得其合意ハ不變期間ノ進行ニ影響ヲ及ホサス

口頭辯論ノ期日ニ於テ當事者雙方出頭セサルトキハ訴訟手續ハ其一方ヨリ更ニ口頭辯論ノ期日ヲ定ム可キコトヲ申立ツルマテ之ヲ休止ス

一个年内ニ前項ノ申立ヲ爲ササルトキハ本訴及ヒ反訴ヲ取下ケタルモノト看做ス

第百八十九條　本節ノ規定其他此法律ノ規定ニ基キ訴訟手續ノ中止ヲ命スル裁判ニ對シテハ抗告ヲ爲スコトヲ得又其中止ヲ拒ム裁判ニ對シテハ卽時抗告ヲ爲スコトヲ得

第二編　第一審ノ訴訟手續

第一章　地方裁判所ノ訴訟手續

第一節　判決前ノ訴訟手續

第百九十條　訴ノ提起ハ訴狀ヲ裁判所ニ差出シテ之ヲ爲ス此訴狀ニハ左ノ諸件ヲ具備スルコトヲ要ス

第一　當事者及ヒ裁判所ノ表示

第二　起シタル請求ノ一定ノ目的物及ヒ其請求ノ一定ノ原因

第三　一定ノ申立

此他訴狀ハ準備書面ニ關スル一般ノ規定ニ從ヒ之ヲ作リ且裁判所ノ管轄カ訴訟物ノ價額ニ依リ定マル場合ニ於テ訴訟物カ一定ノ金額ニ非サルトキハ其價額ヲ掲ク可シ

第百九十一條　同一ノ被告ニ對スル原告ノ請求數箇アル場合ニ於テ其各請求ニ付キ受訴裁判所カ管轄權ヲ有シ且法律ニ於テ同一種類ノ訴訟手續ヲ許ストキハ原告ハ其請求ヲ一箇ノ訴ニ併合スルコトヲ得但民法ノ規定ニ反スルトキハ此限ニ在ラス

第百九十二條　訴狀カ第百九十條第一號乃至第三號ノ規定ニ適セサルトキハ相當ノ期間ヲ定メ裁判長ノ命令ヲ以テ其期間内ニ欠缺ヲ補正ス可キコトヲ命ス若シ原告此命ニ從ハサルトキハ其期間ノ滿了後訴狀ヲ差戻ス可シ

此差戻ノ命令ニ對シテハ卽時抗告ヲ爲スコトヲ得

第百九十三條　訴狀カ第百九十條第一號乃至第三號ノ規定ニ適スルトキハ口頭辯論ノ期日ヲ定メテ之ヲ被告ニ送達ス可シ

第百九十四條　訴狀ノ送達ト口頭辯論ノ期日トノ間ニハ少ナクトモ二十日ノ時間ヲ存スルコトヲ要ス

外國ニ於テ送達ヲ施行ス可キトキハ裁判長相當ノ時間ヲ定ム

第百九十五條　訴訟物ノ權利拘束ハ訴狀ノ送達ニ因リテ生ス

權利拘束ハ左ノ效力ヲ有ス

第一　權利拘束ノ繼續中原告若クハ被告ヨリ同一ノ訴訟物ニ付キ他ノ裁判所ニ於テ本訴又ハ

反訴ヲ以テ請求ヲ爲シタルトキハ相手方ハ權利拘束ノ抗辯ヲ爲スコトヲ得

第二　受訴裁判所ノ管轄ハ訴訟物ノ價額ノ增減、住所ノ變更其他管轄ヲ定ムル事情ノ變更ニ因リテ變換スルコト無シ

第三　原告ハ訴ノ原因ヲ變更スル權利ナシ但變更シタル訴ニ對シ本案ノ口頭辯論前被告カ異議ヲ述ヘサルトキハ此限ニ在ラス

第百九十六條　原告カ訴ノ原因ヲ變更セスシテ左ノ諸件ヲ爲ストキハ被告ハ異議ヲ述フルコトヲ得ス

第一　事實上又ハ法律上ノ申述ヲ補充シ又ハ更正スルコト

第二　本案又ハ附帶請求ニ付キ訴ノ申立ヲ擴張シ又ハ減縮スルコト

第三　最初求メタル物ノ滅盡又ハ變更ニ因リ賠償ヲ求ムルコト

第百九十七條　訴ノ原因ニ變更ナシトスル裁判ニ對シテハ不服ヲ申立ツルコトヲ得ス

第百九十八條　訴ノ全部又ハ一分ハ本案ニ付キ被告ノ第一口頭辯論ノ始マルマテハ被告ノ承諾ナクシテ之ヲ取下ケ又其後口頭辯論ノ終結ニ至ルマテハ被告ノ承諾ヲ得テ之ヲ取下クルコトヲ得」

訴ノ取下ハ口頭辯論ニ於テ之ヲ爲ササルトキハ書面ヲ以テ之ヲ爲ス可シ

訴狀ヲ既ニ送達シタル場合ニ於テハ訴取下ノ書面ハ之ヲ被告ニ送達ス可シ

適法ナル取下ハ權利拘束ノ總テノ效力ヲ消滅セシムル結果ヲ生ス

取下ケタル訴ヲ再ヒ起シタルトキハ被告ハ前訴訟費用ノ辨濟ヲ受クルマテ應訴ヲ拒ムコトヲ得

第百九十九條　訴狀送達ノ際十四日ノ期間内ニ答辯書ヲ差出ス可キコトヲ被告ニ催告ス可シ

答辯書ニハ準備書面ニ關スル一般ノ規定ヲ適用ス

第二百條　訴カ管轄裁判所ニ於テ權利拘束ト爲リタルトキハ被告ハ原告ニ對シ其裁判所ニ反訴ヲ

ルモノト看做ス

第三節 期日及ヒ期間

第百五十九條 期日ハ裁判長日及ヒ時ヲ以テ之ヲ定ム

第百六十條 期日ハ已ムヲ得サル場合ニ限リ日曜日及ヒ一般ノ祝祭日ニ之ヲ定ムルコトヲ得

第百六十一條 期日ニ付テノ呼出ハ裁判長ノ命ニ從ヒ裁判所書記正本ノ送達ヲ以テ之ヲ爲ス但在廷シタル者ニ期日ヲ定メ出頭ヲ命シタルトキハ之ヲ送達スルコトヲ要セス

第百六十二條 期日ハ裁判所内ニ於テ之ヲ開ク但臨檢又ハ裁判所ニ出頭スルニ差支アル人ノ審問其他裁判所内ニ於テ爲スコトヲ得サル行爲ヲ要スルトキハ此限ニ在ラス

第百六十三條 期日ハ事件ノ呼上ヲ以テ始マル

原告若クハ被告カ期日ノ終ニ至ルマテ辯論ヲ爲ササルトキハ期日ヲ怠リタルモノト看做ス

第百六十四條 裁判所又ハ裁判長ノ定ムル期間ノ進行ハ期間ヲ定メタル書類ノ送達ヲ以テ始マリ又其送達ヲ要セサル場合ニ於テハ期間ノ言渡ヲ以テ始マル但期間指定ノ際此ヨリ遲キ起期ヲ定メタルトキハ此限ニ在ラス

第百六十五條 期間ヲ計算スルニ時ヲ以テスルモノハ即時ヨリ起算シ又日ヲ以テスルモノハ初日ヲ算入セス

第百六十六條 一日ノ期間ハ二十四時トシ一个月ノ期間ハ三十日トシ一个年ノ期間ハ暦ニ從フ

期間ノ終カ日曜日又ハ一般ノ祝祭日ニ當ルトキハ其日ヲ期間ニ算入セス

第百六十七條 法律上ノ期間ハ裁判所ノ所在地ニ住居セサル原告若クハ被告ノ爲メ其住居地ト裁判所所在地トノ距離ノ割合ニ應シ海陸路八里每ニ一日ヲ伸長ス八里以外ノ端數三里ヲ超ユルトキモ亦同シ

裁判所ハ外國又ハ島嶼ニ於テ住所ヲ有スル原告若クハ被告ノ爲メ特ニ附加期間ヲ定ムルコトヲ得

第百六十八條 期間ノ進行ハ裁判所ノ休暇ニ依リテ停止ス其期間ノ殘餘ノ部分ハ休暇ノ終ヲ以テ其進行ヲ始ム期間ノ初カ休暇ニ當ルトキハ其期間ノ進行ハ休暇ノ終ヲ以テ始マル

前項ノ規定ハ不變期間及ヒ休暇事件ノ期間ニハ之ヲ適用セス

不變期間ハ此法律ニ於テ不變期間トシテ掲ケタル期間ニ限ル

休暇事件トハ裁判所構成法第百二十八條、第百二十九條ニ掲ケタル事件ヲ謂フ

第百六十九條 期日ノ變更、辯論ノ延期、辯論續行ノ期日ノ指定ハ申立ニ因リ又ハ職權ヲ以テ之ヲ爲スコトヲ得但申立ニ因レル期日ノ變更ハ合意ノ場合ヲ除ク外顯著ナル理由アルトキニ限リ之ヲ許ス

第百七十條 期間ハ不變期間ヲ除ク外當事者ノ合意ノ申立ニ因リ之ヲ短縮シ又ハ伸長スルコトヲ得

裁判所又ハ裁判長ノ定ムル期間及ヒ法律上ノ期間ハ合意ナキモ申立ニ因リ顯著ナル理由アルトキハ之ヲ短縮シ又ハ伸長スルコトヲ得然レトモ法律上ノ期間ノ短縮又ハ伸長ハ此法律ニ特定シタル場合ニ限リ之ヲ許ス

伸長ニ係ル新期間ハ前期間ノ滿了ヨリ之ヲ起算ス

第百七十一條 期日ノ變更又ハ期間ノ短縮若クハ伸長ニ付テノ申請ノ理由ハ之ヲ疏明ス可シ其申請ハ口頭ヲ以テ之ヲ爲スコトヲ得

申請ノ裁判ハ口頭辯論ヲ經スシテ之ヲ爲スコトヲ得

同一期日ノ再度ノ變更又ハ同一期間ノ再度ノ伸長ハ相手方ノ承諾書ヲ提出セサルトキハ相手方

ヲ審訊シタル後ニ限リ之ヲ許スコトヲ得又相手方カ異議ヲ述フルトキハ顯著ナル差支ノ理由及ヒ其差支ヲ除去スルコトノ特別ナル困難ヲ生シタルコトヲ證スルトキニ限リ之ヲ許スコトヲ得

訴訟代理人ノ差支ニ原因スル期日ノ再度ノ變更又ハ期間ノ再度ノ伸長ハ相手方ノ承諾アルニ非サレハ之ヲ許サス

期日ノ變更又ハ期間ノ伸長ニ付テノ申請ヲ却下スル裁判ニ對シテハ不服ヲ申立ツルコトヲ得ス

第百七十二條 本節ニ於テ裁判所及ヒ裁判長ニ與ヘタル權ハ受命判事又ハ受託判事モ亦其定ム可キ期日及ヒ期間ニ付キ之ヲ行フコトヲ得

第四節 懈怠ノ結果及ヒ原狀回復

第百七十三條 訴訟行爲ヲ怠リタル原告若クハ被告ハ其訴訟行爲ヲ爲ス權利ヲ失フ但此法律ニ於テ追完ヲ許ストキハ此限ニ在ラス

法律上懈怠ノ結果ハ當然生スルモノトス但此法律ニ於テ失權ヲ爲サレムルコトニ付キ相手方ノ申立ヲ要スルトキハ此限ニ在ラス

第百七十四條 天災其他避ク可カラサル事變ノ爲ニ不變期間ヲ遵守スルコトヲ得サル原告若クハ被告ニハ申立ニ因リ原狀回復ヲ許ス

原告若クハ被告カ故障期間ヲ懈怠シタルトキハ其過失ニ非スシテ闕席判決ノ送達ヲ知ラサリシ場合ニ於テモ亦之ニ原狀回復ヲ許ス

第百七十五條 原狀回復ハ十四日ノ期間內ニ之ヲ申立ツルコトヲ要ス

右期間ハ障碍ノ止ミタル日ヲ以テ始マル此期間ハ當事者ノ合意ニ因リ之ヲ伸長スルコトヲ得ス

懈怠シタル不變期間ノ終ヨリ起算シテ一个年ノ滿了後ハ原狀回復ヲ申立ツルコトヲ得ス

第百七十六條 原狀回復ハ追完スル訴訟行爲ニ付キ裁判ヲ爲ス權アル裁判所ニ書面ヲ差出シテ之ヲ申立ツ可シ

此書面ニハ左ノ諸件ヲ具備スルコトヲ要ス

第一 原狀回復ノ原因タル事實

第二 原狀回復ノ疏明方法

第三 懈怠シタル訴訟行爲ノ追完

即時抗告ノ提出ヲ懈怠シタルトキハ原狀回復ノ申立ハ不服ヲ申立テラレタル裁判ヲ爲シタル裁判所又ハ抗告裁判所ニ之ヲ爲スコトヲ得

第百七十七條 原狀回復ノ申立ニ付テノ訴訟手續ハ追完スル訴訟行爲ニ付テノ訴訟手續ト之ヲ併合ス然レトモ裁判所ハ先ツ申立ニ付テノ辯論及ヒ裁判ノミニ其訴訟手續ヲ制限スルコトヲ得

申立ノ許否ニ關スル裁判及ヒ其裁判ニ對スル不服ノ申立ニ付テハ追完スル訴訟行爲ニ於テ行ハル可キ規定ヲ適用ス然レトモ申立ヲ爲シタル原告若クハ被告ハ故障ヲ爲スコトヲ得ス

原狀回復ノ費用ハ申立人之ヲ負擔ス但相手方ノ不當ナル異議ニ因リ生シタルモノハ此限ニ在ラス

第五節 訴訟手續ノ中斷及ヒ中止

第百七十八條 原告若クハ被告ノ死亡シタル場合ニ於テハ承繼人カ訴訟手續ヲ受繼クマテ之ヲ中斷ス

受繼ヲ遲滯シタルトキハ裁判所ハ申立ニ因リ受繼及ヒ本案辯論ノ爲メ其承繼人ヲ呼出ス

承繼人期日ニ出頭セサルトキハ申立ニ因リ相手方ノ主張シタル承繼ヲ自白シタルモノト看做シ且裁判所ハ闕席判決ヲ以テ承繼人訴訟手續ヲ受繼キタリト言渡ス又本案ノ辯論ハ故障期間ノ滿

第百三十七條　送達ハ其送達ス可キ書類ノ正本又ハ認證シタル謄本ヲ交付ス可キ規定アルトキハ其正本又ハ其謄本ノ交付ヲ以テ之ヲ爲シ其他ノ場合ニ於テハ謄本ノ交付ヲ以テ之ヲ爲ス

原告若クハ被告數人ノ代理人ニ爲シ又ハ同一ナル原告若クハ被告ノ代理人數人中ノ一人ニ爲ス可キ送達ハ謄本又ハ正本ノ一通ヲ交付スルヲ以テ足ル

第百三十八條　訴訟能力ヲ有セサル原告若クハ被告ニ對スル送達ハ其法律上代理人ニ之ヲ爲ス

公又ハ私ノ法人及ヒ其資格ニ於テ訴ヘ又ハ訴ヘラルルコトヲ得ル會社又ハ社團ニ對スル送達ハ其首長又ハ事務擔當者ニ之ヲ爲スヲ以テ足ル

數人ノ首長若クハ事務擔當者アル場合ニ於テハ送達ハ其一人ニ之ヲ爲スヲ以テ足ル

第百三十九條　豫備、後備ノ軍籍ニ在ラサル下士以下ノ軍人、軍屬ニ對スル送達ハ其所屬ノ長官又ハ隊長ニ之ヲ爲ス

第百四十條　囚人ニ對スル送達ハ監獄署ノ首長ニ之ヲ爲ス

第百四十一條　送達ハ財產權上ノ訴訟ニ付テハ總理代人ニ之ヲ爲シ又商業上ヨリ生シタル訴訟ニ付テハ代務人ニ之ヲ爲スヲ以テ原告若クハ被告ノ本人ニ爲シタルト同一ノ效力ヲ有ス

第百四十二條　訴訟代理人アルトキハ送達ハ其代理人委任ノ旨趣ニ依リ原告若クハ被告ノ代理ヲ爲ス權ヲ有スルトキニ限リ其代理人ニ之ヲ爲ス

然レトモ原告若クハ被告ノ本人ニ爲シタル送達ハ其訴訟代理人アルトキト雖モ效力ヲ有ス

第百四十三條　受訴裁判所ノ所在地ニ住居ヲモ事務所ヲモ有セサル原告若クハ被告ハ其所在地ニ假住所ヲ選定シテ之ヲ届出ツ可シ

假住所選定ノ届出ハ遲クトモ最近ノ口頭辯論ニ於テ之ヲ爲シ又其前ニ書面ヲ差出ストキハ其書面ヲ以テ之ヲ爲ス可シ

前項ノ届出ヲ爲ササルトキハ裁判所書記又ハ其委任ヲ受ケタル吏員交付ス可キ書類ヲ原告若クハ被告ノ名宛ニテ郵便ニ付シテ送達ヲ爲スコトヲ得此送達ハ其書類ノ原告若クハ被告ニ到達スルト否トヲ問ハス又何時ニ到達スルトヲ問ハス郵便ニ付シタル時ヲ以テ之ヲ爲シタルモノト看做ス

第百四十四條　送達ハ何レノ地ヲ問ハス送達ヲ受ク可キ人ニ出會ヒタル地ニ於テ之ヲ爲スコトヲ得然レトモ其人カ其地ニ住居又ハ事務所ヲ有スルトキ其住居又ハ事務所ノ外ニ於テ爲シタル送達ハ其受取ヲ拒マサリシトキニ限リ效力ヲ有ス

第百三十八條第二項ノ場合ニ於テ特別ノ事務所アルトキハ其事務所ノ外ニ於テ法律上代理人又ハ首長若クハ事務擔當者ニ爲シタル送達ハ其受取ヲ拒マサリシトキニ限リ效力ヲ有ス

第百四十五條　送達ヲ受ク可キ人ニ住居ニ於テ出會ハサルトキハ其住居ニ於テスル送達ハ成長シタル同居ノ親族又ハ雇人ニ之ヲ爲スコトヲ得

此規定ニ從ヒ送達ヲ施行スルコトヲ得サルトキハ其送達ハ交付ス可キ書類ヲ其地ノ市町村長ニ預置キ送達ノ告知書ヲ作リ之ヲ住居ノ戸ニ貼附シ且近隣ニ住居スル者二人ニ其旨ヲ口頭ヲ以テ通知シテ之ヲ爲スコトヲ得

第百四十六條　住居ノ外ニ事務所ヲ有スル人ニ對スル送達ハ事務所ニ於テ之ニ出會ハサルトキハ其事務所ニ在ル營業使用人ニ之ヲ爲スコトヲ得此規定ハ辯護士ニモ亦之ヲ適用ス但此場合ニ於ケル送達ハ筆生ニモ亦之ヲ爲スコトヲ得

第百四十七條　第百三十八條第二項ノ場合ニ於テ法律上代理人又ハ首長若クハ事務擔當者ニ事務所ニ於テ出會ハス又ハ此等ノ者受取ニ付キ差支アルトキハ送達ハ事務所ニ在ル他ノ役員又ハ雇人ニ之ヲ爲スコトヲ得

第百四十八條　前二條ノ規定ニ從ヒ送達ヲ施行スルコトヲ得サルトキハ第百四十五條第二項ニ準シ送達ヲ爲ス可シ但住居ニ於ケル送達ヲ施行スルヲ得サルコトノ明白ナルトキニ限ル

前項ノ場合ニ於テハ送達告知書ノ貼附ハ事務所又ハ住居ノ戸ニ之ヲ爲ス

第百四十九條　法律上ノ理由ナクシテ送達ノ受取ヲ拒ムトキハ交付ス可キ書類ヲ送達ノ場所ニ差置ク可シ

第百五十條　日曜日及ヒ一般ノ祝祭日ニハ執達吏ノ爲ス可キ送達ハ裁判官ノ許可ヲ得ルトキニ限リ之ヲ施行スルコトヲ得

前項ノ規定ハ郵便ニ付シテ爲ス送達ヲ除ク外ハ夜間ニ爲ス可キ送達ニ之ヲ適用ス夜間トハ日沒ヨリ日出マテノ時間ヲ謂フ

右ノ許可ハ受訴裁判所ノ裁判長又ハ送達ヲ爲ス可キ地ヲ管轄スル區裁判所ノ判事之ヲ與ヘ又ハ受命判事若クハ受託判事ノ完結ス可キ事件ニ在テハ其判事之ヲ與フ

許可ノ命令ハ認證シタル謄本ヲ以テ送達ノ際之ヲ交付ス可シ

本條ノ規定ヲ遵守セサル送達ハ之ヲ受取リタルトキニ限リ效力ヲ有ス

第百五十一條　送達ニ付テハ之ヲ施行スル吏員ハ送達ノ場所、年月日時、方法及ヒ受取人ノ受取證竝ニ送達吏ノ署名捺印ヲ具備スル證書ヲ作ルコトヲ要ス

受取人受取ヲ拒ミ若クハ受取證ヲ出タスコトヲ拒ミタルトキ又ハ受取證ヲ作ルコト能ハサル旨ヲ述フルトキハ之ヲ送達證書ニ記載ス可シ

第百四十三條第三項ノ場合ニ於テハ郵便ニ付シタル吏員ノ報告書ヲ以テ送達ノ證ト爲スニ足ル

第百五十二條　外國ニ在ル本邦ノ公使及ヒ公使館ノ官吏竝ニ其家族、從者ニ對スル送達ハ外務大臣ニ囑託シテ之ヲ爲ス

第百五十三條　前條ノ場合ヲ除ク外外國ニ於テ施行ス可キ送達ハ外國ノ管轄官廳又ハ外國ニ駐在スル帝國ノ公使又ハ領事ニ囑託シテ之ヲ爲ス

第百五十四條　出陣ノ軍隊又ハ役務ニ服シタル軍艦ノ乘組員ニ屬スル人ニ對スル送達ハ上班司令官廳ニ囑託シテ之ヲ爲スコトヲ得

第百五十五條　前三條ノ場合ニ於テ必要ナル囑託書ハ受訴裁判所ノ裁判長之ヲ發ス

送達ハ囑託ヲ受ケタル官廳又ハ官吏ノ送達施行濟ノ證書ヲ以テ之ヲ證ス

第百五十六條　原告若クハ被告ノ現在地知レサルトキ又ハ外國ニ於テ爲ス可キ送達ニ付テハ其規定ニ從フコト能ハス若クハ之ニ從フモ其效ナキコトヲ豫知スルトキハ其送達ハ公ノ告示ヲ以テ之ヲ爲スコトヲ得

第百五十七條　公示送達ハ原告若クハ被告ノ申立ニ因リ裁判所ノ命ヲ以テ裁判所書記之ヲ取扱フ

此送達ハ交付ス可キ書類ヲ裁判所ノ掲示板ニ貼附シテ之ヲ爲ス判決及ヒ決定ニ在テハ其裁判ノ部分ノミヲ貼附ス可シ

右ノ外裁判所ハ送達ス可キ書類ノ抄本ヲ一箇又ハ數箇ノ新聞紙ニ一回又ハ數回掲載ス可キヲ命スルコトヲ得其抄本ニハ裁判所、當事者竝ニ訴訟物及ヒ送達ス可キ書類ノ要旨ヲ掲クルコトヲ要ス

第百五十八條　公示送達ハ書類ノ貼附ヨリ十四日ヲ經過シタル日ヲ以テ之ヲ爲シタルモノト看做ス然レトモ裁判所ハ公示送達ヲ命スルニ際シ此ヨリ長キ期間ヲ必要トスルトキハ相當ナル期間ヲ定ムルコトヲ得

同一ノ事件ニ付キ同一ノ原告若クハ被告ニ對シテ爲ス其後ノ公示送達ハ貼附ヲ以テ之ヲ爲シタ

看做スコトヲ得

第百十三條　事件ノ指揮ニ關スル裁判長ノ命又ハ裁判長若クハ陪席判事ノ發シタル問ニ對シ辯論ニ與カル者ヨリ不適法ナリトシテ異議ヲ述ヘタルトキハ裁判所ハ其異議ニ付キ直チニ裁判ヲ爲ス

第百十四條　裁判所ハ事件ノ關係ヲ明瞭ナラシムル爲メ原告若クハ被告ノ自身出頭ヲ命スルコトヲ得

第百十五條　裁判所ハ原告若クハ被告ノ援用シタル證書ニシテ其手中ニ存スルモノヲ提出ス可キヲ命スルコトヲ得

裁判所ハ外國語ヲ以テ作リタル證書ニ付テハ其譯書ヲ添附ス可キヲ命スルコトヲ得

第百十六條　裁判所ハ當事者ノ所持スル訴訟記錄ニシテ事件ノ辯論及ヒ裁判ニ關スルモノヲ提出ス可キヲ命スルコトヲ得

第百十七條　裁判所ハ檢證及ヒ鑑定ヲ命スルコトヲ得

此手續ハ申立ニ因リ命スル檢證及ヒ鑑定ニ付テノ規定ニ從フ

第百十八條　裁判所ハ一箇ノ訴ニ於テ爲シタル數箇ノ請求又ハ本訴及ヒ反訴ニ付テノ辯論ヲ分離シテ爲ス可キヲ命スルコトヲ得

第百十九條　同一ノ請求ニ關シ數箇ノ獨立ナル攻擊及ヒ防禦ノ方法ヲ提出シタルトキハ裁判所ハ先ツ辯論ヲ其一二ニ制限ス可キヲ命スルコトヲ得

第百二十條　裁判所ハ同一ノ人又ハ別異ノ人ノ數箇ノ訴訟ニシテ其裁判所ニ繫屬スルモノノ辯論及ヒ裁判ヲ併合ス可キヲ命スルコトヲ得但其訴訟ノ目的物タル請求ヲ元來一箇ノ訴ニ於テ主張シ得ヘキトキニ限ル

第百二十一條　裁判所ハ訴訟ノ全部又ハ一分ノ裁判カ他ノ繫屬スル訴訟ニ於テ定マル可キ權利關係ノ成立又ハ不成立ニ繫ルトキハ他ノ訴訟ノ完結ニ至ルマテ辯論ヲ中止ス可シ

第百二十二條　裁判所ハ民事訴訟中罰ス可キ行爲ノ嫌疑生スルトキハ刑事訴訟手續ノ完結ニ至ルマテ辯論ヲ中止ス可シ但其罰ス可キ行爲カ訴訟ノ裁判ニ影響ヲ及ホストキニ限ル

第百二十三條　裁判所ハ分離若クハ併合ニ關シ發シタル命ヲ取消スコトヲ得

第百二十四條　裁判所ハ閉チタル辯論ノ再開ヲ命スルコトヲ得

第百二十五條　裁判所ハ辯論ニ與カル者日本語ニ通セサルトキハ通事ヲ立會ハシム但裁判所構成法第百十八條ノ場合ハ此限ニ在ラス

第百二十六條　裁判所ハ辯論ニ與カル者聾又ハ啞ナルトキ之ニ文字ヲ以テ理會セシムルコトヲ得サル場合ニ限リ通事ヲ立會ハシムルコトヲ得

第百二十七條　裁判所ハ相當ノ演述ヲ爲ス能力ノ缺ケタル原告若クハ被告又ハ訴訟代理人若クハ輔佐人ニ其後ノ演述ヲ禁シ且新期日ヲ定メ辯護士ヲシテ演述セシム可キコトヲ命ス可シ

裁判所ハ裁判所ニ於テ辯論ヲ業トスル訴訟代理人若クハ輔佐人ヲ退斥セシムルコトヲ得此場合ニ於テハ新期日ヲ定メ且退斥ノ決定ヲ原告若クハ被告ニ送達ス可シ

本條ノ規定ニ從ヒ爲シタル命ニ對シテハ不服ヲ申立ツルコトヲ得ス

辯護士ニハ本條ノ規定ヲ適用セス

第百二十八條　辯論ニ與カル者秩序維持ノ爲メ辯論ノ場所ヨリ退斥セラレタルトキハ申立ニ因リ本人ノ任意ニ退去シタルト同一ノ方法ヲ以テ之ヲ取扱フコトヲ得但裁判所構成法第百十條ニ依リ中止シタル場合ハ此限ニ在ラス

前條ノ場合ニ於テ禁止又ハ退斥ノ命ヲ受ケタル者再ヒ出頭スルトキハ前項ノ方法ヲ以テ之ヲ取

扱フコトヲ得

第百二十九條　口頭辯論ニ付テハ調書ヲ作ル可シ

調書ニハ左ノ諸件ヲ揭ク可シ

第一　辯論ノ場所、年月日

第二　判事、裁判所書記及ヒ立會ヒタル檢事若クハ通事ノ氏名

第三　訴訟物及ヒ當事者ノ氏名

第四　出頭シタル當事者、法律上代理人、訴訟代理人及ヒ輔佐人ノ氏名若シ原告若クハ被告闕席シタルトキハ其闕席シタルコト

第五　公ニ辯論ヲ爲シ又ハ公開ヲ禁シタルコト

第百三十條　辯論ノ進行ニ付テハ其要領ノミヲ調書ニ記載ス可シ

調書ニ記載シテ明確ニス可キ諸件ハ左ノ如シ

第一　自白、認諾、拋棄及ヒ和解

第二　明確ニス可キ規定アル申立及ヒ陳述

第三　證人及ヒ鑑定人ノ供述但其供述ハ以前聽カサルモノナルトキ又ハ以前ノ供述ニ異ナルトキニ限ル

第四　檢證ノ結果

第五　書面ニ作リ調書ニ添附セサル裁判（判決、決定及ヒ命令）

第六　裁判ノ言渡

附錄トシテ調書ニ添附シ且調書ニ附錄トシテ表示シタル書類ニ於ケル記載ハ調書ニ於ケル記載ニ同シ

第百三十一條　前條第一號乃至第四號ニ揭ケタル調書ノ部分ハ法廷ニ於テ之ヲ關係人ニ讀聞カセ又ハ閱覽ノ爲メ之ヲ關係人ニ示ス

調書ニハ前項ノ手續ヲ履ミタルコト及ヒ承諾ヲ爲シタルコト又ハ承諾ヲ拒ミタル理由ヲ附記ス可シ

第百三十二條　調書ニハ裁判長及ヒ裁判所書記署名捺印ス可シ

裁判長差支アルトキハ官等最モ高キ陪席判事之ニ代リ署名捺印ス區裁判所判事差支アルトキハ其裁判所書記ノ署名捺印ヲ以テ足ル

第百三十三條　受命判事若クハ受託判事又ハ區裁判所判事カ法廷外ニ於テ爲ス審問ニモ亦裁判所書記ヲ立會ハシム

前四條ノ規定ハ右ノ審問調書ニ之ヲ準用ス

第百三十四條　口頭辯論ノ爲メ規定シタル方式ノ遵守ハ調書ヲ以テノミ之ヲ證スルコトヲ得

第百三十五條　此法律ニ從ヒ口頭ヲ以テ訴、抗告、申立、申請及ヒ陳述ヲ爲シ又ハ證言ヲ拒ム場合ニ於テハ裁判所書記ハ其調書ヲ作ル可シ

第二節　送達

第百三十六條　送達ハ裁判所書記職權ヲ以テ之ヲ爲サシム

裁判所書記ハ執達吏ニ送達ノ施行ヲ委任シ又ハ送達ヲ施行ス可キ地ヲ管轄スル區裁判所ノ書記ニ送達ノ施行ヲ執達吏ニ委任ス可キコトヲ囑託ス

裁判所書記ハ郵便ニ依リテモ亦送達ヲ爲サシムルコトヲ得

第二項ノ場合ニ於テハ執達吏又第三項ノ場合ニ於テハ郵便配達人ヲ以下ニ規定スル送達吏ト爲ス

費用支拂ノ無資力ヲ證ス可シ

第九十四條 訴訟上ノ救助ハ各審ニ於テ各別ニ之ヲ付與ス第一審ニ於テハ强制執行ニ付テモ之ヲ付與スルモノトス

前審ニ於テ訴訟上ノ救助ヲ受ケタルトキハ上級審ニ於テハ無資力ヲ證スルコトヲ要セス相手方上訴ヲ提出シタルトキハ上級審ニ於テハ訴訟上ノ救助ヲ求ムル原告若クハ被告ノ權利ノ伸張又ハ防禦ノ輕忽ナラス又ハ見込ナキニ非スト見ユルヤヲ調査スルコトヲ要セス

第九十五條 訴訟上ノ救助ハ之ヲ受ケタル條件ノ存セサリシトキ又ハ消滅シタルトキハ何時タリトモ之ヲ取消スコトヲ得

第九十六條 訴訟上ノ救助ハ之ヲ受ケタル原告若クハ被告ノ死亡ト共ニ消滅ス

第九十七條 訴訟上ノ救助ハ之ヲ受ケタル原告若クハ被告ノ爲ニ左ノ效力ヲ生ス

第一 裁判費用（國庫ノ立替金ヲ包含ス）ヲ濟清スルコトノ假免除

第二 訴訟費用ノ保證ヲ立ツルコトノ免除

第三 送達及ヒ執行行爲ヲ爲サシムル爲メ一時無報酬ニテ執達吏ノ附添ヲ求ムル權利

受訴裁判所ハ必要ナル場合ニ於テハ訴訟上ノ救助ヲ受ケタル原告若クハ被告ノ申立ニ因リ又ハ職權ヲ以テ一時無報酬ニテ辯護士ノ附添ヲ命スルコトヲ得

第九十八條 訴訟上ノ救助ハ相手方ニ生シタル費用ヲ辨濟スル義務ニ影響ヲ及ホサス

第九十九條 救助ヲ受ケタル原告若クハ被告ノ爲メ假ニ濟清ヲ免除シタル裁判費用ハ訴訟費用ニ付キ確定裁判ヲ受ケタル相手方又ハ訴若クハ上訴ノ取下、抛棄、認諾若クハ和解ニ因リ訴訟費用ヲ負擔ス可キ相手方ヨリ之ヲ取立ツルコトヲ得

救助ヲ受ケタル原告若クハ被告ニ附添ヒタル執達吏又ハ辯護士ハ同一ノ條件アルトキハ亦自己

ノ權利ニ依リ費用確定ノ方法ヲ以テ其手數料及ヒ立替金ヲ取立ツルコトヲ得

第百條 救助ヲ受ケタル原告若クハ被告ハ自己及ヒ其家族ノ必要ナル生活ヲ害セスシテ費用ノ濟清ヲ爲シ得ルニ至ルトキハ假免除ヲ得タル數額（第九十七條第一號）ヲ直チニ追拂ヒスル義務アリ

第百一條 裁判所ハ檢事ノ意見ヲ聽キタル後訴訟上救助ノ付與竝ニ辯護士附添ノ命令ニ付テノ申請、訴訟上救助ノ取消及ヒ數額追拂ノ義務ニ付キ決定ヲ爲ス

此裁判ハ口頭辯論ヲ經スシテ之ヲ爲スコトヲ得

第百二條 訴訟上ノ救助ヲ付與シ又ハ其取消ヲ拒ミ若クハ費用追拂ヲ命スルコトヲ拒ム決定ニ對シテハ檢事ニ限リ抗告ヲ爲スコトヲ得

辯護士ノ附添ヲ命スル決定ニ對シテハ上訴ヲ爲スコトヲ得ス

訴訟上ノ救助ヲ拒ミ若クハ取消シ又ハ辯護士ノ附添ヲ拒ミ又ハ費用ノ追拂ヲ命スル決定ニ對シテハ原告若クハ被告ハ抗告ヲ爲スコトヲ得

第三章 訴訟手續

第一節 口頭辯論及ヒ準備書面

第百三條 判決裁判所ニ於ケル訴訟ニ付テノ當事者ノ辯論ハ口頭ナリトス但此法律ニ於テ口頭辯論ヲ經スシテ裁判ヲ爲スコトヲ定メタルトキハ此限ニ在ラス

第百四條 口頭辯論ハ書面ヲ以テ之ヲ準備ス

第百五條 準備書面ニハ左ノ諸件ヲ揭ク可シ

第一 當事者及ヒ其法律上代理人ノ氏名、身分、職業、住所、裁判所、訴訟物及ヒ附屬書類ノ表示

第二 原告若クハ被告カ法廷ニ於テ爲サント欲スル申立

第三 申立ノ原因タル事實上ノ關係

第四 相手方ノ事實上ノ主張ニ對スル陳述

第五 原告若クハ被告カ事實上主張ノ證明又ハ攻擊ノ爲メ用ヰントスル證據方法及ヒ相手方ノ申出テタル證據方法ニ對スル陳述

第六 原告若クハ被告又ハ其訴訟代理人ノ署名及ヒ捺印

第七 年月日

第百六條 準備書面ニ於テ提出ス可キ事實ハ簡明ニ之ヲ記載ス可シ

此他事實上ノ關係ノ說明竝ニ法律上ノ討論ハ書面ニ之ヲ揭クルコトヲ得ス

第百七條 準備書面ニハ訴訟ヲ爲ス可キ資格ニ付テノ證書ノ原本、正本又ハ謄本其他總テ原告若クハ被告ノ手中ニ存スル證書ニシテ書面中ニ申立ノ原因トシテ引用シタルモノノ謄本ヲ添附ス可シ

證書ノ一部分ノミヲ要用トスルトキハ其冒頭、事件ニ屬スル部分、終尾、日附、署名及ヒ印章ヲ謄寫シタル抄本ヲ添附スルヲ以テ足ル

證書カ既ニ相手方ニ知レタルトキ又ハ大部ナルトキハ其證書ヲ表示シ且相手方ニ之ヲ閱覽セシメント欲スル旨ヲ附記スルヲ以テ足ル

第百八條 當事者ハ準備書面及ヒ其附屬書類竝ニ相手方ニ付與スル爲メ必要ナル謄本ヲ裁判所書記課ニ差出ス可シ

第百九條 裁判長ハ口頭辯論ヲ開キ且之ヲ指揮ス

裁判長ハ發言ヲ許シ又其命ニ從ハサル者ニ發言ヲ禁スルコトヲ得

裁判長ハ事件ニ付キ十分ナル說明ヲ爲サシメ且間斷ナク辯論ノ終了スルコトニ注意ス又必要ナ

ル場合ニ於テハ直チニ辯論續行ノ期日ヲ定ム

裁判所ニ於テ事件ニ付キ十分ナル說明ヲ爲セリト認ムルトキハ裁判長ハ口頭辯論ヲ閉チ及ヒ裁判所ノ判決竝ニ決定ヲ言渡ス

第百十條 口頭辯論ハ當事者ノ申立ヲ爲スニ因リテ始マル

當事者ノ演述ハ事實上及ヒ法律上ノ點ニ於ケル訴訟關係ヲ包括ス可シ

口頭演述ニ換ヘテ書類ヲ援用スルコトヲ許サス文字上ノ旨趣ヲ要用トスルトキハ其要用ナル部分ニ限リ之ヲ朗讀スルコトヲ得

第百十一條 各當事者ハ相手方ノ主張シタル事實ニ對シ陳述ヲ爲ス可シ

明カニ爭ハサル事實ハ原告若クハ被告ノ他ノ陳述ヨリ之ヲ爭ハントスル意思カ顯レサルトキハ自白シタルモノト看做ス

不知ノ陳述ハ原告若クハ被告ノ自己ノ行爲ニ非ス又自己ノ實驗シタルモノニモ非サル事實ニ限リ之ヲ許ス此場合ニ於テ不知ヲ以テ答ヘタル事實ハ爭ヒタルモノト看做ス

第百十二條 裁判長ハ職權上調查ス可キ點ニ關シ相手方ヨリ起ササル疑ノ存スルトキハ其疑ニ付キ注意ヲ爲スコトヲ得

裁判長ハ問ヲ發シテ不明瞭ナル申立ヲ釋明シ主張シタル事實ノ不十分ナル證明ヲ補充シ證據方法ヲ申出テ其他事件ノ關係ヲ定ムルニ必要ナル陳述ヲ爲サシム可シ

陪席判事ハ裁判長ニ告ケテ問ヲ發スルコトヲ得

當事者ハ相手方ニ對シ自ラ問ヲ發スルコトヲ得ス然レトモ其問ヲ發ス可キ旨ヲ裁判長ニ求ムルコトヲ得

若シ其問ニ對シテ答ヘス又ハ判然答ヘサルトキハ相手方ノ利益ト爲ル可キ答ヲ爲シタルモノト

第七十四條　被告直チニ請求ヲ認諾シ且其作爲ニ因リ訴ヲ起スニ至ラシメタルニ非サルトキハ訴訟費用ハ原告ノ勝訴ト爲リタルニ拘ハラス其負擔ニ歸ス

第七十五條　期日若クハ期間ヲ懈怠シ又ハ自己ノ過失ニ因リ期日ノ變更、辯論ノ延期、辯論續行ノ爲ニスル期日ノ指定、期間ノ延長其他訴訟ノ遲滯ヲ生セシメタル原告若クハ被告ハ本案ノ勝訴者ト爲リタルニ拘ハラス此カ爲ニ生シタル費用ヲ負擔ス可シ

第七十六條　裁判所ハ無益ナル攻撃又ハ防禦ノ方法（證據方法ヲ包含ス）ヲ主張シタル原告若クハ被告ヲシテ本案ノ勝訴者ト爲リタルニ拘ハラス其方法ノ費用ヲ負擔セシムルコトヲ得

第七十七條　無益ナル上訴又ハ取下ケタル上訴ノ費用ハ之ヲ提出シタル原告若クハ被告ノ負擔ニ歸ス

第七十八條　上訴ニ因リ裁判ノ全部又ハ一分ヲ廢棄若クハ破毀スルトキハ訴訟ノ總費用（上訴ノ費用ヲ包含ス）ノ裁判ハ本案ノ終局裁判ト併合シテ更ニ之ヲ爲ス可シ

原告若クハ被告カ前審ニ於テ主張スルコトヲ得ヘカリシ事實又ハ攻撃若クハ防禦ノ方法ヲ新ニ提出スルニ因リ勝訴者ト爲ルトキハ其原告若クハ被告ニ上訴費用ノ全部又ハ一分ヲ負擔セシムルコトヲ得

第七十九條　當事者カ訴訟物ニ付キ和解ヲ爲ストキハ其訴訟ノ費用及ヒ和解ノ費用ハ共ニ相消シタルモノト看做ス但當事者別段ノ合意ヲ爲シタルトキハ此限ニ在ラス

第八十條　法律ノ規定ニ從ヒ費用ニ付キ共同訴訟人ノ連帶義務ノ生セサルトキニ限リ其共同訴訟人ハ相手方ニ對シ平等ニ費用ヲ負擔ス然レトモ共同訴訟人ノ訴訟ニ於ケル利害ノ關係著シク相異ナルトキハ裁判所ハ其利害關係ノ割合ニ從ヒ費用ヲ負擔セシムルコトヲ得

共同訴訟人中ノ或ル人カ特別ノ攻撃又ハ防禦ノ方法ヲ主張シタルトキハ他ノ共同訴訟人ハ此カ

爲ニ生シタル費用ヲ負擔セス

第八十一條　從參加ニ對シ原告若クハ被告カ異議ヲ述フルトキハ其異議ノ決定ニ於テ從參加人ト其原告若クハ被告トノ中間訴訟ノ費用ニ付キ第七十二條乃至第七十八條ノ規定ニ從ヒテ裁判ヲ爲ス可シ

從參加ヲ許シタルトキ又ハ異議ヲ述ヘサルトキハ本訴訟ノ判決ニ於テ從參加人ト相手方ナル原告若クハ被告トノ間ニ從參加ニ因リ生シタル費用ニ付テモ亦前數條ノ規定ニ從ヒ裁判ヲ爲ス可シ

第八十二條　費用ノ點ニ限リタル裁判ニ對シテハ不服ヲ申立ツルコトヲ得ス然レトモ本案ノ裁判ニ對シ許ス可キ上訴ヲ提出シ且追行スルトキニ限リ費用ノ點ニ付キ不服ヲ申立ツルコトヲ得

費用ノ點ニ限リタルトキト雖モ相手方ヨリ提出シタル上訴ニ附帶スル場合ニ於テハ不服ヲ申立ツルコトヲ得

第八十三條　裁判所書記、法律上代理人、辯護士其他ノ代理人及ヒ執達吏ノ過失又ハ懈怠ニ因リ費用ノ生シタルトキハ受訴裁判所ハ申立ニ因リ又ハ職權ヲ以テ其費用ノ辨濟ヲ負擔セシムル決定ヲ爲スコトヲ得但其決定前關係人ニ口頭又ハ書面ニテ陳辯ヲ爲ス機會ヲ與フ可シ

此裁判ハ口頭辯論ヲ經スシテ之ヲ爲スコトヲ得其決定ニ對シテハ即時抗告ヲ爲スコトヲ得

第八十四條　辨濟ス可キ費用額ノ確定ハ申請ニ因リ訴訟ノ第一審ニ繋屬シタル裁判所ノ決定ヲ以テ之ヲ爲ス

申請ハ第七十二條第二項又ハ上訴取下ノ場合ヲ除ク外執行シ得ヘキ裁判ニ依ルトキニ限リ之ヲ爲スコトヲ得

申請ハ口頭ヲ以テ之ヲ爲スコトヲ得

申請ニハ費用計算書、相手方ニ付與ス可キ計算書ノ謄本及ヒ各箇費用額ノ疏明ニ必要ナル證書ヲ添附ス可シ

第八十五條　費用額確定ノ裁判ハ口頭辯論ヲ經スシテ之ヲ爲スコトヲ得

裁判所ハ裁判所書記ニ費用計算書ノ計算上ノ檢査ヲ命スルコトヲ得

裁判所ハ費用額確定ノ決定ヲ爲ス前相手方ニ計算書ヲ付與シテ裁判所ノ定ムル期間內ニ陳述ヲ爲ス可キ旨ヲ之ニ催告スルコトヲ得此決定ニ對シテハ即時抗告ヲ爲スコトヲ得

第八十六條　當事者ハ訴訟費用ノ全部又ハ一分ヲ割合ニ從ヒ分擔ス可キトキハ裁判所ハ費用額確定ノ決定ヲ爲ス前相手方ニ裁判所ノ定ムル期間內ニ其費用ノ計算書ヲ差出ス可キ旨ヲ催告ス可シ此期間ヲ徒過シタル後ハ費用額確定ノ決定ハ相手方ノ費用ヲ顧ミス之ヲ爲ス可シ但相手方ハ後ニ自己ノ費用ヲ以テ其費用額確定ノ申請ヲ爲ス妨ト爲ルコト無シ

第六節　保證

第八十七條　訴訟上ノ保證ハ當事者カ別段ノ合意ヲ爲ス場合又ハ此法律ニ於テ保證ヲ定ムルコトヲ裁判所ノ自由ナル意見ニ任スル場合ヲ除ク外裁判所ノ意見ニ於テ擔保ニ十分ナリトスル現金又ハ有價證券ヲ供託シテ之ヲ爲ス

第八十八條　原告又ハ原告ノ從參加人タル外國人ハ被告ニ對シ其求ニ因リ訴訟費用ニ付キ保證ヲ立ツ可シ

左ノ場合ニ於テハ保證ヲ立ツル義務ヲ生セス

第一　國際條約又ハ原告ノ屬スル國ノ法律ニ依リ本邦人カ同一ノ場合ニ於テ保證ヲ立ツル義務ナキトキ

第二　反訴ノ場合

第三　證書訴訟及ヒ爲替訴訟ノ場合

第四　公示催告ニ基キ起シタル訴ノ場合

第八十九條　裁判所ハ前條第一項ノ場合ニ於テハ保證ヲ立ツ可キ數額ヲ確定ス可シ

此數額ヲ確定スルニハ被告ノ訴ヲ受ケタルカ爲メ各審級ニ於テ支出ス可キ訴訟費用ノ額ヲ標準ト爲ス可シ

訴訟中ニ保證ノ不足ヲ生シ且追增保證ヲ立ツ可キコトヲ被告カ求ムルトキハ前項ト同一ノ手續ニ依ル可シ但爭ナキ請求ノ部分カ擔保ニ十分ナルトキハ此限ニ在ラス

第九十條　裁判所ハ保證ヲ立ツ可キ期間ヲ定ム可シ

此期間ノ經過後裁判アルマテニ保證ヲ立テサル場合ニ於テハ被告ノ申立ニ因リ判決ヲ以テ訴ヲ取下ケタリト宣言シ又原告カ上訴ヲ爲シタルトキハ其上訴ヲ取下ケタリト宣言ス可シ

第七節　訴訟上ノ救助

第九十一條　何人ヲ問ハス自己及ヒ其家族ノ必要ナル生活ヲ害スルニ非サレハ訴訟費用ヲ出タスコト能ハサル者ハ訴訟上ノ救助ヲ求ムルコトヲ得但其目的トスル權利ノ伸張又ハ防禦ノ輕忽ナラス又ハ見込ナキニ非スト見ユルトキニ限ル

第九十二條　外國人ハ國際條約又ハ其屬スル國ノ法律ニ依リ本邦人カ同一ノ場合ニ於テ訴訟上ノ救助ヲ求ムルコトヲ得ルトキニ限リ之ヲ求ムルコトヲ得

第九十三條　訴訟上救助ノ申請ハ訴訟ノ關係ヲ表明シ且證據方法ヲ開示シテ其救助ヲ求ムル審級ノ裁判所ニ之ヲ提出ス可シ其申請ハ口頭ヲ以テ之ヲ爲スコトヲ得

原告若クハ被告ハ申請ノ提出ト共ニ管轄市町村長ヨリ發シタル證書ヲ出タスコトヲ要ス其證書ニハ原告若クハ被告ノ身分、職業、財產竝ニ家族ノ實況及ヒ其納ム可キ直稅ノ額ヲ開示シテ訴訟

ル後決定ヲ以テ參加ノ許否ヲ裁判ス其裁判ハ口頭辯論ヲ經スシテ之ヲ爲スコトヲ得

利害關係ノ存否ニ付キ爭アルトキハ從參加人其關係ヲ疏明スルノミヲ以テ參加ヲ許スニ足ル

右ノ決定ニ對シテハ卽時抗告ヲ爲スコトヲ得

參加ヲ許サヽル裁判確定セサル間ハ從參加人ヲ本訴訟ニ立會ハシメ殊ニ總テノ期日ニ之ヲ呼出シ又本訴訟ニ關係アル裁判ヲ爲シタルトキハ從參加人ニ其裁判ヲ送達ス可シ

第五十八條　從參加人ハ當事者雙方ノ承諾ヲ得テ其附隨シタル原告若クハ被告ニ代リ訴訟ヲ擔任スルコトヲ得此場合ニ於テハ其原告若クハ被告ヲ脫退セシム可シ

第五十九條　原告若クハ被告若シ敗訴スルトキハ第三者ニ對シ擔保又ハ賠償ノ請求ヲ爲シ得ヘシト信シ又ハ第三者ヨリ請求ヲ受ク可キコトヲ恐ルル場合ニ於テハ訴訟ノ權利拘束間第三者ニ訴訟ヲ告知スルコトヲ得

訴訟ノ告知ヲ受ケタル者ハ更ニ訴訟ヲ告知スルコトヲ得

第六十條　訴訟告知ハ訴訟ノ繫屬スル裁判所ニ其訴訟告知ノ理由及ヒ訴訟ノ程度ヲ記載シタル書面ヲ提出シテ之ヲ爲ス可シ

此書面ハ第三者ニ送達スルコトヲ要ス又訴訟ヲ告知スル原告若クハ被告ノ相手方ニハ其謄本ヲ送付ス可シ

第六十一條　訴訟ハ訴訟告知ニ拘ハラス之ヲ續行ス

第三者參加ス可キコトヲ陳述スルトキハ從參加ノ規定ヲ適用ス

第六十二條　第三者ノ名ヲ以テ物ヲ占有スル者其物ノ占有者トシテ被告ト爲リタルトキハ本案ノ辯論前第三者ヲ指名シ之ニ陳述ヲ爲サシムル爲メ其呼出ヲ求ムルトキハ第三者

ノ陳述ヲ爲シ又ハ之ヲ爲ス可キ期日マテ本案ノ辯論ヲ拒ムコトヲ得

第三者カ被告ノ主張ヲ爭フトキ又ハ陳述ヲ爲サヽルトキハ被告ハ原告ノ申立ニ應スルコトヲ得

第三者カ被告ノ主張ヲ正當ト認ムルトキハ被告ノ承諾ヲ得テ之ニ代リ訴訟ヲ引受クルコトヲ得

第三者カ訴訟ヲ引受ケタルトキハ裁判所ハ被告ノ申立ニ因リ其被告ヲ訴訟ヨリ脫退セシム可シ其物ニ付テノ裁判ハ被告ニ對シテモ效力ヲ有シ且之ヲ執行スルコトヲ得

第四節　訴訟代理人及ヒ輔佐人

第六十三條　原告若クハ被告自ラ訴訟ヲ爲サヽルトキハ辯護士ヲ以テ訴訟代理人ト爲シ之ヲ爲ス

辯護士ノ在ラサル場合ニ於テハ訴訟能力者タル親族若クハ雇人ヲ以テ訴訟代理人ト爲シ若シ此等ノ者ノ在ラサルトキハ他ノ訴訟能力者ヲ以テ訴訟代理人ト爲スコトヲ得

區裁判所ニ於テハ辯護士ノ在ルトキト雖モ訴訟能力者タル親族若クハ雇人ヲ以テ訴訟代理人ト爲スコトヲ得

第六十四條　訴訟委任ハ裁判所ノ記錄ニ備フ可キ書面委任ヲ以テ之ヲ證ス可シ

私署證書ハ相手方ノ求ニ因リ之ヲ認證ス可シ其認證ハ公證人之ヲ爲シ又相當官吏之ヲ爲スコトヲ得

口頭辯論ノ期日又ハ受命判事若クハ受託判事ノ面前ニ於テ口頭委任ヲ爲シ其陳述ヲ調書ニ記載セシムルトキハ書面委任ト同一ナリトス

第六十五條　訴訟委任ハ反訴、主參加、故障、假差押若クハ假處分又ハ强制執行ニ因リ生スル訴訟行爲ヲ併セ訴訟ニ關スル總テノ訴訟行爲ヲ爲シ及ヒ相手方ヨリ辨濟スル費用ノ領收ヲ爲ス權ヲ授

與ス

訴訟代理人ハ特別ノ委任ヲ受クルニ非サレハ控訴若クハ上告ヲ爲シ、再審ヲ求メ、代人ヲ任シ、和解ヲ爲シ、訴訟物ヲ拋棄シ又ハ相手方ヨリ主張シタル請求ヲ認諾スル權ヲ有セス

第六十六條　訴訟委任ハ法律上ノ範圍(第六十五條第一項)ヲ制限スルモ其制限ハ相手方ニ對シ效力ナシ

然レトモ辯護士ニ依レル代理ヲ除ク外ハ各箇ノ訴訟行爲ニ付キ委任ヲ爲スコトヲ得

第六十七條　訴訟代理人數人アルトキハ共同若クハ各別ニテ代理スルコトヲ得但委任ニ此ト異ナル定アルモ相手方ニ對シ其效力ナシ

第六十八條　訴訟代理人カ委任ノ範圍內ニ於テ爲シタル訴訟上ノ行爲及ヒ不行爲ハ原告若クハ被告ニ對シテハ其本人ノ行爲又ハ不行爲ト同一ナリトス

然レトモ代理人ノ事實上ノ陳述ハ其代理人ト共ニ裁判所ニ出頭シタル原告若クハ被告ヨリ卽時ニ之ヲ取消シ又ハ更正シタルトキニ限リ其效力ヲ失フ

第六十九條　委任者ノ死亡、訴訟能力若クハ法律上代理ノ變更、委任ノ廢罷及ヒ代理ノ謝絕ニ因ル委任ノ消滅ハ其消滅ヲ通知スルマテ相手方ニ對シ其效力ナシ

此通知書ハ原告若クハ被告ヨリ受訴裁判所ニ之ヲ差出シ裁判所ハ相手方ニ之ヲ送達ス可シ

代理人ハ謝絕ヲ爲スモ委任者他ノ方法ヲ以テ自己ノ權利ノ防衞ヲ爲サヽル間ハ其委任者ノ爲ニ行爲ヲ爲スコトヲ得

第七十條　委任ノ欠缺ハ原告若クハ被告ノ爲メ其代理人ナキモノト看做ス

裁判所ハ職權ヲ以テ委任ノ欠缺ヲ調査シ委任ナク又ハ適式ノ委任ナク代理人トシテ出頭スル者ニ事情ニ從ヒ費用及ヒ損害ノ保證ヲ立テシメ又ハ之ヲ立テシメスシテ假ニ訴訟ヲ爲スヲ許スコ

トヲ得

判決ハ欠缺ヲ補正シ又ハ之ヲ補正スル爲メ裁判所ノ適宜ニ定ムル期間ノ滿了後ニ限リ之ヲ爲スコトヲ得但欠缺ノ補正ハ判決ニ接著スル口頭辯論ノ終結マテ之ヲ追完スルコトヲ得

第七十一條　原告若クハ被告ハ辯護士ヲ輔佐人ト爲シ又ハ何時ニテモ裁判所ノ取消シ得ヘキ許可ヲ得テ他ノ訴訟能力者ヲ輔佐人ト爲シテ共ニ出頭スルコトヲ得其輔佐人ハ口頭辯論ニ於テ權利ヲ伸張シ又ハ防禦スル爲メ原告若クハ被告ヲ補助スルモノトス

輔佐人ノ演述ハ原告若クハ被告卽時ニ之ヲ取消シ又ハ更正セサルトキニ限リ原告若クハ被告自ラ演述シタルモノト看做ス

第五節　訴訟費用

第七十二條　敗訴ノ原告若クハ被告ハ訴訟ノ費用ヲ負擔シ殊ニ訴訟ニ因リ生シタル費用ヲ相手方ニ辨濟ス可シ但其費用ハ裁判所ノ意見ニ於テ相當ナル權利伸張又ハ權利防禦ニ必要ナリト認ムルモノニ限ル

訴訟中ニ訴ヲ取下ケ、請求ヲ拋棄シ又ハ相手方ノ請求ヲ認諾スル原告若クハ被告ハ敗訴ノ原告若クハ被告ニ同シ

第七十三條　當事者ノ各方一分ハ勝訴ト爲リ一分ハ敗訴ト爲ルトキハ其費用ヲ相消シ又ハ割合ヲ以テ之ヲ分擔ス可シ第一ノ場合ニ於テハ各當事者ハ其支出シタル費用ヲ自ラ負擔シ他ノ一方ニ對シ辨濟ヲ請求スルコトヲ得ス

然レトモ裁判所ハ相手方ノ要求格外ニ過分ナルニ非ス且別段ノ費用ヲ生セサリシトキ又ハ判事ノ意見、鑑定人ノ鑑定若クハ相互ノ計算ニ因リ要求額ヲ定ムルニ非サレハ容易ニ過分ノ要求ヲ避クルコトヲ得サリシトキハ當事者ノ一方ニ訴訟費用ノ全部ヲ負擔セシムルコトヲ得

第六　養料ニ關スル訴訟

第七　失踪者及ヒ相續人斷缺ノ遺產ニ關スル訴訟

第八　證書ノ僞造若クハ變造ノ訴訟

第九　再審

檢事ノ陳述ハ當事者ノ辯論終リタルトキ之ヲ爲ス

當事者ハ檢事ノ意見ニ對シ事實ノ更正ノミニ付キ陳述ヲ爲スコトヲ得

第二章　當事者

第一節　訴訟能力

第四十三條　原告若クハ被告カ自ラ訴訟ヲ爲シ又ハ訴訟代理人ヲシテ之ヲ爲サシムル能力ト法律上代理人ニ依レル訴訟無能力者ノ代表ト法律上代理人カ訴訟ヲ爲シ又ハ一ノ訴訟行爲ヲ爲スニ付テノ特別授權ノ必要トハ民法ノ規定ニ從フ

第四十四條　外國人ハ自國ノ法律ニ從ヒ訴訟能力ヲ有セサルモ本邦ノ法律ニ從ヒ訴訟能力ヲ有スルモノナルトキハ之ヲ有スルモノト看做ス

第四十五條　裁判所ハ訴訟ノ如何ナル程度ニ在ルヲ問ハス職權ヲ以テ訴訟能力、法律上代理人タル資格及ヒ訴訟ヲ爲スニ必要ナル授權ニ欠缺ナキヤ否ヤヲ調査ス可シ

裁判所ハ遲滯ノ爲メ原告若クハ被告ニ危害アリ且其欠缺ノ補正ヲ爲シ得ルモノト認ムルトキハ原告若クハ被告又ハ其法律上代理人ニ其欠缺ノ補正ヲ爲ス條件ヲ以テ一時訴訟ヲ爲スヲ許スコトヲ得此場合ニ於テ裁判所ハ欠缺補正ノ爲メ相當ノ期間ヲ定メ其期間ノ滿了前ニ判決ヲ爲スコトヲ得ス但其欠缺ノ補正ハ判決ニ接著スル口頭辯論ノ終結マテ之ヲ追完スルコトヲ得

第四十六條　訴訟無能力者又ハ相續人ノ未定ノ遺產又ハ不分明ナル相續人ニ對シ訴ヲ起ス可キ場

合ニ於テ法律上代理人アラサルトキハ其事件ノ繫屬ス可キ裁判所ノ裁判長ハ申立ニ因リ遲滯ノ爲ニ危害ノ恐アル場合ニ限リ特別代理人ヲ任ス可シ

右申請ハ書面又ハ口頭ヲ以テ之ヲ爲スコトヲ得此裁判ハ口頭辯論ヲ經スシテ之ヲ爲シ其裁判ハ申請人ニ之ヲ送達シ又申請ヲ認許シタルトキハ其任セラレタル特別代理人ニモ亦之ヲ送達ス可シ

申請ヲ却下スル裁判ニ對シテハ抗告ヲ爲スコトヲ得

裁判長ヨリ任セラレタル特別代理人ハ法律上代理人又ハ相續人ノ出頭スルマテ訴訟行爲ニ付キ法律上代理人ノ權利及ヒ義務ヲ有ス

第四十七條　第十五條ニ揭ケタル場合ニ於テ訴訟無能力者カ其現在地又ハ兵營地若クハ軍艦定繫所ノ裁判所ニ訴ヲ受ク可キ場合ニ於テ其法律上代理人他ノ地ニ住スルトキハ遲滯ノ爲メ危害ナシト雖モ前條ノ規定ニ從ヒ特別代理人ヲ任スルコトヲ得

此他裁判ニ對シ抗告ヲ許ス規定ヲ除ク外總テ前條ノ規定ヲ適用ス

第二節　共同訴訟人

第四十八條　左ノ場合ニ於テハ共同訴訟人トシテ數人カ共ニ訴ヲ爲シ又ハ訴ヲ受クルコトヲ得

第一　數人カ訴訟物ニ付キ權利共通若クハ義務共通ノ地位ニ立ツトキ

第二　同一ナル事實上及ヒ法律上ノ原因ニ基ク請求又ハ義務カ訴訟ノ目的物タルトキ

第三　性質ニ於テ同種類ナル事實上及ヒ法律上ノ原因ニ基ク同種類ナル請求又ハ義務カ訴訟ノ目的物タルトキ

第四十九條　共同訴訟人ハ其資格ニ於テハ各別ニ相手方ニ對立シ其一人ノ訴訟行爲及ヒ懈怠又ハ相手方ヨリ其一人ニ對スル訴訟行爲及ヒ懈怠ハ他ノ共同訴訟人ニ利害ヲ及ホサス

第五十條　然レトモ總テノ共同訴訟人ニ對シ訴訟ニ係ル權利關係カ合一ニノミ確定ス可キトキニ限リ左ノ規定ヲ適用ス

共同訴訟人中ノ或ル人ノ攻擊及ヒ防禦ノ方法（證據方法ヲ包含ス）ハ他ノ共同訴訟人ノ利益ニ於テ效ヲ生ス

共同訴訟人中ノ或ル人カ爭ヒ又ハ認諾セサルトキト雖モ總テノ共同訴訟人カ悉ク爭ヒ又ハ認諾セサルモノト看做ス

共同訴訟人中ノ或ル人ノミカ期日又ハ期間ヲ懈怠シタルトキハ其懈怠シタル者ハ懈怠セサル者ニ代理ヲ任シタルモノト看做ス

然レトモ懈怠シタル共同訴訟人ニハ其懈怠セサリシ場合ニ於テ爲ス可キ總テノ送達及ヒ呼出ヲ爲スコトヲ要ス其懈怠シタル共同訴訟人ハ何時タリトモ其後ノ訴訟手續ニ再ヒ加ハルコトヲ得

第三節　第三者ノ訴訟參加

第五十一條　他人ノ間ニ權利拘束ト爲リタル訴訟ノ目的物ノ全部又ハ一分ヲ自己ノ爲ニ請求スル第三者ハ本訴訟ノ權利拘束ノ終ニ至ルマテ其訴訟カ第一審ニ於テ繫屬シタル裁判所ニ當事者雙方ニ對スル訴（主參加）ヲ爲シテ其請求ヲ主張スルコトヲ得

第三者カ原告及ヒ被告ノ共謀ニ因リ自己ノ債權ニ損害ヲ生スルコトヲ主張スルトキモ亦同シ

第五十二條　本訴訟ハ第一審ニ繫屬スルト上級審ニ繫屬スルトヲ問ハス原告、被告若クハ主參加人ノ申立ニ因リ又ハ職權ヲ以テ主參加ニ付テノ權利拘束ノ終ニ至ルマテ之ヲ中止スルコトヲ得

中止ノ申請ハ書面又ハ口頭ヲ以テ本訴訟ノ繫屬スル裁判所ニ之ヲ爲スコトヲ得

決定ハ口頭辯論ヲ經スシテ之ヲ爲スコトヲ得

中止ヲ命スル決定ニ對シテハ卽時抗告ヲ爲スコトヲ得

第五十三條　他人ノ間ニ權利拘束ト爲リタル訴訟ニ於テ其一方ノ勝訴ニ依リ權利上利害ノ關係ヲ有スル者ハ訴訟ノ如何ナル程度ニ在ルヲ問ハス權利拘束ノ繼續スル間ハ其一方ヲ補助（從參加）スル爲メ之ニ附隨スルコトヲ得

第五十四條　從參加人ハ其附隨スル時ニ於ケル訴訟ノ程度ヲ妨ケサル限リハ其主タル原告若クハ被告ノ爲ニ攻擊及ヒ防禦ノ方法ヲ施用シ且總テノ訴訟行爲ヲ有效ニ行ヒ殊ニ主タル原告若クハ被告ノ爲ニ存スル期間內ニ故障、支拂命令ニ對スル異議又ハ上訴ヲ爲ス權利ヲ有ス

從參加人ノ陳述及ヒ行爲ト主タル原告若クハ被告ノ陳述及ヒ行爲ト相牴觸スル場合ニ於テハ主タル原告若クハ被告ノ陳述及ヒ行爲ヲ以テ標準ト爲ス但民法ニ於テ此ニ異ナル規定アルトキハ此限ニ在ラス

第五十五條　從參加人ハ訴訟ヨリ脫退シタルトキト雖モ其補助シタル原告若クハ被告トノ關係ニ於テハ其訴訟ノ確定裁判ヲ不當ナリト主張スルコトヲ得ス

從參加人ハ其附隨ノ時ノ訴訟ノ程度ニ因リ又ハ主タル原告若クハ被告ノ所爲ニ因リ攻擊及ヒ防禦ノ方法ヲ施用スルコトヲ妨ケラルルトキ又ハ主タル原告若クハ被告カ從參加人ノ當時知ラサリシ攻擊及ヒ防禦ノ方法ヲ故意又ハ重過失ニ因リ施用セサリシトキニ限リ其補助シタル原告若クハ被告カ訴訟ヲ不十分ニ爲シタリト主張スルコトヲ得

第五十六條　從參加ハ本訴訟ノ繫屬スル裁判所ニ申請ヲ以テ之ヲ爲ス可シ

申請ニハ當事者及ヒ訴訟ヲ表示シ又一定ノ利害關係及ヒ附隨セントスル陳述ヲ開示ス可シ

申請ハ當事者ニ之ヲ送達ス可シ

從參加ハ故障、異議又ハ上訴ト併合シテ之ヲ爲スコトヲ得

第五十七條　原告若クハ被告カ從參加ニ付キ異議ヲ述フルトキハ當事者及ヒ從參加人ヲ審訊シテ

第二十一條　辯護士又ハ執達吏ノ手數料及ヒ立替金ニ付キ其委任者ニ對スル訴ハ訴訟物ノ價額ノ多寡ニ拘ハラス本訴訟ノ第一審裁判所ニ之ヲ起スコトヲ得

第二十二條　不動産ニ付テハ其所在地ノ裁判所ハ總テ不動産上ノ訴殊ニ本權並ニ占有ノ訴及ヒ分割並ニ經界ノ訴ヲ專ラニ管轄ス

地役ニ付テノ訴ハ承役地所在地ノ裁判所專ラニ之ヲ管轄ス

第二十三條　不動産上ノ裁判籍ニ於テハ債權ノ擔保ヲ爲ス從タル物權ニ基ク不動産上ノ訴ニ附帶シテ同一被告ニ對スル債權ノ訴ヲ起スコトヲ得

不動産上ノ裁判籍ニ於テハ不動産ノ所有者若クハ占有者ニ對スル人權ノ訴又ハ不動産ニ加ヘタル損害ノ訴ヲ起スコトヲ得

第二十四條　相續權、遺贈其他死亡ニ因リテ效果ヲ生スル處分ニ基ク請求ノ訴ハ遺産者死亡ノ時普通裁判籍ヲ有セシ裁判所ニ之ヲ起スコトヲ得

相續裁判籍ニ於テハ遺産債權者ヨリ遺産者又ハ相續人ニ對スル請求ノ訴ヲ起スコトヲ得但遺産ノ全部又ハ一分カ其裁判所ノ管轄區內ニ存在スルトキニ限ル

第二十五條　第二十二條ノ規定ヲ除ク外原告ハ數個ノ管轄裁判所ノ中ニ就キ選擇ヲ爲スコトヲ得

第三節　管轄裁判所ノ指定

第二十六條　管轄裁判所ノ指定ハ裁判所構成法ニ定メタル場合ノ外尙ホ不動産上ノ裁判籍ニ訴ヲ起スヘキ場合ニ於テ不動産カ數個ノ裁判所ノ管轄區內ニ散在スルトキモ亦之ヲ爲ス

第二十七條　管轄裁判所ノ指定ニ付キ申請ヲ爲ス場合及ヒ其決定ヲ爲ス裁判所ハ裁判所構成法第十條ノ規定ニ從フ

第二十八條　管轄裁判所ノ指定ニ付テノ申請ハ書面又ハ口頭ヲ以テ其申請ニ付キ管轄權ヲ有スル

裁判所ニ之ヲ爲スコトヲ得

右裁判所ハ口頭辯論ヲ經スシテ其申請ヲ決定ス

管轄裁判所ヲ定メタル決定ニ對シテハ不服ヲ申立ツルコトヲ得ス

第四節　裁判所ノ管轄ニ付テノ合意

第二十九條　第一審裁判所ハ當然管轄權ヲ有セサルモ當事者ノ合意ニ因リ管轄權ヲ有ス但書面ヲ以テ合意ヲ爲シ且其合意カ一定ノ權利關係及ヒ其權利關係ヨリ生スル訴訟ニ係ルトキニ限ル

第三十條　被告カ管轄違ノ申立ヲ爲サスシテ本案ノ口頭辯論ヲ爲ストキハ亦前條ト同一ノ效力ヲ生ス

第三十一條　左ノ場合ニ於テハ第二十九條及ヒ第三十條ノ規定ヲ適用セス

第一　財産權上ノ請求ニ非サル訴訟ニ係ルトキ

第二　專屬管轄ニ屬スル訴ナルトキ

第五節　裁判所職員ノ除斥及ヒ忌避

第三十二條　判事ハ左ノ場合ニ於テ法律ニ依リ其職務ノ執行ヨリ除斥セラル可シ

第一　判事又ハ其婦カ原告若クハ被告タルトキ又ハ訴訟ニ係ル請求ニ付キ當事者ノ一方若クハ雙方ト共同權利者、共同義務者若クハ償還義務者タル關係ヲ有スルトキ

第二　判事又ハ其婦カ當事者ノ一方若クハ雙方又ハ其配偶者ト親族ナルトキ但姻族ニ付テハ婚姻ノ解除シタルトキト雖モ亦同シ

第三　判事カ同一ノ事件ニ付キ證人若クハ鑑定人ト爲リテ訊問ヲ受ケタルトキ又ハ訴訟代理人タル任ヲ受クルトキ若クハ受ケタルトキ又ハ法律上代理人ト爲ル權利ヲ有スルトキ若クハ之ヲ有シタルトキ

第四　判事カ不服ノ申立アル裁判ヲ前審又ハ仲裁ニ於テ爲スニ當リ判事又ハ仲裁人トシテ干與シタルトキ但此場合ニ於テ判事ハ受命判事又ハ受託判事トシテハ職務ノ執行ヨリ除斥セラルルコト無シ

第三十三條　判事カ法律ニ依リ職務ノ執行ヨリ除斥セラルルトキ及ヒ偏頗ノ恐アルトキハ總テノ場合ニ於テ各當事者ヨリ之ヲ忌避スルコトヲ得

偏頗ノ忌避ハ判事ノ不公平ナル裁判ヲ爲スコトヲ疑フニ足ル可キ事情アルトキ之ヲ爲スコトヲ得

第三十四條　判事カ法律ニ依リ職務ノ執行ヨリ除斥セラルル場合ニ於ケル判事ノ忌避ハ其訴訟ノ如何ナル程度ニ在ルヲ問ハス之ヲ爲スコトヲ得

偏頗ノ恐アル場合ニ於テハ原告若クハ被告其覺知シタル忌避ノ原因ヲ主張セスシテ判事ノ面前ニ於テ申立ヲ爲シ又ハ相手方ノ申立ニ對シ陳述ヲ爲シタル後ハ其判事ヲ忌避スルコトヲ得ス

第三十五條　忌避ノ申請ハ判事所屬ノ裁判所ニ書面又ハ口頭ヲ以テ之ヲ爲スコトヲ得

忌避ノ原因ハ之ヲ疏明スルコトヲ要ス忌避セラレタル判事ノ職務上ノ陳述ハ其疏明ノ用ニ充ツルコトヲ得

原告若クハ被告カ判事ノ面前ニ於テ申立ヲ爲シ又ハ相手方ノ申立ニ對シ陳述ヲ爲シタル後其判事ニ對シ偏頗ノ忌避ヲ爲ストキハ忌避ノ原因其後ニ生シ又ハ之ヲ其後ニ覺知シタルコトヲ疏明ス可シ

第三十六條　忌避セラレタル判事合議裁判所ニ屬スルトキハ其裁判所忌避ノ申請ヲ裁判ス但忌避セラレタル判事ハ其裁判ニ參與スルコトヲ得ス

若シ其裁判所右判事ノ退去ニ因リ決定ヲ爲スコト能ハサルトキハ直近上級ノ裁判所其申請ヲ裁

判ス

區裁判所判事忌避セラレタルトキハ上級ノ地方裁判所其申請ヲ裁判ス若シ區裁判所判事カ忌避ノ申請ヲ正當ナリト爲ストキハ裁判ヲ要セス

第三十七條　忌避ノ申請ニ付テノ裁判ハ口頭辯論ヲ經スシテ之ヲ爲スコトヲ得忌避セラレタル判事ハ先ツ申請ノ理由ニ付キ職務上意見ヲ述フ可シ

第三十八條　忌避ノ申請ヲ正當ナリト宣言スル決定ニ對シテハ上訴ヲ爲スコトヲ得ス其申請ヲ不當ナリト宣言スル決定ニ對シテハ卽時抗告ヲ爲スコトヲ得

第三十九條　忌避セラレタル判事ハ忌避申請ノ完結スルマテ總テノ行爲ヲ避ク可シ然レトモ偏頗ノ爲ニ忌避セラレタル判事ハ猶豫ス可カラサル行爲ヲ爲ス可シ

第四十條　忌避申請ノ管轄裁判所ハ其申請アラサルモ忌避ノ原因タル事情ニ付キ判事ヨリ申出アルトキ又ハ他ノ事由ヨリシテ判事カ法律ニ依リ除斥セラルル疑アルトキモ亦裁判ヲ爲ス

此裁判ハ豫メ當事者ヲ審訊セスシテ之ヲ爲ス又其裁判ハ之ヲ當事者ニ送達スルコトヲ要セス

第四十一條　本節ノ規定ハ裁判所書記ニモ之ヲ準用ス但其裁判ハ書記所屬ノ裁判所之ヲ爲ス

第六節　檢事ノ立會

第四十二條　檢事ハ左ノ訴訟ニ付キ意見ヲ述フル爲メ其口頭辯論ニ立會フ可シ

第一　公ノ法人ニ關スル訴訟

第二　婚姻ニ關スル訴訟

第三　夫婦間ノ財産ニ關スル訴訟

第四　親子若クハ養親子ノ分限其他總テ人ノ分限ニ關スル訴訟

第五　無能力者ニ關スル訴訟

第四款　配當手續　第六百二十六条以下
第二節　不動産ニ對スル强制執行　第六百四十条以下
第一款　通則　第六百四十二条以下
第二款　强制競賣　第七百六条以下
第三款　强制管理　第七百十七条以下
第三節　船舶ニ對スル强制執行　第七百三十条以下
第三章　金錢ノ支拂ヲ目的トセサル債權ニ付テノ强制執行　第七百三十七条以下
第四章　假差押及ヒ假處分　第七百六十四条以下
第七編　公示催告手續　第七百八十六条以下
第八編　仲裁手續

民事訴訟法

第一編　總則

第一章　裁判所

第一節　裁判所ノ事物ノ管轄

第一條　裁判所ノ事物ノ管轄ハ裁判所構成法ノ規定ニ從フ

第二條　訴訟物ノ價額ニ依リ管轄ノ定マルトキハ以下數條ノ規定ニ從フ

第三條　訴訟物ノ價額ハ起訴ノ日時ニ於ケル價額ニ依リ之ヲ算定ス

果實、損害賠償及ヒ訴訟費用ハ法律上相牽連スル主タル請求ニ附帶シ一ノ訴ヲ以テ請求スルトキハ之ヲ算入セス

第四條　一ノ訴ヲ以テ數箇ノ請求ヲ爲ストキハ前條第二項ニ掲クルモノヲ除ク外其額ヲ合算ス

本訴ト反訴トノ訴訟物ノ價額ハ之ヲ合算セス

第五條　訴訟物ノ價額ハ左ノ方法ニ依リ之ヲ定ム

第一　債權ノ擔保又ハ債權ノ擔保ヲ爲ス從タル物權カ訴訟物ナルトキハ其債權ノ額ニ依ル但物權ノ目的物ノ價額寡キトキハ其額ニ依ル

第二　地役カ訴訟物ナルトキハ要役地ノ地役ニ依リ得ル所ノ價額ニ依ル但地役ノ爲メ承役地ノ價額ノ減シタル額カ要役地ノ地役ニ依リ得ル所ノ價額ヨリ多キトキハ其減額ニ依ル

第三　賃貸借又ハ永貸借ノ契約ノ有無又ハ其時期カ訴訟物ナルトキハ爭アル時期ニ當ル借賃ノ額ニ依ル但一个年借賃ノ二十倍ノ額カ右ノ額ヨリ寡キトキハ其二十倍ノ額ニ依ル

第四　定時ノ供給又ハ收益ニ付テノ權利カ訴訟物ナルトキハ一个年收入ノ二十倍ノ額ニ依ル但收入權ノ期限定マリタルモノニ付テハ其將來ノ收入ノ總額カ二十倍ノ額ヨリ寡キトキハ其額ニ依ル

第六條　訴訟物ノ價額ハ必要ナル場合ニ於テハ第三條乃至第五條ノ規定ニ從ヒ裁判所ノ意見ヲ以テ之ヲ定ム

裁判所ハ申立ニ因リ證據調ヲ命シ又ハ職權ヲ以テ檢證若クハ鑑定ヲ命スルコトヲ得

第七條　地方裁判所ノ判決ニ對シテハ其事件カ區裁判所ノ事物ノ管轄ニ屬ス可キ理由ヲ以テ不服ヲ申立ツルコトヲ得ス

第八條　事物ノ管轄ニ付キ區裁判所又ハ地方裁判所カ管轄違ナリト宣言シ其裁判確定シタルトキハ此裁判ハ後ニ其事件ノ繫屬ス可キ裁判所ヲ羈束ス

第九條　地方裁判所カ事物ノ管轄違ナリトシテ訴ヲ却下スルトキハ原告ノ申立ニ因リ同時ニ判決ヲ以テ原告ノ指定シタル自己ノ管轄内ノ區裁判所ニ其訴訟ヲ移送ス可シ

區裁判所カ事物ノ管轄違ナリトシテ訴ヲ却下スルトキハ同時ニ判決ヲ以テ其訴訟ヲ所屬ノ地方裁判所ニ移送ス可シ

移送ノ申立ハ判決ニ接著スル口頭辯論ノ終結前ニ之ヲ爲ス可シ

移送言渡ノ判決確定シタルトキハ其訴訟ハ移送ヲ受ケタル裁判所ニ繫屬スルモノト看做ス

第二節　裁判所ノ土地ノ管轄（裁判籍）

第十條　人ノ普通裁判籍ハ其住所ニ依リテ定マル

普通裁判籍アル地ノ裁判所ハ其人ニ對スル總テノ訴ニ付キ管轄ヲ有ス但訴ニ付キ專屬裁判籍ヲ定メサル場合ニ限ル

第十一條　軍人、軍屬ハ裁判籍ニ付テハ兵營地若クハ軍艦定繫所ヲ以テ住所トス但此規定ハ豫備、後備ノ軍籍ニ在ル者及ヒ兵役義務履行ノ爲メノミニ服役スル軍人、軍屬ニ之ヲ適用セス

第十二條　外國ニ在ル本邦ノ公使及ヒ公使館ノ官吏竝ニ其家族、從者ノ裁判籍上ノ住所ハ本邦ニ於テ本人ノ最後ニ有セシ住所ナリトス此住所ナキモノニ付テハ司法大臣ノ命令ヲ以テ豫メ定ムル東京内ノ區ヲ以テ其住所ナリトス

第十三條　内國ニ住所ヲ有セサル者ノ普通裁判籍ハ本人ノ現在地ニ依リテ定マル若シ其現在地ノ知レサルカ又ハ外國ニ在ルトキハ其最後ニ有セシ内國ノ住所ニ依リテ定マル

然レトモ外國ニ住所ヲ有スル者ニ對シテハ内國ニ於テ生シタル權利關係ニ限リ前項ノ裁判籍ニ於テ訴ヲ起スコトヲ得

第十四條　國ノ普通裁判籍ハ訴訟ニ付キ國ヲ代表スル官廳ノ所在地ニ依リテ定マル但訴訟ニ付キ國ヲ代表スルニ付テノ規定ハ勅令ヲ以テ之ヲ定ム

公又ハ私ノ法人及ヒ其資格ニ於テ訴ヘラルルコトヲ得ル會社其他ノ社團又ハ財團等ノ普通裁判

籍ハ其所在地ニ依リテ定マル此所在地ハ別段ノ定ナキトキハ事務所所在ノ地トス若シ事務所ナキトキ又ハ數所ニ於テ事務ヲ取扱フトキハ其首長又ハ事務擔當者ノ住所ヲ以テ事務所ト看做ス

第十五條　生徒、雇人、營業使用人、職工、習業者其他性質上一定ノ地ニ永ク寓在ス可キ者ニ對スル財産權上ノ請求ニ付テノ訴ハ其現在地ノ裁判所ニ之ヲ起スコトヲ得

兵役義務履行ノ爲メノミニ服役スル軍人、軍屬ニ對シテハ其兵營地若クハ軍艦定繫所ノ裁判所ニ前項ノ訴ヲ起スコトヲ得

第十六條　製造、商業其他ノ營業ニ付キ直接ニ取引ヲ爲ス店舖ヲ有スル者ニ對シテハ其店舖所在地ノ裁判所ニ營業上ニ關スル訴ヲ起スコトヲ得

前項ノ裁判籍ハ住家及ヒ農業用建物アル地所ヲ利用スル所有者、用益者又ハ賃借人ニ對スル訴ニ付テモ亦之ヲ適用ス但此訴カ地所ノ利用ニ付テノ權利關係ヲ有スルトキニ限ル

第十七條　内國ニ住所ヲ有セサル債務者ニ對スル財産權上ノ請求ニ付テノ訴ハ其財産又ハ訴ヲ爲シテ請求スル物ノ所在地ノ裁判所ニ之ヲ起スコトヲ得債權ニ付テハ債務者（第三債務者）ノ住所ヲ以テ其財産ノ所在地トス又債權ニ付キ物カ擔保ノ責ヲ負フトキハ其物ノ所在地ヲ以テ財産ノ所在地トス

第十八條　契約ノ成立若クハ不成立ノ確定又ハ其履行若クハ不履行若クハ不十分ノ履行ニ關スル賠償ノ訴ハ其訴訟ニ係ル義務ヲ履行ス可キ地ノ裁判所ニ之ヲ起スコトヲ得

第十九條　會社其他ノ社團ヨリ社員ニ對シ又ハ社員ヨリ社員ニ對シ其社員タル資格ニ基ク請求ノ訴ハ其會社其他ノ社團ノ普通裁判籍アル地ノ裁判所ニ之ヲ起スコトヲ得

第二十條　不正ノ損害ノ訴ハ責任者ニ對シ其行爲ノ有リタル地ノ裁判所ニ之ヲ起スコトヲ得

〈法規20〉

民事訴訟法

返還ノ證ヲ提示スル義務ヲ免除セラル

第百六十三條　本章ニ規定シタル時效ハ當事者ノ間ニ明確ナル計算書、數額ヲ記載シタル債務ノ追認書又ハ債務者ニ對スル判決書アルトキハ之ヲ適用スルコトヲ得ス此場合ニ於テハ時效ハ三十个年トス

附則

第百六十四條　本法實施ノ當時ニ於テ進行中ナル時效ハ上ニ定メタル條件、禁止、中斷及ヒ停止ニ從フ

其期間ニ關シテハ舊時效カ新時效ヨリ一層長キ期間ヲ要スル場合ニ於テハ占有者又ハ債務者ハ本法實施ノ時ヨリ算シテ舊時效ノ經過ス可キ殘期カ新時效ノ期間ヨリ短キトキハ舊時效ヲ利スルコトヲ得

新時效ヨリ一層短キ期間ノ舊時效ニ關シテハ其期間ハ本法ニ定メタルモノニ等シキ期間ニ達スル樣之ヲ延長ス可シ

○

朕民事訴訟法ヲ裁可シ之ヲ公布セシム此法律ハ明治二十四年一月一日ヨリ施行スヘキコトヲ命ス

御名御璽

明治二十三年三月二十七日

内閣總理大臣兼内務大臣伯爵山縣有朋
海軍大臣伯爵西郷從道

司法大臣伯爵山田顯義
大藏大臣伯爵松方正義
陸軍大臣伯爵大山巖
文部大臣子爵榎本武揚
遞信大臣伯爵後藤象二郎
外務大臣子爵青木周藏
農商務大臣岩村通俊

法律第二十九號

民事訴訟法目錄

與スルコトヲ得サル場合ニ於テ之ニ代リ審問及裁判ヲ完結スルノ權ヲ有ス

第百二十一條 判事ノ評議ハ之ヲ公行セス但シ豫備判事及試補ノ傍聽ヲ許スコトヲ得

判事ノ評議ハ其ノ裁判長之ヲ開キ且之ヲ整理ス其ノ評議ノ顛末竝ニ各判事ノ意見及多少ノ數ニ付テハ嚴ニ祕密ヲ守ルコトヲ要ス

第百二十二條 評議ノ際各判事意見ヲ述フルノ順序ハ官等ノ最モ低キ者ヲ始トシ裁判長ヲ終トス官等同キトキハ年少ノ者ヲ始トシ受命ノ事件ニ付テハ受命判事ヲ始トス

第百二十三條 裁判ハ過半數ノ意見ニ依ル

金額ニ付判事ノ意見三說以上ニ分レ其ノ說各〻過半數ニ至ラサルトキハ過半數ニ至ルマテ最多額ノ意見ヨリ順次寡額ニ合算ス

刑事ニ付其ノ意見三說以上ニ分レ各〻過半數ニ至ラサルトキハ過半數ニ至ルマテ被告人ニ不利ナル意見ヨリ順次利益ナル意見ニ合算ス

第百二十四條 判事ハ裁判スヘキ問題ニ付自己ノ意見ヲ表スルコトヲ拒ムコトヲ得ス

第四章 裁判所及檢事局ノ事務章程

第百二十五條 裁判所及檢事局ノ標準ト爲スヘキ規則ハ司法大臣之ヲ定ム

控訴院長及檢事長ハ前項ノ規則ニ依リ各自管轄區域內ノ裁判所及檢事局ニ對シテ事務ノ一般ノ取扱ニ關リ成ルヘク統一ヲ旨トシ殊ニ裁判所及檢事局ノ開廳時間及開廷ノ時日ニ付訓令ヲ發ス

大審院ハ自ラ其ノ事務章程ヲ定ム但シ之ヲ實施スル前司法大臣ノ認可ヲ受ク

第五章 司法年度及休暇

第百二十六條 司法年度ハ一月一日ニ始マリ十二月三十一日ニ終ハル

第百二十七條 裁判所ノ休暇ハ七月十一日ニ始マリ九月十日ニ終ハル

第百二十八條 休暇中ハ左ノ事件ノ外既ニ著手シタル民事訴訟ヲ中止ス且新ナル訴訟ニ著手セス

第一 爲替手形若ハ約束手形其ノ他ノ流通證書ニ關ル請求

第二 船舶又ハ運送賃又ハ積荷ニ對スル請求

第三 財產差押事件

第四 住家其ノ他ノ建物又ハ其ノ或ル部分ノ受取明渡使用占據若ハ修繕ニ關リ又ハ賃借人ノ家具若ハ所持品ヲ賃貸人ノ差押ヘタルコトニ關リ賃貸人ト賃借人トノ間ニ起リタル訴訟

第五 養料ノ請求

第六 保證ヲ出サシムルノ請求

第七 取掛リタル建築ノ繼續ニ關ル事件

第八 前數項ニ掲ケタルモノヲ除ク外區裁判所ノ判事ニ於テ又ハ民事訴訟法ノ定ムル所ニ從ヒ休暇部若ハ休暇部長ニ於テ直ニ著手スヘキ緊急ノモノト認メタル請求若ハ事件

第百二十九條 休暇中ニ拘ラス刑事訴訟非訟事件判決執行破產事件竝ニ民事訴訟法ニ依リ略式ヲ以テ取扱フコトヲ得ヘキ訴訟ハ之ヲ停止スルコトナシ

第百三十條 合議裁判所ニ於テハ休暇中事務取扱ノ爲休暇部ト稱スル一若ハ二以上ノ部ヲ設ク休暇部ノ組立ハ休暇ノ始マル前裁判所長之ヲ定ム第二十三條ハ此ノ部ニモ亦之ヲ適用ス

二人以上ノ判事ヲ置キタル區裁判所ノ休暇事務取扱方法ハ監督判事之ヲ定ム

第六章 法律上ノ共助

第百三十一條 裁判所ハ訴訟法又ハ特別法ノ定ムル所ニ依リ互ニ法律上ノ輔助ヲ爲ス

法律上ノ輔助ハ別ニ法律ニ定メタル場合ノ外ハ所要ノ事務ヲ取扱フヘキ地ノ區裁判所ニ於テ之

ヲ爲ス

第百三十二條 檢事局モ亦各自ノ管轄區域內ニ於テ取扱フヘキ事務ニ付互ニ法律上ノ輔助ヲ爲ス

第百三十三條 裁判所書記課モ亦其ノ權內ノ事件又ハ其ノ配下ノ執達吏ノ權內ノ事件ニ付互ニ法律上ノ輔助ヲ爲ス

第四編 司法行政ノ職務及監督權

第百三十四條 合議裁判所長區裁判所ノ判事若ハ監督判事檢事總長檢事長檢事正ハ司法大臣ノ由テ以テ司法行政ノ職務ヲ行フノ官吏トス

第百三十五條 司法行政監督權ノ施行ハ左ノ規程ニ依ル

第一 司法大臣ハ各裁判所及各檢事局ヲ監督ス

第二 大審院長ハ大審院ヲ監督ス

第三 控訴院長ハ其ノ控訴院及其ノ管轄區域內ノ下級裁判所ヲ監督ス

第四 地方裁判所長ハ其ノ裁判所若ハ其ノ支部及其ノ管轄區域內ノ區裁判所ヲ監督ス

第五 區裁判所ノ一人ノ判事若ハ監督判事ハ其ノ裁判所所屬ノ書記及執達吏ヲ監督ス

第六 檢事總長ハ其ノ檢事局及下級檢事局ヲ監督ス

第七 檢事長ハ其ノ檢事局及其ノ局ノ附置セラレタル控訴院管轄區域內ノ檢事局ヲ監督ス

第八 檢事正ハ其ノ檢事局及其ノ局ノ附置セラレタル地方裁判所管轄區域內ノ檢事局ヲ監督ス

第百三十六條 前條ニ掲ケタル監督權ハ左ノ事項ヲ包含ス

第一 官吏不適當又ハ不充分ニ取扱ヒタル事務ニ付其ノ注意ヲ促シ竝ニ適當ニ其ノ事務ヲ取扱フコトヲ之ニ訓令スル事

第二 官吏ノ職務上ト否トニ拘ラス其ノ地位ニ不相應ナル行狀ニ付之ニ諭告スル事

但シ此ノ諭告ヲ爲ス前其ノ官吏ヲシテ辯明ヲ爲スコトヲ得セシムヘシ

第百三十七條 第十八條及第八十四條ニ掲ケタル官吏ハ第百三十五條ニ依リ行フヘキ監督ヲ受クルノ官吏中ニ之ヲ包含ス

第百三十八條 裁判所若ハ檢事局ノ官吏ニシテ適當ニ其ノ職務ヲ行ハサル者又ハ其ノ行狀其ノ地位ニ不相應ナル者ニ付第百三十六條ヲ適用スルコト能ハサルトキハ懲戒法ニ從ヒ之ヲ訴追ス

第百三十九條 前數條ニ掲ケタル司法行政ノ職務及監督權ハ判事若ハ檢事其ノ官吏タルノ資格又ハ其ノ他ノ資格ヲ以テ爲シタル事ニ對シテ起リタル請求ニ付其ノ請求ヲ滿足セシムル爲之ヲ執行スルコトヲ得ス

第百四十條 司法事務取扱ノ方法ニ對スル抗告殊ニ或ル事務ノ取扱方ニ對シ又ハ取扱ノ延滯若ハ拒絕ニ對スル抗告ハ此ノ編ニ掲ケタル司法行政ノ職務及監督權ニ依リ之ヲ處分ス

第百四十一條 裁判所及檢事局ハ司法大臣又ハ監督權アル判事若ハ檢事ノ要求アルトキハ法律上ノ事項又ハ司法行政ニ關ル事項ニ付意見ヲ述フ

第百四十二條 司法官廳ニ對シテ起リタル民事ノ訴訟ニ於テハ其ノ訴訟ヲ受ケタル裁判所ノ檢事局ハ司法官廳ヲ代表ス

第百四十三條 此ノ編ニ掲ケタル前各條ノ規程ハ裁判上執務スル判事ノ裁判權ニ影響ヲ及ホシ又ハ之ヲ制限スルコトナシ

附則

第百四十四條 此ノ法律ノ施行ニ關ル規程竝ニ從來ノ法律ニシテ此ノ法律ニ牴觸スト雖モ當分ノ內仍ホ效力ヲ有セシムルモノハ別ニ法律ヲ以テ之ヲ定ム

前項ノ場合ニ於テ職務上署名ヲ要スルトキハ特別ノ許可ヲ得テ署名スル旨ヲ記ス

第九十三條　豫備書記ハ事務ノ取扱ニ於テハ書記ニ同シ但シ書記規則中ニ制限ヲ設ケタルモノハ此ノ限ニ在ラス

第五章　執達吏

第九十四條　各區裁判所ニ第九條ニ從ヒ相應ナル員數ノ執達吏ヲ置ク

第九十五條　執達吏ハ司法大臣之ヲ任シ及之ヲ補ス司法大臣ハ控訴院長ニ其ノ管轄區域内ノ裁判所ノ執達吏ヲ任シ及補スルノ權ヲ委任スルコトヲ得

執達吏ニ任セラルヽニ必要ナル資格竝ニ試驗ニ關ル規則ハ司法大臣之ヲ定ム

第九十六條　執達吏ハ手數料ヲ受ク其ノ手數料一定ノ額ニ達セサルトキ補助金ヲ受ク

第九十七條　執達吏ハ其ノ所屬區裁判所ヲ管轄スル地方裁判所管轄區域内ノ何レノ場所ニ於テモ其ノ職務ヲ行フ

第九十八條　裁判所ヨリ發スル文書ニシテ送達ヲ要スルモノハ執達吏ヲ以テ之ヲ送達ス但シ書記ヨリ直接ニ若ハ郵便ヲ以テ送達スルコトヲ法律ノ許ス場合ハ此ノ限ニ在ラス

執達吏ハ刑事ニ付警察官ヲ以テ執行ヲ爲サヽル場合ニ限リ裁判所ノ裁判ヲ執行ス

前二項ニ掲ケタルモノヲ除ク外執達吏ノ權限ハ訴訟法又ハ特別法ノ定ムル所ニ依ル

第九十九條　執達吏ハ其ノ職務ヲ適實ニ行フ爲保證金ヲ出スコトヲ要ス

執達吏ノ職務細則竝ニ保證金ニ關ル規則ハ司法大臣之ヲ定ム

第百條　執達吏ハ其ノ所屬裁判所ノ上官ノ命ヲ受ケタル書記及其ノ裁判所ヲ管轄スル地方裁判所ノ上官ノ命ヲ受ケタル書記及其ノ書記ノ上官ノ命令ニ從フ

第六章　廷丁

第百一條　廷丁ハ大審院控訴院及地方裁判所ニ於テハ裁判所長區裁判所ニ於テハ地方裁判所長之ヲ雇ヒ及其ノ雇ヲ解ク

第百二條　廷丁ハ開廷ニ出頭セシメ及司法大臣ノ發シタル一般ノ規則中ニ定メタル事務ヲ取扱ハシム

區裁判所ハ執達吏ヲ用ヰルコト能ハサルトキハ其ノ裁判所所在地ニ於テ書類ヲ送達スル爲廷丁ヲ用ヰルコトヲ得

第三編　司法事務ノ取扱

第一章　開廷

第百三條　開廷ハ裁判所又ハ支部ニ於テ之ヲ爲ス

司法大臣ニ於テ事情ニ因リ必要ナリト認ムルトキハ區裁判所ヲシテ其ノ管轄區域内ノ一定ノ場所ニ於テ職務ヲ行ハシムルコトヲ得

第百四條　訴訟審問ノ上席及指揮ハ合議裁判所ニ於テハ開廷ヲ爲シタル裁判長ニ屬シ區裁判所ニ於テハ開廷ヲ爲シタル判事ニ屬ス

裁判長ニ屬スル權ハ裁判上一人ニテ執務スル判事ニモ亦屬ス

第百五條　裁判所ニ於テ對審ノ公開ヲ停ムルノ決議ヲ爲シタルトキハ其ノ決議ハ其ノ理由ト共ニ公衆ヲ退カシムル前之ヲ言渡ス此ノ場合ニ於テ裁判所ノ判決ヲ言渡ストキハ再ヒ公衆ヲ入廷セシムヘシ

第百六條　裁判長ハ公開ヲ停メタルトキモ入廷ノ特許ヲ與フルコトヲ至當ト認ムル者ヲ入廷セシムルノ權ヲ有ス

第百七條　裁判長ハ婦女兒童及相當ナル衣服ヲ著セサル者ヲ法廷ヨリ退カシムルコトヲ得其ノ理

由ハ之ヲ訴訟ノ記錄ニ記入ス

第百八條　開廷中秩序ノ維持ハ裁判長ニ屬ス

第百九條　裁判長ハ審問ヲ妨クル者又ハ不當ノ行狀ヲ爲ス者ヲ法廷ヨリ退カシムルノ權ヲ有ス

前項ニ掲ケタル違犯者ノ行狀ニ因リ之ヲ勾引シ閉廷ノトキマテ之ヲ勾留スルノ必要アリト認ムルトキ裁判長ハ之ヲ命令スルノ權ヲ有ス閉廷ノトキ裁判所ハ之ヲ釋放スルコトヲ命シ又ハ五圓以下ノ罰金若ハ五日以內ノ拘留ニ處スルコトヲ得

此ノ處罰ニ對シテハ上告ヲ許シ控訴ヲ許サス且其ノ所爲ノ輕罪若ハ重罪ニ該ルヘキモノナルトキハ之ニ對シテ刑事訴追ヲ爲スコトヲ得

第百十條　前條ノ規程ハ左ノ變更ヲ以テ當事者證人及鑑定人ニモ亦之ヲ適用ス

第一　裁判所ハ閉廷ヲ待タスシテ本條ノ違犯者ヲ卽時ニ罰スルコトヲ得

第二　違犯者原告ナルトキハ裁判所ハ處罰ノ上仍本人宥恕ヲ請フカ又ハ恭順ヲ表シテ不敬ノ罪ヲ謝スルマテ其ノ審問ヲ中止スルコトヲ得

第百十一條　裁判長ハ不當ノ言辭ヲ用ヰル辯護士ニ對シ同事件ニ付引續キ陳述スルノ權ヲ行フコトヲ禁スルコトヲ得其ノ禁止ハ此ノ行狀ニ付懲戒上ノ訴追ヲ爲スコトヲ妨ケス

第百十二條　裁判所ノ開廷中秩序ヲ維持スル爲第百九條第百十條及第百十一條ヲ以テ與ヘタル權ハ豫審判事又ハ受命判事又ハ法律ニ從ヒ其ノ職務ヲ行フ試補モ亦之ヲ行フコトヲ得

此ノ場合ニ於テノ異議ハ二十四時以內ニ其ノ判事又ハ試補ニ之ヲ申出ルコトヲ得

豫審判事又ハ其ノ命ヲ受ケタル試補ノ命令ヲ爲シタル場合ニ於テハ其ノ判事ノ屬スル裁判所ノ刑事部若ハ刑事支部ニ於テ前項ノ異議ヲ裁判ス受命判事又ハ其ノ命ヲ受ケタル試補ノ命令ヲ爲シタル場合ニ於テハ其ノ判事ニ命シタル裁判所ニ於テ之ヲ裁判ス

第百十三條　第百九條第百十條第百十一條及第百十二條ヲ以テ與ヘタル權ヲ行ヒタルトキハ訴訟ノ記錄ニ之ヲ記入シ及其ノ理由ヲ記ス

前項ノ場合ニ於テ其ノ所爲ノ重罪若ハ輕罪ニ該ルヘキモノナルカ又ハ懲戒上罰スヘキモノナルトキハ詳細ニ之ヲ記入シ裁判長ハ其ノ事件ヲ更ニ處分スルノ權アル官廳ニ報告ヲ爲ス

第百十四條　判事檢事及裁判所書記ハ公開シタル法廷ニ於テハ一定ノ制服ヲ著ス

前項ノ開廷ニ於テ審問ニ參與スル辯護士モ亦一定ノ職服ヲ著スルコトヲ要ス

第二章　裁判所ノ用語

第百十五條　裁判所ニ於テハ日本語ヲ用ウ

當事者證人又ハ鑑定人ノ中日本語ニ通セサル者アルトキハ訴訟法又ハ特別法ニ通事ヲ用ヰルコトヲ要スル場合ニ於テ之ヲ用ウ

第百十六條　通事ノ任命及使用竝ニ訴訟手續上其ノ行フヘキ職務ニ關ル規則ハ司法大臣之ヲ定ム

第百十七條　通事ノ得難キ場合ニ於テ書記其ノ言辭ニ通スルトキハ裁判長ノ承諾ヲ得テ通事ニ用ヰラルヽコトヲ得

第百十八條　外國人ノ當事者タル訴訟ニ關係ヲ有スル者及其ノ訴訟ノ審問ニ參與スル官吏ノ或ル外國語ニ通スル場合ニ於テ裁判長便利ト認ムルトキハ其ノ外國語ヲ以テ口頭審問ヲ爲スコトヲ得但シ其ノ審問ノ公正記錄ハ日本語ヲ以テ之ヲ作ル

第三章　裁判ノ評議及言渡

第百十九條　合議裁判所ノ裁判ハ此ノ法律ニ從ヒ定數ノ判事之ヲ評議シ及之ヲ言渡ス

第百二十條　四日以上引續クヘキ見込アル刑事ノ審問ニ於テ裁判所長ハ補充判事一人ヲ命シ之ニ立會ハシムルコトヲ得此ノ補充判事ハ其ノ審問中或ル判事ノ疾病其ノ他ノ事故ニ因リ引續キ參

司法大臣ハ區裁判所又ハ地方裁判所ノ判事又ハ其ノ檢事局ノ檢事ニ一時闕位アル間ハ此ノ法律ノ範圍內ニ於テ豫備判事又ハ豫備檢事ヲ以テ之ヲ充タスコトヲ得

第六十五條　三年以上帝國大學法科敎授若ハ辯護士タル者ハ此ノ章ニ揭ケタル試驗ヲ經スシテ判事又ハ檢事ニ任セラルヽコトヲ得

帝國大學法科卒業生ハ第一回試驗ヲ經スシテ試補ヲ命セラルヽコトヲ得

第六十六條　左ニ揭ケタル者ハ判事又ハ檢事ニ任セラルヽコトヲ得ス

第一　重罪ヲ犯シタル者但シ國事犯ニシテ復權シタル者ハ此ノ限ニ在ラス

第二　定役ニ服スヘキ輕罪ヲ犯シタル者

第三　身代限ノ處分ヲ受ケ負債ノ義務ヲ免レサル者

第二章　判事

第六十七條　判事ハ勅任又ハ奏任トシ其ノ任官ヲ終身トス

第六十八條　大審院長ハ勅任判事ノ中ヨリ天皇之ヲ補シ各控訴院長及大審院ノ部長ハ司法大臣ノ上奏ニ因リ勅任判事ノ中ヨリ之ヲ補ス其ノ他ノ判事ノ職ハ司法大臣之ヲ補ス

第六十九條　五年以上判事タル者又ハ五年以上檢事帝國大學法科敎授若ハ辯護士ニシテ判事ニ任セラレシ者ニ非サレハ控訴院判事ニ補セラルヽコトヲ得ス

第七十條　十年以上判事タル者又ハ十年以上檢事帝國大學法科敎授若ハ辯護士ニシテ判事ニ任セラレシ者ニ非サレハ大審院判事ニ補セラルヽコトヲ得ス

第七十一條　第六十九條及第七十條ニ揭ケタル年限ヲ算フルニハ補職ノ時マテ各〻其ノ條ニ列記シタル職務ノ一ノミニ引續キ從事シタルコトヲ必要トセス

第七十二條　判事ハ在職中左ノ諸件ヲ爲スコトヲ得ス

第一　公然政事ニ關係スル事

第二　政黨ノ黨員又ハ政社ノ社員トナリ又ハ府縣郡市町村ノ議會ノ議員トナル事

第三　俸給アル又ハ金錢ノ利益ヲ目的トスル公務ニ就ク事

第四　商業ヲ營ミ又ハ其ノ他行政上ノ命令ヲ以テ禁シタル業務ヲ營ム事

第七十三條　第七十四條及第七十五條ノ場合ヲ除ク外判事ハ刑法ノ宣告又ハ懲戒ノ處分ニ由ルニ非サレハ其ノ意ニ反シテ轉官轉所停職免職又ハ減俸セラルヽコトナシ但シ豫備判事タルトキ及補闕ノ必要ナル場合ニ於テ轉所ヲ命セラルヽハ此ノ限ニ在ラス

前項ハ懲戒取調又ハ刑事訴追ノ始若ハ其ノ間ニ於テ法律ノ許ス停職ニ關係アルコトナシ

第七十四條　判事身體若ハ精神ノ衰弱ニ因リ職務ヲ執ルコト能ハサルニ至リタルトキハ司法大臣ハ控訴院又ハ大審院ノ總會ノ決議ニ依リ之ニ退職ヲ命スルコトヲ得

第七十五條　法律ヲ以テ裁判所ノ組織ヲ變更シ又ハ之ヲ廢シタル場合ニ於テ其ノ判事ヲ補スヘキ闕位ナキトキハ司法大臣ハ之ニ俸給ノ半額ヲ給シテ闕位ヲ待タシムルノ權ヲ有ス

第七十六條　判事ノ官等俸給及進級ニ關ル規程ハ勅令ノ定ムル所ニ依ル

第七十七條　判事ハ退職シタルトキハ恩給法ニ依リ恩給ヲ受ク

第七十八條　判事ノ俸給ハ判事ニ對シ懲戒取調又ハ刑事訴追ヲ始メタルカ故ニ停職シタルニ拘ラス引續キ之ヲ給ス

第三章　檢事

第七十九條　檢事ハ勅任又ハ奏任トス

第七十六條及第七十七條ハ檢事ニモ亦之ヲ適用ス

檢事總長及檢事長ノ職ハ司法大臣ノ上奏ニ因リ勅任檢事ノ中ヨリ之ヲ補ス其ノ他ノ檢事ノ職ハ

司法大臣之ヲ補ス

第八十條　檢事ハ刑法ノ宣告又ハ懲戒ノ處分ニ由ルニ非サレハ其ノ意ニ反シテ之ヲ免職スルコトナシ

第八十一條　檢事ハ如何ナル方法ヲ以テスルモ判事ノ裁判事務ニ干涉シ又ハ裁判事務ヲ取扱フコトヲ得ス

第八十二條　檢事ハ其ノ上官ノ命令ニ從フ

第八十三條　檢事總長檢事長及檢事正ハ其ノ各管轄區域內ノ裁判所ノ檢事ノ職務ノ範圍內ニ在ル事務ヲ自ラ取扱フノ權ヲ有ス

檢事總長檢事長及檢事正ハ其ノ管轄區域內ニ於テ或ル檢事ノ取扱フヘキ事務ヲ他ノ檢事ニ移スノ權ヲ有ス

第八十四條　司法警察官ハ檢事ノ職務上其ノ檢事局管轄區域內ニ於テ發シタル命令及其ノ檢事ノ上官ノ發シタル命令ニ從フ

司法省又ハ檢事局及內務省又ハ地方官廳ハ協議シテ警察官中各裁判所ノ管轄區域內ニ於テ司法警察官トシテ勤務シ前項ノ命令ヲ受ケ及之ヲ執行スル者ヲ定ム

第四章　裁判所書記

第八十五條　裁判所ニ第八條ニ從ヒ相應ナル員數ノ書記ヲ置ク

區裁判所ノ各判事及合議裁判所ノ各部ノ爲少クトモ一人ノ書記ヲ置ク

第八十六條　地方裁判所ノ書記課ニ監督書記ヲ置ク控訴院及大審院ノ書記課ニ書記長ヲ置ク

區裁判所及檢事局ノ書記課ニ二人以上ノ書記ヲ置キタルトキハ其ノ一人ヲ監督書記トス

監督書記及書記長ハ各〻其ノ上官ノ命令ニ服從シテ書記課ノ事務ヲ指揮監督ス

第八十七條　書記其ノ職務ノ範圍內ニ於テ取扱ヒタル事ハ既ニ定マリタル務事分配上其ノ事他ノ書記ニ屬シタリトノ事實ノミニ因リ其ノ効力ヲ失フコトナシ

第八十八條　書記ハ司法大臣之ヲ任シ及之ヲ補ス

書記長ハ奏任トス

書記長ノ職ハ司法大臣之ヲ補ス

第八十九條　書記ニ任セラルヽニハ勅令ノ定ムル所ニ依リ試驗ヲ經ルコトヲ要ス

志願者前項ノ試驗ヲ受ケ得ルニ必要ナル資格竝ニ此ノ試驗及試驗ヲ經タル後爲スヘキ修習ニ關スル細則ハ裁判所書記登用試驗規則中ニ司法大臣之ヲ定ム

第九十條　書記ニ任セラレタル者闕位ナキ間ハ豫備書記ニ補ス

豫備書記ハ書記トシテ臨時勤務ヲ命セラルヽコトヲ得

第九十一條　書記ハ其ノ上官ノ命令ニ從フ

裁判所ノ開廷ニ於テハ裁判長ノ命令ニ從ヒ又判事一人ナルトキハ其ノ判事ノ命令ニ從フ

書記ハ檢事局ニ勤務スルトキ又ハ特別ノ事務ニ付判事若ハ檢事ニ附屬シタルトキモ亦其ノ檢事局又ハ判事若ハ檢事ノ命令ニ從フ

前二項ノ命令ニシテ口述ノ書取ニ關ルカ又ハ書類記錄ノ調製若ハ變更ニ關ル場合ニ於テ其ノ調製若ハ變更ヲ正當ナラスト認ムルトキ書記ハ自己ノ意見ヲ記シテ之ニ添フルコトヲ得

前四項ニ揭ケタルモノヲ除ク外書記ノ職務及其ノ事務取扱方法ハ書記ニ關ル規則中ニ司法大臣之ヲ定ム

第九十二條　合議裁判所長又ハ區裁判所ノ判事若ハ監督判事ハ其ノ裁判所ニ於テ修習中ノ試補ニ書記ノ事務ヲ臨時取扱ハシムルコトヲ得

テタル部ニ於テ之ヲ審問裁判ス其ノ五人ノ判事中一人ヲ裁判長トス其ノ他ノ事件ハ訴訟法ノ定ムル所ニ從ヒ判事之ヲ取扱フ

第四十一條　第三十八條ノ場合ニ於テ第一審ハ五人ノ判事ヲ以テ組立テタル部ニ於テ審問裁判シ第二審ハ特ニ七人ノ判事ヲ以テ組立テタル部ニ於テ審問裁判ス其ノ五人又ハ七人ノ判事中一人ヲ裁判長トス

第四十二條　各控訴院ノ檢事局ニ檢事長ヲ置ク

檢事長竝ニ其ノ他ノ檢事ノ職權ニ付テハ第三十三條ヲ適用ス

第五章　大審院

第四十三條　大審院ヲ最高裁判所トス

大審院ニ一若ハ二以上ノ民事部及刑事部ヲ設ク

第四十四條　大審院ニ大審院長ヲ置ク

大審院長ハ大審院ノ一般ノ事務ヲ指揮シ其ノ行政事務ヲ監督ス

大審院ノ各部ニ部長ヲ置ク部長ハ部ノ事務ヲ監督シ其ノ分配ヲ定ム

第四十五條　大審院ノ事務ノ分配竝ニ代理ノ順序ハ毎年部長ト協議シ大審院長前以テ之ヲ定ム

大審院長ハ次年自ラ上席セントスル部ヲ指定スヘシ

大審院ノ判事差支ノ爲或ル事件ヲ取扱フコトヲ得ス且同院ノ判事中其ノ代理ヲ爲シ得ヘキ者ナキ場合ニ於テ其ノ事件緊急ナリト認ムルトキハ之ヲ代理スル判事ヲ出スヘキ旨ヲ大審院長ヨリ其ノ所在地ノ控訴院長ニ通知シ其ノ控訴院ノ判事ヲシテ代理ヲ爲サシムルコトヲ得

第四十六條　大審院長ハ何時ニテモ部長若ハ部員ノ承諾ヲ得テ之ヲ他ノ部ニ轉セシムルコトヲ得

第四十七條　大審院ニ於テ一タヒ定マリタル部ノ組立ヲ變更シタルトキハ現ニ取扱中ノ事務ニ付

テハ第二十三條ヲ適用ス

司法年度中事務分配ノ變更ニ付テハ第二十四條ヲ適用ス

第四十八條　大審院ニ於テ裁判ヲ爲スニ當リ法律ノ點ニ付テ表シタル意見ハ其ノ訴訟一切ノ事ニ付下級裁判所ヲ羈束ス

第四十九條　大審院ノ或ル部ニ於テ上告ヲ審問シタル後法律ノ同一ノ點ニ付曾テ一若ハ二以上ノ部ニ於テ爲シタル判決ト相反スル意見アルトキハ其ノ部ハ之ヲ大審院長ニ報告シ大審院長ハ其ノ報告ニ因リ事件ノ性質ニ從ヒ民事ノ總部若ハ刑事ノ總部又ハ民事及刑事ノ總部ヲ聯合シテ之ヲ再ヒ審問シ及裁判スルコトヲ命ス

第五十條　大審院ハ左ノ事項ニ付裁判權ヲ有ス

第一　終審トシテ

（イ）　第三十七條第二ニ依リ爲シタル判決及第三十八條ノ第一審ノ判決ニ非サル控訴院ノ判決ニ對スル上告

（ロ）　控訴院ノ決定及命令ニ對スル法律ニ定メタル抗告

第二　第一審ニシテ終審トシテ

刑法第二編第一章及第二章ニ掲ケタル重罪竝ニ皇族ノ犯シタル罪ニシテ禁錮又ハ更ニ重キ刑ニ處スヘキモノヽ豫審及裁判

第五十一條　前條第二ニ掲ケタル事件ニ付大審院ハ必要ナリト認ムルトキハ事件ノ審問裁判ヲ爲ス爲控訴院若ハ地方裁判所ニ於テ法廷ヲ開クコトヲ得

此ノ場合ニ於テハ控訴院判事ヲ以テ部員ニ加フルコトヲ得但シ其ノ半數ニ滿ツルコトヲ得ス

第五十二條　大審院ノ權限竝ニ其ノ裁判權ヲ行フノ範圍及方法ニシテ此ノ法律ニ定メサルモノハ

訴訟法又ハ特別法ノ定ムル所ニ依ル

第五十三條　大審院ニ於テ訴訟法ニ依リ法廷ニ於テ審問裁判スヘキ事件ハ七人ノ判事ヲ以テ組立テタル部ニ於テ之ヲ審問裁判ス其ノ七人ノ判事中一人ヲ裁判長トス其ノ他ノ事件ハ訴訟法ノ定ムル所ニ從ヒ判事之ヲ取扱フ

第五十四條　第四十九條ニ定メタル場合ニ於テハ聯合部ノ判事少クトモ三分ノ二列席スルコトヲ要ス

前項ノ場合ニ於テ民事ノ總部若ハ刑事ノ總部聯合スルトキ又ハ民事及刑事ノ總部聯合スルトキハ總部ノ判事中官等最モ高キ者ヲ部長ト爲ス大審院長ハ至當ナリト認ムルトキハ自ラ總部ニ長タルノ權ヲ有ス

第五十五條　大審院長ハ第五十條ニ依リ大審院ニ於テ第一審ニシテ終審ヲ爲スヘキ各別ノ場合ニ付大審院ノ判事ニ豫審ヲ命ス但シ便宜ニ依リ各裁判所判事ヲシテ豫審ヲ爲サシムルコトヲ得

第五十六條　大審院ノ檢事局ニ檢事總長ヲ置ク

檢事總長竝ニ其ノ他ノ檢事ノ職權ニ付テハ第三十三條ヲ適用ス

第二編　裁判所及檢事局ノ官吏

第一章　判事又ハ檢事ニ任セラルヽニ必要ナル準備及資格

第五十七條　判事又ハ檢事ニ任セラルヽニハ第六十五條ニ掲ケタル場合ヲ除キ二回ノ競爭試驗ヲ經ルコトヲ要ス

第五十八條　志願者前條ノ競爭試驗ヲ受ケ得ルニ必要ナル資格竝ニ此ノ試驗ニ關ル細則ハ判事檢事登用試驗規則中ニ司法大臣之ヲ定ム

第一回試驗ニ及第シタル者ハ第二回試驗ヲ受クルノ前試補トシテ裁判所及檢事局ニ於テ三年間

實地修習ヲ爲スコトヲ要ス

前項ノ修習ニ關ル細則モ亦試驗規則中ニ之ヲ定ム

第五十九條　司法大臣ハ試補ノ行状罷免スルニ足レリト認ムルトキハ何時ニテモ之ヲ罷免スルコトヲ得此ノ罷免ニ關ル細則モ亦試驗規則中ニ之ヲ定ム

第六十條　一年以上修習ヲ爲シタル試補ハ其ノ修習ヲ現ニ監督スル判事ノ命アルトキ區裁判所ニ於テ或ル司法事務ヲ取扱フコトヲ得

豫審判事及地方裁判所ノ受命判事モ亦其ノ附屬ノ試補ヲシテ自己ニ代リ或ル事務ヲ取扱ハシムルコトヲ得

第六十一條　試補ハ如何ナル場合ニ於テモ左ノ事務ヲ取扱フノ權ヲ有セス

第一　訴訟事件ト非訟事件トニ拘ラス裁判ヲ爲ス事

第二　證據ヲ調フル事但シ前條第二項ノ場合ヲ除ク

第三　登記ヲ爲ス事

第六十二條　第二回ノ競爭試驗ニ及第シタル試補ハ判事又ハ檢事ニ任セラルヽコトヲ得

第六十三條　新任ノ判事又ハ檢事ハ闕位アルトキ之ヲ區裁判所若ハ地方裁判所ノ判事又ハ區裁判所若ハ地方裁判所ノ檢事局ノ檢事ニ補ス

司法大臣ハ闕位アルマテ新任ノ判事又ハ檢事ニ豫備判事又ハ豫備檢事トシテ勤務スルコトヲ命シ之ヲ司法省又ハ區裁判所又ハ地方裁判所又ハ其ノ裁判所ノ檢事局ニ用ウ

第六十四條　區裁判所又ハ地方裁判所又ハ其ノ檢事局ニ用ヰラレタル豫備判事又ハ豫備檢事ハ判事又ハ檢事差支アリテ職務ニ從事スルコトヲ得ス且通常代理ノ規程ニ依リ難キコトアルトキハ第三十二條ノ制限ニ從ヒ司法大臣ハ之ニ其ノ判事又ハ檢事ヲ代理セシムルコトヲ得

各地方裁判所ニ一若ハ二以上ノ民事部及刑事部ヲ設ク

第二十條 各地方裁判所ニ地方裁判所長ヲ置ク

地方裁判所長ハ裁判所ノ一般ノ事務ヲ指揮シ其ノ行政事務ヲ監督ス

地方裁判所ノ各部ニ部長ヲ置ク部長ハ部ノ事務ヲ監督シ其ノ分配ヲ定ム

第二十一條 司法大臣ハ毎年各地方裁判所ノ判事一人若ハ二人以上ニ其ノ裁判所ノ裁判權ニ屬スル刑事ノ豫審ヲ爲スコトヲ命ス

第二十二條 各地方裁判所ノ事務ハ司法大臣ノ定メタル通則ニ從ヒ各部及各豫審判事ニ之ヲ分配ス

各地方裁判所ノ各部長及部員ノ配置及所長部長部員差支アルトキノ代理モ亦毎年前以テ之ヲ定ム

前二項ニ掲ケタル諸件ハ裁判所長部長及部ノ上席判事一人ノ會議ニ於テ裁判所長會長トナリ多數ヲ以テ之ヲ決ス可否同數ナルトキハ會長ノ決スル所ニ依ル

地方裁判所長ハ次年自ラ部長トナルヘキ部ヲ指定スヘシ

第二十三條 或ル部ニ於テ著手シタル事務ニシテ司法年度ノ終若ハ休暇ノ始ニ臨ミ未タ終結ニ至ラサルモノハ裁判所長便利ト認ムルトキハ同部員ヲシテ引續キ之ヲ結了セシムルコトヲ得

豫審判事ノ取扱フ事務ニシテ未タ終結ニ至ラサルモノモ亦前項ニ同シ

第二十四條 第二十二條ニ從ヒ事務ノ分配及判事ノ配置一タヒ定マリタルトキハ休暇中ヲ除キ一部ノ事務多キニ過キ又ハ判事轉退シ又ハ疾病其ノ他ノ事故ニ因リ久ク闕勤スル者アル等引續キ差支アルニ非サレハ司法年度中之ヲ變更セス

裁判所ノ事務其ノ現在ノ部ニ過多ナル場合ニ於テ司法大臣適宜ト認ムルトキハ新ニ一部又ハ數

部ヲ設クルコトヲ得

第二十五條 地方裁判所ノ判事差支ノ爲或ル事件ヲ取扱フコトヲ得ス且同裁判所ノ判事中其ノ代理ヲ爲シ得ヘキ者ナキ場合ニ於テ其ノ事件緊急ナリト認ムルトキハ裁判所長ハ其ノ管轄區域内ノ區裁判所判事又ハ豫備判事ニ其ノ代理ヲ命スルコトヲ得

第二十六條 地方裁判所ハ民事訴訟ニ於テ左ノ事項ニ付裁判權ヲ有ス

第一 第一審トシテ

區裁判所ノ權限又ハ第三十八條ニ定メタル控訴院ノ權限ニ屬スルモノヲ除キ其ノ他ノ請求

第二 第二審トシテ

（イ） 區裁判所ノ判決ニ對スル控訴

（ロ） 區裁判所ノ決定及命令ニ對スル法律ニ定メタル抗告

第二十七條 地方裁判所ハ刑事訴訟ニ於テ左ノ事項ニ付裁判權ヲ有ス

第一 第一審トシテ

區裁判所ノ權限竝ニ大審院ノ特別權限ニ屬セサル刑事訴訟

第二 第二審トシテ

（イ） 區裁判所ノ判決ニ對スル控訴

（ロ） 區裁判所ノ決定及命令ニ對スル法律ニ定メタル抗告

第二十八條 地方裁判所ハ破産事件ニ付一般ノ裁判權ヲ有ス

第二十九條 地方裁判所ハ非訟事件ニ關ル區裁判所ノ決定及命令ニ對シ法律ニ定メタル抗告ニ付裁判權ヲ有ス

第三十條 地方裁判所ノ權限竝ニ其ノ裁判權ヲ行フノ範圍及方法ニシテ此ノ法律ニ定メサルモ

ノハ訴訟法又ハ特別法ノ定ムル所ニ依ル

第三十一條 司法大臣ハ地方裁判所ト其ノ管轄區域内ノ區裁判所ト遠隔ナルカ若ハ交通不便ナルカ爲至當ト認ムルトキハ地方裁判所ニ屬スル民事及刑事ノ事務ノ一部分ヲ取扱フ爲一若ハ二以上ノ支部ノ設置ヲ命スルコトヲ得且支部ヲ開クヘキ區裁判所ヲ定ム

支部ニハ之ヲ設置シタル區裁判所若ハ近隣ノ區裁判所ノ判事ヲ用ヰルコトヲ得此ノ場合ニ於テ判事ヲ選用スルノ權ハ司法大臣ニ屬ス

司法大臣ハ支部ニ勤ムヘキ豫審判事及檢事ヲ命ス

司法大臣ハ支部ノ本部タル地方裁判所ノ管轄區域内ノ區裁判所判事ニ豫審判事ヲ命スルコトヲ得

代理ニ關ル第二十五條ハ支部ニモ亦之ヲ適用ス

第三十二條 地方裁判所ニ於テ訴訟法ニ依リ法廷ニ於テ審問裁判スヘキ事件ハ三人ノ判事ヲ以テ組立テタル部ニ於テ之ヲ審問裁判ス其ノ三人ノ判事中一人ヲ裁判長トス且豫備判事ハ如何ナル事情アルモ二人以上其ノ部ニ列席スルコトヲ得ス其ノ他ノ事件ハ訴訟法又ハ特別法ノ定ムル所ニ從ヒ判事之ヲ取扱フ

第三十三條 各地方裁判所ノ檢事局ニ檢事正ヲ置ク檢事正ハ檢事局ノ事務取扱ヲ分配指揮及監督ス但シ檢事局ノ其ノ他ノ檢事ハ事務取扱ニ付何等ノ事件ニ拘ラス特別ノ許可ヲ受ケスシテ檢事正ヲ代理スルノ權ヲ有ス

第四章 控訴院

第三十四條 控訴院ヲ第二審ノ合議裁判所トス

各控訴院ニ一若ハ二以上ノ民事部及刑事部ヲ設ク

第三十五條 各控訴院ニ控訴院長ヲ置ク

控訴院長ハ控訴院ノ一般ノ事務ヲ指揮シ其ノ行政事務ヲ監督ス

控訴院ノ各部ニ部長ヲ置ク部長ハ部ノ事務ヲ監督シ其ノ分配ヲ定ム

第三十六條 事務ノ分配及結了竝ニ判事ノ代理ニ付テハ第二十二條第二十三條及第二十五條ヲ左ノ變更ヲ以テ控訴院ニ適用ス

第一 前項ニ掲ケタル各條ヲ以テ地方裁判所長ニ與ヘタル權ハ控訴院長ニモ之ヲ與ヘタルモノトス

第二 控訴院ノ判事差支ノ爲或ル事件ヲ取扱フコトヲ得ス且同院ノ判事中其ノ代理ヲ爲シ得ヘキ者ナキ場合ニ於テ其ノ事件緊急ナリト認ムルトキハ之ヲ代理スル判事ヲ出スヘキ旨ヲ控訴院長ヨリ其ノ控訴院所在地ノ地方裁判所長ニ通知シ其ノ裁判所ノ判事ヲシテ代理ヲ爲サシムルコトヲ得但シ豫備判事ヲ用ヰルコトヲ得ス

第三十七條 控訴院ハ左ノ事項ニ付裁判權ヲ有ス

第一 地方裁判所ノ第一審判決ニ對スル控訴

第二 區裁判所ノ判決ニ對スル控訴ニ付爲シタル地方裁判所ノ判決ニ對スル上告

第三 地方裁判所ノ決定及命令ニ對スル法律ニ定メタル抗告

第三十八條 皇族ニ對スル民事訴訟ニ付第一審及第二審ノ裁判權ハ東京控訴院ニ屬ス但シ第一審ノ訴訟手續ニ付テハ地方裁判所ノ第一審手續ヲ適用ス

第三十九條 控訴院ノ權限竝ニ其ノ裁判權ヲ行フノ範圍及方法ニシテ此ノ法律ニ定メサルモノハ訴訟法又ハ特別法ノ定ムル所ニ依ル

第四十條 控訴院ニ於テ訴訟法ニ依リ法廷ニ於テ審問裁判スヘキ事件ハ五人ノ判事ヲ以テ組立

檢事局ノ管轄區域ハ其ノ附置セラレタル裁判所ノ管轄區域ニ同シ

若一人ノ檢事若ハ數人ノ檢事悉ク差支アリテ或ル事件ヲ取扱フコトヲ得サルトキハ裁判所長又ハ區裁判所ニ於テ判事若ハ監督判事ハ其ノ事件猶豫スヘカラサルニ於テハ判事ニ檢事ノ代理ヲ命シ其ノ事件ヲ取扱ハシムルコトヲ得

第七條 檢事局ニ相應ナル員數ノ檢事ヲ置ク

第八條 各裁判所ニ書記課ヲ設ク書記課ハ往復會計記錄其ノ他此ノ法律又ハ他ノ法律ニ特定シタル事務ヲ取扱フ

裁判所ニ附置セラレタル檢事局ニ於テ前項ノ如キ事務ヲ取扱フ爲必要ナリト認メタルトキニ限リ別ニ書記課ヲ設クルコトヲ得但シ合議裁判所ノ檢事局ニ限ル

司法大臣ハ裁判所ノ會計事務ヲ專任スル爲特別官吏ヲ裁判所ニ置クコトヲ得

第九條 區裁判所ニ執達吏ヲ置ク執達吏ハ裁判所ヨリ發スル文書ヲ送達シ及裁判所ノ裁判ヲ執行ス

前項ノ外執達吏ハ此ノ法律又ハ他ノ法律ニ定メタル特別ノ職務ヲ行フ

第十條 法律ヲ以テ特定シタルモノヲ除ク外左ノ場合ニ於テ適當ノ申請アルトキハ關係アル各裁判所ヲ併セテ之ヲ管轄スル直近上級ノ裁判所ハ何レノ裁判所ニ於テ本件ヲ裁判スルノ權アルヤヲ裁判ス

第一 權限アル裁判所ニ於テ法律上ノ理由若ハ特別ノ事情ニ因リ裁判權ヲ行フコトヲ得ス且此ノ法律第十三條ニ依リ之ニ代ルヘキコトヲ定メラレタル裁判所モ亦之ヲ行フコトヲ得サルトキ

第二 裁判所管轄區域ノ境界明確ナラサルカ爲其ノ權限ニ付疑ヲ生シタルトキ

第三 法律ニ從ヒ又ハ二以上ノ確定判決ニ因リ二以上ノ裁判所裁判權ヲ互有スルトキ

第四 二以上ノ裁判所權限ヲ有セストノ確定判決ヲ爲シ又ハ權限ヲ有セストノ確定判決ヲ受ケタルモ其ノ裁判所ノ一ニ於テ裁判權ヲ行フヘキトキ

第二章 區裁判所

第十一條 區裁判所ノ裁判權ハ單獨判事之ヲ行フ

判事二人以上ヲ置キタル區裁判所ニ於テハ司法大臣ノ定メタル通則ニ從ヒ其ノ裁判事務ヲ各判事ニ分配ス

此ノ事務分配ハ毎年地方裁判所長前以テ之ヲ定ム

區裁判所判事ノ取扱ヒタル事ハ裁判事務分配上其ノ事他ノ判事ニ屬シタリトノ事實ノミニ因リ其ノ效力ヲ失フコトナシ

判事二人以上ヲ置キタル區裁判所ニ於テハ司法大臣ハ其ノ一人ヲ監督判事トシ之ニ其ノ行政事務ヲ委任ス

第十二條 事務分配一タヒ定マリタルトキハ司法年度中之ヲ變更セス但シ一人ノ判事ノ分擔多キニ過キ又ハ判事轉退シ又ハ疾病其ノ他ノ事故ニ因リ久ク闕勤スル者アル等引續キ差支ヲ生シタル場合ハ此ノ限ニ在ラス

第十三條 區裁判所ノ判事差支アルトキハ毎年地方裁判所長ノ前以テ定メタル順序ニ從ヒ互ニ相代理ス但シ監督判事ノ職務ハ其ノ裁判所ノ判事官等ノ順序ニ從ヒ之ヲ代理ス

一ノ區裁判所ニ於テ法律上ノ理由若ハ特別ノ事情ニ因リ事務ヲ取扱フコトヲ得サルトキ之ニ代ルヘキ他ノ區裁判所ハ前項ニ同ク毎年前以テ之ヲ定ム

第十四條 區裁判所ハ民事訴訟ニ於テ左ノ事項ニ付裁判權ヲ有ス但シ反訴ニ關リテハ民事訴訟法

ノ定ムル所ニ依ル

第一 百圓ヲ超過セサル金額又ハ價額百圓ヲ超過セサル物ニ關ル請求

第二 價額ニ拘ラス左ノ訴訟

（イ） 住家其ノ他ノ建物又ハ其ノ或ル部分ノ受取明渡使用占據若ハ修繕ニ關リ又ハ賃借人ノ家具若ハ所持品ヲ賃貸人ノ差押ヘタルコトニ關リ賃貸人ト賃借人トノ間ニ起リタル訴訟

（ロ） 不動產ノ經界ノミニ關ル訴訟

（ハ） 占有ノミニ關ル訴訟

（ニ） 雇主ト雇人トノ間ニ雇期限一年以下ノ契約ニ關リ起リタル訴訟

（ホ） 左ニ揭ケタル事項ニ付旅人ト旅店若ハ飲食店ノ主人トノ間ニ又ハ旅人ト水陸運送人トノ間ニ起リタル訴訟

（一） 賄料又ハ宿料又ハ旅人ノ運送料又ハ之ニ伴フ手荷物ノ運送料

（二） 旅店若ハ飲食店ノ主人又ハ運送人ニ旅人ヨリ保護ノ爲預ケタル手荷物金錢又ハ有價物

第十五條 區裁判所ハ非訟事件ニ付法律ニ定メタル範圍及方法ニ從ヒ左ノ事務ヲ取扱フノ權ヲ有ス

第一 未成年者瘋癲者白癡者失踪者其ノ他法律若ハ判決ニ因リ治產ノ禁ヲ受ケタル者ノ後見人若ハ管財人ヲ監督スル事

第二 不動產及船舶ニ關ル權利關係ヲ登記スル事

第三 商業登記及特許局ニ登錄シタル特許意匠及商標ノ登記ヲ爲ス事

第十六條 區裁判所ハ刑事ニ於テ左ノ事項ニ付裁判權ヲ有ス

第一 違警罪

第二 本刑五十圓以下ノ罰金ヲ附加シ若ハ附加セサル二月以下ノ禁錮又ハ單ニ百圓以下ノ罰金ニ該ル輕罪

第三 刑法第二編第一章ヲ除キ其ノ他ノ輕罪ニシテ本刑二百圓以下ノ罰金ヲ附加シ若ハ附加セサル二年以下ノ禁錮又ハ單ニ三百圓以下ノ罰金ニ該リ其情第二ニ揭ケタル刑ヨリ更ニ重キ刑ニ處スルコトヲ要セスト認メ地方裁判所若ハ其ノ支部ノ檢事局ヨリ區裁判所ニ移付シタルモノ

前項ノ手續ニ因リ訴追ヲ爲シ犯罪ノ證明アリタル場合ニ於テ判決ヲ爲ス前何時ニテモ其ノ情第二ニ揭ケタル刑ニテハ相當ニ罰スルコトヲ得スト認ムルトキハ區裁判所ハ之ヲ裁判スル權限ヲ有セストノ言渡ヲ爲ス此ノ場合ニ於テハ檢事ハ被告人ヲシテ相當ノ裁判所ニ於テ裁判ヲ受ケシムル爲適當ノ手續ヲ爲ス

第十七條 前數條ニ揭ケタルモノヲ除ク外區裁判所ノ權限ハ此ノ章ニ揭ケタル事件ニ關リ訴訟法又ハ特別法ノ定ムル所ニ依ル

第十八條 各區裁判所ノ檢事局ニ檢事ヲ置ク

區裁判所檢事局ノ檢事ノ事務ハ其ノ地ノ警察官憲兵將校下士又ハ林務官之ヲ取扱フコトヲ得

司法大臣ハ適當ナル場合ニ於テハ區裁判所判事試補又ハ郡市町村ノ長ヲシテ檢事ヲ代理セシムルコトヲ得

第三章 地方裁判所

第十九條 地方裁判所ヲ第一審ノ合議裁判所トス

明治二十三年二月 法律 第五號

納ノ稅目金額及滯納人ノ住所氏名ヲ記載シ之ヲ收入官吏ニ報告スヘシ
第八條 戶長ハ過誤怠慢ニ依リ其徵收シタル稅金ヲ亡失シタルトキハ之ヲ辨償スルノ責ニ任スヘシ
水產物營業人組合ハ過誤怠慢ニ依リ其取纏メタル稅金ヲ亡失シタルトキハ之ヲ辨償スルノ責ニ任スヘシ
第九條 戶長又ハ水產物營業人組合ハ避クヘカラサル變災ニ罹リ稅金ヲ亡失シタルトキハ北海道廳長官若クハ縣知事ヲ經テ其責任ノ免除ヲ大藏大臣ニ訴願スルコトヲ得
第十條 此法律ハ明治二十三年四月一日ヨリ施行ス

○

朕備荒儲蓄法中改正ノ件ヲ裁可シ玆ニ之ヲ公布セシム

御名御璽

明治二十三年二月七日

內閣總理大臣兼內務大臣伯爵山縣有朋
大藏大臣伯爵松方正義

法律第五號（官報 二月八日）

明治十三年六月第三十一號布告備荒儲蓄法中左ノ通改正シ明治二十三年度ヨリ施行ス
第二條 備荒儲蓄金ヲ分ヲテ中央儲蓄金府縣儲蓄金ノ二トス
中央儲蓄金ハ明治二十二年度迄ノ中央儲蓄金及ヒ之ヨリ生スル利殖金ヲ以テ成立スルモノトス
府縣儲蓄金ハ明治二十二年度迄ノ府縣儲蓄金及ヒ之ヨリ生スル利殖金ヲ以テ成立スルモノトス

六

第三條 中央儲蓄金ハ國庫ニ備儲キ大藏大臣之ヲ管理シ府縣儲蓄金ノ補助ニ充ツヘキモノトス
第四條 府縣儲蓄金ノ管守支給及ヒ利殖ノ方法ハ府縣知事之ヲ府縣會ニ付シ其議決ヲ取リ內務大藏兩大臣ニ具狀シ其許可ヲ得テ之ヲ施行スヘシ
第五條 削除
第七條中三分二トアルヲ百分ノ五ト改ム
第十條 府縣知事ハ府縣儲蓄金ノ出納決算ヲ翌年度通常府縣會ノ初メニ於テ府縣會ニ報告シ仍ホ內務大藏兩大臣ニ報告スヘシ
大藏大臣ハ每年中央及ヒ府縣儲蓄金ノ出納決算ノ要領ヲ告示スヘシ

附則

本法改正ノ爲メ府縣儲蓄金明治二十三年度內ニ於テ施行スヘキ利殖ノ方法ヲ定メ及ヒ收入豫算又ハ管守支給ノ方法ニ改正ヲ要スルトキハ府縣知事ハ常置委員會ニ付シ之ヲ議決セシムルコトヲ得

〈法規19〉 裁判所構成法

○

朕裁判所構成法ヲ裁可シ之ヲ公布セシム此ノ法律ハ明治二十三年十一月一日ヨリ施行スヘキコトヲ命ス

御名御璽

明治二十三年二月八日

內閣總理大臣伯爵山縣有朋
司法大臣伯爵山田顯義

法律第六號（官報 二月十日）

裁判所構成法目次

明治二十三年二月 法律 第六號 七

明治二十三年二月 法律 第六號

八

裁判所構成法

第一編 裁判所及檢事局

第一章 總則

第一條 左ノ裁判所ヲ通常裁判所トス
第一 區裁判所
第二 地方裁判所
第三 控訴院
第四 大審院
第二條 通常裁判所ニ於テハ民事刑事ヲ裁判スルモノトス但シ法律ヲ以テ特別裁判所ノ管轄ニ屬セシメタルモノハ此ノ限ニ在ラス
第三條 地方裁判所控訴院及大審院ヲ合議裁判所トシ數人ノ判事ヲ以テ組立テタル部ニ於テ總テノ事件ヲ審問裁判ス但シ訴訟法又ハ特別法ニ別段規定シタルモノハ此ノ限ニ在ラス
第四條 裁判所ノ設立廢止及管轄區域竝ニ其ノ變更ハ法律ヲ以テ之ヲ定ム
第五條 各裁判所ニ相應ナル員數ノ判事ヲ置ク
第六條 各裁判所ニ檢事局ヲ附置ス檢事ハ刑事ニ付公訴ヲ起シ其ノ取扱上必要ナル手續ヲ爲シ法律ノ正當ナル適用ヲ請求シ及判決ノ適當ニ執行セラルヽヤヲ監視シ又民事ニ於テモ必要ナリト認ムルトキハ通知ヲ求メ其ノ意見ヲ述フルコトヲ得又裁判所ニ屬シ若ハ之ニ關ル司法及行政事件ニ付公益ノ代表者トシテ法律上其ノ職權ニ屬スル監督事務ヲ行フ
檢事ハ裁判所ニ對シ獨立シテ其ノ事務ヲ行フ

明治二十三年二月 法律 第六號 九

明治十九年五月　勅令　第四十號

行フ

第四十一條　裁判ヲ爲スニハ前條ニ指定シタル主任裁判官ノ外列席スルコトヲ得ス但審問數日ニ渉ルヘキトキハ其裁判所中自餘ノ裁判官ヲシテ立會ハシムルコトヲ得

第四十二條　裁判所ノ會議及議決ハ之ヲ公行セス其狀況及結果ハ一切之ヲ漏洩スルコトヲ許サス

第四十三條　合議列席シテ審理判決ヲ行フ場合ニ於テハ主任局長其會議ノ長トナリテ議事ヲ整理シ訴件ノ要點ニ就テ問議ヲ提出シ列席員ヲシテ各意見ヲ述ヘシム其問議ノ事項及提出ノ方法順序又ハ決議ノ査定ニ關シ各員ノ間ニ異見ヲ生スルトキハ列席員ノ最多數ヲ以テ之ヲ決スヘシ

第四十四條　決議ノ際各員異見ヲ述フルノ順序ハ各其任官ノ前後ニ依リ後任ノ裁判官ヨリ始メ局長ヲ最後トス任官ノ同日ニ係ルトキハ年少ヨリ始ム但專任ヲ命シタル事件ニ關シテハ其專任裁判官ヨリ之ヲ始ム

第四十五條　凡ソ裁判ハ過半數ノ議決ニ依リ之ヲ行フ

金額ニ關シ裁判官ノ意見三說以上ニ分レ其說各過半數ニ至ラサルトキハ過半數ニ至ルマテ最多額ノ意見ヨリ順次寡額ノ意見ニ合算ス

刑事ニ關シ有罪無罪ノ問議ヲ除クノ外其意見三說以上ニ分レ各過半數ニ至ラサルトキハ過半數ニ至ルマテ被告人ニ不利ナル意見ヨリ順次利益ナル意見ニ合算ス

第四十六條　大審院ニ於テ裁判前例ニ違ヘル裁判ヲ爲サントスルトキ又ハ司法大臣ノ諮問ニ應シ司法制度ニ關スル意見ヲ提出セントスルトキハ總會議ヲ開クコトヲ得

總會議ハ院中ノ裁判官三分ノ二以上ヲ以テ之ヲ開キ院長其會議ノ長トナリテ其議事ヲ整理シ其議決ハ最多數ニ依ル若シ可否同數ナルトキハ議長ノ決スル所ニ依ル

百九十四

明治十九年五月　勅令　第四十號

第四十七條　治安裁判所及始審裁判所ハ裁判上ノ處分ニ關シ互ニ補助ノ囑托ニ應スヘキモノトス

第四十八條　檢察官其職務ヲ行フニ付必要ナル場合ニ於テハ互ニ補助ノ囑托ニ應スヘキモノトス

第四十九條　書記又ハ執行吏他ノ裁判所ノ管轄內ニ於テ其職務上ノ處分ヲ爲スノ必要ナル場合ニ於テハ互ニ補助ノ囑托ニ應スヘキモノトス

第五十條　裁判所ノ休暇ハ七月十一日ニ始マリ九月十日ニ終ル

第五十一條　休暇中ハ左ノ事件ニ限リ裁判ス

一、刑事
二、差押事件
三、身代限ニ關スル事件
四、家宅ノ貸渡使用明渡及借家人ノ借宅ニ現存スル物品引留ニ付家主ト借家人トノ間ニ生スル事件
五、爲換事件
六、養料ノ請求
七、既ニ著手シタル建築ノ繼續ニ關スル事件

以上事件ノ外ト雖モ原告若クハ被告ノ申立ニ由リ別段ノ至急ヲ要スルモノト裁判所ニ於テ認定シタルトキハ之ヲ裁判スルコトアルヘシ

前諸項ノ事件ヲ裁判スル爲ニ裁判所長ハ休暇中臨時主任ノ局又ハ委員ヲ定ムヘシ

○

百九十五

明治十九年五月　勅令　第四十一號

朕裁判官檢察官大審院控訴院書記官ノ年俸ヲ裁可ス

御名　御璽

明治十九年五月四日

內閣總理大臣伯爵伊藤博文
司法大臣伯爵山田顯義

勅令第四十一號（官報　五月五日）

裁判官檢察官大審院控訴院書記官年俸

第一條　裁判官檢察官大審院控訴院書記官ノ年俸ハ別表定ムル所ニ依ラシム

第二條　現任裁判官及檢察官ノ年俸ハ舊ニ依リ支給ス新ニ裁判官檢察官大審院又ハ控訴院ノ書記官ニ任セラルヽモノ又ハ現任ノ裁判官檢察官ノ今後官等ヲ陞敍セラルヽモノハ別表定ムル所ニ依リ其年俸ヲ支給ス

別表

官等		年俸 上	年俸 中	年俸 下
勅任		五千五百圓		
勅任	一等	五千圓		四千五百圓
勅任	二等	四千圓	三千五百圓	三千圓
奏任	一等	貳千八百圓	貳千六百圓	貳千四百圓
奏任	二等	貳千貳百圓	貳千圓	千八百圓
奏任	三等	千六百圓	千四百圓	千貳百圓
奏任	四等	千百圓	千圓	九百圓
奏任	五等	八百圓	七百圓	六百圓
奏任	六等	五百圓	四百圓	三百圓

○

朕警視廳ノ官制ヲ裁可シ玆ニ之ヲ公布セシム

百九十六

明治十九年五月　勅令　第四十二號

御名　御璽

明治十九年五月四日

內閣總理大臣伯爵伊藤博文
內務大臣伯爵山縣有朋

勅令第四十二號（官報　五月五日）

警視廳官制

第一條　警視廳ニ左ノ警察官及屬員ヲ置ク

警視總監
警視副總監
一等警視
二等警視
三等警視
四等警視
五等警視
屬
警部
警部補

第二條　警視廳ニ左ノ警務官ヲ置ク

警察署長
警察副署長

百九十七

第六條　試補ノ規則ハ別ニ定ムル所ニ依ル

第七條　治安裁判所管轄區域内ニ執行吏ヲ置ク判任トス

第八條　裁判官及檢察官トナルノ資格ハ別ニ試驗法ノ定ムル所ニ依ル

第九條　刑法第二編第四章第一節乃至第六節第九章第二節第二百八十四條乃至第二百八十七條第三編第二章第一節乃至第六節ニ掲クル重輕罪ヲ犯シテ有罪ナリトノ言渡ヲ受ケ其言渡ノ確定シタルモノハ裁判官及檢察官タルコトヲ得ス

第十條　大審院長局長評定官控訴院長檢事長及始審裁判所ノ長ヲ除クノ外裁判官及檢察官ノ任所ハ司法大臣ノ定ムル所ニ依ル

第十一條　新ニ裁判官ニ任セラル丶モノハ治安裁判所ニ於テ其職務ニ服シ治安裁判所裁判官又ハ檢察官ニシテ一年以上其職務ニ服シタルモノハ始審裁判所裁判官ニ任スルコトヲ得
裁判官檢察官ニシテ五年以上其職務ニ服シタルモノハ控訴院裁判官ニ任スルコトヲ得
裁判官檢察官ニシテ十年以上其職務ニ服シタルモノハ大審院裁判官ニ任スルコトヲ得

第十二條　裁判官ハ刑事裁判又ハ懲戒裁判ニ依ルニアラサレハ其意ニ反シテ退官及懲罰ヲ受クルコトナシ

第二　分課及職務

第十三條　裁判所ノ權限及裁判官ノ所掌ハ訴訟法治罪法及其他法律命令ノ定ムル所ニ依ル

第十四條　治安裁判所裁判官ノ分課ハ訴訟事件ノ種類又ハ土地ノ區域ニ從ヒ一周年毎ニ所轄始審裁判所長ノ定ムル所ニ依ル但治安裁判所ノ便宜ニ依リ其管轄ノ區域内ニ於テ臨時分課外ノ職務ヲ行フコトアルヘシ

第十五條　治安裁判所裁判官ハ司法大臣ノ命ニ依リ其裁判所所在地外ニ於テ期日ヲ定メ法廷ヲ開

クコトアルヘシ

第十六條　始審裁判所裁判官ノ分課ハ一周年毎ニ始審裁判所長ノ上申ニ依リ訴訟事件ノ種類又ハ土地ノ區域ニ從ヒ所轄控訴院長ノ定ムル所ニ依ル

第十七條　控訴院ハ民事刑事ノ類別ニ依リ須要ニ從ヒ數局ヲ置ク各局中ノ分課ハ一周年毎ニ控訴院長ノ上申ニ從ヒ事件ノ種類又ハ土地ノ區域ニ從ヒ大審院長ノ定ムル所ニ依ル局長及局員ヲ定限スルモ亦同シ但控訴院長ヲシテ院中一局ノ長ヲ兼子シメ自餘ノ局長ハ遞次上席ノ評定官ヲシテ之ヲ兼子シム

第十八條　第十六條第十七條ニ指定シタル分課ハ其分掌ノ偏重ナルトキ又ハ其主任ニ缺員若クハ引續キ差支アルトキニアラサレハ定期間之ヲ變更スルコトヲ得ス但前年ニ審理ヲ始メ未タ終結セサル事件ハ從來ノ主任裁判官ヲシテ終結セシムルコトヲ得

第十九條　大審院ニ民事第一局民事第二局及刑事第一局刑事第二局ヲ置ク民事第一局ハ上告事件ノ受理不受理ヲ審判シ民事第二局ハ受理シタル事件ヲ審判ジ刑事第一局ハ刑法ニ關スル上告事件ヲ審判シ刑事第二局ハ諸罰則ニ係ル上告事件ヲ審判ス
民事第二局ノ長ハ大審院長ヲシテ之ヲ兼子シメ評定官ハ司法大臣ノ上奏ニ依リ其各局分任ヲ命ス

第二十條　治安裁判所裁判官差支アルトキ其職務ヲ代理スヘキモノハ一周年毎ニ所轄始審裁判所長ノ豫メ定ムル所ニ依ル若シ其裁判所ニ於テ代理スルモノナキトキハ最近ノ治安裁判所裁判官ヲシテ代理セシム

第二十一條　始審裁判所長差支アルトキハ上席ノ判事之ヲ代理ス
判事中差支アルトキ其職務ヲ代理スヘキ順序ハ一周年毎ニ裁判所長ノ豫メ定ムル所ニ依ル若シ

其裁判所ノ判事中代理スルモノナキトキハ所轄治安裁判所ノ裁判官ヲシテ臨時代理セシム

第二十二條　控訴院長差支アルトキハ上席評定官之ヲ代理ス
評定官中差支アルトキ其職務ヲ代理スヘキ順序ハ一周年毎ニ院長ノ豫メ定ムル所ニ依ル若シ其院ノ評定官中代理スルモノナキトキハ所轄始審裁判所裁判官ヲシテ代理セシム

第二十三條　大審院長差支アルトキハ上席ノ局長之ヲ代理ス
局長中差支アルトキハ其局上席ノ評定官之ヲ代理ス各局評定官中其職務ヲ代理スヘキ順序ハ一周年毎ニ院長ノ豫メ定ムル所ニ依ル

第二十四條　治安裁判所判事始審裁判所長控訴院長及大審院長ハ司法大臣ノ指揮ヲ承ケ其廳務ヲ整理シ及司法ニ關スル行政ヲ掌理ス

第二十五條　大審院長ハ其院及控訴院ヲ監督シ控訴院長ハ其院及所轄裁判所ヲ監督シ始審裁判所長ハ其裁判所及所轄治安裁判所ヲ監督ス

第二十六條　控訴院及大審院ノ局長ハ其局ノ所掌ニ屬スル裁判事務ヲ指揮ス

第二十七條　治安裁判所ヲ除クノ外裁判所ニ檢事局ヲ置キ檢察官ヲシテ治罪法及訴訟法ニ定ムル職務ノ外司法ニ關スル事項及司法ノ行政ニ關スル事項ニ付監督ノ職務ヲ行ハシム其處務ノ規程ハ別ニ定ムル所ニ依ル
治安裁判所ニ於テハ別ニ檢事局ヲ置カス檢事試補ヲシテ其所轄ニ屬スル檢察事務ヲ掌ラシム但檢事試補ヲ置カサルノ治安裁判所ニ於テハ警察官郡區長戸長ヲシテ檢察事務ヲ行ハシムルコトヲ得

第二十八條　各檢事局ノ管轄ハ其所在裁判所ノ管轄區域ニ依ル

第二十九條　檢察官ハ其職務上其所在裁判所ニ從屬セサルモノトス

第三十條　檢察官ニハ裁判官ノ職務ヲ行ハシムヘカラス又其職務ヲ監督セシムヘカラス

第三十一條　檢察官差支アリテ止ムヲ得サル場合ニ於テハ裁判所長ハ司法大臣ノ認可ヲ承ケテ裁判官中ヨリ臨時代理ヲ命スルコトアルヘシ

第三十二條　大審院檢事長ハ所屬檢事及控訴院檢事長ヲ監督シ控訴院檢事長ハ所屬檢事及所轄内ノ檢事及司法警察官ヲ監督ス

第三十三條　檢察官ハ職務上其所屬長官ノ命令ニ服從スヘシ司法警察官ノ檢事ノ補助官トナリタルトキモ亦同シ

第三十四條　始審裁判所檢事局ニハ檢事長ヲ置カス上席檢事ヲ以テ之ニ充テ始審裁判所及其所轄内ニ在ル治安裁判所ノ檢察事務ヲ指揮シ其局所掌ノ事務ヲ掌理セシム

第三十五條　控訴院檢事長ハ其局所轄ノ事務ヲ掌理シ其局及其所轄ノ檢察官ヲ指揮ス

第三十六條　大審院檢事長ハ其局ノ檢事ヲ指揮シ及其局所轄ノ事務ヲ掌理ス

第三十七條　控訴院及大審院ノ書記官ハ書記ヲ指揮監督シテ文書記錄會計ノ事務ヲ掌ル

第三十八條　裁判所ノ書記ハ上官ノ指揮監督ヲ承ケ訴訟法治罪法及其他法律命令ノ定ムル所ニ依リ文書記錄會計ニ從事ス

第三十九條　執行吏ハ治罪法訴訟法及其他法律命令ノ定ムル所ニ依リ文書ノ送達及判決命令ノ執行ヲ掌ル
始審裁判所以上ノ裁判所ニ於テハ檢事局ニ書記ヲ置ク其職務ハ前項ニ同シ

第三　執務及休暇

第四十條　治安裁判所及始審裁判所ノ審理判決ハ裁判官一人ニテ之ヲ行ヒ控訴院ノ審理判決ハ主任局長ヲ合セテ裁判官三人大審院ノ審理判決ハ主任局長ヲ合セテ五人合議列席シテ之ヲ

第十二條　技術官ニシテ休職ヲ命セラレ普通文官ノ事務ヲ兼ヌルモノハ兼官ニ就テ其年俸又ハ月俸ヲ給ス但此ノ場合ニ於テハ別ニ休職俸ヲ給セス

別表

判任官

	一等技手	二等技手	三等技手	四等技手	五等技手	六等技手	七等技手	八等技手	九等技手	十等技手
上	八拾圓	七拾圓	五拾五圓	五拾圓	四拾五圓	四拾圓	三拾五圓	三拾圓	貳拾五圓	拾八圓
中	七拾圓	六拾圓	五拾圓	四拾五圓	四拾圓	三拾五圓	三拾圓	貳拾五圓	貳拾圓	拾五圓
下	六拾圓	五拾圓	四拾五圓	四拾圓	三拾五圓	三拾圓	貳拾五圓	貳拾圓	拾五圓	拾貳圓

○

朕茲ニ第二海軍區及第三海軍區鎮守府ノ位置ヲ定ムルコトヲ裁可ス

御名　御璽

明治十九年五月四日

内閣總理大臣伯爵伊藤博文
海軍大臣伯爵西郷從道

勅令第三十九號（官報 五月五日）

第二海軍區及第三海軍區鎮守府ノ位置ヲ定ムルコト左ノ如シ但其府開廳マテハ横須賀鎮守府ヲシテ第二第三海軍區ヲ管轄セシメ第四及第五海軍區鎮守府ノ位置ヲ定ムルマテハ其軍區ヲ横須賀鎮守府ノ管轄トス

一　第二海軍區安藝國安藝郡呉港
一　第三海軍區肥前國東彼杵郡佐世保港

○

朕裁判所ノ官制ヲ裁可シ茲ニ之ヲ公布セシム

御名　御璽

明治十九年五月四日

内閣總理大臣伯爵伊藤博文
司法大臣伯爵山田顯義

勅令第四十號（官報 五月五日）

裁判所官制

第一　職員

第一條　本令中裁判所トアルハ治安裁判所始審裁判所重罪裁判所控訴院大審院及高等法院ヲ總稱ス

裁判官トアルハ裁判所ノ長局長評定官判事及判事試補ヲ總稱シ檢察官トアルハ檢事長檢事及檢事試補ヲ總稱ス

第二條　治安裁判所始審裁判所控訴院大審院ニ左ノ職員ヲ置ク

治安裁判所

判事	一人	奏任五等
判事試補	若干員	
檢事試補	一人	
勸解吏	一人	判任
書記		判任

始審裁判所

長	一人	奏任一等乃至四等
判事	若干員	奏任現任長ノ次等以下五等ニ至ル
判事試補	若干員	
檢事	若干員	奏任二等乃至五等
檢事試補	若干員	
書記		判任

控訴院

長	一人	勅任一等又ハ二等
評定官	若干員	奏任一等乃至四等
檢事長	一人	奏任一等

東京控訴院ニ限リ勅任二等ノ評定官及檢事長ヲ置クコトヲ得

檢事	若干員	奏任二等乃至四等
書記官	一人	奏任四等
書記		判任

大審院

長	一人	勅任
局長	三人	勅任二等
評定官	若干員	勅任二等又ハ奏任一等乃至二等
檢事長	一人	勅任二等
檢事	若干員	奏任一等又ハ二等
書記官	一人	奏任四等
書記		判任

第三條　第十七條ニ指定スル局長勅任ノ評定官ヲ以テ之ニ充ツルノ外ハ奏任一等ノ評定官ヲ以テ之ニ充ツ

第四條　重罪裁判所及高等法院ノ職員ハ治罪法ノ定ムル所ニ依ル

第五條　裁判所ノ職員中定員ヲ限ラサルモノハ判任官ヲ除クノ外事務ノ繁簡ニ應シ司法大臣ノ閣議ヲ經テ定ムル所ニ依ル

明治十七年二月　太政官　布告　第五號

第四條　左ノ書類ニハ正本壹通ニ付貳拾錢ノ印紙ヲ貼用ス可シ
答辯書證據物寫辯駁書辯論書上申書陳述書等
證人鑑定人評價人引合人等ノ呼出ヲ請求スル願書
第五條　左ノ書類ニハ正本壹通ニ付五拾錢ノ印紙ヲ貼用ス可シ
審判ノ延期ヲ請求スル願書
官吏ノ臨檢ヲ請求スル願書
財產差押又ハ物品公賣ヲ請求スル願書
執行命令書ヲ請求スル願書
身代限ノ處分ヲ請求スル願書
第六條　裁判言渡書ノ謄本ヲ下付スル時差出ス受取書ニハ其謄本壹枚五錢其他ノ謄本ヲ下付スル時差出ス受取書ニハ其謄本壹枚三錢ノ割合ヲ以テ印紙ヲ貼用ス可シ
但裁判言渡書ノ謄本ハ壹枚十二行一行十二字詰其他ノ謄本ハ壹枚二十行一行十八字詰トス
第七條　勸解ニ於テハ一件每ニ勸解表ニ署名ノ時貳拾錢ノ印紙ヲ貼用ス可シ
第八條　此規則ニ依リ貼用シタル印紙ノ代價ハ曲者ヨリ直者ニ辨償ス可キモノトス
第九條　印紙ノ種類定價及ヒ貼用方ハ布達ヲ以テ之ヲ定ム
第十條　印紙ハ管轄廳ノ許可ヲ得タル賣捌所ニ於テ發賣セシム其他ニ於テ賣買スルコトヲ得ス
第十一條　官許賣捌所外ニ於テ印紙ヲ販賣シタル者ハ二十圓以上二百圓以下ノ罰金ニ處シ仍ホ現在ノ印紙ヲ沒收ス其情ヲ知テ之ヲ買取シタル者ハ十圓以上百圓以下ノ罰金ニ處シ仍ホ現在ノ印紙ヲ沒收ス
第十二條　前條ノ規則ヲ犯シタル者ニハ刑法ノ不論罪及ヒ減輕再犯加重數罪俱發ノ例ヲ用ヒス

第六號布達參看

六

十八年第三十號布告ニ依リ消滅

十九年第一號布告ヲ以テ函館札幌根室三縣ヲ廢シ北海道廳ヲ置ク

四月五日大藏省番外達參看

二十二年法律第三十號ヲ以テ第一條但書改正

十八年大藏省第三號達參看

二十二年法律第三十號ヲ以テ第三條第一項第二類改正

明治十七年三月　太政官　布告　第六號　第七號（地租條例）

○第六號（三月十四日　大藏卿副署）
明治十年十一月第七拾九號布告第二條第二項左ノ通改正ス
酒類造石稅ハ前項ニ依テ處分シ仍ホ酒造用ノ諸器械物ヲ公賣スルコトヲ得
但酒類並酒造用諸器械物ハ自他ノ所有ヲ問ハス其一部又ハ全部ヲ公賣シテ徵收ス
右奉　勅旨布告候事

○第七號（三月十五日　大藏卿副署）
地租條例別册ノ通制定シ明治六年七月第貳百七拾貳號布告地租改正條例及地租改正ニ關スル條規其他本條例ニ牴觸スルモノハ廢止ス
但東京府管轄伊豆七島小笠原島函館縣沖繩縣札幌縣根室縣ハ當分從前ノ通タルヘシ
右奉　勅旨布告候事

（別册）

地租條例

第一條　地租ハ地價百分ノ二箇半ヲ以テ一年ノ定率トス
但本條例ニ地價ト稱スルハ地券ニ揭ケタル價額ヲ謂フ
（改正）但本條例ニ地價ト稱スルハ土地臺帳ニ揭ケタル價額ヲ謂フ
第二條　地租ハ年ノ豐凶ニ由リテ增減セス
第三條　有租地ヲ區別シテ三類ト爲ス
第一類　田、畑、郡村宅地、市街宅地、鹽田、鑛泉地、
第二類　池沼、山林、原野、雜種地、
（改正）第二類　池沼、山林、牧場、原野、雜種地、

七

〈法規17〉

勸解略則

十九年勅令第四十號二十三年法律第二十九號ニ依リ消滅

明治十七年六月七月　司法省　達　丁第二十三號　丁第二十四號

但之ヲ區町村會法改正以前評決シタル經費ノ總納者ハ本年第拾五號布告ニ據リ處分スルノ限リニ無之儀ト可相心得事
明治十七年六月十七日

○丁第二十三號（六月二十四日）
始審裁判所
治安裁判所
勸解略則左ノ通相定候條此旨相達候事
勸解略則
第一條　治安裁判所ニ勸解掛ヲ置キ專ラ訴訟事件ヲ勸解セシム
第二條　勸解掛ハ判事補二名ヲ以テ之ニ充ツヘシ
但治安裁判所長ハ隨時勸解掛トナリ勸解ヲ爲スコヲ得
第三條　勸解掛ハ年齡三十以上ノ者ニ非レハ之ニ充ツルコヲ得ス
第四條　第二條ノ人員ニ不足アル時又ハ其人員ニテ不足スル時ハ他ノ判事判事補又ハ出仕ヲ以テ之ヲ補フヘシ
第五條　勸解ヲ爲スニハ勉テ願人被願人ノ實情ヲ得ルニ注意シ雙方ヲ勸誘調和セシムルヲ主トスヘシ
第六條　勸解ノ手續ハ從前ノ通タルヘシ

○丁第二十四號（七月二日）
裁判所
今般全國違警罪規則違犯者取調方ニ付別紙寫之通外務卿ヨリ依賴相成候條甲乙二表ニ據リ至急取調來ル八月中旬マテニ當省ヘ可差出此旨相達候事
（別紙）
明治十四年一月ヨリ同十六年十二月ニ至ル迄全國ノ各裁判所ニ於テ執行相成タル都テノ規則犯罪處分ニシテ其規則ノ何條ニ觸レ何圓ノ科料罰金及ヒ何日ノ禁錮ニ處セラレタル儀登記ノ分必要致候ニ付右至急取調ノ上明細ニ報告致候樣各裁判所ヘ御過達相成度此段及御依賴候也
明治十七年六月十六日
外務卿井上　馨
司法卿山田顯義殿

甲
用紙美濃紙
明治十四年一月ヨリ同十六年十二月ニ至ル規則犯罪者處分表

一二五六

犯罪ノ性質	[illegible]		
科料	[illegible]人		
罰ヲ科シタル被告人員　罰金　二圓以上十圓以下	[illegible]人		
十圓以上二十圓以下			
二十圓以上三十圓以下			
三十圓以上四十圓以下			
四十圓以上五十圓以下			
五十圓以上六十圓以下			
六十圓以上七十圓以下			
七十圓以上八十圓以下			
八十圓以上九十圓以下			
九十圓以上百圓以下			
百圓以上百五十圓以下			
百五十圓以上二百圓以下			
二百圓以上二百五十圓以下			
二百五十圓以上三百圓以下			
三百圓以上三百五十圓以下			
三百五十圓以上四百圓以下			
四百圓以上四百五十圓以下			
四百五十圓以上五百圓以下			
五百圓以上六百圓以下			
六百圓以上七百圓以下			
七百圓以上八百圓以下			
八百圓以上九百圓以下			
九百圓以上（ノモノ）			
[illegible]			

明治十七年七月　司法省　達　丁第二十四號

一二五七

明治九年九月　司法省　達　達第六十六號

十七年司法省丁第二十三號達參看

十三年司法省丁第十七號達ヲ以テ但書改正

十年第五號布告參看

但シ本支廳所在ノ地ハ其庁內ニ於テ一庭ヲ設ケ若クハ日時ヲ分チ該廳ノ庭ヲ用ヒ區裁判所ノ務ヲ行ハシムヘシ

第二條　民事ハ金額百圓ヲ以テ極ト爲ス百圓以下ハ該地方ノ便宜ニ隨ヒ其程限ヲ定ムルヲ得ヘシ

但シ其土地人事等ニ係ル者モ便宜ニ隨ヒ預シメ程限ヲ定メ裁判スルヲ得ヘシ

第三條　刑事ハ懲役三年ヲ以テ極ト爲ス三年以下ハ地方ノ便宜ニ隨ヒ其程限ヲ定ムルヲ得ヘシ其或ハ事情繁難ナル者ハ審案ヲ具シテ本管庁ノ決ヲ取ル可シ

第四條　民事ニ於テ控訴スル者ハ明治八年第九十三號布告ニ照シ直チニ上等裁判所ニ出サシムヘシ

第五條　違警罪ヲ除クノ外刑事ニ於テ上告スル者ハ明治八年第九十三號布告ニ照シ直チニ大審院ニ出サシムヘシ

第六條　凡ソ民事ニ係ルモノハ金額ノ多少事ノ輕重ニ拘ハラス詞訟人ノ情願ニ任セ之ヲ勸解スヘシ

第七條　勸解ヲ乞フ者ハ訴狀ヲ作ルニ及ハス直チニ該廳ニ願出テ其事由ヲ陳述スルヲ得セシムヘシ

第八條　勸解ハ雙方トモ必ス本人自カラ出願セシム可シ

但シ疾病事故等ニテ已ヲ得サル時ハ其代人トシテ親戚又ハ定マリタル雇人ヲ出サシムヘシ

（改正）但シ疾病事故等ニテ已ヲ得サル時ハ相當ノ代人ヲ出サシムヘシ其代人タル者ハ一事件ヲ限リ受任スヘシ

第九條　凡ソ勸解ハ必シモ定規ニ拘ハラサル者トス

但勸解ト雖モ其ノ不參若クハ遲參ニ係ル者ハ裁判所成規ニ據リ處分スヘシ

一四〇二

明治九年十月　司法省　達　達第六十七號　達第六十八號　達第六十九號　達第十七號

十四年第五十三號布告第二號布達ニ依リ消滅

○達第六十七號（十月十二日）

支廳並區裁判所稱呼ノ儀ハ總テ其地名ヲ冠シ（何裁判所何地支廳）（何地區裁判所）ト相稱可申此旨相達候事

地方裁判所

十三年第三十六號布告ニ依リ消滅

○達第六十八號（十月十四日　輪廓附）

身代限ヲナス者詐欺ノ所爲ヲ以テ債主ノ損害ヲナシ及ヒ其詐欺ノ所爲ヲ助ケ爲ス者ハ固ヨリ刑法ニ於テ其罪ヲ問フヘキハ兼テ心得モ可有之候得共尙ホ爲念此旨相達候事

大審院
各上等裁判所
地方裁判所

[illegible]三十八號布告ヲ以テ改正

○達第六十九號（十月十七日）

本月九日浦和裁判所開廳候條爲心得此旨相達候事

大審院
上等裁判所
地方裁判所
廳府縣

十年內務省乙第八十六號達十一年第十九號布告ニ依リ府縣裁判所臨入費ノ稱消滅

○達第七十號（十月十八日）

身代限處分ノ節臨入費取立方ノ儀ニ付別紙ノ通御達有之候條爲心得此旨相達候事

大審院
上等裁判所
地方裁判所

（別紙）

別紙內務省伺身代限處分ノ節臨入費取立方ノ儀朱書ノ通及指令候條爲心得此旨相達候事

司法省

一四〇三

明治十七年一月二月　太政官　布告　第三號　第四號　第五號

栃木縣廳位置ヲ下野國河內郡宇都宮ニ改定ス

右奉　勅旨布告候事

○第三號（二月二十六日　內務卿連署）

明治十一年七月第拾七號布告郡區町村編制法ニ依リ宮崎縣下日向國臼杵郡那珂北諸縣ノ三郡ヲ左ノ通分割ス

西臼杵郡　東臼杵郡
北那珂郡　南那珂郡
北諸縣郡　西諸縣郡　東諸縣郡

右奉　勅旨布告候事

二十年勅令第六號ヲ以テ廢止

○第四號（二月十六日　大藏卿連署）

根室縣下千島國及北見國紋別常呂網走斜里ノ四郡ニ於テハ昆布稅收穫高ノ現品一割ヲ徴收シ函館縣下渡島國松前郡ニ於テハ帆立貝稅收穫高ノ現品二割ヲ徴收ス但本年五月一日ヨリ施行ス

右奉　勅旨布告候事

〈法規16〉民事訴訟用印紙規則

大藏省第十七號達參看

○第五號（二月二十三日　司法卿連署）

民事訴訟用印紙規則別紙ノ通制定シ明治十七年四月一日ヨリ施行ス

但明治八年十二月第百九十六號布告訴訟用罫紙規則ハ右施行ノ日ヨリ廢止ス

右奉　勅旨布告候事

（別紙）

民事訴訟用印紙規則

第一條　凡ソ民事訴訟ノ書類ニハ此規則ニ從ヒ印紙ヲ貼用スルモノトス

四

明治十七年二月　太政官　布告　第五號

第二條　訴狀ニハ正本一通ニ付請求ノ金額若クハ價額ニ應シ左ノ區別ニ隨ヒ其受付ノ時ニ於テ印紙ヲ貼用ス可シ

金額價額	
五圓マテ	貳拾錢
同　拾圓マテ	三拾錢
同　貳拾圓マテ	六拾錢
同　五拾圓マテ	壹圓五拾錢
同　七拾五圓マテ	貳圓貳拾錢
同　百圓マテ	三圓
同　貳百五拾圓マテ	六圓五拾錢
同　五百圓マテ	拾圓
同　七百五拾圓マテ	拾三圓
同　千圓マテ	拾五圓
同　貳千五百圓マテ	貳拾圓
同　五千圓マテ	貳拾五圓

同　五千圓以上ハ千圓マテ毎ニ貳圓ヲ加フ

控訴ニ於テハ右半額上告ニ於テハ全額ノ印紙ヲ加貼ス可シ

第三條　人事其他金額ニ見積ル可ラサルモノハ三圓ノ印紙ヲ貼用ス可シ其控訴上告ニ於テ加貼スルハ前條ニ同シ

但人事ニ於テハ極貧ノ者ニシテ戸長ノ證書ヲ所持スル者ハ裁判官ニ於テ印紙ノ貼用ヲ免スルコトアル可シ

五

代言營業仕度ニ付御試驗之上免許被成下度此段奉願候也

本貫住所寄留ナル時ハ其寄留所ヲ記入ス可シ
身分
氏　名
年齢

年號月日　右　氏名印

司法卿某殿

前書ノ通出願候ニ付キ奥印致候也

右戸長又ハ區長　氏名印

履歴書

本貫住所寄留ナル時ハ其寄留所ヲ記ス可シ
身分
職業
氏　名
年齢

一地名身分何某ニ隨ヒ何年ヨリ何年迄何學修行何某ニ隨ヒ何技術ヲ修行
一何年月日何官職ニ任シ何年月日免官辭職
一何年月日何々ノ廉ヲ以テ何廳ヨリ賞典ヲ受ク

一何年月日何々ノ犯罪ニ依リ何ノ刑ヲ受ク
一何年月日身代限リノ處分ヲ受ケ何年月日辨償ノ義務ヲ終フ

右之通ニ御座候也

年號月日　氏名印

代言引續願免許狀紛失氏名改換ノ時ノ願書モ此式ニ倣フ可シ

引續代言營業仕度候ニ付免許狀御下付被下度此段奉願候也

本貫住所寄留ナル時ハ其寄留所ヲ記ス可シ
免許代言人　氏名印

年號月日

司法卿某殿

十七年第一號布達ヲ以テ改正

○甲第二號（五月十三日 輪廓附）

明治九年甲第一號但書同年甲第四號ヲ以テ詞訟代人ノ儀相達シ置候處今般代言人規則改正ニ付右代人ノ儀左ノ通リ可相心得此旨布達候事

詞訟ニ付原被告又ハ引合人等疾病事故アリ出頭シ難キ時又免許代言人之ナキ歟又ハ已ムヲ得サルノ事情アリテ代言人ニ代言ヲ委託シ難キ場合ニ於テハ戸長又ハ區長ノ公證ヲ以テ親屬又ハ相當ノ者ヲ代人ト爲スヲ得然レトモ其代人タル者ハ一事件ヲ限リ受任スヘシ若シ二件以上ヲ受任シ又ハ詞訟ヲ敎唆シ私利ヲ營ム等ノ事アル時ハ裁判官ニ於テ直ニ其代人ヲ停止スヘシ

達

○丙第一號（二月二十日 輪廓附）

（乙第一號乃至乙第三十五號達ハ入相書略ス）

大審院　諸裁判所

地所並建家書入質證書調理ノ際ニ當リ其地主及ヒ建屋主實印差向不見當又ハ紛失代リ彫刻中ニテ右證書至急ヲ要スル節ハ其書入質取主承諾ノ上書入質主ノ父兄又ハ請人證人ニ代印爲致後日自己ノ實印刻成ノ上證書ニ改候歟又ハ書入質取主承諾ノ上ハ其儘据置候共不苦候哉右ハ即今伺出ノ向モ有之ニ付至急御指揮有之度相伺候也

明治九年四月廿日　山梨縣令藤村紫朗

内務卿大久保利通殿

十三年第三十七號布告ニ依リ消滅

○達第六十四號（八月二十八日 輪廓附）

大審院
各裁判所
裁判所ヲ置カサル各縣

斷罪證據ノ儀ハ各其心得モ可有之候得共爲念左ニ相示候條此旨相達候事

斷罪證據

第一　被告人眞實ノ白狀
第二　被告人又ハ其他ノ文通又ハ手筆ノ文書
第三　相當官吏ノ檢視明細書
第四　證左及參考ノ陳述
第五　裁判所ヨリ任シタル鑒定人ノ報告
第六　證據物品
第七　徵驗（佛語アンデス）
　事實ノ推測（佛語プレソンプレオンド、ヂュー）
　顯迹（佛語エヴィダンス）

第八　法ノ推測（佛語プレソンプシオン、レガル）
　前件ノ證據ニ依リ罪ヲ斷スルハ專ラ裁判官ノ信認スル所ニアリ

十二年司法省甲第一號布達ニ依リ消滅

○達第六十五號（九月十九日 輪廓附）

府　縣

代言人免許願狀並試驗書類トモ今後一年兩次四月十月ニ取纏メ當省ヘ差出スヘシ

但本年分ハ來ル十一月限差出スヘシ

已ニ免許狀ヲ與ヘタル代言人期限後引續其職務ヲ行ハンコトヲ願ヒ出ツルモノハ試驗ヲ要セス前條兩次願狀ヲ當省ヘ差出スヘシ

右相達候事

〈法規15〉

十三年第三十七號布告十四年第五十三號布告第八十三號布告ニ依リ以下第五條マテ消滅

区裁判所仮規則

○達第六十六號（九月二十七日）

地方裁判所

今般第百十四號御布告ヲ以テ地方裁判所改置候ニ付テハ左ノ通可相心得此旨相達候事

一各管下便宜ノ地ヲ擇ヒ區畫ヲ定メ支廳ヲ設ケ代理官ヲ置キ當分府縣裁判所章程ニ照シ事務可取扱事

但其代理タルモ死罪並懲役終身ノ批可ヲ乞ヘキ者ハ都テ本廳所長ノ處分ニ屬ス其他事情繁難ナル者亦所長ノ決ヲ取ヘシ

一本廳並支廳管内ニ區畫ヲ定メ區裁判所ヲ置キ勸解等ノ事務取扱ヘキ事

但裁判支廳假規則ヲ改メテ區裁判所假規則トシ更ニ別冊ノ通正ヲ加ヘ候條都テ右ニ照準施行スヘシ

（別冊）

區裁判所假規則

第一條　區裁判所ハ土地ノ便宜ニ隨ヒ其區ヲ畫シ之ヲ置クヘシ

第五條 免許ヲ受ケシ者ハ必ス第二款ニ揭クル所ノ代言人ノ組合ニ入リテ其規則ヲ守ル可シ若シ一時他管ニ出テ代言ヲ爲スヿハ其地組合ノ規則ヲ遵守ス可シ

第六條 代言人新ニ免許ヲ受ケシ時及ヒ他ノ地ニ轉住セント欲スル時ハ其業ヲ爲ス所ノ裁判所及ヒ檢事（檢事ナキ地ハ檢事ノ職務ヲ擧行スル者以下之ニ倣フ）竝ニ議會長ニ其旨ヲ屆ケ廢業ノ時ハ免許狀ヲ檢事ニ返納ス可シ

第七條 代言免許ハ滿一年（月ヲ以テ算フ）ヲ以テ限トシ免許料ハ金拾圓トス其業ヲ繼續セント欲スル者ハ每年免許料ヲ納ム可シ既ニ納メタル免許料ハ廢業停業除名ノ時ト雖ト之ヲ還付セス

第八條 新規出願ノ者ハ免許狀ヲ受ル時免許料ヲ直チニ檢事ニ納ム可シ引續出願ノ者ハ必ス免許期限ノ盡ル前願書ニ免許料ヲ添ヘ檢事ニ差出ス可シ但右手續ヲ爲シタルトハ期限後ニ係リ未タ免狀ノ下付有ラサルモ其儘代言ヲ爲スヲ得可シ

第九條 免許料ヲ納メサルヲ以テ免許ヲ得ス又ハ期限前ニ於テ引續願ヲ爲サスシテ免許ノ効ヲ失ヒシ者再ヒ代言ヲ爲サント欲スル時ハ新規出願ノ手續ニ循フ可シ

第十條 免許狀ヲ紛失シ又ハ氏名ヲ改メシ者ハ更ニ免許狀下付ノ願ヲ檢事ニ出ス可シ但願書ノ副本ニ檢事ノ檢印ヲ受ケ置キ引替免許狀下付迄ハ之ヲ以テ免許代言人タルノ證ト爲ス可シ

第十一條 代言ヲ爲スニハ必ス詞訟本人ノ委任狀ヲ受ク可シ

第十二條 代言人ノ懲罰ハ第三款ニ依テ處分ス可シ

第十三條 代言人ノ所業ニ因リ生シタル詞訟本人竝ニ相手方關係人ノ損害ハ其代言人ニ於テ之ヲ償フ可シ

第二款 議會

第十四條 代言人ハ各地方裁判所本支廳所轄每ニ一ノ組合ヲ立テ議會ヲ設ケ左ノ目的ヲ以テ規則ヲ定メ契約ヲ固クス可シ但組合ハ各裁判區ノ廣狹遠近ニ依リ檢事ノ見計ヲ以テ之ヲ分合スルヿアル可シ

一 互ニ風儀ヲ矯正スル事

二 名譽ヲ保存スル事

三 法律ヲ研究スル事

四 誠實ヲ以テ本人ノ依賴ニ應スル事

五 强テ本人ノ權利ヲ揑造セサル事

六 妄リニ言詞ヲ變改セサル事

七 故ナク時日ヲ遷延セサル事

八 相當謝金ノ額ヲ定ムル事

但該規則ハ必ス檢事ノ照閱ヲ經可シ其改正增補モ亦之ニ同シ

第十五條 組合每ニ會長一名副會長一名又ハ二名ヲ每年第一次會ニ於テ投票ノ多數ヲ以テ定ム可シ若シ投票ノ數相均シキ時ハ先キニ免許ヲ得タル者ヲ以テシ其時日相同シキ時ハ年長ノ者ヲ以テ之ニ充ツ可シ

第十六條 會長ハ議會ノ管理ヲ爲シ副會長ハ會長ヲ補助シ會長差支アル時ハ之カ代理ヲ爲ス可シ其任期ハ各滿一年トス但每期投票多數ヲ得ル者ト雖ト其職務ヲ繼續スルハ三期ヲ以テ限リトス

第十七條 第二十二條ニ記載シタル條件ヲ犯ス者アル時ハ各代言人ハ之ヲ會長ニ報告シ會長ハ之ヲ檢事ニ告發ス可シ

若シ會長告發ヲ遷延シ又ハ其所犯會長ニ係ル時ハ各代言人ヨリ直チニ檢事ニ告發ス可シ

第十八條 議會ヲ開クハ每年二次ヲ以テ定例ト爲シ其日數一次十五日ヲ過クルヲ得ス若シ巳ムヲ得サル場合ニ於テ期日ヲ延サントスルカ又ハ臨時會ヲ開カントスル時ハ必ス檢事ノ認可ヲ受ク可シ但其會費ハ各代言人ニ於テ之ヲ擔當スル者ト爲ス

第十九條 會長ハ組合總員ノ名簿ヲ作リ其本貫族籍住所年齡及ヒ代言免許ノ年月日ヲ記シ轉住廢業懲罰ノ事アル每ニ其旨ヲ記ス可シ

第二十條 議會中詞訟事件ニ付參會スルヲ得サル場合ニ於テハ其旨ヲ會長ニ屆出ツ可シ

第二十一條 會長及ヒ副會長ト雖ト代言ノ職業ニ付テハ一般ノ代言人ト異ナルナシ

第三款 懲罰

第二十二條 代言人左ノ條件ヲ犯ス時ハ輕重ヲ量リ第二十三條及ヒ第二十四條ニ依テ懲罰ス可シ

一 訟廷ニ於テ現行ノ法律ヲ誹議スル者

二 訟廷ニ於テ官吏ニ對シ不敬ノ所業ヲ爲ス者

三 訟廷ニ於テ相手方ヲ凌辱罵詈シタル者

四 詞訟ヲ敎唆シタル者

五 證據ト爲ル可キ者ヲ揑造シタル者

六 他人ノ詞訟ヲ買取リ自己ノ利ヲ圖ル者

七 强テ謝金ヲ前收シ又ハ過當ノ謝金ヲ貪リタル者

八 故ラニ時日ヲ遷延シ詞訟本人竝ニ相手方關係人ノ妨害ヲ爲シタル者

九 議會組合ノ外私ニ社ヲ結ヒ號ヲ設ケ營業ヲ爲シタル者

十 議會ニ於テ定メタル取締規則ヲ犯シタル者

第二十三條 懲戒ノ目次左ノ如シ

一 譴責

二 停業

三 除名

第二十四條 所犯法律ニ該ル者ハ法律ニ依テ處斷シ仍ホ第二十三條ノ罰目ヲ併科スルヿアル可シ

第二十五條 譴責ハ止タ呵責シテ業ヲ停メス停業ハ一月以上一年以下其業ヲ停メ除名ハ代言人名簿ノ名ヲ除キ三年ヲ經ルノ後ニ非サレハ復タ代言人タルヲ得ス若シ其所犯ノ情狀重キ者ハ終身之ヲ許サス

第二十二條ノ懲罰ヲ受ケタル者アルトキハ其旨ヲ裁判所ノ扣所ニ揭示ス可シ

第四款 出願

第二十六條 代言免許ヲ願フ者ハ第二十九條ノ書式ニ倣ヒ願書ヲ作リ現住戸長（又ハ區長）ノ奥印ヲ受ケ履歷書ヲ添ヘ其所轄ノ檢事ニ差出シ定式ノ試驗ヲ受ク可シ

二十年司法省告示第一號二十一年同告示第二十五號參看

第二十七條 出願定月

二月 八月 各上半箇月ヲ以テ限リト爲ス

第二十八條 試驗ノ課目左ノ如シ

一 民事ニ關スル法律

二 刑事ニ關スル法律

三 訴訟ノ手續

四 裁判ニ關スル諸規則

第二十九條 願書及ヒ履歷書書式

代 言 願

甲第十號布達ヲ以テ第十六條追加

ハ更ニ代言人タルヲ許サス

第十五條　此規則ニ揭クル所ノ者ハ他ノ法律成規ニ相觸ルヽコトナシ

十七年第五號布告ニ依リ消滅

○甲第二號（三月十二日　輪廓附）

明治八年太政官第百九十六號公布訴訟用罫紙ヲ刑事ノ告發狀等ニ相用候者有之哉ニ候處右ハ民事訴訟ニ限リ候儀ト可相心得此旨布達候事

十三年司法省甲第一號布達ニ依リ消滅

○甲第三號（三月三十一日　輪廓附）

甲第十四號布達ヲ以テ文中改正

代言人規則第四條但書左ノ通改正候條此旨布達候事

但免許狀ヲ得タル者ハ必ス該裁判所所在ノ地三里內ニ住居スヘシ尤既ニ該裁判所ニ免許ヲ得レハ其管下支廳ハ遠近ニ拘ハラス代言ヲ爲スヲ得ヘシ

十三年司法省甲第一號甲第二號布達ヲ以テ規則改正

○甲第四號（四月十日　輪廓附）

本年當省甲第一號布達中ノ儀ニ付左ノ通可相心得候條此旨更ニ布達候事

布達但書ニ代人ノ儀掲載候處何レモ一般人民ノ雇人十ケ月以上不斷雇置候者ニ限リ至親同樣代人トナスヲ得ヘシ總テ代人並代言人ヲ出ス場合ニハ委任狀ヲ渡シ又ハ訴狀ニ奧書可致儀ト心得ヘシ規則第六條控訴代言ノ儀但書ニ掲載候處其初告ノ代言ヲ爲シタル事件ニ付大審院ヘ上告ノ代言ヲ爲ス者モ同斷ト心得ヘシ

十七年司法省甲第一號布達ヲ以テ訴訟用紙及行數等ヲ改ム參看

○甲第五號（四月二十二日　輪廓附）

訴訟入費償却規則左ノ通改正候條此旨布達候事

第一條

訴狀其外書類謄寫料　一枚十六行十五字詰ニ付拾錢　但シ一枚以下モ同償

右定限

第一　原告人ノ訴狀ノ正本副本

第二　被告人ノ答書ノ正本副本

第三　訴狀亦ハ答書中ニ記載シ難キ證據ノ書類ノ寫

第四　審判中ニ原告又ハ被告ヨリ差出シタル證據ノ書類ノ寫

第五　訴訟中訴狀ニ關係スル事件ニ付原被雙方往復ノ文書

十二年司法省甲第二號布達ヲ以テ第二條差添人ノ付箋除以下削之

第二條

證人幷ニ引合人差添人手當　一日ニ付五拾錢

但シ八里以外ヨリ罷出止宿ノ者ハ二拾五錢ヲ增ス

右定限

裁判所ニ出席ヲ爲シタル日

甲第六號布達ヲ以テ第三條ハ執行及ハストス

第三條

證人幷引合人差添人滿八里以外ノ地ヨリ來リ滯留中ノ手當　一日ニ付五拾錢

第四條

證人幷引合人差添人旅費滿八里ニ付拾錢歸路モ同斷

但シ八里ヲ越レハ每滿一里ニ付拾錢

右定限

第一　兩線ノ官道甲路ハ遠ク乙路ハ近キ時ハ現ニ甲路ヲ經ルト雖モ乙路ヲ以テ計算ス可シ

第二　本條ハ日本國管內ヲ通行スル者ノ爲メ設ク

第五條

原告人又ハ被告人直ナル者ノ手當　一日ニ付五拾錢

十五年工部省第一號達十八年農商務省第四號達十九年農商務省訓令第五號ニ依リ消滅

達　府　縣

○第一號（四月二十七日　輪廓附）

諸鑛山稅當濟帳雛形ノ儀去ル明治九年當省第　號ヲ以相達候處今般別紙ノ通改正候條明治十二年分ヨリ右ニ照準取調稅金上納ノ節無遲滯可差出且事故有之稅金未納ノ分後年徵收ノ節ハ該年度本稅皆濟帳ヘ合算記載ノ上別紙書式ノ通仕譯書相添可差出此旨相達候事（別紙略ス）

丙第八號達參看

十四年司法省甲第二號布達ヲ以テ四改正第八十號布告參看

代言人規則
改正

司法省
布達

○甲第一號（五月十三日　輪廓附）

明治九年當省甲第一號代言人規則左ノ通改正候條此旨布達候事

但該規則ニ抵觸スル從前ノ布達ハ總テ廢止タル可シ

代言人規則

第一款　總則

第一條　代言人ハ法令ニ於テ代言ヲ許サレタル詞訟ニ付テ原告又ハ被告ノ委任ヲ受ケ其代言ヲ爲ス者トス

第二條　代言ノ業ヲ爲サント欲スル者ハ第四款ニ揭クル所ノ手續ニ依リ定式ノ試驗ヲ經テ司法卿ノ免許ヲ受ク可シ

第三條　免許ヲ受ケシ代言人ハ大審院及ヒ諸裁判所ニ於テ代言ヲ爲スヲ得

第四條　代言人ノ免許ヲ得ル能ハサル者左ノ如シ

一　未丁年者

二　身代限リノ處分ヲ受ケ未タ辨償ノ義務ヲ終ヘサル者

三　盜罪詐僞罪ニ付刑ヲ受ケタル者

四　國事犯ヲ除クノ外懲役若クハ禁獄一年以上ノ刑ヲ受ケタル者

（改正）四　懲役禁獄一年以上ノ刑ニ處セラレタル者

五　官吏准官吏及ヒ公私ノ雇人

甲第四號布達達第二十五號達參看十三年司法省甲第一號布達ヲ以テ規則改正同甲第二號布達ニ依リ但書消滅

〈法規14〉

代言人規則

司法省布達

○甲第一號　（二月二十二日　輪廓附）

今般代言人規則別紙ノ通相設ケ候條來ル四月一日ヨリ以後ハ右規則通リ免許ヲ經サル者ヘ代言相頼候儀不相成候條此旨布達候事

但四月一日以後代言人無之且本人疾病事故ニテ不得已場合ニ於テハ其至親（父子兄弟又ハ叔姪）ノ内之ニ代ルヲ得ヘク若シ至親無之者ハ區戸長ノ證書ヲ以テ相當ノ代人ヲ出スモ不苦

（別紙）

代言人規則

第一條　凡ソ代言人タラントスル者ハ先ツ專ラ代言ヲ行ハント欲スル裁判所ヲ示シタル願書ヲ記シ所管地方官ノ檢査ヲ乞フヘシ地方官之ヲ檢査スルノ後狀ヲ具シテ司法省ニ出ス然ル後其許スヘキ者ハ司法卿之レニ免許狀ヲ下付ス

第二條　代言人ヲ檢査スルハ左ノ件々ニ照スヘシ

一　布告布達沿革ノ概略ニ通スル者

二　刑律ノ概略ニ通スル者

三　現今裁判上手續ノ概略ニ通スル者

四　本人品行並ニ履歴如何

第三條　免許ヲ與フヘカラサル者左ノ如シ

一　懲役一年以上實決ノ刑ニ處セラレシ者

甲第三號布達ヲ以テ第四條中但書改正

甲第十一號布達參看

甲第九號布達ヲ以テ第九條削除

二　身代限ノ處分ヲ受ケシ者

三　其地方內ニ定マリタル住居アラサル者

四　官職アル者

但准官吏タル者モ亦同

五　諸官員華士族及ヒ商家其他一般ノ雇人タル者

但雇主承諾ノ證書アル者ハ此限ニアラス

第四條　既ニ免許狀ヲ與フレハ之ヲ司法省並各裁判所ノ代言人名表ニ登載ス

但免許狀ヲ得タル者ハ必ス該裁判所所在ノ地大區內ニ住居スヘシ

第五條　免許狀ヲ得タル者ハ免許料トシテ金拾圓ヲ司法省ニ納メシム

但免許ハ一年ヲ以テ限リトス若シ引續其職務ヲ行ハント欲スル者ハ滿期ノ節更ニ免許ヲ受クヘシ

第六條　代言人代言ヲ爲スハ必スシモ同管轄ノ者ニ限ラス都テ雙方ノ協議ニ任スヘシ

但免許セラレタル該裁判所ノ外ハ代言ヲ爲スヲ得スト雖モ其或ハ控訴等ニテ從前手續ヲ以テ他ノ裁判所ヨリ上等裁判所ニ出ルカ如キハ此限ニアラス

第七條　代言人ヨリ訴訟本人ニ對シ不正不實ノ證アル時ハ本人ヨリ何時ニテモ裁判所ヘ其由ヲ屆ケタル上ニテ代言ヲ辭シ更ニ他ノ代言人ヲシテ代言セシムルヲ得ヘシ

第八條　代言人ハ訟庭ニ於テ其訴答往復書中ノ趣意ヲ辨明シ裁判官ノ問ニ答フル者トス若シ其辨論端緒ヲ失シ詞訟ノ本旨ヲ紊亂シ裁判ノ妨碍トナル時ハ裁判官之ヲ制止スルヲ得ヘシ

第九條　若シ訴答書中遺漏ノ件アル時ハ更ニ書取リヲ差出サシメタル上ニ非サレハ代言人其事ヲ辨明スルヿヲ得ス

第十條　裁判官ノ許可ヲ得ルニ非サレハ訟庭上原被雙方互ニ辨論スルヲ得ス

第十一條　告達諸規則ノヿニ付裁判官ニ向テ旨趣ヲ陳述スルヲ得ヘシト雖モ其是非及ヒ立法ノ原旨ヲ論議スルヲ得ス

第十二條　代言人疾病事故アリテ本日出席スル能ハサレハ必ス裁判所ヘ其旨ヲ屆出ヘシ若シ代言人故ナク出頭セスシテ聽訟延期スル時ハ訴訟本人ノ爲メ並ニ相手方ノ爲ニ延期ヨリ生シタル費用ヲ償ハシムヘシ

第十三條　代言人ノ謝金ハ代言人其訴訟本人トノ協議ヲ以テ其高ヲ預定スル者トス

第十四條

一　訟庭ニ於テ國法ヲ誹議シ及ヒ官吏ヲ侮凌スル者

二　訟庭ニ於テ朦察詐僞ノ辨ヲ爲ス者

三　相手方ヲ惡言淩罵シ其面目名譽ヲ汚ス者

四　謝金ヲ前收シ又ハ過當ノ謝金ヲ貪ル者

五　他人ノ貸借取引等ノ詞訟ヲ買取リ自己ノ利ヲ圖ル者

六　詞訟ヲ教唆スル者

七　故ラニ時日ヲ遷延シテ訴訟本人ノ妨害ヲ爲ス者

右ノ如キ者ハ其輕重ヲ量リ裁判官直チニ之ヲ罰スルヲ得其罰目左ノ如シ

一　譴責

二　停業（一月以上一年以下）

三　除名（三年ヲ經ル後ニ非レハ復代言人タルヲ許サス）

但其罪重キ者ハ律ニ依テ處斷シ本條罰目ト併セ科スルヿヲ妨ケス尤第三條第一項ニ觸ルヽ者

九年司法省達第三號達除棄著

シ取調正副兩通翌月十五日迄ニ同所檢事ヘ指出可申事

但處決囚ノ内懲役終身並死刑ノ分ニ限リ別ニ罪案寫一通宛相添可申事

本文諸表開廳以來本月迄ノ分並來十一月分ニリ指出方之儀前條但書之通可相心得事

一巡回裁判之分取扱刑事取調書ハ一手毎ニ一巡週畢リ歸所之上十五日限リ同書檢事ヘ指出可申處決表ハ月毎ニ造リ巡廻裁判中直ニ處決スルト巡廻後大審院批可濟決行スルトヲ問ハス巡廻裁判ニ列スル府縣判事ヨリ正副兩通宛并ニ處決囚罪案寫一通宛相添（處決囚罪狀等取調書ハ指出ニ不及）翌月十五日迄ニ其所轄上等裁判所ヘ相廻同所長檢閲表隅ヘ押印同所檢事ヘ指出可申事

但六年四月當省第五十三號ヲ以テ死罪行刑月日可届出旨相達置候趣有之候處巡廻裁判ニ係ル分ハ届出ニ不及尤罪案上ニ何年何月何日何刑決行ト朱書可致候事

前審之趣別紙之通府縣裁判所並裁判所ヲ置サル各縣ヘ相達候條其旨可相心得事

一各表中月ニ依リ記載スヘキ事無之節ハ空表指出ニ不及尤何表ハ何月中記事無之旨其指出期限迄ニ可申出事

一各表摺物向後各上等裁判所檢事ヨリ相渡候條入用之節請取可申事

一各表並書式雛形之内府縣裁判所等ハ通用候分モ有之候ニ付參酌相用ヒ可申事

大審院

十一年司法省丁第二十號達ヲ以テ改正

○第十二號（十一月七日）

每月取扱刑事民事取調書別紙雛形ニ準シ取調正副兩通翌月十五日迄ニ刑事取調書ハ其院檢事ヘ民事取調書ハ當省ヘ指出可申此旨相達候事（別紙略ス）

但開廳以來本月迄ノ分ハ來三十日限指出本月分ヨリ本文期限ノ通指出可申事

各上等裁判所判事檢事

十年第十九號布告ニ依リ消滅

○第十三號（十二月十七日）

今般太政官第百九十號公布相成候ニ付而ハ巡週判事之儀右ニ照準可取扱ハ勿論ニ付是迄死刑見込

十一年司法省丁第二十一號達ニ依リ消滅

居差出候分ハ都テ右公布ニ照シ更ニ當差出目下振出中ノ巡週判事ハ各裁判所各縣ニテ既ニ着手シタル罪案並臨悪等ニ於テ明白ナラスト見込モノハ之ヲ再審シ其他罪迹明白ナリト見込モノハ是又公布ニ照シ當取扱可申此段相達候事

但即今派出ノ判事檢事ヘモ此段可及通達候事

各上等裁判所

○第十四號（十二月十九日）

本年十月第十一號達番裁判濟民事內譯書略雛形中願下ケ等內譯ノ下結局時間並初審廳名左之通朱書ノ分塡補致候條右ニ照準登記可致此旨更ニ相達候事

一願下ケ又ハ何々ノ分

此內譯

結局ニ至ル時間	初審廳名

九年司法省達第六十六號達ニ依リ消滅

〈法規13〉

裁判支庁仮規則

○第十五號（十二月二十八日 輪廓附） 各府縣裁判所

其裁判所管內ニ於テ支廳有之向ハ別紙假規則ニ照シ事務可取扱未タ支廳不被置向ハ設置之見込取調可申立候條此旨相達候事

但右假規則管內ヘ施行之節ハ現今今後共本廳ヨリ一般布達可致事

（別紙）

裁判支廳假規則

第一條 裁判支廳ハ土地ノ便宜ニ隨ヒ其區ヲ畫シ之ヲ置クヘシ必シモ其數ヲ限ラス

但本廳所在ノ地ハ別ニ支廳ヲ置キ又ハ本廳內ニ於テ一庭ヲ設ケ若クハ日時ヲ分チ本廳ノ庭ヲ

用ヒ支廳ノ務ヲ行ハシムルモ皆其便宜ニ隨フヘシ

第二條 民事ハ金額百圓ヲ以テ極ト爲ス百圓以下ハ該地方ノ便宜ニ隨ヒ其程限ヲ定ムルヲ得ヘシ

第三條 刑事ハ懲役三十日以下ト爲ス四十日以上百日以下ニ係ルハ其罪迹明白ナル者ハ便宜處分シ明白ナラサル者ハ審案ヲ具シテ本廳所長ノ決ヲ取ル可シ

第四條 民事ニ於テ控訴スル者ハ本年第九十三號布告ニ照シ直チニ上等裁判所ニ出サシムヘシ

第五條 刑事ニ於テ上告スル者ハ本年第九十三號布告ニ照シ直チニ大審院ニ出サシムヘシ

第六條 凡民事ニ係ルモノハ金額ノ多少事ノ輕重ニ拘ハラス詞訟人ノ情願ニ任セ之ヲ勸解スヘシ

但勸解ハ必シモ定規ニ拘ハラサル者トス

第七條 勸解ヲ乞フ者ハ訴狀ヲ作ルニ及ハス直チニ該廳ニ願出テ其事由ヲ陳述スルヲ得ヘシ

第八條 勸解ヲ乞フ者ハ必ス本人自カラ出頭ス可シ但疾病事故等ニテ已ヲ得サル時ハ其代人トシテ親戚ヲ出スヘシ

九年第四十八號布告ニ依リ消滅

○番外（二月二十日 司法大少丞宛達） 各地裁判所宛

昨七年中第十二號御達相成候ニ付同年八月九日附ヲ以テ司法官吏犯罪處分ノ儀經伺ヲ不論決ヲ本省ニ取候儀ハ從前之通タルヘキ旨及御達置候處右者當省官員出張伺出候節ハ一旦本省ヘ差出シ其取捨ノ決ヲ取リ候儀ニ付右本省ヨリ處分取計方御達相成候上ハ本人現在之地ノ裁判所ニ於テ處分致候儀ト御心得可有之候此段尙又及御通置候也

○番外（三月四日） 各局 各裁判所

別紙之通御達相成候條爲心得此旨相達候事

（別紙）

司法省

別紙大藏省伺舊藩縣管下製造ノ紙幣交換元金請負人ヘ預ケ方證券印紙貼用之儀朱書之通及指令候條爲心得此旨相達候事

明治八年二月八日 太政大臣三條實美

舊藩札五錢未滿押印再發行交換元金請負人ヘ預ケ方證券印紙貼用之儀ニ付伺

昨七年第百二十二號公布相成候舊藩縣管下製造紙幣新貨五錢未滿並以上押印之上再發行分交換之積ニ付追々府縣ヘ交換元金相渡事ヲ施行中ニ御座候然ル處當省ヨリ府縣ヘ相渡候右交換手續書中交換金並引換タル藩札等請負人ヘ相預ケ候ニ付テハ明治六年四百二十七號金穀出納規則布告ニ照準相當ノ抵當物ヲ出サセ可申旨揭載有之候處右抵當品證書ヘ證券印紙貼用之儀ニ付追々府縣ヨリ伺出候ニ付勘辨仕候處右交換元金之儀ハ自餘ノ預ケ金トモ事變リ請負ノ者利益相成候儀モ無之即右ヲ以日々ノ交換ニ宛テ候儀ニテ其藩類ノ交換等融相成而巳ナラス其御用引受候者無之候テハ縣官ニテ處分不仕候テハ不相成儀ニ付右御用中ハ縣官ノ代員トモ見做シ可申程ノ者ニ有之旁該交換元金ニ限リ印紙貼用差免候樣仕度尤伺出候縣々而已免除致シ候テハ區々相成候間藩札交換有之候縣々ヘ別紙之通相達候樣可仕奉存候依之達案相添此段相伺申候至急御指揮有之度候也（伺紙達案ハ二月十二日大藏省達ニ同シ）

明治八年一月十八日 大藏卿大隈重信

太政大臣三條實美殿

伺之通リ

明治八年二月八日

内務省乙第三十六號達除棄著

○番外（三月十二日） 各裁判所

明治八年十二月　太政官　布告　第百九十六號

紙ヲ用フヘキ事

第五條　以上掲ル罫紙ヲ用ヒサル書面ハ裁判官受理セサル事

第六條　裁判所ヨリ原被告人或ハ引合人等呼出狀ハ都テ第五項ノ罫紙ヲ用フヘキ事

第七條　訴訟用罫紙ハ買求差支無之様各府縣管下適宜ノ場所ヘ賣捌所相設クヘキ事

第八條　賣捌所ハ訴訟用罫紙賣捌所ト大書シ官ノ燒印アル看板ヲ掲クヘキ事

第九條　訴訟用罫紙用方並種類定價左ノ通

第壹項　金穀之類

金拾圓　米五石　雜穀拾石　未滿　黄色罫紙　定價壹枚　金壹錢

但シ壹枚十六行一行十五字詰以下皆同シ

金拾圓以上百圓　米五石以上五拾石　雜穀拾石以上百石　未滿　黄綠色罫紙　定價壹枚　金貳錢

金百圓以上五百圓　米五拾石以上貳百五拾石　雜穀百石以上五百石　未滿　橙黄色罫紙　同　金三錢

金五百圓以上千圓　米貳百五拾石以上五百石　雜穀五百石以上千石　未滿　綠色罫紙　同　金四錢

金千圓　米五百石　雜穀千石　以上　黒色罫紙　同　金五錢

第二項　人事ノ類　但家督相續養子離縁等ノコニ關スル訴訟ヲ云フ

第三項　土地并建物ノ類　但地所境界田畑建家等ノ訴訟ヲ云フ　青色罫紙　定價壹枚　金壹錢六厘

四四八

明治八年十二月　太政官　布告　第百九十六號

第四項　雜事ノ類　但以上三項ニ關セサル一切ノ訴訟ヲ云フ　紫色罫紙　同　金壹錢四厘

第五項　文通ノ類　但裁判所ヨリ原被告人等呼出狀　紅色罫紙　同　金壹錢貳厘

其外町村役場及原被告人ノ文通　赭色罫紙　同　金五厘

第十條　裁許狀罫紙ノ種類定價左ノ通

第一項　金穀ノ類

金拾圓　米五石　雜穀拾石　未滿　黄色罫紙　定價壹枚　金貳錢

但シ壹枚十二行一行十二字詰以下皆同シ

金拾圓以上百圓　米五石以上五拾石　雜穀拾石以上百石　未滿　黄綠色罫紙　定價壹枚　金三錢

金百圓以上五百圓　米五拾石以上貳百五拾石　雜穀百石以上五百石　未滿　橙黄色罫紙　同　金四錢

金五百圓以上千圓　米貳百五拾石以上五百石　雜穀五百石以上千石　未滿　綠色罫紙　同　金五錢

金千圓　米五百石　雜穀千石　以上　黒色罫紙　同　金六錢

第二項　人事ノ類

四四九

明治八年十二月　太政官　布告　第百九十七號

第三項　土地并建物ノ類　青色罫紙　定價壹枚　金三錢貳厘

第四項　雜事ノ類　紫色罫紙　同　金貳錢八厘

紅色罫紙　同　金貳錢四厘

第十一條　裁許狀ハ其類ニ照準シ此罫紙ヲ用フヘキ事

第十二條　訴訟中裁判所ヨリ原被告人等呼出ニ用フル罫紙員數ノ定價及原被告人ヘ下附スル裁許狀罫紙員數ノ定價ハ出者ヨリ三日内ニ裁判廳ヘ辨納スヘキ事

第十三條　官許賣捌所ノ外ニテ訴訟用罫紙ヲ販賣スル者ハ其品取上ケ販賣シタル罫紙代ノ百倍又其情ヲ知テ之ヲ買フ者ハ其品取上ケ買受ケタル罫紙代ノ五拾倍過料可申付事

第十四條　罫紙ヲ贋造スル者又ハ贋造セシ品ト知テ之ヲ賣買スル者ハ都テ其品取上ケ九拾圓以内ノ過料可申付事

第十五條　前條ニ掲ル犯則人ヲ見認メ訴出ル者ハ事實取糺シ相違ナキニ於テハ賞トシテ其過料ノ半高下ケ與フヘキ事

○第百九十七號（十二月二十二日　輪廓付）

來明治九年郵便規則同細則及貯金預規則別冊ノ通ニ候條此旨布告候事

（別冊）

四五〇

明治八年十二月　太政官　布告　第百九十七號　（九年郵便規則）

明治九年
日本
郵便規則同細則及貯金預規則
驛遞寮

此郵便規則及細則ハ年々改定有之ニ付凡ソ郵便局ノ主任タル者必ス其年ノ本則ヲ熟讀記臆スヘシ郷ノ一則ニ違戻スル者未タ知ラスト云フヲ以寛容セサル所ナリ若シ此書ヲ失ヒ或ハ毀損シテ自他閲覧ノ用ヲ缺クニ至ラハ主任者已レノ費ヲ以テ再ヒ之ヲ購ヒ求メ必ス其局ニ備フヘシ

目錄　（細書目錄ニ丁付アリ略ス）

一内國書狀
一別配達及別仕立
一地方管内官民往復郵便
一無税郵便
一新聞紙及定時刊行物
一書籍類并見本品等
一書留郵便
一郵便局留置手續
一金子入書狀
一郵便はがき封皮切手
一外國郵便

四五一

十一年第十號布告ヲ以テ廢止

十三年第五十二號布告ヲ以テ廢止

明治八年六月　太政官　布告　第百四號　第百五號　第百六號

一裁判官ノ裁判シタル言渡ヲ以テ將來ニ例行スル一般ノ定規トスルヿヲ得ス

第五條

一頒布セル布告布達ヲ除クノ外諸官省隨時事ニ就テノ指令ハ將來裁判所ノ準據スヘキ一般ノ定規トスルヿヲ得ス

○第百四號　（六月十二日）

郵便切手各種並ハカキ封皮印面之イロハ文字自今删除候條此旨布告候事

但當分從前ノ品取交相用不苦候事

○第百五號　（六月十三日　輪廓附）

本年二月第三拾貳號布告罫紙製造組合條例第八條第三節中罫紙印紙稅左ノ通改正候條此旨布告候事

第八條

第三節

全紙ヘ貼用ノ分
淡黄色印紙壹枚ニ付　金六錢

分裁紙ヘ貼用ノ分
紫色印紙壹枚ニ付　金壹錢五厘

但從前ノ通

○第百六號　（六月十八日　輪廓附）

明治七年十月第百四號布告左ノ通改正候條此旨布告候事

地所賣買讓渡シ候節代金受取之證文有之共地券申受ケサレハ買主ニ其地所所有ノ權無之候條規則ノ通地券書換可申請事

一二八

太政官第百九十三號達諸省九年第百八號布告ニ依リ消滅

明治八年六月　太政官　布告　第百七號　第百八號（貨幣條例・諭告）

○第百七號　（六月十八日　輪廓附）

家祿賞典祿事故アリテ沒收又ハ終身祿ノ者死亡等ニ付收祿ノ節其年經過スル月數ニ應シ給祿渡方ノ儀ハ前年ノ貢納相場ヲ以テ其都度石代ニテ支給候條月割十五日前後ヲ以渡方取調甲ノ月收祿シタルノハ乙ノ月限リ請取方其管轄廳ヨリ大藏省ヘ可申出此旨布告候事

但祿稅ノ儀ニ付明治七年五月第五十五號ヲ以テ金給ノ分トモ其貢納相場相用ヒ可申旨布告候處本文收祿ニ付給與ノ祿高稅納ニ限リ金給ノ分トモ自今前年貢納相場相用ヒ其都度石代ヲ以取立上納可致事

○第百八號　（六月二十五日　輪廓附）

新貨條例ノ儀明治四年五月頒布ノ後追々貨幣圖面寸法ノ改正規則條目ノ增補等有之候ニ付本年四月第六十貳號布告但書ノ通今般改刻更ニ貨幣條例ト相改候條此旨布告候事

但明治六年八月第三百八號布告鑄貨圖面同七年三月第三拾四號布告貨幣圖面本年二月第三拾五號布告貨幣圖面共表裏ノ唱ヘ反對イタシ居候ニ付今般改正候事

皇國往古より他邦貿易の事少なく貨幣之制度いまた精密ならす其品類各種にして其價位も亦一定せす今其概略を擧むには慶長金あり享保金あり文字金あり大小判金あり一分金あり貳分金あり貳朱金あり一分銀あり一朱銀あり當百錢あり大小數種の銅錢あり其他一時通用の貨幣は枚擧に遑あらす甚しきは一國一郡限の貨幣ありて今に至るまて僅に其一部に通用し他方に流通せさるものありかく其品類區々にして方圓大小其價を異にし混合雜駁其質を問うせす抑貨幣の眼目たる量目と

一二九

九年第四十四號布告ヲ以テ改正

明治八年十二月　太政官　布告　第百九十三號

○第百九十三號　（十二月十五日　輪廓附）

第四十一條中放逐ヲ戒役ニ改メ作ル以下皆閏シ

將校	閏刑	下士	閏刑	卒夫	閏刑
自裁		死刑		死刑	
	流刑		流刑		流刑
	閉門中年後等官	徒三年		徒三年	
奪官		徒二年		徒二年	
	閉門中年後[illegible]	徒一年		徒一年	
[illegible]祿		戒役百五日		戒役百五日	
	閉門中年後停官		[illegible]等 錮三十五日	[illegible]五十二日 錮四十	
	閉門四十二日[illegible]停官	[illegible]等		[illegible]四十五日 錮三十	
停官			降等 錮三十五日 一年中	[illegible]三十八日 錮三十	
降官		降等一年中		笞三十八日 錮二十	
		降等一年		笞二十一日 錮二十	
		降等中年		笞十五日 錮十四	
閉門九十八日		錮四十二日		錮四十二日	
閉門四十九日		錮三十五日		錮三十五日	
閉門三十五日		錮二十八日		錮二十八日	

四四六

十五年第六十三號布告ニ依リ消滅

太政官第二百十五號達消滅

第二百七號布告九年第二十號布告同司法省甲第二號布達大藏省乙第七號達參看十七年第五號布告ヲ以テ廢止

〈法規12〉

訴訟用罫紙規則

明治八年十二月　太政官　布告　第百九十四號　第百九十五號　第百九十六號

今般鹿兒島山口高知三縣ヘ裁判所被置候條此旨布告候事

○第百九十四號　（十二月十四日　輪廓附）

本年十月第百五拾號布告煙草稅則中掲載有之候製造煙草印紙左ノ見本ノ通候條此旨布告候事（見本略之）

○第百九十五號　（十二月十九日　輪廓附）

從來人民ニ於テ海面ヲ區畫シ捕魚採藻等ノ爲メ所用致居候者モ有之候處右ハ固ヨリ官有ニシテ本年二月第貳拾三號布告以後ハ所用ノ權無之候條從前ノ通所用致度者ハ前文布告但書ニ準シ借用ノ儀其管轄廳ヘ可願出此旨布告候事

○第百九十六號　（十二月二十日　輪廓附）

今般訴訟用罫紙規則別冊ノ通相定來明治九年二月十五日ヨリ施行候條此旨布告候事

（別冊）

訴訟用罫紙規則

第一條　凡訴訟ヲ生シ公裁ヲ仰カントスレハ此規則第九條中第一項第二項第三項第四項ニ照準シ原被告人共裁判官ニ差出ス訴答及ヒ證書ノ寫等一切ノ書面ハ其類ノ罫紙ヲ用フヘキ事

但訴答等ノ表紙書式等ハ訴答文例ノ通タルヘキ事

第二條　訴答文例中原告人ヘ取ヘキ破告人住所書付並此書付ヲ得ル爲メ町村役場ノ文通ハ第九條中第五項ノ罫紙ヲ用フヘキ事

第三條　訴訟中其事ニ關シ證據ニ爲サントスル原被告人互ノ文通モ第五項ノ罫紙ヲ用フヘシ若シ此罫紙ヲ用ヒサル者ハ裁判上證據タルノ効ナキモノトスヘキ事

第四條　人民ヨリ官府ニ關渉スル訴訟ニ付官府ヨリ裁判官ニ差出ス書面モ同シク此規則ニ照シ罫

四四七

明治八年五月　太政官　布告　第九十四號　第九十五號　（新舊公債證書發行條例）

理由ヲ付シタル判文ヲ原裁判所ノ書記局ニ發付シ、上告人ニ傳達セシメテ、後決行セシム、上告理アリト決スル時ハ、原裁判ヲ破毀シテ、更ニ它ノ裁判所ニ移シ、若クハ大審院自ラ之ヲ審判スヘキノ旨ヲ判シ、若クハ單ヘニ其ノ擬律ヲ平翻メ、原裁判所ノ書記局ニ發付シ、處分セシム、其判文ハ、並ニ理由ヲ付スヘシ

第三十九條　上告ノ檢事ヨリ出タル者ハ、判文ヲ大審院ノ檢事ニ付シ、大審院ノ檢事ヨリ、司法卿ヲ經由メ、原裁判所ノ書記局ニ下シ、處行セシム

○第九十四號（五月二十四日）

明治七年五月第五拾四號布告民事控訴略則相廢候條此旨布告候事

○第九十五號（五月二十五日　輪廓附）

（二十一年勅令第七十三號ヲ以テ第一條ヨリ第三條迄第四條中[illegible]）

明治六年三月第百十五號及ヒ同七年六月第六十六號布告新舊公債證書發行條例別冊ノ通改定候條此旨布告候事

（別冊）

新舊公債證書發行條例

明治五壬申年迄ノ間從來諸藩諸縣ニ於テ内國人民ヨリノ逋債ヲ政府ノ公債トシ之ヲ大藏省ニ引受ケ其債主ヘハ各此公債證書ヲ交付シ定期ヲ逐テ之ヲ償却スルニ付政府ニ於テ制定シタル條々左ノ如シ

第一條　新舊公債ノ區別及ヒ證書ノ種類記號ノ品別等ヲ明ニス

第一節　弘化元甲辰年ヨリ慶應三丁卯年迄諸藩諸縣ニ於テ借用シタルモノヲ舊公債ト稱シ明治元戊辰年ヨリ明治四辛未年七月廢藩迄及明治五壬申年迄ノ間舊藩縣ニ於テ借用シタルモノヲ新公債ト稱スヘシ

一一二

第二節　新舊公債トモ各其高ヲ五分シテ第一第二第三第四第五トシ證書面ノ金高ヲ五百圓三百圓一百圓五十圓二十五圓ノ五種ニ區別スヘシ

第三節　新公債證書ハ向後抽籤ノ方法ヲ以テ其元金ヲ償却スヘキニ付便宜ノ爲メ四十七部分ニ別チ（いろは）四十七字ノ記號ヲ證書面ニ命名スヘシ

第二條　新舊公債償却ノ年度及ヒ利息ノ割合ヲ明ニス

（九年第五十號布告ヲ以テ每年ノ下六月一日ヨリ十五日迄ノ十字ヲ加フ）

第一節　舊公債ハ無利息ニシテ元金ハ明治五年壬申ヨリ明治五十四年迄五十ケ年賦トシ其年ノ拂方ニ當リタル賦金ヲ毎年十二月一日ヨリ同十五日迄ノ間ニ之ヲ拂渡スヘシ

第二節　新公債ハ利息付ニシテ明治八年ヨリ明治二十九年迄二十二年ノ間ヲ限リ大藏省ノ都合ニヨリ每年或ハ隔年ニ抽籤ノ方法ヲ以テ其年ニ拂戻スヘキ證書ノ記號ヲ公定シ其割合ニ隨テ之ヲ拂戻スヘシ其利息ハ年々元高百分ノ四分トシ明治五年壬申ヨリ明治二十九年迄每年十二月一日ヨリ十五日迄ノ間ニ之ヲ拂渡スヘシ（本文總テ其金額ハ大藏省ノ都合ニヨリ金貨又ハ紙幣ヲ以テ之ヲ下渡スヘシ）

但明治八年ヨリ抽籤法ヲ以テ元金ヲ拂ヒ戻ニ當リテハ年四分ノ利息月割ヲ以右抽籤法行ヒシ月迄ノ分下ケ渡スヘシ

（二十一年勅令第七十三號ヲ以テ第三條第四條削除）

第三條　公債證書ノ渡方及ヒ其據記ノ手續ヲ明ニス

第一節　新舊公債證書共各債主ヘ交付スルニハ大藏省ニ於テ其金高及ヒ新舊ノ區分共調査シテ後之ヲ檯册ニ登記シ證書五種ノ區別（新公債ナレハ四十七種ノ記號）中ニ於テ其金高ニ應シ相當ノ割合ヲ定メ其證書ハ檯册ニ割印シテ各債主ノ地方管轄ニ逐遞スヘシ

明治八年五月　太政官　布告　第九十五號　（新舊公債證書發行條例）

一一三

明治八年六月　太政官　布告　第百一號　第百二號

旨布告候事

○第百一號（六月八日　輪廓附）

（第二百號布告ヲ以テ改定）

明治六年八月第二百九十六號布告文部省官等表中督學局官等左表ノ通改定候條此旨布告候事

督學局官等改正表

三等	四等	五等	六等	七等	八等	九等	十等	十一等	十二等	十三等
大督學	中督學	少督學		大視學	中視學	少視學		大書記	中書記	少書記

○第百二號（六月八日　輪廓附）

（第百二十一號布告ヲ以テ[illegible]二字ヲ加フ）

明治六年六月第百九拾五號布告金穀貸借請人證人辨償規則本年十月一日ヨリ左ノ通改正施行候條此旨布告候事

金穀貸借請人證人辨償規則

第一條　金穀借用返濟相滯リ本人身代限濟方申付候上不足相立候節ハ其不足ノ分請人證人ヘ濟方申渡シ猶不相濟ニ於テハ其請人證人ヲモ身代限申付其上不足相立候ハヽ借主並ニ請人證人ハ勿論其相續人ニ至ルマテ身代持直シ次第皆濟可致事

第二條　借主逃亡又ハ死去跡相續人無之時ハ其請人證人ヘ濟方申渡シ候上不相濟ニ於テハ身代限申付猶不足相立候ハヽ勿論其相續人ニ至ルマテ身代持直シ次第皆濟可致事

第三條　身代限申付候上不足相立身代持直次第皆濟可致旨左ノ雛形ノ通裁判所ニ於テ其原證文ノ裏ヘ記シ押印ノ上貸主ヘ可相渡候事

裏書雛形

第一條ノ節書式

一二六

（第百二十一號布告ヲ以テ失踪ヲ逃亡ト改ム）

表書ノ元利金何百何拾圓相滯ルニ付借主何ノ誰身代限申付ル處不足相立請人證人何ノ誰ヲモ身代限ヲ以テ辨償爲致都合金何百何拾圓ニ相成ニ付右請取殘リ何百何拾圓ハ借主何ノ誰請人證人何ノ誰ハ勿論其相續人ニ至ルマテ身代持直シ次第皆濟可致モノ也

年　月　日　　某裁判所印

第二條ノ節書式

表書ノ元利金何百何拾圓借主何ノ誰死去失踪跡相續人無之ニ付請人證人何ノ誰ハ身代限ヲ以テ辨償申付ル處金何百何拾圓ニ相成ニ付右受取殘リ何百何拾圓ハ請人證人何ノ誰ハ勿論其相續人ニ至ルマテ身代持直シ次第皆濟可致モノ也

年　月　日　　某裁判所印

〈法規11〉

裁判事務心得

（十三年第三十七號布告ニ依リ刑事ニ係ル廉消滅）

明治八年六月　太政官　布告　第百三號

○第百三號（六月八日　輪廓附）

今般裁判事務心得左ノ通相定候條此旨布告候事

第一條

一各裁判所ハ民事刑事共法律ニ從ヒ遲滯ナク裁判スヘシ疑難アルヲ以テ裁判ヲ中止シテ上等ナル裁判所ニ伺出ルヿヲ得ス但シ刑事死罪終身懲役ハ此例ニアラス

第二條

一凡ソ裁判ニ服セサル旨申立ル者アル時ハ其裁判所ニテ辨解ヲ爲スヘカラス定規ニ依リ期限内ニ控訴若クハ上告スヘキヿヲ言渡スヘシ

第三條

一民事ノ裁判ニ成文ノ法律ナキモノハ習慣ニ依リ習慣ナキモノハ條理ヲ推考シテ裁判スヘシ

第四條

一二七

増スヘシ、

第六條 控訴ヲ爲ス者ハ、其初審ヲ受ケタル府縣裁判所ニ居ケ出ツ可シ、但シ添翰ヲ乞フニ及ハス、

第七條 前條ノ屆ヲ受ケ取リタル府縣裁判所ハ、裁判言渡ノ執行ヲ停止ス可シ、若シ上等裁判所ノ請求アル時ハ、府縣裁判所ニ於テノ訴狀答書口書裁判見込等ヲ差出ス可シ、

第八條 上等裁判所ニ捧クルノ訴狀ハ、訴答文例ニ照準スヘシ

第二章 上告總則ノ事

第九條 各裁判所ノ終審ヲ不法ナリトシ大審院ニ向テ取消ヲ求ムル者之ヲ上告ト云フ

第十條 上告スルヿヲ得ルノ事件ハ

第一 裁判所管理ノ權限ヲ越ユ

第二 聽斷ノ定規ニ乖ク

第三 裁判法律ニ違フ

第十一條 大審院ハ、上告ヲ受クルノ所ニシテ、控訴ヲ受クルノ所ニアラス、故ニ控訴スヘキノ事ヲ以テ誤テ上告スル者アルモ、之ヲ斥ケテ理セス

第十二條 陸海軍ノ裁判、權限ヲ越ル者ハ、之ヲ大審院ニ上告スルヿヲ得

第十三條 凡ソ上告シタル者、已ニ大審院ノ判決ヲ經レハ、更ニ訴フルヿヲ得ス

第三章 民事上告ノ事

第十四條 民事ノ上告スルヿヲ得ル者ハ、已ニ上等裁判所ニ控訴シ、其審判ヲ經タル者ニ限ル、

（九年第二十三號布告ヲ以テ本條改正）

第十五條 上告ヲ爲サント欲スル者ハ、裁判言渡ヨリ二月內ニ、直チニ上告狀正副二本ヲ大審院ニ捧クヘシ、而シテ同時ニ被告人ニ通知スルヲ要ス、大審院ヲ去ルノ距離八里ヨリ遠キ汻ハ、二月ノ外、八里每ニ一日ヲ增ス、定期ヲ過タル汻ハ、上告スルヿヲ許サス、其上告狀ハ、原被告人ノ姓名貫籍、

（第百號布告參看）

裁判ヲ得タル年月日ヲ記シ、上告ノ理趣ヲ明詳ニシ、及ヒ原裁判ノ寫ヲ添フヘシ、

第十六條 上告者ハ、其上告狀ニ添ヘテ、金拾圓ヲ大審院ニ預クヘシ若シ其金高ヲ預ケサル汻ハ、上告ヲナスヿヲ得ス

第一 若シ上告ヲ取上ケサル汻ハ、其預リ金ヲ沒入ス

第二 若シ上告ヲ取上ケ、原裁判ヲ破毀シタル時ハ、預リ金ヲ還付ス

第三 若シ上告ヲ取上ケ、被告人ト對審シタルノ後、之ヲ斥ケテ、原裁判ヲ破毀セサル時ハ、預リ金ヲ沒入シ、又訴訟入費規則ニ照シ被告人ノ費用ヲ償ハレム（被告人トハ上告者ノ相手方ヲ云）

第十七條 上告ヲ爲ス者ハ、先ツ原裁判所ニ居ケ出ツヘシ、原裁判所ニ於テハ、書類ヲ三日內ニ大審院ニ遞送スヘシ、

（九年第六十五號布告ヲ以テ但書追加）

第十八條 上告ニ付テハ、裁判ノ執行ヲ停メス、大審院巳ニ原裁判ヲ破毀スルニ至レハ、即日、原裁判所ニ通報シ（大審院ノ書記局ヨリ郵信ヲ發ス）執行ヲ止メ、更ニ審判落着ノ日ニ至テ、前ノ執行ヲ取消シ、後ノ裁判ヲ執行セシムヘシ、

第十九條 上告狀ハ、原告人自ラ之ヲ捧クルモ、又ハ代言人ヲシテ之ヲ捧ケシムルモ、本人ノ意ニ任ス

第二十條 大審院ノ民事課ニ於テハ、判事列席（列席トハ五人以上ヲ云以下之ニ倣ヘ）廷ニ臨ミ、原告人又ハ代言人ヲシテ、上告狀ヲ讀上ケシメ、及陳述ヲ審聽シ、若シ當然ノ上告ナリト決スル時ハ、原被ノ對審ヲ爲シタル上、判決スヘキ旨ヲ言渡ス可シ、

第二十一條 判事審聽シ、若シ不當ナル上告ナリト決スル時ハ、何々ノ理由ヲ以テ上告ヲ受理セサルノ旨ヲ言渡スヘシ、

第二十二條 第二十條ノ言渡ヲ爲シタルノ後二日內ニ、大審院ヨリ被告人呼出狀ヲ仕出ス可シ、此

ノ呼出狀ニハ、上告狀ノ副本ヲ添フヘシ、

第二十三條 被告人ハ、呼出狀ヲ受取リタルヨリ三十日內ニ、答辨書ヲ作リ、自身又ハ代言人ヨリ、之ヲ大審院ニ捧クヘシ、但シ被告人ノ住所ヨリ大審院ニ至ルノ距離八里ヨリ遠キ汻ハ、八里每ニ一日ヲ增スヘシ

第二十四條 民事課ニ於テ被告人ノ答辨書ヲ受取リシ汻ハ、課長ヨリ判事ノ中ニ於テ一人ノ專理員ヲ命シ、一件書類ヲ取纏メ、遲緩ナク一件始末書ヲ作ラシメ、然ル後ニ原被對審ノ日ヲ豫定シ、三日以前ニ、原被對審ノ呼出狀ヲ原被雙方ニ送達スヘシ

第二十五條 原被對審ノ節ハ、判事列席廷ニ臨ミ、最初ニ、專理員、一件始末ヲ宣讀シ、次ニ原告ノ陳述、次ニ被告ノ陳述、次ニ原被交互ノ論辨ヲ審聽シ、而シテ後ニ原告人上告理アリト決スル汻ハ、何々ノ理由ヲ以テ原裁判所ノ裁判ヲ破毀スルニ付キ、更ニ某裁判所ニ於テ裁判ヲ受クヘキ旨、又ハ大審院ニ於テ裁判スヘキ旨ヲ言渡スヘシ

第二十六條 若シ原告人ノ上告理ナレト決スル汻ハ、何々ノ理由ヲ以テ上告ヲ斥クル旨ヲ言渡スヘシ

第二十七條 大審院ノ破毀ニ因リ移ス所ノ裁判所、亦タ大審院ノ旨ニ循ハサルヲ以テ大審院ニ於テ合員會議ノ判決ヲ爲ス時ハ、專理員ヲ命スルニ、必ス刑事課ノ判事ヲ用フヘシ

第四章 刑事上告之事

第二十八條 違警罪及死罪ヲ除クノ外、一切ノ刑事、皆上告スルヿヲ得、

第二十九條 刑事ニ付キ上告スルヿヲ得ヘキノ人

第一 囚人

第二 檢事（檢事無キノ地方ハ警察官之ニ代ルヿヲ得）

第三十條 上告ヲ爲サント欲スル囚人ハ、裁判言渡ヨリ第三日迄ニ、（三日間ハ決行セス）上告願狀ヲ其裁判所ノ書記局ニ捧ケ、又第十日迄ニ、上告趣意明細書ヲ作リ、同ク書記局ニ捧クヘシ

但シ書記局ハ、決放ヲ執行スル所ノ地方官ニ其事ヲ達スヘシ、

第三十一條 檢事ノ上告セント欲スル者ハ、裁判言渡ヨリ二十四時ノ內ニ、上告ヲ爲スヿヲ囚人ニ達シ、又第十日迄ニ、上告趣意明細書ヲ作リ、之ヲ司法卿ニ遞送スヘシ

但シ檢事ハ、上告ヲ爲スヿヲ、決放ヲ執行スル所ノ地方官ニ通知スヘシ

第三十二條 、檢事及囚人、上告ノ期ヲ過ル時ハ、上告ノ權ヲ失フヘシ

第三十三條 決放ヲ執行スル所ノ地方官ハ、囚人若クハ檢事ヨリ上告スルヿヲ達シタル時ハ、決行ヲ止メ、以テ上告ノ落着ヲ待チ、獄舍ニ於テハ、其囚人ヲ別舍ニ勾置ス可シ（別舍ナキ者ハ便宜ニ隨ヒ監護スルヲ要ス、）

第三十四條 囚人自ラ上告狀ヲ書記スルヿ能ハサル時ハ、代理人ヲ獄中ニ延キ（獄中ヲ劃リテ應接所ヲ設ケ它ノ囚人ト混セサルヲ要ス）上告趣意明細書ヲ代書セシムルヿヲ得、其代理人ハ明細書ニ本人ト共ニ姓名ヲ記ス可シ、本人自ラ姓名ヲ記スルヿ能ハサル汻ハ、其事ヲ肩書スヘシ

但シ代理人ヲ獄舍ニ延ク時ハ、之ヲ看守者ニ告ケ、看守者ハ之ヲ裁判所ノ書記局ニ屆クヘシ

第三十五條 囚人幼年（十五年未滿ヲ云）ニシテ、上告ヲ爲スノ權利アルヿヲ知ラサル汻ハ、其親族（五等親ヲ云）代リテ爲メニ上告スルヿヲ得、

第三十六條 裁判所ノ書記局ニ於テ、上告趣意明細書ヲ受ケ取リタル時ハ、其文書類ヲ並セテ、三日內ニ、之ヲ大審院ニ遞送スヘシ、

第三十七條 檢事上告スル時ハ上告趣意明細書及其文書類ヲ司法卿ニ遞送シ司法卿之ヲ大審院ノ檢事ニ付シ大審院ニ原告セシム

第三十八條 大審院ノ刑事課ハ、議事ヲ用ヒ、上告ヲ審按シ、上告不當、若クハ理ナレト決スル時ハ、

第五　各上等裁判所管下ノ廣狹ニ因リ二道若クハ三道ニ分チ各道ニ裁判官二員判事補一員判事一員ヲ派ス

第六　各府縣ノ判事巡迴裁判ノ訟廷ニ列席シテ巡迴裁判官ト共ニ三員ノ定數ニ充ツヘシ

第七　已ニ結審シテ巡迴判事ヨリ審案ヲ大審院ニ送呈シ大審院批可ノ府縣裁判所ニ下シ決行セシム

第八　巡迴裁判官ノ各府縣ニ滯留スルハ預メ日數ヲ限ラス該府縣重罪ノ多少ニ從フ

九年司法省達第九號達ヲ以テ廢ス

府縣裁判所

職制

判事長一人　自五等至七等

司法卿大審院長上等裁判所長ト往復ス他ハ判事ニ同シ

判事

民事ヲ初審シ刑事懲役以下ヲ審判スルヿヲ掌ル

判事補

事ヲ判事ニ受ケ便宜判事ノ欠ニ塡ツ

闕

職掌上等裁判所闕ニ同シ

府縣裁判所章程

第一條　各府縣ニ一ノ裁判所ヲ置キ一切ノ民事及刑事懲役以下ヲ審判ス但シ別ニ裁判所ヲ置サルノ縣ハ地方官判事ヲ兼任ス

第二條　府縣裁判所ニ於テ審判シタル民事ハ輕重トナク皆初審トス初審ハ之ヲ上等裁判所ニ控訴スルヿヲ得

第三條　民刑事ノ內外ニ交渉シタル者ハ其ノ輕キハ直チニ之ヲ裁決シ其ノ重キハ一面之ヲ聽理シ一面之ヲ司法卿ニ具申スヘシ

第四條　死罪ハ文案證憑ヲ具ヘ被告人ヲ勾留シ以テ巡迴判事ヲ待ツ

第五條　終身懲役ハ擬律案ヲ具ヘテ上等裁判所ノ審批ヲ取リ然ル後ニ決行ス

判事職制通則

第一條　大審院以下府縣裁判所ニ至ル迄判事ヲ置ク一等判事ヨリ七等判事ニ至ル上等裁判所以下判事補ヲ置ク一級判事補八等相當ヨリ四級判事補ニ至ル

第二條　大審院ノ訟廷ハ一廷ニ判事五人以上其中一人ヲ課長トス上等裁判所ハ一廷ニ三人以上其中一人ヲ課長トス上等裁判所ニ於テハ判事其數ニ足ラサル時ハ判事補ヲ以テ坐ニ列スルヿヲ得但シ補二人ニ至ルヿヲ得ス

第三條　喚召審訊及歇止ヤスミヲ命スル皆該廷課長ノ專任タリ

第四條　課長ヲ命スルハ該所判事長ノ權任トス

第五條　民事刑事廷ヲ分テ聽理ス其ノ事簡ナル者ハ一廷ヲ以テ日時ヲ分テ聽理ス判事民刑二課ヲ分テ務ヲ治メ或ハ民刑二課ヲ通兼スルヿ各々其ノ便ニ從フ民刑課ヲ分ツノ時ト云トモ裁判官在廷ノ數定員ニ充タサル時ハ互ニ相塡補スルヿヲ得

第六條　已ニ審訊シ裁決セントスル時ハ裁判官其ノ廷ヲ退キ議事シテ多數ニ就ク三人ナレハ二人ノ說ニ就キ五人ナレハ三人以上ノ說ニ就ク議平分シテ歸一セサル時ハ人三人ニシテ三說ヲ持シ及五人ニシテ四說ヲ持シ又ハ兩分均ク一說ヲ持スルカ如シ課長ノ見ル所ヲ以テ之ヲ決ス

第七條　大審院長及各上等裁判所ノ判事長ハ隨時各廷ニ臨ミ民刑ヲ論セス課長ノ事ヲ行フヿヲ得此ノ時ハ課長判事該廷ニ上席セシ者避ケテ通常裁判官ノ列ニ就ク

第八條　重罪及犯情繁難ナル者ハ下調ヲ行フ下調ハ別廷ニ於テ戶ヲ鎖シ裁判官書記ヲ引テ之ヲ行フ下調訖リ罪案成テ始テ公廷ニ付ス下調ヲ行ヒシ裁判官ハ該案公廷ノ班ニ列セス

第九條　已ニ公廷ニ付スルノ後犯跡未タ明カナラス證憑猶具ハラス而シテ情狀疑フヘキ者ハ課長ヨリ更ニ它ノ裁判官ヲシテ下調ヲ行ハシム

九年第十五號布告十四年第五十三號布告ニ依リ消滅

○第九十二號（五月二十四日　輪廓附）

今般東京大阪長崎福島四ヶ所ヘ上等裁判所ヲ被置分轄左ノ通被定候條此旨布告候事

東京上等裁判所

東京府　神奈川縣　埼玉縣　千葉縣　足柄縣　茨城縣　熊谷縣
栃木縣　山梨縣　靜岡縣　濱松縣　愛知縣　岐阜縣　長野縣
筑摩縣　新潟縣　相川縣　新川縣

大阪上等裁判所

大阪府　京都府　敦賀縣　滋賀縣　石川縣　三重縣　度會縣
奈良縣　和歌山縣　堺縣　兵庫縣　飾磨縣　岡山縣　北條縣
鳥取縣　豐岡縣　名東縣　高知縣　愛媛縣　小田縣　島根縣
濱田縣　廣島縣　山口縣

福島上等裁判所

福島縣　磐前縣　若松縣　置賜縣　水澤縣　酒田縣　山形縣

九年第二十七號布告ヲ以テ改正ニ移ス

宮城縣　岩手縣　秋田縣　青森縣　北海道但函館裁判所管轄内

長崎上等裁判所

長崎縣　小倉縣　福岡縣　佐賀縣　大分縣　三潴縣　白川縣
宮崎縣　鹿兒島縣

〈法規10〉

控訴上告手続

十年第十九號布告ヲ以テ改正

○第九十三號（五月二十四日　輪廓附）

今般大審院並ニ上等裁判所ヲ被置候ニ付控訴上告手續別册ノ通相定候條此旨布告候事

（別册）

控訴上告手續

第一章　控訴ノ事

第一條　凡ソ府縣裁判所ノ初審ニ服セスシテ、再ヒ上等裁判所ニ訴ヘ、覆審ヲ求ムル者、之ヲ控訴ト云

第二條　控訴ハ、民事ニ止マリ、刑事ニ及ハス

第三條　控訴ハ、一タヒスルヿヲ得、再タヒスルヿヲ得ス

第四條　府縣裁判所ニ於テ裁判ノ言渡ヲ爲シタル時、原告被告ノ雙方、又ハ一方ノ者、其裁判ニ不服ナル時ハ、裁判言渡ヨリ第七日マテニ裁判言渡ノ翌日ヨリ數フ裁判言渡ノ事理ヲ熟考シ、其翌日ニ至リ、控訴スルヿヲ得ヘシ、但シ訴訟ノ案件、商事ニ係リ、急速ニ控訴スルヿヲ要スルノ場合ニ於テハ、七日內ト雖モ、控訴スルヿヲ得、

第五條　府縣裁判所ノ裁判言渡ヨリ三箇月三十日ヲ以テ一月トスヲ過ルトキハ、控訴スルヿヲ許サス、但シ府縣裁判所ヨリ上等裁判所ニ至ルノ距離八里ヨリ遠キトキハ、期限三箇月ノ外、八里每ニ一日ノ猶豫ヲ

大審院諸裁判所職制章程

〈法規 9〉

十年第十九號布告ヲ以テ改正

九年大藏省甲第三號布達ヲ以テ通用延期

○第九十號（五月二十四日 輪廓附）

本年一月第三號ヲ以テ太政官民部省札並正金兌換證券衆皆新紙幣ヲ以テ交換候ニ付右三種ノ紙幣ハ本年五月三十一日限リ通用停止ノ旨布告候處右期限差迫民間多少ノ困難モ有之趣ヲ一般ノ融通差支候趣ニ相聞候ニ付太政官民部省札ノ內壹兩以下ノ分ニ限リ本年六月一日ヨリ來ル明治九年五月三十一日迄通用期限差延候條此旨布告候事

○第九十一號（五月二十四日 輪廓附）

今般大審院諸裁判所職制章程別册ノ通被定候條此旨布告候事

（別册）

表紙

大審院
諸裁判所
職制章程

大審院職制

長　一人　一等判事ヲ以テ之ニ充ツ

第一　本院判事ノ長トシ各課長ヲ命シ事務ヲ分付シ隨時各庭ニ臨ミ重要事件ヲ聽理シ及ヒ司法卿ト往復スルヿヲ掌ル

第二　合員會議ノ議長トシ判事審論二岐ニ分ル丶モノハ多數ニ決シ兩議平分スルモノハ自ラ之ヲ決スルヿヲ掌ル

判事

司法省達第二十四號達參看

第一　民事刑事ノ上告ヲ判理シ裁判ノ不法ナル者ヲ破毀シ及ヒ國事犯內外交涉ノ事件重大ナルモノ並ニ判事ノ犯罪ヲ審判スルヲ掌ル

第二　死罪ノ案ヲ審閱スルヿヲ掌ル

第三　法律ノ疑條ヲ辨明スルヿヲ掌ル

屬

事ヲ判事ニ受ケ上抄シ及簿書ヲ掌ル

大審院章程

第一條　大審院ハ民事刑事ノ上告ヲ受ケ上等裁判所以下ノ審判ノ不法ナル者ヲ破毀シテ全國法憲ノ統一ヲ主持スルノ所トス

第二條　審判ノ不法ナル者ヲ破毀スルノ後它ノ裁判所ニ移シテ之ヲ審判セシム又便宜ニ大審院自ラ之ヲ審判スルヿヲ得

第三條　已ニ它ノ裁判所ニ移シテ之ヲ審判セシムルノ後其裁判所亦大審院ノ旨ニ循ハサル時ハ大審院更ニ自ラ之ヲ審判ス此ノ時ハ本院判事合員會議シテ判決スヘシ

第四條　陸海軍裁判所ノ裁判權限ヲ越ユル者ハ其ノ裁判ヲ破毀シテ之ヲ當然ノ裁判所ニ付ス

第五條　各判事ノ犯罪其ノ違警犯ヲ除クノ外大審院之ヲ審判ス

第六條　國事犯ノ重大ナル者及內外交涉民刑事件ノ重大ナル者ヲ審判ス

第七條　各上等裁判所ヨリ送呈スル所ノ死罪案ヲ審閱シ批可シテ送還ス其否トスルモノハ合員會議シ更ニ律ヲ擬シテ還付ス

第八條　大審院ノ審判ハ判事五人以上廷ニ列ス五人廷ニ列セサレハ審判スルヿヲ得ス

第九條　法律疑條アレハ大審院之ヲ辨明ス

第十條　法律闕失アル者ハ補正ノ意見ヲ具ヘ司法卿ヲ經由シテ上奏スルヿヲ得

第十一條　大審院判決錄ヲ編纂シ上告ヲ破毀シ疑條ヲ辨明シタル者ハ逐項記載シ其議決ノ原由ヲ敍錄シ之ヲ司法省江送致シ刊行セシム

第十二條　課ヲ設ケ務メヲ分ツヿ左ノ如シ

第一　民事課

第二　刑事課

上等裁判所

職制

長　一員　勅任判事ヲ以テ之ニ充ツ

第一　控訴事件ヲ各課ニ分付シ各課長ヲ命シ隨時各庭ニ臨ミ重要ノ事件ヲ聽理シ及ヒ司法卿大審院長ト往復スルヿヲ掌ル

第二　管內巡迴裁判ノ便宜ヲ料理スルヿヲ掌ル

判事

第一　管內ノ控訴ヲ受ケ之ヲ覆審スルヿヲ掌ル

第二　管內府縣ヲ巡迴シテ各處死罪ノ獄ヲ裁判スルヿヲ掌ル巡迴規則後ニ具フ

判事補

第一　事ヲ判事ニ受ケ控訴下調ヲ掌ル

第二　判事ニ從ヒ巡迴裁判ノ列ニ充ツ

屬

第百九十號布告參看

職掌大審院屬ニ同シ

上等裁判所章程

第一條　上等裁判所ヲ東京大阪長崎福島ノ四所ニ置キ府縣裁判所ノ裁判ニ服セスシテ控訴スル者ヲ覆審ス各所管表別ニ具フ

第二條　死罪ヲ裁スルハ上等裁判所ノ權任トス各上等裁判所ノ判事及判事補合セテ二人ヲ派出シ管內ヲ巡迴シテ裁ヲ行フ

第三條　死罪ヲ審訊シテ律ヲ擬スルノ後大審院ニ案ヲ具ヘ批可ヲ得テ然ル後ニ決行ス

第四條　各府縣裁判所ヨリ送呈スル所ノ終身懲役罪案ヲ審批ス

第五條　管下代言人代書人ノ違律ヲ裁決ス

第六條　民刑ヲ論セス公庭ヲ開クニ判事三人坐ニ列スルヲ要ス

第七條　上等裁判所ノ裁判ニ承服セストイヘ𪜈更ニ控訴スルヿヲ得ス唯タ大審院ニ上告シテ破毀ヲ求ムルヿヲ得

巡迴裁判規則

第一　巡迴裁判ハ各上等裁判所ヨリ管下府縣ヘ派出シ府縣裁判所ノ權外ナル死罪ノ獄ヲ斷ス

第二　凡ソ巡迴裁判ノ各地方ニ至ルハ一年二次ヲ以テ定則トス但シ非常ノ事件ハ此例ニアラス

第三　所長ハ巡迴ノ緩急ヲ詳ニシ或ハ輪流ノ法ヲ定メ司法卿ニ稟請シテ之ヲ派遣ス

第四　府縣裁判所ニ於テ罪犯ヲ下調ヘシテ其證憑ヲ得其死罪ニ擬スルモノハ案ヲ具ヘテ巡迴ノ至ルヲ俟ツ

十一年司法省丙第五號達ヲ以テ同年太政官第四十九號達ニ依リ取消ト心得シム

明治八年五月　司法省　達　達第九號　達第十號

當省ヘ收納相成候贓金等ノ内贋造紙幣有之節ハ通貨両替納付致來候處右ハ於其廳鑑定ノ者贋造紙幣ト見認ル分ハ斷截燒却ノ上其節書ヲ以可屆出候此段相達候事

○達第九號　（四月二十二日　輪廓附）
各裁判所　各府縣

犯罪人他ノ府縣ニ於テ捕縛ノ上受取渡之儀是迄區々相成居候處以來左之通相定候條此旨相達候事

甲ノ裁判所又ハ縣廳ニ於テ審判ス可キ犯罪人乙ノ府縣ニ於テ捕縛スル時ハ甲ノ裁判所又ハ縣廳ヨリ受取人可差出事

〈法規８〉
十年第十九號布告同年太政官第三十二號達ヲ以テ改正

司法省検事職制章程

○達第十號　（五月八日）
各府縣

今般當省及檢事並大審院諸裁判所職制章程別册之通御達相成候條爲心得此旨相達候事

（別册）

司法省檢事職制章程

司法省職制

卿一人

第一　諸裁判官ヲ監督シ庶務ヲ總判シ及檢事ヲ管攝シ檢務ヲ統理スルヿヲ掌ル但シ裁判ニ干預セス

第二　判事及司法諸官奏任ノ任免進退ハ具状シ命ヲ乞ヒ其判任以下ハ之ヲ專行スルヿヲ掌ル

輔一人

卿ノ職掌ヲ輔ケ卿事故アル𪜈ハ一切ノ事務ヲ代理ス

丞

録

卿ノ命ヲ受ケ庶務ヲ整理シ公文受附ヲ提掌ス

一七五二

明治八年五月　司法省　達　達第十號

司法省章程

第一　布告布達ヲ司法諸部ニ行下シ若クハ廻章ヲ發シ及各裁判所又ハ各裁判官ニ指令スル事

第二　勅奏官位華族ノ犯罪國事犯及内外交渉事件ノ重大ナル者ハ卿ヨリ檢事ニ指令シ當然ノ處分ヲ行ハシムル事

第三　恩赦ノ特典ヲ奉行スル事

第四　毎年民事刑事ノ綜計表ヲ進奏スル事

第五　新法ヲ草案シ上奏シ立法官ノ議ヲ求ムル事ヲ得ル事

第六　各裁判所構成廢置ノ便宜ヲ具状シ裁ヲ乞フ事

第七　各裁判所ノ費用營築及司法一切ノ會計ハ卿自ラ之ヲ料理シ其定額外ニ在ル者ハ臨時上請シ裁ヲ乞フ事

第八　裁判所長ヲ命シ及裁判官ノ派出巡廻交代ヲ命スル事

第九　代書代言人ヲ監シ其規律ヲ制シ裁ヲ乞フ事

檢事職制

大檢事　三等

權大檢事　四等

中檢事　五等

權中檢事　六等

少檢事　七等

權少檢事　八等

檢事ハ非違ヲ案檢シ之ヲ裁判官ニ彈告スルヿヲ掌ル

一七五三

明治八年五月　司法省　達　達第十號

檢事補　一級九等ヨリ四級ニ至ル

事ヲ檢事ニ受ケ檢彈ヲ掌ル

檢事章程

第一條　檢事案檢ノ務メハ罪犯發覺ノ時ニ始マル未發ヲ豫防スル事ニ干預セス

第二條　檢事ハ彈告シ判ヲ求ム判事ノ裁判ニ服セサレハ上告スルヿヲ得裁判ノ議ニ干冒シ若クハ裁判ノ當否ヲ論爭スルヿヲ得ス

第三條　裁判ヲ得ルノ後犯人ヲ各部官ニ送付シ（警察官若クハ囚獄官若クハ地方官ニ付スルヲ云）其赦典ヲ乞フヘキ者ハ意見ヲ附シ司法卿ニ具上ス

第四條　大審院及各裁判所ニ檢事及檢事補數人ヲ置ク檢事補ハ本屬檢事ノ指揮ヲ受ケ檢事ハ司法卿ノ指揮ヲ受ク

第五條　各府縣裁判所ハ毎月罪犯表一未決囚勾留表一處決表一ヲ作リ本屬上等裁判所ノ檢事ニ具上シ各上等裁判所ノ檢事ハ各所ノ表ヲ合シ一大表トナシ總テ三大表及ヒ該上等裁判所ノ重罪處決表一ヲ作リ共ニ毎季一部トシ翌月中ニ司法卿ニ具上ス

第六條　凡ソ重大ノ罪犯（兇徒聚衆及ヒ擒劫ノ類）及國事犯及内外交渉ノ重犯アレハ各檢事ヨリ速ニ司法卿ニ具上シ一面處分ヲ行ヒ一面指揮ヲ乞フ

第七條　地方ノ警察官吏ハ檢事ノ補助トシ現行罪犯ヲ案檢シ檢事ニ遞送ス警察官吏ハ檢察ノ事務ニ付キ檢事ノ管督ヲ受ケ其ノ怠忽アレハ檢事之ヲ責戒ス

第八條　檢事ハ罪犯ヲ拿捕スル爲ニ警官ニ移牒シ巡査ヲ使役スル事ヲ得其緊急ナル𪜈ハ口ツカラ指令スルヿヲ得

第九條　警官ノ中一人（警部ノ類）檢事局ニ更番シ檢事ノ指揮ヲ承ケ專ラ檢察事務ヲ行フニ便ス

一七五四

十三年第三十七號布告ニ依リ消滅

達第二十六號達參看九年司法省達第十九號達ニ依リ消滅

達第二十五號達九年司法省達第十三號達ニ依リ消滅

明治八年六月　司法省　達　達第十一號　達第十二號　達第十三號　達第十四號　達第十五號

○達第十一號　（五月十七日）
各裁判所　各府縣

大審院諸裁判所職制章程（職制章程ハ第九十一號布告ニ同シ）

今般四等判事西成度東京上等裁判所所長心得被仰付候條以來諸裁判所稟議等ハ本人ニ宛差出可申此旨相達候事

○達第十二號　（五月二十七日　輪廓附）
各裁判所　各府縣

今般左之通御達相成候條爲心得此旨相達候事

司法省

新治裁判所被廢候條此旨相達候事

明治八年五月廿三日　太政大臣三條實美

各裁判所　新治縣ヲ除之縣々

○達第十三號　（五月二十八日）

勅奏官並華族ノ犯罪處分ノ儀ニ付左之通御達相成候條此旨相達候事

司法省

勅奏任官並華族ノ犯罪處分ノ儀ハ追テ一定ノ規則相立候迄ハ司法卿ノ見込ヲ以テ諸裁判所ヘ付シ其付セラレタル裁判所ニ於テ審理可致此旨各裁判所ヘ可相達候事

明治八年五月廿七日　太政大臣三條實美

○達第十四號　（六月十二日　輪廓附）
各府縣裁判所　各縣

今般章程御改正相成候ニ付テハ死罪ハ巡回判事ヲ待ハ勿論ニ候得共其死罪ト見込候者有之節ハ其時々管轄上等裁判所檢事ヘ可屆出候條此旨相達候事

○達第十五號　（六月二十七日）
各裁判所　各縣

行刑表聽訟日々表並聽訟件數表指出方明治六年九月三十日當省第百五十六號ヲ以相達置候處今般表式

一七五五

明治六年十一月　太政官　第三百六十三號　第三百六十四號　五七〇

府縣達ハ十年太政官第四十九號達ニ依リ消滅シ海軍裁判所ハ十七年同第二十九號達ヲ以テ廢止

十二月三十一日ヲ條約ノ期限ト看做スヘシ又從前取結ヒタル條約ニテ其期限ノ明治七年一月一日後ニ及フ事件ハ條約期限ノ切レタル翌日ヨリ第一條第二條第三條ノ種類ニ從ヒ出訴ノ期限ヲ起算致スヘキ事

但明治五年壬申第三百號布告第三條ニ定メタル規則ハ格別ナリトス

○第三百六十三號（十一月五日）（布）　使府縣へ

海軍省所轄ノ軍人軍屬脫走ノ者各地方ニ於テ見當リ候ハヽ捕縛致シ府縣送ヲ以海軍裁判所ヘ護送可致此旨相達候事

○第三百六十四號（十一月五日）（布）

北海道渡島國函館ヨリ石狩國札幌（開拓使本廳所在ノ地）ノ間新道落成ニ付自今札幌本道ト相定里程宿驛等左ノ通ニ候條此旨布告候事

函館札幌ノ間宿驛里程

自函館 至中島郷	三里八町三十間
自中島郷 至峠下	二里九町三十間
自峠下 至森村	六里
自森村 至室蘭港	海上二十五里半
自室蘭港 至幌別	五里一町
自幌別 至白老	六里三十町二十四間
自白老 至苫小牧	五里二十一町五十一間
自苫小牧 至千歳	六里三十四町
自千歳 至札幌	九里二十五町四十五間

海陸合七十一里五町

明治六年十一月　太政官　第三百六十五號　第三百六十六號　第三百六十七號　第三百六十八號　第三百六十九號　第三百七十號　第三百七十一號　五七一

七年第二十二號布告ヲ以テ千葉札幌ノ間ニ驛ヲ設ケ里程ヲ定ム
八年第二十七號布告ニ依リ消滅
七年第四十號布告十四年宮內省乙第…號達ニ依リ消滅
八年太政官第八十三號達ヲ以テ改定
七年太政官第九十四號達ヲ以テ廢止
八年第九十六號布告ヲ以テ本條約交換

○第三百六十五號（十一月五日）（布）

千葉縣管下下總國千葉郡檢見川村ヨリ千葉町ノ間自今山手通ヲ以新道ト相定候條此旨布告候事

○第三百六十六號（十一月五日）（布）

本年第八十七號布告諸稅規則第三條第一則但書更ニ左ノ通改正候條此旨布告候事

但陸軍武官及海兵馬上士官乘用ノ馬ハ此限ニアラサル事

○第三百六十七號（十一月八日）（達）　院省使府縣へ

紀元節自今新年天長節同樣賀表ヲ上ツルヘク此旨相達候事

但書式等ハ壬申第三百四十七號及本年第三百四十六號布告ニ可照準事

○第三百六十八號（十一月八日）（達）　院省使府縣へ

自今紀元節宴會酒饌下賜候條代料ノ儀ハ本年第二百七號布告新年宴天長節可爲同樣此旨相達候事

○第三百六十九號（十一月八日）（達）　府縣へ

郵便取扱役等級更ニ八等九等ノ二等ヲ設ケ其官等ハ等外五等六等ニ相當候條此旨相達候事

○第三百七十號（十一月八日）（布）

本年八月秘魯國ト假條約取結相成候條此旨布告候事

○第三百七十一號（十一月八日）（布）

諸省使府縣ノ附屬船及商船共西洋形ノモノハ諸港碇泊ノ節內外普通ノ禮ヲ表セシ爲メ旗章ヲ揚飾シ或ハ日ノ長短ニ依リ御國旗ヲ上下スル等區々相成候テハ不體裁ニ付自今我軍艦碇泊ノ港ニ於テ

〈法規 7〉
民事控訴略則

明治七年五月　太政官　布告　第五十三號　第五十四號　四〇

十七年第七號布告ヲ以テ廢止
十三年第二十五號布告ヲ以テ…
十二年第十號布告ヲ以テ但書削除
八年第九十四號布告ヲ以テ廢止

例ニ從ヒ外物品類其代價ノ內ニテ相當ノ割賦ヲ以テ引渡可申事

但書故ノ如シ

第十二條　買入年季中天災ニテ地所潰亡等其地ノ全形ヲ失フニ至ル所ハ地券ハ消滅スル理ニ付貸主ヨリ借主ニ對シ外地所又ハ物品ヲ代リ買ニ差入レサセ證文書替ヲ求ルヿヲ得ヘシ若シ代リ買ニ差入ルヘキ地所物品等コレナキトキハ訴訟ノ末身代限リノ處分ニ及フヘク又ハ荒成野地成等ニ變換シ或ハ崩壞等ノタメニ其地ノ幾分ヲ失フトキハ變換ノ價格及殘存ノ大小ニ據リ規則ニ基キテ地券書替願出ヘキ筈ニ付若シ其變換殘存ノ地ハ貸金額高ノ償ヲナスニ足ラサルト見込ム場合ニ於テハ貸主ヨリ借主ニ對シ外地所又ハ物品ヲ增買ニ差入レサセ證文書替ヲ求ルヿヲ得ヘシ若シ增買ノ差入ヘキ地所物品等無之時ハコレ亦訴訟ノ末身代限ノ處分ニ及フヘキ事

但書故ノ如シ

○第五十三號（五月十二日　輪廓附）

明治六年七月第二百七十二號布告地租改正條例中左ノ通第八章追加候條此旨布告候事

第八章　地租改正後賣買ノ間地價ノ增減ヲ生シ候共改正ノ年ヨリ五箇年ノ間ハ最初取定メ候地價ニ據リ收稅致スヘキ事

但地價昂低ヲ生シ候節ハ券狀裏面ヘ其地方官ニ於テ朱書ニテ記シ置可申事

○第五十四號（五月十九日　輪廓附）

今般民事控訴略則左ノ通相定候條此旨布告候事

民事控訴略則（民事控訴トハ刑事ノ外總テ權利ノ妨害ヲ受シ者訴出テ其裁判ニ服セスシテ上等ノ裁判所ヘ訴フルヲ云）

第一條　凡民事ニ付原告被告ノ內府縣裁判所或ハ裁判所在ラサル縣廳ノ裁判ニ服セサル者ハ司法省裁判所ニ控訴スルヲ得可キ事

明治七年五月　太政官　布告　第五十五號　第五十六號　第五十七號　四一

九年第百八號布告ニ依リ消滅
八年第百七號布告ヲ以テ廢止
第八十一號布告ヲ以テ廢止
第七十九號布告…十三年第三十六號布告ニ依リ消滅

第二條　司法省裁判所ニテ始テ受タル裁判ハ之レヲ臨時裁判所ニ控訴スルヲ得ヘキ事

第三條　凡控訴ヲ爲サントスル者ハ控訴狀ヲ認メ裁判言渡シノ日ヨリ三月ノ期限內（三月ノ期限トハ此月此日ヨリ四ヶ月目ノ此日迄ヲ云）ニ裁判ヲ受タル裁判所ニ差出スヘシ裁判所在ラサル地方ハ其縣廳ニ差出ス可キ事

但訴答文例第二十條見合スヘシ

第四條　控訴狀ヲ差出シタル時其裁判所或ハ縣廳ニテハ一件書類ヲ其訴狀ニ添ヘ訴人ト共ニ直ニ其上ノ裁判所ニ送付ス可キ事

○第五十五號（五月二十日　輪廓附）

華士族家祿稅石代納致度者ハ其年貢納相場ヲ以テ上納差許候條其管轄廳ヘ可願出此旨布告候事

但明治六年十二月第四百二十三號布告但書金給ノ分ハ前年貢納相場ヲ以テ米ニ直シ稅額ニ可引當ト有之候處其年貢納相場相用可申事

○第五十六號（五月二十五日　輪廓附）

證券印稅規則中帳簿證印ノ儀其證印濟ヨリ期限一ヶ年ニ滿チ候ハヽ附込見積金高ノ滿不足ニ不拘猶證印可申請旨ニ候處從前ノ次第有之右帳簿附込ノ金高ニ滿候迄ハ其儘相用不苦候條此旨布告候事

但金高無限（第一類ニテ五千圓以上第二類ニテ壹萬五千圓以上）證印相受候帳簿并荷物判取帳ハ紙數相滿キ候迄ハ其儘相用不苦候事

○第五十七號（五月二十五日　輪廓附）

懲役罪囚減役例圖左ノ通相定メ自今懲役ノ罪囚ハ右ニ依リ計算科斷候條此旨布告候事

懲役罪囚減役例圖

凡懲役十年以下ノ罪人疑難等ニ係リ口供甘結伏滯獄三十日以外ニ及フ者ハ並ニ三十日ヲ除ク外贖

〈法規6〉

出訴期限規則

文內有往及領事官等時候其近日某領事字樣一節。又中國外省官衙行照員文內向用該等關監世於宗式與外國官員文件往可不用一節。並此兩項無關條例均可照行。以上各節係遵條約法實及和好親見。應當大臣及列位大臣靜酌議。

二十年閣令第四號ニ依リ神宮ノ外消滅

○第三百五十七號　（十月二十八日）（布）

使　府　縣

明治五年壬申九月教部省第二十號布達神官免職ノ節被下物規則左ノ通改定候條此旨官國幣社神官ヘ布告スヘキ事

一官國幣社神官勅奏判任共勤續滿四ケ年以上ニテ免職又ハ病死ノ者ニハ其月給ノ半額下賜以上勤續年數ニ隨ヒ一ケ年每ニ半額ツヽ逐次增加下賜候事

但渡方ノ儀ハ其地方廳ニ於テ可取計事

十年太政官第三號達ヲ以テ廢止

○第三百五十八號　（十月二十九日）（布）

但年數通算ノ儀ハ本年第百八號並百六十六號布告ニ照準可致事

○第三百五十九號　（十月二十九日）（布）

使　府　縣

大藏省中記錄寮自今二等寮ニ被定候此旨布告候事

七年第三十八號布告參看

○第三百六十號　（十月三十日）（布）

大禮服調製ノ儀本年二月第四十八號布告候處神官ノ儀ハ調製ニ不及大禮服着用ノ節ハ祭服ヲ相用可申此旨神官ヘ布告スヘキ事

但祭服ノ儀ハ壬申年十一月第三百三拾九號本年二月第四十一號布告ノ通可相心得事

○第三百六十一號　（十一月四日）（布）

府　縣

本月第三百五十三號達書御詮議ノ次第有之取消候條此旨相達候事

英國龍動府ニ於テ與候博覽會ニ付各地方物品差出方手續等博覽會事務局ヨリ指揮ニ及ヒ候條此旨布告候事

但明治七年出品書目ハ別紙ノ通候條差出度望ノ者ハ各地方廳ニ於テ取調本月三十日迄ニ同局ヘ申出物品檢査ヲ可受事

明治七年英國博覽會出品

一「レイス」但シ手製並ニ機械製共

金線「モール」婦人ノ領ニ用ル編ミ物ノ類

一陸上建築並ニ家作ノ方法

（イ）陸上建築並ニ家作法

（ロ）鐵藻ヲ爆ノ仕掛並ニ製作法

（ハ）壁塗リ並ニ漆喰ノ仕事

一革

（イ）革並ニ革ノ細工物

（ロ）裝革並ニ「ヘルネス」甲冑或ハ鞍具足ノ類

一諸種ノ人造光輝瓦斯並ニ其製造法

一諸種ノ本綴ノ仕方

以上ニ用ル諸機械並ニ諸元質圖說

○第三百六十二號　（十一月五日）（布）

金穀貸借ヲ始メトシ物品賣買ヨリ其外種々ノ取引等ニ至ルマテ雙方ノ者互ニ受取渡ノ期限ヲ定メ條約ヲ結ヒ置キタルニ一方ノ者其條約ヲ破リタル時ハ早速裁判所ヘ出訴イタシ不苦候處延期ノ勸辨ヲ加ヘ出訴ヲ見合候者モ有之是亦タ慈愛ノ人情ニテ尤ノ事ニ付早速出訴イタシ候トモ又ハ勸辨ヲ加ヘ候トモ人民ノ自由ニ任セ出訴期限ノ法則不相定候處右延期勸辨中數多ノ歲月ヲ過去リ出訴致シ候時ハ貸方借方請人證人ノ內死亡又ハ轉住又ハ失踪等ノ者モ有之事理曖昧ニ立至リ裁判上

十八年內務省甲第二十號達參看

不都合不少候ニ付訴訟ノ事柄ニ因リ夫々出訴ノ期限ヲ定候條來明治七年一月一日ヨリ後ニ結ヒタル條約期限ニテ右出訴期限ヲ過去リ出訴セサル者ハ自分條約ヲ取消レタル者ト看做シ受取ルヘキ者ハ受取ヘキ權利ヲ失ヒ引渡スヘキ者ハ引渡スヘキ義務ヲ免レ候事ト相定メ候ニ付若シ出訴致シ候トモ取上不致候此旨布告候事

出訴期限規則

第一條

一學藝ノ授業料
一旅籠料
一運送賃
一飲食料
一手附金
一商人互ノ賣掛金
一職人ノ手間代金
一日雇人ノ給料
一請負金
一芝居等ノ木戶錢又ハ棧敷錢等
一男女藝者ノ揚代金

右ハ六箇月限

第二條

一醫師ノ脉診及ヒ藥料

一授業師ヨリ門弟ニ給與シタル飮食料
一商人ヨリ商人ニ非サル者ヘノ賣掛代金
一一箇年期マテノ奉公人給料

右ハ一箇年限

第三條

一期限ヲ定メタル貸附米金及ヒ利息アレハ其利息
一期限ヲ定メタル預米金及ヒ利息アレハ其利息
一家屋及ヒ土地ノ借賃
一小作米金
一證據金
一敷金
一物品ノ借賃又ハ損料
一養育料
一七箇年期マテノ奉公人給料
一期限ナキ年金及ヒ一生涯ノ年金

右ハ五箇年限

第四條

一條約證書中期限ナキ者ハ出訴ノ日ヲ期限ト看做シ候故何時出訴致シ候テモ苦カラサル事

第五條

一從前取結ヒタル條約ニテ明治六年十二月三十一日以前ニ條約期限ノ切レタル事件ハ右明治六年

第十六號
對決前他人代償ノ延期ヲ約シタル解訟ノ答書

住所
身分
被告人 氏 名

某ノ訴何之誰ヨリ日延代償ニテ濟口之答
右住所身分何之誰何々ノ儀訴出候付今何日御呼出之御狀拜見仕原告人江熟談之上親族朋友中何之誰ヨリ日延代償約定仕候段左之通御坐候
私儀云々
年月日
氏 名印

住所
身分
代書人 氏 名印

前書被告人何之誰申上候通私共ヨリ日延代償ノ約定仕候段相違無御坐候
年月日

住所
身分
代償人 氏 名印

住所
身分
代書人 氏 名印

前書被告人何之誰申上候通私共承諾仕候付此上對決ノ御裁斷不奉願候

年月日

住所
身分
原告人 氏 名印

住所
身分
代書人 氏 名印

某
御裁判所

第十七號
對決前他人代償ノ延期ヲ約シタル答書

住所
身分
被告人 氏 名

某ノ訴何之誰代償濟口日延ノ答
右住所身分何之誰何々ノ儀訴出候付今何日御呼出之御狀拜見仕原告人江熟談之上親族朋友中何之誰ヨリ代償濟方日延ノ約定仕候段左之通御坐候
私儀云々
年月日
氏 名印

住所
身分
代書人 氏 名印

前書被告人何之誰申上候通私共ヨリ代償濟方日延ノ約定仕候段相違無御坐候

年月日

住所
身分
代償人 氏 名印

住所
身分
代書人 氏 名印

前書被告人何之誰申上候通熟談之上何之誰ヨリ代償濟方日延約定仕候付來何年何月何日迄御裁判御猶豫奉願候
年月日

住所
身分
原告人 氏 名印

住所
身分
代書人 氏 名印

某
御裁判所

第十八號
外國原告人訴狀ノ式

訴狀

本國住所
身分
原告人 氏 名

住所
身分
被告人 氏 名

右原告人氏名ヨリ右被告人氏名ニ對シ當御裁判所ヘ左之通訴訟申上候

第一云々
第二云々
第三云々
但シ訴訟ノ根源事實ノ大略ヲ明白ニ認ムヘシ若其事實混交シテ長文ナル時ハ第一第二第三條ト之ヲ區別スヘシ
依之原告ヨリ御裁判所ヘ云々被成下度願上候事
但シ何等ノ趣意ハ原告人ノ所願ニ候ヤ金子ノ拂カ其金高何程カ右判然ト認メ其他公正ノ御裁判ヲ願フノ趣ヲ認ムヘシ
日本地名
年月日
原告人 氏 名花押
若シ原告人ノ代言者アル時ハ左ノ如ク加判スヘシ
代言者 氏 名花押

某
裁判所長
氏 名

十年太政官第三號達ヲ以テ廢止

九年敎部省達第三十二號同年內務省乙第三十九號達十八年同甲第十六號追加參看

○第二百四十八號（七月十七日）（布）
大藏省中檢査寮被置候條此旨布告候事
但二等寮ノ事

○第二百四十九號（七月十七日）（布）
神社佛寺共古來所傳ノ什物衆庶寄附ノ諸器並ニ祠堂金等ノ類ハ神官僧侶ハ勿論氏子檀家ノモノタリトモ自儘ニ處分可致筋無之候條若不得已儀有之候ハヽ委詳具狀ヲ以テ敎部省ヘ可申立候此旨布告候事

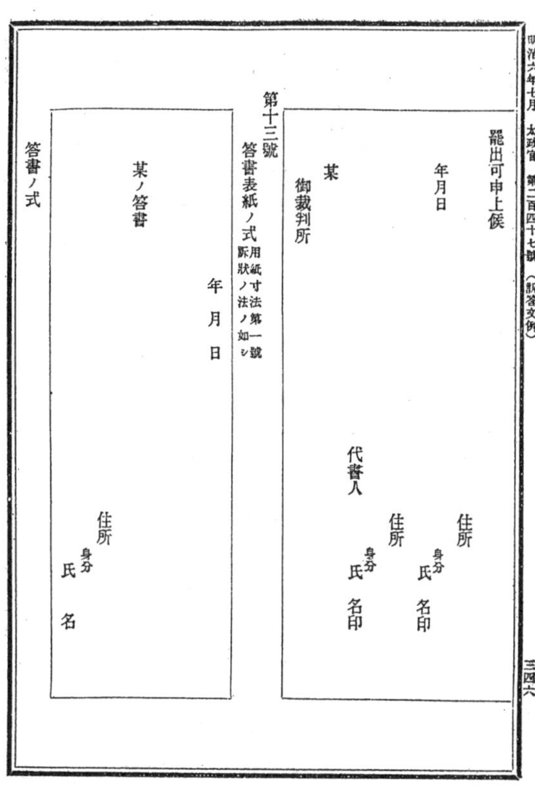

罷出可申上候

年月日

住所
身分
氏　名印

代書人
住所
身分
氏　名印

某
御裁判所

第十三號
答書表紙ノ式 用紙寸法第一號訴狀ノ法ノ如シ

年　月　日

某ノ答書

住所
身分
氏　名

答書ノ式

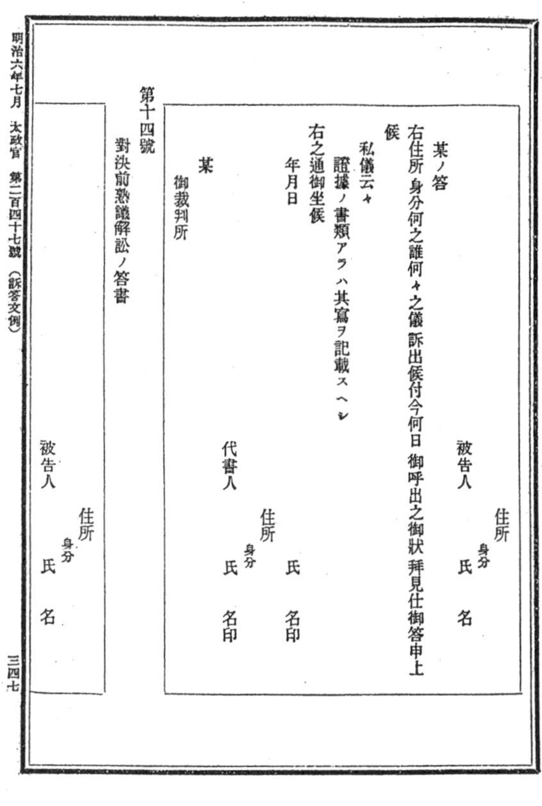

某ノ答

被告人
住所
身分
氏　名

右住所身分何之誰何々之儀訴出候付今何日御呼出之御狀拜見仕御答申上候

私儀云々

證據ノ書類アラハ其寫ヲ記載スヘシ

右之通御坐候

年月日

氏　名印

代書人
住所
身分
氏　名印

某
御裁判所

第十四號
對決前熟議解訟ノ答書

被告人
住所
身分
氏　名

某ノ訴濟口ノ答

右住所身分何之誰何々ノ儀訴出候付今何日御呼出ノ御狀拜見仕原告人江熟談濟方仕候趣申上候

私儀云々

年月日

氏　名印

代書人
住所
身分
氏　名印

前書被告人何之誰ヨリ申上候通熟談濟方仕候付此上對決ノ御裁斷不奉願候

年月日

原告人
住所
身分
氏　名印

代書人
住所
身分
氏　名印

某
御裁判所

第十五號
對決前返濟延期ノ約定ヲ爲シタル答書

某ノ訴濟口日延ノ答

被告人
住所
身分
氏　名

右住所身分何之誰何々ノ儀訴出候付今何日御呼出ノ御狀拜見仕原告人江熟談之上濟方日延約定仕候段左之通御坐候

私儀云々

年月日

氏　名印

代書人
住所
身分
氏　名印

前書被告人何之誰申上候通熟談之上濟方日延約定仕候付來何年何月何日迄御裁斷御猶豫奉願候

年月日

原告人
住所
身分
氏　名印

代書人
住所
身分
氏　名印

某
御裁判所

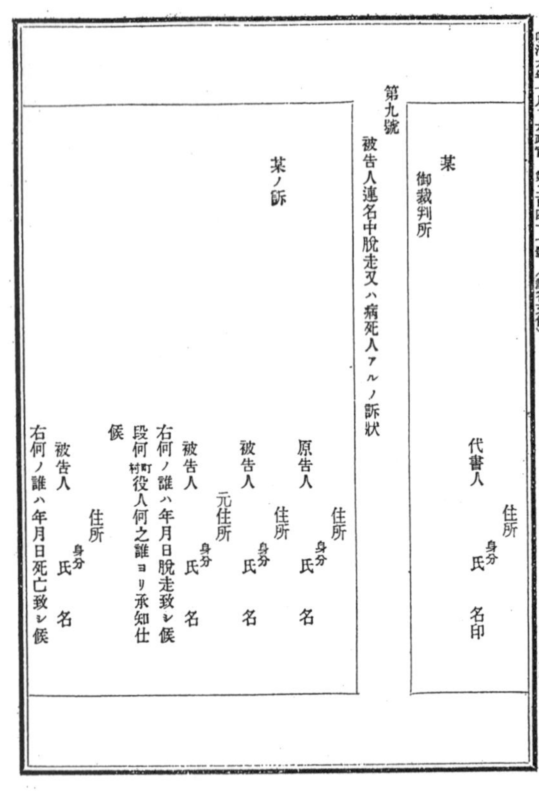

某
御裁判所

代書人
住所　身分　氏名印

第九號
被告人連名中脱走又ハ病死人アルノ訴状

某ノ訴

原告人
住所　身分　氏名

被告人
住所　身分　氏名

被告人
元住所　身分　氏名

右何ノ誰ハ年月日脱走致シ候段何町村役人何之誰ヨリ承知仕候

被告人
住所　身分　氏名

右何ノ誰ハ年月日死亡致シ候

段何町村役人何之誰ヨリ承知仕候

右原告人氏名申上候云々
年月日
氏名印

代書人
住所　身分　氏名印

某
御裁判所

第十號
讓證文ヲ以テ催促スル訴状

某ノ訴

原告人
住所　身分　氏名

被告人
住所　身分　氏名

一元金何圓
一利金何圓
合何圓
右證文ノ寫左ノ如シ
證書云々

右讓證文ノ寫左ノ如シ
證書云々
右原告人氏名申上候云々
年月日
氏名印

代書人
住所　身分　氏名印

某
御裁判所

第十一號
代言人ヲ頼ム訴状

某ノ訴

原告代言人
住所　身分　氏名

被告人
住所　身分　氏名

標記云々
右原告代言人氏名申上候云々

年月日
氏名印

代書人
住所　身分　氏名印

前書之儀私ヨリ御願可申上筈ニ御坐候處何々ノ旨趣ニ付何之誰江代言相頼候然ル上ハ何之誰ヨリ申上候事柄並ニ御受申上候事柄共後日ニ至リ私ヨリ異議申上間敷候爲後證奥印仕候
年月日

原告人
住所　身分　氏名印

某
御裁判所

第十二號
一時假リノ代言人ヲ出ス證書

右ハ何々ノ儀私ヨリ訴出候付罷出委曲申上度奉存候處病氣ニ付今日限何之誰ヘ代言相頼候若御尋之儀同人ニテ御對申上兼候廉有之候ハヽ私快氣次第

當日代言人
住所　身分　氏名印

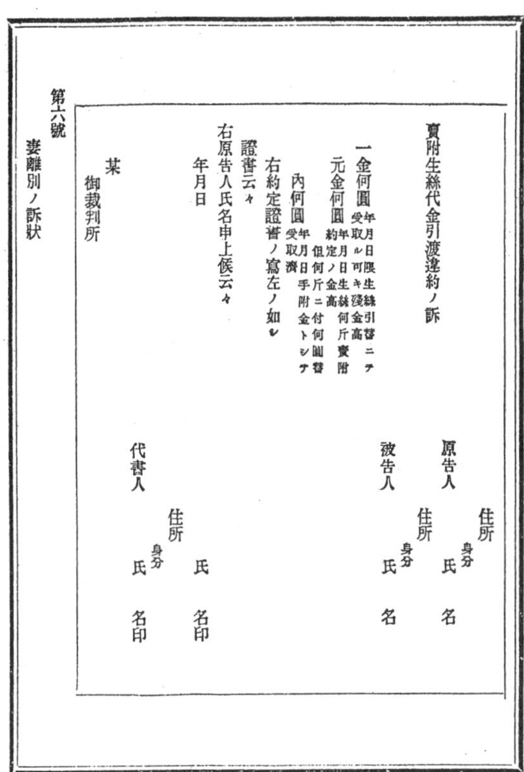
明治六年七月 太政官 第二百四十七號（訴答文例）

賣附生絲代金引渡違約ノ訴

原告人 住所 身分 氏 名

被告人 住所 身分 氏 名

一金何圓 年月日限生絲引替ニテ受取ル可キ金高

元金何圓 年月日生絲何斤賣附約定ノ金高 但何斤ニ付何圓替

内何圓 年月日手附金トシテ受取濟

右約定證書ノ寫左ノ如シ

證書云々

右原告人氏名申上候云々 氏 名印

年月日

代書人 住所 身分 氏 名印

某 御裁判所

三三八

第六號 妻離別ノ訴狀

明治六年七月 太政官 第二百四十七號（訴答文例）

妻離別ノ訴

原告人 住所 身分 氏 名

夫 氏名 當何歳

被告人 住所 身分 氏 名

妻 氏名 當何歳 年月日娶ル

某御役所ニ差出置候年月日ノ戸籍人別帳ノ寫左ノ如シ

人別帳云々

右原告人氏名申上候云々 氏 名印

年月日

代書人 住所 身分 氏 名印

前書申上候處相違無御坐候

年月日

原告人ノ祖父母父母等 住所 身分 氏 名印

某 御裁判所

三三九

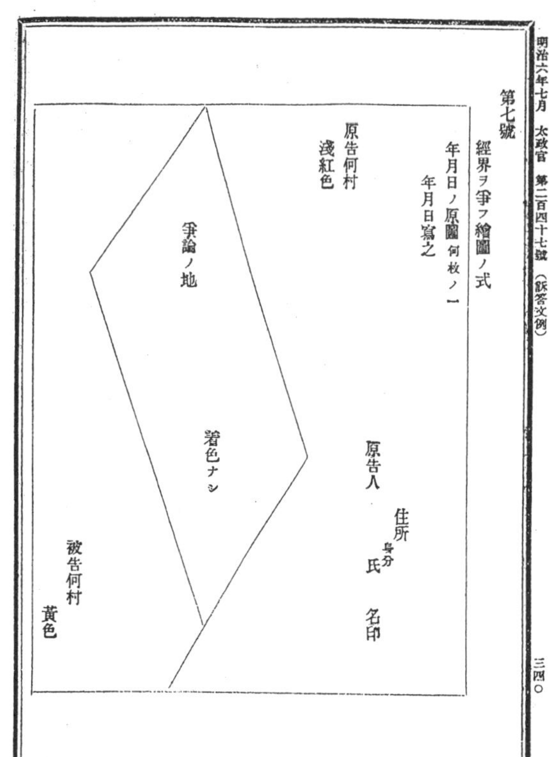
明治六年七月 太政官 第二百四十七號（訴答文例）

第七號 經界ヲ爭フ繪圖ノ式

年月日ノ原圖 何枚ノ一

年月日寫之

原告人 住所 身分 氏 名印

三四〇

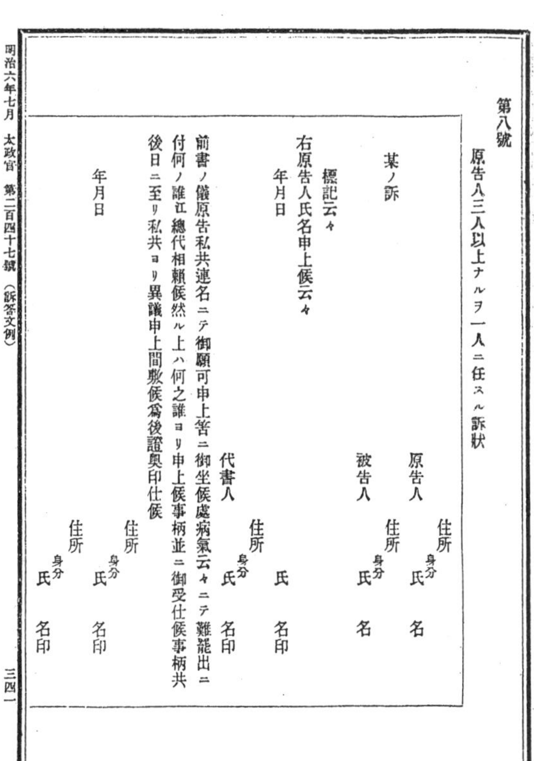
明治六年七月 太政官 第二百四十七號（訴答文例）

第八號 原告人三人以上ナルヲ一人ニ任スル訴狀

某ノ訴

原告人 住所 身分 氏 名

被告人 住所 身分 氏 名

標記云々

右原告人氏名申上候云々 氏 名印

年月日

代書人 住所 身分 氏 名印

前書ノ儀原告私共連名ニテ御願可申上筈ニ御坐候處病氣云々ニテ難罷出ニ付何ノ誰江總代相頼候然ル上ハ何之誰ヨリ申上候事柄並ニ御受仕候事柄共後日ニ至リ私共ヨリ異議申上間敷候爲後證奥印仕候

住所 身分 氏 名印

住所 身分 氏 名印

年月日

三四一

第三百十二號ヲ以テ宛名毎號トモ第十八號書式ニ照依セシム

右原告人氏名申上候私儀云々
標記云々

年月日

某
御裁判所

被告人
住所
身分
氏名

氏名印

代書人
住所
身分
氏名印

第二號

貸金催促ノ訴狀

貸金催促ノ訴

原告人
住所
身分
氏名

被告人
住所
身分
氏名

一元金何圓 年月日貸附
一利金何圓 年月日期限 一年又ハ一月幾分ノ利
合何圓
右證文ノ寫左ノ如シ
借用證文
一金何圓
右云々

借主
氏名

證人
氏名

貸主
名當

年月日

右原告人氏名申上候云々

住所
身分
氏名印

某
御裁判所

代書人
住所
身分
氏名印

第三號

賣掛代金淹滯ノ訴狀

原告人
住所
身分
氏名

被告人
住所
身分
氏名

賣掛代金淹滯ノ訴

一金何圓
右賣掛帳ノ總計高ニ御坐候
但帳面ニ被告人ノ證印有之候
若賣掛帳ニ非スシテ證文ナレハ其證文全文ノ寫ヲ出ス可シ

右原告人氏名申上候云々
年月日

住所
氏名印

某
御裁判所

代書人
住所
身分
氏名印

第四號

買附米引渡違約ノ訴狀

原告人
住所
身分
氏名

被告人
住所
身分
氏名

買附米引渡違約ノ訴

一米何石 年月日買取約定濟 此度受取ル可キ石高
代金何圓 一石ニ付 何圓替
內何圓 年月日手附金トシテ渡濟
殘何圓 年月日限現米引替ニ渡ス可キ約定
右約定證書ノ寫左ノ如シ
證書云々
右原告人氏名申上候云々
年月日

住所
氏名印

某
御裁判所

代書人
住所
身分
氏名印

第五號

賣附生絲代金引渡違約ノ訴狀

七年第七十五號布告ヲ以テ代書人用方改定參看

第二章　代書人ヲ用フル事

第三十四條　被告人自ラ答書ヲ書スルヲ許サス必ス代書人ヲシテ代書セシム可シ其代書人ヲ撰ミタル時ハ即日裁判所ニ居ケ且原告人ニ報告スヘシ其他代書人ヲ用フル方法ハ第三條第四條第五條第六條ニ照ス可シ

第三章　代言人ノ事

第三十五條　被告人ノ代言人ヲ用ルモ亦其情願ニ任ス然レモ必ス本人自ラ同伴シテ訟庭ニ出席シ其結局ハ本人ヨリ決答ヲ爲ス可シ

第三十六條　被告人代言人ヲ出ス時ハ答書ノ奥書及ヒ連印等ノ方法第三十條ニ照ス可シ

第三十七條　答書ニ關係スルノ書類ハ代言人又ハ保證人ノ類ト雖モ被告人ノ證ト爲ルヘキ者ハ被告人ノ撰ミタル代書人ヲシテ代書セシメ且ツ代書人ノ氏名ヲ記入セシム可シ被告人ノ自書ヲ用フルヲ得ス

書面ノ末ニ署スル氏名ハ其本人ノ自筆ヲ用ヒ代書人ヲシテ代書セシム可カラス若シ本人自署スルヿ能ハサル時ハ其旨ヲ氏名ノ肩ニ記ス可シ

第四章　原告人ノ返リ證文ヲ所有シタル答書ノ事

第三十八條　負債主米金等ヲ返濟スルニ債主原ノ證書ヲ還付セサルヲ以テ二重ノ催促ヲナス訴訟ハ被告人其答書ニ返リ證文（返リ證文ハ債主ヨリ原ノ證書ヲ還付セスシテ其米金受取ノ證書ヲ交付スルヲ云フ）ヲ寫載シ次ニ原告人二重ノ催促ヲ爲シタル旨ヲ書ス可シ

第三十九條　原告人米金等ヲ受取リタルノミノ證書ニシテ貸附ノ米金ヲ受取リタル確證ノ文字ナク又ハ他ノ憑據トス可キ證跡ナキ時ハ其米金ヲ受取タルノミノ證書ヲ以テ返リ證文ト看做スヿ

ヲ得ス

第五章　原告人ヨリ返濟延期ノ約ヲ破リタル答書ノ事

第四十條　借用ノ米金等ヲ返濟ス可キ期限ニ至リ負債主ヨリ債主ニ熟議シテ返濟延期ノ約ヲ結ヒ其證書ニ押印ヲ爲シタル債主ヨリ其約ヲ破リ本證文ニ據リ訴ヘタル答書ハ對談一札（對談一札トハ返濟延期ノ證書ヲ云フ）アルヿヲ記シ次ニ其證書ノ全文ヲ寫載シ次ニ原告人ノ約ヲ破リタルヿヲ書ス可シ

第四十一條　負債主ヨリ返濟延期ノ約ヲ破リタル事件ヨリ起リ債主本證文ニ據リ訴出タル原由アル時ハ負債主ナル者已レヨリ約ヲ破リタル返濟延期ノ證書ヲ以テ原告人破約ノ證トナスヿヲ得ス

第六章　原告人證書ヲ僞造シタル答書ノ事

第四十二條　被告人ノ證書ヲ原告人僞造シタル答書ハ其僞造ヲ證スル爲ニ管轄町村ノ役場ニ居ケ置タル年月日ノ人別帳ノ寫ヲ記載シ次ニ此人別帳ノ印ト證書ノ印ト相違シタル旨ヲ書ス可シ

第七章　經界ヲ爭フ答書ノ事

第四十三條　國郡鄕村山川田宅等ノ分界ヲ爭フ答書ノ方法ハ第十九條ヲ照ス可シ

第八章　既ニ訴ヘラレタル事件ニ未タ訴ヘサル事件ヲ接續スル事

第四十四條　負債主米金ヲ返濟ス可キ期限ヲ過キテ返濟セサルヲ訴ヘラレタルニ別ニ其債主ヨリ受取ル可キ米金アリテ其受取可キ期限モ亦タ過キ未タ訴ヘスト雖モ雙方均シク返濟ノ約期ヲ破リタルヲ以テ兩件ヲ接續シ差引ノ計算ヲ爲サントスル答書ハ負債主ヨリ其別ニ受取ル可キ米金ノ證書ヲ寫載シ次ニ差引計算ヲ爲スノ旨ヲ書ス可シ

第四十五條　負債主甲某債主乙某ヨリ借用シタル米金ヲ返濟スヘキ期限ヲ過キテ訴ヘラレタルニ答ルニ當リ甲某其借用シタル米金ハ更ニ丙某ニ貸附ケ其期限ヲ過キ返濟セサルヲ以テ既ニ訴ヘ

ラレタル乙某ノ事件ト未タ訴ヘサル丙某ノ事件トヲ接續シテ丙某ノ返濟ヲ爲ス可キ米金ヲ以テ乙某ニ返濟センヿヲ答ルヲ許サス何トナレハ乙ノ貸ス所ノ者甲ニシテ丙ニ非ス丙ノ借ル所ノ者ハ甲ニシテ乙ニ非ラサルヲ以テナリ

第九章　對決前熟議解訟ヲ爲シタル答書ノ事

第四十六條　被告人訴狀ニ對シ辨解スルヿ能ハサル者ハ速ニ原告人ト熟議シ對決前ニ解訟ヲ爲シタル答書ハ原告人承諾ノ奥書連印ヲ爲サシム可シ（附錄第十四號ヲ見合ス可シ）

第四十七條　前條ノ場合ニテ貸借淹滯ノ訴ニ起ル解訟ノ答書ハ償ノ既濟又ハ未濟ト雖モ更ニ延期ノ約ヲ結ヒタル等ハ前條ニ照ス可シ各種違約ノ訴訟ハ原被雙方ノ熟和ニ至リ又ハ更ニ改定ノ條約ヲ立テタル等モ亦前條ニ照ス可シ

第十章　對決前返濟延期ノ約定ヲ爲シタル答書ノ事

第四十八條　原被告人對決審判前ニ被告人ヨリ負債ヲ返濟スルノ延期ヲ請ヒ原告人之ヲ承諾シ其審判ヲ仰カス延期ノ日ニ至リ完ク返濟スルノ後解訟ノ證書ヲ呈セントスル者ハ其答書ニ延期ノ旨趣ヲ書シテ原告人承諾ノ奥書連印ヲ爲サシム可シ（附錄第十五號ヲ見合ス可シ）

第十一章　對決前親戚又ハ朋友ヨリ代償ノ延期ヲ約シテ解訟ヲ爲シタル答書ノ事

第四十九條　原被告人對決審判前ニ被告人ノ親戚又ハ朋友ヨリ被告人ノ負債ヲ延期代償センヿヲ請ヒ原告人之ヲ承諾セハ熟議解訟ノ答書ニ其延期代償ノ旨趣ヲ書シ代償人及ヒ原告人ノ奥書連印ヲ爲サシム可シ（附錄第十六號ヲ見合ス可シ）

第十二章　對決前親戚又ハ朋友ヨリ代償延期ノ約定ヲ爲シタル答書ノ事

第五十條　原被告人對決審判前ニ被告人ノ親戚又ハ朋友ヨリ被告人ノ負債ヲ延期代償センヿヲ請ヒ原告人之ヲ承諾シテ其審判ヲ仰カス延期ノ日ニ至リ完ク返濟スルノ後解訟ノ證書ヲ呈セント

スル者ハ其答書ニ延期代償ノ旨趣ヲ書シ代償人及ヒ原告人ノ奥書連印ヲ爲サシム可シ（附錄第十七號ヲ見合ス可シ）

八年第百九十六號布告ニ依リ用紙寸法消滅以下倣之

訴答文例附錄

第一號

訴狀表紙ノ式（美濃紙大中紙又ハ右寸法ニ同シキ紙ヲ用ユ可シ）

某訴狀

年　月　日

住所

身分

氏　名

某訴狀トハ假令ハ貸金ノ淹滯ヲ訴ルハ貸金催促ノ訴狀ト記シ流質地ノ爭訟ハ流質地引渡催促ノ訴狀ト記スノ類

訴狀ノ式

某訴

原告人

住所

身分

氏　名

明治六年七月　太政官　第二百四十七號（訴答文例）

第十七條　家督相續ノ訴狀

家督相續ヲ爭フ訴狀モ住所氏名ノ次ニ亡父母ハ死亡ノ年月日生父母ハ其生年ト原被告人生年トヲ標記シ次ニ其原被雙方ノ戸籍人別ト讓狀遺狀等ノ證書アレハ其全文ヲ寫載シ次ニ自己相續ス可キ條理ト被告人相續ス可キ條理ナキヿヲ書ス可シ（附錄第六號ヲ見合ス可シ）

第十八條　田畠山林等賣買違約ノ訴狀

田畠山林屋敷建家等ヲ買ヒ之ヲ受取ラントスルノ訴狀及ヒ貸地貸家ヲ取戻サントスルノ訴狀モ第十條ノ第一項ニ照ス可シ

田畑山林屋敷建家等ヲ賣リ之ヲ引渡シテ其代價受取ントスルノ訴狀モ第十條ノ第二項ニ照ス可シ

第十九條　經界ヲ爭フノ訴狀

國郡鄕村山川田宅等ノ分界ヲ爭フ訴狀モ住所氏名ノ次ニ其舊記繪圖ノ枚數ヲ標記シ次ニ被告人ノ非理ヲ書ス可シ

舊記繪圖ノ寫ハ別册ト爲シ目錄ヲ附シ各番號ヲ朱記ス可シ

繪圖ハ色ヲ以テ區別シ原告ノ區域ハ淺紅色ヲ用ヒ被告ノ區域ハ黃色ヲ用ヒ爭フ所ノ區域ハ着色ヲ用ヒ其他ノ經界ハ別色ヲ用ユ可シ（附錄第七號ヲ見合ス可シ）

但第七條但シ書ヲ見ル可シ

第二十條　控告ノ訴狀

原被告人預審又ハ終審ノ裁判言渡ヲ受ケ其裁決ニ服セスシテ之ヲ上等ノ裁判所ニ控告セントスルノ訴狀ハ住所氏名ノ次ニ訴訟ノ題目ト其年月日ト裁判所ニ呼出サレタル度數其年月日ト訟庭ニ臨ミタル裁判役ノ氏名ヲ知ルヲ得可キニ於テハ之ヲ記載シ次ニ其裁判言渡書ノ寫ト裁決ニ服

三二六

八年第九十三號布告ニ依リ但書消滅

八年第九十一號布告ニ依リ消滅

明治六年七月　太政官　第二百四十七號（訴答文例）

セサルノ旨趣ヲ書シ且ツ前訴狀ノ寫ヲ別册ト爲シ訴出可シ但シ控告人ノ住所ト控告ヲ爲ス裁判所トノ距離八里每ニ一日ノ猶豫ヲ得ルノ外裁決ノ言渡ヲ受タル日ヨリ三ケ月ノ期限ヲ過ル時ハ控告ヲ爲スヿヲ得ス

預審又ハ終審ノ裁判以前ノ場合ニ於テ其裁判役ノ曲庇壓制等アルヲ以テ原被告人之ヲ上等ノ裁判所ニ申告スル者モ亦本條ニ照ス可シ

第五章　一册ノ訴狀ハ一事件ニ止ル可キ事

第二十一條　原被告人共人員多少ニ拘ラス訴狀ハ一事ヲ一册ニ書スルニ限ル可シ又原告人一名ニシテ同時ニ數件ヲ訴フルモ訴狀ヲ各册ニ作ル可シ

第六章　一册ノ訴狀ニシテ二件以上ヲ合スヲ得ル事

第二十二條　貸借二事以上ニシテ原被告人共別人ニ非レハ一册ノ訴狀ニシテ二件以上ヲ合スヲ得可シ

第七章　原告人連名ノ訴狀ノ事

第二十三條　債主連名ノ證文ヲ以テ米金等ヲ貸附タル訴狀ハ連名ヲ以テ訴フ可シ若シ債主連名三人ナルヲ一人ニシテ訴フル時ハ他ノ二人ヨリ依賴ノ證書ヲ以テ訴フ可シ（附錄第八號ヲ見合ス可シ）

第二十四條　債主二人以上ニシテ管轄ヲ異ニスル者アラハ甲ノ管轄ニ訴ルモ乙ノ管轄ニ訴ルモ其便宜ニ從フ可シ

第八章　連名ノ被告人ヲ訴フル事

第二十五條　負債主連名ノ借用證文ヲ以テ貸渡シタル米金等ノ訴狀ハ連名ノ人數ヲ盡ク相手取ル可シ

第二十六條　負債主連名中若シ失踪死亡等ニテ相續人ナキ者アラハ連名ノ末ニ其人名ヲ記シ年月

三二七

九年第十八號布告ヲ以テ代言人ノ條廢止以下倣之

明治六年七月　太政官　第二百四十七號（訴答文例）

日失踪死亡等ノ事ヲ其者ノ管轄戸長某ヨリ承ルト附載スヘシ（附錄第九號ヲ見合ス可シ）

第二十七條　負債主ノ連名中管轄ヲ異ニスル者アラハ甲ノ管轄ニ於テ審判スルヲ願モ乙ノ管轄ニ於テスルヲ願フモ原告人ノ情願ニ任ス可シ

第九章　讓證文ヲ以テ訴ル事

第二十八條　甲ヨリ乙ニ貸シ又ハ預ケタル米金ヲ甲ヨリ丙ニ讓リタルニ乙ヨリ丙ニ返濟セスシテ丙ヨリ乙ヲ相手取リ其米金ヲ受取ントスル訴狀モ住所氏名ノ次ニ甲ヨリ丙ニ讓リタル證文ヲ寫載シ若シ甲ヨリ丙ニ讓リタル證文無レハ甲ト乙ノ關係ニシテ乙ト丙トノ關係ナシトス故ニ丙ヨリ乙ヲ相手取ルヿヲ得ス（附錄第十號ヲ見合ス可シ）

第二十九條　父母祖父母等ノ貸附タル米金等ハ其家ノ相續ヲ爲シタル者ニ非レハ其子孫ニシテ貸附證文ヲ所持スト雖モ父母祖父母等ノ讓渡シタル證書ナキ時ハ之ヲ訴ルヿヲ得ス

但外國人ハ其本人ノ國法ニ隨ヒ正シキ權ヲ得可シ

第十章　代言人ノ事

第三十條　原告人ノ情願ニ因テ代言人ヲシテ代言セシムルヿヲ許ス代言人ヲ用フル者ハ其訴狀ノ奧書ニ代言人ニ依賴シタル旨ヲ記載シテ原告人及ヒ代言人ノ連印ヲ爲ス可シ若シ連印ナケレハ代言セシムルヿヲ許サス（附錄第十一號ヲ見合ス可シ）

第三十一條　原告人代言人ヲシテ代言セシムル時訟庭ニ同席スル事ハ其情願ニ任カス

第三十二條　訴訟ニ關係スル書類ハ代言人又ハ保證人ノ類ト雖モ原告人ノ證ト爲ル可キ者ハ原告人ノ撰ヒタル代書人ヲシテ代書セシメ其代書人ノ氏名ヲ記入セシム可シ原告人ノ自書ヲ用フルヿヲ得ス

三二八

十七年司法省甲第一號告示ヲ以テ答書ノ行數等ヲ改ム

明治六年七月　太政官　第二百四十七號（訴答文例）

書面ノ末ニ署スル氏名ハ其本人ノ自筆ヲ用ヒ代書人ヲシテ代書セシム可カラス若シ本人自署スルヿ能ハサレハ其旨ヲ氏名ノ肩ニ記ス可シ

但第二章但シ書ヲ見ル可シ

訴訟中原告人又ハ代言人ノ疾病事故ニ因テ假リノ代言人ヲ出ス時ハ原告人又ハ代言人ヨリ假リノ代言人ニ依賴スルノ證書ヲ出ス可シ若シ證書ナケレハ假リノ代言人ト爲スヿヲ許サス（附錄第十二號ヲ見合ス可シ）

第二卷　被告人ノ答書

第一章　答書ノ定則ノ事

第三十三條　答書ヲ作ルニハ左ノ定則ニ循フ可シ

第一　被告人裁判所ノ呼出狀ト共ニ原告人ノ訴狀ヲ受取ル時原告人ノ陳述スル所條理アラハ速ニ熟議シ原告人之ヲ許諾セハ解訟ヲ請フ事ヲ得ヘシ其場合ニ於テハ代書人ヲシテ熟議解訟ノ答書ヲ作ラシメ之ヲ裁判所ニ呈ス可シ（第四十七條及四十八條ヲ見合ス可シ）

第二　原告人ノ述ル所非理不實ニシテ辨解ス可キ確證アラハ其書類ノ全文ヲ寫載シ次ニ非理不實ノ事ヲ書ス可シ

第三　答書ノ首ニ被告人ノ氏名ヲ記シ住所身分ヲ肩書ニシ答書ノ末ニ年月日ヲ記シ被告人ト代書人トノ氏名連印アル可シ（附錄第十三號ヲ見合ス可シ）

第四　答書ノ末ニ署スル氏名ハ其本人ノ自筆ヲ用ユ可シ若シ本人自署スルヿ能サル時ハ其旨ヲ氏名ノ肩ニ記ス可シ

第五　答書ハ十六行ニシテ一行十五字詰ニ認メ正副二通ヲ具ス可シ

三二九

代書人ノ氏名ヲ記入セシム可シ若シ代書人ヲ經サル者ハ訴訟ノ證ト爲スヿヲ得ス

第五條 代書人疾病事故アリテ之ヲ改撰スル時ハ即日頼主ヨリ裁判所ニ屆ケ且ツ相手方ニ報告ス可シ其裁判所ニ屆ケス被告人ニ報告セサル以前ハ假令代書スルモ代書人ト看做スヿヲ得ス

但外國人ハ此章ノ限ニアラス

第三章 訴狀ノ定則ノ事

第六條 訴狀ヲ作ルニハ左ノ定則ニ循フ可シ

第一 訴狀ハ簡明確實ニシテ憑據ト爲ス可キ事件ヲ掲ケ文飾冗長ナラサルヿニ注意シ自己ノ想像ヲ以テ蹤跡ナキ事件ヲ述ルヿヲ得ス

第二 一切ノ訴狀ハ首ニ原被告人ノ氏名ヲ記シ住所身分ヲ肩書ニシ其末ニ年月日ヲ記シ原告人ト代書人トノ氏名連印スヘシ（附錄第一號ヲ見合ス可シ）

但外國人ノ爲ニハ第一章但シ書ヲ見ル可シ

第三 訴狀ノ末ニ署スル氏名ハ其本人自署ス可シ若シ自署スルヿ能ハサル時ハ其旨ヲ氏名ノ肩ニ記スヘシ

（十七年司法省甲第一號告示ヲ以テ訴狀ノ行數等ヲ改ム）

第四 訴狀ハ十六行ニシテ一行十五字詰ニ認メ正副二通ヲ具ス可シ

但外國人ノ訴狀ハ銘々英佛語ヲ以認ルヿヲ得ヘシ其日本飜譯ハ裁判所ニ於テ正副二通ヲ認メ其手數料ヲ取立ツヘシ

第五 被告人ノ住所呼出ヲ受ク可キ裁判所ノ八里ノ距離外ニ在ル時ハ其里數ヲ被告人ノ氏名ノ左側ニ記載ス可シ若シ八里以內ナル時ハ其里數ヲ記載スルニ及ハス

第四章 訴狀ノ書式ノ事

第七條 貸附米金等淹滯ノ訴狀

貸附米金等淹滯ノ訴狀ハ住所氏名ノ次ニ米金元利ノ計算ト貸渡シタル年月日トヲ標記シ次ニ證書ノ全文ヲ寫載シ次ニ期ヲ過キテ返濟セサル事情ヲ書ス可シ（附錄第二號ヲ見合ス可シ）

田畠ヲ貸渡シタル小作米金又ハ物品ノ損料金又ハ諸種ノ立替金又ハ召抱人等ノ引負金又ハ職人等ノ前貸米金又ハ貸地貸家等ヲ受取ラントスルノ訴狀モ亦本條ニ照ス可シ

但以下十九條迄原告外國人ナル時ハ其訴訟ノ趣意並願意ヲ簡明ニ記載ス可シ

但附錄第十八號ヲ見合ス可シ

第八條 預ケ米金淹滯ノ訴狀

預ケ米金淹滯ノ訴狀モ住所氏名ノ次ニ米金ノ員數ト預ケタル年月日トヲ標記シ次ニ其證書ノ全文ヲ寫載シ次ニ違約シテ返濟セサル事情ヲ書ス可シ

借地等ノ敷金又ハ妻及ヒ養子女等ノ持參金又ハ實家若クハ親族等ノ仕送リ金ヲ受取ントスルノ訴狀モ亦本條ニ照ス可シ

第九條 賣掛代金淹滯ノ訴狀

賣掛代金淹滯ノ訴狀モ住所氏名ノ次ニ金高ヲ標記シ次ニ其帳面總計ノ高ヲ出シ之ニ被告人ノ證印アルヿヲ記入シ次ニ違約淹滯シタル事情ヲ書ス可シ（附錄第三號ヲ見合ス可シ）

賣掛代金又ハ旅籠代金賄代金等通帳附込帳等ニ被告人ノ證印ナキ時ハ原告人ノ證據ト爲スヿヲ得ス

第十條 手附金賣買違約ノ訴狀

諸物品ヲ買ヒ手附金ヲ渡シ約定期限內ニ殘金ヲ渡サントスル時ニ至リ被告人違約シテ諸物品ヲ渡サヽルノ訴狀モ住所氏名ノ次ニ買付タル物品ノ總高次ニ手付金ヲ渡シタル年月日及ヒ殘金ヲ渡シ物品ヲ受取可キ約定期限ノ年月日ヲ標記シ次ニ約定書ノ全文ヲ寫載シ次ニ違約ノ事情ヲ

書ス可シ（附錄第四號ヲ見合ス可シ）

諸物品ヲ賣リ手附金ヲ受取リ約定期限ニ至リ殘金ヲ受取ル可キ時ニ被告人違約シテ殘金ヲ渡ササルノ訴狀モ住所氏名ノ次ニ手附金ヲ受取リタル年月日及ヒ殘金ヲ受取リ物品ヲ渡ス可キ約定期限ノ年月日ヲ標記シ次ニ約定書ノ全文ヲ寫載シ次ニ違約ノ事情ヲ書ス可シ（附錄第五號ヲ見合ス可シ）

第十一條 受負料淹滯ノ訴狀

諸職業受負淹滯ノ訴狀モ住所氏名ノ次ニ受負ヒタル年月日ト受負ノ金高ト既ニ受取リタル金數ト未タ受取ラサル金數トヲ標記シ次ニ約定書ノ全文ヲ寫載シ次ニ違約ノ事情ヲ書ス可シ

第十二條 奉公人違約ノ訴狀

奉公人ニ年期ヲ約シ前金ヲ渡シ其年期未滿內ニ其家ヲ出テ還ラサル者ヲ取返サントスルノ訴狀モ住所氏名ノ次ニ抱入レタル年月日ト約定ノ年期ト前渡シノ金數トヲ標記シ次ニ其證書ノ全文ヲ寫載シ次ニ違約ノ事情ヲ書ス可シ

職業傳習ノ弟子職業練熟ノ後ハ禮奉公ノ年期ヲ約シ年期未滿內ニ其家ヲ出テ還ラサル者ヲ取戾サントスルノ訴狀モ亦本條ニ照ス可シ

奉公人又ハ弟子奉公ノ者等其主人師匠ヨリ受取ル可キ給米金淹滯ノ訴狀モ亦本條ニ照ス可シ

第十三條 專賣免許ヲ犯シタルノ訴狀

專賣ノ免許ヲ得タル者ヨリ他ノ摸倣密賣スル者ヲ差留メントスルノ訴狀モ住所氏名ノ次ニ專賣免許ヲ得タル年月日ト免許ヲ受タル役所ノ名ト專賣免許ノ年限トヲ標記シ次ニ免許ノ證印又ハ證書ヲ寫載シ次ニ其密賣ノ事情ヲ書ス可シ

諸商工專賣ノ免許ナクシテ株式ト稱スル者ハ自己ニ妨アルヲ以テ他人ノ商業ヲ差留ル事ヲ訴ルヿヲ得ス

第十四條 商社中取引ノ訴狀

商社中甲ノ商人ヨリ乙ノ商人ニ對シ各種ノ取引ノ米金又ハ物品ノ類ニテ乘合商賣ト稱スル者モ證書確實ナル者ハ之ヲ訴ルヿヲ得可シ其訴狀ハ取引ノ摸樣ニ付キ各種ノ本條ニ照ス可シ

先ニ開キシ商社ニ後ニ開カントスル商社ノ妨クルヿアルヲ以テ之ヲ訴ルヿヲ得ス但シ專賣免許ヲ犯スヿヲ得サルノ法ト相抵觸スルヿナカル可シ（第十三條ヲ見合ス可シ）

第十五條 夫妻離別ノ訴狀

夫妻離別ノ訴狀モ住所氏名ノ次ニ夫妻ノ氏名生年及ヒ婚姻ノ年月日ヲ標記シ次ニ其戶長役場ヘ居置キタル戶籍人別ヲ寫載シ次ニ離婚ヲ爲ス可キ原由ヲ書ス可シ

原告人夫ナレハ其父母若シ父母在ラサレハ祖父母祖父母在ラサレハ尊族ノ親尊族ノ親在ラサレハ同等ノ親同等ノ親在ラサレハ卑族ノ親卑族ノ親在ラサレハ近隣又ハ朋友ノ內二人以上ノ奧書連印ヲ爲ス可シ（附錄第六號ヲ見合ス可シ）

原告人妻ナルモ前條ニ照シテ其父母親族等ヨリ訴フ可シ若シ事危急ニ出テ親族等ニ告ルニ暇ナキ時ハ自ラ訴フ事ヲ得可シ

第十六條 養子女ヲ離別スル訴狀

養子女ヲ離別スルノ訴狀モ住所氏名ノ次ニ養父母及ヒ養子女ノ生年ト其養子女トナシタル年月日ヲ標記シ次ニ原被雙方ノ戶籍人別ヲ寫載シ次ニ離別ス可キ原由ヲ書シ原告人親族在ラサレハ近隣又ハ朋友ノ內二人以上ノ奧書連印ヲ爲ス可シ

本生父母ヨリ養子女ヲ取戾サントスルノ訴狀モ本條ニ照ス可シ若シ本生父母在ラサレハ其親族ヨリ訴ルヿヲ得ヘシ

養子女ヨリ養父母ヲ相手取リテ自ラ離別ヲ請ノ訴ヲ爲スヿヲ得ス

明治六年六月　太政官　第二百十五號　三〇〇

九年第百十二號布告ヲ以テ熊谷縣ヲ廢シ上野國高崎ニ移シ群馬縣ト改称

入間群馬ノ兩縣ヲ廢シ熊谷縣ヲ被置候條此旨相達候事
但縣廳ハ武藏國大里郡熊谷驛ニ被設候事

〈法規4〉代人規則

九年第四十四號布告ヲ以テ改正

○第二百十五號（六月十八日）（布）

人民一般商業及ヒ其他ノ事ニ因リ代人ヲ以テ契約取引等致シ候規則別紙ノ通被定候條此旨相達候事

代人規則

第一條　凡ソ何人ニ限ラス已レノ名義ヲ以テ他人ヲシテ其事ヲ代理セシムルノ權アルヘシ
但シ本人幼年等ニテ其事理ヲ辨シ難キ時ハ其後見人及ヒ親族ノ者協議ノ上代人ヲ任スルヲ得ヘシ

第二條　凡ソ他人ノ委任ヲ受ケ其事件ヲ取扱フ者ハ代人ニシテ其事件ヲ委任スル者ハ本人ナリ故ニ代人委任上ノ所行ハ本人ノ關係タル可シ

第三條　凡ソ代人ハ心術正實ニシテ二十一歳以上ノ者ヲ撰ムヘシ

（改正）第三條　凡ソ代人ハ心術正實ニシテ滿二十歳以上ノ者ヲ撰ムヘシ

第四條　代人ハ總理代人部理代人ノ別アリ總理代人ハ其本人身上諸般ノ事務ヲ代理スル者ニシテ部理代人ハ特ニ其委任スル部內ノ事務ヲ代理スルヲ得ル者トス

第五條　凡ソ本人ヨリ代人ヲ任シ他人ト契約取引等ヲ爲サント欲スル時ハ必ス實印ヲ押シタル委任狀ヲ與フ可シ
但シ其家業取扱フ場所ニ於テ通常ノ事務ヲ取扱ハシムルノ類ハ別段委任狀ヲ與フルニ及ハス

第六條　委任狀ハ總理代人又ハ部理代人タル事及ヒ其委任シタル權限ヲ明白ニ記載ス可シ

第七條　委任狀書式左ノ通

拙者（拙者共）儀某ノ事件ニ付キ何誰ヲ以テ總理代人（部理代人）ト定メ拙者ノ名義ニテ左ノ權限ノ事ヲ代理爲致候事

一何々ノ事　但權限ノ次第ヲ分條記載ス可シ

右代理ノ委任狀仍而如件

年號何年何月何日

住所身分　姓名　印

後見人等ハ住所身分何誰ノ後見人何誰ト記ス可シ

第八條　代人ヲ任スルノ期限ハ豫メ規定シ難キモノト雖モ其本人幼弱疾病事故等ニテ長ク委任セントスル時ハ其地方ニ新聞紙アラハ之ニ記入セシメ世上ニ公布ス可シ

明治六年六月　太政官　第二百十六號　第二百十七號　第二百十八號　三〇一

○第二百十六號（六月十九日）（布）

諸官員新規拜命並轉任共宣旨ノ日ヲ以テ任官當日ト致候旨壬申第二百十號布告候處自今ハ宣旨拜受ノ日ヲ任免轉職ノ當日ト被定候尤辭令書差出候儀ハ是迄ノ通可相心得事

○第二百十七號（六月十九日）（布）

外國派出ノ公使領事書記等御手當金並官費留學生徒賞金及ヒ棄兒養育幼老扶助米其外都テ手當金穀ノ類全月未滿ノ分ハ來ル七月十日ヨリ本年第七十五號布告官員月給端日數ノ分渡方規則同樣改正候事

○第二百十八號（六月二十二日）（布）

本年第百十四號地所名稱區別ノ儀布告候ニ付テハ於各府縣下官省使寮司等從前御用地有之向者該所限卽數取調地券相渡可申尤其御用ノ次第柄委細取調具ニ大藏省ヘ可申出候事
但券狀雛形ノ儀ハ租稅寮ヨリ可相達候事

府　縣

明治六年七月　太政官　第二百四十三號　第二百四十四號　第二百四十五號　第二百四十六號　第二百四十七號　三二〇

〈法規5〉訴答文例

九年太政官第六十四號達ニ依リ消滅

第四百十一號ニ依リ消滅

戸籍法則中第廿一則第廿二則第廿三則六ケ年目戸籍改ノ條例追テ相達候迄不及施行候事

○第二百四十三號（七月九日）（布）

壬申年第三百九號布告旅費定則第十章但書中左ノ通増補候條此旨相達候事

一臨時出張ノ者御用先ニ於テ免職ノ節共歸リ從前在職ノ地迄ハ舊官相當ノ旅費ヲ賜リ夫ヨリ郷里迄免職歸郷ノ旅費ヲ賜ルヘシ尤復命スルニ及ハス出張先ヨリ直ニ歸郷候者ハ共歸ヨリ郷里迄免職歸郷ノ旅費ヲ賜ルヘシ

一支廳等ニ於テ常務取扱中免職ノ節ハ共歸ヨリ郷里迄免職歸郷ノ旅費ヲ賜ルヘシ若シ御用ノ都合ニ依リ本廳迄立戻リ候節ハ前條ノ通リ賜ルヘシ

○第二百四十四號（七月十日）（布）

東京ヨリ各地方ヘ往復ノ郵便ハ縣地本廳所在ノ內半メ日或ハ丁メ日等ノ分モ本年八月一日以來每日相開キ遞送セシメ候此旨布告候事

○第二百四十五號（七月十四日）（布）

本年三月第百二十一號金札引換公債證書發行ノ儀布告候處詮議ノ次第有之本年一月廿九日（閏年正月一日）以後一ケ月五朱ノ割合ヲ以テ利子可拂渡候條此布令到達ノ日ヨリ四十日間ニ右證書交收ヲ可願出若此期限ニ後レ願出候者ヘハ本年三月十四日以前ノ利子ハ不相渡候此旨布告候事

○第二百四十六號（七月十五日）（布）

米麥ノ儀是迄海外輸出制禁候處國內ノ都合ニ依リ海關稅ヲ以來ル八月一日ヨリ輸出差許候尤時宜次第此布告ヲ廢棄候節ハ二ケ月以前ニ可相達此旨布告候事

開拓使府縣

○第二百四十七號（七月十七日）（布）

今般訴答文例並附錄別冊ノ通被相定候ニ付來ル九月一日ヨリ原被告人共訴答文式都テ此例ニ照準

明治六年七月　太政官　第二百四十七號（訴答文例）　三二一

十年司法省丁第二十七號達[illegible]

八年第四十四號布告參看

制度變革ニヨリ厄介ノ稱消滅

第三百三十九號ヲ以テ當分御國人ノミ遵守スヘキモノトス以下效之

七年第七十五號布告ヲ以テ代書人用方改定參看

可致此旨相達候事

（別冊）

訴答文例

第一卷　原告人ノ訴狀

第一章　原告人ヨリ被告人住所身分ノ書付ヲ取ル事

第一條　訴訟ヲ爲サントスル原告人ハ其管轄ノ町村役場ノ添翰ヲ以テ被告人ノ現住管轄ノ町村役場ニ至リ被告人ノ身分ノ書附ヲ取タル後訴狀ヲ作ル可シ若シ住所氏名身分明瞭ナラハ其書付ヲ取ルニ及ハス

住所トハ某府縣管下某國某郡某町村住居又ハ寄留ト記スノ類

身分トハ官名役名華族士族神職僧尼百姓何職何商賣何渡世ト記スノ類

若シ一戸ノ本主ニ非スシテ子弟又ハ厄介ノ類ハ某ノ子弟又ハ某厄介ト記ス可シ

第二條　原告人被告人ト管轄ヲ異ニシ道路隔絶ナラハ原告人我管轄ノ町村役場ニ願ヒ役場ノ文通ヲ以テ被告人ノ氏名住所身分ノ書附ヲ取ルモ亦妨ケ無シトス但シ役場文通ノ入費ハ原告人ヨリ償フ可シ

但此章原告外國人ナル時ハ本人名前本國職分及寄留ノ處ヲ訴狀中ニ記載シ次ニ被告ノ名前職分住所等委細記載ス可シ

第二章　代書人ヲ用フル事

第三條　原告人訴狀ヲ作ルハ必ス代書人ヲ撰ミ代書セシメ自ラ書スルヿヲ得ス但シ從前ノ差添人ヲ廢シ之ニ代ルニ代書人ヲ以テス

第四條　訴訟中訴狀ニ關係スルノ事件ニ付被告人ト往復スルノ文書モ亦代書人ヲシテ書セシメ且

明治五壬申年七月　司法省　第五號

六年司法省第三號ヲ以テ上納期月改正

八年司法省達第三號[illegible]

金何程永何程　贓金銭
金何程永何程　贓物賣拂代金
金何程　贖罪收贖金

右當壬申正月ヨリ六月迄／七月ヨリ十二月迄贓贖金總計本文員數之通別紙明細書相添差出候也

干支月日　何府縣

司法省
御中

贓金内譯帳

一金何程　何國何郡何村何町何右衛門盗金或ハ質受金
一金何程永何程　右同斷
一永何程　右同斷
合金何程永何程

贓物賣拂代金内譯帳

一金何程　何國何郡何村何町何右衛門何ニ付何品賣拂代
一金何程永何程　同斷
一永何程　同斷
合金何程永何程

贖罪收贖金内譯帳

一金何程　何國何郡何村何町何右衛門何ニ付納
合金何程

一三三二

明治五壬申年八月　九月　司法省　第一號　第七號　第八號　第九號　第十號　第十一號　第十二號　第十三號　第十四號

○第六號（八月十日）
聽訟之儀ハ人民ノ權利ヲ伸シムル爲メニ其曲直ヲ斷スルノ設ニ候得者最懇説篤論シテ能ク其情ヲ盡サシムヘキノ處右事務ヲ斷獄ト混同シ訟訴原被告人ヘ笞杖ヲ加ヘ候向モ有之哉ニ相聞ヘ甚以無謂次第ニ付自今右樣之儀無之樣厚注意可致事

○第七號（人相書）

○第八號（人相書）

○第九號（九月十三日）
凡動産不動産取引之詞訟ヲ審判スルニ原告被告雙方之内一方之者負公事ニ決スル時ハ日切濟方申付候上仍ホ不相濟ニ於テハ身代限リ申付候方法ニ有之候處自今日切濟方ノ審法ヲ廢シ一方ノ者負公事ニ相決直ニ濟方不相成候時ハ身代限之方法ヲ執行可致候事

○第十號（九月十三日）
丁卯戊辰之際國事ニ關シ順逆ヲ誤リ法憲ニ觸レ候者共追々非常之寛典ニ被處既ニ當正月松平容保以下特命ヲ以被免候上ハ右連及之徒ニ至テハ最早遺漏無之筈ニ候得共自然舊府藩縣限リ處刑候内或ハ右ニ類シ候輩其儘差置候儀モ有之候ハヽ逐皆放免之上當省ヘ可屆出事

○第十一號（人相書）

○第十二號（人相書）

○第十三號（人相書）

○第十四號（九月十九日）
從來訴訟入費之儀ハ原告被告共自費或ハ居村町ノ費用ニ相成且證人引合之者等ハ他人爭訟之爲メ自己ノ職業ヲ廢シ貧窮之者ニ至リ候而ハ家族活計之道ニモ差響往々難澁致候者不少不都合之次第

一三三三

第十七號ヲ以テ定限ヲ定メ第三十一號ヲ以テ改正

明治五壬申年九月　司法省　第十四號

ニ付差向今般別紙規則之通相定候條向後右入費之儀ハ原被告ヲ論セス一切曲者之一身ニ引受償辨ス可キ事

（別紙）

訴訟入費償却假規則

一訴狀其外事類認料　一枚十六桁十五字詰ニ付　十銭　但一枚以下モ同價

一證人並引合人手當　一日ニ付　五十銭　但他所ヨリ罷出止宿ノ者ハ二十五銭ヲ増ス

但差添人ノ儀ハ追テ定則相立候迄此例ニ依ル

一同旅費　一里ニ付　十銭　但歸路モ同斷

但前同斷

一被告人直ナル者手當　一日ニ付　五十銭　但他所ヨリ罷出止宿ノ者ハ廿五銭ヲ増ス

但原告人直ナル時ハ此手當ナシ

一同旅費　一里ニ付　十銭　但歸路モ同斷

一通辨料　一日ニ付　三圓

一飜譯料　一枚十六桁十五字詰ニ付　二圓　但一枚以下モ同價

一三三四

六年司法省第二十八號ニ據リ消滅

第三十一號ヲ以テ改正

七年一月九日太政官達ヲ以テ警保寮ヲ内務省ニ屬ス[illegible]

明治五壬申年十月　司法省　第十五號　第十六號　第十七號　第十八號　第十九號　第二十號

一使賃　一里ニ付　十銭　半里以内　五銭　但五里以上歸路モ同斷

一郵便並電信料　定價

一身代限リ諸雜費　臨時計算ニテ定ム可シ

右掲載スル所ノ外臨時入費有之節ハ其分ヒ總テ直者ノ難儀ニ不成樣曲者ヨリ取立可申尤原告被告トモ曲直相半スル時ハ裁判所ニテ雙方ニ割合之ヲ償ハシムヘク且雙方示談行屆タル節ハ各自ノ費用ヲ計算シテ銘々ヨリ償却セシムヘシ

○第十五號（九月二十五日）　府縣
各地方探索捕縛之儀東京府ヘ關係之分以來其府縣ヨリ直ニ東京裁判所ヘ可申出候此段相達候也

○第十六號（罪人捕縛）

○第十七號（九月二十九日）　省使
先般訴訟入費償却假規則致布達候末今又定限相定メ頒布更ニ致布達候也

第一條　訴狀其外事類認料云々以下略

○第十八號（人相書）

○第十九號（人相書）

○第二十號（十月四日）
府下取締提灯目印之儀東京府消防掛ニテ相用候分其儘相用來候所此度警保寮當省管轄ニ相成候ニ付別紙雛形之通致改正候條爲御心得及御問達候也

一三三五

第八十五條　各局所寮互ニ書類ヲ受付スル時ハ各々遞付錄ニ事目番號月日ヲ記シ受領セシ者ノ印ヲ受ケ以テ紛亂無カラシム

第八十六條　凡官員各々己ノ氏印ヲ有シ諸公文ニ押印シ領承及檢査ノ證トス

第八十七條　諸方ニ移ス公文ハ各局所寮共ニ本省ヲ經由ス重キハ卿輔檢印シ輕キハ丞檢印シ受付課ニ付シテ之ヲ施行ス但シ主務所寮ヨリ直チニ往復スル者ハ課長及寮頭檢印ス

第八十八條　凡制可ヲ乞フヘキ者ハ各課各局所寮案ヲ作リ丞ヲ經テ卿ニ裁ヲ取ル卿允許ノ上之ニ印シテ丞ニ下ス丞受付課ニ付シテ淨寫セシメ本書ハ卿之ヲ正院ニ出ス制可下レハ卿及丞ヲ經テ後受付課其主務ニ傳達ス

第八十九條　各局所寮ニ關スル公文諸方ヨリ來ル者ハ丞ノ檢印ヲ經受付課受領シテ各主務ニ遞付ス其迴答ハ丞及受付課ヲ經由ス但シ各局所寮ノ名ヲ題セシハ直チニ其主務ニ付シ往復セシム

第九十條　各裁判所ヨリ差シ出ス刑律伺書ハ受付課之ヲ受ケテ順達表ヲ貼シ丞ニ呈シ檢印ヲ受ケ之ヲ斷刑課ニ付ス斷刑課判事斷定シテ流以下ハ專任處分シ死罪ハ卿輔ニ呈シ檢印ヲ受ケ上奏ヲ經伺ノ本紙ニ斷案ヲ朱書シ丞ニ送リ省印ヲ押シ受付課發付ス其擬律ノ疑條ハ斷刑課ヨリ明法寮ニ送付シ寮擬定シテ卿ノ檢印ヲ受ケ斷刑課ニ還付ス其節次經由遞付皆順達表ニ押印シ月日ヲ記ス

第九十一條　各府縣及士民ノ願伺ハ受付課受領シテ各課ニ遞付シ各課本紙ニ擬案ヲ附シ事ノ輕重ニ隨ヒ卿或ハ丞檢印シテ受付課施行ス

第九十二條　聽訟順序

各府縣裁判所ヨリ訴狀ヲ送致シ及越訴アレハ訴訟口詰其訴狀ヲ受ケ檢部ノ檢印ヲ經テ課長ニ遞付ス課長檢事ニ授ケテ印ヲ取テ後一件コトニ判事解部ニ掛リヲ課シ解部一應尋問ヲナシ檢事連

班ス之ヲ目安糺ト云繼テ訴狀ニ裁判所ノ印ヲ押シ被告人ヲ召シテ之ヲ付シ期ヲ定メ答書ヲ出サシメ其法ヲ犯スニ至ラスシテ和談ヲ乞フ者ハ意ニ任シ然ラサル者ハ判事解部原被雙方ヲ召シ對決審問ス之ヲ初席ト云曲直明白ニシテ後判事裁判言渡シ其和談スル者ハ放還ス之ヲ落著ト云其詳ナルコハ訴訟法提要ヲ照スヘシ

第九十三條　斷獄順序

府縣裁判所ヨリ罪人ヲ送致シ及邏部重要罪人ヲ捕縛シ至レハ檢部見坐ヲシテ受取ラシメ其具狀調書ハ檢事ヲ經テ課長ニ遞付ス課長一件コトニ判事解部ニ掛リヲ課シ判事一應推問ヲナス之ヲ初席ト云繼テ輕重ヲ酌量シ罪人ヲ監倉ニ入レ或ハ囚獄ニ送リ判事或ハ解部節次推問ス之ヲ未決中ト云罪人罪ニ服スレハ解部口書ヲ錄シ犯狀明白口書案成リ再ヒ口書ニ據リ逐條其異同有無ヲ問ヒ相違無キニ至リテ判事檢事連班シ判事解部ヲシテ口書ヲ讀示セシメ證書或ハ爪印ヲ押サシメ之ヲ口書讀聞セト云判事口書ニ據リ律文ヲ照シ刑名ヲ擬定シ流以下ハ專決シ死罪ハ本省ヲ經奏裁ヲ受ケテ後判事檢事解部連班シ判事罰文ヲ言渡シ囚獄ニ付シ決放ス其實決セサル者ハ本管ニ引渡ス之ヲ落著ト云

第九十四條　宿直順序

每日諸官員退省ノ後及休日ニハ書史受付記錄斷刑課ノ錄及明法寮屬二人交番宿直シ公文ヲ假受シ翼朝當番ノ受付課ニ付ス其重要及至急ノ事件アレハ臨時丞ノ指揮ヲ乞フ別ニ出納課一人宿直ス裁判所ハ解部屬二人宿直シ事ニ應シ其重要事件アレハ臨時判事ノ指揮ヲ乞フ

第二十二章　裁判所內監倉規則

第九十五條　犯人ヲ捕縛シ至リ其罪狀疑アリテ未タ其證ヲ得サル者並ニ不時糺問スヘキ者ハ之ヲ監倉ニ留ム糺問シテ實ヲ得レハ重輕ニ隨ヒ或ハ之ヲ囚獄ニ送リ或ハ之ヲ管轄官史村町役人若クハ

親類等ニ保責シテ管照セシメ其無罪ナルハ放還ス

第九十六條　守卒ハ晝夜ヲ論セス番直シ夜ハ不寢番ヲナシ十二字ニ交代ス

第九十七條　監倉中婦女兒童病囚ヲ分テ之ヲ置ク

第九十八條　捕縛シ至ルノ囚人ハ守卒之ヲ露體檢索シ其貨物及兇器鐵器ヲ包藏スルヤ否ヤヲ嚴察シテ後凡攜帶諸物者收メテ之ヲ領置シ檢部ニ送付ス

第九十九條　囚人ヲ鞫場ニ呼ヒ出ス時ハ各囚ニ守卒二人ツヽ守送シ見坐ニ付ス

第百條　監倉外運動所ヲ設ケ每日四字ヨリ五字ニ至ル迄行步運養セシム守卒之ヲ看守ス

第百一條　監倉外浴場ヲ設ケ每月六次囚人ニ湯浴セシム暑中ハ隔日ニス浴時ハ守卒二人之ヲ看守ス男女浴場ヲ別ニス

第百二條　夏時ノ臥具ハ毛布一枚蓆一枚冬時ハ毛布二枚草薦一枚トス

第百三條　囚人ノ親戚衣食ヲ贈與セント乞フ者アレハ之ヲ聽ス檢部檢照シテ包藏物ヲ嚴査ス

第百四條　囚人願悃アル時ハ自ラ筆記セシメ其自ラ筆スルヿ能ハサル者ハ守卒代テ其旨意ヲ記シ檢部ニ呈付ス

第百五條　守卒書籍ヲ管藏シ囚人ノ乞ニ應シ觀誦セシム

第百六條　火災非常ノ節ハ囚人輕重ヲ論セス守卒之ヲ縲紲シ檢部ノ指揮ヲ受ケ火迫近ナレハ引テ之ヲ他處ニ避ク

第百七條　囚人疾アレハ輕重ヲ論セス醫員ヲシテ診察セシメ檢部ニ具狀シ其指揮ヲ受ケ重症ハ病囚室ニ移シ囚人ノ內强康ナル者ヲ撰ヒ看病セシム飮食衣服及攝生方ハ專ラ醫員ノ言ニ從フ

第百八條　病囚死スレハ檢部醫員ヲ引テ之ヲ檢視シ其親族乞フ者アレハ檢事ノ指揮ヲ受ケ之ヲ付シ若シ乞フ者無ケレハ之ヲ埋葬セシム

六年司法省第九十八號及九年第百十四號布告ニ依リ消滅

十月二日達参看

八年十月三十日太政官達ヲ以テ內務省ニ屬ス

○八月五日（達）　　各通　神奈川縣　埼玉縣　入間縣

其縣裁判所被廢候事

但委細之儀ハ司法省ヘ可承合事

○八月七日（史官局達シ）

諸分課ヨリ他向ヘ掛合書ハ庶務課ヘ被差出候樣兼テ及御達置候處間々直ニ掛合相成候向モ有之隨テ回答有之節何レヨリ掛合相成候欤不相分殊付其所ヲ誤リレ候ヨリ彼々不都合ノ儀不少候ニ付以來ハ掛合書案文ヲ以テ必ス其都度都度外史ヘ可申出候也

○八月八日（達）（正院）　　陸軍省

日比谷御門始外郭廿一門廢撤被　仰付別紙之通大藏省ヘ御達相成候條此旨可相心得事

（別紙）

日比谷　數寄屋橋　鍛冶橋　呉服橋　常盤橋　神田橋　一ツ橋　雉子橋

山下　幸橋　新シ橋　虎門　赤坂　喰違　四谷　市ケ谷

牛込　小石川　水道橋　筋違　淺草

日比谷御門始外郭廿一門廢撤被　仰付候條其省取計地所東京府ヘ可引渡候事

壬申八月八日　　正院

大藏省

○八月八日（正院）　　陸軍省

馬場先御門　和田倉御門　舊本丸大手御門　平川御門　竹橋御門　清水御門

田安御門　半藏御門　外櫻田御門

馬場先御門始內郭九御門自今正院管轄ニ被　仰付候條此旨相達候事

口書録　　斷刑録
繫獄保管人名帳　　罪科期限録
諸受書編册　　獄囚出入帳
病囚録　　呼出帳
遞付録

第三　毎件斷獄表ヲ檢事若クハ檢部ニ付シ毎月府縣裁判所ニ具進スルニ供ス
第四　其他課務ノ順序及簿書ノ義例ハ第五十二條第九十三條ヲ照スヘシ

第七十六條　庶務課

第一　所長ノ指揮ヲ受ケ屬一切ノ庶務ヲ受理シ及文書ヲ管ス
第二　管主スル簿書十四部左ノ如シ

府縣裁判所伺録　　府縣裁判所達書録
府縣裁判所文通録　　區下布告録
各區文通録　　職員録
迴達録　　布告刻紙編册
諸願編册　　諸伺編册
諸届編册　　遞付録
出勤帳　　日記

第三　府縣裁判所ニ移シ指揮ヲ經ヘキ者ハ府縣裁判所ノ本省ニ於ル例ニ同シ
第四　其他課務ノ順序及簿書ノ義例ハ第十七條第十八條第六十六條ヲ照スヘシ

第七十七條　出納課

第一　管主スル簿書十二部左ノ如シ

定額金受取帳　　定額金出納帳
月給旅費出納帳　　日々出納帳
小破營繕仕拂帳　　贓贖帳
贓物預帳　　贓贖金上納帳
諸器物帳　　物品渡帳
買物通帳　　證書綴込

第二　府縣裁判所ヨリ附與スル所ノ定額金ヲ以テ一切ノ費用月給旅費及營繕等ニ支給シ定額金出納帳ニ詳記シ毎月別ニ一部ヲ全寫シテ之ヲ府縣裁判所ニ具進ス
第三　一稜十兩以下ノ小破營繕ハ便宜處分シ後府縣裁判所ニ届ケ出ヘシ
第四　贓物沒收物入札賣却ノ代金及贖金ハ毎季府縣裁判所ニ送達ス
第五　其他課務ノ順序及簿書ノ義例ハ第十九條第六十七條ヲ照スヘシ

第十九章　明法寮職制

第七十八條

頭

權頭

第一　寮中諸員ヲ管督シ寮務ヲ宰處ス
第二　卿輔ヲ贊助シ各國ノ法ヲ采擇シ及裁判制度ノ便宜ヲ畫シ條例擬案及新法ノ草案ヲ裁ス

助

權助

職掌頭ニ亞ク

大法官
權大法官
中法官
權中法官
少法官
權少法官

博ク古今及各國ノ法ヲ講究シ長官ノ采擇ニ備ヘ及新法ヲ議シ條例ヲ編修シ疑讞ヲ擬定シ生徒ヲ教授ス

大屬
權大屬
中屬
權中屬
少屬
權少屬

頭助法官ニ承ケ文書ヲ受付抄寫シ藏書ヲ監守ス

第二十章　明法寮章程

法律ヲ申明スルヲ明法寮トス其章程左ノ如シ

第七十九條　新法ヲ議草ス

第八十條　各國ノ法ヲ講究ス

第八十一條　條例ヲ撰修シテ法律ヲ調成ス

第八十二條　維新以來布令法章ニ渉ル者ヲ編纂シテ考證ニ備フ

第八十三條　各裁判所疑讞本省ニ伺ヒ出テ律文ノ疑條ヲ質シ及律ニ正條無クシテ更ニ定例ヲ要スル者ハ本寮論定シテ卿ノ印ヲ受ケ之ヲ斷刑課ニ付ス

第八十四條　管主スル簿書十部左ノ如シ

律例定案　　草議録
藏書目録　　藏書出入録
諸向文通録　　外國教師建言録
外國教師建言譯録
生徒規則書　　迴達録
遞付録

第一　疑讞伺ニ就キ新ニ律例ヲ擬定シ卿ノ檢印ヲ取リ下行ス其案ヲ律例定案ニ録ス
第二　新法ヲ議草シ草議録ニ録シ卿ノ裁ヲ取ル
第三　寮中藏スル所ノ書籍ヲ藏書目録ニ記シ散佚無カラシメ其借出還入スル者ヲ藏書出入録ニ記ス
第四　諸方ニ往復スル文書ヲ寫シテ諸向文通録ニ編ム
第五　外國教師建言スル所ノ原文ハ寫シテ外國教師建言録ニ編ミ其譯文ヲ外國教師建言譯録ニ編ム
第六　法科生徒ノ諸規則ハ生徒規則書ニ編ム

第二十一章　司法省及司法省裁判所庶務順序

断獄表　　断獄一件帳
口書録　　断刑録
断刑伺録　　繫獄保管人名帳
罪科期限録　　諸受書編冊
獄囚出入帳　　病囚録
呼出帳　　遞付録
断獄課日記

第三　毎件ノ断獄表ヲ検事ニ付ス

第四　死罪及難獄疑讞ハ口書ヲ添ヘ本省ニ伺ヒ出テ擬律處分ヲ得テ後決行ス之ヲ断刑伺録ニ記ス

第五　其他課務ノ順序及簿書ノ義例ハ第五十二條及第九十三條ヲ照スヘシ

第六十六條　庶務課

第一　府縣裁判所長及判事ノ指揮ヲ受ケ屬一切ノ庶務ヲ受理シ及文書ヲ管ス

第二　管主スル簿書十五部左ノ如シ

本省伺録　　本省達書録
本省文通録　　府縣下布告録
達書録　　府縣文通録
職員録　　廻達録
布告刻紙編冊　　諸願編冊
諸伺編冊　　諸屆編冊

遞付録　　出勤帳
日記

第三　本省ニ移シ指揮ヲ經ヘキ者ハ淨寫シテ之ヲ送進シ其原案ヲ編録シ指揮ヲ受ルノ後朱文ヲ寫入ス之ヲ本省伺録トシ本紙ハ之ヲ藏ス

第四　本省ヨリ布令アレハ之ヲ本省達書録ニ記シ尋常文通往復ハ之ヲ本省文通録ニ記ス

第五　其府縣地方廳ヨリ管下ニ布令スル者ハ府縣下布告録ニ編ム

第六　裁判所ヨリ特リ各士民ニ限リ下令スル者ハ達書録ニ記ス

第七　其他課務ノ順序及簿書ノ義例ハ第十七條第十八條ヲ照スヘシ

第六十七條　出納課

第一　管主スル簿書十四部左ノ如シ

定額金出納帳　　月給旅費出納帳
日々出納帳　　小破營繕仕拂帳
贓贖帳　　贓物預帳
贓贖金上納帳　　諸器物帳
物品渡帳　　買物通帳
證書綴込　　支廳定額金渡帳
遞付録　　出納課日記

第二　本省ヨリ附與スル所ノ定額金ヲ以テ裁判所一切ノ費用官員月給旅費及營繕等ニ支給ス其出納ヲ定額金出納帳ニ詳記シ毎年正月及七月別ニ一部ヲ全寫シテ之ヲ本省ニ具送ス

第三　一稜五十兩以下ニ係ル營繕ハ便宜處分シ小破營繕仕拂帳ニ詳記シ後本省ニ屆ケ出ヘシ其

十一月廿四日司法省達ヲ以テ改正

五十兩ヲ越ル者ハ庶務課ヨリ本省ニ伺ヒ許可ヲ得テ後施行スヘシ

第四　贓物贖金ヲ藏貯シ贓贖帳ニ記シ毎月其現數ヲ淸算シ所長ノ檢閲ニ供ス

第五　贓物沒收物ハ入札法ヲ以テ賣却シ其代金及贖金ハ毎年正月及七月ニ本省ニ送達シ之ヲ贓贖金上納帳ニ記ス

第六　其他課務ノ順序及簿書ノ義例ハ第十九條ヲ照スヘシ

第十七章　各區裁判所章程

各區裁判所ハ府縣裁判所ニ屬シ地方ノ便宜ニ因テ之ヲ設ケ其地名ヲ冒ラシメ某裁判所トシ其區内ノ聽訟斷獄ヲナス其章程左ノ如シ

第六十八條　各區裁判所ノ長ハ解部ノ内一人之ニ充ツ府縣裁判所長ノ指揮ヲ承ケ一切ノ事務ヲ便宜處分シ聽訟斷獄ヲ總提シ各課ノ解部ニ各件ヲ課付ス及簿書ニ押印ス例府縣裁判所ニ同シ

第六十九條　各區ノ斷刑ハ笞杖ニ止リ徒以上ハ專斷ノ權無シ若シ鞠問シテ徒以上ノ罪ト察スレハ假口書ヲ添ヘ其罪囚ヲ其府縣裁判所ニ送致スヘシ杖以下ト雖モ裁決シ難キ者ハ上ニ同シ但シ其推問已ニ服シ罪狀明白ナレトモ律條明文無ク擬斷シ難キ者ハ只其口書ヲ送リ處分ヲ乞フヘシ連累人ハ罪輕シト雖モ正犯ト同所ニ處斷シ徒杖ノ權限ニ關セス

第七十條　各區ノ聽訟元金百兩ニ過ル者ハ府縣裁判所ニ送リ其裁ヲ受クヘシ百兩以下ト雖モ裁決シ難キ者ハ府縣裁判所ニ送ル可シ

第七十一條　他ノ區ニ交渉ノ詞訟ハ原告人ノ裁判所ヨリ被告人ノ裁判所ニ通達シ被告人ノ裁判所ニ於テ裁ヲ受ケシムヘシ他府縣ニ交渉ノ詞訟ハ百兩以下ト雖モ各區ノ裁判ヲ許サス府縣裁判所ノ處分タリ

第七十二條　總テ詞訟ハ原告被告共村町役人付添ヒ願ヒ出ツ可シ裁判言渡シノ上ハ又雙方村町役人ニ

命シ其方ヲ盡サシム

第七十三條　各區裁判所ノ裁判ニ服セサル者ハ裁判狀並ニ其裁判所ノ添書ヲ以テ府縣裁判所ニ上告スル事ヲ許ス

但シ上告ハ其裁判所ノ檢事ニ經由スヘシ

第十八章　各區裁判所分課

各區裁判所ノ事務ヲ分テ聽訟斷獄庶務出納ノ四課トス

第七十四條　聽訟課

第一　所長課務ヲ總提ス

第二　管主スル簿書九部左ノ如シ

聽訟表　　聽訟一件帳
裁斷言渡帳　　諸受書編冊
濟口證文編冊　　保管人名帳
呼出帳　　遞付録
訴狀受取録

第三　毎件聽訟表ヲ檢事若クハ檢部ニ付シ毎月府縣裁判所ニ具進スルニ供ス

第四　其他課務ノ順序及簿書ノ義例ハ第五十一條第九十二條ヲ照スヘシ

第七十五條　斷獄課

第一　所長課務ヲ總提ス

第二　管主スル簿書十一部左ノ如シ

斷獄表　　斷獄一件帳

獄囚出入帳　　病囚録

諸省府縣文通録 各部

呼出帳　　　出勤帳

遞付録

第三　斷獄中分テ四節トナシ初席未決中口書讀聞セ落著ト云フ

第四、刑獄一件毎ニ表ヲ作リ事目ヲ掲ケ番號ヲ記シ落著ニ至ル迄逐節斷獄ノ大綱ヲ載セ一紙トナシ視閲ニ便シ掛リノ員ハ各々一通ヲ貯フ落著ノ後一通ヲ檢事ニ付ス

第五　刑獄一件毎ニ其始末一切ヲ逐録シテ斷獄一件帳トス逐帳番號ヲ録ス檢事檢印ス

第六　初席及落著ノ言渡シハ輕重ヲ論セス必判事之ヲ爲ス

第七　再度ヨリ以往節次鞠問ハ或ハ解部之ヲ爲スト雖モ其情狀ハ一々判事ニ具申ス

第八　勅奏官及華族ノ犯罪ハ初席落著正權大判事之ヲ爲ス

第九　難獄ハ正權大判事之ヲ判理ス

第十　鞠場ニ於テ陪坐ノ解部犯人ノ供述ヲ記取シ掛リ解部之ヲ節取シテ口書案ヲ作リ案成テ判事ニ正ヲ受ケ屬淨寫ス本書ハ檢事檢印ス之ヲ口書録ニ編ム

第十一　犯人證印畢テ後擬律シ課長ノ決ヲ經テ斷刑シ罰文言渡ス其文ヲ斷刑録ニ記ス檢事檢印ス

第十二　犯罪ノ蹤跡已ニ暸然タルニ犯人白狀セサレハ判事鞠問シ猶白狀セサレハ之ヲ拷問ス

第十三　犯人未決中輕重ニ隨ヒ省中ノ監倉ニ留メ置キ或ハ繫獄シ或ハ保管人ニ保責照管セシム其人名月日ヲ繫獄保管人名帳ニ記ス檢事檢印ス

第十四　處決セシ流徒ノ期限年月ヲ罪科期限録ニ記シ滿限ヲ檢照シ失錯無キニ便ス檢事檢印ス

第十五　罪囚ヲ保管セシメ及解囚引キ渡ス時ハ受取人ニ受書ヲ出サシメ並ニ諸受書編册ニ編ム檢事檢印ス

第十六　犯人ヨリ追徴シタル贓物及沒收物ハ出納課ニ付シ其出入ヲ贓物帳ニ記ス

第十七　未決中犯人ヨリ預カリ置ク所ノ物品ハ出納課ニ付シ其出入ヲ贓物預帳ニ記ス

第十八　罰贖ノ金ヲ收納シテ出納課ニ付シ其出入ヲ贖金收納帳ニ記ス

第十九　獄囚ノ出入ハ印紙ヲ以テ囚獄掛ニ達シ囚獄出入帳ニ記載ス檢事檢印ス

第二十　監倉ノ囚人疾病アレハ醫員ノ診狀ヲ病囚録ニ編ム檢事檢印ス

第二十一　府縣ニ達シ始テ犯人ヲ呼ヒ出シ又ハ捕縛シテ出サシメ及掛合ノ文書類ハ檢事檢印シテ本省ヲ經受付ス其再次以往及連累人ハ裁判所ヨリ直達ス重キ者ハ此例ニアラス

第二十二　囚徒ノ行刑及繫獄徒流人ノ出入等ハ裁判所ヨリ直達ス

第二十三　諸省府縣文通録呼出帳出勤帳日記ハ聽訟課ヲ照スヘシ

第五十三條　醫局章程

第一　一員ツヽ交番宿直ス

第二　監倉ノ囚人疾病アレハ時々其診狀ヲ檢事ニ達ス

第三　氣候ニ應シ動作攝生ヲ命シ及病症ニ隨ヒ各飲食衣衾ヲ斟酌センコヲ求メ檢事ニ達ス

第四　藥品器械ハ出納課ニ求メ給ヲ取ル

第五　訟獄ニ付キ呼ヒ出シヲ受ケ疾ニ因リ出サル者アレハ檢事ノ命ヲ受ケ檢部ニ隨ヒ其家ニ至リ診察ス

第十四章　出張裁判所章程

各地方ニ於テ司法省裁判所ノ出張ヲ設ク之ヲ出張裁判所トス其章程左ノ如シ

但シ府縣裁判所建立ノ後ヲ待テ便宜設置ス

第五十四條　東京近傍府縣裁判所ハ司法省裁判所直チニ之ヲ管攝シ其他遠隔ノ府縣裁判所ハ便宜區畫シテ繁簡ニ因リ數縣ヲ合シ一ノ出張裁判所ヲ設ケ之ヲ管攝ス全國凡ソ幾箇出張裁判所トス

等五十五條　難獄重訟及上告ヲ聽斷シ凡ソ權限規程司法省裁判所ニ同シ其各出張裁判所互ニ交渉スル事件ハ本省ニ伺ヒ出ヘシ

但シ巳ニ出張裁判所ヲ設クルニ至レハ遠隔地方府縣裁判所ノ難獄重訟及上告ハ管攝スル所ノ出張裁判所ニ上送ス其未タ設ケサルノ間ハ司法省裁判所ニ上讞セシム

第十五章　府縣裁判所章程

府縣ニ置ク所ノ裁判所ハ府名縣名ヲ冐ラシメ某裁判所トス其章程左ノ如シ

第五十六條　府縣裁判所ノ長ハ判事ノ内一人之ニ充ツ卿ノ指揮ヲ承ケ一切ノ事務ヲ便宜處分シ聽訟斷獄ヲ總提シ各課ノ判事解部ニ各件ヲ課付ス

第五十七條　簿書毎册所長巻首ニ押印シ巳ニ定メタル所ノ外之ヲ合併シ或ハ更ニ設クルニハ所長ノ決ヲ取ラサルコヲ得ス

第五十八條　流以下ノ刑ヲ裁斷スルコヲ得ヘシ死罪及疑獄ハ本省ニ伺ヒ出テ其處分ヲ受ク

第五十九條　重大ノ詞訟及他府縣ニ關渉スル事件裁決シ難キ者ハ本省ニ伺ヒ出ヘシ

第六十條　府縣裁判所ノ裁判ニ服セサル者ハ裁判狀並ニ其裁判所ノ添書ヲ以テ本省ニ上告スルコヲ許ス

但シ上告ハ其裁判所ノ檢事ヲ經由スヘシ

第六十一條　奏任以上及華族ヲ鞠問スルハ本省裁判所ノ任タリト雖モ事急卒ニ出ル者ハ其地方ノ裁判所ニ於テ推問シ本省ニ伺ヒ出テ處分ヲ待ツ可シ其公罪及過誤失錯ニ係リ待罪ノ文案明白ニ

シテ鞠問ヲ待タサル者ハ笞杖以下臨時處斷シ後届ケ出ルヲ許ス

第六十二條　罪ニ因テ位記ヲ奪フ可キ者ハ本省ニ伺ヒ出テ其處分ヲ受クヘシ

第六十三條　其府縣限リ布令スル所ノ條則ハ必其地裁判所ニ移シテ照知ヲ經ヘシ

第十六章　府縣裁判所分課

府縣裁判所ノ事務ヲ分テ聽訟斷獄庶務出納ノ四課トス

第六十四條　聽訟課

第一　所長課務ヲ總提ス

第二　管主スル簿書十一部左ノ如シ

聽訟表　　聽訟一件帳

裁斷言渡帳　　諸受書編册

濟口證文編册　　裁斷伺録

保管人名帳　　呼出帳

聽訟課日記　　遞付録

訴狀受取録

第三　毎件ノ聽訟表ヲ檢事ニ付ス

第四　難決ノ詞訟ハ書類ヲ添ヘ本省ニ伺ヒ出テ處分ヲ得テ後裁斷ス之ヲ裁斷伺録ニ記ス

第五　其他課務ノ順序及簿書ノ義例ハ第五十一條及第九十二條ヲ照スヘシ

第六十五條　斷獄課

第一　所長課務ヲ總提ス

第二　管主スル簿書十三部左ノ如シ

六年十二月十四日太政官達ヲ以テ改正

第四十一條
證書人
第一　各區戸長役所ニ於テ證書人ヲ置キ田畑家屋等不動產ノ賣買貸借及生存中所持物ヲ人ニ贈與スル約定書ニ奥印セシム
第二　證書奥印手數ノ爲ニ其世話料ヲ出サシム
第四十二條
代書人
第一　各區代書人ヲ置キ各人民ノ訴狀ヲ調成シテ其詞訟ノ遺漏無カラシム
但シ代書人ヲ用フルト用ヒサルトハ其本人ノ情願ニ任ス
第二　訴狀ヲ調成スルヲ乞フ者ハ其世話料ヲ出サシム
第四十三條
代言人
第一　各區代言人ヲ置キ自ラ訴フル能ハサル者ノ爲ニ之ニ代リ其訴ノ事情ヲ陳述シテ枉冤無カラシム
但シ代言人ヲ用フルト用ヒサルトハ其本人ノ情願ニ任ス
第二　代言人ヲ用フル者ハ其世話料ヲ出サシム
證書人代書人代言人世話料ノ數目ハ後日ヲ待テ商量スヘシ

第十一章　司法省臨時裁判所章程

臨時之ヲ開ク其章程左ノ如シ
第四十四條　凡國家ノ大事ニ關スル事件及裁判官ノ犯罪ヲ審理ス

六年十二月十日太政官達ヲ以テ取消

第四十五條　平常官員ヲ設ケス臨時判事ヲ以テ之ニ充ツ

第十二章　司法省裁判所章程

各裁判所ノ上ニ位スル司法省裁判所トス其章程左ノ如シ
第四十六條　別ニ所長ヲ置カス司法卿之ヲ兼掌ス
第四十七條　府縣裁判所ノ裁判ニ服セスシテ上告スル者ヲ覆審處分ス
第四十八條　各府縣ノ難獄及訴訟ノ決シ難キ者ヲ斷決ス
第四十九條　勅奏官及華族ノ犯罪アレハ卿ノ命ヲ受ケ鞫問ス及罪ニ因テ位記ヲ奪フヘキ者ハ本省ヲ經テ奏請ス
第五十條　律條ニ比照シ擬定シ難キノ疑讞及死罪ハ本省ニ伺ヒ出ヘシ
但シ事形同クシテ情軌異ナル者モ亦疑讞トス

第十三章　司法省裁判所分課

司法省裁判所ノ事務ヲ分テ二課トス
第五十一條　聽訟課
第一　判事一人課長ニ充ツ課長ハ課務ヲ宰處シ聽訟一切ノ事件ヲ總提シ各件ヲ判事及解部ニ課付ス
第二　管主スル簿書十四部左ノ如シ
聽訟表　聽訟一件帳
裁斷言渡帳　諸受書編册
濟口證文編册　保管人名帳
物品預帳　諸伺指令錄

諸省府縣文通錄　各部
呼出帳　出勤帳
遞付錄　聽訟課日記
訴狀受取錄
第三　聽訟中分テ三節トナシ目安糺初席落著ト云
第四　詞訟一件コトニ表ヲ作リ事目ヲ掲ケ番號ヲ記シ落著ニ至ル迄逐節裁判ノ大綱ヲ載セ一紙トナシ視閲ニ便シ掛リノ員ハ各々一通ヲ貯フ落著ノ後一通ヲ檢事ニ付ス
第五　詞訟一件コトニ其始末一切ヲ逐錄シテ聽訟一件帳トス逐帳番號ヲ錄シ檢事檢印ス
第六　審問畢テ判事解部ヨリ裁斷見込書ヲ課長ニ具呈シ檢印ヲ經テ後ニ裁斷ス
第七　初席及落著ノ言渡シハ必判事之ヲ爲ス
第八　再度ヨリ以往節次審問ハ或ハ解部之ヲ爲スト雖モ其情狀ハ一々判事ニ具申ス
第九　詞訟重大ニシテ決シ難キ者ハ正權大判事之ヲ判理ス
第十　原告被告人ニ言渡ス所ノ裁斷ノ全文ヲ裁斷言渡帳ニ記ス檢事檢印ス
第十一　裁斷ノ原告被告人ニ言渡シテ各人ノ受書ヲ取リ諸受書編册ニ編ム檢事檢印ス
第十二　裁判中被告人ヨリ原告人ニ和談シ雙方請熟シテ解訟ヲ願フ時ハ原告被告連印ノ證書ヲ徵シテ後ニ聞キ屆クル旨ヲ判事ヨリ達シ其證書ハ濟口證文編册ニ編ム檢事檢印ス
第十三　原告被告ヲ論セス其事跡疑フヘキ者アレハ保管人ニ保責照管セシム其人名月日ヲ保管人名帳ニ記ス檢事檢印ス
第十四　聽訟中罪科發露シテ證跡明白ナル時ハ之ヲ斷獄課ニ送付ス越訴人罪アルモ亦同シ
第十五　聽訟未決中詞訟人ヨリ預カリ置ク所ノ物品ハ出納課ニ付シ其出入ヲ物品預帳ニ記ス

第十六　府縣ニ達シ始テ詞訟人ヲ呼ヒ出シ及掛合ノ文書類ハ檢事檢印シテ本省ヲ經テ受付ス其再次以往及連累人等ハ裁判所ヨリ直達ス重キ者ハ此例ニアラス裁判畢レハ其旨ヲ本省ニ直達ス
第十七　各裁判所ヨリ差シ出シタル訴訟ノ諸伺書ヲ本省ヨリ送付スレハ判事ノ命ヲ受ケ屬擬案ヲ作リ課長ノ檢査ヲ經テ本省ニ具呈ス原案ヲ諸伺指令錄ニ編ム
第十八　聽訟主務ニ係リ諸省府縣ニ往復スル者ヲ諸省府縣文通錄ニ錄ス檢事檢印ス
第十九　日々呼ヒ出スヘキ詞訟人名ヲ呼出帳ニ錄ス檢事檢印ス
第二十　毎日屬一人當直シ課務ノ文書ヲ受付シ當日ノ事歷ヲ日記ニ記ス
第二十一　課中諸員ノ參闕識テ出勤帳ニ在リ月末本省ニ送致ス
第二十二　訴訟口詰一人訴訟口ニ當直シ毎日出ル所ノ訴狀ヲ受取リ訴狀受取錄ニ記シ之ニ番號ヲ朱書シ檢部ノ檢印ヲ受ケ本紙ハ檢部檢印シテ課長ニ呈付セシム
第五十二條　斷獄課
第一　判事一人課長ニ充ツ課長ハ課務ヲ宰處シ斷獄一切ノ事件ヲ總提シ各件ヲ判事及解部ニ課付ス
第二　管主スル簿書十七部左ノ如シ
斷獄表　斷獄一件帳
口書錄　斷刑錄
繫獄保管人名帳　罪科期限錄
諸受書編册　贓物帳
贓物預帳　贖金收納帳

六年司法省甲第一號ヲ以テ改正

第四　府縣裁判所ヨリ伺ヒ出ル所ノ刑律ヲ斷折シ死罪伺及疑讞ハ卿ニ呈シ處分ヲ取リ流罪以下ハ專任處斷シテ受附課ニ付ス其口書ハ府縣口書編册其擬律伺ハ府縣擬律伺編册ニ分編ス
第五　律ニ正條ナキ犯罪ハ之ヲ明法寮ニ送付シテ議ヲ取ル
第六　卿檢印畢テ死罪ハ斷案ヲ淨寫シ本省ヲ經テ奏請ス
第七　口書ニ番號ヲ朱記シ其番號及罪名刑名姓名ヲ口書見出帳ニ撮取登記シ檢出ニ便ス擬律伺見出帳之ニ同シ
第八　府縣ヨリ伺ヒ出タル罪犯處斷未決中死亡逃走スルノ類ヲ屆ケ出レハ府縣屆書ニ編ム
第九　諸省官員過失アリテ罪ヲ待チ進退ヲ伺フ者ハ皆當省ニ於テ處斷ス其處斷ノ判文ヲ進退伺處斷錄ニ錄ス

第六章　檢事職制

第二十二條
大檢事
權大檢事
中檢事
權中檢事
少檢事
權少檢事
第一　各裁判所ニ出張シ聽斷ノ當否ヲ監視ス
第二　檢事ノ職ハ罪訟事端發スルニ始リ裁斷處決ニ止リ未發ヲ警察スルノ事ニ干預セス
第三　罪犯ノ探索捕亡ヲ管督指令ス

六年司法省甲第一號ヲ以テ改正

第四　檢部及逮部ヲ總攝ス
大檢部
權大檢部
中檢部
權中檢部
少檢部
權少檢部
第一　各裁判所ニ出張シ檢事ノ指揮ヲ受ケ其事ヲ攝行シ聽斷ヲ監視ス
第二　各裁判所ノ訴訟口ニ一人ツヽ出張シ訴訟口詰受取ル所ノ訴狀ニ檢印ス
第三　罪犯ノ探索ヲ掌ル
第四　罪狀明白及現行罪犯アル時ハ逮部長ニ協應シ逮部ヲ指揮シ捕縛セシム
第五　訟獄ニ付キ呼出シヲ受ケ疾ニ因リ五日ヲ過テ出サル者ハ檢事ノ指揮ニ因リ檢部醫員ヲ引キ其家ニ至リ證見ス但シ重要事件ハ五日ヲ待タス其遠隔地方ノ者ハ其管轄ノ檢部ニ證見セシム
逮部
第一　罪犯ヲ探索捕亡ス
第二　檢事檢部ノ命ニ依リ各地ニ派出シ其地方ノ逮部長及逮部ニ協應ス

第七章　檢事章程

檢事ハ法憲及人民ノ權利ヲ保護シ良ヲ扶ケ惡ヲ除キ裁判ノ當否ヲ監スルノ職トス其章程左ノ如シ

第二十三條　正權大檢事ハ各檢事ヲ管攝シ各檢事檢部具申スル所ノ事ヲ卿ニ上達シ又卿ノ指令ヲ行下ス但シ時有テ各檢事直チニ卿ニ承ケ及具申スルコヲ得ヘシ
第二十四條　聽訟ニハ檢事必連班シ檢事出席セサレハ判事獨リ裁判スルコヲ得ス凡詞訟アレハ檢事先ツ其訴狀ヲ檢視シ詞訟人ノ情事ヲ熟察シ聽訟終テ判事解部ニ意見ヲ陳ス又孤弱婦女ノ訟ニ於テハ殊ニ保護注意シ貧富貴賤平當ノ權利ヲ得枉屈無カラシム
第二十五條　檢事ハ衆ノ爲ニ惡ヲ除クヲ以テ務トス罪犯アリテ蹤跡明白ナル者及現行罪犯ハ檢事ヨリ檢部ニ命シ逮捕シテ狀ヲ具シ判事ニ付ス其明白ナラサル者及罪犯ノ訴アレハ又檢部ニ命シ探索セシム
第二十六條　已ニ罪犯ヲ具狀シテ判事ニ付シ判事解部推問スルニ檢事連班シ鞫獄已ニ畢テ檢事其口書ヲ檢視シ罪案上ニ付テ意見ノ異同ヲ述フ
第二十七條　口書讀聞セニ連班シ及判事ニ擬律ノ意見ヲ陳シ又處刑ノ言渡シニ連班ス
第二十八條　聽訟ニ寃枉アリ及鞫獄ニ失錯故造アリ斷刑ニ故失出入アレハ檢事之ヲ本省ニ報知シ覆審ヲ乞フ判事解部證書人代書人代言人職務不法ノ事アレハ又本省ニ報ス
第二十九條　裁判官犯罪アレハ之ヲ卿ニ報ス
第三十條　各所檢事ハ各所ノ行刑表ヲ作リ及聽訟斷獄各表ヲ集メ毎正月七月ニ正權大檢事ヲ經テ本省ニ呈ス
第三十一條　檢事ハ裁判ヲ求ムルノ權アリテ裁判ヲ爲スノ權ナシ故ニ判事ニ向テ意見ヲ陳スルニハ判事ノ取舍ニ任シ論斷處決ハ判事ノ專任トシテ檢事預ルコヲ得ス
第三十二條　勅奏官及華族ノ行刑ハ檢事臨視ス其他ハ檢部臨視ス
第三十三條　各裁判所ノ監倉ハ檢事ノ所管ニ屬ス

第八章　地方邏卒兼逮部職制

第三十四條
逮部長
第一　等級ヲ分チ地方邏卒長相當ノ官等ニ從ヒ七等官ヲ以テ第一等逮部長トス
第二　地方邏卒長之ヲ兼ヌ
第三　檢事檢部ノ協示ニ依リ探索捕亡ヲ掌ル
逮部
地方ノ邏卒之ヲ兼ヌ職掌第二十二條ニ見ユ

第九章　捕亡章程

第三十五條　捕亡ノ職務ハ罪犯ヲ探索スルニ始メ捕縛シテ裁判官ニ付スルニ終ル
第三十六條　現地罪ヲ犯シ蹤跡明白ナル者ハ即時捕縛シ檢部其日時地所證據情狀ヲ具狀シ檢事ニ上達ス
第三十七條　罪犯現行ニ非シテ之ヲ訴告ニ聞キ或ハ探知シタル時ハ先ツ檢事ニ報知シ必其指揮ヲ待テ然ル後ニ捕縛ス
第三十八條　現地ノ犯罪ニ非ト雖モ衆證明白或ハ兇器其他ノ證トナルヘキ物ヲ携持シタル時ハ檢事ノ指揮ヲ待タス臨時捕縛スルヲ得ヘシ
第三十九條　凡罪犯ヲ捕縛スルハ犯人ノ器具文書ヲ併セテ追取シ證憑ニ供ス
第四十條　捕縛シタル罪犯ノ輕重ヲ分別シテ其法律ニ係ル者ハ檢事ニ付シ違式罪ニ係ル者ハ地方邏卒長ニ付ス

第十章　證書人代書人代言人職制

第十五　新律綱領及其他成書ノ版刻ヲ管主ス
第十六　判任免職アレハ勤メ續キノ年月ヲ計ヘ丞ノ指令ヲ承ケ出納課ニ附シ賞賜ヲ料理ス
第十九條　出納課
第一　管主スル簿書十六部左ノ如シ
定額金出納帳　月給旅費出納帳
日々出納帳　定額金通帳
月給旅費通帳　大藏省回答録
立替金帳　小破營繕仕拂帳
贓贖帳　贓物預帳
諸器物帳　物品渡帳
買物通帳　證書綴込
出納課日記　遞附錄
第二　當省一切ノ費用ハ定額金ヲ以テ支給ス月々之ヲ大藏省ヨリ受取ル其出納ヲ定額金出納帳ニ詳記ス
第三　消費ハ淸算シテ翌月十日迄ニ大藏省ニ送致ス
但シ買物ハ賣主ノ受取書ヲ添フ
第四　官員月給ハ毎月十七日調書ヲ大藏省ニ廻シ二十三日受取リ各員ニ分賦ス又臨時旅費ヲ合セテ月給旅費出納帳ニ詳記ス
第五　凡日々ノ出納大小ト無ク逐一之ヲ日々出納帳ニ詳記ス
第六　凡金貨ヲ大藏省ヨリ受取ルニハ初ニ文通シテ其回答ヲ待チ次ニ傳票ニ丞ノ印ヲ取リ之ヲ

廻シ終ニ通帳ニ省印及丞ノ印ヲ取リ錄一人自ラ出省シテ現金ヲ受領ス
第七　定額金及月給旅費通帳ハ各々二部アリテ其一部ハ大藏省ニ付シ錄出省スル毎ニ他ノ一部ヲ齎シ同省ニ付レ先ノ一部ヲ交受シ更々用ルニ便ス
第八　各裁判所ノ費用ハ本省定額金ノ内ヨリ分支シ正算モ亦本省ノ費用ニ合シテ大藏省ニ報致ス
第九　至急支給スヘキ者ハ便宜立テ替ヘ立替帳ニ錄レ後日大藏省ヨリ受取リ之ヲ塡償ス
第十　一棱五十兩ヲ越ルノ營繕ハ大藏省ニ掛合ヒ協議回答ヲ待テ擧行ス同省營繕掛出張スレハ錄應接共理ス
第十一　小破營繕一棱五十兩以下ニ係ル者ハ營繕歳額金中ヨリ支出シ月々仕拂帳ヲ以テ大藏省ニ報致ス
第十二　監倉ノ囚人又ハ宿直及臨時ノ食事ハ食券ヲ賄方ニ付シ供給セシム
第十三　凡省員ニ月給及其他ノ物ヲ授付スルニハ必受領ノ印證ヲ取ル
第十四　各裁判所ヨリ納ムル所ノ贓物贖金ヲ受領藏貯シ贓贖帳ニ記シ毎月其現數ヲ淸算シ丞ノ檢閱ニ供ス
第十五　春秋ニ贓物沒收物ヲ賣却スルニ入札法ヲ以テス又贓贖帳ニ記ス
第十六　贓物ノ未タ裁判落著ヲ經ス及假ニ裁判所ヨリ寄授セシ者ハ贓物預帳ニ記ス
第十七　諸器物ノ數目ヲ記シ諸器物帳トシ諸課諸員ニ分附シテ明細ニ記シ毎季丞ニ乞ヒ其現在ヲ檢照ス
第十八　雜物品諸課ニ分付スル者ヲ錄シテ物品渡帳トス
第十九　大小物品ヲ買取ルニハ買物通帳ヲ用フ代金ヲ授與スレハ受領ノ證書ヲ取リ證書綴込ニ

編ム
第二十　毎日ノ事歷ヲ出納課日記ニ記ス
第五章　判事職制
第二十條
大判事
權大判事
中判事
權中判事
少判事
權少判事
第一　法律ヲ確守シ聽斷ヲ掌リ稽滯寃枉無カラシムルノ責ニ任ス
第二　奏請スヘキ條件及疑讞ハ決ヲ卿ニ取リ轍ク論決スルヿヲ得ス
第三　各裁判所ニ出張シ事務ノ繁簡ニ因リ聽訟斷獄ヲ分課ス
大解部
權大解部
中解部
權中解部
少解部
權少解部
各裁判所ニ出張シ聽訟斷獄ヲ分掌ス

大屬
權大屬
中屬
權中屬
少屬
權少屬
第一　事ヲ判事ニ受ケ文案ヲ抄寫シ簿書ヲ管主ス
第二　府縣裁判所ニ在ル者ハ所長ノ指揮ヲ受ケ兼テ庶務出納ヲ分課ス
第二十一條　斷刑課
本省ノ判事課ヲ分チ各裁判所ヨリ伺ヒ出ル刑律ヲ斷折ス
第一　判事一人課長ニ充テ一切課務ヲ宰處ス
第二　管主スル簿書八部左ノ如シ
適律經裁錄　府縣口書編册各部
府縣口書見出帳各部
府縣擬律伺編册各部
府縣擬律伺見出帳各部
府縣居書　進退伺處斷錄
遞付錄
第三　勅奏官及華族ノ犯罪適當ノ刑律ヲ論擬シテ先ツ上裁ヲ乞ヒ然ル後ニ處斷スヘキ者ハ其判案ヲ適律經裁錄ニ錄ス

第八條　地方ノ便宜ニ從ヒ裁判所ヲ設ケ權限ヲ定メ費用ヲ制ス

第九條　國家ノ大事ニ關スル犯罪ヲ論決ス

第十條　全國ノ死罪ヲ論決ス

第十一條　勅奏官及華族ノ犯罪ヲ論決ス

以上各條必ス上奏制可ヲ經テ然ル後ニ施行ス

第十二條　疑讞ヲ審定ス

第十三條　裁判官ノ犯罪ハ臨時裁判所ニ於テ論決ス

第十四條　諸官省ヨリ布令スル所ノ條則苟モ裁判上ニ關渉スル者ハ必本省ニ移シテ照知ヲ經ヘシ

第十五條　凡ソ省中ニ於テ處分スル事務細大トナク毎月之ヲ分別シ其考課狀ヲ詳記シテ正院ヘ上達スヘシ

第四章　本省分課

本省錄ノ事務ヲ分テ書史受付記錄出納ノ四課トス

第十六條　書史課

第一　管主スル簿書五部左ノ如シ

制旨錄　議下錄

決議錄　檢印錄

書史日記

第二　凡制旨下ルコアレハ寫シテ制旨錄ニ編ミ本書ハ之ヲ藏ス

第三　正院ヨリ本省ニ下シ議セシムル者ハ寫シテ議下錄ニ編ム

第四　臨時議事アリテ議決スル者ハ丞ノ口授ヲ受ケ記シテ決議錄ニ編ム

第五　卿輔丞ノ指令ヲ奉シ文案ヲ草シ卿輔丞檢正シテ案成ル之ヲ受付課ニ付ス

第六　各局所寮ヨリ長官ノ檢印ヲ乞フ者其事目及受付ノ月日ヲ檢印錄ニ登記ス

第七　毎日卿輔丞ノ事ヲ受ケ及往復文書事目ヲ書史日記ニ登記ス

第八　卿輔丞ノ文書ヲ整理シテ散佚無カラシム

第十七條　受付課

第一　管主スル簿書十五部左ノ如シ

經裁錄　廻達錄

布告刻紙編冊　院省布告錄

當省布告錄　達書錄

院省府縣文通錄各部

諸願編冊　諸伺編冊

諸屆編冊　遞付錄

往復帳各部　受付課日誌

各局達書錄　呼出帳

第二　建議奏上ハ淨寫シテ之ヲ上進シ其原案ヲ編錄シ裁ヲ經ルノ後朱文ヲ寫入ス之ヲ經裁錄トシ本紙ハ之ヲ藏ス

第三　正院ノ布告諸省ノ廻達ヲ寫シ廻達錄ニ編ム

第四　諸院省布告ノ新設條則類版刻ニ係ル者ハ布告刻紙編冊ニ編ム

第五　正院及各省ヨリ諸省ニ廻達ヲ經スシテ特リ府縣ニ布告スルノ達書當省ニ移シ點檢ニ供フル者ハ院省布告錄ニ編ム

第六　當省ヨリ遍ク府縣ニ布告スル者ハ當省布告錄ニ記ス

第七　當省ヨリ特リ各府縣各士民ニ限リ下令スル者ハ達書錄ニ記ス

第八　正院及諸省府縣ニ文通往復スル者ハ各部ヲ分テ之ヲ編ミ某文通錄トス

第九　府縣及士民ヨリノ願伺屆ヲ各冊子ニ編ム

第十　諸文通及願伺屆ヲ交受付下シ其事目ヲ遞付錄ニ登記シ主務諸課ニ遞付シ受領セシ官員ノ印ヲ取ル

第十一　諸院省府縣ニ文通スルニハ各々往復帳ヲ添ヘ受領者ノ印ヲ取ル

第十二　毎日一員交番當直シ當日出入スル所ノ文書ヲ受付シ受付課日誌ニ錄ス

第十三　布告廻達ハ隨時之ヲ寫シ局所寮及各府縣裁判所ニ傳達ス遠隔地方ハ毎月日ヲ定メテ之ヲ發ス其緊要ナル者ハ即日ニ發ス本省ヨリ指示スル諸達之ニ同シ其原案ハ各局達書錄ニ編ム

第十四　省用ニ付キ諸課ヨリ官吏士民ヲ呼出スニハ必受付課ヲ經由ス其姓名月日ヲ呼出帳ニ記ス

第十五　本省ノ呼出シヲ受ケ又ハ願伺屆アリテ出省セシ者ハ受付課之ニ應接ス

第十八條　記錄課

第一　管主スル簿書十四部左ノ如シ

司法省日誌　職員錄

職員月表　履歷短册

省員履歷錄　等外八員錄

省員分課誌　省員進退錄

省員願伺屆錄　任解文通錄

拜命請書帳　省員諸達錄

出勤帳

第二　各府縣裁判所ヨリ毎年正月及七月ニ具送スル書類ヲ丞及檢事ニ就テ稽失ヲ勾檢シ畢テ各員押印シ之ヲ編輯貯藏ス

第三　當省ノ職員錄ヲ改メ毎月五日及廿日ニ史官ニ送致ス

第四　毎十日職員ノ任解ヲ大藏省ニ報知シ毎月職員月表ヲ作リ翼月十日迄ニ史官及大藏省ニ送致ス

第五　毎月新ニ拜命スル判任以下ノ履歷短册各々二枚ヲ徵取シ履歷短册簿二部ヲ編ミ其一部ヲ大藏省ニ送致ス

第六　判任以下ノ履歷ヲ省員履歷錄ニ編ミ其新任ハ各人ヨリ之ヲ徵取シ他省ヨリ轉任シ來ル者ハ其省ヨリ受取シ及他省ニ轉任スル者ハ其省ニ送付ス

第七　等外ノ八員ヲ錄シテ等外八員錄トス

第八　省員ノ各分課ヲ誌シ省員分課誌トス

第九　省員ノ任解進退及轉課及出張歸鄕療養他行ノ往來月日ヲ省員進退錄ニ記ス

第十　省員各身上ニ關シタル願伺屆ヲ省員願伺屆錄ニ編ム

第十一　判任以下ヲ擧用スルニハ先ツ其管轄省廳ニ文通ス任ヲ解ケハ又上ニ同シ共ニ任解文通錄ニ編ム

第十二　判任以下拜命ハ其請書ヲ差シ出サシメ拜命請書帳ニ編ム

第十三　省中各員ニ令スル諸達ハ其達書ヲ寫シ省員諸達錄ニ編ム

第十四　省員日々ノ參闕載テ出勤帳ニ在リ逐月丞ノ檢閱ニ供ス

司法職務定制

第一章

第一條 省中官ヲ分チ事務ヲ辨理ス官ニ職制アリ務ニ章程アリ課目アリ以テ統紀ヲ明ニシ諸官ヲシテ遵守スルヿ有シム凡各務懈怠スルヿヲ得ス各課權限アリテ互ニ相干犯スルヿヲ得ス從前規條此レト相矛盾スル者沿留スルヿヲ得ス簿書定册アリテ丞卷首ニ押印シ之ヲ合併シ或ハ更ニ設クルニハ丞ヲ經テ卿ノ決ヲ取ラサルヿヲ得ス之ヲ司法職務定制トス

第二條 司法省ハ全國法憲ヲ司リ各裁判所ヲ統括ス

第三條 省務支分スル者三トス

裁判所　檢事局

明法寮

第四條 裁判所分テ五トス

司法省臨時裁判所

司法省裁判所

出張裁判所

府縣裁判所

各區裁判所

第二章 本省職制

第五條

卿

第一 本省及寮局各裁判所一切ノ事務ヲ總判シ諸官員ヲシテ各々其職ヲ盡サシム

第二 新法ノ草案各裁判所建設ノ便宜疑讞ノ審定重要ナル罪犯ノ論決ヲ總提ス

第三 事務章程ニ照シ制可ヲ請フノ條ハ之ヲ上奏シ其專任ヲ得ルノ條ハ便宜處分スルノ權ヲ有

ス

第四 奏任ノ進退ハ正院ニ於テ命ストモ雖モ才否ヲ察シ之ヲ薦黜スルハ卿ノ任ニ屬ス

第五 判任以下ハ丞及判事檢事明法頭助ノ具狀ニ依テ之ヲ黜陟ス

但シ各府縣裁判所ノ所長卿ヨリ特ニ委任ヲ受ル者ハ其判任以下便宜選任シテ後ニ開申セシム

大輔

少輔

第一 職掌卿ニ亞ク

第二 卿闕席スル時ハ一切ノ事務ヲ代理シ卿ノ意ヲ體認スルヿヲ要ス

大丞

少丞

第一 卿輔ノ處分ヲ取リ省中一切ノ事務ヲ幹理疏通ス

第二 省務ニ關スル一切ノ公文受付ヲ提掌ス

第三 長官ニ對シ省務ノ當否ヲ辯論スルヿヲ得可シ

大錄

權大錄

中錄

權中錄

少錄

權少錄

六年一月三十一日司法省達ヲ以テ追加

第一 事ヲ丞ニ受ケ各務ヲ分掌シ文書ヲ管主ス

第二 凡文書ヲ受付往復スルハ必丞ノ檢印ヲ取ル

第六條 等外職制

等外一等

表玄關詰出納課附屬ノ兩課トス

第一 表玄關詰ハ諸文書及他ヨリ來ル官員及其他ノ名刺ヲ受ケ受付課ニ送達ス

第二 出納課附屬ハ諸品出納ノ役ニ供ス

等外二等

使部仕丁守卒見坐訴訟口詰內玄關詰ノ六課トス

第一 使部ハ諸方ニ文書ヲ送致シ及使役ニ供ス

第二 仕丁ハ省中一切ノ雜役ニ供ス

第三 守卒ハ監倉ヲ警守シ囚人ヲ護送ス

第四 見坐ハ裁判所ニ屬シ訴訟人及犯人ヲ看守シ拷責繫縛ノ役ニ供ス

第五 訴訟口詰ハ裁判所訴訟口ニ直シ訴狀ヲ受ケ檢部ノ印ヲ取リ之ヲ課長ニ呈付ス

第六 內玄關詰ハ內玄關ニ經由スル諸文書受付ノ役ニ供ス

等外三等

省中諸門ニ直シ門扉ヲ開鎖シ及出入ノ人員ヲ看視ス

第三章 本省章程

本省總判スル所ノ事務章程左ノ如シ

第七條 新法ノ議案及條例ヲ起ス

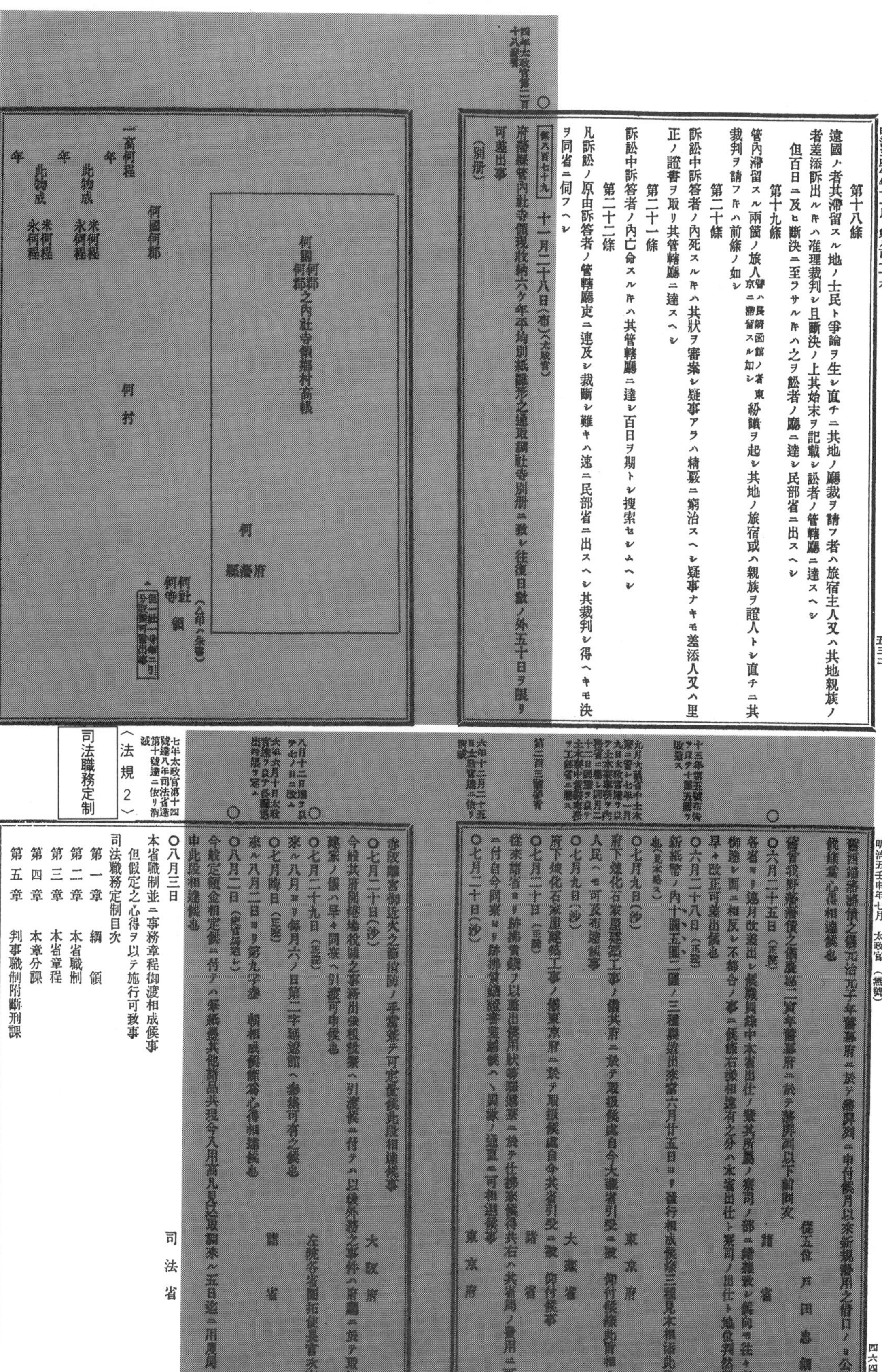

明治三庚午年十一月　第八百七十九

第十八條

遠國ノ者其滯留スル地ノ士民ト爭論ヲ生シ直チニ其地ノ廳裁ヲ請フ者ハ旅宿主人又ハ其地親族ノ者差添訴出ル許ハ准理裁判シ且斷決ノ上其始末ヲ記載シ訟者ノ管轄廳ニ達スヘシ

但百日ニ及ヒ斷決ニ至ラサル許ハ之ヲ訟者ノ廳ニ達シ民部省ニ出スヘシ

第十九條

管內滯留スル兩箇ノ旅人譬ハ長崎函館ノ者東京ニ滯留スル如シ紛議ヲ起シ其地ノ旅宿或ハ親族ヲ證人トシ直チニ其裁判ヲ請フ許ハ前條ノ如シ

第二十條

訴訟中訴答者ノ內死スル許ハ其狀ヲ審案シ疑事アラハ精覈ニ窮治スヘシ疑事ナキモ差添人又ハ里正ノ證書ヲ取リ其管轄廳ニ達スヘシ

第二十一條

訴訟中訴答者ノ內亡命スル許ハ其管轄廳ニ達シ百日ヲ期トシ搜索セシムヘシ

第二十二條

凡訴訟ノ原由訴答者ノ管轄廳吏ニ連及シ裁斷シ難キハ速ニ民部省ニ出スヘシ其裁判シ得ヘキモ決ヲ同省ニ伺フヘシ

五三二

（法規２）

司法職務定制

七年太政官第十四號達八年司法省達第十號達ニ依リ消滅

明治五壬申年八月　太政官（無號）（司法職務定制）

〇八月三日

本省職制並ニ事務章程御渡相成候事

但假定之心得ヲ以テ施行可致事

司法省

司法職務定制目次

第一章　綱領

第二章　本省職制

第三章　本省章程

第四章　本章分課

第五章　判事職制附斷刑課

四六五

〈法規1〉

府藩縣交渉訴訟准判規程

四年太政官第三百二ヲ以テ改定

椽内舎人 相當 正九位
大獻者 同 從八位

右之通被相達候事

第八百七十七 十一月二十八日（布）（太政官）

府藩縣ニ於テ管内寺院廢止或ハ合併致候分寺號宗派本末等取調早々可屆出尤境内除地山林等所置方之儀ハ見込相立反別其外詳細取調可伺出事

第八百七十八 十一月二十八日（布）（太政官）

府藩縣管轄交渉之訴訟是迄民部省ニ於テ裁判候處自今府藩縣ニ於テ裁判被　仰付候條別紙規程ヲ照準シ處置可致事

（別紙）

府藩縣交渉訴訟准判規程

第一條

凡訴訟ヲ准判スルハ其本人ニ限ルヘシ若シ疾病老幼或ハ癈疾等ニテ親族其他ノ代人ヲ請フ𪜈ハ事實ヲ糺訊シ止ヲ得サレハ其請ヲ許スヘシ

第二條

凡訴狀士族卒ハ官長平民ハ里正ノ奥印ヲ押スヘシ其奥印ナキハ訟詞理アリト雖𪜈之ヲ准理スヘカラス

但官長里正依怙偏頗ヲ狹ミ其情實ヲ壅塞セシムル時ハ審案廉察シ奥印ナシト雖𪜈准理シテ寃枉ナキヲ要ス

第三條

治下ノ士民他ノ管内ノ者ト紛讒ヲ生シ其裁判ヲ請フ𪜈ハ知事或ハ參事親シク推糺審問シ善ク訴狀

ノ情實證據ヲ明ニシ條理正當ナレハ副書ヲ作リ廳印ヲ押シ訟者士卒ハ差添人平民ハ里正ト其本人トニ授付シ對答人ノ管轄廳ニ送リ其裁判ヲ受シム可シ

第四條

他管轄廳ノ副書ヲ以テ我カ斷訟ヲ請フ者アラハ先ツ其訴狀ヲ案シ訴人ヲ推問シ原情ヲ得ル𪜈ハ訴ラルヽノ本人並ニ士卒ハ差添人平民ハ里正ヲ呼出シ右訴訟ノ件十日ヲ限リ證據確實譎詐ナク答書セシムヘシ

但中元歳終ノ兩季ニ近ツク𪜈ハ必ス十日ヲ限ラスシテ可トス

第五條

日限中訴答ノ者對談熟議シ共ニ內濟ヲ請フ𪜈ハ雙方ノ連署狀ヲ出サシメ後言ナキヲ相證セハ之ヲ允シ其旨趣ヲ記載シ訟者ノ管轄廳ニ復スヘシ

但對談熟議ノタメ日限猶豫ヲ請フ𪜈ハ五日乃至十日ノ延期ヲ許スヘシ

第六條

對答者ノ事實訟者ノ旨意ト大ニ反スル𪜈ハ其顚末ヲ認メ答書ヲ作ラシメ官長或ハ里正コレニ奥印ヲ押シ士卒ハ差添人平民ハ里正ヲ副ヘ本人ト共ニ訟者ノ管轄廳ニ送ラシム

第七條

聽訟第一次ハ必ス知事或ハ參事庭ニ蒞ンテ審判ス掛リ屬モ之レニ陪ス其日裁決セサルトキハ第二次ヨリ屬ヲシテ聽カシムルモ可トス（兩廳官並坐審糺ス）若シ事重大ニ涉リ或ハ訴ヘ重罪ニ至ルヘキハ再三知參事糺問スヘシ

第八條

訴訟斷決スルトキハ雙方連署ノ受書ヲ出サシメ永ク異論ナキヲ證セシメ其書ノ寫ヲ訟者ノ管轄廳

ニ送達スヘシ

第九條

聽訟初日ヨリ百日ニ至リ事理盤錯兩情乖戾シテ決シ難キハ其糺問ノ始末審ニ記載シ之レヲ訴答ノ者ニ示シ謬違ナキヲ證印セシメ且廳印ヲ押シテ訴答ノ者ニ授付シ民部省ニ出シテ裁斷ヲ受シムヘシ

但金穀其他貸借ノ訴訟ハ解訟ヲ度トナシ限ルニ百日ヲ以テスヘカラス且訴答ノ者疾病其他ノ事故アリテ時日遷延スルトモ宜シク酙酌シテ日ヲ限ルヘカラス

第十條

百日ニ至リ決シ難キ訟ヲ民部省ニ出ス𪜈ハ其始末ヲ記載シテ訟者ノ管轄廳ニ達シ民部省ノ裁決ヲ請フヘキ事ヲ報スヘシ此時ニ至リ訟者ノ廳官異議アルヘカラス

第十一條

民部省ニ出シテ裁斷ヲ請フ事ヲ訟答ノ者ニ達シテ後十五日ヲ以テ發途ノ期トナス若シ其期ヲ遲緩セハ越度タルヘキ旨ヲ示スヘシ

但訴答者ノ內鄕里其廳ト遠隔シ往復調度ノ事ニ付十五日ニシテ發途シ難キ者ハ相當ノ日限猶豫スヘシ

第十二條

發途前ノ日限中對談熟議シ內濟ヲ請フ者ハ第五條ノ如クシテ之ヲ許スヘシ

第十三條

百日ニ至ラサルモ訟者倔強頑愉ニシテ其裁判ヲ非理トシ他ノ聽訟ヲ請フ𪜈ハ第八九十條ノ如クシテ民部省ヘ出スヘシ

第十四條

隄防用惡水及ヒ村市山林等境界彼我管轄交牙ノ地ニ關涉ノ訴訟ハ訟者ノ管轄廳ヲ主ト爲シ訴狀ニ其廳印ヲ押シ關涉ノ廳ニ達ス其知參事答者並ニ里正ヲ出シテ答書ヲ作ラシメ狀情證據ヲ糺問シ事理至當ナル𪜈ハ其廳屬ヲ副テ訟者ノ管轄廳ニ送リ聽訟ノ庭ニ蒞マシメ與ニ地圖ヲ檢査シ契券ヲ照準シ簿册ヲ檢閱シ或ハ實地ニ就テ協議審判スヘシ其裁決ニ至リテハ都テ斷案ヲ作リ民部省ヘ伺ヒ出ツヘシ

但訴狀ヲ受ルヨリ答書ヲ送ルノ間尋常十日ヲ以テ期トス然レ𪜈倘査案ヲ加ヘキ事件ハ此期ヲ必トスヘカラス

第十五條

隄防用惡水ハ實地水路ヲ檢査シ彼我害ナキハ宜シク說諭ヲ加ヘ熟議解訟セシムヘキモ境界論地ニ至リテハ極テ詳裁審斷シ必ス對談熟議ヲ許スヘカラス

第十六條

田畑山林質地等ノ訴訟ハ總テ其管轄ノ廳ニ於テ裁決ス故ニ訟者田畑山林ト共ニ我管內ノモノナレハ第十四條ノ如クシテ他ノ答者ヲ召シ（廳屬副ス）ルニ及ス訟者我管內ノ者ニシテ田畑山林他ノ管轄ナル𪜈ハ第三條ノ如クシ答者ノ廳ニ遣シ裁判ヲ受シムヘシ熟談等ハ前ニ揭ル條々ノ如シ

第十七條

旣ニ裁斷スル事件ト雖𪜈訟者再訴スル所ノ證據ニ比較シ前裁斷至當ナラサル𪜈ハ民部省ヘ伺ヒ更ニ裁斷スヘシ

但再訴セサルモ前裁斷ヲ改メサルヘカラサル事件アラハ條理本末詳ニ記載シ明確ノ證據ヲ以テ民部省ヘ伺ヒ更ニ裁斷スヘシ

Ⅱ　明治前期の民事裁判関係主要法規集

目　次

①	府藩県交渉訴訟准判規程	太政官第878号布告	明治3年11月28日
②	司法職務定制	太政官無号達	明治5年8月3日
③	訴訟入費償却仮規則	司法省第14号達	明治5年9月19日
④	代人規則	太政官第215号布告	明治6年6月18日
⑤	訴答文例	太政官第247号布告	明治6年7月17日
⑥	出訴期限規則	太政官第362号布告	明治6年11月5日
⑦	民事控訴略則	太政官第54号布告	明治7年5月19日
⑧	司法省検事職制章程	司法省第10号達	明治8年5月8日
⑨	大審院諸裁判所職制章程	太政官第91号布告	明治8年5月24日
⑩	控訴上告手続	太政官第93号布告	明治8年5月24日
⑪	裁判事務心得	太政官第103号布告	明治8年6月8日
⑫	訴訟用罫紙規則	太政官第196号布告	明治8年12月20日
⑬	裁判支庁仮規則	司法省第15号達	明治8年12月28日
⑭	代言人規則	司法省甲第1号布達	明治9年2月22日
	代言人規則改正	司法省甲第1号布達	明治13年5月13日
⑮	区裁判所仮規則	司法省第66号達	明治9年9月27日
⑯	民事訴訟用印紙規則	太政官第5号布告	明治17年2月23日
⑰	勧解略則	司法省丁第23号達	明治17年6月24日
⑱	裁判所官制	勅令第40号	明治19年5月5日
⑲	裁判所構成法	法律第6号	明治23年2月10日
⑳	民事訴訟法	法律第29号	明治23年4月21日

＊　主要法規集は、内閣官報局編・法令全書（内閣官報局）の中から、明治前期の民事裁判にかかわり特に重要なものを選んで作成した。

統計から見た
明治期の民事裁判

編著者紹介

林屋礼二　東北大学名誉教授

菅原郁夫　名古屋大学大学院法学研究科教授

林真貴子　近畿大学法学部助教授

2005年３月20日　　　　初版第１刷発行

編著者

林屋礼二

菅原郁夫

林真貴子

発行者

袖　山　貴＝村岡侖衛

発行所

信山社出版株式会社

113-0033　東京都文京区本郷６－２－９－102

TEL 03-3818-1019　FAX 03-3818-0344

印刷・製本　エーヴィスシステムズ

ISBN4-7972-5241-3 C3032